KB119285

이동진의 부메랑 인터뷰
그 영화의 비밀

• 이 책은 방일영문화재단의 지원을 받아 저술 · 출판되었습니다

이동진의 부메랑 인터뷰
그 영화의 비밀

예담

아직 도착하지 않은 영화를 위하여
여전히 끝나지 않은 길 위에서

부메랑 인터뷰를 시작하며

지난 2년간 가장 열심히 했던 일은 '부메랑 인터뷰'였다. 대표적인 한국 감독들의 영화 속 대사들에서 질문을 끌어내어 심도 있게 인터뷰하려고 했던 이 시리즈는 상당히 흥미로운 일이었지만 동시에 물리적으로 무척이나 고된 작업이기도 했다.

그 감독이 발표한 장편영화 전 작품을 순서대로 전부 다 보고 나서 인터뷰하기로 정했기에, 오래된 DVD나 비디오테이프를 구하는 일부터가 힘들었다(스스로 정한 이 약속을 지키지 못한 경우가 딱 한 번 있었다. 100편을 만드신 임권택 감독을 만날 때였다). 영화를 구하면 한 장면씩 최대한 꼼꼼히 보기 시작했다. 인터뷰 형식 자체가 극중 인물들의 말이나 내레이션에서 질문을 따오는 방식이었기에 흘러나오는 대사의 상당량을 맹렬히 받아 적었다. 한 편을 보는 데 최소한 대여섯 시간씩 걸렸다. 작품 수가 많은 감독들은 전작을 보는 데만도 꼬박 2~3주가 걸리기도 했다.

그렇게 준비를 단단히 한 뒤 감독과 마주 앉으면, 한 번의 인터뷰에만 통상 10여 시간이 소요되었다. 종종 뜻은 멀었고 길은 보이지 않았다. 대화를 나누면 나눌수록 욕심이 났고 또 갈증이 생겼다. 인터뷰 한 번으로는 미진해서 두세 번 하는 경우도 생겨났다. 8시간 정도를 넘어서면 받아 적는 팔에 경련이 오기 시작했다. 밤이 깊어갈수록 스스로가 고단한 순례자처럼 여겨졌다.

가장 고된 노동은 인터뷰가 끝난 후부터였다. 주고받은 허다한 말의 더미는 집채만 했지만, 내게는 티스푼 하나만이 도구로 주어진 것처럼 느껴졌다. 그 작은 숟가락으로 좁쌀처럼 세밀하기도 하고 포말처럼 막연하기도 한 말들을 정신없이 주워 담았다. 몇 번의 밤을 하얗게 새워도 자루는 다 채워지지 않았다. 그렇게 가까스로 정리한 내용을 원고지 80매 안팎의 기사로 대폭 줄여서 작성하는 일은 또다른 고행이었다. 말을 글로 옮겨내는 끝없는 작업만으로도 성불成佛할 수 있을 것 같은 착각이 밀려왔다.

그것은 시간의 벽을 쌓고 시간의 문을 내고 시간의 지붕을 올리는 일이었다. 그렇게 한 번의 인터뷰를 완성하고 나면 그대로 퍼졌다. 끝낸 뒤 이틀 정도는 컴퓨터 자판만 봐도 욕지기가 올라왔다.

모든 것은 내가 내 자신에게 부과한 벌이요, 굴레였다. 처음 길을 떠날 때 왜 이렇게 어려운 방식을 택하고 왜 이렇게 힘든 약속을 했는지 후회스러운 순간도 많았다. 원래 매저키스트의 기질이 좀 있었던 게 사실이지만, '부메랑 인터뷰'를 오래 진행하다 보니 이제는 도저히 되돌아갈 수 없는 '환자'가 되어버렸다. 하나의 인터뷰를 끝낸 뒤 두어 주가 지나면, 글 감옥 속에서의 노역이 그리워지기 시작했으니까.

정말 신기했던 것은 스스로 설정한 한계가 오히려 비밀의 문을 열어주는 열쇠로 변하는 순간들이었다. '부메랑 인터뷰'는 종종 그 스스로의 동력으로 늪을 건너고 산을 넘기도 했다(이게 글쟁이로서 내가 형식의 힘을 믿는 이유 중 하나다). 완성된 인터뷰에는 해결되지 않는 아쉬움과 단단한 보람이 언제나 공존했다.

이제 책을 내기 위해서 그 끔찍한 작업의 상당 부분을 다시금 반복했다. 어쨌든 한번 구두점을 찍었던 글의 원뜻을 최대한 살려내고, 생략되었던 내용을 복원하는 일은 예상보다 훨씬 더 힘들었다. 그렇게 평균 80매였던 애초 원고는 무려 3배에서 7배까지로 늘어났다. 한 감독에 대한 원고 분량이 500매가 넘는 경우들도 속속 이어졌다. 책을 위해서 인터뷰 외에 리뷰들과 관련 자료들도 새로 넣었다. 봉준호 감독의 〈마더〉와 홍상수 감독의 〈잘 알지도 못하면서〉처럼 애초의 부메랑 인터뷰를 끝낸 뒤 나온 작품들에 대해서도 추가 인터뷰를 통해 적극적으로 다뤘다. 조금 민망하기도 하지만, 책 끝에는 〈씨네21〉 김혜리 기자가 나를 인터뷰한 글도 포함되어 있다.

이번에 나오게 된 책은 '부메랑 인터뷰'의 첫번째 결실에 해당한다. 한꺼번에 전 분량을 완성해 펴내려면 작업이 끝도 없이 지연될 것 같았기에, 우선 여섯 명의 감독들에 대해서 먼저 묶어내기로 했다. 최대한 부지런히 작업해서 머지않아 '부메랑 인터뷰' 의 두 번째 책을 내겠다고 약속드린다.

이 시리즈가 가능할 수 있도록 터를 마련해 주고 격려해 준 네이버 관계자들께 감사를 드린다. 손이 많이 가는 작업을 정성스럽게 처리해 준 예담출판사 관계자들에게도 고맙다는 말씀을 전한다. 도움을 준 방일영문화재단에도 인사드린다. 믿겨지지 않을 만큼 폭넓은 컬렉션으로 그 많은 영화들을 간편하게 빌려 볼 수 있게 해준 미래영상의 도움도 컸다. 인물의 성향과 품성까지 살려낸 사진을 찍어 준 김현호, 김보배, 전인식 사진작가와 함께 일할 수 있었던 것은 행운이었다. 쉽지 않은 글을 멋지게 써준 김혜리씨에게도 마음의 인사를 전한다.

무엇보다 고마운 분들은 적지 않은 시간을 내주고, 최상의 이야기를 들려준 감독들이었다. 부메랑 인터뷰를 통해 만났던 그들은 영화적으로 내가 좋아하고 또 존경하는 사람들이었기에 두터운 노동의 시간을 뿌듯한 심정으로 견뎌낼 수 있었다.

나는 이 글들을 단지 인터뷰 기록이라고 여기지 않는다. 이것은 길고 긴 대화를 통해 구성한 감독론이며, 오늘의 한국영화에 대한 연애편지(라고 믿는)다. 이 작업을 통해 한국영화를 더욱 더 사랑하게 됐다.

나는 시간의 질보다는 양을 더 신뢰한다(짧은 순간의 강렬한 에너지보다는 시간의 흐름을 견뎌낸 것들이 훨씬 더 중요하다). 지난 몇 년간 가장 많은 시간을 쏟았던 흔적이 여기에 있다. 그리고 이제 이 두꺼운 책을 읽느라 이곳에 쓰게 될 당신의 짧지 않은 시간에 고개 숙여 깊은 감사를 드린다.

KOREAN DIRECTOR _ BEHIND STORY OF THE MOVIE

dir

BOOMERANG INTERVIEW CONTENTS

SCENE#
READY
PARK, KWANG-SU
RYOO, SEUNGWAN
CHOE DONG-HUN
PARK CHAN WOOK

ACTION
BOOMERANG INTERVIEW
DIRECTOR
HONG SANG SOO
PHOTO ⓒ 김보배 · 김현호

비루한 삶과 부조리한 세계
허위의식과의 치열한 싸움
홍상수

홍상수 감독은 말할 수 없는 것에 대해서 침묵한다. 그 대신 그는 세상에 대해 스스로 피부호흡한 결과만을 믿는다. 인류학자의 예민한 관찰력과 물리학자의 엄정한 태도로 비루한 삶과 부조리한 세계의 속내를 집요하게 파고든다.

홍상수의 영화들이 종종 불편하게 느껴지는 것은 우리에게 (거짓) 위안과 (가짜) 희망을 주는 갖가지 통념과 관습의 실체를 날카롭고 생생하게 형상화하고 있기 때문이다. 그의 작품에는 욕망의 찌꺼기가 끊임없이 발목에 감기는 삶의 뻘밭 속, 우리가 진실이나 사랑이라고 부르는 것들의 앙상한 실체가 뿌리째 드러나 있다. 요컨대 그는 참이 아닌 것을 하나씩 제거해 나감으로써 아주 조금씩 참에 더 가까이 다가가는 방법론적 회의주의자인 셈이다. 결국 예술의 적은 상투성이고, 삶의 적은 당위일 것이다.

남자, 여자, 침대, 술이라는 욕망의 4원소로 삶의 허망한 구조를 드러내온 홍상수의 영화세계는 가까이서 바라볼 때 언뜻 같은 자리를 맴돌고 있는 것처럼 보이지만, 한 걸음 떨어져 연속적으로 관찰하면 형식에서 캐릭터까지 끊임없이 진화해 왔음을 알 수 있다. 그는 꾸준히 걸어왔을 뿐 아니라 정말 많이 걸어왔다.

영화를 만드는 사람은 수도 없이 많지만, 영화언어를 만드는 사람은 지극히 적다. 어떤 사람은 에릭 로메르와 비교하기도 하고, 또 어떤 이는 루이스 부누엘의 작품들을 떠올리기도 한다. 그러나 홍상수는 다른 어떤 감독과도 다르다. 그는 영화로 말하는 자신만의 방식을 발명했다. 경이로운 데뷔작 〈돼지가 우물에 빠진 날〉(1996)로 혜성처럼 등장한 후 그가 여전히 전진하고 있음을 보여주는 〈잘 알지도 못하면서〉(2009)까지, 그가 지난 13년간 형형히 빛나는 아홉 편의 영화를 연이어 내놓을 수 있었던 것은 분명 영화의 신이 한국영화계에 내린 거대한 축복일 것이다.

그와의 길고도 흥미진진했던 인터뷰를 끝낸 나는 이제 그의 열 번째 영화를 기다린다. 여전히 설렌다.

– 저 요기 고잔역에 와 있어요. 수정씨 보고 싶어서 그냥 왔어요.
– 정말 고잔역이라구요?
– 예.
– 저 거기서 얼마 안 멀어요.

〈오! 수정〉에서 정보석이 고잔 전철역에서 내린 후 안산의 친구 집에 있는 이은주에게 전화

LEE 홍상수 감독님과의 인터뷰를 위해 지하철을 타고 오는데, 인터뷰 장소와 가장 가까운 역이 상수역이던데요? 상수역에서 내려서 걸어오는데, 어쩐지 인터뷰 예감이 괜찮다는 느낌이 들었습니다.(웃음)

HONG 글쎄, 그게 그렇더라고요.(웃음) 저도 걸어오면서 〈생활의 발견〉을 떠올렸어요. 주인공 경수(김상경)가 전화를 받는 첫 장면을 여기 상수동에서 찍었거든요.

– 뭘 만드실 거예요, 요번엔?
– 제목만 정했어요.

〈해변의 여인〉에서 고현정이 극 중에서 영화감독인 김승우에게 차기작에 대해 질문

LEE 제목에 대한 질문으로 인터뷰를 시작하겠습니다. 감독님은 제목을 지을 때 대체적으로 두 가지 방식 중 하나를 따릅니다. 〈돼지가 우물에 빠진 날〉 〈강원도의 힘〉 〈극장전〉 〈밤과 낮〉 등은 서로 이질적인 단어를 이어붙이거나, 도치 혹은 중의적 의미를 지니는 단어를 사용해서, 각 단어들이 원래 갖고 있던 의미를 전혀 다른 쪽으로 증폭시키는 경우지요. 또 하나는 〈생활의 발견〉 〈여자는 남자의 미래다〉 〈해변의 여인〉처럼 기존에 잘 알려진 책이나 곡명 혹은 경구를 따오는 방식입니다. 일단 감독님께서 제목을 처음에 어떻게 떠올리시는지 알고 싶습니다.

HONG 제게는 제목이 말의 느낌으로 접수될 때가 많은 것 같아요. 단어가 가진 의미에서 완전히 자유로울 수는 없겠지만, 작명할 때의 포커스는 그 어감에 놓여 있습니다. 그 말 자체가 풍기는 인상이 더 중요하다는 거죠. 일단 그런 감을 따라서 제목을 지어놓은 뒤 다시 생각해 보면서 그 제목의 함의가 확장될 수 있는 가능성을 떠올려보는 경우도 있죠. 요약하자면, 저는 말이 귀에 걸리는 대로 제목을 짓습니다.

– 앞으로 새벽 한 시에 처하고 전화하기로 정했다.

〈밤과 낮〉에서 파리로 도피한 화가 김영호가 서울의 아내 황수정과

시간 맞춰 전화하기로 한 약속에 대해 내레이션

LEE 감독님 영화에서 제목은 언뜻 내용과 동떨어져 보이는 경우도 종종 있습니다. 〈밤과 낮〉은 주인공인 성남(김영호)이 파리에서 서울로 전화를 하는 실내 장면을 제외하면 밤 장면이 거의 나오지 않는데도 불구하고 제목이 '밤과 낮' 인데요.

HONG 언젠가 외국에서 집으로 전화를 하면서 두 공간 사이에 시차가 존재하는 것이 신기하게 느껴졌던 경험에서 온 제목이죠. 그런데 흔히 '낮과 밤'이라고 쓸 텐데, 그걸 도치해 배열하니까 어감이 제게 상당히 좋게 다가오더군요. '여자는 남자의 미래다' 같은 제목도 내용에 얽매이지 않고 그냥 느낌대로 지은 거예요. 파리의 한 책방에서 파는 그림엽서에 적혀 있었던 루이 아라공의 그 글귀를 본 순간, 설명할 수 없는 그 말이 그냥 좋아지더라고요. 의미가 아니라 어감 자체가 말입니다.

– 선배님이 그때 강사셨는데 저희 학회 사무실에 오셔서
술을 마시면서 저를 딱 보더니 "넌 그림 그리기는 글렀고
연극이나 영화 같은 거 하면 어떠냐" 이렇게 말씀하셨습니다.
저는 그날 밤 집에 가서 선배님 말씀을 곱씹으면서
나는 그림을 그릴 사람이 아니란 그런 이상한 생각을 했습니다.
그게 시작이었어요.

〈잘 알지도 못하면서〉에서 김태우가 선배인 화가 문창길이

오래전 자신의 진로에 대해 충고했던 일을 상기시키며

LEE 〈잘 알지도 못하면서〉는 제가 분류했던 두 가지 작명 방식 중 어디에도 속하지 않는 경우입니다. 그런데 이 영화는 제목에서부터 시작하신 작품이라면서요?

HONG 맞아요. 제목이 가장 먼저 떠올랐어요. 언젠가 옆에 앉아 있던 사람이 뭔가를 한참 이야기하던 도중에 불쑥 그 말을 하더라고요. 별로 특별할 게 없는 말일 수도 있는데, 그날따라 그 표현이 귀에 박혔어요. '이거, 영화 제목 같다'고 느꼈죠.(웃음) 그래서 그 문구를 써서 벽에 붙여놓았어요. 그러다 나중에 신문에서 어떤 책 광고를 보게 됐어요. 광고 중에 중국의 어떤 유명한 사람이 동생처럼 친하

게 지내는 사람 집에 갔는데, 거기서 오해를 사서 쫓겨났다는 대목이 있었죠. 그 모티브에 왠지 관심이 가더군요.

LEE 그게 상용 부부(공형진, 정유미)의 이야기로 풀렸군요.

HONG 그렇죠. 그러고 나니까 작품의 구조가 떠올랐던 듯해요. 그렇게 초대받아 갔다가 봉변당한 사람이 며칠 지나지 않아 다른 곳에 또다시 초대받아 가게 되는 상황 말입니다.

LEE 그런데 감독님 특유의 제목 짓는 방식은 어떤 관객들에게 혼란을 주기도 합니다. 그 제목이 지닌 의미와 연결 지어서 영화의 내용을 풀어보려고 고심하다가 길을 잃어버리는 경우가 생긴다는 거지요. 아카데미 작품상을 받은 코언 형제의 〈노인을 위한 나라는 없다〉 같은 경우도 그랬는데, 예를 들어 〈돼지가 우물에 빠진 날〉 혹은 〈여자는 남자의 미래다〉나 〈생활의 발견〉 같은 경우는 제목 자체가 감상에 오히려 일정한 제한을 가할 수도 있다는 겁니다.

HONG 비유하자면 이런 거예요. 어느 날 친구에게 전화가 와서 "언제 한번 내가 사는 곳에 들러봐. 진짜 신기하고 좋은 게 있어"라는 초청의 말을 듣는 겁니다. 그런데 그 친구는 그곳으로 가는 길을 대충만 알려줬어요. 신기하고 좋은 게 어디에 있는지도 구체적으로 말하지 않았고요. 한참을 미적거리다가 그곳에 가봤는데, 대충만 알려줘서 찾을 수가 없는 거죠. 그런데 그렇게 헤매다가 신기하게 생긴 돌조각 같은 걸 길가에서 발견해요. 이 돌이 그 친구가 말한 게 아닐까 어렴풋이 짐작하면서 그 지역에 대한 느낌을 어느 정도 강화하는 거죠.

LEE 감독님 영화에서 제목은 바로 그 돌과 같은 거라는 뜻이군요.

HONG 네. 그냥 돌아가려고 했다가 그 돌을 발견했기 때문에 좀더 뭔가를 찾아보려고 할 수도 있지 않겠어요? 제 영화는 정해진 약도가 있는 영화가 아니라 관객 몫대로 보는 게 중요한 영화잖아요? 그래서 주제를 함축하고 있는 제목을 찾는 것보다는, 다소 막연하더라도 영화와 약간의 관계를 갖고 감상을 도와줄 수 있는 제목을 선호하게 되는 거죠.

- 형! 이름이 뭐라고 그랬어요?
- 수정이.

〈오! 수정〉에서 정보석이 문성근에게 방금 만난 이은주의 이름을 확인

LEE 제목과 관련해 또 한 가지 흥미로운 것은 감독님 영화에서는 제목의 글귀가 대사로 극중에 등장하는 경우가 없다는 겁니다. 일반적인 경우와는 상당히 다른 부분인데요.

HONG 제가 그런 데 대해서 별 상관을 안해요. 사실 전통적인 의미에서 제목은 작품 자체와 밀접한 관계를 갖잖아요? 하지만 저는 그런 익숙함에 대한 강박이 없나봐요. 그냥 제목이 그 자체로 홀로 서기를 바라는 거죠. 관객이 영화를 보고 나서 그 영화가 그 관객에게 뭔가를 전해줄 때, 그 제목도 같이 떠올라서 그 두 느낌이 서로 부딪치길 바라는 것 같아요.

- 그렇게 살지 마요. 나중에 외로워요.
- 나에 대해서 뭘 안다고 그래요? 잘 알지도 못하면서.

〈잘 알지도 못하면서〉에서 김태우가 삶에 대해 쉽게 훈수하자 고현정이 반발

LEE 그런데 예외적으로 '잘 알지도 못하면서'라는 제목은 이 영화 속에서 두 번이나 대사로 활용됩니다. 그것도 이 작품이 말하고자 하는 바의 핵심과 상당히 가까운 대사로 말입니다. 이전 작품들과 달리, 제목이 텍스트에 밀착되게 된 까닭은 어떤 것인가요.

HONG 그러고 보니 그런 차이가 있었네요.(웃음) 그런데 그건 제가 특별히 의식을 한 결과가 아니에요. 그냥 그렇게 된 거죠. 겨울에는 추우니까 움츠러들고, 여름엔 또 날이 풀리니까 기분이 좋아져서 안 하던 헛소리도 하고들 그러잖아요?(웃음) 그렇게 자연스러운 변화일 거예요.

– 캔 유 스피크 잉글리시?

〈생활의 발견〉에서 김상경이 추상미 집 앞을 기웃거리다가

그녀의 남편과 마주치자 엉뚱하게 발뺌하면서

LEE 감독님 영화 중에서 영어 제목이 한글 제목의 뜻과 달리 독자적으로 붙여진 경우가 'Virgin stripped bare by her bachelors' (〈오! 수정〉) 'On the occasion of remembering the turning gate' (〈생활의 발견〉) 'Tale of cinema' (〈극장전〉), 이렇게 세 번 있었습니다. 이런 영어 제목들의 공통점은 한글 제목보다 훨씬 더 설명적이고 작품 내용에 밀착되어 있다는 점인데요, 왜 이 세 작품은 따로 영어 제목을 지으셨는지요.

HONG 〈오! 수정〉 같은 경우는 영어 제목을 먼저 떠올린 겁니다. 아시다시피 마르셀 뒤샹의 작품명이죠. 그런데 사실 뒤샹의 그 작품은 일단 제목으로 쓰기로 한 뒤에야 사진으로 처음 봤어요.(웃음)

LEE 그 영어 제목도 어감 때문에 지으신 거군요?

HONG 맞아요. 순전히 제목에 끌려서 노트에 써놓았던 것이었죠. 〈생활의 발견〉의 영어 제목도 비슷한 과정을 거쳤어요. 반면에 〈오! 수정〉이란 한글 제목은 영어 제목을 짓고 난 후 어느 날인가 택시를 타고 가면서 창을 열고 밖을 멍하니 쳐다보다가 나도 모르게 "오! 수정"이란 말을 툭 내뱉었어요. 그러고 나서 재미있겠다 싶어 제목으로 삼았습니다.(웃음)

LEE 그때 "아, 배고파"라고 하셨으면 참 곤란했을 뻔했네요.(웃음) 그럼 'Tale of cinema'(〈극장전〉)의 경우는 어떤가요. 이 경우는 한글 제목과 영어제목 사이에 상당히 큰 차이가 있습니다. '전'이라는 글자가 영화 속에서 '이야기(傳)'와 '앞(前)'이란 뜻을 모두 갖고 있는데, 한제를 포스터에 표기하신 걸 보면 한자로 '前'이라고만 적혀 있습니다. 반면에 영어 제목은 또다른 뜻인 'tale'을 사용하셨죠.

HONG 〈극장전〉에서 '전'이라는 글자는 말씀하신 대로 원래 중의적으로 붙인 거죠. 그런데 영어로는 그 두 의미를 함께 함축할 수가 없

어서 어쩔 수 없이 하나를 선택한 겁니다. 그리고 한제는 포스터에 한글만으로 표기하기를 바랐는데, 영화사 홍보실에서 한자를 넣으면 예쁘게 보인다고 판단해서 넣은 거죠. 그러고는 제 뜻과는 상관없이 '前'이라고만 적어 넣었어요.

LEE 창작 과정에서 의외로 마음 약하신 부분도 있으신 거네요.(웃음)

– 영실씨, 왜 그 영화에서 실명을 쓰셨어요?

〈극장전〉에서 배우인 엄지원과 함께 술을 마시던 김상경이 그녀에게 불쑥 질문

LEE 감독님 영화 속 주인공들의 이름을 보면 거의 대부분 아무런 느낌을 주지 않습니다. 〈오! 수정〉에서 제목으로 쓰였기에 인상에 남는 수정이란 이름을 제외하면, 영수 상권 재훈 동수 문호 성남 같은 남자들 이름이나 영실 명숙 선화 문숙 유정 같은 여자들 이름은 나중에 기억하기 어려운 정말 평범한 이름들이지요. 흡사 캐릭터들을 서로 구분하기 위한 최소한의 기호 같다는 느낌까지 있어요. 연출자에 따라서는 이름에 중요한 함의를 넣는 경우가 적지 않지만, 감독님은 인물의 이름을 짓는 데 별다른 의미를 두지 않으시죠?

HONG 이름에 어떤 상징이나 의미가 포함되는 것을 원하지 않아요. 남자 이름에 '수' 자가 많은 것은 저희 형제들이 '수' 자 돌림이라서 그래요. 영수(〈오! 수정〉)는 저희 형 이름이고, 동수(〈극장전〉)와 경수(〈생활의 발견〉)는 사촌 형들 이름이에요.

LEE 그럼 작명에 의미가 있는 거네요.(웃음)

HONG 의미 없어요. 그 이름을 가진 영화 속 인물들과 저희 형들은 성격적으로도 아무 상관이 없으니까요. 제 이름을 따서 상수라고 붙일 수는 없으니까 그냥 그렇게 한 것일 뿐이에요.(웃음)

LEE 어차피 캐릭터에 이름을 붙여야 하니까 주변에서 편하게 따왔다는 말씀이신가요?

HONG 네, 그 말이 맞아요. 그리고 형제 이름을 따온 경우를 제외하면, 좀 어린아이 같은 이유로 그랬던 경우도 있어요.

LEE 어떤 이름을 말씀하시는 건가요?

HONG 예를 들어 성남(〈밤과 낮〉)은 '남성'을 거꾸로 한 거예요.(웃음)

LEE 그럼 성남의 아내 이름인 성인은요?

HONG 한성인, 즉 서울에 있는 사람의 뜻이에요.

LEE 그렇다면 최소한 기호처럼 이름을 지은 것은 아니네요.(웃음)

HONG 뜻이 있기는 있어요. 유정(〈밤과 낮〉)은 '정이 있어라' 해서 지었죠.(웃음) 그래도 이름은 그냥 이름일 뿐이에요. 이름에는 독특한 뉘앙스가 있잖아요? 그게 워낙 지독해서 그걸 피할 수 있는 이름을 제가 찾는 것 같아요. 때에 따라서는 인물의 성격을 미리 잡기 위해 지은 것도 있어요. 문호(〈여자는 남자의 미래다〉)는 그 이름의 뉘앙스가 그 캐릭터에 맞는 것 같아서 지은 경우죠. 인물마다 이름을 정한 이유가 달라요.

– 이름이 뭐예요?

〈잘 알지도 못하면서〉에서 감독인 김태우가 영화제에 갔다가 자신을 알아보고 사인을 요청하는 여성 팬에게

LEE 〈잘 알지도 못하면서〉에서 인물들의 작명 방식은 이전 작품들과 완전히 다릅니다. 지금 말씀해 주신 〈밤과 낮〉의 작명법이 좀 튀는 편이긴 하지만, 아주 직접적이고 코믹한 〈잘 알지도 못하면서〉에는 견줄 수조차 없습니다.(웃음) 두 번의 여행을 다니면서 숱한 사람들을 관찰하는 주인공 이름은 '구경남'(김태우)이고, 종교 경험을 열심히 늘어놓는 여자는 믿음이 있다는 뜻의 '유신'(정유미), 팔을 다치는 남자는 '부상용'(공형진), 갑자기 화를 내는 여자는 아마도 '공연히'라는 뜻일 '공현희'(엄지원)입니다. 그런데 중요 배역 중 하나인

'고순'(고현정)은 무슨 의미인지 짐작이 안 가던데요? 뭔가 뜻이 있는 작명일 것 같은데요.

HONG 제가 인물들 이름을 지을 때 일관성 있게 하진 않아요. '고순'은 그 역할을 맡은 고현정씨의 고모 이름이에요. 그 이름을 들었을 때 딱 그 캐릭터에 어울린다고 생각했죠.

LEE 이런 작명들은 일종의 유머입니까.

HONG 그런 느낌도 있죠. 그런데 보시는 분들이 전혀 몰라도 상관없어요.

– 당신이 이제 최소한 내게 해줄 수 있는 일은 우리가 사는 곳 근처에는 죽을 때까지 얼씬도 하지 않는 일입니다. 부상용.

〈잘 알지도 못하면서〉에서 김태우가 읽게 되는 공형진의 절교 메모

LEE 영화를 관람하는 사람들의 입장에서 보면, 부상용이나 구경남처럼 직접적이고 강렬한 이름 때문에 오히려 인물들을 바라보는 시각이 영향을 받을 수도 있을 것 같은데요. 관람의 폭에 일종의 제한을 가져다 줄 위험도 있다고 할까요.

HONG 아까 말씀드렸듯, 사람이 나이가 들고 몸이 변하면서 생기는 자연스러운 변화의 일종이라고 봐요. 〈잘 알지도 못하면서〉의 경우, 처음 지은 인물의 이름이 구경남이어서 더 그런 듯해요. 일단 그렇게 짓고 나니까 다른 이름들을 만드는 데도 영향을 준 것 같거든요. 이 영화의 캐릭터 이름들은 대부분 촬영 현장으로 가기 직전에 지었어요. 부상용의 경우도 상용이란 이름의 어감이 좋더라고요. 그런데 갑자기 부씨가 거기에 어울리겠다는 생각이 들었어요. 합치면 또 부상용이 되기도 하니까.(웃음)

돼지가 우물에 빠진 날

개봉 1996년 5월 4일
출연 김의성 이응경 박진성 조은숙
상영시간 114분

CINEMA REVIEW

BOOMERANG INTERVIEW

기혼녀인 보경과 애인 사이인 소설가 효섭은 출판사에서 푸대접을 받은 후 술자리에서 홧김에 싸움을 벌여 경찰에 연행된다. 효섭과 함께 멀리 떠나기로 약속했던 보경은 짐을 챙겨 터미널로 가지만, 효섭이 나타나지 않아 한참을 기다리다 친구 집으로 걸음을 돌린다. 극장 매표소 직원 민재는 효섭을 사랑하지만 그의 차가운 마음을 확인하고 낙담한다.

하늘에서 뚝 떨어진 영화였다. 그리고 모두가 놀랐다. 〈돼지가 우물에 빠진 날〉은 그 충격과 파장과 완성도에서 한국영화사상 가장 중요한 데뷔작 중 하나로 기록될 만하다. "한국영화의 희귀한 한순간이 열리는 소리가 들린다"(김소영), "홍상수는 이 데뷔작으로 한국영화의 현대화를 선포했다"(김영진), "진정한 의미에서 한국영화사의 새로운 영화다"(허문영)라는 당시의 상찬은 지금껏 유효하다.
〈돼지가 우물에 빠진 날〉은 모든 면에서 신선하고 기이하다. 네 명의 인물이 서로 만나거나 헤어지면서 하루 동안의 이야기를 각자 이끌어가는 4부 구성은 기승전결의 단계를 밟아가는 기존의 드라마 작법과 날카롭게 대비된다. 관계의 표면에서 끊임없이 미끄러지다가 홀로 가라앉는 주인공들은 전통적인 캐릭터 작법으로는 만들어낼 수 없는 인물들이다.
흡사 현미경이라도 된 듯한 카메라는 냉정하고 가학적이다. 심상한 스케치에서조차 날카롭게 비명을 지르듯 균열을 내는 불협화음의 음악은 시종 불안을 안겨준다. 섬뜩하리만치 차갑고 정교한 디테일은 군내 나는 일상의 풍경을 스크린 속에 또렷이 오려 세운다. 심지어 제목조차 부조리하다. 스스로가 만들어낸 내면의 감옥에 갇힌 채 지리멸렬한 나날을 보내다가 파국을 맞고 마는 인간들을 물끄러미 바라보는 이 영화의 시선에는 건조한 통찰이 있다.

홍상수 감독의 첫 영화인 〈돼지가 우물에 빠진 날〉은 몇 가지 측면에서 그의 이후 작품들과 차이가 있다. 우선 유일하게 원작이 있다. 그러나 구효서의 〈낯선 여름〉을 읽고 나서 영화를 보아도, 그게 원작이었음을 알아채지 못할 수도 있을 정도의 각색이다. 작가들이 고용되어 시나리오를 같이 썼다는 점에서도 다르다. 홍상수 감독은 네 명의 주요 인물에 대한 이야기를 네 명의 시나리오 작가에게 각각 나누어 맡김으로써 텍스트와의 객관적 거리를 확보하려 했다.
이 작품이 〈밤과 낮〉과 함께, 홍상수 영화의 서사 구조에서 무척 중요한 역할을 하는 대구의 형식을 갖고 있지 않다는 점도 눈길을 끈다. 연출의 모든 과정을 철저히 통제하고 장악한 이후의 작품들과 비교할 때, 이 데뷔작에서는 기존 시스템 속에서 아무도 가지 않은 길을 만들면서 처음으로 나아가야 했던 '신인 감독'의 어쩔 수 없는 '누수'가 일부 엿보이기도 한다. 밴쿠버 영화제 용호상, 로테르담 영화제 타이거상을 받았다.

– 자, 해볼까? 준비, 땅!

〈돼지가 우물에 빠진 날〉의 도입부에서 들려오는 전자오락기 소리

LEE 한 영화를 여는 방식에 대해서 질문하고 싶습니다. 일단 프롤로그에 해당하는 장면들을 보여준 뒤 제목을 넣고 나서 본격적으로 이야기를 펼치는 영화가 참 많은데, 감독님은 거의 언제나 제목을 깔끔하게 맨 앞에 제시하고 배우와 스태프 이름을 깐 이후에야 첫 장면을 보여주십니다.

HONG 저는 다른 장면을 먼저 보여준 뒤 제목을 나중에 넣는 영화들을 보면 속으로 '왜 굳이 저러시나' 싶어요.(웃음) 좀 치기 같은 게 느껴진다고 할까요. 사실 별 효과도 없는데 말이죠. 전 제목이 책장 같은 거라고 생각해요. 일단 책의 껍질을 먼저 보여주고 나서 곧바로 깨끗하게 내용으로 들어가는 게 좋지, 중간에 제목을 넣는 게 뭐 그리 좋은지 잘 모르겠어요.

LEE 그런 방식에서 약간의 예외가 되는 게 〈극장전〉입니다. 이 영화는 서울타워를 비롯한 서울 거리를 스케치하면서 제목과 배우 이름들을 함께 그 영상 위에 흘리는 타이틀 시퀀스를 쓰고 있으니까요.

HONG 말씀하시니까 생각나네요. 정말 〈극장전〉 하나밖에 없네요. 사실은 특별한 이유가 없어요. 제가 원래 현장에서 많이 결정하는데, 첫날 촬영을 하면서 서울타워를 비추던 카메라가 뒤로 빠져서 거리를 담아야 한다고 생각한 거죠. 그 장면에서 서울타워를 10초 가까이 길게 보여주고 싶었는데, 영화 첫 장면에서 그렇게 오래 보여줘도 괜찮게끔 실용적으로 제목과 배우들 이름을 함께 흘렸던 것 같습니다. 다른 때처럼 먼저 제목을 보여주고 타워를 10초 보여주면 그게 너무 길게 느껴질 수 있잖아요? 이미 현장에서 타이틀 시퀀스로 써야겠다고 결심하고, 계산해서 길게 찍었던 기억이 지금 납니다.

– 자, 갑시다.

〈강원도의 힘〉에서 김유석이 함께 술을 마시다가 취해 쓰러진 오윤홍을 부축하면서

LEE 감독님은 영화를 시작하는 첫 쇼트를 가볍고 평범하게 시작합니다. 〈오! 수정〉 〈생활의 발견〉 〈극장전〉 〈해변의 여인〉 등에서 보듯, 어딘가로 가는 사람의 모습이나 평범한 거리 풍경을 심상하게 스케치합니다. 쇼트의 길이도 상당히 짧은 편이죠.

HONG 극 중 등장하는 사람을 만나기 직전에, 그 사람들이 속한 공간에 대해서 가장 자연스럽게 보여주자는 거죠. 괜히 분위기 잡지 않고 그 공간에서 봤음직한 앵글을 자연스럽게 잠깐 보여준 뒤 곧바로 인물로 들어가고 싶은 겁니다.

– 금방 시작했어요. 들어가세요.

〈잘 알지도 못하면서〉에서 김태우가 영화 상영 시작 후 밖에 나와 담배를 피우다가, 뒤늦게 도착한 여학생에게 친절하게 안내

LEE 이를테면 감독님 영화에서 첫 쇼트는 숙제 같다는 느낌이 있습니다. 별다른 의미를 두지 않고, 영화를 시작하기 위해 살짝 넣은 문턱 같다고 할까요.

HONG 맞아요. 그럴 수도 있죠. 그게 제일 적당하다는 생각을 해요. 그 정도를 넘어서서 오버하는 걸 싫어하는 것 같아요. 서두에서 분위기를 잡는 것은 제 의도와도 맞지 않아요. 그냥 보통 사람들이 그 공간에서 매일 느낄 법한 앵글에서 시작하는 게 제일 맞는 듯해요. 〈해변의 여인〉을 예로 든다면, 중래(김승우)가 살고 있는 건물 앞 거리를 간단히 보여주잖아요? 어차피 앞으로 중래 이야기를 할 텐데, 그렇다면 그 허름한 거리를 매일 지나다니는 사람이 그 골목에서 느꼈음직한 기분을 담아야 한다는 거죠.

– 정말로 이런 식으로 행동하는 거 처음입니다.

〈생활의 발견〉에서 추상미의 집을 찾아간 김상경이 자신의 행동을 변명하면서

LEE 감독님 영화의 첫 신scene에서 주인공들은 어딘가로 이동하고 있거나 이동할 것을 논의하고 있습니다. 〈강원도의 힘〉에서는 지숙이 강원도로 가는 기차 안 장면이 처음이고, 〈돼지가 우물에 빠진 날〉은 효섭이 출판사로 가는 장면이 처음이죠. 〈잘 알지도 못하면서〉에서는 제천역에 처음 도착해서 영화제 자원봉사자 차량을 기다리는 경남의 모습이 첫 쇼트로 등장하구요. 이렇게 이 세 편을 포함해서, 감독님께서 만드신 아홉 편의 영화가 모두 예외 없이 그렇게 시작합니다. 이건 감독님의 영화가 상당 부분 로드무비적인 성격을 지니고 있는 것과도 관련이 있는 것 같은데요.

HONG 한 번도 받아본 적이 없는 질문이네요. 글쎄요. 생각 안 해봤는데, 그러니까, 경제성 때문이 아니었나 싶기도 합니다.

LEE 스토리텔링의 경제성에 대해 말씀하시는 건가요?

HONG 그렇죠. 보여주고 싶은 게 이미 정해져 있으니, 에둘러가지 말고 그걸 압축해서 보여주려고 하는 이유가 있지 않았을까 하는 생각이 드네요.

– 나 다시는 그런 거 안 물어볼게.

〈돼지가 우물에 빠진 날〉에서 남편과의 관계에 대해 이응경에게 캐묻던 김의성이 사과하면서

LEE 혹시 의도가 아닌 부분에 집착하는 제 질문이 있다면 엄히 꾸짖어주세요. 그럼 그런 질문은 건너뛰겠습니다.(웃음)

HONG 무슨 말씀을요.(웃음) 저는 제 영화를 보는 열 명의 사람들이 열 가지 방식으로 느꼈으면 좋겠어요. 장면 하나를 보여주든, 아니면 장면끼리의 결합을 보여주든, 관객들이 같은 느낌을 갖게 되는

것을 경계하면서 영화를 만듭니다. 제가 하고 싶은 말이 하나로 딱 떨어지는 말이 되지 않기를 바란다고 할까요. 그런데 제가 의식적으로 포착하지 않고 만드는 것 중에서도 어떤 분들은 그 개별 요소들을 연결해 의미를 만들어주시기도 해요. 그런데 사실 제가 의식하지 않아도 그런 것들은 저의 무의식적인 컨트롤 아래에 있었던 것 같기도 하고요. 그렇기에 그런 지적을 받으면 제 작업 방식의 온전성을 확인하는 계기가 되지요. '아, 내가 의식하지 못하고 있는데도, 작은 것들이 내 일관된 태도 속에서 컨트롤되고 있구나' 싶은 거죠. 그럴 때면 무척 흥미롭습니다.

– 당신 여기서 조심해. 조심하라구.

〈밤과 낮〉 첫 장면의 파리 공항에서 김영호에게 담뱃불을 빌리던 거지가 갑자기 경고하면서

LEE 그런데 〈밤과 낮〉의 첫 장면은 이전과 확실히 다른 느낌을 줍니다. 평범하게 거리를 스케치하는 대신, 주인공 성남(김영호)이 마치 그리스 신전에서 불길한 예언이 담겨 있는 신탁을 받듯, 거지에게 경고를 받게 되니까요. 이 장면은 마치 문장 부사처럼, 영화 전체에 메아리치는 어떤 무거운 공기 같은 것을 깔아둡니다. 〈밤과 낮〉은 프롤로그에 해당하는 이 첫 장면과 에필로그에 해당하는 마지막 장면이 서로 조응하면서 가운데 들어 있는 이야기에 결정적 영향을 미친다는 측면에서, 감독님의 이전 영화들 구조와 그 궤를 완전히 달리하는 거죠.

HONG 이 영화는 아주 간단한 두 개의 이야기 모티브로 시작됐어요. 첫번째는 '한 남자가 바보스러운 이유로 집을 떠나 도피한다'는 것이고, 두번째는 '누군가의 선의의 거짓말로 그 남자가 집으로 돌아온다'는 것이었죠. 만일 이 영화에 구원이 있다면, 그건 영화의 종반부에서 아내인 성인(황수정)이 남편인 성남에게 임신을 했다고 거짓

말을 해서 돌아오게 만든 거잖아요? 이를테면 구원이 거짓말을 통해 이뤄진 셈인데, 저는 그런 모티브가 좋더라고요. 흔히 좋은 결과는 좋은 과정을 통해 이뤄진다고 생각하죠. 통념으로는 구원이 헌신을 통해 이뤄지는데, 예를 들면 어머니가 옆에서 밤새워 떡을 썰어서 아들이 고시에 합격했다는 식입니다. 그런데 현실이 과연 그렇습니까. 나쁜 놈이 배가 불러서 함부로 거리에 버린 빵을 굶어 죽어가는 사람이 주워 먹고 살아날 수도 있는 거죠. 그런 맥락에서 저는 선의의 거짓말로 집으로 돌아온다는 모티브가 좋았어요. 그러다보니 이 영화의 앞부분은 일종의 신화 같은 것이 되어도 된다고 생각했어요. 그러니까 예언이 존재해도 된다고 보았던 거죠.

LEE 확실히, 감독님 영화는 좋은 것과 나쁜 것에 대한 이분법적 사고를 경계하고 있습니다. 아까 제목에 대한 질문에서도 말씀드렸듯, 서로 모순되는 것들이 연결되면서 전혀 다른 의미를 만들어낸다고 할까요.

HONG 그렇습니다. 인간의 사고는 논리적이고 일관적이고자 하는 성향을 갖고 있죠. 일반론을 빨리 갖고 싶어 하고, 한번 그 일반론을 알았다고 생각하면 끝까지 그걸로 가고 싶어 하구요. 그러다보니 그런 일반론에 맞지 않는 사례를 만나면 쓸데없이 너무 많이 고통 받으면서 살게 되는 것 같습니다. 어려서부터 습관적으로 받아들인 통념이나 이미지가 괜히 삶을 힘들게 하는게 아닐까요. 따져보면 삶에 주어진 것이 적지 않은데 그걸 즐기지 못하고 힘들어 하죠.

– 이제 뭐 뻔한 거지, 앞으로 벌어질 일이.

〈잘 알지도 못하면서〉에서 유준상이 전날 숙소에서 있었던 불상사의 파장에 대해 김태우에게 전화로 이야기

LEE 저는 그런 면에서 감독님의 영화세계에 일관해 흐르고 있는 과

제는 바로 통념과 싸워나가는 것이라는 생각을 해왔습니다.

HONG 그래요. 통념을 전부 다 알 수는 없겠지만, 인간의 삶을 억제하는 통념은 깨부숴야 한다는 겁니다. 통념을 구성하는 논리가 삶의 실체를 소화시키기에 얼마나 부족한 것인가를 제 영화가 느끼게 해주었으면 좋겠어요. 예를 들어, 〈오! 수정〉에서 서로 다른 기억을 대비해 보여줬던 것 역시 그런 의도에서였습니다. 굉장히 사랑하는 사람들이 뜨거웠던 시절을 회상해도 그 기억이 어긋나는 게 있을 수 있다고 생각한 거죠. 그걸 영화로 보여주면 기억이라는 것 자체도 그리 못 믿을 거란 생각을 하게 될 테니, 겸손해질 수 있다는 겁니다. 남들뿐 아니라 자기 자신까지 속박하는 온갖 틀거리들의 실체를 보게 되면, 우리 스스로가 좀더 편해지고 또 좀더 재미있게 살 수 있지 않을까요.

– 자기가 나한테 하는 것, 너무 감동적이고 좋은데,
어떤 때는 또 새까맣게 의심이 가고 많이 힘들어요.

〈밤과 낮〉에서 박은혜가 자신을 열렬히 사랑하는 김영호에게

LEE 감독님의 영화는 사람들이 갖고 있는 확신을 경계합니다.

HONG 저는 영화를 만들 때 인물이든 스토리든, 언뜻 보기에 서로 모순되는 쌍을 그 속에 집어넣는 것 같습니다. 이렇게 하는 이유는 사람들이 너무 쉽게 삶에 대해서 정리한 뒤 안다고 말하기 때문입니다. 삶 앞에서 겸손하지 못하고, 스스로 간단히 결론을 내린 후 닫아버리는 거죠. 그렇게 되면 그 다음은 실행하는 것만이 남겠죠. 인생이 뭐다, 나는 뭐다, 그렇게 확신하는 사람들에게는 이성에 대한 지나친 믿음이든 편견에의 함몰이든, 스스로 그렇다고 믿고 싶은 자신의 모습과 달리 실제로는 모순된 모습이 들어 있어요. 저는 그런 것들을 영화에 넣어 스토리 속에서 모이도록 하는 거죠. 관객들은 그

런 제 영화를 보면서 의미화를 하겠지요. 어떤 사람들에게는 그 의미가 뭉게구름처럼 떠다닐 수도 있을 거예요. 저는 그런 게 좋아요. 감독에 의해 딱 떨어진 의미가 주어지는 게 아니라, 각자의 필요에 따라 각자의 처지에서 의미화하는 거죠. 저는 제 영화를 통해서 사람들이 지나치게 편협하면서도 오만하게 견지해 왔던 모든 믿음에 대해 태도적으로 의심하게 되었으면 좋겠어요.

– 미리 다 정해서 들어가면 그게 다 뻔한 것뿐이 안 나와.
과정이 틀려먹었으니깐 아무리 머리를 짜내도 이미
다 한 것들이 나오는 거야. 이미 상투가 되어버린 것들인데,
그런 상투가 예술에선 악이야. 최악.
예술의 유일한 존재 이유는 감각적으로 새로운 세상의 존재를
드러내는 거야. 정말로 모르고 들어가야 돼.

〈잘 알지도 못하면서〉에서 화가인 문창길이 학생들 앞에서 자신의 예술관에 대해 피력

LEE 〈잘 알지도 못하면서〉에서 감독인 경남(김태우)과 화가인 천수(문창길)가 자신의 예술관에 대해 강의하듯 길게 내뱉는 각각의 말들은 감독님의 예술관과 어느 정도 합치하는 것으로 보입니다.

HONG 그런 견해는 견해대로 사용가치가 분명히 있어요. 다만 제가 거기에 완전히 빠져 있지는 않다는 거죠. 그런 말들을 사용은 하되, 제 자신이 사용할 때가 있기도 하고 아닐 때가 있기도 하니까 그걸 영화를 통해서 얘기해도 되는 거예요. 예전 같으면 너무 가까워서 불편하게 느껴질 수도 있었던 부분에 대해서, 이젠 그걸 떨어져 쳐다볼 수 있는 거리감이 생긴 듯해요.

LEE 그런 발언들이 감독님의 생각을 100퍼센트 대변한다고 느끼면 영화 속 대사로 쓰지 못하시는 거죠?

HONG 거기에 함몰되면 거북해지죠. 그 대사들을 통해 표현되는 것들

이 제게 도움을 주는 생각일 수도 있고 사용가치가 있는 생각이기도 하지만, 거기에 완전히 빠져 있지 않으니까 사용할 수 있는 거예요.

– 영화감독이 아니라 철학자시네요.

〈잘 알지도 못하면서〉에서 여학생이 김태우의 말을 듣다가 냉소하면서

– 진짜 선배님은 천재이신 거 같아요.

〈잘 알지도 못하면서〉에서 여학생이 문창길의 말을 듣다가 감탄하면서

LEE 극중에서 긴 대사로 강변되는 경남의 예술관과 천수의 예술관은 사실상 거의 동일합니다. 그런데도 그걸 듣고 있는 동일한 여학생은 두 사람의 말에 대해서 전혀 다른 반응을 보이죠.
HONG 결국 같은 말인데도 불구하고 구경남에 대해서는 감독이 아니라 철학자라고 놀리듯 말하고, 노화가에 대해서는 천재라고 감탄하죠. 그런 게 재미있어요.

– 영화 보면 다 알아요. 감독님이 어떤 사람인지.
– 어떤 사람인데요?
– 그런 거 물어보면 안 되지. 그걸 모를 거라고 생각하나 봐.

〈잘 알지도 못하면서〉에서 정유미가 남편 공형진의 선배인 감독 김태우를 처음 만난 자리에서

LEE 〈잘 알지도 못하면서〉에서 경남은 다른 사람들로부터 통념에 의해 쉽게 재단됩니다. 실제 삶에서도 감독님에 대해 이런 태도를 보이는 사람들과 마주친 적이 있으시죠?
HONG 비슷한 일을 겪은 적은 있을 거예요.

LEE 그럴 때면 속으로 '잘 알지도 못하면서' 라고 하시나요?(웃음)
HONG 그랬던 때도 있었겠죠. 그렇게 저를 단정하는 질문을 하는 사람과 맞닥뜨리게 되면 저는 그 사람이 왜 그런 질문을 하는지에 대해 생각을 많이 해요. '무슨 생각을 갖고 사는 사람이기에, 저 사람은 뭐에 꽂혔기에, 뭐가 급하기에 저런 질문을 하나' 싶은 거죠.

– 그 사람 욕할 거 없어요, 당신은.

〈잘 알지도 못하면서〉에서 김태우가 뒤늦게 전날 있었던 이야기를 듣고서
다른 사람을 욕하는 것을 엄지원이 나무라면서

LEE 극 중에서 경남은 자신을 잘 알지도 못하는 사람들의 통념에 의한 희생물이 되지만, 동시에 그 자신 역시 남들에 대해서 똑같이 쉽게 판단하며 편견의 주체가 되기도 합니다. 예를 들어 고국장(유준상)이 술자리에서 학생들에게 이런저런 이야기를 늘어놓을 때 구경남은 내레이션을 통해 "학생들 인기 관리에 철저한 사람이다"라고 못을 박고 있지요.
HONG 우리가 그런 데서 벗어나지 못하죠. 어떤 사안이나 인물에 대해 사람들의 생각이 극단적으로 다를 때조차 크게 보면 그 모든 생각이 통념이라는 하나의 카테고리 안에 다 들어가 있어요. 의견이든 대안이든 절충안이든, 못 벗어나는 거죠.

– 정말로 몰라서 들어가야 하고, 그 과정이 정말로 발견하는 과정이어야 합니다. 제가 컨트롤하는 게 아니라 과정이 나로 하여금 계속 뭔가를 발견하게 하고, 저는 그냥 그거를 수렴하고 하나의 덩어리로 만드는 것뿐입니다.

〈잘 알지도 못하면서〉에서 김태우가 강의 후 질문을 받고

자신의 창작 방식에 대해서 설명

LEE 〈잘 알지도 못하면서〉라는 제목은 결국 이 영화에서 두 가지 의미가 있는 것으로 보입니다. 하나는 극중 상황이 드러내듯, '남에 대해서 함부로 말하지 말자' 입니다. 또 하나는 보다 더 근본적으로, 감독님의 영화적 방법론 자체를 말해 준다는 것이죠. 어떤 이야기나 인물에 접근해 영화를 만들 때, 너무 잘 알지도(혹은 너무 잘 안다고 생각하지도) 않고, 그렇다고 전혀 모르지도 않는 것들을 채택해서, 조심스럽게 다가가고 관찰함으로써 완성해나가는 방식을 사용하시니까요.

HONG 무엇인가를 다 안다고 생각하면, 새로운 지점끼리 만나는 접촉면이 존재할 수가 없어요. (영화를 만드는) 작업이란 다름 아닌 과정이죠. 다루게 될 것을 다 알지 못하는 채로 직감적인 재료를 사용해서 끝까지 가보는 거예요. 책상에 앉았을 때 탁 떠오르는 것을 그대로 표현해내고 싶지는 않아요. 그건 선생님이 교과서에서 암기하라는 것을 그대로 외워서 시험 답안지에 쓰는 것과 똑같아요. 어느 날 예기치 않게 지는 노을을 보게 되면 놀랍잖아요? 그런 체험이 살아있는 경험이죠. 모름지기 과정은 그래야 한다는 생각이 제게 있어요. 이미 알고 있는 것을 재연하거나 그걸 미화시켜서 표현하는 것은 무의미해요. 과정을 통해 잘 모르는 것에 대해 채워나가야 한다는 거죠.

– 저, 드릴 말씀이 있습니다.

〈잘 알지도 못하면서〉에서 하정우가 고현정의 정사 현장을 목격한 뒤

그녀의 남편인 문창길에게 전화를 걸어서

LEE 이전 작품들에 비해서 〈잘 알지도 못하면서〉는 상대적으로 발언하고 싶어 하는 영화라는 인상입니다.

HONG 그렇지는 않아요. 그건 극중에서 특강을 하는 설정이기 때문일 뿐이죠. 저는 말하는 게 아니라 보여주는 것으로 만들었는데 디테일이 그렇게 나온 거예요. 그게 우연인지 이 영화에만 해당되는 것인지 알 수 없지만, 어쨌든 〈잘 알지도 못하면서〉에서는 그렇게 떠들어도 괜찮다고 생각했어요. 사실 그렇게 피력되는 예술관이 대단히 특별한 이야기도 아니라 그냥 일반적인 얘기죠. 그렇기에 또 대사로도 쓸 수 있는 거죠.

– 딱 아는 만큼만 안다고 해요.

〈잘 알지도 못하면서〉에서 고현정이 자신에 대해 함부로 이야기하는 김태우를 제지하면서

LEE 감독님 자신도 고순(고현정)의 대사처럼, 사람들이 아는 이야기만 하고 모르는 이야기에는 침묵했으면 좋겠다고 느끼십니까.

HONG 진짜 어려운 일이지만 그럴 수 있으면 서로 참 좋죠. 내가 지금 잘 모른다는 사실을 스스로 알고 있으면 서로에게 정말 좋을 거예요.

– 어디까지 가세요?
– 아무 데도 안 가요.

〈강원도의 힘〉에서 오윤홍이 기차 역 앞에서 호객하는 택시기사에게 퉁명스럽게

LEE 이번에는 마지막 장면에 대해 질문하겠습니다. 일반적으로 감독님의 영화들은 망연자실한 상태 혹은 이러지도 저러지도 못하는 상황에 놓여 있는 인물을 보여주면서 끝나는 경우가 많습니다. 인물이 어디로 가야 하는지 자체를 모르는 경우라고 할까요. 〈돼지가 우물

에 빠진 날〉에서 애인인 효섭(김의성)이 살해당했다는 사실도 모르는 채, 연락이 닿지 않아 애태우던 보경(이응경)은 아침에 신문지를 바닥에 하나씩 펴놓고 베란다로 나가서 밖을 내다봅니다. 〈생활의 발견〉에서 경수(김상경)는 집에서 나오지 않는 선영(추상미)을 문 앞에서 비를 맞으며 처량하게 기다리다가 돌아섭니다. 〈여자는 남자의 미래다〉에서 문호(유지태)는 학생과의 부적절한 관계가 폭로될까봐 전전긍긍하는 마음으로 밤거리에서 택시를 기다립니다. 〈극장전〉이나 〈강원도의 힘〉 역시 라스트신의 느낌이 이와 유사하죠. 이처럼 문제는 해결되지 않은 상태고, 인물은 그 한가운데서 위태롭게 대롱대롱 매달린 상황으로 끝맺는 결말은 감독님이 인간을 보는 시선을 그대로 함축하고 있는 듯합니다. 〈오! 수정〉에서 수정(이은주)이 탄 케이블카가 허공에서 아슬아슬하게 멈춰선 장면이 그런 느낌을 고스란히 요약하고 있다고 할까요.

HONG 싫든 좋든, 인물이 사람들의 통념과 상투성 아래서 사는 모습을 보여줘야 한다고 생각합니다. 제게는 그게 사실성의 문제입니다. 감독으로서 미래에 제가 어떤 지점에 도달하면, 정말로 긍정할 수 있는 인물을 그려내려고 할 수도 있을 것 같습니다. 그런데 그렇게 된다 해도 저는 조심할 것 같아요. 왜냐하면 설혹 제가 그 지점에 도달했다고 해도 그걸 영화적으로 잘 표현할 수 있을까의 문제가 있거든요. 그리고 그게 다른 사람들에게도 맞아 들어갈 수 있는 방법인지에 대해서도 불확실하고요. 그럴 때 현 시점에서 중요한 것은 통념 자체가 갖는 허구성을 보는 훈련이 필요하다는 겁니다. 상투성 속에서 허우적대는 인물의 모순을 보여줌으로써, 그것을 믿어왔던 우리의 사고방식 등에 대해 자문하도록 하는 게 의미가 있다고 생각하는 거죠. 그래서 마지막 장면에서 주인공이 매달린 상태로 끝나는 것은 그런 인물의 상태를 보여주는 의미를 지닙니다. 나중에는 어떻게 바뀔지 모르지만, 현재는 그렇습니다.

LEE 감독님 영화는 확실히 첫 쇼트는 짧고 가벼운데 마지막 쇼트는 상대적으로 길고 무거운 느낌이 있습니다.

HONG 처음에는 빨리 이야기 속으로 들어가야 하니까 바쁘고, 마지막에는 끝이 아까워서 머뭇거리는 건가요? (웃음)

– 집에 가실래요? 너무 멀리 왔어요.

〈생활의 발견〉에서 김상경이 술에 취해 밤거리를 함께 헤매던 예지원에게 떠보듯 제안

LEE 〈밤과 낮〉을 보고 나오면서 제일 먼저 든 생각은 '드디어 홍상수 감독의 오디세이가 집으로 돌아갔네'란 것이었습니다. 감독님 영화들을 흥미진진하게 쭈욱 보아온 관객 입장에서 〈밤과 낮〉의 결말은 자못 흥미롭습니다. 일종의 로드무비 같은 감독님 영화들 속 인물들은 그리스 신화 속 오디세이를 떠올리게 하는 경우가 많은데, 이전과 달리 〈밤과 낮〉에서는 이 인물이 아내 페넬로페가 있는 고향인 이타케 섬으로 마침내 돌아간 후 끝을 맺지요. 홍상수의 인물이 어쨌든 서성이지 않고 집으로 돌아오는 것으로 영화가 끝난다는 것은 대단히 주목할 만한 엔딩이라고 느꼈습니다. 물론 그 귀환은 반쪽의 안식만을 주는 결말이고, 기이한 꿈 장면에서 알 수 있듯 불안과 신경증을 배태한 상태입니다. 하지만 감독님 영화에서 그것이 가지는 의미를 생각할 때, 귀가했다는 사실 자체만으로도 이전과 다른 긍정적 의미를 지닌다고 볼 수 있을 것 같습니다. 여덟 번째 영화인 〈밤과 낮〉의 라스트신을 통해 감독님 필모그래피에서 영화적 구두점 중 하나가 찍혔다는 느낌도 들고요.

HONG 〈밤과 낮〉을 통해 현재의 제 상태로서 할 수 있는 귀가는 시킨 거죠. 주인공 성남이 집으로 돌아와서 아내와 합쳐졌는데 그 둘의 진심이 영원까지 가는 것이라고 말할 수 있는 건 아니겠지만요. 돌아왔지만 적어도 그런 어두운 꿈을 꾸는 정도까지는 보여줘야 했던 것 같습니다.

– 자긴 이제 재미 봤죠? 그럼 이제 그만. 뚝.
이제 집에 가세요. 집에 가서 쉬세요.

〈극장전〉에서 엄지원이 병원 앞에서 우연히 다시 만난 김상경과 헤어지면서

LEE 〈밤과 낮〉에서 인물을 귀가시킨다는 생각은 분명히 처음부터 가지셨던 거죠?

HONG 그럼요. 영화를 시작할 때부터 가장 중요한 모티브였죠.

– 이리로 가면 바다입니까?
– 그래.
– 얼마나 가야 바다가 나옵니까?
– 몰라. 한 오백 미터쯤 될걸?
– 저, 그럼 다녀오겠습니다.

〈잘 알지도 못하면서〉에서 김태우가 문창길의 시골집에 놀러갔다가 갑자기 바다를 보고 싶다면서

LEE 〈해변의 여인〉의 엔딩과 비슷한 느낌이 있는 〈잘 알지도 못하면서〉의 라스트신도 흥미로웠습니다. 이 작품은 전체적으로 전반부와 후반부가 대비되는 구성을 갖고 있는데, 제천에서의 일을 다루는 전반부의 마지막 쇼트는 현희(엄지원)가 떠나고 난 후 혼자 남겨져 담배를 피우는 경남(김태우)을 카메라가 비추다가 왼쪽으로 서서히 패닝(수평이동)해 비가 내리고 있는 호수를 보여줍니다. 제주에서의 사건을 그리는 후반부의 마지막 쇼트는 해변에서 대화를 마치고 떠나가는 고순(고현정)의 뒷모습을 경남의 시점 쇼트로 비추다가 오른쪽으로 서서히 패닝해 바다를 보여주고요. 이 두 장면의 대비가 상당히 인상적이던데요.

HONG 전반부 제천의 호수는 땅에 물이 갇혀 있는 형상이죠. 반면에

후반부 제주는 물(바다)에 땅(섬)이 갇혀 있는 양상이고요. 게다가 둘 다 '제' 자로 시작되는 곳이기도 하죠.(웃음)

LEE 그냥 느낌으로 작업하신다면서, 그런 의미까지 구체적으로 다 생각하시네요.(웃음)

HONG 그런 건 재미로 하는 거죠.(웃음)

LEE 왜 전반부의 끝에서는 자연을 보여주기 직전에 남겨진 사람을 보여주는데, 후반부의 마지막에서는 떠나는 사람을 보여주셨나요.

HONG 전반부만으로는 아직 이야기가 안 끝났으니까 주인공을 계속 보여주는 거죠. 반면에 정말로 이야기가 끝나는 후반부 마지막 부분에서는 주인공의 시선으로 떠나가는 사람을 비춰주고 싶었어요. 사실 지금의 라스트 쇼트 이후에 쓸 수 있을까 해서 이미지 쇼트로 구경남의 모습을 하나 더 찍어놓기는 했어요. 경남이 얕은 바닷물에 누워 있는 장면이었죠. 그런데 찍으면서도 그 쇼트는 최종 편집본에 넣지 않을 것 같다는 예감이 있었어요. 아니나 다를까, 막상 찍어놓고도 편집에서 그 장면을 빼게 되더군요.(웃음) 저는 지금처럼 끝나는 것이 훨씬 더 좋다고 봤어요.

LEE 이전에도 그렇게 마지막에 쓸 수 있는 쇼트를 찍어놓고도 버린 경우가 있었습니까.

HONG 〈생활의 발견〉 때 그런 일이 있었어요. 그때도 주인공 경수(김상경)가 선영(추상미)의 집에서 나오는 장면을 찍고 그걸로 끝이라고 느끼면서도 이미지 쇼트를 하나 더 촬영했다가 결국 안 썼거든요. 점집 앞 골목을 사람 가슴 높이로 낮게 뜬 경수가 가방을 가슴에 안은 채 비를 맞으면서 뱀처럼 천천히 날아가는 장면을 와이어를 써서 찍었죠.

LEE 감독님 영화에도 와이어 액션이 있었군요.(웃음) 그 장면을 보면 상당히 흥미로울 것 같은데 기왕 촬영하신 것, DVD 내실 때 디렉터스컷으로라도 포함시켜 보여주지 그러셨어요.

HONG 저는 디렉터스컷을 따로 내는 걸 별로 좋아하지 않거든요. 〈생활의 발견〉은 지금처럼 끝나는 게 훨씬 더 좋은 것 같아요.

– 날씨가 좋네요.
– 네, 정말 좋죠?

〈잘 알지도 못하면서〉에서 실로 오랜만에 재회한 김태우와 고현정이 어색하게 인사를 주고받으면서

LEE 〈잘 알지도 못하면서〉의 전반부 끝 장면에서는 비가 오는데 후반부 마지막 장면에서는 날씨가 맑습니다. 이건 일부러 대조적으로 표현한 것인지요. 보통 비 오는 풍경을 넣기 위해 인위적으로 비를 뿌려 찍는 경우가 많은데, 이 영화도 그랬습니까.

HONG 아니에요. 촬영하던 날, 비가 오기에 비 오는 상황으로 설정해서 찍었을 뿐입니다. 감독 생활을 하면서 그런 말을 무척 많이 들었는데, 제가 날씨 운이 정말 좋대요.(웃음)

LEE 날씨 운이 따라주면 제작비가 상당히 절약될 것 같기는 합니다.(웃음) 그렇다면 만일 후반부 마지막 부분을 찍을 무렵 비가 왔다면 그 장면은 맑은 날씨가 아닌 것으로 표현하셨겠네요?

HONG 당연하죠. 영화를 찍을 때 어떤 것은 처음 의도를 끝까지 고집해야 하지만, 또 어떤 것은 그냥 상황에 반응해서 찍으면 된다고 봐요. 어떤 것은 세세하게 주문하는 반면, 어떤 것은 굵은 것만 보고 가는 거죠. 날씨는 제게 별로 중요하지 않아요.

– 난 이제 서울에 가면 정신이 혼미해서 못 가겠어.
하루만 지나면 몸이 힘들어. 이제 여기서 눌러 살아야지, 뭐.
– 네, 여기 참 좋은 곳인 거 같습니다.
이런 데가 한국에 있다는 게 축복인 것 같습니다.

〈잘 알지도 못하면서〉에서 문창길이 자신의 시골집에 데리고 가자 김태우가 화답

LEE 〈잘 알지도 못하면서〉에 등장하는 로케이션들은 이제까지 다루신 공간 중 가장 시골스럽습니다. 사실 감독님 영화들 속 공간들은 무척 도회적이고, 설혹 도시를 떠난다고 해도 〈강원도의 힘〉이나 〈생활의 발견〉에서처럼 전형적인 관광지를 보여주는 경우가 많은데, 〈잘 알지도 못하면서〉는 이제까지의 세계와는 느낌이 상당히 다른 공간을 무대로 삼고 있으니까요. 구경남이 찾아가는 상용(공형진)과 천수(문창길)의 시골집들이 대표적이죠.

HONG 말씀하신 대로 〈강원도의 힘〉에서는 주인공이 관광지만 다니죠. 전형적인 관광지에서 관광하는 사람의 눈에 포착되는 것들을 통해 그 인물의 내부를 이야기하려고 했던 거니까요. 그런데 이젠 주인공이 다른 사람들의 집을 찾아가는 거죠. 그들은 자신의 집에서 이전까지와 완전히 다른 새 삶을 살고 있다고 말한다는 점에서 공통점을 갖고 있는데, 이젠 남이 가장 중요하다고 생각하는 이야기를 주인공이 듣거나 거기에 대해 깊게 반응할 수 있는 거죠. 제 이전 영화들에서는 주인공이 남의 집에 들어갈 생각을 할 수 없었던 거예요. 그래서 서울 거리나 여관을 배회했던 겁니다.

LEE 〈밤과 낮〉에 이르러 드디어 주인공까지 귀가하도록 만드셨으니까 그게 가능해진 것 같습니다.

HONG 마지막까지 남게 되는 제일 어려운 과제 같은 게 있잖아요? 자신이 그때까지 굳건히 지니고 있던 통념을 의심해 보면서 타인에 대해 온전한 관심을 갖고 문제를 풀어보는 게 가장 중요한 게 아닌가 싶어요.

– 그런데 시간이 나시겠어요? 심사 일을 하면
보통 시간이 잘 안 나는데.

〈잘 알지도 못하면서〉에서 엄지원이 영화제 자원봉사자들에게
술을 사겠다고 빈말을 하는 김태우에게

LEE 감독님 영화에서 공간적 설정은 시간적 설정과 극명한 대조를 이룹니다. 주인공이 여행을 하는 상황을 통해 영화적 공간은 가급적 확장하는 경우가 많은데, 반대로 영화적 시간은 짧은 기간에 일어난 일로 최대한 축약합니다. 〈여자는 남자의 미래다〉나 〈잘 알지도 못하면서〉를 제외하면 인물의 전사前史가 다뤄지는 경우도 거의 없죠. 인물의 일대기는 아직까지 한 번도 그려내신 적이 없고요. 삶의 특정한 한 시기만 면도칼로 도려내듯 묘사한다고 할까요. 그렇게 감독님의 영화들은 시간적 변수는 최대한 배제하면서 공간적 변수는 증폭시키는 가운데 펼쳐집니다.
HONG 저는 표면을 포착하거나 그에 대한 묘사를 통해서 뭔가를 하려는 사람이기 때문에 시간이 압축될수록 좋다고 봅니다. 극중 시간이 길어지면 표면 자체가 미세하게 변하는 것을 드러내기 어려워집니다. 시간이란 게 원래 오래 경과되면 변화를 가져오는 것이니까요. 그리고 극중에서 다루게 되는 시간이 길어지면 그 시간의 의미를 설명하려는 논리가 두드러지기 십상입니다. 그런데 사실 그런 논리는 또 하나의 강력한 상투거든요. 작품 속에서 그걸 깨려고 해봐야 또 다른 상투적 논리를 만들고 마는 결과에 그치기 쉽죠. 기껏해야 그 논리에 대한 반발 정도나 표현할 수 있을 것이고요. 시간이 압축되면 그렇게 할 필요가 없어요. 그 짧은 시간 안에서 표면의 조각들을 붙일 수가 있게 되는 거죠. 반면에 공간을 확장하는 이유는 제가 다루는 매체가 영화이기에 그런 듯해요. 예를 들어 연극과 비교하자면, 새롭게 펼쳐지는 공간 속에 들어간 인물들을 카메라로 담을 수 있다는 게 제가 영화를 좋아하는 이유 중 하나거든요. 이건 제 기질과도 관련이 있는 문제겠지요.

홍상수 감독은 특유의 어법으로 '말할 수 있는 것들'에 대해 꼼꼼히 답변했다.
그 과정에서 때로는 도표와 그림까지 동원됐다.

- 야, 저기 간다.
- 어떡할까. 한번 따라가볼까?
- 그래.

〈강원도의 힘〉에서 산길을 가다가 지나친 여자를 다시 마주친 후 뒤따라가자고 이야기하는 백종학과 친구

LEE 인물들이 겪는 사건을 교차시키기보다는, 특정 인물의 행로를 고스란히 따라가는 방식으로 이야기를 풀어내는 경우가 많습니다.

HONG 중심인물에 집중해서 따라다니는 거죠. 물론 이야기를 얼기설기 교차시키면서 인물들 사이를 오가는 방식으로 만들 수도 있을 거예요. 그렇지만 저는 그런 방식보다 한 사람을 축으로 삼아 쭈욱 진행하고, 그 다음에 다른 사람으로 쭈욱 가는 방법이 더 좋게 느껴져요. 인물 사이로 왔다 갔다 하면 변화가 주는 자극이나 쾌감 같은 게 생기기 마련인데, 그런 것들이 그리 좋게 느껴지지는 않아요. 그와 비슷하게 찍은 적도 있긴 있어요. 〈해변의 여인〉에서 문숙(고현정)이 산에 올라가는 장면에 중래(김승우)가 원고를 쓰는 장면을 교차한 적이 있었죠. 제가 그런 방식을 잘 쓰지 않아서 또렷이 기억나는데, 그 순간에는 (서로 다른 곳에 있는) 두 사람이 교차편집을 통해 한데 엉기도록 하고 싶었어요. 두 사람 모두에게 무척 중요한 순간이었기 때문입니다.

LEE 인물을 따라가는 방식을 택하시는 이유 중에는, 혹시 특정한 상황 속에 인물을 풀어놓고 어떤 일이 벌어지는지를 관찰하려 하는 의도도 있지 않습니까?

HONG 그럴 수도 있겠네요. 현실적으로 배우와 대화를 하고 그것을 통해 자극도 많이 받으려고 하니까요. 제 의도 자체가 세 사람을 동시에 다 보려 하는 것보다는 한 사람을 쫓아가면서 다른 것들도 보고자 하는 것이니까 그런 방식이 집중하기 편하지 않을까 싶어요. 지금 지적하신 부분도 충분히 말이 되는 것 같습니다.

– 지금 출발 예정인, 서울에서 전주 가시는 손님은 승차하시기 바랍니다.

〈돼지가 우물에 빠진 날〉의 첫부분에 나오는 고속버스 안내방송

LEE 감독님은 여행을 알리는 안내방송으로 영화 이력을 시작하셨습니다. 데뷔작 〈돼지가 우물에 빠진 날〉에서 본격적인 첫 장면이 펼쳐지기 전, 제일 먼저 어둠 속에서 흘러나오는 소리가 바로 서울에서 전주로 가는 고속버스 안내방송이었으니까요. 아닌 게 아니라, 이후 감독님 영화에서 여행은 매우 중요한 모티브가 되었습니다. 대부분의 영화가 로드무비적인 성격을 가지고 있고, 아예 주인공이 여행을 떠나면서 영화가 시작되는 작품이 전체의 절반이나 되지요. 〈오! 수정〉이나 〈극장전〉 정도를 예외로 꼽을 수 있을 텐데, 영화 속에서 왜 인물들이 여행하도록 하시는지요. 왜 '이곳'이 아니라 '이곳이 아닌 곳'을 택하십니까.

HONG 그 점에 대해서 스스로 생각해 본 적이 없는 것 같네요. 지금 굳이 생각해 보니, 인물이 생활하는 공간에서 찍게 되면, 그 사람이 생활을 하기 위해 억지로 유지해야 하는 많은 기억들을 다뤄야 하기 때문이 아닌가 싶어요. 왜 그런 것들이 있잖아요? 직장 생활을 더 쉽게 하기 위해서 오늘쯤 한번 상사에게 아첨을 해야겠다든지, 와이프에게 오래도록 못해줬으니까 내일은 한번 자야겠다든지, 그런 생각들이 작용하는 공간이라는 거죠.(웃음) 그런 것들이 일상 속에 가득 차 있기에 영화로 옮기기에는 좀 답답한 느낌이 있어요. 그걸 골고루 묘사하기에는 무리가 있고, 다 보여주려고 하면 영화가 넘칠 것 같죠. 여행을 가게 되면 그런 통념의 짓누름이 옅어져서 좀 편해요. 그렇기에 오히려 그 안에서 통념이 작동하는 모양을 보여주기에 더 적당하다는 느낌도 있어요. 물론 생활공간에서 인물이 통념에 짓눌린 모습을 보여줄 수도 있겠지요. 그런데 그렇게 하면 덩어리가 너무 미세해지고, 같은 이야기를 해도 표현 강도가 떨어질 것 같아요.

결국 영화 속에서 여행을 끌어들이는 것은 영화로 다뤄야 할 덩어리가 어느 정도의 굵기를 갖고 있으면서도 통념의 무게는 덜한 공간에서 오히려 통념이 작동하는 것을 보여주고 싶어서인 것 같습니다.

– 여행? 어디로 가려고? 강릉? 그럼 너랑 나랑 둘만 가는 거고?

〈강원도의 힘〉에서 백종학이 후배와 전화 통화를 하면서

LEE 그런데 제게 유독 흥미로운 것은, 그 여행을 둘이 하는 경우가 많은데, 그 둘이 서로 이성이 아니라 동성이고, 대부분 같은 나이의 친구가 아니라 선후배 사이라는 점입니다. 〈강원도의 힘〉〈여자는 남자의 미래다〉〈해변의 여인〉 같은 작품들이 그런 예를 단적으로 보여줍니다. 한마디로 '선후배 사이인 동성들끼리 떠나서 이성을 만나는 여행을 다루는 로드무비'인 경우가 많다고 할까요. 〈잘 알지도 못하면서〉나 〈생활의 발견〉에서도 주인공이 여행 가서 우연히 만나게 되어 그 집에까지 따라가는 인물들은 선배 아니면 후배죠. 왜 인물들의 관계가 같은 나이의 친구가 아니라 선후배 사이인 걸까요.

HONG 그 지적도 참 재미있네요. 저도 제가 그렇게 하는지 몰랐어요.(웃음) 질문을 받고 지금 비로소 생각을 해보니, 처음 떠오르는 것이 제게 동년배 친구가 거의 없다는 사실입니다. 가까이 지내는 사람들은 대부분 영화 일을 하면서 생기게 되는 선배나 후배들인 것 같습니다. 저는 캐릭터나 이야기를 만들 때 제가 경험했던 것에서 시작하려고 합니다. 조금이라도 아는 분야나 인물을 택해서 그로부터 영화를 풀어나가려는 경향이 있어요. 그러다보니 인물 관계도 선후배 사이가 많아지는 것 같습니다.

강원도의 힘

개봉 1998년 4월 4일
출연 백종학 오윤홍 김유석 전재헌
상영시간 108분

CINEMA REVIEW

BOOMERANG INTERVIEW

지숙은 친구들과 함께 강원도로 여행을 간다. 민박을 안내해 준 경찰관과의 술자리에서 취한 지숙은 친구와 심한 말다툼을 한다. 짧은 여행을 끝내고 서울로 돌아온 지숙은 시간이 흐른 후 경찰관인 그 남자를 만나기 위해 다시 홀로 강원도로 떠난다. 제자인 지숙과 연인 사이인 상권 역시 후배인 재완과 함께 강원도로 떠난다.

〈강원도의 힘〉에서 가장 뛰어난 것은 리듬이다. 홍상수 감독은 이 두 번째 작품에서 영화 전체의 흐름으로부터 구체적인 디테일의 운율까지를 한 손에 장악함으로써, 비범한 데뷔작 〈돼지가 우물에 빠진 날〉의 성과에서 다시 한 걸음 더 나아갔다.
이를테면 같은 시간과 같은 공간에서 펼쳐지는 두 번의 여정을 엇갈리듯 슬쩍 겹쳐놓는 (이후의 작품들에서 홍상수식 구조의 핵심 뼈대를 이루게 될) 대구의 구조는 이 산문시 같은 영화에서 외형률을 이룬다. 그리고 물고기나 '눈이 예쁜 여자'처럼 특정 에피소드에 반복적으로 등장하는 갖가지 디테일과 이미지들은 크고 작은 의미망을 유기적으로 촘촘히 연결하는 내재율이 된다. 홍상수 감독은 〈돼지가 우물에 빠진 날〉과 〈강원도의 힘〉이라는 단 두 편의 영화만으로 한국의 작가주의를 대표하는 인물이 되었다.
이미 잘 알려진 기존 연기자들의 알려지지 않은 얼굴을 드러내는 데 주력했던 데뷔작의 배우 활용법과 달리, 홍상수 감독은 〈강원도의 힘〉에서 연기 경험이 거의 없는 배우들을 주연으로 발탁한 뒤 일반적인 방식과 전혀 다른 느낌의 연기를 펼치도록 한다. 이러한 배우 활용법은 극적인 사건을 배제한 채 느슨하고 완만하게 펼쳐지는 극의 흐름과 더불어 이 영화를 가장 다큐멘터리에 가까운 홍상수 영화가 되게 했다.

여기서 인물을 다루는 감독의 방식은 흡사 인류학자의 태도를 떠올리게 한다. 이 작품 속에서 디테일의 사실성은 생생하다 못해 비린내가 풍길 정도다. 일례로 네 명의 남자와 한 명의 여자가 모인 술자리에서 교수들이 음담패설을 늘어놓는 장면은 여유로운 웃음으로 위장한 남성의 공격성과 애매한 웃음으로 감춘 여성의 방어본능을 실감나게 스케치한다. 108분 동안 단 한 차례도 움직이지 않은 채, 펼쳐지는 상황을 그저 물끄러미 바라보기만 하는 카메라는 결국 스크린을 쳐다보는 관객 각자의 삶을 되비쳐내는 거울이 된다.
홍상수 감독은 〈돼지가 우물에 빠진 날〉에서 선명하게 드러냈던 자신의 스타일을 〈강원도의 힘〉을 통해 좀더 극단적으로 밀고 나갔다. 설명 따위는 거두절미하고 곧장 에피소드 속으로 뛰어드는 각 신들은 마치 접속사와 형용사와 부사가 등장하지 않는 영화적 문장을 보는 듯하다. 인물들은 강원도로 여행을 떠나서도 서울의 뻔한 일상을 반복한다. 요약된 스토리에서 풍겨 나오는 느낌과 달리 치정과 갈등과 상처는 그저 표피에만 머물 뿐, 여전히 그들은 적당히 한눈팔고 또 적당히 아파하다가 아무것도 달라지지 않은 기존의 삶으로 맥없이 복귀한다. 그리고 마침내 상권과 지숙이 다시 만나는 이 영화만의 징글징글한 클라이맥스! 정말이지, 당신은 탄식하지 않을 수 없을 것이다.

– 너 한번 춘천에 놀러와. 우리 옛날에 추억이 많잖아.
내가 여기서 다 알아서 해줄 테니까 그냥 내려오기만 해.
– 형, 고맙다. 다음에 갈게요. 그럼. 진짜루.

〈생활의 발견〉에서 춘천에 사는 선배가 한번 내려오라고 전화하자 건성으로 답하는 김상경

LEE 동년배 친구 사이와 달리 선후배 사이에서는, 특히 한국에서는, 이른바 위계 같은 게 성립하게 됩니다. 감독님이 선후배 사이를 자주 그리는 이유에는 그런 것까지 복합적으로 다루면 흥미롭겠다는 의도가 작용하기 때문인 것도 있지 않을까요.

HONG 그렇겠죠. 영화를 위해 인물들의 관계를 직감적으로 정할 때, 선후배 사이가 재미있겠다고 생각한 이유에는 분명히 그런 부분이 있을 겁니다.

– 마지막엔 가는 실로 모든 게 다 연결이 되어 있는 것 같은 걸 찾는데, 그게 잘 전달이 안 될 것 같아.

〈해변의 여인〉에서 감독인 김승우가 구상 중인 작품의 종결부에 대해서 고현정과 김태우에게 설명하며

LEE 감독님 영화에서는 구조가 무척이나 중요한 역할을 합니다. 그중에서도 〈강원도의 힘〉 〈오! 수정〉 〈생활의 발견〉 〈극장전〉 〈해변의 여인〉 〈잘 알지도 못하면서〉 등 대칭적인 구조를 지닌 작품들이 특히 많지요. 〈오! 수정〉처럼 상대적으로 조밀할 때도 있고 〈생활의 발견〉처럼 상대적으로 느슨할 때도 있지만, 극중 인물이나 상황의 대칭이 작품 전체의 굵은 뼈대를 이루면서 의미를 만들어내는 방식은 유사합니다. 마치 종이를 반으로 접은 것처럼 전반부와 후반부가 겹쳐지며 서로를 떠올리게 하는 구조라고 할까요. 이처럼 공간이나 시간 혹은 캐릭터를 대칭 구조로 그려내는 방법을 선호하는 이유는 무

엇인가요.

HONG 장르영화의 틀을 차용하면 따라붙는 게 너무 많아서, 감독으로서는 그에 맞서 싸우든가 아니면 거기에 흡수되든가 둘 중 하나가 되고 말죠. 그런데 설혹 장르 속으로 뛰어들어 거기에 반발하는 영화를 만드는 게 의미 있다고 해도 그저 한 번이나 그렇게 할 수 있을 뿐이지, 그걸 두 번 이상 계속 되풀이할 수는 없잖아요? 그래서 저는 장르영화의 틀을 차용하는 두 가지 방식 모두에 관심이 없고 아예 다른 틀이 필요한 거예요. 하지만 제가 영화를 만들 때 가만히 앉아서 구조를 먼저 고안하는 것은 아닙니다. 저는 그냥 특정한 상황을 떠올린 뒤 그걸 부풀려나가는 방식으로 영화를 만드는데, 그러다보면 그 과정에서 형식이 자연히 함께 떠오르게 되더군요. 그렇게 하고 나면 그 형식이 주로 대칭 구조가 돼요. 대칭이 가장 단순하면서도 여러 가지를 구사할 수 있는 구조라서 자연스레 그렇게 되는 것 같아요.

– 젓가락 그렇게 잡아요?
– 네.
– 하나는 안 움직이게 이렇게 고정하는 거거든요?

〈오! 수정〉에서 이은주에게 젓가락 사용법을 가르치는 정보석

LEE 감독님의 초기 영화는 카메라 움직임이 극도로 적습니다. 〈돼지가 우물에 빠진 날〉은 데뷔작이었기에, 영화 외적인 이유로 스타일이 감독님 의도대로 온전히 통제된 경우가 아닌 듯하기에 예외로 하겠습니다. 두 번째 영화 〈강원도의 힘〉에서 카메라는 단 한 번도 움직이지 않습니다. 세 번째 영화인 〈오! 수정〉부터 네 번째 영화 〈생활의 발견〉, 다섯 번째 영화 〈여자는 남자의 미래다〉까지는 이동 카메라 쇼트가 없지는 않지만, 역시 거의 대부분 고정 카메라로 찍혔습

니다. 그러다 여섯 번째 영화 〈극장전〉부터 카메라 워크가 달라지기 시작했습니다. 이동 쇼트로 시작하는 이 영화는 첫 쇼트부터 줌을 쓰는 등 상대적으로 카메라의 움직임을 많이 허용하고 있으니까요. 줌을 자주 활용하고 카메라를 상대적으로 많이 움직이는 경향은 최근작인 〈해변의 여인〉과 〈밤과 낮〉 〈잘 알지도 못하면서〉까지 이어지고 있습니다. 카메라를 다루는 방식이 이렇게 달라진 것은 어떤 이유 때문입니까. 이야기의 특성에 따라 거기에 맞춰 카메라 워크를 달리하시는 건가요, 아니면 카메라에 대한 감독님의 생각 자체가 변하고 있는 건가요.

HONG 둘 다 맞는 이야기입니다. 저는 한 작품을 만들 때 늘 열심히 하려고 하지만, 뭔가 덩어리 자체가 변하는 것에 대해서는 시간을 두고 기다리는 편인 것 같아요. 변화의 계기가 꽉 차 오를 때까지 기다린다고 할까요. 초기 작품들에서 계속 고정 쇼트로 장면을 찍으면서도 움직임이나 카메라 앵글의 변화에 대한 욕구 같은 게 있었는데, 그렇게 할 수 있을 때까지 묵묵히 기다렸던 거죠. 사실 다섯 번째 영화인 〈여자는 남자의 미래다〉를 찍을 때 속으로 줌을 쓸 거라고 생각했는데, 결국 안 썼거든요? 기다리다가 물이 차면 그 다음 항아리로 옮겨가듯, 결국 그 다음 작품인 〈극장전〉에서부터 그렇게 한 거죠. 대답을 하다보니, 말씀하신 것 중에서는 후자 쪽이 더 맞는 것 같습니다. 저는 그렇게 카메라에 대한 태도가 천천히 변해왔다고 생각해요.

– 아이, 그건 좀 다른데.

〈잘 알지도 못하면서〉에서 김태우가 파티장에서 만난 여배우의 말을 부인

LEE 모든 장면이 예외 없이 고정 카메라에 담겼던 초기작 〈강원도의 힘〉을 지금 다시 찍는다면 형식적으로 완전히 다른 영화가 나오겠죠?

HONG 그럴 거예요. 한 작품의 형식이라는 것은 카메라의 움직임을 포함해 모든 요소가 유기적으로 결합해서 통으로 나오는 것이고, 그걸 찍었을 당시의 '나'라는 사람에게서 나오는 것이니까요. 시각이 변화했으니 형식도 당연히 바뀌겠지요.

LEE 개인적으로 특히 〈강원도의 힘〉을 감독님이 다시 찍는다면 어떻게 바뀔지가 무척 궁금합니다.

HONG 저도 그런 생각을 했어요. 다른 배우들을 캐스팅해서 다른 형식으로 〈강원도의 힘〉을 다시금 찍어보면 어떨까 싶었죠. 여타 작품들에 대해서는 그런 생각이 안 드는데 유독 그 영화는 그렇게 해보고 싶은 생각이 들더라고요. 그런데 제가 진짜로 그런 영화를 만들면 사람들이 욕할 것 같아요.(웃음)

– 여기 너무 어둡지 않아?
– 아니야, 니들이 몰라서 그래.
여기서 보면 느낌이 얼마나 신비로운데.

〈강원도의 힘〉에서 오윤홍과 친구의 사진을 찍어주던 또 다른 친구가 오윤홍의 물음에 대답

LEE 카메라를 어디에 둘 것이냐의 문제는 어떤가요. 감독님은 특정 장면을 찍을 때 어떤 위치에 카메라를 두십니까.

HONG 제게 가장 좋아 보이는 앵글을 직관적으로 택합니다. 제 생각에 아름다운 앵글은, 관객 입장에서 보았을 때 이전에 보았던 영화나 사진을 떠올리지 않게 하는 앵글입니다. 그러면서 동시에 다루고 있는 요소들이 압축적이고 경제적인 앵글이 제게 가장 아름답게 보여요. 의도하지 않았더라도 지나치게 예뻐서 관객으로서는 예전에 본 장면이 환기되는 경우가 있어요. 이전 영화의 장면을 환기시킨다는 것 자체가 관객의 기억에서 특정하게 건드리는 감정이 있다는 거죠. 저는 그런 게 싫은 겁니다. 그 속에 아무것도 없고, 무언가를 환

기시키지 않는 앵글이 좋은 앵글이라고 생각합니다.

LEE 루이스 부누엘이 멕시코에서 〈나자린〉을 찍을 때의 에피소드를 읽었던 게 기억납니다. 어느 날 부누엘이 조금 늦게 촬영장에 도착했더니, 카메라 기사가 멋지게 구도를 잡아놓고 의기양양해서 기다리고 있었다지요. 그러자 부누엘은 그 카메라를 180도로 돌려서 아무것도 없는 황야를 향하게 하고 영화를 찍었다고 합니다. 아마도 부누엘은 소위 예쁘고 멋진 구도가 가진 상투성을 혐오한 것이겠죠. 감독님의 경우도 그와 상통하는 것 같습니다.

HONG 앵글은 예쁠수록 나쁘죠. 그 장면을 보는 관객에게 뭔가를 덧씌우는 것이니까요.

– 물에 들어가고 싶으세요? 수영하세요, 그럼.

– 아뇨. 개구리가 있어서요.

〈잘 알지도 못하면서〉에서 파티장 옆의 수영장을 계속 쳐다보는 영화감독 김태우에게 영화제 프로그래머 엄지원이 말을 걸어오자, 김태우가 물 위에 떠 있는 개구리에 대해 언급

LEE 〈잘 알지도 못하면서〉는 내용과 형식 모두 감독님의 작품 중 가장 직접화법에 가까운 영화로 보입니다. 카메라의 움직임이나 편집 방식에서 이런 성향이 또렷이 드러납니다. 이 작품에서 카메라는 한 신이 끝났을 때 카메라가 그때까지 다루던 인물로부터 시선을 서서히 돌려서 커트 없이 주변의 동물이나 자연을 한 쇼트 안에 담아내면서 마무리하는 방식을 애용합니다. 예전 작품들에서는 그렇게 하지 않으셨죠. 예를 들어서 〈생활의 발견〉의 전반부에서 세 인물이 춘천의 호텔 식당 야외 테이블에서 식사를 하는 장면은 먼 산의 구름을 비추면서 마무리됩니다. 하지만 그 신에서 먼 산의 구름은 따로 찍힌 쇼트로서 편집에 의해 연결되어 있습니다. 반면에 〈잘 알지도 못하면서〉에서는 개구리가 필사적으로 헤엄치는 모습이나 애벌레가 꿈틀거리며 기어

가는 모습, 전반부의 마지막 장면인 비 내리는 호수의 모습이나 후반부의 끝 장면인 바다의 모습이 따로 커트되지 않은 채 카메라가 이동해 비춤으로써 담겨집니다. 이런 부분들은 그 신에서 그때까지 보았던 인물들의 행동이나 사건에 대한 매우 직접적인 코멘트처럼 여겨지죠. 자연을 빌어서 인간사의 그 모든 격정과 혼란이 얼마나 부질없는 것인가에 대해 촌평하는 것 같다고 할까요.

HONG 역시 저는 이렇게밖에 말하지 못하겠어요. 그냥 그걸 보여주고 싶었던 거죠.(웃음) 풀장에서 헤엄치는 개구리를 등장시키게 된 것은 그전의 대사에서 '개구리가 올챙이 시절을 기억 못한다'는 내용이 언급되는 것과도 관련이 있고요. 일단 그 개구리가 너무 예쁘더라고요.(웃음) 수영장 옆에서 열리는 파티 장면을 찍으려던 날, 어느 스태프가 개구리를 발견했어요. 물가 바로 앞에서 정말 예쁜 개구리가 빤히 쳐다보고 있더라고요. 그냥 그놈을 찍고 싶어 즉석에서 대사까지 바꿨어요. 애벌레의 경우도 그날 아침에 대사를 쓰고 있는데 스태프 한 명이 잎사귀에 붙은 벌레를 가져와서 보여주더라고요. 역시 진짜 예뻐서(!) 장면 속에 넣기로 했죠. 그 장면들에서는 관념이든 이미지든, 인간사의 꽉 막힌 한쪽으로만 보는 인물과 그 반대편의 믿음을 가진 인물이 서로 소란을 피우고 있는 셈인데, 그때 동물이든 호수와 바다든 갑자기 쓰윽 보여주면 그 자연의 모습이 어떤 수렴을 하게 되어 있어요. 자연自然이라는 것은 그 한자의 뜻이 그러하듯, 스스로 있는 존재니까요. 인간들이 야단법석을 떠는 걸 계속 보여주다가 그게 어떤 것이든 자연의 모습을 보여주면 수렴 효과가 생긴다는 겁니다. 그럴 때 예민한 사람은 자신을 가두고 있는 틀이 보이기도 해요. 저는 일상에서도 자연에서도 그런 느낌을 많이 받아요. 호수나 바다를 보게 되면 아무 말이 없는데도 모든 것을 빨아들이는 듯 시원한 느낌이 있잖아요. 꾸물거리는 애벌레나 필사적으로 헤엄치는 개구리를 놓고 구체적인 해석이 가능하다는 것을 알지만, 제가 그런 모습을 담는 것은 구체적인 상징으로 정하고 쓴다기보다는 이제까지 말씀드린 그런 맥락에서의 뜻이 더 강한 것 같아요. 상징이라는 것도 시각의 또다른 깔때기(굴레)거든요. 답답해요.

LEE 롱쇼트(멀리찍기)의 고정 카메라로 그런 자연과 동물을 찍을 때와 카메라를 패닝하거나 줌 인해서 찍을 때의 느낌은 전혀 다릅니다. 후자의 경우 카메라가 이동해 집중하는 대상을 관객들에게 보라고 요구하는 셈이니까요. 관객들에게 무엇을 보아야 할지를 구체적이고도 인위적으로 제시하는 카메라워크라고 할까요. 그런 의미에서 저는 〈잘 알지도 못하면서〉가 감독님 영화들 중 가장 적극적이고 직접적으로 카메라를 쓴 경우라고 생각하는데요.

HONG 귀엽잖아요. 그렇게 하면 귀여운데.(웃음)

- 글을 아직도 원고지에 쓰세요?
- 전 원고지에 써야 잘 써집니다.

〈돼지가 우물에 빠진 날〉에서 출판사 편집장의 질문에 소설가인 김의성이 대답

LEE 〈해변의 여인〉까지 필름으로 영화를 찍는 방식을 고수하셨습니다. 그러다 〈밤과 낮〉에서는 처음으로 디지털로 촬영하시게 됐죠. 이어진 〈잘 알지도 못하면서〉도 디지털로 찍으셨고요. 디지털로 하면 제작비가 많이 절감되기도 하는데, 그전까지 필름을 고집하신 데에는 어떤 이유가 있으셨나요.

HONG 맨 처음 공부를 할 때 저는 영화라는 미디어를 일종의 물건처럼 여기면서 시작한 것 같아요. 카메라라는 물건, 녹음기라는 물건, 필름이란 물건으로요. 그 과정에서 사람이 이 물건들로 무엇을 할 수 있나 많이 생각했어요. 영화를 배우는 학생 때는 필름을 조금 뜯어서 오래 만지작거리기도 했어요. 그 안에 영상이 들어가는 게 신기하기도 했고요. 그러면서 필름 자체에 대한 애정을 갖게 된 것 같습니다. 필름이 스크래치도 생기고 불안정하기도 한 물질임에도 불

구하고요. 그래서 그냥 웬만하면 거기에 머물고 싶었어요. 디지털 작업과 필름 작업을 비교해 본 적도 없었고, 비교할 근거도 없었죠. 막연히 필름을 좋아한 겁니다. 그러다 점점 제작비를 줄여야 하는 상황이 되어서 몇 년 전부터는 '언젠간 디지털로 강요받겠구나' 싶었죠. 그래도 '그러면 그때 가서 잘해보지, 뭐'라는 마음이었어요.

LEE 그 시기가 예상보다 더 일찍 다가왔습니까.

HONG 일찍도 아니었죠. 그냥 현실로 받아들였어요.

LEE 디지털로 작업해 보니 필름으로 찍을 때와 어떤 점이 다르던가요.

HONG 〈밤과 낮〉을 찍으면서 디지털의 특성을 활용해 보자는 생각을 안 하기로 했어요. 그냥 필름으로 찍을 때와 똑같은 마음으로 촬영했죠. 디지털에 대해 별 생각이 없었어요. 필름의 경우 수시로 롤을 갈아 끼워야 하는데 디지털은 그럴 필요가 없으니까 여러 번 반복해 촬영할 때 편하기는 하더라고요. 배우가 줄무늬 옷을 입으면 화면에 약간 울렁이는 느낌이 있어서 조심하는 정도였죠. 그런 것들은 아주 작은 거예요. 내가 뭘 찍고 있느냐만 생각했을 뿐, 디지털 자체에 대한 생각은 거의 안하고 찍었습니다. 그건 〈잘 알지도 못하면서〉도 마찬가지였습니다.

- 지금 틀게 될 DVD는 영화제 때 견본으로 보낸 거라
  화면에 계속해서 글씨가 나옵니다.

〈잘 알지도 못하면서〉에서 영화감독인 김태우가 자신의 작품을 강의장에서 상영하기에 앞서 양해를 구하며

LEE 자막을 애용하시는 편입니다. 〈오! 수정〉 때부터 자막을 쓰고 계신데, 〈생활의 발견〉에서는 이후에 펼쳐질 내용을 소제목 자막으로 미리 요약하는 방식을 쓰셨죠. 〈밤과 낮〉에서는 일기의 형식을 자막으로 적극 도입하셨고요.

HONG 자막을 다양하게 활용하는 이유는 형식적인 것에 대한 호기심 때문입니다. '이 덩어리를 이 형식으로 하면 어떨까' 하고 생각해 보는 거지요. 〈생활의 발견〉에서는 말씀하신 그대로의 맥락으로 자막을 썼어요. 곧 펼쳐질 내용을 미리 요약해 글자로 보여주면 좋을 것 같다는 생각이었죠. 제가 바라는 느낌을 말로 설명하기는 좀 어려운데, 이를테면 맛 같은 것을 상상하게 하는 효과랄까요. 자막을 쓰는 방식에서 가끔씩 트위스트(변화)도 주고요. 미리 자막으로 제시하면, 아직 보지 못한 일을 앞서서 공식화하는 느낌이잖아요? 신전 위에 뭔가를 올리듯이 말이죠. 그러나 그 일어날 일이라는 게 결국 자질구레한 내용이잖아요? 그런 내용을 대통령 취임처럼 중요한 듯 말하는 게 재미있게 느껴졌어요.(웃음)

– 명숙이 경수에게 사랑한다고 말하다

〈생활의 발견〉에서의 소제목 자막

LEE 그런데 〈생활의 발견〉에는 이후에 묘사되지 않는 내용을 적은 자막도 있습니다. '명숙이 경수에게 사랑한다고 말하다'라는 소제목 자막의 경우, 이후에 펼쳐지는 챕터에 명숙이 경수에게 사랑한다고 말하는 장면이 들어 있지 않으니까요. 조금 전 '트위스트'란 말을 쓰셨는데, 이같은 변칙적인 자막 활용을 지칭하는 건가요?

HONG 맞아요. 자막으로 매 장면을 정확히 요약하는 것 같다가 한 번 안 하는 거죠.(웃음) 이 영화의 마지막 챕터도 트위스트죠. '경수가 회전문의 뱀을 떠올리다'라는 그 자막은 경수가 선영의 집 앞에서 비를 맞으며 기다리다가 회전문 전설을 떠올린다는 내용을 담고 있는데, 사실 그건 경수의 내면을 글로 풀어쓴 거라서 다른 자막의 방식과 완전히 다르잖아요? 그 영화는 내레이션이 없기에 사실 그 자막이 없으면 관객은 알 수가 없는 내용이죠.

수정은 영화감독이 되고 싶어 하는 PD 영수와 함께 일하는 방송작가. 어느 날 수정이 영수의 후배인 재력가 재훈과 만나게 된 후, 둘 사이에 연애가 시작된다. 하루라도 빨리 육체적 관계를 가지려고 서두르는 영수와 가급적 그 순간을 늦추려 하는 수정은 끝없이 밀고 당기기를 반복한다.

〈오! 수정〉에서 홍상수 감독의 미학적인 야심은 극에 달했다. 대구의 모티브를 차용하면서도 느슨하게 구조화된 전작 〈강원도의 힘〉과 달리, 〈오! 수정〉은 기하학적이라고 말해도 좋을 정도로 꽉 짜인 구성을 갖고 있다.
이 영화는 두 개의 프롤로그와 하나의 에필로그를 포함해서 모두 5부로 구성되어 있지만, 영수가 회상하는 전반부와 수정이 떠올리는 후반부의 대칭적인 내용이 극의 대부분을 차지하고 있다. 카페에서 떨어뜨린 것이 포크냐 스푼이냐 하는 사소한 차이에서부터 키스 상대가 누구였는지에 관한 중대한 불일치까지 두 사람의 기억이 서로 엇갈리는 광경을, 기계적인 대조 방식을 경계하면서도 정밀하고 흥미롭게 비교하며 그려낸다.

인물을 다루는 방식도 이전 두 작품과 큰 차이점을 보인다. 〈돼지가 우물에 빠진 날〉과 〈강원도의 힘〉이 흡사 인물을 서서히 증발시켜가는 듯한 방식으로 만들어진 작품들이라고 말할 수 있는 데 반해서, 〈오! 수정〉은 선명하게 캐릭터를 직조해낸 영화에 가깝다. 이는 이 영화에 동참한 세 주연배우의 연기 방식과도 상관이 있고, 동시에 텍스트를 일종의 우화처럼 다루고 있는 감독의 태도와도 관련이 있다. 그 결과 이 영화의 카메라는 〈강원도의 힘〉에 비해 덜 완고하고, 피사체를 향해서도 좀더 가까이 다가선다. 대사의 비중도 극대화됐다. 〈오! 수정〉이 흑백영화라는 사실도 이와 무관하지 않다. 덕분에 인물을 둘러싼 콘텍스트로서의 배경의 영향력을 최대한 거세한 뒤, 캐릭터에 집중할 수 있게 됐으니까.
이 영화에서 처음으로 여유를 내비치는 듯한 홍상수 감독은 실수와 허위투성이인 피조물들을 가끔씩 쓰다듬으며 귀여워해주고 있는 것처럼 보인다. 음악을 담당한 옥길성의 따뜻하고 동화적인 건반의 선율 역시 이런 느낌을 강화한다.
그러나 유머의 양과 질이 전에 없이 커졌음에도 불구하고, 여전히 〈오! 수정〉에는 냉기가 흘러넘친다. 연애에 빠진 두 남녀가 짧은 시간 함께 내밀하게 공유해 온 기억조차 곳곳에서 균열을 드러낼 때, 사랑은 오직 조각과 껍질로만 존재할 뿐이다.
기억에서조차 오인되고 왜곡되며 소외되는 주체들을 그려내는 이유는 명백하다. 홍상수는 우리가 당연하다고 믿어온 그 모든 근거를 흔들어온 감독이다. 그리고 기억은 개인의 정체성을 이루는 핵심 재료다. 그러니 홍상수는 우리 스스로 과대평가하고 있는 정체성의 허약한 토대를 공격하기 위해 그 뼈대를 이루는 기억의 메커니즘을 난도질하고 있는 것이다.

'짝만 찾으면 만사형통'이라는 부제가 붙어 있는 이 영화의 마지막 부분에서 재훈과 수정은 마침내 '결합'에 성공한 뒤 서로 미소 지으며 사랑을 고백한다. 그러나 이 표면적인 '해피엔드'는 짝을 찾아도 결코 만사형통할 수 없다는 점에서 결코 '해피'하지도 않고, '엔드'의 구두점을 내려찍지도 못한다. 그 장면에서 남자는 지킬 수 없는 약속을 했고, 여자는 말할 수 없는 비밀을 삼켰다. 그들의 달콤한 연애담이 놓인 곳은 이 영화 속의 장면들에서처럼, '쩍' 소리를 내며 갈라지는 살얼음판이거나 고장 나서 허공에 대롱대롱 매달린 케이블카 안일뿐이다.

– 어쩌면 우연
– 어쩌면 의도

〈오! 수정〉의 자막

LEE 같은 자막이라도 영화에 따라 쓰임새가 전혀 다릅니다. 〈생활의 발견〉이 대체적으로 각 챕터의 내용을 무미건조하게 충실히 요약하는 방식을 따른다면, 〈오! 수정〉의 자막은 그 펼쳐질 내용을 해석하는 하나의 시각을 제공합니다. 〈오! 수정〉에서 재훈(정보석)의 기억을 다룬 전반부에는 '어쩌면 우연'이란 자막이, 수정(이은주)의 기억을 다룬 후반부에는 '어쩌면 의도'란 자막이 달려 있는데, 이 두 자막은 각각의 부분을 관객이 받아들일 때 일종의 강력한 가이드 역할을 하게 되지요.
HONG 그렇습니다. 〈오! 수정〉에서 그런 방식으로 자막을 썼으니, 다음 작품인 〈생활의 발견〉에서는 좀 다르게도 해보는 거죠. 〈오! 수정〉에서는 자막으로 그렇게 정리해 주는 느낌이 확실히 있어요. 영화는 흔히 행동으로 표현되어야 한다는 말이 있잖아요? 많은 영화들이 그 원칙을 따르는데, 그런 원칙을 따르는 것 같은 부분과 우리가 일상에서 접하는 말을 영화에서 접할 때 환기되는 여러 가지 것을 한 작품에서 같이 쓰고 싶은 마음이 있는 듯해요.

– 아무도 따라오지 않았다.

〈극장전〉에서 자살 기도 실패 후 가족과 다투다가 정말로 죽어버리겠다고 충동적으로 아파트 옥상에 간 후, 멈칫거리며 뒤를 돌아보는 이기우의 내레이션

LEE 〈극장전〉에서 처음 내레이션을 쓰셨습니다. 〈밤과 낮〉과 〈잘 알지도 못하면서〉에서는 내레이션이 더 큰 비중으로 사용되었고요. 최근작 네 편 중 세 편에서 내레이션 형식을 채택하신 셈입니다. 예전

에 안 쓰던 내레이션을 쓰게 된 것 역시 카메라 워크의 변화처럼 자연스럽게 변해온 결과인가요?

HONG 그것도 설명하기가 어려워요. 그냥 쓰고 싶었어요. 누구를 만났는데 갑자기 떠올라서 뭘 하자고 할 수도 있잖아요? 그런 생각은 원래부터 갖고 있었던 것이 아니라 누구를 만나서 떠오른 것이구요. 〈극장전〉과 〈밤과 낮〉을 찍을 때 갑자기 그렇게 내레이션을 사용해야겠다는 생각이 떠오르더라고요.

– 가방에 뭐가 있나 보자.
– 별거 없어.

〈잘 알지도 못하면서〉에서 마을 남자들이 김태우의 가방을 뒤지면서

LEE 〈잘 알지도 못하면서〉는 〈생활의 발견〉과 이야기 구조가 흡사합니다. 영화 쪽 일에 종사하는 주인공이 며칠을 사이에 두고 두 곳을 여행하면서 겪는 일들을 그리고 있으니까요. 그런데 〈생활의 발견〉에는 내레이션이 없고 〈잘 알지도 못하면서〉에는 있습니다.

HONG 그건 그저 어느 날부터 제가 영화를 찍으면서 줌을 쓰고 싶어진 것과 마찬가지예요. 전혀 생각을 통해 나온 결론이 아니거든요.

– 저리로 가실 수 있겠어요?
– 네.

〈잘 알지도 못하면서〉에서 고현정이 청소를 하다가 앉아 있던 김태우에게 비켜줄 것을 부탁

LEE 저는 그런 변화가 우연이 아니라는 추측이 생깁니다. 초기작들에서 내레이션을 쓰지 않으셨던 것은 소재나 인물에 너무 밀착하는

것을 경계하셨기 때문인 것 같거든요. 그런데 이제는 그런 대상들에 대해 감독님이 이미 심리적으로 거리감을 확보하고 계시기에 내레이션을 써도 무방하다고 느끼는 게 아닐까요. 인물에 훨씬 더 가까이 다가갈 수 있는 줌을 쓰시게 된 것도 마찬가지라고 여겨집니다. 감독님은 〈극장전〉에서부터 줌을 쓰고 있는데, 그 영화에서부터 죄책감이라든지 변화에의 갈망 같은, 이전과 다른 인물들의 심리가 묘사되고 있으니까요. 말하자면 내레이션을 자주 쓰시게 된 것이나 줌을 활용하시게 된 것이, 다뤄지는 이야기나 인물에 대한 거리 확보의 자신감이 생겼기에 가능해졌다는 생각입니다.

HONG 듣고 보니 충분히 그렇게 볼 수도 있겠네요. 그런데 실제로 아침에 그날 촬영할 대사들을 쓰다 보면 내레이션을 쓰는 게 재미있게 느껴지기도 했어요.

LEE 내레이션에 재미를 느끼시는 것 자체가 그런 변화와 밀접한 관련이 있는 게 아닐까요.(웃음)

HONG 분명히 뭔가가 있겠죠. 그러나 제가 제 작품을 따로 분석하는 것은 아니니까요.(웃음)

- 우리나라 땅이 좁다고 하지만,
  저기 저 산 하나만 해도 얼마나 크니?
  저 산 안에 사람들 완전히 가득 채우면 얼마나 들어갈까?
  한 백만 안 들어가겠어? 그러면 저런 산 오십 개만 있으면
  우리나라 인구가 다 들어가는 거네.

〈강원도의 힘〉에서 백종학이 먼 산을 가리키면서 후배에게

LEE 가끔씩 기상천외한 대사들과 마주칠 때가 있습니다. 〈강원도의 힘〉에서 백종학이 먼 산을 가리키면서 황당한 상상을 늘어놓을 때가 대표적이죠. 이런 대사들은 대체 어떻게 쓰시는 건가요?(웃음)

HONG 제가 그냥 흰소리 할 때가 자주 있어요. 썰렁한 유머를 일상에서도 가끔씩 하는데, 하도 바보 같은 말들이라서 남들이 들으면 어이없어 하죠. 그런 성향에서 나온 대사들이 아닌가 싶네요.(웃음)

LEE 길고도 엉뚱한 이런 대사들을 통해 영화에 어떤 느낌을 부여하고 싶으신 건가요.

HONG 〈강원도의 힘〉은 압축된 느낌을 추구하지 않았어요. 일종의 느슨한 다큐멘터리 같은 영화를 만들려고 했죠. 두 남자가 할 일 없이 심심하게 이곳저곳 다니는 여정을 담고 있잖아요? 그래서 그런 템포나 그런 식의 대사가 그 영화에 어울린다고 생각한 것 같아요. 그 영화에서 두 사람이 돌멩이로 나무를 맞추는 게임을 열심히 하는 장면도 마찬가지겠죠. 반면에 〈오! 수정〉은 디테일 하나하나가 어디선가 만나서 맞춰지거나, 서로 부딪쳐 어긋날 거란 생각을 하면서 만든 영화죠. 〈강원도의 힘〉은 표면적으로 무척 느슨한 느낌인데, 그게 나중에 보면 장소적으로 겹쳐지는 식으로 만들었어요. 그러려면 장면 하나만 봤을 때는 다큐멘터리처럼 좀 심심하게 가야 한다고 생각했을 거예요.

– 경수야, 우리 사람 되는 거 힘들어.
힘들지만 우리, 괴물은 되지 말자. 응?

〈생활의 발견〉에서 자기가 챙겨야 할 몫을 확실하게 챙겨가는 김상경에게 선배가

LEE 감독님 영화 중 가장 유명한 대사는 〈생활의 발견〉에 나오는 위의 말이 아닌가 싶습니다. 극 초반에 이 말을 선배로부터 들었던 경수(김상경)는 춘천에 가서 다른 선배에게 이 대사를 자기의 말처럼 고스란히 옮기기도 하지요. 이 인상적인 대사는 어떻게 쓰신 겁니까.

HONG 그건 그 당시에 제가 술자리에서 비슷하게 하고 다녔던 말이에요. 〈생활의 발견〉을 완성하고 나서는 다시는 그 말을 안 썼죠. 영화

에 써놓고 나서 감독이 그 말을 직접 하면 너무 웃길 테니까요.(웃음)

LEE 그때는 그런 무시무시한 말을 왜 하셨어요?(웃음)

HONG 의미 그대로예요. 사람 되기 힘들다, 그렇다고 괴물이 되지는 말자.(웃음)

LEE 그 말을 들은 사람들의 반응은 어땠습니까.

HONG 뭐, 기대치가 너무 높지 않으니까 편하게 듣는 거 같더라고요.(웃음) 그래도 괴물까지 타락하지는 말자고 하니까 '그 정도는 긴장하자'란 생각들을 했을 거예요.

LEE 주로 스태프들에게 그 말을 하셨군요?

HONG 그렇죠.(웃음)

– 몸을 깨끗이 하려고 한 사람씩 샤워를 했다.

〈극장전〉에서 엄지원과 함께 동반자살을 기도하기 전의 상황에 대해 언급하는 이기우의 내레이션

LEE 작품에서 두 개의 장면이 서로 부분적으로 겹치는 디졸브dissolve를 쓰지 않으십니다. 장면들이 하나씩 차례로 나오도록 편집으로 깨끗이 자르는 느낌이랄까요. 반면에 암전으로 장면 사이에 일종의 휴지부를 두는 경우는 많습니다. 특히 〈돼지가 우물에 빠진 날〉에서 〈생활의 발견〉에 이르는 초기 4편의 영화에는 모두 암전이 들어 있지요.

HONG 디졸브는 〈돼지가 우물에 빠진 날〉 때 보경(이응경)이 버스를 타고 친구 집에 가는 과정에서 한 번 쓴 적이 있어요.

LEE 저도 기억나는데, 디졸브를 딱 한 번 예외적으로 쓰신 것은 그 영화에서 보경이 아니라 남편 동우(박진성)가 지방 출장을 떠나는 버스 장면에서였던 것 같은데요.

HONG 제 기억으로는 보경의 장면인 것 같아요. (인터뷰를 마치고 돌아

와 확인해 보니 그 두 장면 모두에 디졸브가 쓰였다. 동우가 버스를 타고 출장을 떠나는 장면에서 두 차례, 보경이 버스를 타고 친구 집으로 가는 장면에서 한 차례, 각각 디졸브가 사용되었다.) 그런데 디졸브를 만들어내려면 필름이 한 번 더 돌아야 하잖아요? 그게 별로 맘에 들지 않았어요. 앞과 뒤의 장면이 긴 편이니까, 단 몇 초의 디졸브를 만들어내기 위해 두 장면을 다 돌려야 한다는 것이 성가시더라고요. 요즘은 컴퓨터로 현장에서 편집하지만, 그때는 디졸브를 만들어내기가 조금 까다로웠죠. 디졸브를 거의 쓰지 않았던 것은 그런 성가신 마음 때문이었어요. 당장 결과물을 볼 수 없는 것이나 기다려야 하는 게 싫었던 겁니다. 디졸브 자체는 재미있는 효과인 것 같습니다. 언젠가 한번 해보고 싶어요. 그리고 말씀하신 대로 간결함이랄까, 컷과 컷이 똑 떨어지는 것을 제가 기본적으로 좋아하기도 하구요. 디졸브를 쓰게 되면 컷의 맛이 없잖아요?

– 선생님, 여기 웬일이세요?
– 아까 나랑 같이 있던 사람들 봤니?
– 아뇨.
– 그 사람들이 과거 쳐다보게 한 날이었거든.

〈여자는 남자의 미래다〉에서 학교 운동장에서 축구를 하던 제자들과 우연히 마주친 유지태

LEE 감독님은 영화 속에서 인물이 과거를 떠올리는 장면, 즉 플래시백flashback을 거의 쓰지 않습니다. 플래시백에 대해서는 어떤 생각을 가지고 계신가요.

HONG 좀 치사하게 설명하려는 방법이라고 생각해요.(웃음) 인물의 액션만으로 상황 전달을 못하니까 뒷얘기를 끌어들여 설명하려 한다거나, 그 사람 심리를 표현하지 못하니까 그 심리를 설명적인 그림으로 보여주려는 것이죠. 좀더 고민했으면 표현 방법이 나올 수도

있는데 그걸 못 찾은 사람이 궁하니까 플래시백을 쓰는 것 같다는 느낌이 있어요.(웃음)

- 일루 와 봐. 잘 있어. 기다릴 수 있지?
  내가 연락할 테니깐 꼭 잘 있어야 된다.
- 기다릴게. 연락해.
- 왜 울려고 그래, 바보같이.
- 알았어. 안 울게.
- 사랑해.
- 나도.

〈여자는 남자의 미래다〉에서 중국음식점에서 선배인 김태우와 술을 마시다가, 오래전 김태우가 공항에서 애인인 성현아와 이별하던 모습을 떠올리는 유지태

LEE 그런데 감독님이 이제까지 아홉 편의 영화를 만드시면서 플래시백을 쓴 영화가 딱 한 편 있습니다. 바로 〈여자는 남자의 미래다〉입니다. 그 작품의 중국음식점 음주 장면에서 헌준(김태우)과 문호(유지태)는 각각 선화(성현아)와의 과거를 플래시백으로 떠올리니까요. 플래시백에 대한 감독님의 평소 견해와 달리, 예외적으로 그 영화에서 플래시백을 사용하신 이유는 무엇인가요.

HONG 플래시백이 그 영화와 어울린다고 느꼈어요. 헌준과 문호는 그 장면에서 상대가 잠시 자리를 비웠을 때 중국음식점 창을 통해 바깥의 여자를 바라보다가 문득 선화를 떠올리는데, 그때 그 창이 바로 스크린 같은 것이죠. 중국음식점에서 술을 마시던 현재로부터 과거로 돌아가는 구조가 꽤 괜찮다고 느꼈어요. 일반적으로 플래시백을 쓰면 좀 궁해 보이는데, 그 장면에서는 플래시백이 딱 맞는 형식이란 생각이 들었던 거죠.

– 조금만 더 긴 호흡으로 기다리자.

〈강원도의 힘〉에서 오윤홍이 발견하고 지우는 아파트 계단 옆 벽의 낙서 글귀

LEE 〈여자는 남자의 미래다〉의 그 중국음식점 장면의 형식적 측면에 대해 좀더 질문하고 싶습니다. 그전에 일단 이 영화의 롱테이크에 대한 질문을 먼저 할게요. 〈여자는 남자의 미래다〉는 감독님 영화 중에서 쇼트의 수가 가장 적은 작품입니다. 영상이 따로 흐르지 않는 타이틀 시퀀스나 엔딩 시퀀스를 빼면, 이 영화의 쇼트 수는 단 50개에 불과합니다. 우선, 이 영화의 쇼트 수를 일부러 50개로 딱 맞추신 건 아니시죠?(웃음)

HONG 제가 그런 짓은 안 해요.(웃음) 그렇게 인위적으로 제약을 두어서 좋은 게 나오기 힘드니까요. 헌준과 문호가 선화의 술집 앞 계단에서 서로 기다릴 거냐고 계속 묻는 장면 같은 데서는 '기다린다'라는 말을 특정 숫자만큼 대사로 반복해서 써야겠다고 생각하긴 했어요. 그런 건 영화의 전체적 완성도와 상관없으니까 재미로 해도 되는 거죠. 〈밤과 낮〉에서는 유정(박은혜)이 성남(김영호)의 뺨을 거듭 때릴 때, 대사를 한 마디씩 하도록 했죠. 그건 영화에 도움이 될 것 같아서 인위적으로 제약을 가한 경우였어요. 이처럼 숫자 같은 걸로 맞춰두는 것은 아주 미세한 부분에서 나 혼자 장난하듯 살짝 넣는 것이지, 영화 전체에 큰 영향을 미칠 수 있는 요소에 대해 그렇게 할 수는 없어요. 그건 쓸데없는 장난이죠.(웃음)

LEE 빅토르 에리세가 〈벌집의 정령〉(1973)을 정확히 1,000개의 쇼트로 찍었다는 사실이 떠올라서 그냥 여쭤본 겁니다. 〈벌집의 정령〉은 실내 장면 쇼트 500개, 실외 장면 쇼트 500개로 되어 있거든요. 빅토르 에리세가 장난을 좀 심하게 하긴 했죠?(웃음) 그런데 요즘 대부분의 한국 영화는 편당 쇼트 수가 1,000개가 넘잖습니까. 2007년에 개봉했던 〈세븐 데이즈〉 같은 경우는 쇼트 수가 무려 4,000여 개까지 되지요. 감독님은 쇼트의 지속 시간이 긴 롱테이크를 선호하시는데,

그중에서도 특히 〈여자는 남자의 미래다〉의 쇼트 길이가 가장 길죠. 제가 이 영화 쇼트의 평균 길이를 계산해 봤어요.(웃음) 그랬더니 쇼트당 평균 지속 시간이 무려 1분 41초나 되던데요?

HONG 하나의 신 안에서 만드는 사람이 특정 앵글을 통해 집중해야 할 것을 보는 사람에게 정해서 알려주는 것보다는, 보는 사람의 시선이 좀더 자유롭게 움직일 수 있는 것이 더 좋다고 생각하기 때문에 롱테이크를 선호하죠. 사실 사람의 시선이라는 것이 하나의 신에서 모든 것을 다 볼 수는 없죠. 특정 대화 장면에서 감독은 A의 얼굴 표정이 더 중요하다고 생각해도 관객은 B의 얼굴 표정을 볼 수도 있지요. 롱테이크는 그렇게 감독의 의도와 달리 관객이 다른 곳에 집중하는 일이 생길 수도 있지만, 크게 보면 얻는 게 더 많은 방식인 것 같아요. 롱테이크로 찍으면 테이크의 지속 시간이 길어지면서 배우들 연기에서 창조적인 우연이 발생할 수 있는 확률이 커지죠. 감독도 의도하지 못했고 배우도 의도하지 않았던 무엇인가가 나올 수 있다는 거죠. 사실 롱테이크에서는 통제하지 못하는 수많은 것들이 발생하잖아요? 결국 롱테이크에서 카메라는 우연을 포함한 배우의 일회적인 연기를 포착하는 기계 같은 거예요. 그런데 만일 컷을 나눠서 찍으면, 감독이든 배우든 계속 반복할 수 있는 안전한 연기를 해야 한다는 강박 같은 게 생겨요. 혹시 다시 찍게 되면 같은 연기를 되풀이해야 하니까요. 연기에는 반복할 수 없는 게 훨씬 더 많아요. 한번 하면 그걸로 끝인 경우도 정말 많죠. 그런데 컷으로 나누게 되면 그걸 포착하기가 어렵다는 겁니다. 그리고 롱테이크를 선호하는 한 가지 이유를 더 들자면, 저는 기질적으로 공을 들여서 컷을 나눠가며 찍는 게 맞지 않기도 해요. 사실 저는 그 두 가지 이유 중 어느 것이 먼저인지도 잘 모르겠어요. 기질적으로 나눠 찍는 게 귀찮았기에 사후에 다른 좋은 이유를 발견해낸 것인지도 모르죠.(웃음)

LEE 유독 〈여자는 남자의 미래다〉에서 쇼트의 평균 지속 시간이 가장 길었던 이유가 있습니까.

HONG 하다보니 그렇게 됐어요. 의도는 아니었습니다.

– 저, 잠깐만요. 제가 영화 찍는 사람이거든요.
혹시 연기 같은 거 관심 있으세요?

〈여자는 남자의 미래다〉에서 함께 술을 마시던 유지태가
잠시 화장실에 간 사이에 중국음식점 여자 종업원에게 묻는 김태우

LEE 〈여자는 남자의 미래다〉에는 감독님 영화 중 지속 시간이 가장 긴 쇼트도 들어 있습니다. 바로 중국음식점에서 헌준(김태우)과 문호(유지태)가 함께 술을 마시면서 이런저런 이야기를 하는 장면인데요, 이 쇼트는 헌준의 플래시백이 나올 때까지 6분 4초나 컷 없이 한 호흡으로 찍혔습니다.

HONG 그렇게 긴가요?(웃음) 그렇게까지 긴 쇼트라고 생각 못했어요. 다른 장면들보다 좀 길다는 정도로만 생각했는데요.

LEE 헌준의 플래시백이 끝나고 중국음식점의 그 자리에서 다시 이어지는 쇼트의 길이는 정확히 5분입니다. 두 쇼트를 합치면 11분 4초를 딱 한 번 쉬고 그 자리에서 찍으신 거죠.

HONG 집어넣고 싶은 것들을 그냥 그 쇼트 안에 다 집어넣었던 겁니다. 지금 떠올려보니 배우들이 그 장면 찍고 나서 정말 길었다고 말했던 게 떠오르긴 하네요.(웃음) 아침에 받은 대사를 소화해서 그렇게 길게 연기하기가 힘들었겠죠.

LEE 그 쇼트를 특별히 길게 찍어야겠다고 생각하지는 않으셨다는 거죠?

HONG 그럼요. 다만 중국음식점 여자 종업원이 등장해서 대화를 나누는 모습을 그 속에 연결시켜야겠다는 생각은 있었어요. 그래서 길어진 거죠. 그걸 나눠서 찍긴 싫더라고요.

- 거기 사람들은 어때요?
- 솔직한 편이에요. 자기감정을 그대로 보여주니까요.

〈해변의 여인〉에서 독일 체류 경험담을 듣던 김승우가

독일인들의 성향에 대해 고현정에게 질문

LEE 한 영화에서 어떤 장면을 보여주거나 보여주지 않을지를 결정하는 기준은 무엇입니까.

HONG 그건 직관이죠. 한마디로는 말 못 해요. 직관이란 말 속에는 여러 가지 계산을 한꺼번에 한다는 뜻도 있죠. 여러 요소 간에 경중도 따지고 흐름도 따지면서 계산하는 것 같아요. 매우 여러 가지 요소가 상황에 따라 다르기 때문에 간단히 말할 수는 없어요.

- 일어났어요?
- 뭐 하나 봐요?
- 네. 김치찌개 좋아해요?
- 어떻게 알고 내가 제일 좋아하는 음식을 했어요?
- 그런데 선화씨, (어젯밤 일이) 기억이 안 나.

〈여자는 남자의 미래다〉 중 자신의 집에서 술에 취한 유지태와 관계를 가졌던

성현아가 다음날 아침식사를 준비하며 유지태에게

LEE 그러면 구체적으로 질문하겠습니다. 〈여자는 남자의 미래다〉의 후반부 선화 집 장면에서는 선화(성현아)와 헌준(김태우), 그리고 선화와 문호(유지태) 사이에 연이어 섹스가 이루어지는데 영화 속에서 그 장면들은 묘사되지 않고 암시만 됩니다. 그런데 이 영화의 전반부에서 선화와 헌준, 그리고 선화와 문호가 각각 육체관계를 가질 때는 그 장면들이 구체적으로 펼쳐졌죠. 왜 후반부에서는 그 장면들을 묘사하지 않으셨는지요.

HONG 선화의 집에서 있었던 섹스신은 그들이 섹스를 했다는 사실 자체가 중요하다고 보았기 때문이에요. 그 영화를 만들면서 선화 집에서의 섹스신을 직접 묘사하겠다는 생각은 한 번도 한 적이 없어요. 헌준과 자고 난 선화가 한밤중에 문을 열고 나와 물을 마시려다 문호를 만나서 잠시 오럴섹스를 한 뒤 다른 방으로 둘이 함께 들어가고, 거실의 개가 헌준이 있는 방으로 움직이면 헌준이 선화와 문호의 섹스에 대해 알게 된다는 설정이었는데, 저는 그 동선이 좋았던 거죠. 그 직후 다음날 아침이 되어 다시 문에서 문호가 나오는 모습까지의 리듬 말입니다. 각 문이 열리고 닫히면서 단계별로 방점이 찍히는 듯한 느낌이랄까요. 그 이후에 두 사람이 방 안에 들어가서 벌이는 섹스신은 안 봐도 다 알 것 같잖아요. 그 직전 밖에서 두 인물이 보여준 모습이 있으니까요. 그 방에서의 섹스신을 보여주려면 이전의 이미지와 질적인 변화가 있어야 하죠. 그래야 비교의 의미가 있을 테니까요. 그러나 그건 거실에서 두 사람이 오럴섹스를 쉽게 요구하고 또 응해주는 데서 이미 드러났다고 생각했기에 더이상은 안 보여주는 거죠. 다른 한편으로는, 문을 통해 들고나는 리듬을 깨고 싶지 않기도 했고요. 반면에 전반부 두 사람이 각각 회상하는 과거의 섹스신을 보여줬던 것은 그 장면이 두 남자가 어렸을 때 그 마음속에 깊숙이 각인된 이미지이기 때문입니다. 두 남자 모두 문제성이 그 이미지 안에 수렴되어 있는 경우였기에 보여줘야 한다고 판단한 거죠.

– 귀여워요.
– 그런 말 싫어요.

〈생활의 발견〉에서 처음으로 육체관계를 맺은 후 김상경이 귀엽다고 하자 싫다고 하는 예지원

LEE 말씀을 들으니 무척 흥미로워 질문을 추가하고 싶어집니다. 〈생

활의 발견〉을 보면서도 비슷한 의문을 가진 적이 있거든요. 그 영화의 전반부에서 경수(김상경)와 명숙(예지원)은 모텔에 들어가서 섹스를 합니다. 그러고 나서 침대에 누운 채로 귀엽다는 말을 포함해 이런저런 이야기를 나누다가 한 번 더 관계를 맺습니다. 이때 감독님은 그 두 번의 섹스신을 모두 묘사하셨습니다. 그런데 이와 유사한 후반부 장면에서는 다릅니다. 경수와 선영(추상미)이 호텔에 들어가서 두 번의 관계를 맺을 때, 두 번째 섹스는 암시만으로 끝이 나니까요. 일종의 대구對句를 이루고 있는 전반부와 후반부의 섹스신 묘사 방식을 달리 하신 것은 어떤 의도였는지 궁금합니다.

HONG 그 경우는 기억이 정확하게 나지는 않네요. 경수와 명숙의 섹스신에서 두 번째 섹스 장면을 넣은 것은 아마 그 두 번째 관계의 묘사를 통해서 새로 전달될 게 확실히 있었기 때문일 겁니다. 두 번의 섹스신이 겹쳐지는 것에 대한 호기심도 있었을 것 같고요. 경수와 선영의 섹스신은, 전반부 경수와 명숙의 섹스신과 같은 구도라는 것을 염두에 두었을 것 같아요. 동일한 구도의 장면에서 앞과 똑같이 반복하는 것에 대해 연출적으로 저항감 같은 게 있었을 거예요. 두 번째 섹스가 암시로 끝나고 장면이 바뀌면 선영이 혼자서 호텔을 떠나는 장면이잖아요? 제게는 호텔방을 떠나야 하는 여자의 뒷모습이 중요했던 거죠. 두 번째 섹스신에서 추가로 보여줄 건 없고 뒷모습이 더 중요했기에 건너뛴 겁니다.

– 너희들 안 춥니?
– 추워요. 선생님, 술 사주세요.
– 술? 무슨 술이야, 대낮부터.

〈여자는 남자의 미래다〉에서 유지태가 학교 운동장에서 축구를 하고 있던 제자들과 우연히 만나 대화

LEE 감독님 영화 속의 장면 중 빼놓을 수 없는 게 술자리 장면입니다. 거의 베드신만큼 자주 나오죠.(웃음) 세어보니, 아홉 편에서 모두 마흔두 번의 술자리가 펼쳐지는 것으로 파악되더군요. 그중에서도 〈잘 알지도 못하면서〉와 〈강원도의 힘〉에서 가장 많이 등장했습니다. 각각 아홉 번과 여덟 번 나오거든요. 전체 횟수가 42회보다 약간 적거나 많을 수도 있겠지만, 크게 다르지는 않을 겁니다. 이만하면 술자리 설정을 특별히 애용하신다고 해도 되겠죠?(웃음)

HONG 디테일이랄까, 에피소드랄까, 그런 영화적 살을 만드는 과정에서 자연히 술자리가 떠오르는 것 같습니다. 감독으로서 디테일은 짜내는 듯한 느낌으로 만들게 되는데, 사실적이고 재미있으며 의외로 여겨지는 것들을 짜내면 좋은 디테일이 되는 거죠. 지향점을 확실히 가진 채로 디테일을 짜낼 때 술자리가 무척 유용해지는 것 같습니다. 저는 디테일을 구상할 때 논리적인 추론으로 만들지 않아요. 특정 상황을 염두에 두면, 순서와 상관없이 디테일이 제게 막 오는 거죠. 좀 모호하지만 이렇게 표현할 수밖에 없어요. 그렇게 콘텍스트와 상관없이 떠오르는 디테일들을 취사선택한 후 순서를 매기게 되는 경우가 대부분인 것 같습니다.

LEE 그런 디테일들을 담아낼 수 있는 틀로서 술자리를 설정하면 효율적이 되는 경우가 많다는 말씀이신가요?

HONG 네. 저는 제가 이전에 했던 것과 비슷하게 느껴진다고 해서 그걸 안 하지는 않아요. 유사해도 상관없습니다. 배열이 다르면 전혀 다른 장면이 된다고 보니까요. 카테고리가 같아도 디테일이 다르면 달라요. 핵심 상황이 진짜냐, 그 상황에 파고들 필요가 있느냐가 문제인 것이지, 그런 것은 상관없어요. (술자리 장면이라는) 카테고리

생활의 발견

개봉 2002년 3월 22일 **출연** 김상경 추상미 예지원 **상영시간** 115분 _ 영화 출연 계획이 수포로 돌아가자 배우인 경수는 선배가 살고 있는 춘천으로 여행을 떠난다. 경수는 춘천에서 선배와 함께 나타난 명숙과 술자리 끝에 하룻밤을 보내지만, 집요한 명숙의 행동에 진저리를 치고서 부모가 사는 부산으로 향한다. 기차 안에서 선영을 만나 대화를 나누다가 경주에서 충동적으로 따라 내린 경수는 선영의 집까지 쫓아간다.

가 같다고 해도 그건 그저 이름일 뿐, 관객에게 같은 경험이 될 순 없는 것이니까요. 사실 창작자에게는 한계가 있습니다. 창작자로서 한 사람의 관심사나 딜레마를 표현할 수 있는 덩어리가 무한한 게 아니니까요. 그 사람의 한계 속에서 그저 몇 가지가 있을 뿐입니다. 거기에 새로운 형식과 살면서 느끼게 되는 것들이 첨가되는 것이죠. 캐릭터 역시 비슷한 인물이 로테이션되는 경향이 있습니다. 제가 나이가 들면 인물도 그에 따라 조금씩 달라질 거라고 생각해요.

– 근데, 그 사람 이야기 하지 말래요?
그 사람, 우리하고 다른 사람이거든요.
그 사람에겐 우리한테 없는 게 있어요.
정말로 남들을 위해서 일만 하는 그런 사람이에요.
– 미안한데, 나 그런 거 안 믿어요.

〈생활의 발견〉에서 추상미가 남편에 대해 언급하자 경수가 대답

LEE 감독님의 영화에는 이른바 당대 사회의 정치적 문제에 대한 언급이 거의 없습니다. 〈생활의 발견〉에서 선영(추상미)이 운동권 출신으로 교수가 된 남편을 존경하는 마음으로 언급할 때 경수(김상경)가 퉁명스레 "그런 거 안 믿는다"고 대답하는데, 그런 문답 속에 이 문제에 대한 감독님의 생각이 담겨 있는 것 같습니다. 정치적인 문제에 대해 영화로 코멘트하시는 것에 관심이 별로 없으시죠?

HONG 그래요. 사람들이 일상생활에서 정치 이야기를 하는 것은 재미있는 것 같아요. 그런데 그 사람들이 떠드는 것만큼 그게 그분들의 삶에서 중요하지는 않겠죠. 개개인에게 더 중요한 것은 다른 것들인 것 같으니까요. 그 사람들은 마치 정치적인 문제가 굉장히 중요한 것처럼 말하고, 다른 사람들 역시 다 정치적이기를 바라잖아요? 정치적인 문제만 제대로 되면 세상이 바뀔 것처럼 말하고요. 그런 말

을 들을 때 삶이 허하고 심심한 사람들이 쏠리기도 하고, 야심가들의 발언에 흔들리기도 하지요.

– 저도 글을 하나 구상하고 있어요. 장자와 마르크스의 만남인데, 현대인들은 자연에서 유리되어서 살고 있죠? 더 나아가서 이데올로기의 해체에 의해서 인류의 꿈과 이상이 상실되었습니다. 그래서 그런 부분들을 마르크스와 장자를 대비시켜서 만들고 싶은 거죠. 그러니까 구체적으로 얘기하면 운동권의 이야기예요. 운동권이 운동을 함으로 해서 주위에서 어머니가 돌아가시게 된다든지 주위 사람들이 고통을 받고 꿈과 달리 현실적으로 이뤄지는 것은 하나도 없고. 그러면서 이 친구가 이제 장자로 입문하게 되는 거예요.

〈돼지가 우물에 빠진 날〉에서 출판사 편집장이 원고료를 받으러 온 효섭에게 장광설을 늘어놓으며

LEE 아홉 편의 작품 중 조금이라도 정치적인 부분을 언급하는 경우가 딱 세 번 있었습니다. 앞에서 말씀드린 〈생활의 발견〉의 장면과 〈밤과 낮〉에서 북한 유학생을 회식 자리에서 만나는 장면, 그리고 〈돼지가 우물에 빠진 날〉에서 출판사 편집장이 효섭(김의성)에게 자신이 구상중인 작품에 대해 늘어놓는 장면이죠. 그런데 〈생활의 발견〉에서 선영이 남편의 이력에 대해서 "남편 되는 사람이 안동대 교수거든요. 어렸을 때는 최고로 수재라는 소리를 듣던 사람이었는데 어떻게 운동권 바닥에 있는 바람에 고생 좀 많이 했죠. 그런데 세상이 바뀌어서 그게 오히려 더 명예더라고요. 웃기죠?"라고 언급하는 대목에서 느껴지듯, 그나마 정치적인 문제를 건드리는 이 세 장면의 톤은 다분히 냉소적입니다. 정치적인 이야기를 하는 사람 자체를 블랙유머의 대상으로 다루고 있다고 할까요. 정치적인 논의 자체를 희

화화하는 느낌이 있습니다.

HONG 남들이 정치에 대해서 이야기하면 듣기는 하지만, 제가 그런 이야기를 하지는 않습니다. 여기서 정치라는 것은 극단적인 과장이거든요. 그 효과에 대해서도 과장하죠. 신념이나 이데올로기 자체도 너무 뾰족해서 실체라고 할까, 삶 자체를 포함할 수가 없는 꼴이에요. 틀로 볼 때 영화에서는 장르라는 게 좀 그런데, 정치는 더 그런 것 같아요. 지지와 반대 둘 중 하나니까요. 그런데 삶은 그런 게 아니잖아요? 천배 만배 복잡한 대칭쌍으로 움직이는 거죠. 지금 제 영화에서 정치적인 문제를 그나마 건드리고 있는 장면들을 말씀해 주셨는데, 그런 장면들은 영화 속 인물의 상투성을 보여주려는 것입니다. 실제 삶에서 어떤 사람들은 정치에 대한 이야기가 일상의 부분이니까 그걸 영화에서 언급하는 경우가 있기는 하는 거죠.

– 너무 피곤해서 잠깐 잠이 들었는데 이상한 꿈을 꾸었다.
화장실이라고 열었는데 복도가 나왔다.

〈극장전〉에서 음독자살을 결심하고 여관에 들어섰던 이기우의 내레이션

LEE 감독님의 첫 영화인 〈돼지가 우물에 빠진 날〉을 처음 보았을 때 무척이나 인상적인 것 중 하나가 바로 꿈 장면이었습니다. 보경(이응경)이 자신의 장례식에 대한 꿈을 꾸는 장면이었지요. 남편 동우(박진성)가 죽은 아내 보경의 애인인 효섭(김의성)을 문상객으로 맞고 있는데, 갑자기 방에서 일어난 보경이 문을 열고 나오면서 "다들 모였네요?"라고 아무렇지도 않은 듯 말하죠. 그러자 또 동우 역시 "벌써 일어났어?"라고 태연하게 그 말을 받고요. 그 이상한 꿈 장면은 매우 일상적이면서도 낯선 느낌을 함께 갖고 있는데, 실제 꿈의 질감이 영화적으로 생생히 구현된 듯한 신선함에 감탄했던 기억이 납니다. 영화 속에서 꿈을 묘사하실 때 어떤 원칙을 갖고 계시는지요.

HONG 영화 속 그 사람이 꾸었음직한 꿈의 느낌을 줘야겠지요. 또 논리적이지 않아야 할 것이고요. 그런데 꿈 장면을 영화 속에서 보여주는 이유는 꿈이 아닌 현실 장면으로는 보여줄 수 없는 것을 보여주기 위해서입니다. 꿈으로 포장은 하지만, 그 꿈을 통해서 이야기하고 싶은 게 있었던 것 같습니다.

- 이상한 꿈 꿔서 미안해. 그런데 꿈이잖아.
- 그런 건 꿈이 아니야. 꿈 맞아?
- 응, 정말 꿈이야.
- 정말 개꿈 맞아?
- 응, 정말 개꿈 맞아. 정말 맞아.

〈밤과 낮〉에서 꿈속에서 다른 여자의 이름을 부른 것에 대해 변명하는 김영호와 그걸 듣고 따져 묻는 아내 황수정

LEE 꿈 장면이 포함되어 있는 작품은 〈돼지가 우물에 빠진 날〉 외에도 〈여자는 남자의 미래다〉 〈극장전〉 〈밤과 낮〉 〈잘 알지도 못하면서〉까지 모두 다섯 편입니다. 이 다섯 편 중에서도 꿈 장면이 가장 중요한 작품은 아마도 〈밤과 낮〉일 것입니다. 중반부에 등장하는 유정(박은혜)에 대한 욕망이 표현된 꿈도 흥미롭지만, 더 중요한 것은 종반부 성남(김영호)이 집에 돌아와 아내인 성인(황수정) 곁에서 꾸는 꿈이겠지요. 꿈속에서 지혜(정지혜)와 부부로 사는 성남은 성인에게 가져가려고 했던 도자기를 지혜가 실수로 깨버리자 마구 욕설을 퍼붓습니다. 담뱃불을 빌리러 온 거지가 불길한 예언을 하는 듯한 〈밤과 낮〉의 첫 장면과 함께, 종반부의 이 꿈 장면은 극 전체에 기묘하고도 음울한 기운을 불어넣습니다. 도피 생활을 끝내고 집에 돌아와 아내 품에 안겼지만 여전히 불안은 끊이지 않은 성남의 상태를 담고 있는 듯한 이 꿈 장면의 의미에 대해 궁금해 하는 관객들

이 많은 것 같습니다.

HONG 성남이 집에 돌아와 겉으로 보면 안착한 것처럼 보이는데, 그 인물이 돌아왔느냐와 상관없이 얽혔던 문제들은 한 번에 풀어지는 게 아니잖아요? 여행을 한 번 다녀오면 뭔가 문제가 해결될 것 같은 기대 같은 게 있죠. 그렇지만 그 사람의 속내는 여전히 비슷하다는 것을 보여주려고 했습니다. 그래서 이 영화를 만들면서 꿈 내용을 어떤 요소들로 채워 넣을까 고민한 거죠. 첫번째는 무엇보다 꿈처럼 느껴져야 한다는 겁니다. 그런 면에서 우선 인물이 좀 의외여야 하기에, 이전에는 영화 속에서 잠깐밖에 나오지 않았던 지혜를 등장시켰어요. 지혜는 외모가 괜찮고, 자기가 좋아했던 (유정의 것으로 알았던) 포트폴리오의 실제 주인이며, 미술 명문 보자르에 대한 자신의 열등감도 보상해 주는 인물이죠. 자신도 모르는 사이에 성남의 무의식 속에 그 인물이 들어가 있었다고 할까요. 또 하나는 꿈이란 일상적으로 꾸는 것이라는 점입니다. 그런 감각이 꿈속에 들어가 있어야겠죠.

LEE 일반적으로 영화 속에서 꿈이 묘사되면 그 앞이나 뒤를 디졸브 등으로 표현함으로써 그게 꿈 장면이라는 것을 관객에게 알려줍니다. 그런데 감독님 영화 속 꿈 장면들은 그 꿈을 꾸기 전이나 꾸고 난 후의 장면들과 아무런 장치 없이 맞붙어 있습니다. 그래서 〈여자는 남자의 미래다〉나 〈극장전〉 혹은 〈잘 알지도 못하면서〉의 꿈 장면을 보고도 그게 꿈인지 현실 장면인지 헷갈려하는 관객도 있는 것 같습니다.

HONG 저는 꿈 장면을 깨어 있는 상태의 장면과 붙이는 것에 아무 문제를 못 느껴요. 꿈이 우리 눈앞에 직접 펼쳐지는 데 대한 쾌감이 분명히 있어요. 제가 꿈 장면과 깨어 있는 장면을 그대로 이어붙이는 이유는 우리를 옥죄는 이성의 논리나 우리가 믿고 싶어 하는 기억 혹은 사고의 정밀함 같은 것의 구멍을 볼 수 있다는 거죠. 그렇게 하면 통념을 벗어난 다른 시각이 가능해지는 거죠. 하지만 영화 속에 꿈 장면을 너무 많이 넣으면 안 될 것 같긴 해요.

- 원래 한 마리밖에 없었는데요?
- 그래?

〈강원도의 힘〉의 종반부에서 백종학이 대야 속에 두었던 물고기가 두 마리 아니었냐고 묻자 한 마리였다고 대답하는 여직원

LEE 〈밤과 낮〉의 기이한 종반부 꿈 장면을 보면서, 저는 이상하게도 〈강원도의 힘〉의 물고기 장면이 연이어 떠올랐습니다. 그 영화에서는 산 속에서 지숙(오윤홍)이가 살아서 파닥거리는 물고기를 발견하고 묻어주잖습니까? 그리고 상권(백종학)이 대야에 담긴 물고기 한 마리를 바라보면서 영화가 끝나고요. 원래 그 대야에 담긴 물고기는 두 마리였죠. 저는 이 영화의 개봉 당시 그 장면을 보면서, 물고기는 일종의 태아에 대한 은유라고 읽었습니다. 낙태한 지숙은 '상징적으로' 아직 살아 있는 물고기를 묻어주는 의식을 치르는 것이고, 상권은 지숙이 낳았으면 (실제 부인과의 사이에서 둔 아이 하나를 포함해서) 아이가 둘일 수도 있었는데, 지숙이 낙태를 함으로써 하나만 남은 물고기를 기묘한 심정으로 지켜보게 되었다는 거죠. 같은 맥락에서 〈밤과 낮〉의 도자기 역시 제게는 태아의 상징으로 보입니다. 거짓으로 임신된 태아와 중절한 태아와 중절될 태아, 그 모두에 대한 불안감과 죄책감을 포함한 상징물이라고 할까요. 물론 감독님 영화에서의 꿈이 특정한 해석을 요구하는 명확한 은유인 것은 결코 아니지만, 그렇게 읽어내면 흥미로울 수 있겠다는 생각이 든 겁니다. 이 두 장면에 대한 이런 해석에 대해 어떻게 느끼시는지요.(웃음)

HONG 꿈 장면을 만드는 도중에도 이 영화를 볼 어떤 사람에게는 어떠어떠한 식으로 접수될 수도 있겠다는 짐작이 떠오를 때가 있어요. 그럼에도 불구하고 저는 그렇게 의미를 고정해서 표현하지 않으려고 합니다. 현실의 장면에서는 "이건 이런 뜻"이라고 말할 수 있는 부분이 분명히 있어요. 하지만 꿈은 그렇지 않을 수 있어요. 이런 뜻일 것 같기도 한데, 또 그게 아닐 것 같기도 하죠.

LEE 이를테면, 장면의 의미가 손아귀에 잡히지 않고 미끄러지는 거죠?

HONG 그래요. 저는 그냥 직감에 의존하는 것 같거든요. 〈밤과 낮〉만 해도, 그냥 도자기는 깨지는 게 좋겠다는 것이고, 목욕탕 창문 바깥에는 돼지가 있었으면 좋겠다는 것이죠. 그 꿈의 의미에 대해 보는 사람들이 특정하고 단일하게 다가갈 수 있겠다는 생각이 들면 그럴 가능성을 영화 속에서 잘라버리는 식으로 만들어요.

LEE 의미를 좀더 모호하게 만드신다는 말씀이신가요?

HONG 그럴 수도 있죠. 언뜻 이런 의미일 것 같은데, 거기서 또 빠져나가는 부분이 있기도 하는 거죠.

LEE 그렇다면 〈밤과 낮〉의 도자기나 〈강원도의 힘〉의 물고기가 태아로 해석될 수 있다는 생각은 영화를 만들 때 하셨나요?

HONG 〈강원도의 힘〉의 물고기에 대해서는 그런 생각을 안 했어요. 그 영화에서는 그게 꿈 장면이 아닌데도, 현실적으로 좀 이상해 보이는 장면이잖아요? 그런 묘사가 그 영화에 딱 맞는다는 느낌밖에 없었어요. 〈밤과 낮〉의 경우, 태아까지는 생각 안 했지만, 무척 귀한 것이 깨진다는 생각은 했죠. 저는 물건이 되기 직전까지만 상상을 하는 것 같아요. 현실의 장면은 남들이 어떻게 받아들일지가 구체적으로 상상이 되지만 장면의 경우에는 구체적인 의미가 되는 것까지는 정하지 않으면서 작업하는 편입니다. 그래서 제 영화 속 꿈 장면에 대한 해석은 맞고 틀리고가 없어요. 제 의도 자체가 그런 것이니까요.

LEE 꿈 장면을 포함해, 감독님의 영화에 대해 평자들이나 관객들이 해석한 내용을 보시면 어떤 생각을 하십니까.

HONG 영화를 잘 보시는 분들도 제가 영화 속에 심어놓은 것들을 다 훑지는 않으세요. 그분들은 두 시간 동안 열린 마음으로 제 영화를 훑는 거고, 저는 두 달 이상 심은 것이니까요. 사람이 다른데 한 사람의 의도가 다른 사람에게 전부 접수가 될 수는 없죠. 평하는 사람이 접하는 게 무엇인지, 그걸 어떤 틀거리로 어떻게 의미화하는지는 온전히 그 사람의 몫입니다. 저는 그저 들을 뿐이에요.

- 저는 감독님 영화를 통해서
  인간 심리의 이해의 기준을 얻었습니다.
- 아유, 감사합니다. 정말이세요?

〈잘 알지도 못하면서〉에서 함께 영화제 심사를 맡고 있는 평론가가 칭찬의 말을 하자 감독인 김태우가 감사를 표하면서

LEE 창작자가 의도치 않은 부분이라고 해도, 보는 사람이 그곳에서 유의미한 해석을 끌어낼 수도 있잖습니까.

HONG 그럼요. 제가 의식하지도 못했던 것들 사이의 연결점을 찾아주시는 분들이 있거든요. 지금 도자기와 물고기에 대해 말씀하신 해석도 분명히 말이 되는 것 같거든요. 그렇게 볼 수 있다고 생각해요. 예전에도 깜짝깜짝 놀란 경우가 있었어요.

- 남의 작품에 대해 말하려면 술 깬 다음에 하는 게 좋아요.
- 사실 별로 궁금하지도 않아요. 이미 제가 알고 있는 결점이나
  장점 그 이상에 대해 얘기해 준 사람 별로 못 봤거든요.

〈밤과 낮〉에서 박은혜가 자신의 그림을 보여준 뒤 평가를 물었을 때 김영호가 조심스럽게 말하자, 박은혜 역시 대수롭지 않은 듯 답변

LEE 영화를 발표할 때마다 쏟아지는 평에 대해 어떻게 느끼십니까. 감독님이 이미 알고 있는 결점이나 장점 그 이상에 대해 이야기해 주는 평이 거의 없어 심드렁하신지요.(웃음)

HONG 익숙해졌다고 할까요. 저마다의 특정한 방식으로 제 영화를 독해하시는 게 있는 것 같고요. 제 입장에서는 여러 영화에 걸쳐서 보

니까, 서로 다른 분들이 서로 다른 식으로 제 영화를 보는 것에 대해 익숙해지는 게 있어요. 그래서 크게 놀라지는 않아요. 제가 영화 안에 스무 개를 넣어놓았다고 한다면, 어떤 분은 그중 다섯 개의 접점을 찾아서 그걸로 의미화를 하고, 또 어떤 분은 열 개의 접점을 찾았는데도 의미화하기 싫어서 끙끙거리며 안에만 갖고 있기도 하는 거죠. 그런 다양한 반응을 다 인정하는 거죠. 제 영화는 그럴 수 있는 구조인 듯해요. 영화를 만들고 나면 보신 분들이 어떤 견해를 갖고 계시는지 듣습니다. 일단 제 영화를 보아준 것에 대해 감사하면서요. '이 사람은 이렇게 생각하는구나' 하면서 들어요. 그게 어느 나라 사람인지는 상관없어요. 결국 그 사람의 몫대로 보는 것일 테니까요. 그래서 저는 그냥 듣습니다.

LEE 여전히 자신의 영화에 대한 평이 궁금하신가요?

HONG 어느 정도 익숙해지다보니, 그걸 뛰어넘는 놀라움의 가능성은 점차 줄어드는 것 같아요. 그간 열 편 가까운 영화를 만들면서 많은 평을 보았기 때문이죠. 제 영화에 새로 접하게 된 분이 비슷한 반응을 보이는 것도 당연한 일이겠죠. 그래도 말씀드린 대로, 각자 다르게 제 영화를 보고 있는 걸 느껴요. 읽고 나서 그게 어떤 식으로든 제게 흡수된다는 것도요. 그 평으로 인해 궤도 수정을 하는 것은 아니지만요. 평은 손이 가고 눈이 가는 대로 읽는데, 은연중 제게 흡수되어 있다가 제가 의지하는 것이나 호기심을 느끼는 것들과 섞여서 다음 작품으로 나오는 것 같습니다. 저와 더 많은 접점을 갖고 계신 분들의 반응을 보면 격려가 되죠. 내가 소통이 안 되는 이야기를 하고 있는 것은 아니구나, 어떤 분들에게는 이 정도까지 소통이 되고 있구나 싶어서요.

– 어떻게 된 거예요?
사람을 이런 데서 혼자 이렇게 기다리게 하는 법이 어딨어요?

아무도 아는 사람도 없는데 나 보고 어떻게 하라고?

〈강원도의 힘〉에서 약속 장소가 엇갈려 한참을 기다리던 오윤홍이

김유석을 발견하자 화를 내면서

LEE 〈강원도의 힘〉에서 지숙(오윤홍)이 경찰관(김유석)에게 화를 내는 장면을 보면서 놀랐던 기억이 납니다. 그야말로 불같이 화를 내는 장면이었는데, 앞뒤 장면과의 관계에서 이질적으로 폭발하는 듯한 느낌이었습니다. 〈밤과 낮〉에도 유사한 느낌을 주는 장면이 있더군요. 파리에서 도빌로 가던 자동차 안에서 현주(서민정)가 유정(박은혜)에게 발악에 가깝게 화를 내는 장면이었어요. 〈잘 알지도 못하면서〉에서 현희(엄지원) 역시 이들과 유사하게 갑자기 화를 냅니다. 이 세 장면의 느낌은 뭐랄까요, 도가 지나치게 화를 낸다고 할까요?(웃음) 이런 장면들에서의 느낌에 대해 질문하고 싶습니다.

HONG 제가 지닌 한계 속에서 비슷한 표현들이 반복적으로 나올 수밖에 없겠죠. 그런 장면들은 인물 타입을 잘 보여주려고 쓰는 것 같아요. 이야기를 진행시키는 측면도 있구요. 〈강원도의 힘〉의 장면은 전자에 더 가깝고, 〈밤과 낮〉의 장면은 후자에 더 가깝겠죠.

- 사람 이름 잘못 부른 게 무슨 그리 죽을죄라고
  사람을 이렇게 미치게 만드느냐구요.
- 죽을죄 아니죠. 됐어요.
- 내가 수정씨 이름 부른 거지, 그 여자 이름 부른 거예요?
  아니잖아요. 아, 내가 못살아. 수정씨 뭐가 그리
  이름이 그렇게 중요해요.

〈오! 수정〉에서 관계 도중 다른 여자 이름을 부른 것에 대해

이은주에게 화내면서 변명하는 정보석

LEE 반면 화를 내는 모습인데 무척 유머러스한 장면도 적지 않습니다. 〈오! 수정〉에서 재훈(정보석)이 다른 여자 이름을 잘못 불렀다가 수정(이은주)에게 말도 안 되는 궤변으로 변명하면서 화를 내는 장면이 대표적이죠.

HONG 우리 모습이 좀 웃기잖아요. 어떤 때는 슬프기도 하고 또 어떤 때는 귀엽기도 하고요.

- 한 가지 물을게. 사실대로 말해 줘.
  그날 밤 내가 밖에 있을 때 안에서 뭐하고 있었어?
- 아, 지겨워. 또 그러니? 몰라, 몰라. 아무것도 몰라.
  내가 뭘 했다고 이러니 나한테. 아휴, 지겹다.
  중요한 거, 그런 거 아무것도 아니야.
- 누가 내 위를 넘어갔지? 내가 문밖에 있을 때 너네들이
  나를 넘어간 거야? 내 위를 넘어가?
  니가 나한테 어떻게 그럴 수가 있어?

〈해변의 여인〉에서 김승우에게 집요하게 따져 묻는 고현정

LEE 〈해변의 여인〉에서 중래(김승우)와 선희(송선미)가 동침하고 있는 방의 문밖에서 지키다가 잠들었던 문숙(고현정)이 나중에 중래에게 두 사람이 자신을 타 넘어갔냐고 따져 묻는 장면도 마찬가지입니다. 사실 문숙은 두 사람이 같이 잤는지 여부에 대해서 따지고 화를 내고 싶은데도, 그렇게 엉뚱한 곳에 집착하며 화를 내고 있으니까요.

HONG 문숙이가 그렇게 묻는 것은 말씀처럼, 두 사람이 잔 것에 대해 직접적으로 화를 내기 싫으니 그나마 피해서 제일 중심 되는 이미지에 집착하는 거죠. 자기를 타 넘어가는 이미지에만 화를 냄으로써 자신이 진짜 화난 이유를 대신하려는 심리랄까요. 그게 문숙이 어떤 여자인지를 보여주기도 하죠. 그게 재미있어서 그런 장면을 넣었어요.

– 영실아, 우리 섹스하지 말자.
– 안 잘 거야. 나 먼저 씻을게.

〈극장전〉에서 동반자살하기 위해 수면제를 나눈 후 이기우가 엄지원에게 제안

LEE 감독님의 영화에서는 죽음의 순간이 묘사될 때 섹스 문제가 거기 개입됩니다. 그런데 이때 흥미로운 것은 섹스와 죽음이 서로 배타적인 관계에 놓인다는 점입니다. 〈극장전〉의 상원(이기우)과 〈생활의 발견〉의 경수(김상경)가 여관에서 각각 영실(엄지원)과 선영(추상미)에게 동반자살을 제의할 때는 발기가 되지 않아서 섹스에 실패한 이후입니다. 그럴 때 상원과 경수는 "섹스하지 말고 함께 죽자"고 말을 하지요. 〈밤과 낮〉에서 민선(김유진)이 자살한 시점은 성남(김영호)이 그녀와의 섹스를 거절한 후입니다. 〈실락원〉처럼 정사情死를 다루는 영화들에서의 죽음과 섹스의 관계와는 전혀 다르지요. 상원과 경수와 민선은 왜 그랬을까요?

HONG 섹스는 일상적으로는 쾌락을 위한 것이지만, 어찌 보면 사랑의 최고 표현이면서 사랑에서 절정을 이루는 순간이기도 하잖아요? 그런 의미에서 섹스는 인간이 체험할 수 있는 최대치 경험이 되는 순간이죠. 한 인간과 다른 한 인간이 하나가 되어서 다른 차원으로 이동하는 문이 될 수도 있는 것인데, 일상적으로는 쾌락의 수단으로 전락되어 사용되는 경우가 많지요. 그런 이중적 측면을 가지고 있는 섹스에 대해, 남자는 그 두 가지 측면 모두를 자기 속에 함께 갖고 있다는 것을 아는 거죠. 지금 자신의 앞에 누워 있는 여자는 한편으로는 쾌락의 대상이면서, 또 한편으로는 다른 차원으로 함께 이동할 수 있도록 해주는 사람으로도 꿈꾸어지는 겁니다. 그런 지점에서 섹스가 안 된다든가 발기 때문에 실패할 경우에는 절망스러운 거죠. 막 천국의 문을 노크했는데 그 문이 닫힌 것을 알게 된 상황이라고나 할까요?(웃음) 지향점이 높은 사람일수록 추락의 정도가 심하죠. 그래서 죽음을 통해 존재 자체를 부정해 버리고 싶은 느낌이 드는

게 아닐까요.

LEE 아닌 게 아니라, 죽기 위한 전제조건으로 섹스를 하지 말자고 제안하는 듯한 표면적인 말과는 달리, 상원과 경수는 섹스가 되지 않으니까 죽음을 언급하는 것 같습니다. 즉 죽음이 섹스를 결정하는 게 아니라, 섹스가 죽음을 결정한다는 겁니다.

HONG 사람이 외로운 것은 반쪽이기 때문이잖아요? 섹스를 통해 상상했던 완전한 합일이란 게 현실적으로는 거의 불가능하지요. 그래서 많은 사람을 거쳐보지만, 스스로가 없어지면서 둘이 하나가 되는 경험은 부재하게 되는 거죠. 그러니까 그럴 바에야 차라리 내 존재가 없어지는 게 낫다는 겁니다.

– 너도 영화 본 거야?
– 다시 본 거야, 회고전이라고 그래서. 형 영화 좋잖냐.

〈극장전〉에서 투병중인 선배 감독의 영화를 보고 나온 김상경이 우연히 마주친 친구에게 묻자, 그 친구 역시 그 영화를 막 보고 나왔다면서

LEE 이번 기회에 감독님 영화 아홉 편을 데뷔작부터 순서대로 차례로 보았습니다. 그랬더니 그 아홉 편 사이에 존재하는 어떤 터닝 포인트 비슷한 게 보이는 것 같더군요.

HONG 그게 언제인가요?

– 택시 왔네요. 그럼 선생님, 제가 먼저 갈게요.

〈여자는 남자의 미래다〉에서 관계를 가지려다가 중단된 후, 제자인 여학생이 밤거리에 유지태를 두고 떠나면서

LEE 〈여자는 남자의 미래다〉와 〈극장전〉 사이입니다. 이번에 쭈욱 다

시 보면서 감독님 작품 중 가장 어두운 영화가 〈여자는 남자의 미래다〉라는 생각을 했습니다. 다른 작품에 비해 유머도 적습니다. 이 영화는 불안과 근심으로 차가운 겨울 밤거리에 홀로 남아 택시를 잡기 위해 우두커니 서 있는 문호(유지태)를 보여주면서 막을 내리는데, 인물이 위태로운 상태에 대롱대롱 매달려 있는 채로 끝나는 듯한 이 라스트신이 감독님 작품 세계에서 가장 낮은 온도를 지니고 있다는 느낌이 들었어요.

HONG 남자들은 옛 여자로 대표되는 과거에 대해 연민의 감정을 갖는 경우가 종종 있습니다. 그런데 〈여자는 남자의 미래다〉에는 남자들이 갖는 그런 연민에 숨겨진 비겁함에 대한 질책 같은 게 있는 작품이었어요. 현재에서는 다른 여자에게 똑같은 행동을 하니 본질적인 변화가 없는 것인데, 과거의 여자에 대해서는 과거로 접혀졌기에 그걸 미화하면서 자기 연민으로 동정을 하잖습니까. 그런 것에 대한 질책이 그 영화를 어둡게 만드는 것 같습니다.

– 이젠 생각을 해야겠다. 정말로 생각이 중요한 거 같애.
끝까지 생각하면 뭐든지 고칠 수 있어. 담배도 끊을 수 있어.
생각을 더 해야 돼. 생각만이 나를 살릴 수 있어.
죽지 않게 오래 살 수 있도록.

〈극장전〉의 마지막 장면에서 선배 문병을 마치고 나오는 김상경의 독백

LEE 그런데 〈여자는 남자의 미래다〉의 다음 영화인 〈극장전〉에서는 형식적으로나 내용적으로 이전과 상당히 다른 면모가 보입니다. 타이틀 시퀀스의 형식부터 차이를 보이고 촬영 방식도 변했으며, 인물 역시 다른 행동이나 말을 합니다. 문병을 마치고 나오는 동수(김상경)의 〈극장전〉 라스트신 내레이션 속에서 변화에 대한 갈망 같은 게 강하게 느껴지기도 하고요. 〈극장전〉을 포함해 그 이후의 영화들인

〈해변의 여인〉과 〈밤과 낮〉에는 이전과 달리 주인공이 통곡하는 장면이 들어 있습니다. 그러니 〈여자는 남자의 미래다〉와 〈극장전〉 사이에 터닝 포인트 같은 게 있는 것으로 여겨지는 거지요.

HONG 저는 주변의 일상적인 것들에 카메라 렌즈를 들이댐으로써 영화를 만들려는 사람인데, 제 경험이 원둘레처럼 둘러싸고 있다고 한다면, 그중 제일 먼저 카메라를 들이대고 싶은 부분이 있고 죽었다 깨어나도 들이대지 못할 것 같은 부분도 있죠. 그런데 제가 살아가면서 인간적으로 조금 나아지는 부분이 있을 수 있는데, 그렇게 조금씩 제 삶의 원둘레가 늘어날 수 있다고 봐요. 그래서 전에는 주인공이 귀가하는 장면을 생각지도 못했던 것을 이제는 〈밤과 낮〉에서처럼 생각해 볼 수도 있게 되는 거죠.

– 힘들어. 너무 아파. 너무 아파 죽을 거 같아.
  나 죽기 싫어. 정말 죽기 싫어.
– 아이, 형 그러지 마. 형 안 죽어. 왜 죽어?
  미안해 형. 내가 잘못했어. 형 죽지 마.

〈극장전〉에서 중병으로 죽어가는 선배가 고통을 호소하자
병문안을 간 김상경이 엉엉 울면서

LEE 〈극장전〉에서는 감독님의 영화 중 처음으로 죽어가는 사람의 고통이 묘사됩니다. 그리고 그렇게 고통스럽게 죽어가는 자를 보는 사람의 연민도 처음으로 그려지지요.

HONG 한 사람이 다른 사람에게 못되게 구는 것은 사람이 마냥 살 것 같아서 그러는 것 같아요. 누군가를 매도할 때 그 사람도 곧 죽는다, 그리고 나도 곧 죽는다고 느끼면 그렇게까지 안 하겠지요. 만일 그 사람이 곧 죽어버린다면, 통념에 휩싸여 상대방에게 했던 모든 짓이 쓸데없고 잔인하게 느껴지지 않을까요. 부모와 평생 불화하며 싸우

던 자식도 부모가 죽으면 우는 경우가 많잖아요? 죽음 앞에서 그렇게 통념이 날아가버리는 순간이 있는 듯합니다. 그때는 자신이 무조건 잘못한 느낌이 들죠.

– 선생님, 제가 죄인입니다. 사람들을 너무 무시했어요.
– 맞아요. 우린 사람들을 무시하며 살아요.
그렇게 살면 남는 게 하나도 없는데요.
– 선생님, 제가 정말 죄인입니다.
사람들이 겁나서 강한 척했어요.
– 하여간 우니깐 좋네. 그게 좋아지는 거야.

〈밤과 낮〉에서 옛 애인이 자살했다는 소식에 접한 김영호가 울면서 자책하자 파리의 민박집 주인 기주봉이 위로하며

LEE 〈극장전〉 이후, 확실히 최근 들어 감독님의 영화 속에서 인물들이 이전과 달리 죽음의 의미를 무겁게 직시하게 된 것으로 보입니다. 〈밤과 낮〉에서도 옛 애인 민선(김유진)이 자살했다는 소식을 신문에서 읽게 된 성남(김영호)이 울면서 스스로를 죄인이라고 고백하는 장면이 등장하지요. 최근 영화들에서 죄의식과 연민이라는 감정이 묘사되는 게 무척 두드러져 보입니다.

HONG 저는 사람을 오래 사귀게 되는 경우, 저에 대해서 조심스럽게, 아주 조금씩 말을 하는 타입이에요. 상대에 대해서 충분히 호감이 생겨도 조금만 이야기하고, 시간이 더 지나면 거기서 조금 더 이야기를 하는 식이죠. 그런 성향이 영화에서 그런 식으로 표출되는 것이 아닌가 싶어요. 제게 여유가 되는 만큼 다른 곳을 건드려보기도 하고, 제가 보는 세상에 대해서 좀더 공평해지려고 하는 것도 같아요. 이제는 좀 나이가 들기도 했고요. 그런데 죄의식 자체에 대해서는 거기에 억울한 마음이 담겨 있다고 봅니다. 착한 사람에게도 죄

의식이 있어요. 그걸 얼마나 의식하느냐 하는 문제가 있겠지만 죄의식 자체는 바뀔 수 없는 조건일 겁니다. 죄가 있는 한 죄의식에서 자유로울 수가 없을 거예요. 그런데 그게 좀 억울하다고 할까요. 현실적으로 그 죄를 짓지 않을 가능성이 있었다는 것도 억울하고, 그럼에도 불구하고 그게 운명이든 무엇이든 현실적으로 이미 죄를 지어 돌이킬 수 없게 되어버렸다는 사실도 억울하죠. 이후 발전해서 더 나은 사람으로 변화한다고 해도 돌이킬 수 없기에 평생 지고 가야 하는 것이니까, 자기 연민 같은 억울함이 있죠.

– 내가 잘 참지 못한 거지, 자기는 잘못 없어.

〈밤과 낮〉에서 박은혜가 임신했음을 밝히며 걱정하자 김영호가 위로하면서

LEE 말씀하시는 것을 듣다보니 〈밤과 낮〉의 성남이야말로 그런 억울함을 강하게 느끼는 인물인 듯싶습니다. 이 영화에서 성남은 자책과 자기 연민과 죄의식을 모두 느끼고 있는데요.

HONG 죄를 지은 대상에 대한 미안함도 있고, 스스로가 온전히 새로 시작할 수 없다는 것에 대한 안타까움도 있는 거죠. '그럼 어떻게 해야 하나?'라고 곱씹어보면, 결국 포기할 수 있는 준비를 늘 해야 한다는 생각이 들어요. 최악의 순간이 오면 그냥 그 순간을 온전히 받아들이고 포기할 수 있는 마음을 갖지 않는 한, 죄의식의 두려움에서 벗어날 수 있는 길이 없는 것 같아요. 사람들이 하는 잘못된 행동도 사실 어쩔 수 없어서 그렇게밖에 못 하는 거잖아요? 추상적으로 인간의 현실 조건을 따져봤자 소용없어요. 인간에게는 감각적인 현실로 다가오는 게 있기 마련이니까요. 그러니 최악의 상황이 오면 그걸 받아들이고 포기할 수 있도록 스스로 훈련하고 사는 게 오늘을 온전하고도 정상적으로 살아가는 방법인 듯해요.

– 미안하다.
– 됐어.

〈밤과 낮〉의 라스트신에서 꿈을 꾸다가 다른 여자의 이름을 부른 것에 대해 남편 김영호가 사과하자 아내 황수정이 대답

LEE 〈밤과 낮〉의 마지막 대사는 남편이 사과하고 아내가 수용하는 내용입니다. 〈밤과 낮〉이 이렇게 끝난다는 것도 요즘 감독님의 작품 세계 속에서 죄의식이라는 모티브가 깊숙이 다뤄지고 있는 것과 무관하지 않게 보입니다.

HONG 그 정도라도 할 수 있는 것은 정말 다행인 경우죠. 죄를 지은 대상을 만날 수 없거나 그 사람과 솔직히 터놓고 말을 할 수 없으면 죄의식이 전혀 해결될 수 없으니까요. 〈밤과 낮〉의 경우에는 그나마 서로 얼굴을 보면서 막연하게라도 이야기를 나누잖아요.

– 이름 잘못 부른 게 무슨 그리 죽을죄라고
사람을 이렇게 미치게 만드냐고요.

〈오! 수정〉에서 정보석이 애무 도중 다른 여자의 이름을 부른 뒤, 이은주가 화를 내자 항변하면서

LEE 최근 영화들에서의 죄의식이나 연민의 모티브가 유달리 두드러져 보이는 것은 그런 것들이 감독님의 예전 영화들에서는 한 번도 묘사되지 않았던 감정들이기 때문입니다. 다른 여자의 이름을 부르는 실수를 한 것은 똑같은데, 〈오! 수정〉의 재훈(정보석)이 결국 화를 내면서 어불성설의 변명을 하는 것과 달리 〈밤과 낮〉의 성남은 끝까지 사과를 한다는 데서 그런 차이가 엿보입니다. 죄의식을 느낀다는 것은 역설적으로 구원에 대해 갈망한다는 것인데, 저는 감독님의 요즘 영화들이 이전과 달리 종교적인 색채를 조금씩 지니게 되었다는

느낌이 듭니다. 그렇다면 이런 변화는 영화 바깥에서의 감독님 자신의 변화와 관련이 있는 건가요? 나이가 들어가면서 죄의식이라는 감정에 대해 이전과 다른 태도를 지니게 되셨습니까?

HONG 오히려 나이가 들면서 죄의식 쪽으로는 입력이 안 되는 경우가 더 많아요. 특정한 상황을 '죄'로 파악하는 경향 자체가 어렸을 때 더 강한 것 같습니다. 나이를 먹으면 거기에 '죄' 대신 다른 이름을 붙이고 들여다보는 듯해요. 죄라기보다는 행동 그 자체를 보게 된다고 할까요. 어쩔 수 없는 상황 속에서 느끼는 미안함 같은 것을 느끼지, 거대한 죄의식으로 입력되지는 않아요. 죄의식은 실체보다 더 짙은 두려움을 주는 것 같아요. 하지만 그럼에도 불구하고, 어릴 때의 상처나 그림자 같은 게 여전히 존재하는 것도 같아요. 어른의 언어로 다시 읽어내려는 노력과 어린 시절 죄의식의 강렬한 인상이 뒤엉켜 있다고 할까요.

– 오늘은 좀 춥죠?
– 어제보다 따뜻한데요.

〈여자는 남자의 미래다〉에서 유지태와 성현아가 약수터에 가기 위해 학교 담장 언덕길을 걸으면서

LEE 〈여자는 남자의 미래다〉 이후의 변화에 대한 질문을 계속 드렸는데, 아닌 게 아니라 저는 〈극장전〉〈해변의 여인〉〈밤과 낮〉〈잘 알지도 못하면서〉 같은 감독님의 최근 영화들에서 돌기 시작한 일종의 온기를 느끼고 있습니다. 물론 여전히 차갑지만 확실히 이전보다는 따뜻합니다. 이전 영화들의 날이 선 듯한 인상과 달리, 슬픔이든 유머든, 피가 돌고 냉소가 적어진 느낌이랄까요? 제가 느끼고 있는 이런 변화에 대해서 어떻게 생각하시는지요.

HONG 별로 무리 없는 지적이에요. 내 스스로를 바라봤을 때, 삼십대

초중반까지는 제가 사람들의 어떤 부분들을 못 견뎌 했거든요. 비판에만 멈춰 있었고요. 지금은 이해하는 부분이 더 많아진 게 사실입니다. 이전에는 사람들이 서로 얼마나 다른가를 보려고 했는데 이제는 서로 얼마나 같은지도 보려고 하는 거 같고요.

– 제 경우는 사람들이 그렇게 말을 해요.
얼굴이 완전 달라졌다고. 정말 많이 달라졌대요.
예전엔 되게 어두웠었는데.

〈잘 알지도 못하면서〉에서 정유미가 남편 공형진의 선배인 김태우에게 자신의 종교적 체험에 대해 설명하면서

LEE 감독님 자신이 변하고 있어서 작품도 변하고 있다는 말씀이신 거네요.

HONG 이전에 제가 지녔던 독설적인 면모랄까, 그런 게 변했어요. 그게 자연스레 영화 속 인물들에 투영되는 듯해요. 물론 제 마음속의 변화를 의식하고 그렇게 창작하는 것은 아니겠죠. 하지만 직감으로 작업을 하는데도, 자연스럽게 그런 게 영화 속에 투영되는 것 같습니다.

– 몇 살이세요?
– 선희씨는?
– 서른하나요.
– 선희씨보단 많아요.
– 그럼, 언니네. 언니라고 불러야지.

〈해변의 여인〉에서 고현정이 자신보다 나이가 많다는 것을 확인하는 송선미

LEE 〈해변의 여인〉을 보면서 놀랐던 것은, 그 영화에 자매애가 묘사되고 있다는 점이었습니다. 극 후반에서 문숙(고현정)과 선희(송선미)가 헤어지는 장면은 무척 감동적이었습니다. 사실 그동안 감독님의 영화들에서 형제애나 자매애가 그려지는 경우가 없었잖습니까. 〈오! 수정〉이나 〈생활의 발견〉 혹은 〈여자는 남자의 미래다〉 같은 작품들에서 잘 드러나듯, 서로 사이좋아 보이는 듯한 동성의 선후배조차도 결국은 갈등과 경쟁 관계임을 노출하게 되지요. 강원도에 함께 여행을 간 여성 친구들끼리 술을 마시다가 적의를 노골적으로 드러내는 〈강원도의 힘〉과 중래(김승우)를 사이에 두고 연적이 된 두 여성이 오히려 자매애를 보이는 〈해변의 여인〉의 여자들 관계를 비교해 보면 이런 차이가 두드러져 보입니다.

HONG 충분히 그렇게 볼 수도 있겠네요. 제가 변해온 게 영화에 반영된 것은 사실인 듯싶습니다. 물론 그것만이 유일한 이유인 것은 아니지만요. 캐릭터의 느낌은 누구를 기용하느냐에 따라 크게 달라지는 경우가 많은데, 어떤 배우를 캐스팅하는 것 자체가 그 캐릭터를 어떻게 만들 것인지에 대한 제 생각을 반영하고 있는 것 같아요. 저는 트리트먼트(요약된 스토리)를 쓰는 중간이나 쓰고 난 후의 기간에 만나게 되는 배우들 중에서 선택을 하는데, 그 선택 자체에 그런 생각이 담겨 있다는 거죠. 그렇게 캐스팅을 하고 나면 그 배우와 함께 일하면서 자극을 받아 인물을 만들어나가는 겁니다. 〈해변의 여인〉은 원래 촬영을 시작할 무렵에는 예정된 결말이 지금과 달랐어요. 그런데 고현정씨를 캐스팅하기로 한 결정 속에 이미 여성 캐릭터를 통해서 주체성이랄까, 독립된 인간의 면모를 보여주고 싶은 갈증이 있었어요. 처음부터 그걸 의식하지는 못했는데, 조금씩 찍다보니 점점 더 그걸 알겠더라고요. 그래서 고현정씨가 이끌어가는 장면으로 그 영화의 끝을 내야겠다는 판단이 들었고, 그렇게 종반부에서 그 인물의 행동이 만들어지게 된 거죠.

LEE 〈해변의 여인〉의 문숙은 〈여자는 남자의 미래다〉의 선화나 〈오!

수정〉의 수정 같은 인물과 비교할 때 확실히 입체적이고 주체적인 인물인 것 같습니다.

HONG 〈여자는 남자의 미래다〉의 선화는 남자들의 상투적인 시선을 통해 바라본 여자 캐릭터죠. 〈오! 수정〉에서는 여자가 더 능동적으로 보이기도 하지만, 그 영화 자체가 얄팍한 상투성으로 이루어진 세계에 대한 고발 같은 측면이 있기에, 수정이를 거기서 피가 흐르는 사람으로 그리려 하지는 않았어요. 남녀간의 피상적 역학관계 속 상투성을 기억이란 모티브를 통해 보여주려는 의도가 더 컸지요. 반면에, 말씀하신 대로 〈해변의 여인〉에서의 문숙은 좀 다른 여자인 것 같아요. 그 인물은 여자의 주체적 입장에서 세상을 보려 하는 것 같고요.

– 자기는 몰라. 내가 얼마나 참고 사는지 정말 아무도 몰라.
  그냥 한 번만, 한 번만 해.
– 그런 걸 다 알고 하는 얘기야. 그런데 그걸 한 번 넘어서서
  생각하자는 거야. 이 두 눈을 확 뽑아버리는 게 나아.

〈밤과 낮〉에서 호텔에 함께 들어간 김유진이 동침을 요구할 때
그녀를 단념시키려는 김영호

LEE 여성 캐릭터가 많이 변화했지만, 남성 캐릭터 역시 이전과 좀 다릅니다. 일단 〈밤과 낮〉의 성남(김영호)은 민선(김유진)과 함께 호텔에 들어가서 노골적인 유혹을 받고도 거절하는데요, 감독님 영화에서 끈질기게 여자를 유혹하는 남자는 널리고 널렸지만 이렇게 여자의 유혹을 물리치는 남자는 정말이지, 처음이지요.(웃음)

HONG 그런가요?(웃음) 사람마다 딜레마라고 할 수도 있고 상처라고 할 수도 있으며 파인 곳이라고 할 수도 있는 지점도 있는데, 깊이 파인 곳일수록 쓰라리니까 더 많이 다루게 되는 것 같아요. 그러면서

치유되는 부분도 있을 거예요. 그렇게 계속 하다보면 상대적으로 덜 파인 부분에도 눈을 돌리게 되죠. 이제는 그런 부분도 자꾸 영화적으로 만지작거리고 있다고 할까요. 다시 여성 캐릭터에 대해서 이야기한다면, 〈밤과 낮〉의 유정(박은혜)과 〈해변의 여인〉의 문숙(고현정)은 그런 느낌이 강했어요. 〈여자는 남자의 미래다〉의 선화(성현아)가 이전 작품들 속의 여자 캐릭터를 다시 만든다는 느낌이었던 데 비해서, 〈극장전〉 후반부의 영실(엄지원) 캐릭터부터는 좀 달라졌던 것 같습니다. 〈밤과 낮〉의 성인(황수정)도 그렇고요. 삶에서 파인 곳은 한번 가서 만져주거나 덮어줘야 하는데, 요즘은 이전과 다른 곳도 만져주는 느낌이랄까요.

– 어떻게 잘 지냈어?
– 그럼요. 선배님도 잘 지내셨죠? 너무 잘 오셨어요.
선배님, 한번 안아봐도 될까요?

〈잘 알지도 못하면서〉에서 선배인 화가 문창길이 인사를 건네오자
후배인 감독 김태우가 반색하며 포옹을 제의

LEE 여성들끼리의 연대감이 일곱 번째 작품인 〈해변의 여인〉에서 처음 그려졌다면, 남성들끼리의 연대감은 아홉 번째 작품인 〈잘 알지도 못하면서〉에서 최초로 따뜻하게 표현되고 있습니다. 경남은 이 영화의 전반부와 후반부에서 후배와 선배가 오랜만에 만났을 때 포옹을 합니다. 이전의 감독님 주인공들은 한 번도 그런 적이 없었죠. 포옹도 포옹입니다만, 〈잘 알지도 못하면서〉에서는 양천수(문창길) 화백과 경남(김태우)이 카메라를 등진 채로 서로의 몸을 구부려 바람을 막으며 담뱃불을 붙여주는 장면이 무척 인상적이죠. 이 영화에서 한 남자가 다른 남자에게 담뱃불을 붙여주는 장면은 모두 세 번 나오는데, 그중 경남이 양화백에게 불을 붙여주는 대목이 특히 강조되

어 있습니다. 〈해변의 여인〉에서 한 남성을 사이에 둔 경쟁자라고 할 수 있는 두 여자 사이의 시스터후드가 처음으로 그려졌듯, 이 영화에서는 한 여자를 사이에 둔 경쟁자라고 할 수 있는 두 남자 사이의 브라더후드가 묘사되었어요. 경남과 고순(고현정) 사이의 혼외정사 사실이 결국 알려지는데도 불구하고 〈잘 알지도 못하면서〉에서 두 남자가 갈등을 빚거나 싸우는 장면은 아예 등장하지도 않지요.

HONG 그것 역시 제가 의식해서 묘사하거나 묘사하지 않거나 한 건 아니에요. 저는 특정한 문제에 사로잡힌 인물 중심으로 세계를 그려 나가는데, 그 인물을 어떤 위치로 옮겨가느냐에 따라서 그가 관계를 맺는 방식이 달라져버리는 듯합니다. 상투적인 것들에 대해 지나치게 예민했던 반응이 줄어들면서 다른 것들이 포함되어 가는 과정인 것 같아요.

– 그러고 나서 이분을 만난 거예요. 이분 만나기 전에는
전 나이 많은 남자는 정말 남자로 생각해 본 적도 없어요.
그런데 이제는 내가 사람이 되어가고 있는 것 같아요.

〈잘 알지도 못하면서〉에서 고현정이 나이 차이가 많이 나는 남편 문창길에 대해 김태우에게 이야기

LEE 시스터후드나 브라더후드가 묘사되기 시작했다는 것은 감독님 영화세계의 온도가 올라가고 있는 것과 밀접한 관련이 있는 것 같습니다. 그와 관련해 또 하나 의미심장하게 보이는 것은 인물이 일련의 사건을 거치면서 성장한다는 느낌이 〈극장전〉부터 들기 시작했다는 거죠. 그 이전의 작품들에서는 인물들이 현 상황에 좌절하거나 다른 길로 접어들지언정 작품의 말미에서 어느 정도 이전보다 성숙하게 되었다는 느낌을 주지는 않았거든요. 이제는 이야기의 시작 부분에서의 모습에 비해서 끝에 이를 때 인물이 아주 조금이라도 더

성숙한 사람이 된 것 같다는 느낌이 들 때가 종종 생기게 됐다는 겁니다.

HONG 세월을 겪으며 만드는 사람의 삶이 조금씩 달라짐에 따라 그가 만드는 인물들에 대한 시각도 조금씩 달라질 수밖에 없어요. 창작을 하다 보면 주인공의 특정 문제만으로 세상을 다 도배하고 싶은 유혹이 생겨요. 그러나 그렇게 하면 안 되기에, 조심하면서 밸런스를 유지해야겠다고 속으로 다짐하게 되죠. 자꾸 그러다 보면 자연적으로 인물도 이전과 다르게 묘사되는 것 같아요. 창작자로서 제가 나이를 점점 더 먹어감에 따라서, 제가 그려내는 중심인물도 여러 인물들 중 한 사람에 불과한 것으로 보게 되어가는 거죠. 브라더후드가 묘사되었다면 아마도 그런 이유 때문일 거예요.

LEE 주인공뿐만 아니라 여러 인물을 보기 위해서는 어느 정도 뒤로 물러나야 시야가 확보되는 게 아니겠습니까. 결국 이런 변화 역시 이전과 달리 거리감을 확보하고 계시기 때문으로 추측되는데요.

HONG 그렇죠. 자신이 겪고 있는 소용돌이 때문에 지나치게 예민해져서 주변 사람들에 대해 함부로 재단하고 비판하는 것을 일종의 제스처로서 다뤄왔는데, 이제는 총체에 대한 관심을 가지게 되는 여유가 생겼다고 할까요.

– 제가 구름을 그리거든요.

〈밤과 낮〉에서 화가인 김영호가 프랑스 유학생 서민정에게 자신이 즐겨 그리는 그림에 대해 설명

LEE 한 감독의 영화들을 계속 보다보면, 흡사하게 반복되는 특정 디테일들을 발견하는 재미가 있습니다. 〈생활의 발견〉에서는 춘천 세종호텔 식당의 야외 테이블에서 세 인물이 식사하며 대화하는 장면의 끝에 산 위에 가득 떠 있는 구름을 인상적으로 잡아낸 인서트 쇼

트가 나옵니다. 이 장면은 거의 구름 위주로 화면이 짜이도록 구도를 잡아 눈길을 끄는데, 〈밤과 낮〉의 후반부에서 성남이 그린 구름 그림을 보니 〈생활의 발견〉의 그 쇼트가 그대로 떠오르더군요. '아, 어쩌면 〈생활의 발견〉의 저 장면이 감독의 무의식에 오래도록 잠복해 있다가 〈밤과 낮〉에서 저렇게 표출된 것일 수도 있겠구나' 싶은 생각 때문에 관객으로서는 무척 흥미로워지는 거죠. 그리고 〈밤과 낮〉의 꿈 장면에서 성남은 유정의 발가락을 빠는데, 같은 디테일이 〈돼지가 우물에 빠진 날〉에 나옵니다. 효섭(김의성)이 여관에서 보경(이응경)의 발가락을 입으로 빠는 장면이었죠. 당시에 무척이나 인상적인 묘사여서 강렬하게 기억에 남았거든요.(웃음) 감독님은 러브신을 찍을 때 카메라를 거의 이동시키지 않는데, 예외가 되는 게 〈여자는 남자의 미래다〉의 화실 장면이었죠. 화실에 찾아간 문호(유지태)가 선화(성현아)와 소파에서 키스하는 쇼트는 카메라가 벽에 걸린 그림에서 천천히 내려와 두 인물을 잡으면서 시작되니까요. 그런데 같은 카메라 워크가 〈밤과 낮〉의 종반부 성남과 성인의 침대 장면에서 반복되는 것을 보고 무척 흥미로웠습니다. 〈여자는 남자의 미래다〉 이후 러브신에서 그런 카메라 움직임을 본 적이 없었으니까요. 이처럼 감독님의 이전 영화들에서 보았던 특정 디테일이 반복되는 것에 대해 어떻게 생각하십니까. 혹시 그런 것에 대해 부담감을 갖고 계시나요.

HONG 이전의 제 작업을 의식하지는 않습니다. 제게 디테일이란 그냥 그렇게 갑자기 떠오르는 것이니까요. 이전과 비슷한 디테일일 수 있다는 것에 대해서는 전혀 개의치 않아요. 말씀하신 성남의 꿈 장면 경우, 그 부분을 쓰고 찍을 때 〈돼지가 우물에 빠진 날〉을 떠올린 적이 없어요. 발가락과 입

여자는 남자의 미래다
개봉 2004년 5월 5일 **출연** 김태우 유지태 성현아 **상영시간** 87분 _ 영화감독 데뷔를 앞두고 있는 헌준과 대학에서 학생들을 가르치는 문호가 몇 년 만에 다시 만난다. 오랜만에 중국음식점에서 술잔을 기울이던 둘은 이전에 헌준의 애인이었고 이후 문호와도 사귀게 된 선화를 떠올리고는 충동적으로 그녀를 찾아간다. 선화는 옛 남자들을 자신의 아파트로 데리고 간다.

만 본다면 〈돼지가 우물에 빠진 날〉과 똑같은 자세겠지요. 그런데 저는 그걸 요소 자체로 쓰는 것이기 때문에 〈돼지가 우물에 빠진 날〉에서 온 디테일이라고 생각하지 않아요. 그러니 문제가 된다고도 생각하지 않죠. 저는 하나의 신에서 배열이 중요하다고 생각하는데, 그 두 장면은 서로 구체적인 배열이 다르니까요. 그것들을 연결 지어서 보는 사람이 몇이나 될까 싶기도 하고, 그렇다한들 그게 관람에 방해가 될까 싶기도 해요. 그런 사람은 극소수일 겁니다. 그보다 제게는 적합한 디테일이냐 혹은 새로운 배열이냐가 더 중요합니다.

– 야, 그 경찰관, 내가 아는 선생님이랑 되게 많이 닮았어.
어떻게 그렇게 닮은 사람이 있을까 신기해.

〈강원도의 힘〉에서 강원도에 놀러갔다가 돌아오는 버스 안에서
오윤홍의 친구가 현지에서 만난 김유석에 대해

LEE 감독님의 영화를 보면 인물들이 너무나 생생해 꼭 모델이 있을 것만 같은 생각이 듭니다. 캐릭터들의 모델이 있냐는 질문 많이 받으시죠?

HONG 인물은 상상을 통해 만들게 되는데, 상상이란 것도 사실은 구체적인 경험 조각에서 출발합니다. 아무것도 없는 데서 뭔가가 튀어나오는 일은 없죠. 어떤 상상이든 그 밑바닥에는 구체적인 경험의 조각이 있는데, 그걸 어떻게 배열하고 배치하느냐에 따라 새 인물이 탄생하는 겁니다. 그런 의미에서 모든 인물은 모델이 있다고 생각해요. 다만 모델을 그대로 옮기느냐 여부의 문제가 있겠죠. 그런데 매체를 통과하는 순간, 그리고 배우가 연기하는 순간, 모델과 똑같이 하려고 해도 되지 않습니다. 대상을 사진으로 찍어도 작가의 시선이 개입하잖아요. 또 하나 중요한 점은 영화를 만드느라 다른 사람에게 피해를 주고 싶지 않은 제 마음입니다. 그래서 모델이 있다고 해도

부분적으로만 활용해 인물을 만들죠. 그렇기에 모델이 된 사람이 자신의 친한 친구와 함께 제 영화를 본다고 해도, 그 사람이 그 친구에게 "저 대사는 내가 한 거야"라고 말하지 않는 한, 그 친구가 영화 속 인물이 자신의 친구에게서 따온 캐릭터임을 확신할 수 없도록 변형해서 영화에 씁니다. 긴 대사는 한 사람의 말에 여러 가지 소스를 합치고요. 당사자는 저와의 관계가 있으니까 영화 속 인물이 하는 대사가 자신의 말이라고 생각할 수는 있지만, 사실 그 대사의 다른 부분은 그 사람이 한 게 아니거든요. 그래도 그 사람은 자신의 말을 따왔다고 생각할 수 있을 거예요. 그것까지는 어쩔 수 없어요. 모든 창작의 바탕에는 모델이 있지만 그렇다고 창작을 통해 그 모델을 괴롭히면 안 되죠. 저는 이십대 초반에 매일 카페에 나가서 시나리오를 써보려고 시도한 적이 있는데 잘 되지 않았어요. 실패한 가장 큰 이유는 제게 일어난 일을 그대로 옮기려고 했기 때문입니다. 그래서 무의식 속에서 그에 대한 저항이 있어 제대로 되지 못한 것 같아요. 그때 깨달았어요. 이렇게 하면 안 되는 것이구나. 내가 마음대로 인물을 움직이고 조작할 수 있어야 하는구나.

- 영실씨가 출연하신 영화가 제 얘기예요. 사람들이 친해서
  서로 믿고 하는 얘기를 그렇게 쓰는 거 너무한 거 같아요.
  그렇게까지 하면서 영화를 만들어야 하는 건지.
- 정말 자기 얘기예요? 어떤 게 자기 얘긴가요? 다?
- 다요. 죽으려고 여관 간 거, 그리구 약을 한 알씩 다 나눈 거,
  다 제 얘기예요. 죽기 바로 전에 눈 내린 거,
  말보로 피려고 했는데 못 핀 거, 그거 다.
- 근데 옆에 있는 사람들은 다 그렇게 생각하는 거 같아요,
  사실. 작은 거 하나라도 비슷하면 다 자기 얘긴 것처럼
  얘기하잖아요. 전부 다 자긴 중요하니까요.

〈극장전〉에서 감독 지망생 김상경이 자신의 일을 선배 감독이 그대로 영화에 옮겼다고 하자, 그 영화에서 주연했던 배우 엄지원이 그 말을 받으면서

LEE 〈극장전〉의 장면에서처럼, 감독님의 영화 속 인물이 바로 자기 자신에게서 그대로 따온 것이라고 믿는 사람들도 많죠?(웃음)

HONG 당사자에게는 작아도 과장되게 느껴지기 마련이죠.(웃음)

LEE 그런 반응에 접하면 어떠세요?

HONG 제가 정말 따온 모습이면 또 모르겠는데, 전혀 의외의 사람들이 그렇게 말하는 경우도 있어서 참 재미있다는 생각을 해요. 〈강원도의 힘〉의 후반부에 나오는 인사동 술자리 잡담 장면은 모델 없이 제가 만들어 썼는데, 어떤 분들이 술 먹을 때마다 자신들의 이야기를 썼다고 계속 말하더라고요. 정말 웃겼어요.(웃음)

– 무용하는 거 한번 보실래요?
– 아, 좋죠.
– 그럼, 한번 해볼게요.

〈생활의 발견〉에서 예지원이 처음 만난 김상경 앞에서 즉석 제안

LEE 감독님 영화 속 모든 인물 중 가장 엉뚱한 여자는 아무래도 〈생활의 발견〉의 명숙(예지원)이 아닐까 싶습니다. 처음 만난 남자 앞에서 현대무용과 한국무용과 살사를 스스로 추어보이지 않나, 술자리에서 혼자 감정 잡고서 샹송을 불러대지 않나, 경수(김상경)와 하룻밤을 보내고 나서 서먹해지자 경수의 선배와 여관에 들어가서는 "지금 여관인데, 누구랑 있게요?"라고 전화로 생중계를 하지 않나……. 이 이상한 인물은 대체 어떻게 만드신 건가요.(웃음)

HONG 명숙이라고 특별히 다른 과정을 거쳐 만든 인물은 아니에요. 제 영화 속 모든 인물이 그렇듯, 여러 모델이 있고 그 특징들을 섞어

서 만들었죠. 그런데 명숙이라는 캐릭터는 배우를 정하고 나서 그 배우가 주는 느낌이 워낙 특별하기는 했어요. 그 특별함이 자꾸 그런 디테일을 상기시키게 한 듯해요. 배우와 저의 합작품 같은 느낌이 특히 강하다고 할까요. 다른 배우를 캐스팅했다면 아마 그 인물은 전혀 다르게 나왔을 거예요. 예지원씨는 남이 오해할 수 있을 정도로, 다른 깊이의 순수함으로 움직이는 사람이에요. 그래서 조금만 알면 다들 그 배우를 좋아하는 것 같아요. 잔머리가 거의 가동되지 않는 사람이죠.

– 갈 데가 있어서 그래요.
– 그럼 갔다가 다시 돌아오시면 안 돼요? 부탁입니다.
– 봐서 그럴게요. 주무세요, 그럼.
– 미안한데요, 그럼 뭐 놓고 가시죠. 제가 갖고 있을게요.

〈극장전〉에서 하룻밤 관계를 맺은 뒤 다음날 아침 일찍 엄지원이 먼저 살짝 여관을 떠나려 하자 뒤늦게 깨어난 김상경이 집요하게 요구

LEE 반면에 감독님 영화 중에서 가장 짜증나는 남자는 아마도 〈극장전〉에 나오는 동수(김상경)일 겁니다. 하룻밤을 보낸 뒤 여자가 먼저 떠나려 하자 다시 돌아오도록 그 대신 볼모로 잡고 있을 물품을 요구하지 않나, 친구의 아픈 딸에게 잠시 둘러준 자신의 목도리를 금방 되찾아가지 않나, 지갑을 잃어버렸다면서 회비를 안 내지 않나……. 정말이지 경수는 대책 없는 남자로 보입니다.(웃음)

HONG 김상경씨와는 두 편을 함께 했는데, 첫번째로 같이 작업했던 〈생활의 발견〉에서는 자연인 김상경으로부터 받은 인상을 캐릭터 속에 좀더 온전히 드러낸 편입니다. 그러다 김상경씨와 다시 〈극장전〉을 찍게 되면서, 그게 두 번째 작품인 만큼 캐릭터에 뭔가 다른 면모를 부여해야 한다는 강박이 좀 있었던 것 같아요. 그래서 성격

을 한쪽으로 치우치게 하려는 마음이 제게 있지 않았을까 싶네요. 〈극장전〉은 2부 구성인 작품이잖아요? 1부의 주인공 상원(이기우)은 순진한 아이로 그려지는데, 그런 1부가 있었으니 2부에서는 부담 없이 반대쪽으로 치우쳐 그릴 수 있으리라 생각했는지도 모르고요. 이 역시 생각해 본 적이 없던 내용인데, 질문을 받고 지금 곰곰이 생각해 보니 그런 이유인 듯하네요.(웃음)

– 실례합니다. 저는 영화감독이고요, 김중래라고 합니다.
실례지만 인터뷰 좀 할 수 있을까요?

〈해변의 여인〉에서 감독인 김승우가 우연히 만난 두 여자에게 인터뷰를 제안하며

LEE 감독님의 영화들에서 주인공의 직업은 거의 대부분 소설가(〈돼지가 우물에 빠진 날〉), 화가(〈밤과 낮〉), 배우(〈생활의 발견〉), 무용가(〈생활의 발견〉), 음악가(〈해변의 여인〉) 등 예술 분야 종사자 아니면 교수(〈강원도의 힘〉, 〈여자는 남자의 미래다〉)입니다. 특히 주인공의 직업이 영화감독인 경우가 제일 많죠. 〈오! 수정〉 〈여자는 남자의 미래다〉 〈극장전〉 〈해변의 여인〉 〈잘 알지도 못하면서〉 이렇게 다섯 편이나 되니까요. 인물의 직업을 감독으로 설정하면 관객들이 감독님 자신의 이야기로 오해할 여지도 커집니다. 그런데도 왜 이런 직업군을 택하시는지요.

HONG 플러스가 더 많다고 생각하니까요. 물론 관람에 방해될 수도 있을 거예요. 그런데 저는 영화를 만들 때 제가 조금이라도 알고 있는 영역에서 움직여야 합니다. 왜냐하면 잘못 가고 있을 때는 잘못 가고 있는 것인지 스스로 알아차릴 수 있어야 하니까요. 아는 데서 더 깊이 들어갈 때 비로소 진정으로 새로운 게 나와요. 전혀 모르는 영역에 들어가서 작업하면, 새롭게 알게 되어 놀라는 것 자체가 상투적으로 표현될 위험이 있죠. 오해가 좀 있더라도 그런 직업군과

그 주변 세계를 선택하는 것이 얻는 게 더 많아요.

- 영화 몇 편 봤어요. 자기랑 똑같애. 호호.
  근데 어쩌면 그렇게 자기 얘길 해요? 영화에다 대고.

〈잘 알지도 못하면서〉에서 고현정이 영화감독인 김태우와 침대에 함께 누운 채로

LEE 감독님 자신의 경험을 그대로 옮겼다고 믿는 관객들도 있을 것 같습니다.

HONG 영화라는 매체는 전형성이 너무 강해서 보시는 분들이 감독과 작품과의 관계에 대해 쉽게 오해하시는 것 같아요. 영화에 영화감독이 주인공으로 나오는 예가 드무니까 더 그렇기도 한 것 같고요. 어쩔 수 없죠. 얻는 게 더 많은 한, 계속 이렇게 할 겁니다.

- 제가 오늘 술을 정말 많이 마셨고 말을 너무 많이 한 거 같아요.
  제가 원래 제 얘기를 진짜 안 하거든요.

〈잘 알지도 못하면서〉에서 엄지원이 술자리에서 잔뜩 취해 자신의 이야기를 늘어놓은 뒤

LEE 그런데 시간이 흐를수록 주인공의 직업을 택하실 때 변화가 감지되는 것 같습니다. 똑같이 예술가를 주인공으로 삼아도 초기작들에서는 영화감독이 아닌 다른 분야의 인물들을 다루셨죠. 그러다 〈여자는 남자의 미래다〉 때부터 영화감독이 주인공인 경우가 생겼는데, 이때부터 친다면 최근 다섯 편 중 네 편에서 영화감독이나 감독 지망생 이야기를 그려내셨습니다. 최근작인 〈잘 알지도 못하면서〉에서는 영화감독이 주인공일 뿐만 아니라 극중에서 자신의 영화관映畵觀을 길게 피력하기까지 합니다. 감독님의 영화들이 감독님의 실제 영역 가까이로 점점 더 접근해 오고 있다고 할까요. 제게는 이

런 변화가 무척이나 흥미롭습니다. 이건 〈잘 알지도 못하면서〉에 이르러 영화 제목과 극중 인물들의 이름을 짓는 방식까지 변하게 된 것과도 무관하지 않은 것 같습니다. 이전에 잠깐 말씀드린 대로, 〈잘 알지도 못하면서〉는 이제까지 나온 감독님의 작품 중에서 가장 직접적이고 에둘러 가지 않는 영화로 보이기 때문입니다.

HONG 제 자신의 실제 영역 주변의 일들을 바라볼 때 이제는 제게도 그걸 다룰 수 있는 거리가 생겼나 봅니다. 언급하신 그 부분은 극중에서 구경남이 특강을 하면서 말하는 대목일 텐데, 제가 보통 촬영하는 당일 아침에 대사를 쓰는데도 그 내용을 적을 수 있었던 걸 보면 이제는 그런 말을 하는 인물을 다룰 수 있을 만한 거리가 확보된 것 같아요. 꽂혀 있으면 저는 그걸 영화에 쓰지 못하거든요. 그걸 관찰할 수 있는 거리가 마련되어야 쓸 수 있는 거죠. 저는 대사나 상황에 대해서 쓸 때면 언제나 자동적으로 거리 조정을 하거든요.

LEE 그 말씀은, 이제 스스로를 어느 정도 외부에서 객관적으로 바라보실 수 있게 됐다는 뜻인가요.

HONG 그렇다고 할 수도 있겠죠. 하지만 그보다는 흥興의 중심이 이동하게 된 것 같습니다. 저를 움직이게 하고 기분 나게 하는 것들이 세월이 흘러감에 따라서 옮겨지고 있는 거죠. 극중 구경남이 하는 말들을 영화 보시는 분들이 부분적으로 제게 대입할 수도 있겠지만, 그래도 상관없다고 느껴질 수 있는 거리가 생긴 거죠. 제가 느끼는 위치가 움직였다고 할까요.

– 뭐 필요한 거 없어?
– 뭐 좀 따뜻한 거. 그리고 간단한 먹을거리. 햄이나 치즈 같은 거.
– 알았어. 조금만 기다려.

〈밤과 낮〉에서 박은혜와 노숙자의 대화

LEE 감독님 영화 속 인물들은 언뜻 매우 차갑고 위선적이며 이기적으로 보입니다. 그런데 이따금씩 그런 인물들이 전혀 다른 행동을 하기도 하지요. 예를 들어 〈밤과 낮〉에서 유정(박은혜)이 파리의 노숙자에게 다가가 친근하고도 따뜻하게 도움을 주는 장면이 대표적인데요, 그때 유정은 누가 자신의 행동을 보고 있는지도 몰랐으니 그 행위는 대가를 생각하지 않는 순수한 선행에 가깝습니다. 이런 행동은 남의 이력을 자신의 것인 양 속이는 등 다른 장면에서의 유정의 모습과 완전히 다른 일면을 보여주지요.

HONG 무척 흥미로운 지적이네요. 저도 왜 그런 장면을 넣는지에 대해서 정확한 설명은 못할 것 같아요. 제가 스스로 의식한 부분이 아니라서요.

– 커피 마시려고?
– 아니, 그냥 넣어놓는 거야.
나중에 누가 보면 공짜라고 좋아하겠다.

〈극장전〉에서 거리의 커피자판기에 동전을 넣는 엄지원에게 이기우가 묻자 엄지원이 대답

LEE 〈밤과 낮〉 외에도 이런 장면들이 종종 있습니다. 〈극장전〉에서 영실(엄지원)이 커피자판기를 이용할 익명의 누군가를 위해 자신의 동전을 넣어두는 장면도 그렇죠. 영실이 돈을 넣고 돌아선 몇 초 뒤에 실제로 허름한 옷차림의 어떤 아저씨가 커피를 뽑아먹으러 왔다가 동전이 들어 있는 걸 보고 기뻐하는 모습도 그 쇼트 뒷부분에 나오잖아요? 〈해변의 여인〉의 마지막 장면 역시 타인의 대가 없는 선행으로 끝납니다. 모래톱에 빠진 자동차를 열심히 밀어 빼내준 청년들에게 문숙(고현정)이 매우 고마워 사례를 하려고 하지만 청년들은 괜찮다며 그냥 사라지지요. 유독 최근 영화들에 이런 장면들이 두드러

집니다.

HONG 일종의 길거리 선행이라고 할 수 있겠죠. 지금 생각해 보니, 이유를 찾으려면 찾을 수도 있을 것 같아요. 말씀하신 세 장면은 모두 제가 일상에서 직접 관찰한 내용을 옮긴 것입니다. 물론 영화에서는 다른 맥락과 표현으로 바꾸었지만요. 그런 장면들을 볼 때 참 기분이 좋았어요. 〈밤과 낮〉의 그 장면은 뉴욕영화제 일정 때문에 뉴욕에 머물렀을 때 보았던 내용이었어요. 어떤 야외 카페에서 깔끔한 차림의 한 부부가 커피를 마시다가 문득 구석 자리에 아무것도 먹지 않고 그냥 앉아 있던 걸인을 발견하고서 다가가더군요. 친절하게 말을 건 뒤 뭔가 먹을 게 필요하냐고 묻고 나서 가게 안으로 들어가 샌드위치를 사서 걸인에게 주었어요. 그분들의 심리를 따져보면 이해할 수도 있는 행동일 거예요. 그런데 그런 분석 같은 건 하고 싶지도 않고 그 자체가 신선하기만 한 거예요. 그 부부는 그 걸인에게 다가가기도 싫을 정도로 멋진 차림새를 하고 있었거든요. 그걸 좋게 기억하고 싶었어요.

– 형, 내가 형에게 줄 선물이 뭐냐면, 여기 첫눈 있잖아.
– 응. 첫눈이 늦게 온 거다.
– 형, 첫눈 밟으라고. 눈이 너무 곱지 않아?
그래서 내가 개도 묶어놨어.
– 이거 내가 밟어?
– 형이 원하면.

〈여자는 남자의 미래다〉에서 후배인 유지태가
선배인 김태우를 자신의 집 마당에서 오랜만에 만나서

LEE 일종의 대가 없는 선행을 하는 장면과 함께, 인물들이 순수한 측면을 드러내는 장면도 흥미롭습니다. 〈여자는 남자의 미래다〉에서 문호(유지태)와 헌준(김태우)은 무척 차가운 시선으로 다뤄지는 인물들인데, 이처럼 아이 같고 순수한 면모를 드러내는 장면도 들어 있지요. 〈강원도의 힘〉에서 상권(백종학)이 호텔 앞 계단에서 자신이 부른 택시를 기다리다가 먼저 온 또다른 택시를 타지 않고 "우리가 부른 택시를 기다려줘야지"라고 후배에게 말하는 부분 역시 비슷한 맥락이지요. 이런 장면들을 넣는 것은 캐릭터를 한쪽 방향으로만 보지 않도록 하기 위해서인가요?

HONG 공평함을 고려하고 있는 것이겠죠. 제가 만들거나 선택한 인물을 제 영화 속에서 온전히 공평하게 다뤘다고 생각하지는 않아요. 마음 가는 대로, 손 가는 대로 만드는 편인데 그 속에 보편성이 담기길 바랄 뿐이죠. 하지만 그 와중에도 여유가 생기는 만큼은 본 것들을 골고루 수용해 보려고 해요. 제 개인적인 삶의 테두리 속에서 과거에는 건드리지 못했던 것을 이제는 건드리고 있다고 할까요. 제가 보는 세상의 조각들이 제 영화 속에 들어오기 마련인데, 그 속에 그런 부분들이 끼어들고 있는 것 같습니다. 길거리에서 가끔이나마 마주치는 그런 선행들이 일상을 사는 데 자극이 되는 거죠. 그리고 사람에 대해서 말하면, 사실 사람은 상투적인 잣대로 선하기만 하거나 악하기만 한 것은 아니잖아요? 그 두 가지가 얼마든지 같은 인간에게서 일어날 수 있는 거죠. 〈밤과 낮〉의 유정처럼 그렇게 대가 없는 선행을 할 수 있는 마음을 가진 사람이 어느 순간에는 욕심을 가져서 남의 경력을 훔치는 비겁한 짓을 할 수도 있는 거구요. 그런 게 인물 안에서 모순 쌍을 이루는 겁니다. 유정의 경우, 이제껏 제가 다루지 않았던 유형의 인물로 만들려고 했어요. 박은혜씨를 캐스팅했을 때 이미 그런 캐릭터를 만들고 싶었던 의도가 있었던 거죠.

– 미안하지만 그 사람이 당신보다 나은 사람이에요.
돈이 많아서가 아니구, 당신은 절대 용납 못해요, 있는 그대로.

〈잘 알지도 못하면서〉에서 고현정이 김태우에게 자신의 남편 문창길을 칭찬하면서

LEE 〈잘 알지도 못하면서〉에 등장하는 모든 인물들은 실수를 저지르기도 하고 단점을 드러내기도 합니다. 하지만 그중에서도 양천수(문창길) 화백은 상대적으로 가장 성숙한 인간으로 보입니다. 지금 제가 인용한 극중 고순(고현정)의 대사 자체가 직접적으로 그런 평가를 담고 있기도 하죠. 실제로 그 인물에게 긍정적 의미를 담으려 하셨는지요.

HONG 맞아요. 그는 허튼 짓도 하고 잘난 척도 하지만, 그리고 그 사람이 가진 새 삶에 대한 비전이 근거 있는 것인지도 알 수 없지만, 극중에서 묘사된 것처럼 아내 고순의 혼외정사 이야기를 전화로 전해 듣고도 진심으로 아내를 염려하는 말을 할 수 있는 사람이라고 보았어요.

- 그분하고 사는 거 전혀 불만 없어요. 정말 착한 사람이에요.
- 네, 잘 사세요. 근데 전 그분이 정말 착한 분이라고는 생각 안 해요. 모르시겠지만.

〈잘 알지도 못하면서〉에서 고현정이 자신의 남편인 문창길에 대해 칭찬하는 이야기를 듣고 김태우가 반감을 표시

LEE 그런 점에서 다시 비교가 되는 것은 〈생활의 발견〉입니다. 그 영화에서도 선영(추상미)이란 여자는 경수(김상경)와 관계를 가지면서도 자신의 남편에 대해 존경을 표하는 말을 하고 있으니까요. 경수든 경남(김태우)이든, 상대 남자가 그 말에 대해서 반감을 표시하는 것도 같고요. 하지만 〈생활의 발견〉의 선영 남편은 다분히 위선적인 인물로 그려집니다. 반면에 〈잘 알지도 못하면서〉의 양화백은 따뜻한 시선으로 그려지고 있거든요.

극장전

개봉 2005년 5월 26일
출연 김상경 엄지원 이기우
상영시간 89분

CINEMA REVIEW

BOOMERANG INTERVIEW

〈극장전〉은 영화 속 영화로 시작해 영화 속 현실로 끝난다. 영화 속 영화에 해당하는 전반부에서 상원은 예전에 좋아했던 영실을 우연히 만난다. 함께 술을 마시다 여관까지 가게 된 두 사람. 그러나 섹스에 실패하자 상원은 갑자기 영실에게 동반자살을 제안한다. 영화 속 현실에 해당하는 후반부에서 동수는 전반부에 그려졌던 영화를 본 뒤 극장을 나선다. 우연히 거리에서 그 영화에 출연했던 배우 영실을 보게 된 동수는 다가가 말을 건다.

변화는 〈극장전〉에서 본격적으로 시작되었다. 이 여섯 번째 영화에서 홍상수 감독은 처음으로 다른 삶을 위한 갈망과 죄의식을 다루었다. 반성하지 않고 교훈도 얻지 못하는 홍상수의 차가운 인물은 〈극장전〉에서 와서 연민과 죄책감, 고통으로 괴로워하는 뜨거운 존재가 되었다. (살인과 파멸로 끝나는 데뷔작을 제외하면) 이제껏 작품 속에서 죽음을 정면 응시한 적이 없었던 홍상수 감독은 2부로 구성된 이 영화에서 각각 자살과 질병(으로 인한 죽음)의 모티브를 적극적으로 다룬다.
배우들의 연기도 이전과 차이를 보인다. 동수는 배우와 배역의 거리, 그리고 인물의 경도에서 분명 이전과 다른 제조법으로 만들어낸 캐릭터다. 홍상수의 연기자로는 처음으로 그의 영화에서 두 편째 주연배우가 된 김상경은 홍상수 영화 속 인물 중 가장 엉뚱한 캐릭터를 맡아 〈생활의 발견〉에서와 다른 방식으로 훌륭히 소화했다. 그리고 홍상수 영화에서 처음으로 1인 2역을 소화한 엄지원의 영실은 감독의 감정이 담긴 시선을 받아낸 최초의 여성 캐릭터가 됐다. 이전까지 홍상수는 어떤 여성 캐릭터도 영실처럼 대우하지 않았다.

형식적인 측면에서도 변화의 조짐이 두드러진다. 〈극장전〉은 줌을 쓴 홍상수의 첫 영화다. 웬만해서는 움직이지 않은 채 고정된 시선으로 거리를 둔 채 묵묵히 대상을 바라보던 홍상수 영화의 카메라는 이 작품에 이르러 줌인과 줌아웃을 빈번히 사용하며 공간을 자유롭게 넘나든다. 장면을 빈번하게 커트해서 나누는 것을 꺼리는 그의 영화에서 줌은 기본적으로 커트를 하지 않으면서도 이동하기 위한 방편으로 쓰인다. 공간적인 콘텍스트를 그대로 유지한 채 인물에게로 다가가거나 멀어지는 방식인 것이다.
동시에 줌은 본질적으로 역동성을 갖고 있다. 이때 역동성은 변화의 동인이기도 하다. 형식적으로 엄격하고 무거웠던 전작 〈여자는 남자의 미래다〉와 비교할 때, 〈극장전〉의 카메라가 담아내는 새로운 모습은 더욱 명확해진다. 그리고 줌을 통해 피사체에게 좀 더 가까이 다가가고 있는 형식적 측면은 인물의 내면을 응시하면서 연민을 처음으로 드러내는 정서적 측면과 일맥상통한다.
처음 도입된 내레이션 역시 중요한 역할을 한다. 특히 선배의 병실에서 펑펑 눈물을 쏟고 나온 동수가 거리를 걸으며 "이젠 생각을 해야겠다. 끝까지 생각을 하면 뭐든지 고칠 수 있다. 담배도 끊을 수 있다. 생각만이 나를 살릴 수 있다"고 절절히 토로하는 라스트신의 내레이션은 홍상수 영화 세계 전체의 터닝 포인트가 될 수 있을 만큼 강력하다.

〈생활의 발견〉과 〈여자는 남자의 미래다〉에서 〈극장전〉까지, 연이어 나온 세 편의 영화는 모두 한 남자가 거리를 서성이며 끝난다. 그러나 〈생활의 발견〉 끝 장면에 어찌할 바를 모르는 당혹감이 담겨 있고, 〈여자는 남자의 미래다〉의 엔딩에 '출구 없음'의 정서가 지배적인 것에 비해, 〈극장전〉의 라스트신은 바닥을 친 뒤 수면 위로 솟아오르고 싶어 하는 간절한 염원이 부력으로 작용하고 있다는 점에서 영화적 방향을 달리한다(훗날 〈밤과 낮〉은 처음으로 '귀가'의 모티브를 제시함으로써 귀결점 하나를 제시한다).
인물을 홀로 거리에 냉정히 남겨두는 〈생활의 발견〉이나 〈여자는 남자의 미래다〉와 달리, 이 영화에서 감독은 어떻게든 끝까지 인물을 책임지려 한다. 〈극장전〉은 홍상수가 전인미답의 길을 계속 열어가며 전진하는 시네아스트라는 주장에 대한 가장 확실한 증거다.

HONG 맞아요. 무척 흥미로운 지적이네요. 〈생활의 발견〉에 등장하는 다른 인물들은 다 경수라는 사람 속에서 윤색되어 있죠. 그런데 〈잘 알지도 못하면서〉에서는 경남의 들끓는 속내에도 불구하고, 그와 아무런 상관이 없는 세계에서 살아가는 사람이 있다는 겁니다. 마음이 힘든 사람이 참 인정하기 어려운 게 정말 착하고 밝은 인간이 존재한다는 사실이죠. 그래서 자신의 가슴속 소용돌이 때문에 그걸 끝내 부정하려고 해요. 경남은 그런 상태에 놓여 있는 겁니다. 그럼에도 불구하고, 그와 정말 다른 사람이 있다는 것을 내 입장에서는 짚고 가는 거예요.

– 여자 분들이 키가 다 크시네요. 저번 분도 그러더니.
– 그러네요. 근데 얼굴도 비슷하지 않아요?

〈해변의 여인〉에서 횟집 주인이 며칠 전의 고현정에 이어
송선미를 보고 난 뒤 언급하자 되묻는 김승우

LEE 감독님의 영화에서 여자들이 비슷한 외모를 지닌 것으로 묘사될 때가 종종 있습니다. 〈해변의 여인〉에서 문숙(고현정)과 선희(송선미)가 그런 경우인데, 〈강원도의 힘〉에서 사진을 찍어주던 여자가 다른 두 친구에게 "너희 둘, 지금 보니 비슷하게 생겼다. 몸매가 똑같아"라고 말하는 장면 역시 마찬가지입니다. 왜 이런 모티브들이 등장하는 걸까요.

HONG 사람들은 스스로를 굉장히 오리지널하다고 생각하지만, 사실 옆 사람과 99퍼센트는 똑같잖아요? 그게 관념일 수도 있고 이미지일 수도 있는데, 오리지널리티에 대한 사람들의 강박적인 신봉이 좀 지나치다 싶은 거죠. 사람들은 가끔 다르기도 하지만 대부분 정말 비슷하니까요. 그런 걸 영화 속에서 드러내고 싶은 겁니다. 마음속에서 정체성에 대해 깊은 고뇌를 하는데, 옆에 똑같은 얼굴의 쌍둥

이가 앉아 있는 것을 발견하는 느낌이랄까요. 자신의 환상이나 욕망과 상관없이 육체는 우연히 비슷한 사람도 있잖아요? 그게 패턴으로 보이기도 하고요. 그런 것을 보여주는 게 좋은 듯해요.

- 저도 감독님처럼 이 해변에서
  감독님이랑 비슷한 사람 찾아볼까요?
- 그래라, 그럼.
- 걱정하지 마세요. 안 그래요. 전 반복 같은 거 안 해요.

〈해변의 여인〉에서 고현정이 전화로 김승우와 대화

LEE 그런데 감독님의 영화에서 '닮은 여자' 모티브는 있는데 왜 '닮은 남자' 모티브는 없는 걸까요?(웃음)

HONG 그건 주인공이 남자인 경우가 훨씬 더 많아서겠지요.(웃음) 사실 비슷한 얼굴 모티브가 나오는 이유는 제 영화에 동물이 나오는 이유와 비슷한 점이 있어요. 동물 역시 우리와 같은 생명체잖아요? 그런데 우리가 무슨 짓을 해도 동물들은 우리의 조잡한 통념의 세계와 상관없이 살고 있잖아요. 남녀 커플이 통념의 이미지 때문에 앓고 있는데 그 옆을 검은 개가 슬쩍 지나가면, 그 통념이 얼마나 조악한 것인지가 보이죠. 그런 장면에서는 동물의 존재성이 강한 반면 인간은 온통 헛것에 둘러싸인 것 같죠.

- 개 좋아하세요?

〈해변의 여인〉에서 김승우가 인터뷰 도중 송선미에게

LEE 〈여자는 남자의 미래다〉 중 선화의 아파트에서 문호(유지태)와 선화(성현아)가 방으로 슬며시 들어갈 때 커다란 개가 그 옆을 지나

헌준(김태우)이 자던 방으로 들어가는 장면을 말씀하시는군요. 감독님은 정말 에밀 쿠스투리차처럼, 극중에 동물이 나오는 걸 좋아하시는 듯합니다. 맥락은 좀 다르겠지만요. 〈강원도의 힘〉〈여자는 남자의 미래다〉〈해변의 여인〉에는 개가 나왔고, 〈밤과 낮〉에서는 새와 돼지가 나왔죠. 〈잘 알지도 못하면서〉에서도 개구리와 애벌레가 움직이는 모습까지 넣으셨구요.

HONG 그래요. 제가 동물을 등장시키는 걸 좋아해요.(웃음)

– 옛날 얘기할까요? 태릉 가보신 적 있으세요?
거기 중국집은 생각나세요? 비 오는 날 수영장 간 거는요?
그때 거기서 저 만나셨잖아요.

〈생활의 발견〉에서 함께 식사를 하면서 추상미가 김상경에게
오래전 두 사람이 만난 적이 있었음을 상기시키면서

LEE '닮은 여자' 모티브가 조금 변주됐다고 할까요, 이와 정반대로, 시간이 흐른 뒤 같은 여자를 알아보지 못하는 경우도 영화 속에 등장합니다. 일례로 〈생활의 발견〉에서 경수(김상경)는 오래전에 선영(추상미)을 만나 집까지 따라간 적이 있었는데, 시간이 흘러 동일한 여자에게 같은 행동을 반복하고도 그게 같은 사람이었다는 사실을 전혀 기억하지 못하잖아요.

HONG 영화 속의 모든 디테일은 개인 경험에서 구멍이 깊었던 것들이 영화적으로 승화되기를 바라는 거죠. 제가 기억력이 나빠요. 이름을 잘 기억하지 못하고요. 특정한 날에 무슨 일을 했는지 질문을 받으면 떠오르지 않는 경우가 대부분이에요. 그런 게 밑바닥에 있었던 듯합니다. 그리고 그런 경험은 다른 사람들도 공유하는 체험이니까요. 그런 경험을 갖고 영화적으로 승화해 보려고 하는 듯해요.

– 정말 웃기는 사람이구나, 이 사람이. 나 몰라? 나야 나.
정말 나 몰라?

〈밤과 낮〉에서 김유진이 파리의 거리에서 우연히 마주치고도
자신을 알아보지 못하는 김영호에게

LEE 〈밤과 낮〉에서도 성남(김영호)이 옛 애인 민선(김유진)을 파리에서 우연히 마주치고도 알아보지 못하잖아요. 혹시 그 비슷한 두려움 같은 게 있으신지 모르겠네요. 아주 오래전에 사귀었던 여자를 알아보지 못할 것 같은 식의 두려움 말입니다.(웃음)

HONG 그 정도는 아니에요. 좋아했으면 이름은 잊어도 최소한 얼굴은 기억하겠죠.(웃음) 제가 정말 심하게 기억을 못할 때가 있기는 해요. 그걸 좀더 비약시킨 게 〈밤과 낮〉의 그 장면이죠. 기억이란 게 얼마나 부실한 것인지를 말해 주는 건 좋은 일인 듯해요. 기억을 과신하지 말라는 거죠. 그래서 제가 영화에서 기억 이야기를 많이 하는 것 같습니다. 사람들은 기억 속에서 왜곡도 잘하고, 빠뜨리는 일도 잦죠.

– 좀 기다려야 될 거 같은데, 넌 어떻게 좀 괜찮겠냐?
– 기다리지 뭐. 얼마나 기다리라는데?
– 넌 괜찮냐? 너 어떠냐?
– 기다려볼까?
– 그럴래? 그래라, 그럼.

〈여자는 남자의 미래다〉에서 김태우가 성현아를 함께 기다리던
유지태를 따돌리려고 하지만, 꿈쩍도 않는 유지태

LEE 감독님 영화는 기본적으로 남녀관계에 대해 다룹니다. 이때 중요하게 묘사되는 것이 이성을 앞에 둔 동성끼리의 신경전이지요. 하

나의 남성과 두 여성, 혹은 하나의 여성과 두 남성이 함께 있는 데서 벌어지는 일들을 무척 흥미롭게 다루신다고 할까요.

HONG 남녀관계에는 다른 관계보다 환상이나 통념 혹은 의지나 이성 같은 것이 훨씬 더 복잡하게 섞여 있는 것 같아요. 워낙 냉철한 남자라서 연애할 때에는 쿨하다가도 결혼을 하고 나면 돌변해서, 이상한 믿음에 토대해 괴상하게 군다던가 하는 일들이 많죠. 남녀관계에서는 이성과 감정이 끊임없이 힘겨루기를 한다고 할까요. 그 속에 오만 가지 편견이 뒤엉켜 있는데, 거기서는 희망조차 과잉이죠. 정말 복잡한 관계예요. 그런 관계를 다루면 제가 보여주고 싶은 것들이 가장 잘 드러나는 듯합니다.

– 형, 저거 한 발짝이야. 한 발짝 잘못 디디면 가는 거 아냐.
사람들이 왜 그런 걸 모르는지 이해가 안 가.

〈강원도의 힘〉에서 설악산에 함께 오른 후배가 까마득한 절벽에서
사진을 찍는 사람들을 쳐다보며 백종학에게

LEE 원작 소설이 있어서 스토리가 예외적이었던 데뷔작 〈돼지가 우물에 빠진 날〉을 제외하면, 감독님의 영화 속 인물들은 사회에서 백안시되는 애정관계를 유지하면서도 파멸을 겪지 않습니다. 그저 지지부진한 관계가 어정쩡하게 얽혀 있는 채로 끝나는 경우가 많지요. 혼외정사를 다루는 영화들은 극중에서 인물들이 치정으로 일종의 처벌을 받는 결말을 갖고 있는 경우가 많은데, 감독님은 주인공들을 그런 상황으로 몰아가지 않습니다. 〈잘 알지도 못하면서〉에서 동네 남자들이 혼외정사를 벌이던 김태우를 낫으로 위협하는 설정이 나오기는 하지만, 그건 마치 해프닝처럼 그려지죠.

HONG 그런 식의 결말을 갖는 영화들이 있다고 한다면, 그건 스토리를 교훈적으로 완성해야 한다는 강박 때문인 듯합니다. 저는 그런 상

황에 대해 곧바로 쉽게 도출되는 어떤 논리적이고 함축적인 결론이나 교훈으로 이어지지가 않아요. 그리고 그걸 치정이라고 말해야 할지도 모르겠고요. 우리의 상투적인 시선과는 좀 다르게 어떤 상황을 쳐다보는 역할을 해야 한다고 생각하기에, 그런 손쉬운 결론을 관객에게 전달해 주어야 한다고 생각하지 않는 것이겠죠. 이걸 치정극이라고 본다면 저도 파국이나 비극으로 맺을지도 모르죠. 그러나 이런 영화를 하는 목적 자체가 그런 교훈을 끄집어내기 위해서가 아니라, 이런 이야기 속에서 우리가 얼마나 상투적으로 대응하고 있는지를 보여주려는 겁니다. 그럴 때는 파국 같은 결론이 오히려 방해가 될 뿐이죠.

– 너무 감동적이었어요.
특히 그 여자가 마지막 부분에서 죽는 거요.
그런데, 거기서는 그 여자가 죽지 않았으면 좋겠어요.

〈돼지가 우물에 빠진 날〉에서 김의성이 쓴 소설을 미리 읽어본 조은숙

LEE 원작 소설이 따로 있었던 데뷔작 〈돼지가 우물에 빠진 날〉을 제외하면 주인공들이 죽는 경우가 없습니다. 주변 인물이라도 죽음이 묘사될 경우는 〈강원도의 힘〉의 '눈이 예쁜 여자'나 〈밤과 낮〉의 민선(김유진)처럼 그저 간접적으로만 슬쩍 다룹니다. 〈극장전〉의 전반부에서는 자살 기도 자체가 희화화되고요. 가능하면 인물들을 죽이지 말아야 한다고 생각하십니까.

HONG 일단 〈돼지가 우물에 빠진 날〉은 구효서씨의 소설을 영화화한 작품이지만, 원작의 근거는 거의 없다고 봐도 될 거예요. 주인공들의 이름 정도를 빌려왔을 뿐이죠. 그 영화의 시나리오는 저의 여타 영화들과 달리 다른 분들과 함께 썼는데, 거기서 그런 요소가 들어간 것 같아요. 그리고 저는 인물을 죽여서 좋은 결과가 되면 죽일 수

도 있다고 생각해요.

LEE 그러면 영화 속 작은 효과를 위해서 인물을 죽이면 안 된다는 생각이 없으신가요?

HONG 없어요. 그런데 왜 죽이지 않았을까를 지금 한번 생각해 볼게요. 우선 이런 거 같아요. 그래도 사람이 죽는 거잖아요? 그러니 거기에 걸맞은 게 있어야 하겠죠. 갑자기 인물을 죽여놓고 "놀랐지?"라고 관객들에게 말할 수는 없다고 생각해요. 그렇게 하면 유치한 거죠. 주인공이 죽으려면 뭔가 중요한 이유가 있어야죠. 그러니까 주인공이 죽으면 영화 전체가 그 사람이 죽는 이유에 대한 설명이 돼요. 그런데 사실 죽음은 생물학적이거나 우연적인 게 많죠. 그런 것으로 죽음에 대한 이유를 마련하거나, 제 시각에서 죽는 이유로 영화를 채울 거리를 찾지 못했다고 할까요. 저는 일상에서, 상투 속에서, 부딪치고 움직이는 것을 쳐다보는 데서 반성이 일어난다고 봐요. 폼이 좀 난다고 해서 생물학적이거나 우연적인 사건에 의미를 부여하는 것은 제가 영화를 만드는 태도와는 상관이 없다는 생각이 드네요.

- 니가 그런다고 내 마음이 달라질 것 같아?
순수가 통하지 않으면 어떡하지?

〈돼지가 우물에 빠진 날〉에서 조은숙에게 절절한 마음을 고백하는 손민석

LEE 참극으로 끝나는 유일한 영화인 〈돼지가 우물에 빠진 날〉에서는 이른바 순수한 인물이 참극을 빚습니다. 민재(조은숙)에게 순정을 바치던 민수(손민석)가 결국 살인을 저질러 비극적인 결말을 맺고 마니까요.

HONG 비극이라는 서사와 눈먼 순수는 상통하니까요. 있는 그대로 보려는 노력을 하지 않고 자신이 만들어낸 정서적인 이미지에 꽂혀버린

사람이라고 할까요. 그 이미지 안으로 모든 걸 수용하지 않으면 터져 버릴 것 같은 사람이죠. 비극에는 그런 인물이 가장 가깝지 않나요?

-나는 내 꿈을 위해서 희생해 왔어.
-니가 말하는 꿈이라는 게 유부남이랑 사귀는 거니?

〈강원도의 힘〉의 술자리에서 오윤홍이 스스로에 대해 말하자 비꼬며 쏘아붙이는 친구

LEE 감독님의 모든 영화가 남녀관계에 대해 다루고 있습니다. 그런데 거의 모든 작품이 기혼자와 미혼자의 관계를 그려내고 있지요. 〈극장전〉 딱 한 편만이 예외죠. 솔로끼리의 사랑보다 기혼자와 미혼자의 관계에 영화적으로 더 주목하시는 것은 그게 사람들의 통념을 더 잘 드러내줄 수 있다고 생각하셔서인가요?

HONG 그렇게 볼 수도 있을 겁니다. 솔로끼리 연애하고 또 헤어지는 이야기에 대해서는 이미 영화로 너무 많이 다뤘죠. 그래서 그런 이야기에 관객들이 아주 익숙해졌는데, 내가 다시 그런 소재를 다루려면 무척 힘들 거예요. 저는 상투적인 것들을 이용하면서 상투성이 드러나게 하는 영화를 만들고 있는데, 솔로들끼리는 만나고 사랑을 시작하고 관계가 발전하고 그러다 헤어지기까지의 진행이 이미 영화적으로 너무 많이 투자되고 또 묘사되었거든요. 상투성의 조각들을 배열만 가지고 드러내야 하는데, 솔로끼리의 관계는 그 하나하나가 너무 세밀하게 구분된 옵션들이 있어요. 웬만해서는 그 옵션들 중에서 맞지 않는 걸 찾기도 힘들고, 선택한 옵션과 붙여놓았을 때 연결선이 문제가 되기도 하고, 상투성을 드러내는 서로 다른 묘사들이 대사를 비틀고 배열을 바꾸어낸다고 해도 서로 깨끗하게 붙지 않고 지저분하게 번질 것 같아요.

– 내가 결혼까지 생각하기가,
그런 마음을 갖는다는 게 얼마나 힘든 건지 알아요?

〈오! 수정〉에서 정보석이 이은주와 다투다가

LEE 그렇다면 솔로끼리의 관계를 잘 다루지 않으시는 것이 감독님의 의도와 목표에 맞게 그 이야기를 영화적으로 표현하기가 힘들기 때문이라는, 다시 말하면 방법론적인 이유 때문이라는 것인가요?

HONG 제가 좀 기다리고 있는 것 같아요. 솔로들의 연애 이야기를 똑 떨어지게 깨끗이 해낼 수 있는 때를 기다린다고 할까요. 지금은 분명히 그쪽 방향으로 향하고 있는 것 같기는 해요. 때가 되면, 각 과정마다 우리 안에 가득 차 있는 이미지들을 건드리면서도 그걸 관통할 수 있는 무엇인가를 찾아내야 할 것 같아요. 제게 깨달음이 와야 되겠죠. 그런 때가 되려면 아마 제 자신이 부정의 1단계에서 2단계, 3단계로 나아가면서 사람에 대해서도 좀더 열려야 할 것 같고요. 사람으로서 더 나이가 드는 게 필요할지도 모르죠. 영화적으로도 많이 생각해야 할 겁니다.

– 결혼했었죠?
– 네. 이혼했어요. 오래됐어요.

〈해변의 여인〉에서 첫 관계를 가진 다음날 고현정이 묻자 김승우가 대답

LEE 〈해변의 여인〉에서 처음으로 이혼한 사람을 등장시키셨습니다. 제게 그것은 기혼과 미혼의 관계를 다루시던 단계에서 미혼끼리의 관계를 다루는 단계로 옮아가는 과도기의 설정으로 보입니다. 영화 속에서 이혼한 사람은 어느 정도 기혼과 미혼의 속성 모두를 함께 갖고 있는 경우로 볼 수도 있으니까요. 그리고 〈밤과 낮〉에서 성남(김영호)이 극단적으로 분열된 행동을 보이는 것도 눈길을 끕니다.

그는 도피처인 파리에서 흡사 솔로인 것처럼 사랑을 하는데, 밤마다 한국으로 전화를 걸어 아내와 통화할 때는 철저히 기혼자죠. 최근의 두 편을 보면서, 저는 지금 감독님이 주목하는 관계가 서서히 변하고 있다는 인상을 받았어요.

HONG 그렇게 볼 수 있을 거예요. 제 마음속에 향후 솔로간의 관계를 그릴 것 같다는 느낌이 있으니까요.

– 너, 내가 섹스해서 깨끗하게 되는 거야. 알았지?
– 정말 깨끗하게 되는 거지?
– 그럼. 깨끗하게 해줄게. 정말로 깨끗하게 되는 거야. 알았지.
– 나 깨끗하고 싶어. 깨끗하게 해줘.

〈여자는 남자의 미래다〉에서 김태우가 다른 남자에게 강간당했다고 말하는 애인 성현아와 섹스하면서 대화

LEE 성적인 순결이나 정조 관념에 얽매이는 인물들이 묘사될 때가 종종 있습니다. 그럴 때 '깨끗하다'는 형용사가 사용되는데요, 페미니즘적 관점에서 이런 장면 등을 공격하는 견해가 없지 않았습니다. 저는 사실 이런 장면들이 통념으로서의 순결 이데올로기를 오히려 비판하는 입장에서 나온 것이고, 감독님 영화 속에서 남자의 행태는 여자의 행동 못지않게 차가운 시선으로 그려지는 경우가 많은 것을 감안할 때, 과녁이 잘못된 공격이라는 생각이 듭니다. 그럼에도 불구하고 여성주의적 입장에서 감독님의 영화가 반여성적이라고 비판하는 경우가 종종 있는 게 사실인데, 이런 견해에 대해서는 어떻게 생각하시는지요.

HONG 그런 목적을 가지고 영화를 해석하고 받아들이는 분들은 작품 전체에서의 인물들의 구체적인 행동이나 말이 갖는 의미를 문맥 속에서 파악하지 않는 경우가 많죠. 그냥 그 말과 행동 자체가 즉각적

으로 일으키는 불쾌한 반응을 가지고 스스로의 목적지향적인 틀에 비추어 판단하는 것 같습니다. 제 영화 전체를 보면, 남자나 여자 어느 한쪽에 치우친 게 아니잖아요? 특정한 것을 자극하거나 상기시키는 것을 영화에서 아예 언급조차 할 수 없게 하는 태도는 곤란합니다. 모든 장면을 그들의 틀에 맞도록 서사와 영화를 만들어가야 한다는 것은 무리죠. 전체에서 특정 장면이 무엇을 의미하는지 봐주시면 괜찮을 듯싶은데요.

– 누구랑 하실 거예요?
– 네, 가능하면 지금 말씀하시는 분하고요.

〈해변의 여인〉에서 우연히 만난 두 여자 중 송선미와 인터뷰하고 싶어 하는 김중래

LEE 이제 베드신에 대한 질문을 드리겠습니다. 감독님 영화 속에서 베드신은 양적으로나 질적으로 무척 중요한데, '누가 누구와 어떻게 잘 것인가' 라는 문제를 영화에서 왜 그토록 중시하십니까.

HONG 사람은 누구나 욕망이 있죠. 그런데 사회는 개인의 욕망 추구 방식에 대해 제도화해 놓은 게 있잖아요? 그 둘은 늘 부딪치죠. 하지만 제 영화가 그 부딪침 자체에 대해 집중하는 것도 아닌 거 같아요. 그냥 그걸 일상에서 일어나는 상황으로 놓고, 서로 충돌하는 다양한 모순 쌍들을 그 상황 안에 넣으려는 거죠. 제 영화가 섹스나 외도 자체에 집중한다는 생각은 하지 않아요. 다만 남녀관계에서 인간이 지닌 상투성이 잘 드러난다는 거죠. 인간관계에서 최악이 될 수도 있고 최선이 될 수도 있는 게 남녀관계예요. 매우 강력한 욕망이고, 그 관계 안에는 여러 가지 요소가 복합되어 있기에 영화로 다루고 싶어지는 듯합니다. 누가 누구와 잘 것인가에 대한 선택과 결정은 여러 차원에서 정말 중요하죠. 그건 진짜 선택이기도 하고요.

해변의 여인

개봉 2006년 8월 31일
출연 고현정 김승우 김태우 송선미
상영시간 127분

CINEMA REVIEW

BOOMERANG INTERVIEW

영화감독인 중래는 시나리오 작업에 난항을 겪다가 스태프인 창욱에게 여행을 제안한다. 창욱이 함께 데려온 애인 문숙에게 관심을 갖게 된 중래는 바닷가 숙소에서 결국 그녀와 하룻밤 인연을 맺는다. 일행이 서울로 돌아온 이틀 뒤 혼자 바닷가에 내려간 중래는 우연히 만난 유부녀 선희와 술을 마시다 숙소로 함께 간다. 그 광경을 숨어서 몰래 지켜보던 문숙은 만취한 채 중래와 선희가 함께 있는 숙소의 문을 거세게 두드린다.

'홍상수는 늘 같은 말만 되풀이한다'고 흔히들 이야기한다. 그럴 수도 있다. 그와 흔히 비교되는 프랑스 거장 에릭 로메르의 영화들이 그렇듯, 그의 작품들은 연작으로 볼 때 좀더 잘 이해된다. 〈해변의 여인〉에서도 여전히 그는 술과 침대, 남자와 여자를 엮어 '욕망의 4원소론'을 설파한다. 이 영화 속에 "자연은 왜 수컷과 암컷으로 나눠가지고. 지겨워, 진짜"라는 대사를 넣어가면서도 다시금 탁월한 관찰력과 표현력으로 남자라는 '수컷'과 여자라는 '암컷' 사이에서 벌어지는 일들을 다룸으로써 '인간'이라는 존재에 대해 묻는다. 그리고 작품 속 공간들은 각운처럼 반복, 변주되며 의미를 빚는다.

그러나 〈해변의 여인〉은 언뜻 같은 자리를 맴도는 듯한 홍상수가 한걸음씩 어느새 얼마나 많이 걸어왔는지를 또렷이 보여주는 작품이다. 〈해변의 여인〉은 본격적인 변화의 조짐을 보였던 〈극장전〉에서 좀더 앞으로 나아간 걸작이다.

같은 말이라도 화술과 태도가 달라지면 새로운 언술이 될 수 있다. 〈해변의 여인〉을 초기작 〈돼지가 우물에서 빠진 날〉이나 〈강원도의 힘〉과 비교하면, 주제를 제외한 거의 모든 것이 바뀌었음을 짐작할 수 있다. 이전의 그 어느 작품들보다 온도가 높고(여전히 상온 이하라서 쌀쌀하지만), 유머의 당도가 높아진(아직도 씁쓸한 뒷맛이 남지만) 〈해변의 여인〉에는 심지어 동성간의 우정에 대한 묘사와 슬랩스틱까지 들어 있다.

'치정살인극'으로 데뷔했던 감독은 이제 '섹스 코미디'를 통해 관객으로 하여금 쉴 새 없이 낄낄대도록 하다가 어느새 숙연해지고 뭉클해지는 순간을 맞게 함으로써, 인간이라는 종의 자기모멸에서 자기연민으로 무게중심을 옮겼다. 한 남자가 갑자기 나무를 향해 절을 하며 눈물을 쏟고, 한 여자가 한밤의 해변가 숲속을 홀로 헤매고, 두 여자가 주고받는 지갑과 함께 자매애를 나누는 장면이 촉발하는 정서적 파고는 홍상수의 영화가 보여주는 새로운 경지다. 아마도 〈해변의 여인〉은 홍상수의 가장 따뜻한 영화일 것이다.

〈해변의 여인〉의 형식적 핵심은 삼각 구도에 있다. 남자 둘과 여자 하나, 혹은 여자 둘과 남자 하나가 얽힐 때 발생하는 성적 긴장감과 그 모든 소동을 통해 홍상수 감독은 기이하게 얽힌 욕망의 트라이앵글을 그린다. 셋이 함께 있는 장면에서 무심히 지켜보던 카메라는 그중 둘이 본격적으로 대화할 때 두 사람에게로 줌인해 들어가면서 삼각구도를 깨뜨리고 영화적 긴장을 응집한다.

〈해변의 여인〉에서 배우의 비중이 그 어떤 전작보다 커지게 된 데는 고현정의 역할이 결정적이었다. 그는 '홍상수스러움'에 잘 녹아들면서도 뛰어난 대사처리 능력과 생생한 연기 디테일로 앙큼한 듯 맹한 듯 어수룩한 듯 엉뚱한 듯 입체적인 여성 캐릭터를 훌륭히 살려냈다. 〈해변의 여인〉은 여성들이 '주체'로 중심을 이룬 최초의 홍상수 영화이기도 하다. 김승우는 '수컷'의 맹목성을 잘 그려냈고, 김태우는 홍상수의 작품세계를 가장 잘 이해하는 배우의 면모를 보인다. 송선미에게서는 홍상수식 연기 연출에 흥미를 느끼고 빠져들기 시작한 배우의 흥분이 느껴진다. 〈해변의 여인〉은 홍상수의 모든 영화 중에서 배우들의 연기가 가장 뛰어난 작품이다.

극의 마지막 장면에서 바닷가를 달리던 문숙의 차가 모래밭에 빠지자 두 남자가 밀어서 꺼내준다. 최후로 빚어진 이 삼각구도는, 그러나 아무런 해프닝도 빚지 않은 채 문숙의 차가 서서히 멀어지는 것으로 소멸된다. 비루하고 생생하게 폐곡선을 만들며 같은 자리를 맴돌았던 욕망의 관성이 이제 새로운 전기를 맞는 것일까. 익숙한 것과 새로운 것 사이에서, 홍상수는 여전히 흥미진진한 감독이다.

– 너 근데, 그때 그 갈비찜 먹으면서
니 와이프 칭찬 몇 번 했는지 알아? 여섯 번이다.
내가 그때 세어봤거든. 여섯 번을 칭찬하더라고, 네가.

〈극장전〉에서 친구의 가족과 함께 중국음식점에서 식사하던 김상경이
예전 그 친구가 아내의 음식 솜씨를 거듭 칭찬했던 이야기를 꺼내면서

LEE 저도 〈극장전〉의 동수(김상경)처럼 세어봤습니다.(웃음) 감독님 영화들 아홉 편에서 베드신은 모두 40번 나오더군요. 이 횟수는 있었던 것으로 암시되거나 실패한 섹스가 묘사되는 장면들을 모두 포함한 숫자입니다. 세느라고 셌는데, 물론 이 역시 횟수가 약간 틀릴 수는 있을 거예요. 어쨌든 편당 무려 4.4회인 셈이네요.(웃음)

HONG 그렇게나 많군요.(웃음)

LEE 베드신에 대해서 좀 어려운 질문을 해보겠습니다.(웃음) 일일이 따져보니, 그 베드신들 중에서 체위가 묘사된 것은 모두 26회였는데, 그중 남성 상위가 25회더군요. 단 한 번의 예외는 〈돼지가 우물에 빠진 날〉에서 동우(박진성)가 성매매 여성과 관계할 때의 여성 상위 체위였습니다. 왜 남성 상위가 집중적으로 많을까요.(웃음)

HONG 일단 개인적으로 정상체위가 제일 좋다고 생각해요.(웃음) 그리고 영화적으로 생각해 보면, 제가 베드신을 찍을 때 체위가 너무 야해지는 것을 바라지 않는 것 같아요. 저는 베드신을 찍을 때 사실 섹스 자체보다는 그 사이에 펼쳐지는 다른 요소에 집중하는 경우가 더 많은데, 장면이 너무 야해지면 관객의 시선이 거기에만 집중될 것 같아요. 남성 상위는 사실적이기에 오히려 더 야하게 느껴질 수도 있지만, 여러 가지를 고려해 보면 그래도 그 체위가 나은 것 같습니다. 체위가 이상하면 거기에 시선이 너무 많이 가서, 대사 전달 등에 방해가 되는 듯해요. 사실적인 베드신을 원하지만, 연출할 때 어느 정도의 수위에서 멈춰야 한다는 계산이 있는 거죠.

– 두 남자가 별로 친해 보이지도 않는데
낮술을 너무 많이 마신다고 했어.
술을 너무 많이 마셔서 가슴에 없는 말을 하게 되는 거야.

〈여자는 남자의 미래다〉에서 중국음식점 주인이 종업원인 여자에게
수작을 거는 김태우와 유지태에 대해 중국어로 언급

LEE 베드신에 대해 내본 통계를 좀더 인용해 볼게요.(웃음) 침대에서 펼쳐지는 장면이 25회고 온돌이 7회입니다. 여관이나 호텔 같은 숙박업소에서가 24회이고, 집에서가 12회죠. 밤이었을 때가 22회인 반면 낮이었을 때는 모두 15회입니다. 그리고 음주 후의 상황이 21회이고 술을 마시지 않았을 때가 14회이죠. 궁금해지는 것은 '낮'과 '술'에 대한 것입니다. 일반적인 베드신은 밤을 무대로 하는 경우가 많은데, 감독님 영화에서는 낮에 이뤄지는 경우도 무척 많다는 사실이죠. 그리고 음주가 동반되는 경우가 아주 많다는 것도 두드러지고요.

HONG 제가 낮 장면을 좋아해요. 밤 촬영보다 낮 촬영을 훨씬 더 선호하거든요. 그래서 가능하다면 가급적 촬영을 낮으로 돌리려고 하죠. 밤에 실내에서 찍다보면 조명기기 같은 것에 대해 답답함을 많이 느껴요. 말씀하신 부분은 그런 데서 영향을 받은 면도 큰 것 같네요.(웃음) 그리고 술자리가 섹스로 이어지는 경우가 많은 것은, 제 영화 중에서 연애담처럼 길게 지속되는 관계가 〈오! 수정〉 정도일 뿐이라는 것과 관련이 있을 거예요. 저는 일상 속 길거리에서 만나듯 갑작스럽게 만나고 헤어지는 남녀관계에 영화적으로 더 관심이 있어요.

LEE 그런 관계를 묘사하기 위해서는 음주가 동반되는 게 더 효과적이란 말씀이시군요.

HONG 그렇죠. 음주와 연결해야 그런 상황이 자연스러워지는 것 같아요. 술을 마시는 장면을 통해 뭔가를 전달할 수 있고, 그 이후에 이

어지는 베드신 역시 그렇죠. 남녀가 만나면 서로 재거나 꼬드기는 지난한 과정이 있잖아요? 지금까지는 그런 것들에 큰 관심이 없었어요. 물론 어느 정도 그걸 한 게 〈오! 수정〉이었지만요. 일종의 압축이라고 해야 할까요. 남녀관계에서 저의 영화적 관심사는 만남, 술자리, 베드신 그리고 그 다음의 상황, 이렇게 4단계로 압축될 수 있어요. 그 과정이 제게 계속 중요하다면 앞으로도 그렇게 하겠죠. 아까 이야기한 대로 만일 솔로들의 관계를 다루게 되면 밀고 당기는 과정을 중요하게 묘사할 수도 있겠죠.

– 이불.
– 어.
– 잠깐만.
– 어, 어. 됐어?

〈돼지가 우물에 빠진 날〉에서 관계를 갖던 이응경과 김의성

LEE 감독님의 데뷔작 〈돼지가 우물에 빠진 날〉은 발표 당시 많은 평자들에게 신선한 충격을 안겼습니다. 정말이지, 하늘에서 뚝 떨어진 한국영화 같은 느낌이었다고 할까요. 물론 그 충격의 대부분은 미학적인 완성도와 새로움에서 온 것이었습니다. 그런데 제 경우에 지엽적인 부분까지 거론한다면, 베드신을 보면서도 좀 충격을 받았어요. 효섭(김의성)과 보경(이응경)이 막 섹스를 하려다가 보경이 잠깐 멈춰서 '위치'를 바로잡는 장면을 보았을 때였습니다. 이전까지 한국영화에서 그렇게 사실적인 장면을 본 적이 없었거든요.(웃음) 그 영화에는 동우(박진성)가 성매매 여성과 관계할 때 콘돔을 쓰는 장면도 나오는데, 사실 콘돔 사용도 이전에는 거의 볼 수 없었던 장면이죠. 이후 매우 인상적인 베드신들을 만들어오셨는데, 베드신을 연출하실 때의 원칙 같은 것이 궁금합니다.

HONG 일단 어느 정도 사실적이어야 합니다. 그리고 또 하나는 두 남녀가 가장 친밀한 순간에 나누는 대사는 다른 상황에서의 대화와 다르기 때문에 중요하다는 거죠. 그 두 가지를 염두에 두면서 연출합니다. 미리 써두는 베드신의 대사나 행동도 있는데, 〈돼지가 우물에 빠진 날〉의 그 부분은 그 장면을 연출하다가 떠올라서 즉석에서 지시한 내용입니다. 저는 베드신을 연출할 때 밥 먹는 장면과 다를 바가 없다고 생각하고 찍어요. 베드신이라면 스태프에서 배우들까지 다 긴장하는데 저는 별로 그렇지 않아요. 그러다 보니 연출하면서도 특정 제스처나 대사가 떠오르기도 하는 것 같습니다. 그래도 부담이 있기는 하죠. 베드신은 결국 사람들을 벌거벗기고 하는 것이니까요. 인간 대 인간으로서 당연히 미안한데 그것 빼고는 특별한 게 없어요.

– 나 많이 갖고 싶어?
– 응. 어떤 여자보다.
– 그럼 해요. 몸보시도 하는데. 사랑해. 오늘 김중래는 내 꺼야.
– 고마워요. 문숙씨.
– 사랑해요.
– 나도 사랑해.

〈해변의 여인〉에서 처음 관계를 갖는 고현정과 김승우

LEE 최근 두 작품에서 베드신의 묘사 방식이 이전과 다릅니다. 〈해변의 여인〉에서 중래(김승우)와 문숙(고현정)이 처음 관계를 갖는 장면은 예전과 달리 행위를 보여주지 않고 암시만으로 끝냅니다. 〈밤과 낮〉에서 성남(김영호)과 유정(박은혜)이 도빌에서 관계를 갖게 되는 장면 역시 구체적인 행위를 생략합니다. 그래서 저는 나중에 유정이 임신했다고 말하는 장면을 보면서, '그럼, 그때 둘 사이에 관계가 있었다는 이야기네?'라고 뒤늦게 알아채기도 했습니다.(웃음) 최근 들어 베드신에서 구체적인 묘사를 하지 않으시는 것은 캐스팅된 배우들이 그런 연기를 원치 않아서입니까, 아니면 이젠 그런 행위에 대한 묘사 자체가 덜 중요하다고 느끼시기 때문입니까.

HONG 둘 다 맞습니다. 배우들이 그런 장면들을 불편해 하지 않았으면 저도 불편하게 느끼지 않았을 거예요. 그런데 배우들은 베드신 연기를 할 때 당연히 불편하게 느끼거든요. 감독이 베드신을 연출한다는 것은 그런 배우들의 심적 부담을 고스란히 안고서 하는 거죠. 겉으로는 아닌 척해도 그런 미안함이 없을 수 없어요. 그래도 얻는 게 있다고 생각할 때까지는 괜찮았는데, 〈여자는 남자의 미래다〉 때부터는 정말 힘들어지더라고요. 그래서 이후에 촬영하게 될 영화부터는 베드신을 찍기 싫다는 생각을 처음 하게 됐어요. 그 다음 영화가 〈극장전〉인데, 그걸 찍을 때는 항아리에 물이 아직 다 차오르지 않아서인지 그냥 예전처럼 했죠. 하지만 무척 힘들었어요. 그 영화까지 찍고 나니까 이제 다른 방법을 찾아야겠더라고요. 이런 변화는 제 신체적 반응이 차차 변하는 것과 비슷한 것 같아요. 제가 어려서는 신김치를 좋아하다가 지금은 안 좋아하게 됐는데, 이렇게 때가 되면 자연스레 바꾸게 되는 듯싶어요. 앞으로 영화를 찍을 때도 예외적인 상황은 있을 수 있다고 생각해요. 정말로 그 영화에 베드신 연출이 꼭 필요하고 배우들도 충분히 그걸 인정할 수 있으면 할 수 있을 거예요. 그러나 일반적으로 말하면, 이젠 배우들 그런 연기 시키는 것이 싫어요.

– 그럼 다 벗어요.
– 다, 다 벗어요?
– 아뇨. 됐어요.

〈해변의 여인〉에서 관계를 원하는 김승우에게 옷을 벗으라고 말하는 고현정

LEE 감독님 영화에서 베드신이 나올 때 벗고 연기하는 경우가 있고, 옷을 다 입은 채 연기하는 경우가 있습니다. 예지원씨, 방은희씨, 이은주씨, 엄지원씨는 누드 연기를 했고, 이응경씨, 고현정씨, 박은혜씨, 황수정씨는 벗지 않았습니다. 이런 차이는 배우들의 의사를 고려한 결과인가요?

HONG 그렇지 않아요. 어떤 배우는 물론 누드 연기를 꺼려하기는 했지만요. 감독이기 이전에 저도 사람이니까, 그 배우에게 아이가 있다거나 결혼을 했다거나 그러면 당연히 피하려고 할 것 같아요. 그런 것들까지 거스르면서 굳이 누드 연기를 해야 할 이유가 없어요. 설령 배우들이 수긍해 줘도 이제는 저 혼자 느끼는 부담감이 싫습니다. 이전에는 베드신 연출이 부담스러우면서도 다른 한편으로는 편했다고 말할 수도 있을 텐데, 어느 날부터 무척 거슬리더라고요. 나이가 들면서 제가 좀 변했나봐요. 두 배우가 그 장면에서 손놀림을 어떻게 해야 하고 신음을 언제 내야 하는지를 지시해야 하고, 반복해 촬영하게 되면 그때마다 고쳐줘야 하는데, 그게 힘들어졌어요.

LEE 힘드신 건가요, 아니면 싫으신 건가요.

HONG 힘드니까 싫은 거죠. 이젠 그렇게 안 해도 될 것 같아요. 필요하다면 힘이 들어도 꼭 해야 되겠지만요.

– 화장실에 간 거 맞아?
– 아이, 몰라요. 저희끼리 조용하게 한잔 더해요.
– 어, 그래, 그러자. 어이, 이거 조용해서 좋네.

〈잘 알지도 못하면서〉에서 문창길이 침실에 들어간 후 따라 들어간 여학생이 그와 관계를 가지며 거침없이 신음 소리를 내자, 거실에 앉아 술을 마시던 사람들이 민망해 하면서 안 들리는 듯 딴청

LEE 〈잘 알지도 못하면서〉에서의 베드신 묘사는 〈해변의 여인〉이나

〈밤과 낮〉과도 상당히 다릅니다. 성행위 자체보다는 그 행위의 문맥이 훨씬 더 중요하고, 관계를 갖는 당사자들의 심리보다는 관계가 이루어지고 있는 장소의 주변에 있는 사람들의 반응이 더 비중 있게 다뤄진다는 점에서요. 현희(엄지원)가 술자리에서 성폭행당하는 장면은 차후에 그녀의 입을 통해 경남(김태우)에게 발설될 때에야 처음 알려집니다. 대학원 여학생이 양천수(문창길) 화백과 관계를 가질 때는 그들이 침실에서 내는 신음 소리만 들려오는 가운데 거실에서 그 소리에 민망해하는 사람들의 태도가 집중적으로 묘사됩니다. 후반부에서 경남이 고순(고현정)과 관계를 가질 때도 우연히 그 집에 들른 양 화백의 후배(하정우)가 그 장면을 목격하면서 어쩔 줄 몰라 하는 모습을 주로 담아냅니다. 그리고 경남과 유신(정유미) 사이에서 정확히 무슨 일이 있었는지는 끝내 설명되지 않지요. 〈잘 알지도 못하면서〉에서 베드신을 다루는 방식이 왜 이렇게 이전과 다르게 변하게 된 건가요.

HONG 저는 이전 영화들에서 베드신을 그릴 때 당사자들이 나누게 되는 성적 교감 같은 것이나, 거기에 다른 요소들이 맞물려 있는 상황 같은 것에 대한 묘사를 주로 했던 듯합니다. 섹스가 이뤄지기 이전의 신과 이후의 신 사이에서 성행위가 가진 말이 필요 없는 즉물적 힘이라든지, 성행위 시의 우스꽝스러운 대사라든지 하는 것들 말입니다. 지적하신 내용에 대해 지금 생각을 해보면, 현단계에서는 성행위의 시각적인 즉물성에 대해서 제가 관심이 없어진 것 같아요. 그걸 보여주면 장면에 파워가 있어서 좋긴 하지만, 지금은 별로 그런 부분을 묘사하고 싶지 않은 거죠.

LEE 이전 작품들에서는 남녀가 관계를 가질 때 근처에 있는 주변 인물들에 포커스를 맞추는 경우가 없었습니다. 〈오! 수정〉에서 재훈(정보석)이 집들이 도중 한 여자와 방에서 키스를 할 때 거실에 모인 사람들이 열린 문 너머의 후경後景에 담겨 같은 프레임에 잡히는 장면 정도였죠. 그런데 〈잘 알지도 못하면서〉에서 섹스를 하는 당사자보다 그 주변인들의 반응을 훨씬 더 중요하게 다루신 것은 어떤 까닭입니까.

HONG 생각해 봐야겠는데요. 왜 그랬을까요. 우연히 이뤄졌든 오랫동안 공을 들여서 간신히 그렇게 됐든, 남녀가 알몸으로 서로를 확인하는 과정에서 뭔가 상대에 대해 깨닫게 되는 게 있잖아요? 관계 때문에 그 이후가 영향을 많이 받게 되는 상황 같은 것을 포함해서요. 이젠 그런 것들에 대해 포커스가 잘 안 가는 것 같아요. 요즘은 다른 게 더 재미있어 보여요. 이제는 남녀가 성행위 과정에서 깨닫게 되는 것들은 원래부터 있는 거라고 치고, 다른 것들을 주로 묘사하고 있다고 할까요. 〈잘 알지도 못하면서〉의 인물들이 섹스를 할 때 무슨 얘기를 나눴을지에 대해서 이젠 관심이 별로 없기에 그걸 묘사하지 않는 것이겠죠. 그러다 보니 그들을 둘러싼 사람들에 대해서 자연스럽게 언급하게 되는 것 같네요.

- 우리 어디 좋은 데 가요.
- 우리 제주도 갈래요?
- 응. 제주도 가요.
- 알았어요. 우리 제주도에서 제일 비싼 방에서 해요.

〈오! 수정〉에서 이은주와 정보석이 첫 섹스를 어디에서 할 것인지에 대해서 이야기

LEE 〈오! 수정〉을 처음 보고 나서 진화심리학적인 시각으로 그 영화에 대해 글을 쓴 적이 있습니다. 진화심리학에서는 남자와 여자의 많은 행동을 이른바 유전자 게임의 시각으로 해석합니다. 예를 들어, 자신의 유전자를 효율적으로 후대에 남기기 위해서, 생식의 대가가 적은 남자는 가능한 한 많은 여자와 가장 적은 비용을 들여 섹스를 하려 하고, 임신과 양육 때문에 생식의 대가가 큰 여자는 가장 많은 비용을 지불할 의사가 있는 남자를 잘 골라서 그와 안정적인

관계를 맺으려 한다는 거죠. 〈오! 수정〉을 보고 나서 그런 글을 쓴 이유는 진화심리학적인 해석이 이 작품에 아주 잘 들어맞는다고 느꼈기 때문입니다. 이 영화는 비슷한 사건을 남자인 재훈(정보석)이 기억하는 내용을 다룬 전반부와, 여자인 수정(이은주)이 기억하는 내용을 그린 후반부로 나눠 반복적인 구성 속에 담았는데, 남자와 여자의 기억이 차이를 보이는 부분에서 바로 그런 해석이 유효하다는 거지요. 예를 들어 재훈은 수정과 섹스하기 위해 자신이 얼마나 속을 태우고 품을 들였는지를 집중적으로 기억합니다. 관계를 맺으려 할 때마다 이런저런 핑계를 대면서 발뺌하는 수정의 모습, 골목길에서의 키스 실랑이, 사귈 마음이 없다는 통보를 수정으로부터 받는 장면 같은 것들이죠. 반면에 수정은 재훈이 경제적으로나 인간적으로 괜찮은 상대임을 집중적으로 기억합니다. 처음 만난 자리에서 자가용 기사에게 점심 식사비를 따로 챙겨주는 모습이나, 영수(문성근)가 비난하는 자신의 형에 대해서 의연하게 변호하는 모습 같은 것들이죠. 동시에 재훈과 함께 수정의 고려 대상 중 하나였던 영수의 초라한 모습들을 기억하는 것도 수정입니다. 수정으로서는 결국 더 괜찮은 상대를 자신이 골라냈다고 기억하고 싶은 거니까요. 그리고 자신의 순결의 대가로 최소한 제주도의 특급호텔을 생각하는 여자와 우이동의 모텔 정도로 때우려 하는 남자의 현격한 인식차가 드러나는 종반 장면은 특히나 진화심리학적인 설명이 잘 들어맞는 부분이죠. 이 영화를 만드실 때 혹시 진화심리학적인 설명들을 의식적으로 고려하셨던 것인지 궁금합니다.

HONG 그런 책을 읽은 적은 있어요. 그렇지만 그 영화를 만들 때의 일과는 관련이 없을 거예요. 〈오! 수정〉을 만들면서 저는 기억이라는 모티브에 포커스를 두었어요. 남녀가 가장 친밀한 관계라고 할 수 있는 지점에 도달하는 과정을 두 사람 기억의 차이를 통해 들여다보자는 것이었죠. 사람들이 해석하거나 인식할 수 있는 근거가 되는 게 바로 기억의 창고잖아요. 그게 사실 얼마나 부실하고 또 왜곡되어 있는지를 보여주고 싶었습니다. 그를 위해 두 사람의 기억이 서로 다르다는 것을 드러냈던 거죠.

– 아이, 아닙니다. 제가 정확히 기억합니다.
선배님이 저희 학회 사무실에 오셔서 술 드시면서
저한테 그러셨거든요. 맞아요. 제가 기억력이 좀 좋습니다.
– 이 사람아, 나도 기억력이 아주 좋은 사람이야.
내가 정확하게 기억을 하고 있다구. 아, 그때 그 말을 할 때
자네한테 그 푸른 풀밭을 보면서 내가 내 나름대로 멋지게
아주 쿨하게 얘기했지. 그걸 내가 기억하구 있다니까.

〈잘 알지도 못하면서〉에서 과거 있었던 일에 대해 서로 다르게 기억하는 김태우와 문창길

LEE 그렇다면 두 사람의 기억은 서로 다르다는 사실 자체만 중요한 건가요, 아니면 남자와 여자가 갖고 있는 기억의 구체적인 내용의 차이도 중요한 건가요. 예를 들어 현재 영화 속에서 각각 재훈과 수정의 기억에 해당하는 내용을 서로 바꿔도 무방합니까.

HONG 그렇게 하면 안 되지요. 남녀의 차이나 두 인물의 성격을 고려해서 달라지는 기억의 내용을 만들었으니까요.

LEE 남녀의 차이를 고려해 내용을 만드셨다면 〈오! 수정〉을 진화심리학적인 시각으로도 충분히 분석할 수 있을 것 같은데요?

HONG 네. 그럴 수 있을 겁니다. A라는 사람과 B라는 사람이 아무리 가까운 관계가 되고 아무리 많은 대화를 해도 A가 말하는 C라는 경험에 대해, B가 A만큼 느낄 수는 없잖아요? 재떨이를 달라고 하면 재떨이를 건네주는 행동처럼, 언뜻 우리는 같은 리얼리티 속에서 살고 있는 것 같죠. 하지만 실은 서로에게 약간의 접점이 있을 뿐, 더 큰 부분은 각각 자신의 세계 속에 갇혀 있다는 거예요. 어쩔 수 없지만, 그게 인간살이가 지닌 비극의 근본이라고 생각합니다. 그런 상

황에서 우리는 끊임없이 상대에 대해 스스로를 열고, 고정된 이미지에서 탈출하려는 노력밖에 할 수 있는 게 없어요. 결국 소통할 때 우리는 서로 다르니까요. 물론 서로 다르다는 사실 속에는 쾌감도 있어요. 우리가 모두 다 똑같다고 생각해 보세요. 내가 뭔가를 의미하면 만인이 그 뜻을 다 아는 그런 세상에서는 살고 싶지 않으니까요. 하지만 다름을 찬미하는 것조차 실은 다르다는 사실 자체에서 오는 괴로움을 다른 데서 오는 기쁨으로 보완하려는 것일 수도 있어요. 결국 삶의 비극은 서로가 다를 수밖에 없다는 데에 근본 원인이 있는 것 같아요.

- 수정아, 자니? 수정아, 자? 수정아, 자? 수정아, 일어나봐.
- 지금 몇 신지 알아? 잠도 없니?
- 한 번만 해줘.
- 지금 안 돼. 피곤해.
- 한 번만 해줘.
- 좀 참아봐. 그렇게 참을성이 없어?
- 빨리 할게.
- 빨리 해, 그럼.

〈오! 수정〉에서 한밤중에 이은주에게 찾아와 마스터베이션을 대신해 줄 것을 요구하는 오빠

LEE 〈오! 수정〉에서 수정(이은주)이 정신적으로 결함이 있는 오빠의 요구에 마스터베이션을 해주는 장면은 무척 충격적이었습니다. 그 장면을 그 영화에 넣으신 의도는 어떤 것입니까. 그리고 그 장면은 주변에서 들은 사례였습니까.

HONG 어떤 여자분에게 술자리에서 들은 적이 있는 이야기였어요. 그 분이 집안 이야기를 하다가 정신적으로 불안정한 오빠 이야기까지 꺼냈는데, 오빠의 그런 은밀한 요구를 들어줬다는 거죠. 무척 힘든

상황일 텐데 그분이 이야기하시는 태도가 정말 인상적이었어요. 오빠의 잘못을 진심으로 용서하고 있는 것 같았고 또 진심으로 불쌍히 여기고 있었어요. 말씀하시는 태도랄까, 그런 부분 때문에 더 인상적이었죠. 그러다 〈오! 수정〉을 만들면서 그 이야기가 떠올랐어요. 그 영화에서 수정이는 재훈이를 만나 이를테면 계급 상승을 하는 거잖아요? 그런데 그 에피소드를 넣으면 재훈이가 얼마나 수정이를 모르고 있는가를 극단적으로 보여줄 수 있다고 생각했어요. 그 장면을 통해 저는 결혼해서 죽을 때까지 함께 살아도 끝내 말하지 못할 비밀을 보여주고 싶었죠.

– 그럼 선배님, 섹스는 어떻게 되시나요, 요새?
– 음. 섹스는 안 된다고 봐야지. 그게 절대량이 있는 거 같더라구. 너무 젊어서 써대니까 안 되는 거야.

〈잘 알지도 못하면서〉에서 김태우가 느닷없이 성생활에 대해 묻자 문창길이 멋쩍어 하면서 대답

LEE 〈잘 알지도 못하면서〉에 나오는 대사처럼, 감독님도 섹스에는 절대량이 있다고 생각하십니까.(웃음)
HONG 그건 아닌 것 같아요. 건강을 잘 유지하면 자기 능력에 따라서 되는 것이죠. 총량이 정해져 있다는 건 말이 안 되지.(웃음)

– 찬성아, 어무이라고 한번 불러봐라. 응? 어무이라고 한번 불러봐라.
– 어, 어무이.

〈극장전〉에서 이기우가 관람하는 극중 연극 대사

LEE 영화 속에 부모를 거의 등장시키지 않습니다. 〈극장전〉에서 상원의 어머니(이경진) 정도가 가장 오래 나온 부모 캐릭터인데, 그 경우조차 딱 한 신에서만 등장하지요. 〈생활의 발견〉에서 선영(추상미)의 어머니가 나오고 〈여자는 남자의 미래다〉에서 헌준(김태우)의 아버지가 등장하는데, 거의 단역에 가까울 정도로 짧은 출연입니다. 부모 외에 형제자매가 등장하는 경우도 그리 많지 않은데, 가족 이야기를 영화 속에서 거의 다루지 않는 이유가 궁금합니다.

HONG 가족 경험이란 게 굉장히 깊은 경험이죠. 무의식에 스며들 정도로 깊고 지독해요. 그런데 동시에 그 경험은 긍정적이든 부정적이든 굉장히 상투적이거든요.

- 문숙씬 뭐가 제일 슬퍼요?
- 아버지요. 아버지하고 안 보고 살거든요.
  지금 그 사람이 제일 싫어요.
  그래서 너무 미안해. 절 너무 사랑해 주셨거든요.

〈해변의 여인〉에서 김승우의 질문에 고현정이 대답

- 뭐가 제일 힘드세요?
- 어머니요. 아무리 해도 끝이 없어요. 제 모든 걸 망쳐놨어요.

〈해변의 여인〉에서 김승우의 질문에 송선미가 대답

LEE 말씀을 들으니, 〈해변의 여인〉이 고스란히 떠오르네요. 그 영화에서 문숙(고현정)과 선희(송선미)가 눈물까지 글썽이면서 각각 아버지 및 어머니와의 짙은 애증을 드러내는 말을 하지만, 두 여자의 말이 전반과 후반에서 대구를 이루면서 오히려 사람들이 상투적으로 상처를 술회하는 방식을 보여주잖아요.

HONG 대구까지 한 건 제가 좀 심했나요?(웃음) 맞는 말씀이에요. 가족 관계가 지닌 상투성이란 건 너무나 지독해서, 그걸 영화로 다룰 때 드러나는 것들에 대한 걱정 같은 게 제게 있어요. 극중에서 인물이 그 가족 이야기를 비아냥거리면서 하든, 울고불고 토로하든 상관없이 그래요. 한 개인이 가족관계에서 긍정적이면 참 복 받은 일이죠. 그러나 그런 요소가 중심거리가 되는 내용이 제게 떠오르지 않아요. 그걸 다루려면 시간적으로 좀 오래 걸릴 것 같습니다.

-지금 장난치는 거예요?

〈오! 수정〉에서 정보석이 화를 내고 돌아서서 가는 이은주에게 다가가서

LEE 다 큰 어른들이 장난을 치는 것 같은 이상한 행동을 할 때가 자주 있습니다. 〈돼지가 우물에 빠진 날〉에서 술자리 난동으로 후배인 효섭(김의성)이 경찰서로 끌려갔는데, 이후 귀가하던 선배들 중 나이 지긋한 한 사람이 보란 듯 바리케이드를 뛰어넘어 보입니다. 〈강원도의 힘〉에서는 모텔 투숙 후 지숙(오윤홍)이 욕실에 간 사이, 경찰관(김유석)이 베란다에 위험하게 매달렸다가 올라오구요. 〈강원도의 힘〉에는 여행을 간 상권(백종학)과 친구가 산에서 돌을 던져 나무를 맞추는 놀이를 어린아이들처럼 하고 있는 장면도 들어 있습니다. 〈밤과 낮〉 〈잘 알지도 못하면서〉의 느닷없는 팔씨름 장면들도 그렇죠. 이 사람들은 왜 이렇게 엉뚱한 짓들을 하는 걸까요.(웃음)

HONG 말씀하신 그 장면들의 경우, 제게는 하나의 카테고리로 엮이지는 않는 것 같습니다. 바리케이드 장면의 경우, 바리케이드를 보면 뛰어넘고 싶은 마음이 들고는 하잖아요?* 후배가 경찰서로 끌려간 뒤 나머지 사람들이 돌아오다가 바리케이드를 발견하고 뛰어넘어보려는 건데, 그 와중에 서로 깔깔대고 또 넘고 나서 바보 같은 소리를 나누고 하는 광경을 보여주고 싶었어요. 매달리는 장면에서 경찰관은 실제로 뛰어내려 죽고 싶은 마음이 있었던 거죠. 그런데 한참 갈

등하다가 다시 올라오는 거예요. 그런데 그 사이에 욕실에 있었던 지숙은 그 사실을 모르잖아요? 지숙은 남의 이해를 받고 싶어 하는 사람이지만, 그 자신 역시 상대를 참 모른다는 거죠. 자갈로 나무를 맞추는 게임을 하는 장면에서는 두 남자가 여행지에서 얼마나 할 일이 없고 심심한지를 보여주고 싶었어요.

- 콜라 줄까?
- 네.

〈강원도의 힘〉에서 임용되는 과정에서 도움을 받기 위해 고가의 위스키를 사들고 찾아간 백종학에게 교수가 콜라를 권하며

LEE 인물들이 일종의 결벽증적인 태도를 보일 때가 종종 있습니다. 〈강원도의 힘〉에서 상권(백종학)은 교수가 가져다준 콜라 잔에 뭔가 떠 있는 것이 꺼림칙해서 한참 바라보다가 자리가 자리이니만큼 마지못해 조금 마십니다. 〈돼지가 우물에 빠진 날〉에서 동우(박진성)는 고속버스 옆자리 사람이 심하게 기침하자 자리에서 벌떡 일어나 피합니다. 같은 영화에서 효섭(김의성)은 국밥을 먹다가 원고지에 국물이 살짝 튀니까 곧바로 휴지로 눌러서 닦아냅니다. 〈여자는 남자의 미래다〉에서 여관에 들어간 문호(유지태)는 함께 있던 여자는 가만히 있는데도 계속 침대의 더러움을 탓합니다. 인물들에게서 흔히 발견되는 이런 공통적 태도에 대해서 어떻게 설명해야 할까요?

HONG 스스로는 이해받고 싶어 하는 인물들인데, 그렇게 하려면 상대에게 마음을 열어야 하는데도 불구하고 그러지 못하는 거지요. 사람에 대해 의심하고, 자기 안에 갇혀버리는 결벽증이 있는 거죠. 제 영화 속 인물 중에서 다른 사람들에게 이상적으로 마음을 열거나 소통하지 못하는 사람들이 있는 것 같습니다.

- 민선의 남편이 어디선가 쳐다보고 있는 것 같았다.
  발에서 땀이 다 났다.

〈밤과 낮〉에서 김영호의 내레이션

LEE 그런데 이런 태도를 보이는 인물들은 하나같이 남자들입니다. 감독님 영화 속 남자들은 끊임없이 뭔가를 두려워하지요. 〈밤과 낮〉의 성남(김영호)은 우연히 다시 만나게 된 민선(김유진)의 남편을, 〈돼지가 우물에 빠진 날〉의 동우(박진성)은 찢어진 콘돔 때문에 성병을, 〈오! 수정〉의 재훈(정보석)은 모텔에 숨겨져 있을지도 모를 몰래 카메라를, 〈생활의 발견〉의 경수(김상경)는 집착하며 달라붙는 여자를, 〈여자는 남자의 미래다〉의 문호(유지태)는 제자와의 스캔들을, 〈해변의 여인〉의 중래(김승우)와 〈강원도의 힘〉의 상권(백종학)은 하다못해 개를 두려워합니다. 반면에 〈밤과 낮〉의 선희(송선미)가 밤길에 오토바이로 위협하는 남자에게 중래 대신 대담하게 맞서는 장면에서 대표되듯, 여자들은 특별히 뭔가를 무서워하며 전전긍긍하는 모습을 보이지 않지요. 그건 왜 그럴까요.

HONG 영화에서 포커스가 남자 쪽에 가 있다는 이유 정도가 아닐까요. 글쎄요, 저는 그냥 그런 이유인 것 같은데요.

- 저, 아저씨. 깨끗한 여관들 있는 데로 가주시겠어요?
- 어디 말씀하시는 거예요?
- 콩코드호텔로 가주세요, 아저씨.

〈생활의 발견〉에서 쭈뼛거리는 김상경의 말에 택시기사가 퉁명스레 되묻자

추상미가 정확히 행선지를 찍어 재차 요구

LEE 일반적으로 감독님 영화 속에서 남자들은 상대적으로 어수룩하고 소심하며 겁이 많습니다. 그리고 여자들은 적극적이고 대담합니

다. 이는 남녀관계를 다루는 다른 영화들에서와는 정반대의 성격이 아닐 수 없는데요.

HONG 제가 남자 일반과 여자 일반을 도식화해서 도치한 것 같지는 않아요. 마음이 가고 손이 가는 대로, 직감으로 인물을 만드는데 그 과정에서 특정한 타입이 반복되면서 로테이션되는 것 같습니다. 제가 다룰 수 있고 영화로 만들 수 있는 타입은 몇 안 된다고 생각해요. 제가 나이가 좀더 들면 그 타입도 진화하고 인물들의 하는 행동도 달라지겠지만, 만드는 사람으로서는 그런 한계를 인정할 수밖에 없어요. 영화를 만들 때, 과민하거나 결벽증이 있거나 비밀스럽게 두려움을 안고 사는 남자를 제가 자주 떠올리는 것 같아요. 사실 남자는 그런 걸 드러내고 살기 힘들잖아요. 특히 여자 앞에서 그렇죠. 그래서 역설적으로 영화 속에서 그런 요소를 드러내고 싶은 모양이에요. 제가 이십대 초반이던 때에 친구와 대화를 나누다가 몇 차례 반복적으로 "너는 정말 두려운 게 뭐냐?"고 물었더니 "내가 뭘 두려워한다고 그래?"라면서 그 친구가 벌컥 화를 내더라고요. 지금 대답을 하다보니 그때 상황이 생각나네요. 저는 두려움이라는 감정에 초점을 많이 맞추는 듯해요. 두려움은 사람을 속박하는 감정이죠. 두려움 때문에 위축되니까 상투의 틀에서 벗어나지 못하는 것이고요.

– 너만 두려운 게 아니야.
– 두려워요? 내가 뭐가 두려워요?
– 너의 행동, 너의 모든 글도 다 두려움에서 비롯된 거야.
– 그럼 선배님은 뭐가 두려운데요?
– 사는 게 다.

〈돼지가 우물에 빠진 날〉에서 선배 소설가가 술자리에서 싸움을 벌이던 후배 김의성을 진정시키면서

LEE 이십대 때 친구 분과 두려움에 대한 대화를 나누셨다는 얘기를 들으니, 〈돼지가 우물에 빠진 날〉의 한 장면이 고스란히 떠오르는데요. 그 장면에서도 두려움에 대한 이야기를 반복적으로 듣던 사람이 짜증을 내잖아요.(웃음)

HONG 아, 그러네요. 그런 게 내 작품에도 있었네.(웃음) 그 친구는 내가 자꾸 물으니까 어떤 느낌이 생기는 게 싫었나봐요. 두려움이 있다는 것조차 인정하기 싫었던 것이겠죠. 상처를 건드리는 기분이었을 거예요.

– 내 삐삐 못 봤어?
– 웬일이에요? 당신이 물건을 다 잃어버리고.
– 어제까지만 해도 있었는데 없네.

〈강원도의 힘〉에서 호출기를 잃어버린 백종학이 아내에게

LEE 감독님 영화에서는 인물이 뭔가를 분실하거나 깜빡 잊고 두고 가는 경우가 상당히 많습니다. 〈강원도의 힘〉에서 상권(백종학)은 호출기를 잃어버리는데, 교수 집에서는 우산까지 두고 옵니다. 같은 영화에서 지숙(오윤홍)은 머리띠를 떨어뜨리고, 지숙의 친구는 카메라를 분실합니다. 〈돼지가 우물에 빠진 날〉에서 보경은 지갑이 없어져 곤경에 처하고데, 민재(조은숙)는 분식집에 선물로 사둔 신발을 두고 가기도 합니다. 〈오! 수정〉의 재훈(정보석)은 장갑을 분실하는데, 영수(문성근)는 또한 재훈에게서 빌린 카메라를 잃어버립니다. 감독님이 처음 만드신 세 영화의 사례만 들었는데, 이후의 작품에서도 분실의 모티브는 자주 반복되죠. 감독님 영화 속 인물들은 왜

밤과 낮

개봉 2008년 2월 28일 **출연** 김영호 박은혜 서민정 김유진 황수정 **상영시간** 127분 _ 화가인 성남은 대마초 흡연 사실이 탄로 나자 경찰을 피해 프랑스 파리로 도피한다. 교포가 운영하는 민박집에서 시간을 보내던 그는 예전에 깊게 사귀었던 민선을 거리에서 우연히 만나고 당혹스러워 한다. 민박집 주인으로부터 소개받은 유학생 현주와 함께 다니다가 매력적인 미술학도 유정과 만나게 된 성남은 서울에 두고 온 아내와 수시로 통화하면서도 유정과 연애를 시작한다.

자꾸 뭔가를 잃어버리는 것일까요.

HONG 글쎄요. 의식해 본 적이 없었는데 이 부분 역시 물어보시니까 한번 생각해 볼게요. 일단 제가 어떤 타입의 인물을 직감적으로 받아들여 만드는 것처럼, 분실 역시 일상적으로 일어날 수 있으니까 영화 속에서 무리 없이 쓸 수 있다고 생각하는 것 같아요. 그리고 분실의 모티브는 일상적인 만남의 한계 속에서 관계를 맺게 하거나 행동의 방향성을 뒤틀도록 기능을 한다는 점도 고려됐겠지요. 그리고 제게는 물건을 좀 버거워하는 성향이 있어요. 물건이라는 것은 달고 사는 것이라는 생각을 한다고 해야 할까요. 선승들이 선방에서 극도로 간략한 생활도구들만 갖고 살아가는 모습에 끌려요. 물건이 있으면 분실에 대해 늘 걱정을 해야 하잖아요. 항상 정리해 두는 것도 귀찮으니, 물건이란 것은 없으면 좋겠다는 생각이 제게 있어요. 그래서 귀찮아하고, 쉽게 버려요. 찢어 없애는 것도 좋아하죠. 저는 항상 '내게 내일 큰 사고가 생기면 챙겨야 할 물건이 뭘까'를 생각해요. 마음의 준비를 하면서 산다고 할까요.

LEE 결국, 내일 큰 사고가 생기면 꼭 챙겨야 할 물건이 어떤 것이라는 결론에 도달하셨나요?

HONG 여권 하나와 통장 하나예요.

LEE 대단히 구체적이고 실용적이신데요?(웃음)

HONG 여권이 주민등록증보다 훨씬 유용해요. 그리고 은행 돈은 챙겨야 하죠. 나머지는 다 없어도 됩니다. 책이야 다시 사면 되고, 사진은 원래 남겨두기 쉽지 않죠. 제 성향이 원래 그래요. 제 매형은 이십대 때 유학 가서 관람했던 공연의 팸플릿까지 전부 지금껏 보관하고 있는데, 저는 매형을 볼 때마다 '정말 사람은 참 다른 거구나' 싶어요. 저는 정반대거든요.

– 미안한데요, 아까 인사한 사람인데요,
제 지갑이 거기 있는 거 같거든요? 아무리 찾아봐도 없어서요.

〈해변의 여인〉에서 송선미가 전화로 고현정에게

LEE 분실물 중에서도 특히 지갑이 많습니다. 〈돼지가 우물에 빠진 날〉 〈생활의 발견〉 〈여자는 남자의 미래다〉 〈극장전〉 〈해변의 여인〉 등 모두 다섯 편에서 지갑을 잃어버리는 장면이 나오니까요. 은행 통장과 여권에 대한 말씀을 듣다보니, 작품 속에서 지갑 분실이 유독 많은 것도 저절로 이해가 되는 것 같은데요?

HONG 네, 그런 것 같습니다. 그런 성향에서 나온 장면인가봐요.(웃음)

– 선화씨 이빨이 왜 그래? 깨졌네?
– 문호씨, 눈이 참 좋다. 거기서 어떻게 봤어요?

〈여자는 남자의 미래다〉에서 유지태의 관찰력에 놀라는 성현아

LEE 감독님의 영화를 보면 매번 뛰어난 관찰력에 감탄합니다. 흡사 인류학자의 시선 같다는 생각이 들 때도 있어요. 무척이나 사실적인 디테일을 보면서 늘 궁금했던 것인데, 감독님은 영화에 활용할 만한 특정한 장면을 보거나 아이디어가 떠오르면 혹시 메모를 하시는지요. 최동훈 감독님은 술자리에서도 영화에 써먹을 수 있는 말을 듣게 되면 화장실로 당장 달려가 메모를 해둔다는데요.(웃음)

HONG 메모하는 수첩을 갖고 다니기는 해요. 그래도 평상시에 일일이 디테일을 기록하지는 않아요. 저는 새 영화에 들어갈 때 대강의 상황이 정해지면, 이후 제 스스로의 뚜껑을 여는 듯한 기분으로 지냅니다. 만일 그 기간이 한 달이라면 한 달간 그런 상황에 집중하는 거죠. 그러면 극중의 특정 상황에 마치 자석처럼 달라붙을 수 있는 디테일들이 하루에 열 개 스무 개씩 떠올라요. 짧은 기간이지만 그때

제게 접수되는 것들이 제 안에서 서로 섞이기도 하고, 아무 책이나 펼쳐서 봤던 것이 응용되기도 하죠. 마음이 그쪽으로 열려 있기에 가능해요. 그러다 그런 것들이 충분히 쌓이면 서로 맞춰봅니다.

LEE 그러면 그 기간 중에는 메모를 활용하십니까.

HONG 평상시는 아니지만, 그 기간에는 메모로 쌓이죠. 평상시에는 추상적인 것만 적어요. 제 마음을 달래는 말이나 제 생각의 오류 같은 것들을요. 영화를 만들던 초기에는 다음 영화에 필요할 것 같은 내용들을 일일이 메모하기도 했어요. 그런데 노력에 비해서 얻는 게 너무 적어서 나중에는 귀찮아졌어요. 그래서 메모를 하지 않고 영화를 만들기 직전에 쓰기 시작해 보니 그때 집중적으로 아이디어가 떠오르더라고요. 그래서 사전에 일일이 메모를 할 필요까지는 없구나 싶었죠.

– 뭐야? 말보로 레드네. 영화 보고 산 거냐?
– 원래 가끔 피워.

〈극장전〉에서 영화를 보고 나와 영화 속의 인물처럼
말보로 레드를 피우는 김상경을 발견한 친구가

LEE 영화가 현실을 모방하는 경우도 있고, 현실이 영화를 모방하는 경우도 있습니다. 〈극장전〉은 전반부의 영화 속 영화 장면과 후반부의 현실 장면이 묘하게 중첩되기도 하고 차이가 나기도 합니다. 영화와 현실의 관계에 대해서 어떻게 생각하십니까.

HONG 제가 파악하고 있는 현실을 영화로 온전히 다 드러낼 수는 없다고 생각합니다. 그렇지만 제가 현실 세상에 대해서 느끼고 있는 것에 대해 타인들과 공유하는 수단으로 보자면 제게 영화가 최선인 듯해요. 결국은 단순화시키고 부분적인 것만 건드리며 왜곡이 되는 과정을 거치지만, 아주 예외적인 몇몇 인간관계를 제외하면, 영화라는 매체가 제가 느끼는 현실세계에 대해 공유할 수 있는 최선이죠.

- 활짝 웃어봐요.
- 뭐요?
- 활짝 웃어보시라구요.

〈오! 수정〉에서 정보석이 가라앉은 표정으로 술을 마시는 이은주에게 갑자기 제안

LEE 촬영 현장에서 배우들에게 어떻게 연기를 주문하십니까.

HONG 배우마다 다르게 접근해요. 어떤 때는 말을 많이 하는데, 또 어떤 경우는 말을 거의 하지 않아요. 이건 사람들 사이에서 일어나는 일이잖아요. 정해진 원칙은 없죠. 일단 촬영 들어가기 전에 배우들에 대해서 제 나름대로 파악하고 있어야 하는 것 같습니다. 거기에 바탕해서 대사를 쓰고 리허설을 하거든요. 촬영 전에 그 배우에 대해 어떤 것이 제 속에 들어와 있느냐가 중요합니다.

LEE 촬영 전 배우에게 미리 대본을 주지 않고 작업하는 것으로 알고 있습니다.

HONG 그날 아침에 그날 연기할 대사를 준다 해도, 그 대사의 감정을 이해하는 데 문제가 있는 배우는 거의 없는 것 같습니다. 촬영에 들어가기 전, 대본을 함께 읽는 단계에서 대부분 이해해요. 대사는 입에 잘 붙는 듯하고요.

LEE 기본적으로 배우에 대해 면밀히 관찰하신 후 그 사람의 특성을 살려서 대사를 쓰시기에 그런 것 같습니다.

HONG 그 사람에 대해 나름대로 파악하려 하니까요. 결국 촬영에 들어가기 전 단계가 중요한 것 같아요. 촬영장에서는 가급적 말을 많이 하지 않으려고 해요. 현장에서는 배우의 머릿속도 무척 복잡하게 돌아가거든요.(웃음) 그러니 웬만하면 배우가 스스로 알아서 하도록

하죠. 저는 배우에 대해서 운이 참 좋은 감독인 것 같습니다. 이제껏 소통이나 교감이 다 좋았어요.

- 문제는 니가 니 자신이 한다는 느낌을 갖고 해도 사람들이 속을까 말까인데, 입만 벌려 가지고 한다고 사람들이 받아들일 것 같아? 진짜로 니가 한다는 느낌을 갖고 한번 해봐.

〈돼지가 우물에 빠진 날〉에서 포르노 애니메이션 더빙 일을 조은숙에게 맡긴 사장이

LEE 〈오! 수정〉의 메이킹 필름을 봤던 적이 있는데, 인사동의 촬영 현장에서 이은주씨에게 "아주 작은 행동에도 이유가 있어야 한다"고 말씀하시는 것을 인상적으로 본 기억이 납니다. 하지만 아무리 적재적소에서 지시한다고 해도, 그날 촬영할 장면의 대사를 그날 아침에 건네주는 방식이라면 배우들이 무척 불안해 할 것 같은데요? 그런 방식에 대해 배우들이 심리적인 저항감을 드러내는 경우는 없었습니까.

HONG 없어요. 아주 초기에는 조금 있죠. 하지만 촬영이 3회 정도 지나게 되면 다 나름대로 적응해요. 그러면서 이 방식이 재미있다고 제게 말해 주기 시작하죠.(웃음)

LEE 그날 연기할 대사를 당일 현장에서 주신다면, 프리프로덕션 단계에서는 배우에게 대강의 스토리가 담긴 트리트먼트만 주시는 건가요?

HONG 그것도 작품마다 달라요. 처음 세 작품은 시나리오를 미리 다 썼어요. 네 번째 작품부터는 트리트먼트만 썼죠. 촬영 전에 트리트먼트를 요청해서 주었던 배우도 있었지만, 사전에 아무것도 주지 않았던 배우도 있었어요. 요즘은 사전에 트리트먼트를 한 번 읽게 한 뒤 바로 회수해요. 저는 배우가 제 작업에 대해 용감하게 믿으면서 최대한 열고 있는 상태를 원합니다. 뭔가에 대해 생각할 여지가 있

어서 계속 고민하고 불안해 하는 상태는 바람직하지 않은 것 같아요. 미리 준비하려고 해도 준비할 게 없으니까 포기하게 되는 마음의 상태를 원하나봐요.(웃음) 그 대신 배우와 대화를 많이 하면서 서로 믿는 거죠. 트리트먼트를 한 번 읽게 한 뒤 바로 회수하는 이유는, 누군가의 집에 모여 친구들끼리 밤을 새워가며 한 사람의 이야기를 길게 듣고 나서 몇 달이 흐른 것 같은 상황에 배우가 처하기를 바라기 때문인 것 같습니다. 몇 달 전 들었던 그 이야기가 생각은 나지만, 드문드문 자기 식으로 기억하고 있는 상황이랄까요. 딱 그 정도면 될 것 같아요.

– 알고 보니깐 내 협회 사람들 거기 다 내려갔대.

〈잘 알지도 못하면서〉에서 문소리가 자신이 소속되어 있는 영화평론가협회 사람들이 영화제에 참가하기 위해서 전부 제천으로 갔다면서 김태우에게 전화로 이야기

LEE 감독님 영화 속 출연진들이 점점 화려해지고 있습니다. 〈잘 알지도 못하면서〉의 경우, 김태우 고현정 엄지원 하정우 정유미 공형진 유준상 문소리씨 등 배우들의 면면이 정말 초호화 캐스팅입니다.(웃음) 더 놀라운 것은 이분들이 '노 개런티'로 기꺼이 연기하셨다는 건데요.

HONG 관객들이 외적인 화제성이 아니라 그분들의 연기에 집중해서 영화를 봐주셨으면 좋겠어요. 애초부터 그렇게 의도한 것은 아닌데, 다들 너무 흔쾌히 응해주셨죠. 정말 고마운 일이에요.

– 거기 좀 비켜주실래요? 지금 촬영하거든요. 죄송합니다.

〈오! 수정〉에서 경복궁의 촬영 현장 주변을 통제하는 스태프

LEE 아홉 편의 영화를 찍으면서 모두 다섯 명의 촬영감독과 함께 일하셨습니다. 촬영감독이 달라지는 게 감독님 영화에 어떤 의미가 있습니까. 감독님은 구체적인 촬영 방식에도 적극적으로 간여하시는 것으로 알고 있는데요.

HONG 앵글이나 카메라 움직임 같은 것은 직접 정하는 편입니다. 누가 촬영감독이든 그 부분에 대해 사전에 미리 허락을 맡죠. 그렇기에 촬영감독이 바뀌어도 결과물은 비슷한 것 같아요. 하지만 카메라의 노출 같은 것은 조금씩 다르겠죠. 촬영감독마다 조명이 다르고 호흡도 다르니까 알게 모르게 제 영화에 주는 영향이 다를 것 같아요.

LEE 그중 가장 많이 함께 작업하신 분은 〈여자는 남자의 미래다〉 〈극장전〉 〈해변의 여인〉, 이렇게 세 편을 찍은 김형구 촬영감독님입니다. 그분과의 작업은 어떠셨나요.

HONG 인간적으로도 좋은 분이라고 생각해요. 테크니컬한 측면에서도 훌륭한 기술을 갖고 있고요. 같이 하면 그냥 편해요. 나이도 저와 비슷하죠.

LEE 지금이야 확고한 위치에 계시니까 그런 방식에 별 무리가 없겠지만, 〈돼지가 우물에 빠진 날〉을 찍으시던 신인 감독 시절에는 촬영감독과의 관계가 좀 달랐을 것 같은데요.

HONG 그때도 그랬어요. 젊은 분이었는데, 무척 착했어요. 제가 첫 작품 하는 신인 감독이었는데도 이해해 주려고 했어요. 제가 뭘 만드는지도 몰랐을 텐데 말이죠. 무척이나 의욕적이었고, 또 젊었지요.

– 뭐 하시고 싶으세요?
– 저요? 혹시 서커스 공중 곡예사 아세요?

〈생활의 발견〉에서 김상경이 무용가인 예지원에게 다른 꿈에 대해 질문

LEE 영화 일 외에 하고 싶었던 일이 있었다면 어떤 것입니까.

HONG 어려서 유일하게 되고 싶었던 것은 작곡가였어요. 그런데 음악 훈련을 거의 받지 못했으니 물 건너갔죠. 물론 아주 어렸을 때는 남들처럼 과학자나 만화가를 잠시 꿈꾸기도 했고요.(웃음) 요즘은 몇 가지를 동시에 꿈꿔요. 직업으로서보다는 그냥 시골에 살면서 피아노 연습을 좀 하고 싶어요. 제가 좋아하는 곡을 칠 수 있을 때까지 피아노 교습을 차분하게 받고 싶은 거죠. 그냥 욕심입니다. 하고 싶은데 참고 있어요. 유화도 그리고 싶고, 아주 짧은 단편소설도 쓰고 싶어요. 만일 영화 일을 안 하게 되면, 그런 것들을 하면 좋을 것 같네요.

LEE 그런데 그런 것들은 감독 일을 하시면서도 할 수 있지 않습니까.

HONG 맞아요. 아끼고 있다고 해야 하나요? 언젠가는 하겠죠.

- 사실은 내가 오고 싶었어요.
- 왜요?
- 눈도 오고 하니까 감상적이 되었나봐요.

〈여자는 남자의 미래다〉에서 성현아의 집에 선배 김태우와 함께 오게 된 유지태가 둘만 남게 되자 분위기를 잡으며 성현아에게

LEE 별로 감상적인 성격이 아니시죠?(웃음)

HONG 그렇죠, 뭐.(웃음)

LEE 그래도 감상적이 되실 때가 있을 텐데요.

HONG 감상에 빠지는 일이 별로 없기는 해요. 그래도 어떤 경우에는 마음을 먹고 감상적인 순간을 허용하죠. 크게 해가 되지 않고, 남들도 용서해 줄 거라고 생각할 때일 거예요. 그런 순간이 있잖아요? 감상이란 것이 실제보다 오버해서 가치를 부여하고 증폭시키는 것이니까요.

LEE 구체적으로 어떤 때입니까.

HONG 친구와 함께 있을 때 첫눈이 오거나 그러면, 그렇게 되지요. 전 그런 상황을 즐겨요. 가로등 불빛에 떨어지는 눈 같은 걸 보면 무척 예쁘잖아요. 좀 지쳐서 남자들끼리 술 한잔 하다가 괜히 "우리 앞으로 얼마나 갈 수 있을까" 그런 이야기하잖아요? 상황이 힘들다는 이야기 같은 것을 안 하고 넘길 수도 있지만, 친구 사이에는 그런 이야기 좀 해도 되는 것 같아요.(웃음) 혼자서 음악 듣다가 거기에 꽂힐 때도 감상적이 됩니다.

- 요새도 니 술 많이 먹고 그라나?
- 아니, 나 요새 정말 술 안 먹어. 진짜 몸 좀 생각하려고 그래.

〈극장전〉에서 친구들과 오랜만에 만난 술자리에서 한 친구가 묻자 김상경이 대답

LEE 요새도 술 많이 드세요?

HONG 한참 먹던 시절에 비하면 덜 먹죠.

LEE 한참 먹던 시절이 언제셨는데요?(웃음)

HONG 저는 십대 후반부터 먹었어요.(웃음) 그때 정말 많이 먹었죠. 이십대 초반까지 말이 안 될 정도로 많이 먹었고, 이어 미국에 가서 공부하고 돌아와 술이 다시 늘기 시작했어요. 미국에서는 환경 때문인지 덜 먹었거든요. 그러다가 점점 술이 늘더니, 〈오! 수정〉에서 〈생활의 발견〉 찍을 때까지 주량이 최고치에 이르렀어요. 그 다음부터는 조금씩 줄고 있습니다.

LEE 그럼 가장 적게 드시는 때가 요즘이겠네요?

HONG 예전에 비해서 요새는 사람을 덜 만나니까요. 그래도 사람 만나면 뭐 할 일 있나요? 술 먹죠.(웃음)

LEE 일주일에 두어 번쯤 드십니까.

HONG 이번주는 세 번 먹었어요. 다 많이 먹어서 힘드네요.(웃음)

LEE 술 많이 드시면 다음날 정말 힘드실 텐데요.

HONG 어떤 날은 진짜 힘들어요. 가장 최근에 먹은 날은 그 다음날 아무것도 못했어요.

LEE 술을 괜히 먹었다고 후회하실 때는 없으신가요.

HONG 그런 후회는 하지 않는 시스템이 제게 자리 잡았나 봐요.(웃음) 그런 후회를 해봐야 아무 소용이 없다는 것을 잘 알게 됐으니까요.

- 한잔 할래?
- 오늘이요?
- 어, 만났는데 인사동 같은 데서 저녁 하면서 한잔 하지 뭐.

〈돼지가 우물에 빠진 날〉에서 김의성이 출판사 일을 하는 후배에게 제안

LEE 감독님 영화에서 단일 지역으로 가장 많이 나온 곳이 아마 서울 인사동일 겁니다. 인사동이 나오거나 언급되는 영화만도 〈돼지가 우물에 빠진 날〉 〈강원도의 힘〉 〈오! 수정〉 〈여자는 남자의 미래다〉 〈극장전〉 등 다섯 편이나 되니까요. 특히 술자리의 무대로 인사동이 많이 나오는데, 그곳을 좋아하시기 때문인가요?

HONG 인사동에 들락날락한 경험이 작용했겠죠. 저는 영화를 만들 때 조금이라도 아는 장소에서 찍고 싶어 하는 게 있어요. 제가 자연인으로서 어떤 장소에 가거나 특정 상황에 맞닥뜨리는 게 있잖아요? 극복해야 할 것이든 응시해야 할 것이든, 그런 것들이 모두 제 기억 속에 순수한 재료로 남아 있다가 나중에 영화를 할 때 다시 쳐다봐지게 되는 거죠. 아무것도 모르는 지역에 처음 가면 그로부터 환기되는 것도 있겠지만, 전혀 알지 못하는 곳에 가는 데서 오는 너무나 상투적인 반응들이 싫은 것 같습니다. 자연인으로서 그 새로운 장소에 제가 놀라면서 반응하는 게, 감독으로서 그 장소를 찍으러 온 저와 충돌하기도 하죠. 이전에 제가 자연인으로서 순수하게 경험한 상

황을 두고서 영화로 만드는 것이 좋아요. 그래야 복기할 때 다시 깨끗하게 환기될 수 있을 테니까요. 인사동은 제가 예전에 술을 많이 먹을 때 자주 갔으니까 거기에 다시 가면 떠올려지는 것들이 많아서 그걸 꺼내놓고 영화적으로 다시 쳐다볼 수 있거든요.

– 이게 뭡니까?
– 안에 스케줄표하고 책자 다 들어 있어요. ID도 있고요.

〈잘 알지도 못하면서〉에서 영화제 심사위원을 맡아 사무국에 막 도착한 김태우에게 각종 자료들이 담긴 봉투를 내미는 엄지원

LEE 〈잘 알지도 못하면서〉의 전반부에서 경남(김태우)은 제천에서 열리는 영화제에 심사위원으로 참여해 일정을 보냅니다. 그런데 저녁마다 이어지는 술자리 때문에 정작 심사를 해야 할 극장에서는 꾸벅꾸벅 졸기 일쑤죠. 감독님은 영화제에 가게 되시면 실제로 어떻게 지내십니까.

HONG 우선 여장을 푼 뒤, 영화제 사무국 측에서 준 일정표를 펼쳐놓고 꼭 해야 할 것은 무엇인지 줄을 칩니다. 그렇게 해야 할 숙제를 하고서 나머지 시간 동안에는 최대한 쉽니다. 자유시간을 많이 가지고 한가하게 지내려고 노력해요. 그러다 반가운 사람들과 술 한잔 하기도 하고요.

LEE 영화제에 가신다고 해도 영화는 많이 안 보시죠?

HONG 거의 안 봐요. 친한 사람이 참여한 작품이 있으면 보지만, 줄 서서 영화를 보는 영화제 특유의 분위기를 별로 안 좋아해서요. 한가한 극장에 가서 조용히 보는 방식을 선호합니다. 제가 게으른 탓도 있을 거예요.(웃음)

LEE 영화제 기간에 술자리는 자주 가시나요?

HONG 요새는 별로 안 그래요. 남들에게는 바쁜 척하면서 내 자유 시

간을 확보해 놓고 느긋하게 지내려고 하죠. 말이 잘 통하는 친구가 있으면 같이 다니고, 차를 빌릴 수 있으면 하루 정도라도 근처에 다녀오기도 해요. 그래도 맘에 드는 술자리에 가면 기분 좋게 뻗도록 마셔요. 그런데 영화제에 가면 사람들이 모두 너무들 정신이 없는 것 같긴 해요.

– 그럼 왜 심사하신다고 그러셨어요?
– 그냥 사람들이 꼭 봐야 되는 영화인데
묻혀버리는 영화들 있잖아요? 그런 영화들이 이 세상에
조금이라도 알려질 수 있는 거에 도움이 되면 좋죠.

〈잘 알지도 못하면서〉에서 영화제 프로그래머 엄지원이
심사위원 수락 이유에 대해서 묻자 영화감독인 김태우가 대답

LEE 〈잘 알지도 못하면서〉의 경남과 달리, 심사는 열심히 하시죠?(웃음)

HONG 책임감이 있기에 열심히 하죠. 보는 만큼은 공정하게 심사하려고 하고요. 살리고 싶은 영화에 대해서는 힘주어 제 의견을 주장하는 편이기도 합니다.

LEE 로드무비 형식의 영화를 많이 찍고 계신데, 실제로 여행은 자주 가십니까. 여행 가면 어떻게 지내시나요.

HONG 여행을 거의 가지 않아요. 기껏해야 촬영을 위해 헌팅 다니거나 영화제에 가는 게 고작이죠. 그게 제가 다니는 여행의 95퍼센트일 겁니다. 순수한 여행이라면 기껏 1년에 한 번쯤 자동차가 있는 친구에게 전화해서 하

잘 알지도 못하면서

개봉 2009년 5월 14일 **출연** 김태우 고현정 엄지원 문창길 공형진 정유미 하정우 유준상 **상영시간** 126분 _ 제천에서 열리는 영화제에 심사위원으로 참석한 영화감독 경남은 바쁜 일정을 보내다가 오래전에 함께 일했던 후배 상용을 만난다. 시골집에 따라가서 상용 부부와 술을 마시며 하룻밤을 지내던 경남은 그곳에서 이상한 일을 겪는다. 며칠 후 특강 요청을 받고 다시 제주로 간 경남은 거기서 한적하게 살아가던 노화가의 집으로 갔다가 나이 차가 많이 나는 그의 아내 고순과 마주친다. 그녀는 오래전 경남과 인연이 엇갈렸던 여자였다.

루 다녀오는 정도입니다.

LEE 그럴 때는 어디로 가세요?

HONG 서해안이든 남해안이든 아무 데나 가요. 가서 회를 먹으면서 술을 마시죠. 그렇게 잠든 후에 다음날 아침 해장국 먹고 주위를 슬쩍 둘러본 뒤 서울로 올라와요.

LEE 영화를 찍으려면 이곳저곳 다니실 수밖에 없으니까 오히려 여행 욕구는 별로 안 생기시나 봅니다.

HONG 제가 자연을 무척이나 좋아하는데도 실제로는 안 움직여요. 저는 여행이 노는 거라고 생각하는데 여행을 가려면 계획을 세워야 하잖아요? 그런 계획을 세우기 싫어서 제가 어려서부터 여행을 못 다니는 것 같아요. 일은 계획할 수 있지만 노는 것만큼은 그때그때 닥치는 대로 하고 싶거든요.

- 문숙씬 뭐가 제일 슬퍼요?

〈해변의 여인〉에서 김승우가 술자리에서 고현정에게 질문

LEE 감독님은 뭐가 제일 슬프세요?

HONG 글쎄요. 제일 슬픈 건 없어요.

LEE 그럼 그냥 슬픈 것은요?(웃음)

HONG 이건 좀 개인적인 것이지만, 제가 좋아했던 큰누나가 얼마 전 돌아가셨는데, 가끔 생각이 나면 '안됐다, 아깝다', 그런 느낌이 드는 정도죠. 슬프다는 감정보다는 제 정신상태 자체가 저의 일상을 지배하는 더 중요한 감정이에요. 제가 갖고 있는 정신상태에 대해서 걱정하거나 불만스러워하거나 일이 잘 되고 있다는 만족감 같은 것, 그런 게 제일 중요한 일상의 감정이죠. 살면서 계기들이 계속 생겨요. 제 속에 있었던, 이전에 전혀 쳐다보지 않았거나 쳐다보긴 했지만 제대로 극복하지 못했던 것들이 그 계기를 통해 제 눈앞에 부상

해요. 그러면 일상생활을 하면서 그걸 틈틈이 생각하게 되거든요. 그것으로부터 자유로워지고 그걸 뛰어넘어 제가 제 눈으로 뭔가 실체에 가까워질 수 있는 경험을 계속 추구해요. 그런 데에 쏟는 에너지나 그런 것들 때문에 왔다 갔다 하는 감정이 영화 자체에 대해서 쏟는 에너지나 감정보다 훨씬 더 많아요.

– 나는 내가 가질 수 있는 것은 가지려고 노력하고,
가질 수 없는 것은 포기하려고 노력해.

〈강원도의 힘〉에서 오윤홍이 술을 마시다가 친구에게

LEE 감독님 역시 가질 수 있는 것은 가지려고 노력하고, 가질 수 없는 것은 포기하려고 노력하십니까.

HONG 대부분 포기하려고 해요. 가질 수 있는 것만 정확히 따져봐서 그걸 잘하려고 해요.

LEE 그러면, 가질 수 있는 것은 어떤 것이라고 생각하세요?

HONG 영화와 맺고 있는 관계라고 해야겠죠. 영화에 대한 태도와 마음을 유지하고 싶어요. 조금더 덧붙인다면, 제가 아끼는 몇몇 사람들에게 좋은 사람이 되고 싶어요. 가족들을 먹여 살릴 정도의 생활비는 내가 벌어야겠다는 생각도 해요.

– 근데요, 이 집, 사람이 너무 없는 거 같지 않아요?

〈생활의 발견〉에서 김상경이 추상미와 식당에서 낮술을 마시다가

LEE 〈밤과 낮〉을 서울 시내 한 극장에서 보았던 기억이 납니다. 개봉일 오후였는데도 저를 포함해 관객이 다섯 명밖에 되지 않아 무척 안타까웠어요. 사실 감독님의 영화는 흥행이 안 된 경우가 많은데…….

HONG 전부 다 안 됐죠.(웃음)

LEE 매번 제작비를 회수하지 못하고 있는 상황에 대해서 어떻게 느끼시나요.

HONG 현실이죠, 뭐. 제가 만드는 영화를 관객들이 매표소에서 선택하지 않는 거죠. 그분들 대부분이 영화에 대한 개념이라고 해야 하나, 그런 게 있을 텐데, 극장까지 와서 돈을 지불할 때 바라는 영화의 기준으로 봤을 때 제 영화는 순위에서 한참 처지는 거죠.

– 오랫동안 해왔는데,
사람들이 안 좋아하는 그림인가 봐, 내 그림이.

〈밤과 낮〉에서 화가인 김영호가 박은혜에게 자신의 작업에 대해서

LEE 아무리 그게 현실이라도, 꽤 많은 제작비가 들 수밖에 없는 영화를 만드는 사람으로서 돌파하기 쉽지 않은 어떤 벽을 느끼실 것 같은데요.

HONG 어쩔 수 없죠. 저와 영화의 관계가 있으니까 하는 날까지는 잘 지속시키고 싶은데, 제 영화가 현실에서는 사람들이 잘 안 보는 영화니 어떻게 받아들여야 할지 잘 모르겠어요. 제작비를 줄여야 한다면 최대한 줄일 거예요. 그렇게라도 계속 만들 수 있으면 고마운 거죠.

– 형이 만들면 돈도 끌어올 수 있을 거 같구.
그건 내가 알아. 어차피 형은 싸게 만들잖아.

〈잘 알지도 못하면서〉에서 공형진이 김태우에게 영화사를 차리면 자신이 도와주겠다면서

LEE 아닌 게 아니라 가장 최근에 찍으신 〈잘 알지도 못하면서〉는 감독님이 이전에 찍으신 작품들에 비할 때 제작비가 가장 적게 든 영

화입니다. 구체적으로 얼마나 들었는지요.

HONG 총제작비로 2억 원이 채 안 들었어요.

- 큰 섬인데 되게 조금이네요?

〈잘 알지도 못하면서〉에서 제주에 내려간 김태우가 유준상으로부터 제주도 인구가 57만 명밖에 되지 않는다는 말을 전해 듣고서

LEE 한국영화 평균 제작비의 10분의 1도 안 되는 금액인데, 그런 적은 액수로 영화 한 편을 찍어보니 어떻던가요.

HONG 저는 큰 차이를 못 느꼈어요. 제작까지 했으니까 촬영을 다 끝내고서도 예전에 비해 일이 좀더 많아진 정도랄까요. 후반작업 뒤에도 여러 가지 일들에 관여해야 했으니까요.

LEE 촬영할 때는 어떠셨어요?

HONG 번잡스럽지 않아서 나는 좋던데요? 촬영지에 도착하면 차가 세 대 정도만 서 있었거든요. 그렇게 단출하게 다니면서 찍으니까 맘에 들더라고요.

- 감독님이 원하시는 거 있으면 무조건 지원해 드리겠습니다. 말씀만 해주십시오.

〈잘 알지도 못하면서〉에서 영화제 사무국장이 감독인 김연수에게

LEE 적은 제작비 때문에 가장 힘들었던 것은 어떤 점이셨습니까. 아무리 주변에서 성심성의껏 지원해 주시는 분들이 있다고 해도 제작비 때문에 기본적인 어려움이 없을 수 없을 것 같은데요.

HONG 수고해 주신 데 대해서 사례를 조금밖에 할 수 없거나 아예 할 수 없는 경우가 많았기에, 미리 양해를 구하거나 부탁을 드려야 하

는 일들이 어려웠죠. 그와 관련해서 제작부 스태프들이 고생 많았을 거예요. 하지만 다 끝내고 나니 만드는 데 큰 지장은 없었던 듯해요. 정말 많은 분들이 도와주셨어요.

– 이번에 하려던 영화도 비슷하지 않아?

〈극장전〉에서 김상경이 만들려는 영화가 선배 감독의 영화와 흡사하다고 지적하는 친구

LEE 평단의 일부에서는 감독님의 영화들이 같은 내용을 반복하고 있다고 비판하기도 합니다. 제 기억으로는 〈생활의 발견〉 때부터 이런 견해를 보이는 평자들이 있었던 것 같은데요.

HONG 예를 들어, 제가 한 영화에 스무 가지를 넣어놓았다면, 그중 열다섯 가지에서 접점을 갖는 분들이 있을 거예요. 그런 분들은 지겹다는 말을 안 한다고 쳐볼게요. 그런데 어떤 분은 제 영화를 보고 나서 다섯 개의 접점에서 의미화할 수도 있는데, 그분에게는 제 영화가 그 다섯 개의 접점에서 소통이 되는 거죠. 그분이 그 다섯 가지만 가지고 의미화를 할 때, 제 영화들이 서로 같은 영화로 보이는 거겠죠. 저는 그분이 그렇게 말할 수 있는 거라고 생각해요. 모든 분들이 열다섯 개 혹은 스무 개의 접점을 갖는다고 생각하지도 않아요. 그냥 받아들여요. 저분에게는 저렇게 보이는구나 하고. 만드는 사람으로서 제 스스로가 똑같은 영화를 반복한다고 생각하면 더 이상 작업하지 않겠죠. 저야 이전 영화들과 충분히 다른 게 있다고 생각하니까 호기심을 갖고 계속 영화를 만드는 거예요.

– 김효섭. 서른다섯. 소설가.

〈돼지가 우물에 빠진 날〉에서 판사가 술 마시고

난동을 부리다가 즉심에 회부된 김의성의 인적사항을 나열

LEE 〈돼지가 우물에 빠진 날〉로 데뷔했을 때 서른다섯살이셨습니다. 당시 감독 데뷔가 늦었다고 생각하셨습니까, 아니면 기회가 좀 빨리 왔다고 생각하셨습니까.

HONG 그 당시에는 그런 생각 자체를 한 적이 없었어요. 그냥 제 삶이 이어지고 또 이어지는 과정에서 그렇게 됐다고 느꼈죠. 하나의 고리가 다음 고리로 이어지다보니 충무로에서 영화라는 걸 만들게 된 것 같아요. 이전에는 제가 만들고 싶어 하는 영화의 성격상 독립영화를 하게 될 거라고, 소수의 스태프들과 함께 16밀리로 찍을 거라고 막연하게 생각했죠. 그런 마음으로 학교를 다녔는데, 사실 그 당시에는 독립영화는 언제든지 할 수 있을 것 같다는 판단을 했죠. 그러다가 충무로에 들어가서 시험적으로 한번 작업해 보고 싶었습니다. 일단 안정된 시스템을 경험해 보고 싶었고, 운이 좋으면 연출료도 받고요.(웃음) 제가 성향이 내향적이라고 할까, 지나치게 미세한 것에 초점을 둬서, 영화적으로 너무 작은 것을 지향하고 탐미적이든 실험적이든 극단적으로 나아갈지도 모르겠다는 걱정이 당시에 있었고 그런 것을 경계하는 마음도 있었던 거죠. 충무로 시스템 속으로 들어가서 작업을 해보면 나의 그런 성향을 보완하려는 저항이 생겨날 거고, 그걸 계속 타고 넘어가다보면 내가 비밀스럽게 원하던 방향으로 갈 수 있지 않을까 하는 계산이 있었던 것 같아요. 그러다 운이 좋게도 첫번째 영화가 충무로에서 제작이 된 거죠.

– 왜 자기 책을 보고 그래요?

〈돼지가 우물에 빠진 날〉에서 이응경이 약속 장소인 서점에 도착한 뒤,
자신이 쓴 책을 뽑아 읽고 있는 김의성을 발견하고

LEE 자신이 만든 영화를 자주 보시는 편인가요.

HONG 거의 안 보는 편입니다. 개봉하고 나서 극장의 스크린 상태를

체크하기 위해 앞부분 5분가량 볼 때나 외국에서 회고전 같은 게 열려서 객석에 앉아 있어야 할 때 정도를 빼고는 제 영화를 보는 일이 거의 없어요.

LEE 감독님 영화들은 모두 DVD로 출시되어 있습니다. 이 중에 몇 개를 갖고 계세요?

HONG 저도 모르겠어요. 두세 개쯤 있나? 그런데 그 두세 개가 어떤 영화인지도 몰라요.(웃음)

LEE 그래도 상대적으로 제일 많이 본 영화가 있다면 어떤 것인가요?

HONG 다 비슷해요. 만들고 나서 한 번이라도 끝까지 다 본 게 거의 없어요. 얼마 전 그리스에서 제 회고전이 열렸을 때 〈돼지가 우물에 빠진 날〉을 한 시간가량 객석에서 봤는데 어색하더라고요. 결국 중간에 나와서 복도에서 혼자 담배를 피웠어요.(웃음)

– 이거 이번에 쓰신 거예요? 봐도 돼요?
– 조금만 봐. 아직 더 고쳐야 돼.

〈돼지가 우물에 빠진 날〉에서 김의성이 자신의 소설을 보고 싶어 하는 조은숙에게

LEE 창작자는 작품을 발표한 뒤에도 늘 아쉬움을 갖기 마련인 것 같습니다. 이제까지 발표하신 아홉 편의 영화 중 특히 마음에 걸려서 다시 고쳐 찍고 싶은 장면이 있다면 어떤 것인가요.

HONG 하나씩 차분히 보면, 그런 생각이 왜 안 들겠습니까. 그런데 조금 전에 말씀드렸듯이, 저는 일단 영화를 완성하고 나면 다시 보는 경우가 거의 없어요. 어떤 화가나 작가들은 이미 내놓은 작품을 다시 고쳐서 발표하죠. 감독들 중에서도 '디렉터스 컷'을 만드시는 분들이 있고요. 그런데 그런 것은 제 생리가 아닌 듯해요. 부족한 점이 많지만, 각 영화는 그 당시 삶에서 제 나름으로 남긴 최선의 흔적이라고 생각하고 그냥 떠나보내는 것 같아요. 그 영화가 생명력이 있

다면 사람들 속을 돌아다니면서 뭔가 일으킬 수 있겠죠. 저는 그냥 생각을 안 해요. 지금 입장에서 다시 보면 생각나는 게 많겠지만, 쳐다보면 뭘 하겠어요. 정말로 다시 찍을 것도 아닌데요.

– 무슨 힘든 일이 있으세요?

〈여자는 남자의 미래다〉에서 우연히 마주친 제자가 유지태에게 질문

LEE 이제까지 발표하신 9편 중 어떤 영화가 가장 만들기 힘드셨나요?
HONG 그런 것 없어요. 힘든 일이 있었다고 해도, 그때마다 많은 분들이 도와줬어요. 항상 그런 느낌이에요. 영화를 만들면서 호의를 정말 많이 느껴요. 제가 그런 많은 호의를 받을 자격이 없다고 생각될 정도입니다. 운도 많이 따랐죠. 힘들다는 생각은 없어요. 그냥 그날 그날 촬영이 안 풀리는 게 있으면 걱정은 하지만요. 지금까지 영화를 계속 만들 수 있었다는 것에 대해서 굉장히 감사합니다. 신체적으로도 신기한 게, 촬영할 때는 담배나 술을 평소보다 더 많이 하는데도 몸이 오히려 더 좋아져요. 집중적으로 많은 생각을 하고 규칙적으로 몸을 움직여야 돼서 그런가봐요.
LEE 그러면 영화 제작 전 과정 중에서 가장 힘든 부분은 무엇인가요.
HONG 촬영 기간은 언제나 되돌아봐도 좋아요. 하지만 촬영 전에 사전작업을 할 때나 촬영 후 후반작업을 할 때는 지치는 경우가 있죠. 특히 후반작업에서는 뒤로 갈수록 지쳐요. 편집이 끝나고 나면 창조적인 생각을 별로 안 하게 되는 것 같아요. 테크니컬한 것들만 자꾸 반복할 뿐이죠. 촬영은 새로운 장소에도 가보고 배우도 새로운 사람을 만나고 그러니까 늘 재미있어요.

– 그냥 경찰이 나한테 잘 안 맞는 것 같아.
  지숙씨가 보기엔 내가 잘 어울리는 것 같아?
– 아저씬 좋은 경찰 같아요.

〈강원도의 힘〉에서 경찰관인 김유석이 오윤홍의 질문에 스스로 진단

LEE 감독이란 직업에 어울리는 성격을 갖고 계시다고 생각하십니까.

HONG 전혀 안 어울린다고 생각하지는 않아요. 결과적으로 지금까지 해올 수 있었으니까요. 촬영할 때는 행복하다는 생각도 하니까 안 맞는 것은 아닌 것 같아요. 촬영 때 정신적으로 집중하면서 육체적으로 고된 상황이 되는 것을 좋아합니다.

– 저 혹시 예술하는 분이세요?

〈생활의 발견〉에서 한 남자가 기차 안 식당차에 앉아 있던 김상경에게

LEE 예술영화를 만드신다는 자의식이 있으십니까?

HONG 제게 그런 것은 필요 없는 부분 같아요. 예술영화를 정의한 뒤 그것을 통해 어떤 커다란 전통을 계속 이어갈 수도 있겠지만, 사실 별로 필요 없는 일이라고 생각해요. 감독으로서 저는 이미 어떤 분들과 최소한의 소통이 되는 것을 확인했거든요. 그런 분들이 제게 어떤 효과를 미쳐요. 그런 분들과의 소통으로 제 작업이 더 깊어지죠. 그게 다예요. 그런 분들이 더 많아졌으면 하는 바람은 있지만요. 제게는 영화를 하는 행위 자체가 소중합니다. 살면서 모든 것을 다 할 수 없으니, 운명적으로 만난 영화를 계속 하는 거죠. 그리고 최소한의 소통을 확인했으니까 계속 하는 겁니다.

– 둘이 영화 안 해요?
– 돈 일 억이 간단한 게 아니지, 아무리 부자라도. (재훈이는) 돈 많지. 돈은 많은데 연락이 없어.

〈오! 수정〉에서 이은주가 문성근에게 정보석이 영화 제작비를 대주기로 한 일이 어떻게 되어가냐고 질문. 이에 힘없이 대답하는 문성근

LEE 영화는 기본적으로 돈이 많이 들 수밖에 없는 장르입니다. 소설은 그냥 볼펜과 종이만 있어도 쓸 수 있지만, 영화는 각종 기자재와 스태프와 배우들이 있어야 하니까요. 만일 제작비를 구하는 게 더 이상 가능하지 않게 되면 어떻게 하실 건가요. 영화는 100만 원으로 찍을 수 없는 것이잖습니까.

HONG 왜 100만 원으로 못 찍습니까. 저는 제 영화를 보려고 하는 분들이 최소한만 있으면, 100만 원이 아니라 50만 원만 있어도 계속 찍을 거예요.

– 청기 올려. 청기 내리지 마. 백기 올리지 말고, 청기 올린다. 청기 내리지 마. 청기 내리지 마.

〈돼지가 우물에 빠진 날〉에서 전자오락실의 청기백기 게임기에서 나는 소리

LEE 데뷔작 〈돼지가 우물에 빠진 날〉에서는 첫 장면이 나오기 전, 어둠 속에서 전자오락기 소리가 들립니다. 그런데 그 청기백기 게임기에서 나오는 소리는 우연찮게도 절대 백기를 들지 말고 청기를 올리라는 내용입니다. 의도이든 아니든, 제게 그 소리에는 데뷔작을 만드는 신인 감독의 결연한 의지가 담겨 있는 것처럼 들립니다.

HONG 저는 영화를 만드는 시간이 좋아요. 그걸 통해서 소수의 사람들일지라도 그들에게 뭔가를 내놓는 것이잖아요? 그렇게 나온 제 영화에 대한 그분들 반응에 접하는 게 좋고요. 영화라는 것에 대해

제가 뭔가 할 수 있고 또 호기심이 지속될 수 있는 한 저는 계속 할 거예요.

– 저기, 죄송한데요, 저는 서울에 전화를 좀 해야 될
일이 있어서 호텔에 잠깐 가야 될 것 같습니다.
다음 영화 때문에 할 일이 좀 남아 있어서요.

〈잘 알지도 못하면서〉에서 김태우가 일행들에게 양해를 구하면서

LEE 곧바로 다음 작품에 들어가신다고 들었습니다. 〈밤과 낮〉 개봉 후 1년 3개월 만에 〈잘 알지도 못하면서〉를 내놓으신 걸 보고 놀랐는데 또 차기작이라니, 근래 들어 대단히 왕성한 생산력이신 것 같습니다.

HONG 그건 단순히 영화를 하느냐 안 하느냐의 문제인 듯해요. 지금이 5월인데 내가 내년 3월까지 아무것도 안 하겠다면 아무것도 안 하는 거죠. 그런데 그러기가 싫어요. 언젠가는 1년 앞을 내다보면서 아무것도 하고 싶지 않을 때가 있겠죠. 그럼 그때 가서 아무것도 안 하면 되는 거죠. 다가올 시간을 생각할 때, 지금은 그걸 일로 채워놓고 싶은 욕망이 제게 있는 거예요.

LEE 다음 작품은 어떤 영화입니까.

HONG 정해진 게 아무것도 없어요. 딱 하나, 배우 한 명만 정해졌죠. 김상경씨예요. 어떤 이야기를 다룰지에 대해서는 현재까지 아무 생각이 없어요. 앞으로 3주 안에 써야 돼요.

LEE 아직 정해진 것은 아무것도 없는데, 왜 꼭 3주 안에 쓰셔야 합니까.

HONG 그래야 7월 4일에 촬영을 시작할 수 있으니까.

LEE 왜 7월 4일에 촬영을 시작해야 하나요.

HONG 그냥 그날부터 다음 영화를 찍기로 정했어요.(웃음)

– 나도 죽겠다. 우린 너무 많이 걸었고 너무 많이 마셨어.

〈밤과 낮〉에서 김영호가 파리 시내를 박은혜와 함께 오래도록 돌아다니고 난 후에

LEE 뒤돌아보면 어떤 생각이 드십니까. 정말 많이 걸어왔다는 생각이 드시는지요.

HONG 저는 그저 다음 영화를 구상하고 있을 뿐이에요. 영화를 통해서 하고 싶은 게 자꾸 생겨요. 영화로 돈을 벌겠다는 생각은 접고 있어요. 다만 제가 가족들에게 최소한의 생활비는 책임져야겠죠. 영화 연출로는 그 돈을 벌기 어려우니까 다른 일로 벌 겁니다. 비록 소수이긴 하지만, 제 영화가 필요한 분들이 여전히 있는 것 같아요. 그게 다입니다. 그러면 계속 가는 거지요.

SCENE#
READY
PARK CHAN WOOK
RYOO, SEUNGWAN
CHOE DONG-HUN
PARK, KWANG-SU
LEE CHANG-DONG

BOOMERANG INTERVIEW

DIRECTOR
BONG JOON HO

PHOTO ⓒ 전인식 · 김보배

섬세한 질감과 풍부한 양감, 끝까지 지켜낼 이미지를 향하여
봉준호

그의 영화는 무리하지 않고 작위하지 않는다. 불능의 세계를 웃음으로 우회하며 견디고, 지난한 삶을 생명력으로 지탱해 버틴다. 그는 희망을 발명하지 않는다. 폭압적인 시간의 두터운 퇴층 속에서도 끝내 살아 있는 작은 불씨를 발견하고, 자리를 뜨지 않은 채 그저 계속 입김을 불어넣을 뿐이다. 그 불씨와 그 입김이 합쳐져서 그의 유쾌하면서도 슬픈 영화들에 매번 구두점을 찍는다.

물론 그의 작품들에서 유머는 양념이 아니라 그 자체로 하나의 본성이다. 그러나 그 본성에 물을 대는 것은 아픈 현실이고 쓰라린 생生이다. 어쩌면 예술의 세계에서 창작력이란 고통을 받아낼 수 있는 수용력을 뜻하는 말인지도 모른다.

봉준호 감독은 〈살인의 추억〉과 〈괴물〉의 연이은 초대형 흥행과 평단의 격찬으로 충무로에서 차기작이 가장 궁금해지는 감독이 됐다. 뒤이은 〈마더〉로 새로운 세계까지 열어젖힌 상황에서 다음 영화인 〈설국열차〉는 또 어떤 모습으로 찾아올 것인가. 데뷔작이기도 한 신선한 수작 〈플란다스의 개〉의 상업적 실패 이후 포장을 새로 하긴 했지만, 전술을 바꾸었을지언정 전략을 바꾼 적이 없다는 점에서 그의 성공과 재능은 찬사를 받아 마땅하다.

섬세한 질감과 위력적인 양감을 함께 갖춘 그의 필모그래피는 미학적 완성도와 대중적 흡인력이 점점 더 효과적인 합류지점에서 만나 유영하며 그 궤적을 그려왔다. 봉준호 감독이 발휘할 수 있는 영화적 파워의 극대치는 그대로 현재의 한국영화가 구사할 수 있는 힘의 최대치일 것이다. 하지만 이제까지 얻어낸 거대한 성취에도 불구하고, 장담컨대, 그의 정점은 아직 도래하지 않았다.

인터뷰를 위해 봉준호 감독이 신작을 준비하고 있는 사무실로 갔다. 입구에 들어서자 감독 방 앞의 소파에는 밤샘 작업을 끝낸 두 명의 직원이 시체처럼 너부러져 잠들어 있었다. 평일 오전 11시. 너무나 영화회사다운 풍경 속에서 그가 비현실적인 깔끔함으로 걸어 나와 반갑게 맞았다.

만화적이면서 섬세하고 유머러스하면서 예의 바른, 소년 같은 남자와의 인터뷰는 더할 나위 없이 즐거웠다. 유머감각이 뛰어난 사람들은 대부분 자신이 웃지 않으면서 남을 웃긴다. 하지만 그는 먼저 웃음을 터뜨리고 마는 '치명적 약점'이 있는데도 특유의 재치와 상상력으로 듣는 이를 사로잡는다. 이야기 밖에서 의뭉스럽게 반응을 살피는 대신, 이야기 속에 뛰어들어 함께 웃기. 먼저 터지는 웃음에서 '인간 봉준호'의 심성을 보았다.

– 밥은 먹고 다니냐?

〈살인의 추억〉에서 송강호가 유력한 용의자인 박해일의 얼굴을 터널 입구에서 뚫어져라 들여다본 뒤

LEE 제가 이 대사로 처음 질문할 줄 짐작하셨죠?(웃음) 감독님은 정말 바쁘신 것 같습니다. 통화를 시도할 때마다 미국이나 오스트레일리아 혹은 홍콩 같은 외국에 계셨으니까요. 〈살인의 추억〉에는 설영(전미선)이 수사에 몰두하는 두만(송강호)에게 "얼굴은 꺼칠해가지구. 잠은 제때 자?"라고 걱정하는 대사도 나오잖아요. 정말 밥은 먹

고 다니시나요? 잠도 제때 주무시구요?(웃음)

BONG 밥보다는 술을 제대로 먹고 다니는 것 같아요.(웃음) 아무래도 제 영화가 외국에서 개봉될 때 프로모션 관련해서 가게 되는 일이 많은 것 같습니다. 돌아보면 2006년과 2007년에 걸쳐 〈괴물〉이 각국에서 개봉될 때 정말 많이 다녔어요. 잠은 원래 잘 못 자요. 자세가 이상해서 제대로 잠들지 못하죠. 씻지도 않고 그냥 쓰러지기도 하고 영화를 틀어놓고 자기도 해요. 그래서 틀어놓았다가 잠들어버리는 일이 되풀이되는 영화는 매번 첫 시퀀스만 반복해서 보기도 해요. 보다가 중간에 잠든 영화를 나중에 다시 틀 때면 저는 그걸 처음부터 다시 봐야 직성이 풀리는 스타일이라서요.

LEE 최근에는 〈마더〉를 완성하는 일에 모든 것을 쏟아 부으셨을 것 같네요.

BONG 제가 〈흔들리는 도쿄〉로 참여했던 옴니버스 영화 〈도쿄〉 개봉 때문에 일본에 다녀온 일, 브뤼셀 판타스틱영화제에 심사위원으로 참여한 일 정도를 제외하면 모든 에너지를 〈마더〉에 완전 연소했던 기간이었죠. 촬영지가 전국에 흩어져 있었기에 지난 1년은 외국 대신 전국 방방곡곡을 다녔어요.

LEE 아닌 게 아니라, 〈마더〉의 촬영지를 물색하기 위해 정말 많이 다니셨다고 들었습니다.

BONG 〈살인의 추억〉 때도 그렇게 많이 돌아다녔는데, 이번에도 그랬어요. 그런데 저도 신기하게 생각하는 것은 〈살인의 추억〉과 〈마더〉는 그 많은 촬영지들 중 겹치는 장소가 하나도 없었다는 점이에요. 우리나라가 작은 땅덩어리라고들 말하지만 은근히 무궁무진하다는 것을 느꼈습니다. 각지의 표정이 참 다양해요. 장소 헌팅도 헌팅이지만, 어디 가면 맛있는 것들을 먹을 수 있으니까 부지런히 다녔죠.(웃음)

– 이 집은 해산물이 최고야.

〈마더〉에서 변호사 여무영이 뷔페식당에서 김혜자에게

LEE 그렇게 드신 것 중 무엇이 최고의 맛이었습니까.

BONG 충청북도 제천에 있는 식당의 닭백숙이었어요. 들깨수제비도 함께 먹었는데, 그 식당은 제가 우연히 발견한 곳이어서 더욱 기분이 좋았죠. 김혜자 선생님이나 원빈씨도 함께 가서 먹었는데, 정말 열광적인 반응을 보이더라고요.(웃음) 여수에도 맛집이 정말 많더군요. 진구씨가 직접 낚시를 해서 잡은 문어를 데쳐 먹기도 했어요.

– 현실적으로 생각해야 돼.
지금 이 상황에서 정신병원 4년이면은 법률적 대박이야, 대박.

〈마더〉에서 원빈에게 정신병이 있는 것으로 몰아가는 게
훨씬 더 좋은 결과를 낳을 수 있다면서 변호사 여무영이 김혜자를 설득

LEE 돌아보면 〈괴물〉은 홍콩에서 열린 제1회 아시아 필름 어워드에서 작품상을 받는 등 상복도 많았습니다. 그런데 이런 수상 실적보다 더 흥미로웠던 것은 당시 각국에서 거둔 흥행 성적이었죠. 중국에서 박스오피스 1위에 오르기도 했고, 미국에서는 5개월간 장기 상영되면서 200만 달러가 넘는 흥행 수입을 기록했으니까요.

BONG 중국에서는 외국영화 편수를 제한하고 있는 정책 덕을 봤어요. 외국영화는 1년에 20편밖에 못 걸잖아요? 그러니 진입하기가 어려워서 그렇지, 일단 진입장벽을 뚫으면 오히려 유리한 측면이 있어요. 〈괴물〉 제작사인 청어람이 중국 진출에 크게 공을 들였던 게 효험을 본 거죠. 미국에서는 한 달간 20위권에 머무는 등 꾸준히 관객을 끌어들이면서 모두 220만 달러의 흥행 수입을 기록했는데, 저는 개인적으로 그게 더 의미가 있었다고 봅니다.

LEE 국내 개봉 때 반미反美 논란이 있었던 데 비해서 정작 미국 개봉 시에 현지 평단 쪽의 반응은 그런 부분에 거의 신경 쓰지 않았죠.

BONG 맞아요. 그게 괴수영화로서 장르적 전통에 해당한다는 것을 다들 인정하는 거죠. 일종의 정치적 조크로 받아들였던 것 같습니다.

– 살해 수법, 뒤처리 방법. 자기 노하우가 확실해요.
– 철저하다.
– 깔끔하죠.

〈살인의 추억〉에서 형사 김상경이

연쇄살인범의 치밀한 범행 수법에 대해 송재호에게 설명하며

LEE 디테일이 뛰어나다고 해서 한때 '봉테일'이란 별명으로까지 불리셨잖아요? 워낙 치밀하고 꼼꼼하게 연출을 하시는 것으로 정평이 나 있습니다.

BONG 그렇긴 하죠. 그런데 감독들은 다 그렇게 하지 않나요?(웃음) 그리고 저라고 해서 언제나 디테일에 몰두하는 것은 아닙니다. 디테일에 집착할 때는 그게 핵심에 연결되어 있을 때만 그렇게 해요. 사진 예술에 대한 롤랑 바르트의 책에 등장하는 '푼크툼Puctum'이라는 개념이 있잖아요? 예를 들어 어떤 사람의 모습을 찍은 앙리 카르티에 브레송의 사진에서, 그 사람의 구체적인 표정이나 자세보다 신고 있는 운동화의 끈이 풀려 있는 게 이상하게 가슴에 남을 때가 있다는 거죠. 그 풀려진 운동화의 끈이 사진에서 툭 튀어나와서 보는 사람의 마음을 찌르는 듯한 느낌 말입니다. 저는 연출할 때 인위적으로 그런 푼크툼을 만들려고 해요. 그럴 때만 디테일에 집착하는 거죠. 달력 날짜가 맞는지, 이전 장면에서와 물건의 위치가 동일한지 같은 것은 사실 별로 신경 안 써요. 예를 들어 지금 이기자님이 제 앞에 앉아 계시는데, 저는 안에 받쳐 입으신 면 티셔츠를 보면서 저

게 저 사람의 스타일을 말해 준다고 보는 거죠.(웃음) 다시 말하면 저는 디테일이라서 집착하는 게 아니라 그런 디테일이 본질적이라고 생각하는 거예요. 그리고 전 봉테일이라는 별명 싫어해요.

LEE 왜요?

BONG 뭔가 쪼잔한 것 같잖아요.(웃음)

– 현장검증은 연기를 잘해야 돼.
기자들 많고 사람들 많은데 연기를 잘해야 돼.

〈살인의 추억〉에서 형사인 송강호가
용의자인 박노식을 데리고 현장검증을 시작하기 전에

LEE 감독님의 영화들을 보면 출연진의 연기가 다소 과장되어 있는 부분에서조차 전체적으로 섬세하게 조율되어 있는 것을 느낄 수 있습니다. '봉준호 영화'라고 해서 꼭 연기가 뛰어난 사람들만 출연하는 것도 아닐 텐데, 늘 감탄스러운 부분이 아닐 수 없습니다. 연기 지도라고 할까요, 배우들과는 어떻게 작업하시나요.

BONG 글쎄요. 사실 저도 잘 모르겠습니다. 그저 매순간 배우들에게 읍소할 뿐인데요.(웃음) 사실 연기 지도라고 할 수도 없죠. 제가 클린트 이스트우드처럼 연기자 출신이라면 그렇게 할 수 있겠지만, 배우가 아니니 뭘 지도하겠어요. 정확히 말하면 연기 부탁 또는 연기 호소인 거죠.(웃음) 특정 장면을 다시 찍어야 할 때도 저는 매번 정확히 요구하는 편이 아니에요. 종종 '다시 해볼까요?'라고 말하고는 하죠. 다만 배우들에 따라서 좀 달리 부탁을 하는 것 같아요. 이게 사람 사이의 관계라서 조명기나 카메라를 다루는 것과는 다른 거잖아요. 사람을 어떻게 컨트롤하겠어요. 그 대신 감독이 가진 권리로서 배우를 포위할 수는 있죠.

LEE 배우를 포위하다니요?

BONG 카메라를 어떻게 들이댈 것인가, 테이크를 계속 갈 것인가 또는 멈출 것인가, 특정 장면을 어떻게 편집할 것인가, 뭐 그런 것들 말입니다. 그런 점이 연극 연출자와 다르겠죠. 일단 무대에 올려놓으면 연극은 연출자가 배우 연기에 개입할 수 없으니까요. 반면에 영화는 지속적으로 개입이 가능하죠. 하지만 결국에는 연출이 건드릴 수 없는 부분들이 있어요. 그런데 그게 괴로움이 아닌 즐거움을 감독에게 주는 거죠. '와, 저런 것을 보여주다니!', 뭐 그런 거요.(웃음) 송강호 선배처럼 창의적이고도 전체적으로 해석할 수 있는 시야가 있는 배우에게는 오히려 부추겨요. 제가 모르는 것, 제가 생각하지 못했던 것을 보여달라고요. 만일 〈괴물〉의 고아성처럼 처음인 배우라면 밀착해서 일일이 지시를 하죠.

LEE 변희봉씨와는 어떠신가요. 〈플란다스의 개〉 〈살인의 추억〉 〈괴물〉에서 계속 함께하셨는데요.

BONG 변희봉 선생님과는 이야기를 많이 해요. 그분이 그런 것을 원하시기도 하죠. 그럴 때 변선생님은 살짝 비틀어 표현하시기도 하는데, 그게 참 기막혀요. 예를 들어 〈괴물〉 초반부에서 아들 강두(송강호)에게 "오징어 다리가 구(9) 개다, 구 개"라고 말씀하시는 식의 독특한 감수성은 제가 어떻게 할 수가 없는 거잖아요. 전 그냥 오징어 다리가 아홉 개라고 시나리오에 적었을 뿐이거든요. 반면에 〈괴물〉에서 함부로 대우를 받고 있는데도 의사가 들어오자 90도로 절하시는 모습 같은 것은 제가 구체적으로 디렉션을 한 부분입니다.

– 내가 다른 건 몰라도 사람 보는 눈은 있다는 거 아닙니까.
그래서 이 순사 밥도 먹는 거고. 애들이 다 나를 보구
무당눈깔, 무당눈깔 하는 이유가 따로 있다니까.

〈살인의 추억〉에서 송강호가 형사 반장 변희봉에게 자신의 직감 능력에 대해 자랑하며

LEE 송강호씨의 경우는 어떻습니까. 명실공히 한국 최고의 배우로 평가받고 있는데, 처음 함께 작업한 〈살인의 추억〉 때부터 편하셨나요.

BONG 〈살인의 추억〉 때 초반 몇 장면을 촬영해 보니 송강호 선배는 야생마의 느낌이더라고요. 많이 고민했는데, 결국 야생마를 컨트롤할 수 있는 유일한 방법은 풀어놓는 것이라는 확신이 들더라고요. 다만 울타리를 넓게 치면서 마음껏 움직이실 수 있게 풀어놓자는 생각을 했죠. 이후로는 정말 편해졌어요. 강호 선배는 그 자체로 독자적인 예술가예요. 그만큼 뛰어난 감성과 창조성, 그리고 작품에 대한 이해력을 갖고 있죠.

LEE 변희봉씨와 김뢰하씨는 〈괴물〉까지의 장편영화 세 편에 모두 출연하셨죠. 송강호씨, 박해일씨, 배두나씨도 두 편에서 함께 작업하신 배우들인데, 계속 같은 배우들과 함께 작업하는 걸 좋아하시는 듯합니다.

BONG 일부에서는 '봉준호 사단'이라는 용어를 쓰는데 정말 잘못된 말이에요. 저는 제가 존경하는 배우들과 함께 일하고 있는 것뿐이거든요. 제가 그분들을 리드하는 게 아니라 오히려 그분들이 제 영화에 출연해 줘서 고마운 거죠. 〈괴물〉의 경우는 특히 특수효과에 대한 짐이 너무 컸기에, 낯을 가리는 제 성격에 배우들까지 맘에 안 맞으면 아예 영화를 못 찍을 것 같았어요. 〈괴물〉에 출연한 분들은 제가 백을 요구하면 이백을 하시는 분들이죠. 중학생 딸로 나온 고아성 양도 기대 이상으로 잘해줬고요.

- 내가 그때 직접 가서 얼굴까지 다 봤는데.

〈마더〉에서 고물상 노인이 김혜자에게 자신이 목격한 범행 장면을 설명하면서

LEE 반면에 〈마더〉의 캐스팅 양상은 감독님 이전 작품들의 경우와 상당히 다릅니다. 윤제문씨와 전미선씨를 제외하면 전부 감독님 영

화에 처음 등장하는 배우들이니까요. 〈마더〉에서는 유독 새 얼굴을 많이 찾아내셨죠?

BONG 과거에도 새로운 얼굴을 많이 찾았어요. 그런데 시간이 가면서 '봉준호 사단'이라고 하더라고요. 박해일도 〈살인의 추억〉 때는 새로운 얼굴이었어요. 〈살인의 추억〉의 박노식씨나 〈괴물〉의 고아성양도 그랬고요. 〈마더〉의 경우도 '이번에는 새롭게 가야지'라고 결심했던 것은 아니에요. 시나리오를 쓰면서 누가 적당한지 생각해 본 정도죠. 배우를 정해놓고 시나리오를 쓰면 편안하게 느껴지거든요. 윤제문씨 얼굴을 떠올리면서 극중 제문의 대사를 쓰면 좋잖아요.(웃음) 진구는 〈비열한 거리〉를 보고 반해서 〈마더〉의 진태 역할로 적역이라고 생각했어요. 그래서 캐스팅을 한 후 함께 술을 마시는데, 그 술자리 자체가 오디션이라고 생각하더라고요. 제가 이미 결정됐다고 말해 줘도 도무지 마음을 놓지 않았어요.(웃음) 저는 사실 오디션을 별로 신뢰하지 않습니다. 꼭 해야 하는 경우, 대사 리딩보다는 오히려 잡담을 많이 하도록 시켜요. 그걸 찍어서 보는 거죠. 오디션보다는 그 사람이 출연했던 단편 영화들이나 연극을 직접 보는 경우가 더 많아요. 형사 역을 맡은 송새벽씨가 그런 예일 텐데, 연우무대 공연을 보고 매혹되어서 캐스팅한 경우죠. 독특한 말투나 연기 패턴이 흥미로워 그걸 살려서 대사나 상황을 만들었어요.

LEE 〈마더〉에서는 아정 역을 맡은 문희라씨를 비롯해 극중 고교생들로 나온 배우들도 참 인상적이던데요?

BONG 깡마라는 별명의 마른 고교생으로 나왔던 배우는 거의 단편영화계의 황제에요. 60편이 넘는 작품을 했다던데, 출연작을 보고서 선택했죠. 뚱뚱한 학생으로 나온 배우는 박기형 감독님의 〈폭력교실〉에서 머리를 밀고 나온 걸 보고 캐스팅했고요. 얼굴에 흉터가 있는 여고생은 〈우리 생애 최고의 순간〉에서 선수로 나왔던 배우였습니다. 아정 역을 했던 문희라는 사실 〈괴물〉 때 현서 역할로 고려됐던 최종 두 명 중 하나예요. 당시에 중학교 3학년이었죠. 그게 늘 미안하기도 하고 안타깝기도 해서 머리에 남아 있었는데, 그 친구의 천진난만하면서 좀 청승맞아 보이는 묘한 느낌이 아정 역할에 아주 잘 어울릴 것 같았어요.

- 다 빠졌다, 다 빠졌다.

〈마더〉에서 진구가 여자친구의 옷을 벗기면서

LEE 반면에 매번 나오셨던 변희봉씨와 김뢰하씨는 〈마더〉에 등장하지 않습니다. 감독님 영화에서 그 두 분을 보는 재미가 있었는데요.

BONG 특히 (김)뢰하 형은 단편까지 통틀어 처음으로 안 나온 거예요. 이 영화의 VIP 시사회 때 뢰하 형에게 전화해서 오라고 청했는데, 그 상황이 너무 이상하더라고요. 그 말을 했더니 "그러게, 인마, 왜 그랬어" 라면서 웃더군요.

LEE 정말 왜 그러셨어요.(웃음)

BONG 여전히 변함없이 좋아하는 배우들이죠. 그런데 〈마더〉에서는 좀 애매했던 것 같아요. 억지로 매번 같이 할 수는 없죠.

- 도준이는요, 눈이 진짜 예술이야. 사슴 같아요.

〈마더〉에서 전미선이 김혜자에게 아들 원빈의 눈을 칭찬하면서

LEE 〈마더〉에서는 원빈씨도 이전과 완전히 다른 모습으로 등장합니다. 꽃미남 스타의 대명사 같은 원빈씨를 일종의 바보 캐릭터로 쓰신 게 놀라운데요. 이전에는 그런 이미지가 전혀 없던 배우잖습니까.

BONG 그런데 놀랍게도 그런 느낌이 정말 많이 있는 거예요. "실제로 바보인데 배우 생활을 계속하려고 그걸 감추고 있는 거지?"라고 제가 장난으로 놀린 적이 있는데, 아니라고 부인하면서 웃는 모습이

더 바보 같더라고요.(웃음) 무척 수줍어하는 성격이기도 하고요. 도준이란 캐릭터의 핵심은 알 수 없다는 점이었어요. 모든 사람이 얘를 만만하게 보지만 결국 우리가 몰랐던 뭔가를 풀어놓는 셈이죠. 사실 연기하기 어려운 역할인데 참 잘해줬습니다.

– 나, 이 사람 만난 적 있다.

〈마더〉에서 김혜자가 피살자의 휴대전화에 저장된 사진에서 고물상 주인의 얼굴을 알아보며

LEE 김혜자씨는 〈마더〉를 처음 구상하자마자 만나셨습니까.

BONG 〈마더〉는 이미 2004년에 영화의 핵심 내용과 라스트신까지 다 구상해 두었어요. 김혜자 선생님도 그 무렵에 처음 만나기는 했죠. 그런데 〈마더〉의 스토리는 1년쯤 뒤에 말씀드렸습니다. 첫 만남에서 제게 〈살인의 추억〉이 '불란서 영화' 같아서 좋았다고 하셨는데, 그렇게 말씀해 주시니 무척 신선하더라고요. '불란서'라는 표현 자체가 워낙 오랜만에 듣는 거였으니까요.(웃음)

– 처음 만난 거 치고는 대화가 풍부했어요.

〈마더〉에서 변호사인 여무영이 원빈의 첫 접견을 끝낸 후 김혜자를 안심시키면서

LEE 김혜자씨를 캐스팅하고 싶다고 처음 느끼신 것은 훨씬 전부터라고 들었는데, 직접 만나기 전에는 어떤 부분에서 인상적이셨나요.

BONG 참 다양한 면모가 있으신데 왜 TV 드라마에서는 비슷한 이미지로만 활용될까 싶었어요. 1990년대 중반 〈여女〉라는 미니시리즈가 있었죠. 아기 못 낳는 여자로 나오는 김혜자 선생님이 바닷가에서 놀고 있던 쌍둥이 여자아이들 가운데 하나를 훔쳐 와요. 그 딸이 커서 벌어지는 이야기를 다룬 드라마인데, 바닷가에서 그 아이를 데려

오는 장면이 대단히 독특하고도 무섭게 표현되었어요. 그중 김혜자 선생님이 히스테리를 폭발시키는 대목이 있었는데, 그게 일반적인 드라마 연기의 범위에서 벗어나 있는 방식이라서 무척이나 섬뜩했죠. 또 하나의 강렬한 느낌은 1990년대 후반의 토크쇼에서였어요. 김혜자 선생님이 나오셔서 말씀하시는데, 요즘 식으로 표현하면 4차원이시더라고요.(웃음) 그날 토크쇼는 일반적인 포맷으로는 진행이 안 되었어요. 기존의 꽉 짜인 예능 프로의 바운더리를 넘어가는 것이었으니까요. 상대가 농담을 하면 진담으로 받고, 저쪽에서 진담을 하면 이쪽에서 농담으로 무화시키는 식이었거든요.

- 누군데?
- 윤도준이 엄마.

〈마더〉에서 피살된 여고생의 유족들이 상가에 찾아온 김혜자에 대해 수군거리면서

LEE 감독님은 〈마더〉가 한 배우로부터 시작된 영화라는 점을 여러 차례에 걸쳐서 밝히셨습니다. 아닌 게 아니라 〈마더〉는 지난 47년간 연기해 온 대배우에게 바치는 헌정사 같다는 느낌이 있습니다. 동시에 이 영화는 그 배우의 기존 이미지를 배반하는 방식으로 그런 헌사를 한다는 점에서 흥미롭죠. 〈마더〉의 어머니상은 김혜자씨가 23년 동안 연기했던 대표적 캐릭터인 〈전원일기〉의 어머니상과 완전히 배치되니까요.

BONG 김혜자 선생님은 지난 몇 십 년간 '국민 엄마'의 영광과 부담을 함께 안은 상태에서 그 짐과 십자가를 짊어지신 셈이죠. 그런데 〈마더〉는 출발점은 그와 비슷한 것처럼 보여도 도착점은 다른 영화잖아요? 이건 나의 과대망상이겠지만, 큰 스크린을 통해서 김혜자 선생님이 '국민 엄마'의 십자가를 연기로 집어 던지시면 우리들도 보면서 흥미롭지 않을까 싶었던 겁니다. 감독인 저와 배우인 그분

모두에게 도전이 될 만한 작품을 하길 원했어요. 저야 어차피 세 편밖에 만들지 않은 사람이지만, 47년간 해왔던 분은 훨씬 더 힘드셨을 거예요. 그간 수백 편의 작품을 하셨지만 틀림없이 뭔가 새로운 게 있을 거라고 믿었어요. 분명 뭔가가 폭발할 것이라고 생각했죠. 김혜자 선생님께 영감을 드리는 동시에 그 결과물을 목도하고 싶은 마음이 있었습니다. 이건 처음부터 김혜자 선생님을 위해서 쓴 시나리오니까, 헌정사란 말도 충분히 쓸 수 있을 것 같아요.

LEE 김혜자씨는 〈마더〉까지 모두 세 편의 영화에 출연하셨습니다. 그런데 두 번째 영화인 〈마요네즈〉(1999) 역시 김혜자 씨의 이미지를 배반하는 작품이었죠. 거기서 아이 같으면서 철이 좀 없는 듯한 어머니의 모습을 연기하셨으니까요. 윤인호 감독님이 연출하신 〈마요네즈〉는 보셨죠?

BONG 개봉 무렵 극장에서 봤는데 이상하게 기억이 잘 나지 않아요. 극중 사투리의 느낌 정도가 남아 있습니다. 〈마더〉의 시나리오를 쓰면서 〈마요네즈〉를 다시 찾아보진 않았어요.

LEE 〈마요네즈〉에서 김혜자씨의 딸로 최진실씨가 출연하셨잖아요? 〈마더〉 촬영 기간이 최진실씨의 비극적인 죽음 소식과 겹쳤던 것 같은데 김혜자씨가 무척 충격 받으셨을 것 같습니다.

BONG 그게 공교롭게도 첫 촬영날이었습니다. 현장에서 촬영을 준비하고 있는데 스태프들이 그 소식을 전해 듣고 술렁거렸죠. 김혜자 선생님께 알려드리면 충격을 받으실 것 같아서 프로듀서가 함구령을 내렸어요. 한편으로는 그 이야기를 현장에서 전해드리지 않은 게 죄송했는데, 결국 그날 촬영을 다 마친 후 서울로 돌아가는 차 안에서 스태프가 말씀드리도록 했어요. 그 말을 듣고 한동안 멍하니 계셨다는데, 최진실씨 장례식에 문상 가셨을 때도 TV에서 보니, 마치 유체이탈된 듯 멍한 표정이시더라고요.

– 내가 생각을 좀 해봤거든.

〈마더〉에서 원빈이 김혜자에게 범인이 시체를 옥상에 올려놓은 이유에 대한 자신의 추리를 들려주기 전에

LEE 옴니버스 영화 〈도쿄〉에 포함된 단편 〈흔들리는 도쿄〉의 일본 배우 가가와 데루유키씨에 대해서는 어떻게 생각하십니까. 저는 〈유레루〉에서의 가가와 데루유키씨를 정말 좋아하는데요.

BONG 저 역시 〈유레루〉를 본 후 반하게 된 배우예요. 〈귀신이 온다〉에서부터 좋긴 했지만요. 〈흔들리는 도쿄〉에서 집에만 처박혀 있는 히키코모리를 연기했는데, '저 사람은 진짜 히키코모리 같다'는 느낌이었죠. 혼자 사는 히키코모리니까 대사 없이 몸을 쓰는 연기가 대부분이잖아요? 모든 것을 몸동작과 표정으로 보여줘야 하는 거죠. 가가와 데루유키씨는 특별한 몸을 가진 것도 아닌데 그 몸의 표현력이 대단해요. 〈유레루〉를 보면 극중에서 빨래를 개는 모습을 통해 그 캐릭터의 모든 것을 보여주기도 했죠. 한마디로 〈흔들리는 도쿄〉에 최적인 배우였습니다.

LEE 공연한 아오이 유우는 어땠습니까.

BONG 소모되는 에너지 대비 효율에서는 최고인 배우 같아요. 특별히 힘들여서 하지 않고 현장에서 그냥 살랑거리며 있는데, 카메라가 돌면 완전히 달라지더라고요. 직접 보면 사실 별로 예쁜지도 모르겠어요. 일본의 지방 소도시에서 좀 예쁘다는 말을 들으면서 요리학원 다니는 여자 정도의 존재감이랄까요.(웃음) 하지만 카메라 앞에 서는 순간, 열연이 아닌데도 대형 화면을 장악하는 능력을 보이죠. 놀라웠어요.

– 솔직히 그거 미리 대사 연습 시킨 거 아냐?

〈살인의 추억〉에서 김상경이 용의자 박노식의 진술에 대해 동료 형사 송강호에게

LEE 감독님 영화를 보면, 언뜻 별다른 의미가 없는 것처럼 들리는데도 정말 잊히지 않는 대사들이 있죠. 아까 말씀하신, 롤랑 바르트의 푼크툼 같은 의미를 지닌 대사라고나 할까요. 〈살인의 추억〉만 해도, 문맥과 상관없는 "밥은 먹고 다니냐" 같은 대사가 그렇습니다. 그 말에 담긴 복합적인 느낌이 그 영화의 정서를 대변하는 것 같다고 할까요. 이런 대사들은 어떻게 영화에 들어가게 된 겁니까. 시나리오 때부터 적혀 있던 대사들인가요?

BONG 〈살인의 추억〉에서 강호 선배가 "여기가 강간의 왕국이냐"라면서 발차기를 날리는 것은 원래 시나리오에 없었는데 콘티를 짤 때 갑자기 떠올라서 쓴 대사였어요. 제 영화에 롱테이크가 많은 편인데, 길게 찍다보면 그 순간이 일종의 다큐멘터리처럼 되어버리는 지점이 있어요. 카메라가 돌아가는 순간에 갑자기 제가 다큐멘터리를 찍고 있는 것 같은 느낌이 든다는 거죠. 예를 들어 〈살인의 추억〉 초반부에 강호 선배가 엉망진창의 상황 속에서 논두렁 살인 현장을 돌아보는 모습을 롱테이크로 길게 찍을 때, 갑자기 상황이 돌출되면서 그런 대사들이 튀어나오는 경우가 있어요. 장 뤽 고다르는 그런 걸 '인생이 예술에게 선사한 선물'이라고 했잖아요. 거리에서 여배우 안나 카리나의 연기를 찍고 있을 때 그 뒤로 트럭이 소음을 내며 지나갔는데 그게 우연히도 그녀의 극중 심리와 정확히 부합했다고 설명하면서 말이에요. 배우의 애드리브라는 것도 하다보니 나오는 경우가 많아요. '말의 다큐멘터리'라고나 할까요. 극영화가 일순간에 다큐멘터리가 되는 그런 시점에 무척 흥미를 갖고 있어요.

LEE 〈괴물〉에서는 어떤 장면에서 그런 짜릿함을 느끼셨어요?

BONG 강호 선배가 괴물에게 일격을 당해 쓰러진 아버지(변희봉)에게 다가가서 "아부지, 일어나"라고 말했던 것은 순간적 모멘트가 영화에 주는 선물이었죠.

– 아부지, 아부지, 일어나. 응? 아부지.
군인들이 쫓아와요. 아버지, 현서 어떡해. 아버지, 현서.

〈괴물〉에서 송강호가 괴물에게 당한 뒤 피를 흘리고 죽어 있는 아버지 시신을 내려다보다가 울먹이며

LEE 송강호씨가 그 대사를 말할 때의 처연한 느낌이 제게도 생생하게 남아 있습니다. 아버지가 괴물에게 바로 그 일격을 당하기 직전에 자식들을 염려하며 자신을 두고 먼저 떠나라고 손짓하는 장면도 정말 좋았어요. 이어서 강두(송강호)가 쓰러진 아버지 곁을 차마 떠나지 못하고 젖은 신문지를 얼굴에 덮어주면서 서성이다가 경찰에 잡히고 마는 장면도 아주 인상적이었고요.

BONG 그 영화의 특수효과를 담당했던 미국 회사 오퍼니지 사람들도 그 장면에서의 변희봉 선생님 연기에 완전히 반했어요. 그래서 그 표정 연기 장면을 따로 인쇄해 라벨로 만든 뒤 즐겨 먹는 이탈리아 소스 통에 붙였다고 하더라고요. 그 소스를 아예 '희봉 소스'라고 바꿔 부른대요.(웃음) 제게도 그 라벨을 몇 장 주더군요. 동작대교 인근에서 찍었던 그 시퀀스는 네 명의 주연 배우가 전부 등장하는 장면인데, 연기에서 촬영까지 모든 게 정말 만족스러웠어요. 가끔 필름을 현상하는 과정에서 사고가 나기도 하거든요? 그런데 사고가 나면 다시 처음부터 해당 장면을 찍을 수밖에 없죠. 그래서 촬영을 마친 뒤 그 장면이 담긴 필름을 현상소로 보내면서 잠깐 그런 생각을 했어요. 만일 이 부분이 사고가 나서 못 쓰게 되면 정말로 좌절감에 자살할 것 같다는.(웃음) 재촬영을 하면 절대로 그때 그 분위기를 다시 살려낼 수 없을 것 같았거든요.

- 아빠, 현서가 지금 며칠째 굶은 거지? 하수구에서.
- 뭘 먹지, 거기서?

〈괴물〉에서 배두나와 송강호가 격리 수용된 병원에서

아버지 변희봉에게 실종된 고아성에 대해

LEE 그럼, "밥은 먹고 다니냐"는 구체적으로 어떻게 들어가게 된 대사인가요.

BONG 그건 제가 그 장면을 찍기 일주일 전부터 계속 강요한 끝에 튀어나온 대사였어요. "그 장면에서 박두만 형사만이 할 수 있는 뭔가가 있지 않겠어요? 결정적인 장면인데 뭔가 하나 해주셔야 하는 거 아닙니까", 뭐 이런 말들로 제가 계속 부담을 줬죠.(웃음) 사실 촬영 후반에 가면 배우가 캐릭터에 대해서 그 인물을 처음 만든 감독보다 더 잘 이해하게 되는 역전의 순간이 오거든요. 그 장면을 찍을 때 네 번째 테이크에서 강호 선배가 처음으로 불쑥 그 대사를 하더군요. 그 말을 듣자마자 현장 스태프들이 웃었어요. 대사가 워낙 엉뚱해서 그 장면을 쓰지 않고 버릴 거라고 생각했겠죠. 하지만 물론 저는 바로 이거라고 생각했어요. 편집할 때는 그 네 번째 테이크 대신 일부러 그 대사가 없는 다른 테이크를 넣었습니다. 편집본을 보고 나서 주위 사람들이 그 대사가 안 어울린다느니 어떻다느니 말하면 피곤해질 테니까요. 그러고 나서 최종 편집날의 마지막 순간에 그 네 번째 테이크를 대신 넣고 바로 보내버렸어요.

- 니가 오상무 말을 곧이곧대로 들으면 안 되지. 다 작전이지.

〈살인의 추억〉에서 녹즙기 판매 일을 하게 된 송강호의 전화 통화 내용

LEE 아, 그런 암수도 쓰실 줄 아시는군요.(웃음)

BONG 네, 강호 선배와 저 사이에 암묵적인 동의가 있었던 거죠. 그랬

는데 영화 공개 후에 그 대사 반응이 아주 좋아서 서로 흐뭇하게 웃었던 기억이 나네요.

LEE 그러면 연기적인 측면에서 볼 때 〈마더〉에서 가장 인상적인 부분은 어떤 장면이었습니까. 아무래도 김혜자씨가 연기하신 대목이겠죠?

BONG 그렇습니다. 유족들 앞에서 "내 아들이 안 그랬거든요?"라고 반문할 때가 가장 먼저 떠오르네요. 정말 좋아서 예고편에도 썼죠. 그 장면을 보면 김혜자 선생님의 눈에서 레이저가 나와요. 나중에 보시고 스스로도 놀라시더라고요. "내 눈이 왜 이래?"라면서요. 머리로 생각해서 미리 연기를 연출하지 않고, 순간적으로 몰입해서 하시는 분이라 그런 결과가 나오는 것 같아요. 그 점이 참 놀랍죠. 관자놀이에 두 손가락을 돌려가며 기억을 떠올리려고 애쓰는 아들의 동작을 변호사에게 설명하는 장면도 참 좋았어요. 어떻게 보면 대단히 괴이한 설정인데 선생님이 그렇게 해버리는 순간, 그 상황이 고스란히 받아들여지게 되는 것 같아요. 그런 게 연기로 부릴 수 있는 마술이죠. 이상할 수도 있는 부분을 순식간에 일상화시켜버림으로써 관객들이 믿게 만든다고 할까요.

– 야, 박현남, 이런 날은 술이나 실컷 마셔, 얼른.

〈플란다스의 개〉에서 고수희가 해고된 친구 배두나를 위로하는 뜻으로 좁은 문방구 안에서 맥주를 권하면서

LEE 감독님 작품에서 좁은 공간과 넓은 공간은 정서적으로 전혀 다른 역할을 합니다. 〈플란다스의 개〉에서는 친구(고수희)의 좁은 문방구 안에서 두 사람이 우정과 위로를 주고받고, 〈괴물〉에서는 가족 모두가 함께 몸을 누이는 좁디좁은 매점이 그런 역할을 합니다. 〈살인의 추억〉에서는 작은 여관방이 두만(송강호)과 설영(전미선)에게 유

일하게 안식을 주는 곳이죠. 좁은 장소에서 안식처 혹은 구원을 발견하는 감독님 영화세계의 공간 상징이 저는 상당히 흥미롭습니다. 이건 아마 감독님의 개인적인 취향과도 관계가 있으실 것 같은데요.

BONG 정말 그러네요. 놀랍습니다. 이제껏 허다한 인터뷰를 했는데 처음 들어보는 분석이에요. 제 자신도 몰랐고요. 내가 그런 경향이 좀 있나? 확실히 좁은 공간을 개인적으로 좋아하는 편인 것 같아요. 아이들은 엄마의 자궁 속에 있었던 기억 때문에 좁은 공간을 좋아한다던데, 제가 아직도 그런 건가요?(웃음) 저는 좁은 공간에 있게 된 사람에게 관심이 많아요. 지하도에서 복권 파는 부스를 보면, 그 좁은 장소에서 하루 종일 계시잖아요. 그 안에서 바깥을 내다보면 어떤 느낌일까 무척 궁금해요. 〈플란다스의 개〉에서의 좁은 문방구는 과체중인 인물이 좁은 공간에 있게 된 모습을 그리는 것에도 관심이 있었던 결과예요. 이게 그 역을 맡은 배우의 특성이기도 한데, 어, 말하다 보니 고수희씨에게 좀 미안하네요. 무척 섬세하신 분인데.(웃음) 〈괴물〉의 매점은 영화적으로 그들의 집인 동시에 유일한 안식처를 의미하죠. 좁은 공간이 그만큼 아늑한 곳이고, 또 소시민들이 유일하게 누울 수 있는 곳이기도 하고요.

– 어때, 여긴? 지낼 만한가?
– 네, 여기 밥도 맛있구요. 콩밥이 의외로 괜찮은 거…….

〈마더〉에서 변호사가 첫 접견을 하면서 의례적으로 묻자 원빈이 정색하면서 대답

LEE 〈마더〉에서의 좁은 공간 역시 정서적으로 유사한 느낌을 갖고 있습니다. 예를 들면 엄마와 아들이 함께 쓰는 이불 속이라든지, 모든 것을 잊게 해주는 고속버스의 좁은 통로 같은 것들이죠. 감옥 역시 마찬가지입니다. 흥미로운 것은 감옥이 얼마나 괴롭고 지겨운 곳인지를 드러내는 장면이 이 영화에 전혀 없다는 겁니다. 무슨 짓을

해서라도 거기서 꺼내주려는 엄마의 소망을 극대화하기 위해서라도 아들이 들어가 있는 감옥이 얼마나 끔찍한 곳인지를 강조할 필요가 있을 텐데 말입니다. 도준(원빈)은 스스로 말하듯, 그 안에서 콩밥을 맛있게 먹으면서 잘 지내잖아요.(웃음)

BONG 거 참 묘하네요.(웃음) 정말 도준은 콩밥 먹고 잘 지내죠. 다른 재소자와 싸우는 대목이 하나 있긴 하지만 그건 웃긴 톤의 장면이고요. 처음 시나리오를 쓸 때는 도준이 교도소에 있는 동안, 피살자와 관련된 사람들이 함께 들어가 있어서 시시각각으로 위험해지는 상황에 대한 묘사가 있긴 했어요. 말씀하신 것처럼, 그래서 엄마가 아들을 더 끄집어내려고 필사적이 되죠. 그런데 결국 그런 설정들을 모두 삭제해 버렸어요.

– 이번 사건엔 무슨 특별한 수사방향이라도 있습니까.

〈살인의 추억〉에서 여중생이 살해된 야산 현장에서 취재중이던 기자가 반장인 송재호에게 질문

LEE 심지어 〈마더〉 차기작으로 예정되어 있는 초대형 프로젝트 〈설국열차〉는 좁아터진 기차 안에서만 펼쳐지는 이야기 아닙니까. 〈설국열차〉의 원작이 감독님을 매혹시킨 부분에는 공간에 대한 감각도 있지 않았을까 추측이 되기도 하죠. 저는 그런 측면에서 영화 〈설국열차〉의 공간감이 어떻게 펼쳐질지 무척 궁금합니다. 감독님 영화 특유의 '안락하고 위로를 주는 좁은 공간'의 모티브와 〈설국열차〉의 원작이 갖고 있는 '문명의 온갖 문제가 아우성치는 디스토피아적 좁은 공간'의 모티브가 어떻게 부딪치거나 만날지 기대되거든요.

BONG 확실히 저는 〈설국열차〉의 원작을 보면서 폐소 공간의 모티브에 매혹되었던 것 같아요. 게다가 기차는 닫힌 공간이면서도 계속 움직이고 있기에 시각적 모티브도 강렬하죠. 특히 그 원작 만화의

2~3부를 보게 되면, 눈 속을 달리는 기차에 창문조차 없어요. 창밖을 볼 수 없는 폐소 공간 속에서 폐쇄회로 텔레비전을 통해 모든 것을 본다는 모티브가 시각적으로 무척 매력적이었어요. 그 외에도 그 원작에는 당장이라도 영화에 쓰고 싶을 정도로 재미있는 디테일들이 많습니다. 예를 들면, 인류의 생존을 위해 육류가 재생산되고 있는 열차 칸의 독특한 설정이라든가, 야채를 재배하는 칸 같은 게 그렇죠. 기차 안의 감옥까지 등장하기도 하고요. 사실 기차 전체가 감옥인 셈인데, 그 안에 또 범법자를 가두는 공간이 따로 있다는 거죠. 오늘날 병원의 시체 안치소를 떠올리게 하는 서랍형 공간에 가두는 겁니다. 이런 게 감독이나 미술감독을 흥분시키고 영감을 주는 부분들일 거예요. 사실 〈설국열차〉를 영화화하려면 넘쳐나는 아이디어를 통제할 필요가 있을 것 같아요. 원작이 뛰어나기 때문에, 무엇을 택할 것인가가 아니라 무엇을 포기할 것인가를 고민해야 하는 행복한 상황이랄까요. 에밀 쿠스투리차의 〈언더그라운드〉 같은 영화를 보면, 사람들이 지하에서 몇 십 년이나 살아가는 모습이 나오죠. 〈설국열차〉에서도 갇힌 공간에서 살아가는 사이에 새로 태어나게 된 세대들까지 그려져요. 그런 것들이 감독의 영감을 풍성하게 자극하는 것 같습니다.

LEE 실제 삶에서도 좁은 공간에 대해 편안함을 느끼시나요.

BONG 어릴 때부터 좁고 밀폐된 공간을 유독 좋아했어요. 옷장 속에서 문을 닫고 너댓 시간씩 혼자 있기도 했고요.(웃음)

– 여기서 뭘 제대로 보긴 보는 거야?
– 요샌 사람들이 밖에 나오질 않습니다.

〈살인의 추억〉에서 김상경이 비 오는 밤의 좁은 초소에서 바깥을 내다보면서 투덜거리자 다른 경찰이 대답

LEE 반면에 감독님의 영화들에서 바깥의 넓은 공간은 공포스러운 곳이죠. 〈괴물〉에서는 사람들이 탁 트인 한강 둔치에서 괴물에게 유린당하고, 〈살인의 추억〉에서는 드넓은 논에서 연쇄살인이 벌어집니다. 〈플란다스의 개〉의 높은 아파트와 넓은 숲은 개들이 죽임을 당하는 공간이고요. 단편 〈흔들리는 도쿄〉에서도 좁은 집안에서만 편안해 하던 히키코모리 남자(가가와 데루유키)가 처음 문을 열고 바깥의 넓은 세상으로 나가는 순간의 두려움이 생생히 묘사되어 있지요.

BONG 그러네요. 제게 광장 공포증이 있는지는 잘 모르겠지만요.(웃음) 그건 제가 영화적 관습을 교란하고 싶어 하는 것과 연관 있는 것 같아요. 〈살인의 추억〉에서처럼 탁 트이고 서정적이며 전원적인 풍경이 작은 여자의 시체로 일순간 공포스럽게 변한다든지, 〈괴물〉에서 가장 일상적이고 가장 괴물영화스럽지 않은 넓은 한강 둔치에서 괴물이 나오게 한 것도 그렇고요. 질문을 받고 왜 그런지에 대해 저도 대답을 하다보니 장소에 대한 제 개인적인 취향과 장르영화적 관습을 위배하고픈 욕구가 결합되어 결과적으로 그렇게 영화적으로 표현된 것으로 정리가 되네요. 저도 이제야 알겠습니다.(웃음)

– 젤로 이상한 게 뭔지 알아? 옥상. 시체를 옥상에다 올려놨잖아, 그 죽은 애. 보통 죽이면 파묻잖아? 근데 이건 위루다 올려서 무슨 시체를 전시한 것도 아니고 말이야.
빨래 널듯이. 봐라, 동네 사람들. 이거 내가 죽여버렸다.

〈마더〉에서 진구가 살인 사건의 의문점에 대해서 김혜자에게 이야기

LEE 〈마더〉의 첫 장면에 등장하는 너른 풀밭 역시 무척이나 불길하고 스산하죠. 이 영화의 벌판은 확실히 〈살인의 추억〉의 들판과 상통하는 느낌이 있습니다. 그리고 아정의 시체도 좁은 곳에 유기되지 않고 마을 전체가 내려다보이는, 탁 트인 건물 옥상에 놓여 있는 것

으로 설정되어 있고요.

BONG 말씀하신 그런 맥락에서 공간에 대한 제 감각이 이어져왔다고 봅니다. 그런데 〈마더〉의 공간에만 덧붙여진 게 있다면, 그건 여성적인 느낌을 담아내려고 했다는 거죠. 〈마더〉에 나온 장소들을 보면 곡면이거나 곡선이 잘 드러나는 경우가 많아요. 첫 장면의 벌판부터 곡면들이 명백히 여성적이죠. 〈마더〉의 공간적인 콘셉트는 로컬리티를 지우는 것이었어요. 그래서 등장인물들이 특정 사투리를 쓰지 않는 것이고요. 한 동네로서의 느낌은 세심하게 맞췄지만, 막연히 한국의 한 지방이라고만 생각했어요. 그건 캐릭터에 집중하고 싶어서였습니다.

- 자네 자리, 저쪽 햇볕 잘 드는 곳에 하나 봐뒀어.
- 저는 저쪽 구석 자리가 좋은데요.

〈살인의 추억〉에서 변희봉이 서울에서 내려와 새로 합류한 형사 김상경에게 친절을 베풀지만 사양하는 김상경

LEE 내친김에 계속 연결되는 질문을 해보죠.(웃음) 저는 〈살인의 추억〉에서 태윤(김상경)의 이 대사를 들으며 저건 틀림없이 감독님의 성향일 거라고 추측했는데요.

BONG 맞아요. 태윤의 캐릭터에 제가 투사된 것이겠죠.(웃음) 그런데 그 영화에서 태윤이 앉게 된 구석 자리가 한 번도 안 나와요. 사실 찍은 게 있기는 했어요. 그게 태윤 캐릭터를 보여줄 수 있는 유일한 사적 공간이니까요. 그런데 편집에서 빠졌죠.

LEE 식당에 들어가면 주로 구석 자리

플란다스의 개

개봉 2000년 2월 19일 **출연** 이성재 배두나 변희봉 김호정 **상영시간** 108분 _ 교수 자리를 얻지 못해 시간 강사로 일하며 좌절의 나날을 보내고 있던 윤주는 아파트 단지 곳곳에서 들리는 개 소리를 참지 못하고 개들을 납치해 없앤다. 관리사무소에서 일하는 현남은 단지 내에서 개들의 실종이 잦아지는 것을 이상하게 생각하다가 어느 날 아파트 옥상 건너편에서 누군가 아래로 개를 던지는 광경을 보고 그 뒤를 쫓는다.

에 앉으실 것 같아요.

BONG 네, 식당이든 회의 자리든 주로 구석에 앉아요. 고등학교 3학년 때 창가 구석 자리에 앉을 수 있었던 것에 무척 행복해 했던 기억이 나네요. 왜 그 자리에는 창 아래 턱이 있고 그 밑에 약간 빈 공간이 있잖아요. 그 공간을 정말 좋아했어요.

– 야, 거기 서!

〈플란다스의 개〉에서 아파트 관리소 직원인 배두나가 개를 떨어뜨려 죽이는 이성재를 목격하고 복도에서 그 뒤를 쫓아가며

LEE 좁은 길에서 쫓고 쫓기는 장면도 애용하십니다. 위에서 언급한 〈플란다스의 개〉의 장면 외에도, 〈살인의 추억〉에서 형사들이 두번째로 혐의를 둔 용의자인 병순(류태호)을 시골 마을의 이리저리 굽은 골목길에서 뒤쫓는 장면도 그렇죠. 〈괴물〉에도 남일(박해일)이 배신한 선배(임필성) 때문에 사무실 복도에서 쫓기는 장면이 있고, 심지어 학생 시절 만드신 단편영화 〈지리멸렬〉에도 신문사 논설위원이 우유를 훔쳐 먹다가 좁은 골목길에서 술래잡기 하듯 쫓기는 장면이 있잖아요. 좁은 길에서의 추적 모티브 자체에 매혹되시는 부분이 있는 것 같습니다.

BONG 좁고 긴 공간을 병적으로 좋아해요. 〈플란다스의 개〉에서 임상수 감독님이 직접 출연하셨던 화장실 장면의 경우, 폭이 좁고 긴 화장실을 찾아내라고 스태프들을 못살게 군 적도 있었어요. 왜 그런지는 저도 잘 모르겠어요. 프로이트 책에 보면 좁고 긴 공간을 선호하는 것은 성적인 욕구불만 때문이라던데, 그렇지는 않은 것 같거든요.(웃음) 어릴 적 텔레비전에서 본 20세기 폭스사의 시리즈물이 있었는데, 폭스에서 제작한 영화들을 테마별로 모아서 보여주는 형식이었죠. 그중 제일 제가 좋아했던 테마가 바로 '쫓는 자와 쫓기는

자'였어요. 사실 제 모든 영화에 이런 장면들이 있죠. 영화감독들이 골목을 다 좋아하기는 하지만요. 그런 좁은 골목이 점점 없어져가는 게 너무 안타까워요.

– 아무튼 이 동네 자체가 좀 이상해.

〈마더〉에서 진구가 김혜자에게 살인 사건에 대한 자신의 추리를 늘어놓은 뒤

LEE 영화에서는 한 마을의 풍경으로 나오지만, 〈마더〉의 촬영지는 전국 방방곡곡에 흩어져 있습니다. 예를 들어 극중 한 장면에서 잠깐 등장하는 뷔페식당은 경주에서 촬영했다고 들었습니다. 그런데 사실 영화 속에 묘사된 그 장소는 그리 특징적인 게 없어서 다른 도시에 있는 뷔페식당에서도 촬영할 수 있을 것처럼 보이던데요? 다른 감독 같으면 제작비 절감 차원에서라도 기존 촬영지에서 가까운 식당에서 찍을 것 같은데, 굳이 그 장면만을 위해 멀리 경주까지 가서 찍으셨습니다.

BONG 차별성이 별로 없어 보이는 게 사실이지만, 막상 세밀하게 콘셉트를 맞춰보면 대체할 수 없는 느낌을 갖고 있어요. 촬영지 섭외라는 게 참 힘든데, 기껏 분위기 맞는 곳을 찾아놓으면 끝내 촬영 허락을 안 해주는 경우도 있고요. 비슷한 이유로 〈마더〉에서 학생들이 떡볶이를 먹던 문구점도 특별할 게 없을 수도 있는데 굳이 춘천까지 가서 찍었죠. 결과적으로 로케이션이 너무 많아졌죠. 촬영 장소의 수는 〈살인의 추억〉이 더 많지만, 그 영화는 이동거리가 짧았어요. 대부분 전라도 쪽이었으니까요. 그런데 〈마더〉의 로케이션은 전국 각지에 흩어져 있어서 이동거리가 엄청났습니다.

– 애기 엄마, 여기 자리에 앉으세요.

〈플란다스의 개〉에서 지하철 좌석에서 졸던 배두나가 문득 깬 뒤,

구걸을 끝내고 옆 칸으로 걸음을 옮기는 아기 업은 여자를 뒤늦게 보고

LEE 감독님 영화의 인물들은 비극 속에서도 우스꽝스럽기 짝이 없는 행동을 합니다. 그 사람이 지식인이든 하층민이든 상관없이, 하나같이 나사가 풀린 듯한 인물들이라고 할까요. 자신들은 진지한데도 그들이 영화 속에서 하는 말과 행동은 그 문맥 속에서 무척 우습게 느껴지죠. 아기 업고 구걸하는 여자에게 자리를 양보하는 현남처럼 말입니다. 이런 캐릭터 만들기를 즐기시죠?

BONG 그런 인물들을 실제로도 좋아하고 그런 인물을 영화 속에서 그려내는 것도 좋아하죠. 논리적으로 이해 못 하는 행동을 하는 사람들을 좋아합니다. 그게 영화의 매력 아닌가요. 다들 통곡하고 있는 〈괴물〉의 합동분향소에서 강호 선배가 자다가 바지 속에 손을 넣고 긁적인다거나 하는 표현을 좋아해요. 사람의 그런 모습들이 오히려 사실적이라고 생각하는 거죠. 사람들이 사실 논리적으로 움직이는 게 아니잖아요. 중대한 판단을 내릴 때도 근거가 약한 이상한 이유로 덜컥 결정을 내려버리기도 하고요. 인간에 대해 제대로 설명되지 않는, 어설프고 어이없는 부분이 인간의 진짜 모습이라고 제가 느끼고 있는 것 같아요. 너무 허무한가요?(웃음)

– 야, 빠진 것 같은데? 좀 제대로 좀 하자.

〈살인의 추억〉에서 송강호가 여관에서 관계를 갖다가

여성상위 체위로 움직이고 있던 전미선에게

LEE 세 편 모두 인물들이 약간씩 얼이 빠진 듯한 느낌이지만, 특히 〈괴물〉에서의 캐릭터들이 그랬던 것 같습니다.

BONG 〈괴물〉은 모든 면에서 장르적 접근을 한 작품인데, 이런 인물들을 이 장르에 풀어놓으면 재미있겠다고 생각한 면이 있었던 거죠. 괴물과 절대로 맞서지 않을 것 같은 사람들이 주인공이잖아요. 그런 인물들이 시나리오를 쓸 때도 가장 재미있어요.

LEE 그 점에서 남일(박해일)이 슬로모션으로 괴물에게 화염병을 투척하지만, 던지는 족족 빗나가는 장면이 대표적이라고 할 수 있을 것 같습니다. 능숙하게 화염병을 만들어서 폼 나게 던지는 것을 보면 극의 흐름상 멋지게 성공할 수 있을 것 같은데 말이죠. 더구나 마지막 화염병은 손에서 떨어뜨려 아예 던지지도 못하잖아요?

BONG 맞아요.(웃음)

LEE 현서(고아성)만 예외죠. 가장 어린 아이가 가장 어른스럽잖아요?

BONG 아마도 제 영화들 전체를 통틀어서 제정신인 인물은 〈괴물〉의 현서와 〈마더〉의 제문(윤제문), 미선(전미선) 정도가 전부일 거예요.

LEE 〈플란다스의 개〉에서는 지식인인 대학 강사 윤주(이성재)까지 뭔가 많이 비어 있는 듯한 인물로 그리셨죠.

BONG 주변머리가 참 없는 사람이에요. 〈마더〉에서는 변호사를 또 이상하게 그렸죠. 소리만 냅다 지르는 식이니까요. 아무래도 제 비뚤어진 성격을 좀 개조해야겠어요. (주먹을 코믹하게 불끈 쥐면서) 사회를 밝게 바라보며 따뜻한 결말로 이끄는 영화를 해야겠어요. 〈사운드 오브 뮤직〉을 보고 나왔을 때처럼 밝은 기운으로 온 몸이 충만해지는.(웃음)

– 그나저나 우리, 살인 사건이 얼마만이냐.

〈마더〉에서 윤제문이 여고생 피살 사건을 수사하다가 동료 형사 송새벽에게 문득

LEE 〈살인의 추억〉 이후 〈마더〉를 통해 6년 만에 다시 살인 사건을 다룬 영화를 만드신 셈입니다. 어찌 보면 〈마더〉는 〈살인의 추억〉의

백광호(박노식)가 용의자로 현장 검증할 때 뒤에서 울부짖었던 그의 아버지 모티브를 심화하면서 시작된 것 같은 이야기입니다. 두 사람 모두 일종의 '동네 바보' 캐릭터라는 점에서 상당히 흡사하죠. 말투도 비슷하고요. 말하자면 광호는 도준의 원형 같은 인물이라고 할까요. 다만 광호는 목격자인데 범인으로 몰린 경우라면, 도준은 목격자인 줄 알았는데 범인인 경우라는 게 다르죠.

BONG 말씀하신 사고의 단계를 밟지는 않았지만, 시나리오를 쓰다 보니 저도 그런 느낌이 들더라고요. 하지만 〈마더〉는 근본적으로 엄마 얘기라서 상관없다고 생각했습니다. 백광호라는 캐릭터뿐 아니라 〈살인의 추억〉과의 연관성에 대해서도 편안했어요. 두 작품을 견주어 설명해도 재미있고, 아니어도 상관없다는 느낌이었다고 할까요.

– 재 보이지? 재한테 가서 "바보야" 한번 해봐.

〈마더〉에서 한 재소자가 다른 재소자에게 원빈을 놀려보라고 권하면서

LEE 아닌 게 아니라, 감독님 영화들 속에서는 유달리 '동네 바보' 캐릭터가 자주 등장합니다. 〈살인의 추억〉의 광호와 〈마더〉의 도준뿐만 아니라, 〈괴물〉의 강두 역시 그렇다고 할 수 있죠. 이제까지 만드신 네 편의 장편 중 무려 세 편에서 이런 인물을 등장시키실 정도로 애착을 가지시는 이유가 궁금합니다.(웃음)

BONG 1980년대 말에 농활을 가보면 마을마다 그런 사람이 하나씩 다 있더라고요. 마을 사람들이 궂은일은 주로 그런 사람에게 다 시키죠. 저는 유달리 비정상을 좋아하는 것 같아요. 이걸 다른 말로 설명하자면, 제가 멋있는 걸 싫어하는 것 같습니다. 이병우 음악감독님이 저에 대해서 "멋있는 걸 보면 망가뜨리고 싶어 한다"고 말한 적이 있어요. 제가 그런 꼴을 못 본대요.(웃음) 영화에서 간지 나는 화면 같은 것을 싫어하고, 폼 잡는 것도 싫어하죠. 그게 카메라 앵글이

든, 배우든 말이에요.

LEE 아무리 그렇다고 해도, 〈마더〉에서 꽃미남의 대명사인 원빈씨를 바보 캐릭터로 쓰다니, 정말 대단하시긴 하세요.(웃음)

BONG 앞으로 일본 갈 때는 조심해야죠.(웃음) 일본 팬들이 '우리가 이 꼴 보려고 5년을 기다렸냐' 싶으실 테니까요. 그런데 아무리 그런 캐릭터로 나와도 원빈씨는 역시 멋지더라고요. 사람은 정말 외모가 전부인 것 같아요. 내면이 뭐 필요 있어요? 원빈 얼굴 보면 모든 게 다 해결되는데.(웃음)

– 도준 엄마, 요즘도 침 놓고 다니시는구나? 야매루.

〈마더〉에서 약재상 주인이 김혜자에게

LEE 불법으로 의료행위를 하는 직업을 가진 인물이 종종 등장한다는 것도 눈길을 끕니다. 〈살인의 추억〉에서 설영(전미선)이 그랬는데, 〈마더〉에서 혜자(김혜자) 역시 그렇더군요. 이건 아주 특수한 직업일 텐데, 왜 이렇게 '야매'로 침이나 주사를 놓아주는 사람들을 영화 속에서 자주 묘사하시나요.

BONG 리얼리티죠, 뭐.(웃음) 지방 약재상 같은 데 가보면 거기서 일하시는 아주머니들이 사실상 다 한의사예요. 침도 놓아주고 어떤 약이라도 전부 다 조제해 줘요. 싸고 문턱이 낮고 또 만만하니까 사람들이 많이 찾죠. 의사는 권위적이잖아요. 그런데 그런 아주머니들에게는 구구절절 자신이 살아가는 이야기까지 정겹게 쏟아낼 수 있죠.

LEE 그와 관련해서 또 하나 흥미로운 것은 합법적으로 약을 다루는 직업인 약사가 그들에게 약을 파는 장면도 나온다는 겁니다. 제도권 내의 직업인 약사로서는 그들을 곱게 볼 수가 없을 것 같은데, 진짜 약사와 '야매' 약사가 대화를 나누는 장면을 보면 제법 훈훈하단 말이죠.(웃음)

BONG 제 장인어른이 약사세요. 그런데 요즘도 무허가로 의료 행위를 하는 사람들이 그렇게 와서 약을 사간다고 하시더라고요. 환자 집을 직접 방문해서 링거를 놓아주기도 한대요. 서울도 아직까지 그렇다네요. 이 모든 게 참 한국적이죠. 그러고 보면, 서양 관객들은 이 영화를 이해하기가 쉽지 않을 듯해요.

- 간단하게 나오네, 현서 위치가.
- 그러게, 씨발, 진작부터 날 좀 찾아오던지.
  니네 식구들 원래부터 그렇게 미련해터졌냐?

〈괴물〉에서 통신회사에 근무하는 임필성이 실종된 고아성의 위치를 간단히 찾을 수 있다면서 방법을 설명해 주고 나서 후배 박해일과 그의 가족들을 타박

LEE 감독님 영화에 등장하는 주인공들은 확실히 전형적인 영웅의 모습에서 멀찍이 떨어져 있죠.

BONG 시스템에 영웅적으로 항거하는 개인보다는 그것을 좀 이상하게 받아들이면서 내면화하는 개인이 영화적으로 더 흥미로워요. 삼풍백화점 사건을 예로 든다면, 사실 그것은 철저히 사회적인 재앙이었잖아요. 그런데 그때 가족을 잃은 사람들은 "내가 돈을 더 잘 벌었더라면 내 딸이 삼풍백화점에서 아르바이트를 하지 않아도 됐을 거고, 그랬다면 결국 죽지도 않았을 텐데"라는 식으로 탄식하는 경우가 많았죠. 시스템으로 문제가 생길 때 개인적으로 승화시키거나 해결을 시도하는 한국인의 특질이라고 할까요. 좋다 나쁘다를 판정하기에 앞서서 그런 것들을 리얼하게 보여주고 싶었어요. 우스꽝스러우면서도 가슴 아픈 바로 그런 모습이 한국인의 모습인 것 같아요.

– 아이구, 지랄들을 하네. 논두렁에 꿀을 발라놨냐.

〈살인의 추억〉 초반부의 난장판이 된 살해 현장에서 송강호가 허둥대던 반장 변희봉과 다른 경찰이 연이어 비탈에서 미끄러져 넘어지는 것을 지켜보면서

LEE 인물들이 미끄러지고 넘어지는 슬랩스틱 장면을 집요하게 넣으십니다.(웃음) 문맥상으로 보면 엄숙해야 할 것 같은 순간에서조차 그렇죠.

BONG 전 그런 장면들을 그냥 슬랩스틱이라고 생각하지 않고, 다큐멘터리적 슬랩스틱이라고 생각해요. 그런 게 리얼한 묘사라고 보는 거죠. 괜히 자빠뜨려서 관객을 웃기겠다는 생각은 없거든요. 〈괴물〉에서는 보건복지부 요원(김뢰하)이 합동분향소로 무게 잡고 들어오다가 미끄러져 쓰러지는 것 정도만 의도가 있었던 슬랩스틱 장면이었어요. 일단 그 장면에서 그 인물은 '삑사리'를 내고서 시작해야 한다고 봤으니까요. 나머지 장면들의 슬랩스틱은 전부 인물들이 나사 풀린 사람들이니까 몸이 꺾인다는 느낌에 가까웠죠.

LEE 몸이 꺾인다고요?

BONG 화성 연쇄살인사건 때의 수사 자료들을 보면 "그 당시 경찰은 불구였다"는 한 형사의 서술이 있는데 그게 무척 인상적이었어요. 실제로 수사를 벌이다가 풍이 와서 몸 일부가 마비된 형사까지 있었으니까요. 그래서 〈살인의 추억〉을 찍을 때는 그런 불구의 이미지를 표현하고 싶은 마음도 있었어요. 그 논두렁 장면의 경우, 반장(변희봉)이 넘어진 바로 그 자리에서 다른 경찰이 또 넘어질 때가 그렇죠. 우스꽝스럽게 묘사됐지만, 결국 같은 실수를 반복해서 경찰이 좌절하고 말 거라는 느낌이랄까요.

– 여러분, 지금 텔레비전 뉴스에서
설명이 나오고 있을 것 같은데요.

자, 시간관계상 상황 설명은 뉴스로 대신합니다.

〈괴물〉에서 합동분향소에 들어온 보건복지부 요원 김뢰하가 텔레비전을 틀면서

LEE 보건복지부 요원이 합동분향소에 들어오다가 넘어지는 장면뿐만 아니라, 들어온 뒤에 모든 것을 다 안다는 듯 자신만만하게 텔레비전을 켰을 때 관련 화면이 나오지 않는 장면도 대표적인 삑사리 장면이죠. 원래 이 장르에서는 그런 상황에서 텔레비전을 켜면 1초의 오차도 없이 그 사건에 대한 뉴스가 흘러나와야 되는 거잖아요.

BONG 그 부분이야말로 그렇죠. 그런데 삑사리와 관련해서 진짜로 웃긴 일이 있었어요. 프랑스 영화잡지 〈카이에 뒤 시네마〉와 인터뷰할 때 그런 부분들에 대해서 질문하기에 제가 "한국에서는 그럴 때 쓰는 용어가 있다. 삑사리라고 한다"고 농담 삼아 말했는데, 그분이 굳이 그 말의 스펠링을 적어달라고 하더군요. 그래서 'picksary'라고 소리나는 대로 적어줬죠. 나중에 잡지를 펼쳐보다가 쓰러질 뻔했어요. 인터뷰 제목이 'art de picksary'로 큼지막하게 나왔거든요.(웃음)

(봉준호 감독은 그 얘기를 들려주면서 책꽂이에서 〈카이에 뒤 시네마〉 잡지를 뽑아 들고 뒤적인 끝에 그 제목이 달린 인터뷰 기사를 직접 보여줬다.)

LEE 감독님의 영화들에서 구사되는 유머러스한 상상력의 일부는 만화로부터 온 것처럼 느껴집니다. 실제로도 만화를 무척 즐기시죠?

BONG 저는 어릴 때부터 만화를 많이 그렸어요. 초등학교 때 그렸던 만화를 아직까지 가지고 있기도 해요. 고등학교 때는 성당에 다녔는데, 그때 성당 회지에 단편소설을 각색해서 만화를 그린 적도 있었어요. 물론 실력은 별로였지만요. 대학 때는 돈을 받고 학보에 한 학기 동안 '연돌이와 세순이'라는 네 칸짜리 카툰을 연재하기도 했죠. 이렇게 돈을 받고 만화를 그린 적이 있었기 때문에, 저는 제 자신이 만화가라는 착각을 살짝 할 때도 있어요.(웃음) 영화감독이 된 후에도 대부분의 스토리보드를 직접 그립니다. 카메라로 찍을 장면을 미리 한 칸 한 칸 콘티로 그리다보면, 다시 내가 만화가가 된 듯한 즐

거운 기분에 빠지기도 해요. 완성된 콘티가 DVD에 책처럼 묶여 나오는 적이 있는데, 그럴 때면 제가 그린 만화책이 발간된 것 같은 착각에 빠지기도 하고요. 읽는 것도 좋아하지만, 좋지 않은 솜씨로나마 계속 그리고 있기에, 제게는 만화가 영화만큼이나 제 몸에 익숙한 매체에요.

– 야, 용배야 용배야 용배야. 그리로 안 갔어?
아 진짜 큰일이네.

〈괴물〉에서 박해일을 뒤쫓다가 놓친 형사가 동료 형사의 이름을 거듭해 숨 가쁘게 부르면서

LEE 용배라면 〈괴물〉의 제작자이신 최용배 청어람 대표님 이름에서 따오신 거잖습니까. 〈살인의 추억〉에서의 여형사 권귀옥(고서희)의 이름은 1970년대 인기 코미디언이었던 분의 이름을 그대로 가져온 거고요. 극중 인물에 이름을 붙일 때 장난기가 상당하신 것 같아요.

BONG 그 캐릭터에 용배란 이름을 붙인 것은 촬영할 때 즉석에서 넣었던 장난 같은 거였죠. 그냥 그 이름으로 부르라고 그랬는데 형사 역을 맡은 배우 분이 그렇게 여러 번 다급하게 부르는 식으로 소화를 했어요. 해외 영화제 가서 최용배 대표님과 나란히 앉아 〈괴물〉을 보고 있는데 그 장면에서 어찌나 민망하던지요.(웃음) 권귀옥 역시 말씀하신 대로 코미디언 이름에서 그대로 따온 겁니다. 그리고 〈플란다스의 개〉의 주인공 박현남은 왜 그 이름인 줄 아시죠?

LEE 아뇨, 모르는데요. 재미있는 뒷얘기가 있을 것 같아서 기대되네요.

BONG 아, 이제는 그 그룹이 해산을 했으니 이야기해도 되겠네요. 예전에 영턱스클럽이라는 댄스 그룹이 있었잖아요? 그 멤버 중에 한현남이란 분이 계셨는데, 사실 그 그룹의 이미지가 귀티 나는 쪽은 아니었죠. 이런 말씀이 좀 죄송하지만, '강북 필'이 제대로 났다고 할까요.(웃음) 그래서 그 이름을 가져왔어요. 〈살인의 추억〉에서 김

상경씨 이름이었던 서태윤은 서태지에서 따왔고요.

LEE 왜요?

BONG 서태윤은 서울에서 온 형사고 앞서가는 수사를 하길 원했던 사람이었거든요. 제가 당시에 서태지씨를 좋아하기도 했고요.

LEE 이거, 다른 캐릭터들도 전부 뭔가 사연이 있을 것 같습니다. 그럼 〈살인의 추억〉에서 송강호씨 배역 이름인 박두만은요?

BONG 만두를 거꾸로 해서 지은 이름이기도 하고(웃음) 촬영기사님 이름에서 따온 것이기도 하죠. 그 영화에서 김뢰하씨가 맡았던 형사 이름인 조용구는 조용규 기사님 이름에서 따왔고요. 〈괴물〉의 박강두(송강호)는 박두만과 비슷한 느낌으로 지었어요.

– 박씨? 박테리아 박? 마스크 좀 내려봐요.

〈괴물〉에서 방역 담당인 구청 공무원이 변희봉을 방역업체 직원으로 착각해 뇌물을 요구하면서

LEE 그러고 보니, 박현남에서 박강두와 박두만까지, 유독 박씨를 편애하시네요.(웃음)

BONG 어머니가 박씨세요. 이상하게 이름 앞에 박씨를 붙이면 정겨워지는 느낌이 있어요. 그리고 잘 아는 사람 딸의 이름이 〈괴물〉에서 고아성이 연기한 배역 이름처럼 현서인데, 이름에 '현'자가 들어가면 현명하게 느껴지죠.

– 애 이름이 뭐라고?

〈마더〉에서 윤제문이 옥상에서 발견된 여고생 시체를 가리키면서 동료 형사에게 질문

LEE 〈마더〉에서는 혜자 미선 제문 등 극중 주요 인물들의 상당수가

실제 배우의 이름 그대로인데, 왜 원빈씨는 본명이 (김)도진임에도 불구하고 살짝 바꾼 도준이란 이름을 부여 받았나요.

BONG 도진이라고 붙이자니, 뭔가 살짝 병이 도진 것 같은 느낌이 들더라고요.(웃음) 현재 원빈이란 이름으로 활동하고 있는데 실제 이름 그대로 극중에서 부르는 것도 실례인 것 같았죠. 그래서 결국 도준이라고 했어요.

– 진태 개하고 놀지 마. 걘 근본부터가 틀려먹은 애야.
종자부터가 날 샌 종자야.

〈마더〉에서 김혜자가 원빈에게 친구인 진구와 어울리지 말라면서

LEE 그러면 진구씨는 〈마더〉에서 왜 극중 이름이 진태입니까.

BONG 영구라는 이름이 주는 느낌 때문인지, 진구라고 하면 좀 바보 같은 느낌이 들어서요.(웃음) 진태라는 인물은 도준과 정반대 쪽에 있는, '머리가 돌아가는 잡놈' '미워할 수 없는 잡놈'의 느낌이라서 거기에 맞게 진태라고 했어요. 종팔의 경우, 연기자가 등장하기 한참 전부터 극중에서 이름이 계속 불리는데, 이름만으로 심플하게 관객들이 기억할 수 있도록 특이한 걸 골랐던 결과였죠. 문아정은 그 자체로 답답하면서 슬픈 느낌을 담길 원했기에 지은 이름이었어요. 원래는 문아숙이라고 했는데, 그건 또 너무 낡은 느낌이라서요.

– 조용히 좀 해. 순자 깼잖아.
– 순자?
– 방금 정했어. 우리 강아지 이름.

〈플란다스의 개〉에서 김호정이 자신을 큰 소리로 부르는 남편 이성재를 조용히 시키면서

LEE 반면에 〈플란다스의 개〉에서 윤주(이성재)가 키우게 되는 개 이름은 순자잖아요? 전 그 장면을 처음 보았을 때, 감독 참 지독하다고 생각했어요.(웃음)

BONG 그 개가 흰색 푸들인데 턱이 무척 길었거든요.(웃음) 그분 잘 지내시나 모르겠네요. 제가 십대였던 시절에 영부인이셨던 그분이 유난히 해외 순방이 잦았는데, 중전마마 의상을 입고 비행기 트랩을 오르면서 손을 흔들던 모습이 참 독특했어요. 그렇게 텔레비전에 많이 나왔던 영부인도 없었을 거예요.

– 야, 빨리 가자. 밥이나 먹자.

〈괴물〉에서 괴물이 출몰한 사건 후 한강변을 순찰하던 경찰이 동료에게 재촉하면서

LEE 유독 '밥 먹자'는 대사를 많이 쓰십니다. 제가 지금 인용한 부분 말고도, 〈괴물〉의 마지막 대사 역시 "텔레비전 끄자. 밥 먹는 데 집중!"이라는 거죠. 이 인터뷰 시작 때 제가 끄집어냈던 〈살인의 추억〉의 "밥은 먹고 다니냐"는 말할 것도 없고, 〈마더〉에서 식사 도중 나가려는 도준을 혜자가 밥 다 먹고 가라면서 만류하는 부분도 있습니다. 〈플란다스의 개〉에도 비슷한 대사가 등장하죠.

BONG 〈플란다스의 개〉에도 그런 대사가 있었던가요?

– 어, 왔어?
– 배고파.
– 어, 밥 차려줄게.

〈플란다스의 개〉에서 낮잠 자다가 깬 이성재가 이제 막 귀가한 아내 김호정에게

LEE 아내(김호정)가 귀가하자 낮잠을 자다 깬 윤주(이성재)가 자신의

안경을 닦으면서 밥을 차려주겠다고 말하잖아요.

BONG 아, 그런 부분이 있었군요.(웃음) 그 영화는 일상적인 상황이 많으니까 그와 같은 대화가 들어갈 수밖에 없는 이유도 있는 것 같네요. 그런데 내가 왜 그런 대사를 많이 쓰는 거죠? 그렇게 못 먹고 자라지도 않았는데.(웃음) 〈괴물〉의 경우는 그 대사에 명백히 주제적인 측면이 있긴 했어요. 그 영화에선 '먹인다'는 모티브가 핵심이었으니까요.

- 가족이시죠?
- 저 친구, 가족이 없어. 내가 형은 형이지만.
- 어쨌든 보호자시잖아요.

〈살인의 추억〉에서 동료 형사인 김뢰하의 수술동의서에 서명하라는 간호사와 송강호의 대화

LEE 사실 감독님의 영화 세 편에는 혈연으로 연결되지 않은 누군가가 다른 누군가를 돌보는 모티브가 들어 있습니다. 〈플란다스의 개〉에서는 현남(배두나)이 아파트에서 홀로 사는 노인이 입원할 때 보호자가 되고, 〈살인의 추억〉에서도 두만(송강호)이 파상풍에 걸린 용구가 수술을 받아야 할 때 보호자가 되죠. 단편 〈흔들리는 도쿄〉에서도 집 안에만 오래도록 머물러 있는 사회적 약자인 한 남자가 새로 방안에 틀어박히게 된 다른 약자인 여자를 돕기 위해 마침내 세상으로 나오는 모험을 감행하고요. 그리고 이런 모티브가 가장 강하게 담겨 있는 〈괴물〉은 마지막 장면에서 강두가 아무런 혈연관계도 없는 아이인 세주에게 밥을 먹입니다. 감독님은 약자인 누군가가 더 약자인 다른 누군가를 먹이거나 돌보는 행위에서 희망을 암시하고 싶으셨던 것으로 보입니다.

BONG 네, 바로 그게 중요했어요. 〈괴물〉에서 사회의 악순환과 대비되는 선순환은 먹이는 모티브로 표현되는 거죠. 떠돌이 소년인 세주의 입장에서는 보호자가 영화 속에서 세 번이나 바뀌게 되지만, 결

국 가장 약자인 이 꼬마를 어떻게든 보호해냈다는 사실이 중요하죠. 말씀하신 대로 자신도 약자인 사람들이 더 약자인 아이를 지켜냈다는 게 〈괴물〉에서 제가 보여주고 싶었던 핵심이에요. 그렇게 보면 그 영화는 가족영화가 아닌 거죠. 반면에 〈플란다스의 개〉와 〈살인의 추억〉에서 밥과 관련된 대사를 썼던 이유는 기억이 잘 나지 않는데, 그냥 습관인가 봐요.(웃음) 사실 먹는 이야기에 관한 최고의 형상화는 조정래씨의 소설 《태백산맥》에서였다고 봐요. 진달래꽃을 먹고 피똥 싸는 이야기 같은 것은 정말 탁월한 묘사였죠. '우리는 배고프다. 우리는 먹어야 한다'고 설파하는 건데, 실로 대단했어요.

– 집엔 연락했냐? 보호자는 있고?
– 저기, 할머니가 하나 있는데 완전히 치매래요.
– 그럼 얘가 (오히려) 보호자네?

〈마더〉에서 윤제문이 살해된 여고생의 인적사항에 대해서 묻자 동료 형사인 송새벽이 대답

LEE 그런데 이런 모티브와 관련해서 〈마더〉는 사뭇 다른 양상을 보여줍니다. 이전에는 혈연으로 이어지지 않은 관계까지도 희망일 수 있다는 것을 보여주셨다면, 〈마더〉에서는 혈연이라도 얼마나 절망적일 수 있는가를 드러내셨다고 할까요. 전작들에서 비윤리적인 사회나 시스템 속에서 윤리적이 되려고 노력하는 개인의 사투를 그리신 것에 비해서, 〈마더〉는 그런 개인들에게서도 밝은 전망을 보아내지 않습니다.

BONG 〈괴물〉에는 사회 시스템이 왜 약자를 도와주지 않는가에 대한 비판이 담겼죠. 그런데 〈마더〉는 시스템 자체가 제거되어 없다시피 한 설정이잖아요? 변호사나 경찰도 무척이나 사적인 인물로 만들어 놓았고요. 지난 세 편의 장편에서 저는 한국 사회의 문제점에 대해 직접적으로 거론하는 내용을 연이어 담았죠. 그러다 보니 이번에는

한국 사회에 대한 발언이 거의 없는 영화를 찍고 싶었는데, 최소한 그건 이룬 것 같아요. 〈괴물〉 때 워낙 많이 해서 저 스스로도 낯간지러워져서 그랬는지는 알 수 없지만요. 뭐, 나중에는 또 다시 하게 되겠죠.(웃음)

- 너, 부모님은 계시니? 엄마 없어?

〈마더〉에서 김혜자가 아들 원빈 대신 투옥된 피의자를 면회하면서

LEE 저는 〈마더〉에서 가장 중요한 대사가 "엄마 없어?"라고 생각합니다. 자식 대신 죄를 뒤집어쓰고서 투옥된 종팔을 면회할 때 혜자가 눈물을 펑펑 쏟으면서 외친 말이었지요. 이 영화에서 엄마가 자식을 지켜주려는 숭고한 행위 자체에 거대한 딜레마가 내재되어 있다고 할까요. 이 영화에서는 보호가 필요한 세 명의 약자가 등장합니다. 피살된 여학생인 아정과 억울한 희생자인 종팔, 그리고 도준이죠. 그런데 도준과 다른 두 사람의 결정적인 차이는 자신을 지켜줄 엄마, 즉 보호자가 있느냐의 여부입니다. 아정은 할머니가 있지만 치매에 걸린 경우라서 오히려 자신이 돌봐야 합니다. 그리고 종팔은 의지할 곳 없는 고아죠.

BONG 그 장면에서 혜자는 종팔의 억울한 처지를 보면서 막 울지만, 그렇다고 진실을 토로하지는 않잖아요? 정말 불쌍한 아이인 아정을 또다른 불쌍한 아이인 도준이 우발적으로 죽이게 되고, 그보다 더 불쌍한 아이인 종팔이 대신 감옥에 들어가게 되는 그 모든 것을 다 홀로 짊어지고서 평생 살아가야 하는 게 엄마인 셈이죠. 이렇게 요약해 보니 〈마더〉는 너무나 어두운 내용이네요. 저 스스로 왜 이렇게까지 했나 싶기도 해요.(웃음)

- 니가 솔직히 사람 죽일 위인은 못 되잖아?
  사람 아무나 죽이는 것도 아니고. 왜 그랬어?
  독하지도 못한 놈이.
- 독해, 나, 나름대로.

〈마더〉에서 형사 윤제문이 다그치자 원빈이 반발하면서

LEE 정말 왜 그렇게 하셨어요.(웃음) 아닌 게 아니라 〈마더〉는 감독님 작품들 중에서 가장 독하고 강렬하며 어두운 영화일 겁니다.

BONG 끝까지 가보고 싶었습니다. 혜자가 종팔을 면회하는 장면에서도 원래는 음악을 깔았는데 고민 끝에 뺐어요. 그 영화는 그런 마음가짐이었던 듯합니다. 어차피 암흑을 직면하는 것은 피할 수 없다는 느낌이었죠.

- 종팔이 걔는 왜 그랬다니?
- 일단 걔가 원래부터 상태가 좀 안 좋구요.

〈마더〉에서 김혜자가 진범이 잡혔다는 말에 범행 이유를 묻자 형사 윤제문이 대답

LEE 확실히 〈괴물〉과 〈마더〉는 맹목적이고 무조건적인 자식 사랑을 보여준다는 측면에서 공통점이 있습니다. 그런데 〈괴물〉의 가족애가 이상화되고 긍정적인 시각으로 그려지는 반면, 〈마더〉의 가족애는 냉정하고 회의적인 시선에 담겨 있죠. 저는 특히 〈마더〉의 종팔과 〈괴물〉의 세주가 결말에 이르러 서로 대조적인 운명에 처하게 되는 게 흥미로웠습니다.

BONG 그렇게 보면 〈마더〉는 〈괴물〉의 반대급부가 되는 셈이네요. 〈괴물〉에서 가족들이 격렬하게 똘똘 뭉친 것은 사실이죠. 〈마더〉에서도 엄마가 처절할 정도로 아들을 보호하려고 하는 것은 마찬가지지만, 딸 현서 대신 세주를 먹이게 되는 〈괴물〉과 달리, 이번에는 종팔이란

아이를 그냥 두고 오는 거네요. 내가 그런 틀을 좋아하는 건가.(웃음) 그런데 현서 대신 세주를 데리고 오는 것은 사실 〈지옥의 7인〉의 한 장면에서 영감을 받은 모티브였어요. 테드 코체프가 연출하고 진 해크먼이 주연한 1980년대의 평범한 오락영화였는데, 특수부대 출신인 아버지가 실종된 아들을 찾아서 베트남으로 가는 이야기였죠. 우여곡절 끝에 아들이 이미 죽어버렸다는 사실을 알게 된 아버지는 대신 아들의 친구를 찾아서 껴안고 헬기 앞에서 울어요. 영화 자체는 매우 마초적이고 미국 중심적인데, 그 장면만큼은 이상하게 마음에 와 닿더라고요. 오래전 봤던 그 장면이 〈괴물〉의 시나리오를 쓰던 어느 단계에서 불쑥 들어오게 된 것 같습니다.

– 맞잖아. 그때 엄마가 나 죽여서 없애려고.
– 죽이다니 이놈아. 그때 내가 얼마나 힘들었으면
너랑 나랑 같이 죽으려고.
– 나부터 먹였잖아. 농약 박카스.
– 너 먼저 먹여야 그 담에 내가 먹지.

〈마더〉에서 원빈이 다섯 살 때의 동반자살 시도에 대한 기억을 해낸 뒤 김혜자와 대립

LEE 〈마더〉에서 엄마와 아들의 관계는 러닝타임이 흐를수록 복잡한 속내를 드러냅니다. 이 영화에서의 모자는 서로에게 결코 잊을 수 없는 고통을 안기는 사이이기도 하고요.

BONG 어떻게 보면 〈마더〉에서 엄마와 아들은 서로를 지배하려고 싸움을 벌이는 것 같기도 해요. 아들이 엄마에게 복수하는 이야기가 아닌가 싶기도 하고요. 이 영화에서 아들이 엄마에게 사랑을 표현한 적이 과연 있었던가 싶죠. 어쩌면 이건 엄마가 아들을 알 수는 없다는 내용일지도 몰라요. 이 세상에서 가장 가까운 사이이고, 모든 걸 다 보면서 배설하는 모습까지 컨트롤하려고 하는데도 불구하고, 이

상하리만치 그 속내를 모른다는 거죠. 하물며 엄마와 아들 사이까지 그렇다면, 다른 모든 인간관계는 어떻겠어요.

–뭐가 생각났어?
–어, 중요한 거. 다섯 살 때 맞지?
그때 나 죽이려고 박카스에 농약 타서 먹였잖아.

〈마더〉에서 원빈이 면회 온 김혜자에게 오래전 기억을 갑자기 떠올려가며 이야기

LEE 후반부에 등장하는 반전도 반전이지만, 중반부에서 도준이 어린 시절 엄마가 자신에게 농약이 든 박카스를 마시게 했던 일을 기억해 내는 장면은 정말이지 오싹하던데요?

BONG 아마 〈마더〉에서 제일 무서운 장면일 거예요. 엄마와 아들이 할 대화가 아닌 게 오가는데, 정말 끔찍하죠. 그 신 자체가 꼭 필요한가에 대해서 고민을 했어요. 이 내용이 이 모자를 너무 특수하게 만드는 게 아닌가 싶었거든요. 하지만 그 장면을 넣으면, 과거에 그런 일을 겪었기에 엄마가 그 정도로 집착하고 강박적으로 행동한다는 게 이해가 되죠. 그 장면에서의 대사를 통해서 도준에게 얼마나 잔인한 면모가 있는지도 보여지고요. 결국 한참 생각한 끝에 후자를 택해서 그 대목을 찍었습니다. 이 한 장면으로 그 두 사람의 과거사가 전부 다 축약될 수 있다고 봤어요. 동반자살을 시도할 정도로 힘들게 삶을 돌파해 온 사람들인 겁니다. 과거의 비극이 드리우는 그림자가 정말 크죠. 얼마 전 우울증에 걸려 아이를 업고 한강에 투신한 엄마에 대한 기사를 읽은 적이 있어요. 그런데 아이는 죽고 엄마는 살아서 구조되었더라고요. 살아남은 그 엄마의 삶을 생각해 보면 정말 끔찍해요. 가뜩이나 우울증으로 허덕이는 사람일 텐데 하느님은 어떻게 그런 형벌을 주시나 싶어요. 〈마더〉의 모자는 결국 둘 다 살았지만, 그 대신 그때 어린아이였던 아들이 그 모든 걸 기억하고

있으니 정말이지 무서운 형벌이죠.

LEE 혜자와 도준의 관계에 집중해서 보면, 엄마의 결정이 도덕적으로는 어떨지 몰라도 감정적으로는 수긍이 가기도 합니다. 하지만 그 관계에서 벗어나서 냉정히 바라보면 〈마더〉는 정말이지 모성이란 얼마나 끔찍한 것인가를 말해 주는 영화일 수도 있다는 생각이 들어요.

BONG 자식이 있는 어머니 관객들은 '나라도 그렇게 할 것 같다'는 반응을 보이시는 분들이 많더군요. 그건 참 눈물겨운 일이지만, 한편으로는 무섭다는 생각도 들어요. 모정이라는 게 정의나 진실 위에 존재할 수 있는 것인가, 모성은 거기까지 신비화될 수 있는 것인가의 문제가 있는 듯해요. 예전에 TV에서 어떤 리얼리티 프로그램을 보고 정말 소름이 끼쳤던 적이 있었어요. 실제 사건이었는데, 다세대 주택 반지하방에 사는 육십대 남자가 연변에 사는 조선족 여자아이들을 입양한 뒤 파양하는 일을 계속 반복해요. 수상히 여긴 이웃들의 신고로 조사해 보니, 그 남자는 힘없는 연변 소녀들을 데려다가 성추행을 하며 노리개로 삼았던 거죠. 그러다 애가 좀 커서 반항하면 파양을 해서 중국으로 돌려보냈던 겁니다. 그런데 이상한 것은 그 작은 방에 그 남자의 노모가 함께 살고 있었다는 거죠. 팔십대 후반의 할머니셨는데, 함께 살고 있으니 그 좁은 방에서 일어나는 일을 뻔히 다 알고 있지 않았겠어요? 화면이 모자이크되고 음성이 변조된 그 할머니 인터뷰도 방송되었는데 그게 정말 압권이었어요.

LEE 어떤 내용이었는데요?

BONG 입양됐던 그 소녀들을 무지막지하게 욕하면서 아들을 감싸는 내용이었죠. 폭포수처럼 엄청나게 말을 쏟아내면서 극단적인 욕설까지 하는데 정말 웃기면서도 무서운 거예요. 자신의 아들은 정말 착한 일만 했다면서 그걸 스스로 믿어버리는 경지였는데, 그때 제가 받았던 눈물겨우면서도 섬뜩한 느낌이 〈마더〉와도 상통하는 면이 있죠. 혜자 역시 짐승 같은 본능으로 아들을 감싸죠. 억울하게 투옥된 종팔 앞에서 펑펑 울기는 해도 끝내 진실을 말하지 않잖아요.

- 뭐 했어? 쉬 했어?
- 총 소리 빵 나서 찍 했어.

〈괴물〉에서 형제인 이재응과 이동호가 영화 중반부에서
송강호 가족이 괴물을 향해 총을 쏠 때 처음 제대로 등장하며 대화

LEE 일반적으로는 중요 인물일 경우, 작품 초반부터 관객들에게 미리 소개를 시키는 경우가 많지요. 그런데 감독님 영화는 꽤 중요한 인물인데도 미리 등장시키지 않고, 시간이 좀 흐르더라도 이야기 전개상 그 인물이 필요해질 때부터 묘사하는 경향이 있습니다. 〈괴물〉의 세진(이재응)과 세주(이동호) 형제처럼요.

BONG 〈괴물〉에서 특히 그랬던 것 같네요. 의도적인 면이 있었어요. 그 영화는 주인공들이 집을 떠난 뒤에 딸을 찾아서 헤매는 로드무비라고 스스로 생각했었으니까요. 로드무비란 길에서 숱한 사람들을 만나고 헤어지는 형식의 장르잖아요? 그래서 인물들을 그런 방식으로 등장시켰던 겁니다. 아마 그 영화에서 괴물에게 결정타를 먹이게 되는 노숙자(윤제문)가 그런 경향의 정점에 놓여 있는 인물일 거예요. 사실 일반적인 시나리오 작법으로 보면 매우 무책임한 인물이라고 할 수 있을 텐데,(웃음) 1970~80년대 할리우드 장르영화에서 특히 그런 인물들이 많았죠. 이전에 일언반구의 설명도 없었던 인물이 갑자기 클라이맥스에 나타나서 멋지게 문제를 해결하는 식이죠. 그런데 세진과 세주 형제는 〈괴물〉을 개봉시키고 난 뒤 가장 아쉬움이 많이 남았던 캐릭터이기도 했어요. 초반에 잠깐 과자를 훔치려는 장면에서 등장시키기는 했지만, 그 장면뿐 아니라 사전에 몇 번 더 관객들에게 인지시켜야 했던 게 아닌가 싶어요. 그들이 또 하나의 가족이고, 이야기의 또 다른 핵심에도 들어가는 인물들이니까요.

– 저 근처 어디선가 서태윤 형사가 바짝 뒤따라가고 있을걸요?

〈살인의 추억〉에서 김뢰하가 비 오는 날 붉은 옷을 입고 범인을 유인하려는 여형사의 안위를 걱정하는 송강호에게

LEE 〈살인의 추억〉에서 극의 무게중심을 확고하게 잡고 있는 캐릭터는 두만(송강호)이지만, 관객들이 감정선을 따라가게 되는 인물은 아마도 태윤(김상경)일 것 같습니다. 처음에 태윤은 이성적인 스타일이었지만 사건이 미궁에 빠질수록 점차 감정의 격랑 속으로 휘말리게 되는데, 그게 이 영화를 볼 때 관객 심리의 변화 과정과 그대로 일치하니까요.

BONG 참혹한 사건에 대한 슬픔과 분노를 최전선에서 폭발시키는 것은 태윤이죠. 특히 후반부로 갈수록 그 지적이 맞는 것 같아요. 이 영화 시나리오를 처음 읽고 난 후 김상경씨의 첫마디는 너무 화가 난다는 것이었어요. 그 말을 듣고서 상당히 흡족했어요. 그게 〈살인의 추억〉에 꼭 넣고 싶었던 정서였으니까요. 반면에 두만은 최전방에서 10센티미터쯤 물러난 위치에서 영화 전체를 아울러주는 역할을 하는 캐릭터라고 할 수 있을 겁니다.

– 아, 내가 시방 내려가고 있는 중인데 엘리베이터 안이라서.

〈괴물〉에서 변희봉이 강제 수용된 병원을 빠져나가면서 휴대전화로 통화

LEE 요즘은 옆으로 길쭉한 2.35:1의 화면 비율로 찍는 영화들이 참 많은데, 감독님의 작품들은 모두가 1.85:1의 화면 비율입니다. 옴니버스 영화인 〈도쿄〉 중에서 감독님이 맡았던 〈흔들리는 도쿄〉 역시 1.85:1이었고요. 특히 〈괴물〉은 공간적 배경이나 괴수 장르의 특성 때문에 다른 감독이라면 2.35:1로 찍었을 것 같은데도 1.85:1을 선택하셨죠. 이건 감독님의 영화에서 수직의 이미지가 수평의 이미지

보다 더 중요하기 때문인가요.

BONG 한강을 배경으로 괴수영화를 찍는다니까 다들 와이드한 비율을 추천하시더군요. 그런데 저는 수직 구도의 촬영이 많을 것 같아서 1.85:1을 고집했어요. 전 이상하게 이 비율이 더 좋아요. 그게 배우를 더 존중하는 사이즈인 것 같기도 하고요. 2.35:1이 훨씬 더 스펙터클하다고들 보시는데, 저는 거기에도 편견이 좀 있는 것 같아요. 〈괴물〉에서는 현서(고아성)가 갇혀 있는 공간 자체가 깊고 좁은 공간이라서 수직 구도가 많죠. 사실 따지고 보면 위에서 내려찍는 직부감 앵글도 많고요.

– 아빠 지금부터 내 말 잘 들어.
여기 나갈 수가 없어. 되게 큰 하수구야, 아빠. 되게 커. 깊고.

〈괴물〉에서 병원에 격리되어 있던 송강호에게 죽은 줄로만 알았던
딸 고아성이 전화를 걸어와서

LEE 확실히 수직적인 이미지는 감독님 영화들에서 무척 중요한 모티브인 것 같습니다. 〈괴물〉뿐만 아니라 〈플란다스의 개〉에서도 중요하게 사용되었죠. 이건 단지 스타일의 측면에만 관련된 게 아닌 듯한데, 말하자면 계급적인 측면이라고 할까요. 감독님 영화 속 수직 이미지는 메시지와도 관련이 있는 것 같다는 거죠. 〈플란다스의 개〉에서 고층 아파트에 사는 주민과 평지에 사는 경비원 및 관리사무소 직원과 지하실에서 사는 노숙자들이 서로 오르락내리락하면서 계층적으로 얽힙니다. 〈괴물〉에서도 남일(박해일)이 자신을 배신하게 될 선배(임필성)를 따라 고층건물을 오르내리는 장면에서도 수직 구도가 중요하죠.

BONG 맞아요. 남일이 운동권 선배의 도움을 받기 위해서 SK빌딩으로 올라갔다가 내려오게 되는 장면이 대표적일 거예요. 그 시퀀스에

서는 고층까지 엘리베이터를 타고 단번에 올라갔다가 크게 당한 뒤 내려와서 허름한 골목을 쫓기며 뛰고 도림천까지 추락하게 되는 과정이 수직 이미지로 펼쳐지죠. 전 심지어 단편 작업을 할 때는 세로 프레임의 영화를 찍고 싶기까지 했어요. 세로 사진의 느낌을 무척 좋아하거든요. 왕가위의 〈화양연화〉를 아주 좋아하는데 그 영화에는 세로 사진의 느낌이 있어요.

LEE 〈화양연화〉는 문과 벽을 이용해서 의도적으로 계속 세로 프레임들을 만들어내죠.

BONG 뭔가 비좁은 느낌이랄까요. 프레임 내의 프레임이 세로인 거죠. 핵심에 집중하는 것 같은 느낌이 그런 프레임에 담겨 있어요.

LEE 〈마더〉의 초반부에서 진태와 도준이 골프장에 가서 마구 난동을 부리는 장면에서도 계급적인 맥락이 드러납니다.

BONG 그렇죠. 제 자신 골프장에 처음 가봤는데, 장소가 워낙 고급스럽다 보니 많이 위축되더라고요. '부자들은 이렇게 노는구나' 싶기도 했고요. 그렇게 우아한 공간에서 기껏 찍는다는 게 잡놈들이 막대기 들고 싸우는 장면이니, '나는 왜 이러냐. 이런 데까지 와서. 어쩔 수 없구나' 하는 생각이 절로 들더군요.(웃음) 그 골프장, 정말 어렵게 섭외해서 딱 하루만 찍을 수 있었거든요.

– 선생님, 이게 뭔가 하면요, 얘기가 좀 긴데.

〈마더〉에서 김혜자가 변호사 첫 접견 때 원빈이 장황하게 자동차 백미러 깼던 이야기를 늘어놓자 말을 가로막으면서

LEE 이제까지와 달리, 〈마더〉에서는 처음으로 2.35:1의 옆으로 길쭉한 화면 비율을 채택하셨죠. 그 이유가 궁금한데요.

BONG 남들은 〈괴물〉과 〈마더〉의 화면 비율이 거꾸로 된 것 아니냐고 볼 수도 있겠지만, 저로서는 필연적인 선택이었어요. 2.35:1로 하면

카메라가 인물로 치고 들어갈 때 불안정한 느낌이 생기거든요. 빅 클로즈업을 더 과감하게 표현할 수도 있고요. 예를 들어 제문이 도준에게 말하는 장면에서 일부러 균형을 허문 게 있는데, 그런 것을 그려내기가 좋다는 거죠. 불안이나 히스테리 혹은 집착 같은 심리를 표현할 때 그 비율이 훨씬 더 잘 들어맞는다고 봤어요. 화면 비율을 스케일의 문제와만 연관 지어 생각하는 것에는 동의하기 힘들어요. 구로사와 아키라의 〈란〉처럼 스케일이 어마어마한 영화도 1.85:1이었잖아요? 그리고 개인적으로 2.35:1의 화면 비율을 가장 잘 쓴 영화는 데이비드 린의 〈아라비아의 로렌스〉가 아니라 폴 토머스 앤더슨의 〈펀치 드렁크 러브〉라고 생각해요. 첫 장면에서 그 비율에 담아낸 텅 빈 공간이 표현하는 이상한 불안감 같은 게 굉장하죠.

– 박현남씨, 사실 내가 고백할 게 있는데, 내 뒷모습을 잘 보라고. 뭐 생각나는 게 없어?

〈플란다스의 개〉에서 개를 죽인 뒤 뒷모습을 보인 채 배두나에게 쫓기다가 간신히 벗어난 이성재가 극의 종반부에서 죄책감을 이기지 못해 배두나에게 에둘러 고백

LEE 감독님은 영화 경력을 여는 첫 작품의 첫번째 장면에서 주인공을 뒷모습으로 등장시키셨지요. 데뷔작 〈플란다스의 개〉의 오프닝 쇼트가 숲을 바라보면서 카메라를 등진 채 통화하는 윤주(이성재)의 뒤통수 쇼트니까요. 곧이어 또다른 주인공인 현남(배두나)도 가판대에서 스포츠신문을 바라다보는 뒷모습으로 등장합니다. 〈플란다스의 개〉의 이 두 인물은 마지막 장면에서도 각각 뒷모습으로 나오죠. 첫 영화를 뒷모습에 대한 영화로 찍으신 것은 어떤 이유인가요.

BONG 일부러 특이하게 보이려고 그랬던 건 아닙니다.(웃음) 사실 인물의 뒤통수를 찍은 것은 그 인물이 보고 있는 것을 찍었다는 말도 되잖습니까. 첫 장면에서 윤주는 숲을 보고 또 숲에 가고 싶어 하는

거죠. 현남은 한마디로 '나도 내 인생에서 한 번쯤 주인공이 되고 싶다'는 사람이잖아요? 그래서 스포츠신문을 보면서 스포트라이트를 받고 싶은 허망한 꿈을 꾸는 거죠. 첫 장면에서 숲을 보는 것은 윤주였는데 마지막 장면에서 숲에 가는 것은 현남이라는 식으로 상황을 역설적으로 만들고 싶기도 했고요. 데뷔작이라고 일부러 튀게 만든 것은 아니에요.

– 니가 정말 아니란 말이야?
내 눈 똑바로 봐. 똑바로 보라니까.

〈살인의 추억〉에서 유력한 용의자인 박해일이 범인임을 밝혀줄 수 있는 결정적 증거가 무위로 돌아간 뒤에 송강호가 그를 노려보며

LEE 반면에 두 번째 작품인 〈살인의 추억〉은 앞모습에 대한 영화잖습니까. 이 영화는 전작인 〈플란다스의 개〉와 정반대로, 아역 배우 이재응군의 정면 얼굴 클로즈업에서 시작해서 송강호씨의 정면 얼굴 클로즈업으로 끝나죠. 작품 자체가 여러 차례 나오는 송강호씨의 정면 얼굴에 대한 영화라는 느낌까지 있어요. 정면 클로즈업 쇼트라도 사실 시선은 살짝 옆을 보게 하는 경우가 많은데, 이 영화에서는 그럴 때 인물이 카메라를 똑바로 쳐다보지요. 이제는 그렇게 말할 수 없겠지만, 고전적으로는 이런 시선 처리가 금기시되어 왔던 것이 사실이잖아요? 그런데 사실 〈플란다스의 개〉에도 이런 쇼트가 이미 있었습니다. 현남이 관리 사무실에 배포 전단용 도장을 받으러 온 소녀를 볼 때 그랬죠. 윤주가 현남에게 고백하는 클라이맥스 부분에서 똑바로 카메라를 바라보는 두 배우를 정면 클로즈업으로 갈마들며 비추는 형식은 〈살인의 추억〉의 클라이맥스에서 현규(박해일)와 두만(송강호)으로 변주되어 다시 한 번 쓰이죠. 한 영화의 클라이맥스나 라스트신에서 그런 앵글의 쇼트를 쓴다는 것은 정면 클로즈업의 어

떤 효과를 연출자로서 무척 좋아하신다는 건데요, 감독님 영화를 보면 확실히 형식적으로 정면 승부를 벌이는 경향이 있는 것 같습니다.

BONG 제가 사진을 참 좋아하는데 결국 관심이 가는 것은 인물 사진이더라구요. 그중에서도 사람의 얼굴을 정면으로 찍은 사진이 가장 파괴력이 크다고 느껴요. 조너선 드미 감독도 정면 클로즈업을 자주 쓰는데, 〈살인의 추억〉은 그게 영화의 주제적 측면과도 연계되어 있는 경우였지요. (책상 위의 책꽂이에서 《영화 속의 얼굴》이란 책을 꺼내면서) 사실 저도 이런 책을 쓰고 싶었는데, 이미 나와버렸네요.(웃음) 일반적으로 범죄자들의 현상수배 사진은 전부 정면 얼굴이잖아요? 그건 범인의 얼굴을 확인하는 데서 스스로의 안전함을 확인하려는 마음과 무관하지 않다고 봐요. 〈살인의 추억〉을 찍으면서 저는 그 사건의 범인 얼굴을 확인하고픈 충동이 강하게 일었어요. 이 영화에서 백광호(박노식)-조병순(류태호)-박현규(박해일)로 용의자가 바뀌면서 점점 더 범인의 얼굴에 근접하는 느낌이었어요. 그렇기에 정면 얼굴을 들이밀 수밖에 없었던 거죠. 그 영화의 마지막 장면에서 정면 얼굴의 송강호와 마주 대하는 것은 관객이겠지만, 그 영화를 보러 왔을지도 모르는 범인일 수도 있죠. 그 장면이 극중에서는 마지막 장면이지만, 사실 제작 일정으로는 초창기에 찍었어요. 그래서 강호 선배가 좀 힘들어했습니다. 제가 "사정 직전에 참는 듯한 표정으로 해달라"고 주문했더니, 정말 황당하다는 얼굴로 절 바라보더군요.(웃음)

– 니가 진짜 죄가 없어? 내 눈 똑바로 봐봐.

〈살인의 추억〉에서 송강호가 첫 용의자인 박노식의 어깨를 움켜쥔 채 그의 얼굴을 응시하면서

LEE 〈살인의 추억〉에서 가장 강렬한 장면이 바로 그 정면 앵글의 엔딩 쇼트였죠. 그 직전까지의 간접 코멘트에서 단숨에 강력한 직접

코멘트로 전환되면서 끝나는 느낌이라고 할까요. 매우 단도직입적이면서도 동시에 무척이나 다층적이고 상징적인 쇼트인데, 결국 그 장면에서 두만의 시선이 관객을 향하게 된다는 것을 감안하면 이제까지 펼쳐져온 텍스트의 바깥으로까지 그 의미가 확장되는 셈이죠. 카메라를 통해서 관객을 뚫어져라 응시하는 두만의 마지막 표정에서 담아내고 싶었던 것은 어떤 것이었습니까.

BONG 그 영화 라스트신의 콘셉트는 '과거의 화살'이었어요. 과거로부터 날아온 화살이 두만의 명치에 딱 꽂히는 느낌이랄까요. 아울러 그 엔딩 쇼트에서는 텍스트 안팎의 경계가 없어진다고 할 수 있을 거예요. 영화 촬영의 규칙을 깨고서 극중 인물이 스크린 너머의 객석을 정면으로 응시해 버리니까요. 이건 어차피 실화고, 범인은 지금 객석에서 그 영화를 보고 있는 당신 바로 옆에 앉아 있을 수도 있다는 거죠. 그 장면은 표정을 달리해서 여러 버전으로 거듭 찍었는데, 결국 영화에 실린 것은 가장 강렬한 느낌의 테이크였어요. 그 장면을 찍을 때 강호 선배는 절제하면서 연기했는데, 제가 점점 더 강한 연기를 요구하며 계속 밀어붙였죠. 나중에 얘기를 들어보니, 제가 하도 귓속말로 연이어 주문을 하니까 '이 양반이 이 장면에서 승부를 보려고 하는구만' 싶은 생각이 들어서 강호 선배도 혼신의 힘을 다해 연기하게 됐다더군요.

– 다 됐어, 잉? 이제 우리도 좀 자자.
여기 도장을 찍으면 이제 끝나는 거야.

〈살인의 추억〉에서 송강호가 두 번째 용의자인 류태호를 밤샘 취조한 끝에

LEE 처음부터 그 쇼트를 마지막 장면으로 생각하셨나요.

BONG 도시 인파 속으로 사라지는 범인의 모습을 에필로그에 넣으려고 찍기도 했는데, 상투적이라서 결국 뺐어요.

살인의 추억

개봉 2003년 4월 25일
출연 송강호 김상경 박해일
상영시간 132분

CINEMA REVIEW

BOOMERANG INTERVIEW

1986년, 경기도 화성 일대에 연쇄살인사건이 발생하자 토박이 형사 박두만과 서울에서 파견된 형사 서태윤은 온 힘을 다해 수사한다. 몇 번의 실패 끝에 비 오는 날에 빨간 옷을 입은 여자들을 상대로 범행이 이뤄졌다는 사실을 파악한 수사팀은 현규를 유력한 용의자로 보지만 결정적 증거를 잡지 못해 전전긍긍한다.

봉준호 감독은 1980년대를 뒤흔들었던 실화의 압도적 무게에 짓눌리지 않았다. 〈살인의 추억〉은 사실감을 극대화하는 디테일 묘사 능력에 정교한 마름질 기술로 수제手製 명품을 보는 듯한 느낌을 안긴다. 희생자 몸에 남은 일회용 밴드로 형사의 분노를 극명하게 드러내고, 철길에 나뒹구는 운동화로 형사의 무력감을 선명하게 요약하는 화술은 이야기에 대한 연출자의 장악력을 그대로 보여준다.
도시 형사와 시골 형사가 짝을 이뤄 수사하는 과정을 다루는 기본 틀은 버디무비 수사극의 전형에 해당한다. 그러나 이미 데뷔작 〈플란다스의 개〉에서 서로 이질적인 요소를 맞세워 삶의 아이러니를 빚어내는 데 뛰어난 재능이 있음을 증명했던 감독은 이 영화에서도 장르의 규제를 가볍게 넘어선다. 대도시와 어울릴 것 같은 연쇄살인사건은 한적한 농촌에서 펼쳐지고, 소위 '과학수사'와 '육감수사'로 대변되는 듯했던 두 형사의 스타일은 희생자가 늘어갈수록 차이가 없어진다.
수사가 교착상태에 빠지면서 형사들은 무당을 찾아가 부적을 사 오고, 범인이 무모증이라고 믿어 남탕을 뒤지는 촌극을 벌이기도 한다. 섬뜩한 이야기임에도 내내 반짝반짝 빛나는 유머는, 등장인물에게는 진지하기 이를 데 없는 행동이 지켜보는 관객에게는 우습기 짝이 없는 코미디가 된다는 점에서 시종 강력하다. 서정이 엽기와 어깨를 나란히 하고 폭소 끝에 분노가 터져 나오는 기이한 풍경을 보며 웃고 울다 보면 "생각하는 자에게는 모든 것이 희극이고 느끼는 자에게는 모든 것이 비극"이라고 한 페데리코 가르시아 로르카의 말이 저절로 떠오른다.

나쁜 감독 밑에도 좋은 배우는 있을 수 있지만, 좋은 감독 밑에 나쁜 배우는 없다. 주역에서 단역까지 잘 조율된 이 영화의 연기들은 앙상블이 어떤 것인지를 제대로 일러준다. 송강호는 이 영화에서 유쾌함과 쓸쓸함 모두를 책임진다. 말을 더듬지 않고 얼굴을 벌겋게 물들이지 않아도 강력하게 관객에게 전염되는 그의 유머는 캐릭터에 고스란히 숨을 불여간다. 그와 동시에 '누런 잠바때기'가 더없이 잘 어울리는 영화 속 모습은 시체를 농수로에서 발견하고 침을 뱉는 첫 장면부터 한恨인지 탄嘆인지 알 수 없는 복잡한 얼굴로 화면을 정면 응시하는 마지막 장면까지, 삶의 처연한 성정들을 고스란히 체현했다. 김상경은 극의 후반에 폭발적인 배역 몰입을 보여주며 성실한 연기에 대한 믿음을 안겼다.

이 영화의 발놀림은 경쾌하고 툭툭 던지는 잽은 날카롭지만, 이야기를 대하는 시선은 진지하기 이를 데 없다. 〈살인의 추억〉은 아직까지도 잡히지 않고 있는 냉혹한 살인범을 향한 분노의 영화고 자신을 지켜주지 못하는 사회 속에서 비참한 최후를 맞아야 했던 희생자들에 대한 슬픔의 영화지만, 동시에 삶의 무기력과 시간의 무의지에 대한 영화이기도 하다. 나름의 각오로 세월을 헤쳐왔지만 돌아보면 촌스럽고 우스꽝스러웠던 과거에 대한 안쓰럽고 쓸쓸한 감정 말이다.
라스트신에서 박형사가 십 수 년의 세월이 지나 다시 사건 현장을 찾았을 때, 지켜보던 소녀는 며칠 전에도 어떤 사람이 그곳을 찾아왔다고 전해준다. 그 사람이 어떻게 생겼냐고 묻자 소녀는 "그냥 평범하게 생겼어요"라고 답한다. 〈살인의 추억〉은 평범한 삶을 살아가는 사람들 하나하나의 마음속 풀리지 않은 매듭에 주목하는 영화다. 봉준호 감독은 연민 섞인 한숨 속에서 그 매듭들을 어루만지는 간절함으로 자신의 영화적 매듭 하나를 풀어냈다.

- 되게 신기하다.
- 뭐가?
- 얼마 전에도 어떤 아저씨가 여기서
  이 구멍 들여다보고 있었는데.
  그 아저씨한테도 물어봤었거든요. 왜 여기 들여다보냐구.
- 그랬더니?
- 뭐래더라. 맞어. 옛날에 여기서 자기가 했던 일이 생각나서
  진짜 오랜만에 한번 와봤다, 그랬는데.

〈살인의 추억〉의 라스트신에서 지나던 길에 오래전 살인 현장에 찾아와봤다가, 우연히 범인을 목격한 소녀와 대화하게 된 송강호

LEE 라스트신에서 범인의 얼굴을 보았던 여자 아역 배우의 순수한 느낌도 인상적이더군요.

BONG 일부러 천사 같은 얼굴을 가진 여자아이를 캐스팅했어요. 천사처럼 보이는 소녀를 보면서 그 아이가 이야기하는 악마를 떠올릴 수밖에 없는 역설 같은 것을 담아내기를 원했거든요. 그 직전까지 정말 고통스럽게 악마인지 천사인지 알 수 없는 사람들을 보아왔는데, 마지막에 그야말로 천사 같은 아이의 모습을 보면서 정화되는 느낌을 받게도 하고 싶었고요. 그런 맥락에서라도 두만은 최후의 쇼트에서 정면을 바라볼 수밖에 없었죠.

- 야, 좌향좌!

〈마더〉에서 술집 여주인이 원빈과 시시덕거리는 자신의 딸에게 빨리 방으로 들어가라고 재촉하면서

LEE 〈플란다스의 개〉가 뒷모습의 영화였고, 〈살인의 추억〉은 앞모습의 영화였다면, 〈마더〉는 옆모습의 영화라고 할 수 있을 것 같습니

다. 이 영화에서는 어느 때보다 클로즈업을 많이 쓰셨는데, 특히 두드러지는 것은 90도 각도의 옆얼굴 쇼트가 자주 등장한다는 겁니다. 대표적인 게 엄마와 아들이 함께 밥을 먹는 장면이죠. 거기서 엄마는 앞모습을 보이고 있고, 아들은 옆모습을 보이죠. 그 외 면회 장면을 포함해 많은 대목에서 특히 아들 도준의 옆모습이 자주 등장합니다.

BONG 이 영화에서 측면 얼굴을 많이 찍고 싶어서 의도적으로 그렇게 했어요. 측면 얼굴의 느낌은 정면 얼굴의 느낌과 상당히 다르니까요. 그래서 가장 기본적인 밥상 장면을 찍을 때도 두 인물이 90도 각도를 이루게 했죠. 측면 얼굴을 볼 때면 그 반대쪽을 못 본다는 느낌이 있어요. 반면에 정면은 다 본다는 느낌을 살리고 싶었습니다. 그래서 면회 도중 어린 시절 박카스 이야기를 하는 대목에서도 도준이 자신의 얼굴 한쪽을 손으로 가리고 있도록 했어요. 그전에 혜자가 변호사와 함께 와서 면회하는 장면에서도 도준의 측면 얼굴이 자주 나오죠. 죄가 몇 바퀴 돌아서 자신에게 왔다면서 도준이가 혜자에게 횡설수설할 때도 그랬고요. 죄에 대해 이야기할 때 우리는 그의 한쪽 얼굴밖에 보지 못한다는 느낌을 살리고 싶었거든요.

– 여기서 그냥 정리하는 겁니다.

〈마더〉에서 형사인 윤제문이 원빈을 차로 치었던 교수 일행에게 합의 보라고 권고하면서

LEE 이와 관련해 과거에 대한 태도에서 볼 때 〈살인의 추억〉과 〈마더〉는 정반대로 끝난다고 할 수 있을 것 같습니다. 〈살인의 추억〉의 마지막 쇼트에서 두만이 두 눈을 부릅뜨고 정면을 응시할 때 그것은 망각을 경계하는 시퍼런 눈으로 과거를 쏘아보는 느낌입니다. 하지만 〈마더〉의 마지막에서는 혜자가 과거를 잊기 위해 필사적으로 춤을 춥니다. 그것도 누가 누군지 알아볼 수 없을 정도로 격렬하게 흔들리는 화면 속에서 실루엣이 되어서 말이죠.

BONG 몸부림으로만 보이는 거죠. 그렇게 침과 춤으로 잊힐 수 있으면 얼마나 좋겠냐마는 그게 아니라는 걸 다 알고 있는 겁니다. 〈마더〉를 찍으면서 춤이라는 것에 대해서 많이 생각해 보게 되더라고요. 이 영화의 시작과 끝에는 각각 춤이 있는데, 그게 어떤 맥락에 놓이느냐에 따라 수천 가지의 의미가 생길 수 있다는 것을 느꼈어요. 그 자체로 슬픈 춤도 있고 기쁜 춤도 있겠죠. 또 누가 어떻게 추냐에 따라서 완전히 다르게 다가올 거구요.

– 잘됐네요.
나쁜 일, 끔찍한 일, 속병 나기 좋게 가슴에 꾹 맺힌 거
깨끗하게 싹 풀어주는 침 자리가 있거든요. 허벅지 쪽에.

〈마더〉에서 김혜자가 끔찍한 장면을 목격한 뒤 괴롭다는 고물상 할아버지에게
침 맞을 것을 권유하면서

LEE 〈마더〉의 이야기에서 아는 것과 알지 못하는 것, 기억하는 것과 기억하지 못하는 것의 차이는 정말 큽니다.

BONG 그 차이는 엄청나죠. 엄마로서는 아들이 망각해 주기를 바라는 다섯 살 때 기억을 떠올려낸 게 얼마나 참혹한 일이겠어요. 저는 그게 마지막 부분에서 반복된다고 생각해요. 살인 자체도 끔찍하고 두 사람 모두 살인자가 되어서 식탁에 마주 앉게 되는 일도 끔찍하지만, 그걸 서로 뻔히 알고 있다는 것이야말로 정말로 끔찍한 거죠. 새롭게 벌어진 사건 때문에 아들이 그 오래전 비극을 알고 있다는 걸 확인하게 된 고통이 어쩌면 살인으로 인한 고통보다 더 클 수도 있을 거예요. 그래서 허벅지에 스스로 침을 놓게 되는 거죠. 그런데 그 장면을 찍으면서 무척 놀라기는 했어요. 일흔이 다 되어가시는 김혜자 선생님의 허벅지가 거의 전지현 허벅지더군요. 관리를 따로 받으시나.(웃음)

– 넌 기억해내는 데 매진을 해야 돼.

〈마더〉에서 면회를 간 김혜자가 변호사 앞에서 원빈에게 당부

LEE 〈마더〉의 이야기는 역설로 가득 차 있습니다. 처음에 엄마는 아들로 하여금 생각나게 하려고 그토록 애를 쓰는데 나중에는 그 자신조차 잊어버리려 몸부림친다는 거죠. 아들은 생각해내야 할 것은 떠올리지 않고, 영원히 망각한 줄 알았던 다섯 살 때의 비극을 살려내고요.

BONG 악몽으로 점철되는 거죠. 살인은 순간이지만 기억은 항시적인 것이니 정말 그게 더 끔찍할지도 몰라요. 그런 의미에서 마지막에 혜자가 자신의 허벅지에 침을 놓는 장면은 무척이나 역설적이면서도 슬픈 장면일 거예요. 도준은 이미 감옥에서 나왔고 침통까지 자기에게 주는데, 그 침을 아들에게 놓지 않고 자신에게 놓죠. 어찌 보면 혜자는 그때 처음으로 자기 자신을 위해서 뭔가를 하는 거죠. 그래 봤자 악몽을 잊으려는 것이지만요. 그 뒤의 일들을 생각하면 끔찍해지죠. 혜자가 과연 어떻게 하루하루를 살아갈까 싶어요.

LEE 침을 다른 곳이 아니라 하필 허벅지에 놓도록 설정한 것은 어떤 이유인가요.

BONG 저와 시나리오를 함께 쓴 박은교 작가의 아이디어였어요. 혜자가 치마를 올리고 다리에 침을 놓으면 느낌이 좋을 것 같다면서요. 주섬주섬 걷어 올리면 연약해 보이는 다리가 나오고, 그러고 나서 그 허벅지 안쪽에 스스로 침을 놓는 거죠. 뭔가 더 내밀한 느낌입니다. 여성적인 느낌도 있고요.

LEE 첫 영화는 흥행에 성공하지 못했지만, 3년 뒤에 만드신 두 번째 작품 〈살인의 추억〉은 수많은 관객을 동원했지요. 그런데 그 영화는 끝내 범인이 잡히지 않은 비극적 실화를 소재로 했기에, 흥행이 잘되었다고 마음 놓고 기뻐하실 수도 없었을 것 같네요.

BONG 다들 축하한다고 하셨는데도 웃고 다닐 수가 없더라고요. 민폐

를 끼치는 일이 없게끔 항상 조심했어요. 흥행 성공에도 불구하고 늘 불안하고 초조했죠. 〈살인의 추억〉으로 비극적 실화를 영화화한다는 게 어떤 것인지를 경험한 이후로는 다시는 실화를 소재로 영화를 찍지 않겠다고 결심하게 됐어요.

LEE 〈살인의 추억〉으로 감독님을 인터뷰했을 당시의 분위기가 떠오릅니다. 지금과 달리 그때는 진지하고 굳은 표정이셨죠. 농담도 별로 하지 않으셨고요.

BONG 일반적으로는 배우들이 그런 경험을 하지만, 〈살인의 추억〉의 경우에는 저 역시 그 이야기에서 빠져 나오는 데 한참 걸렸습니다. 정말로 마음고생이 심했어요. 저처럼 비극적인 실화를 영화화했던 〈그 놈 목소리〉의 박진표 감독님도 아마 그러셨을 거예요.

– 야, 너 지금이라도 학장 만나보자.
– 아니, 제가 직접 학장을 만나보라구요?

〈플란다스의 개〉에서 임상수가 교수 될 방법을 찾지 못하는 후배 이성재에게 권유

LEE 시나리오를 쓰면서 범인을 만나보고 싶은 충동을 강하게 느끼셨다면서요?

BONG 그랬죠. 인터넷에 범인만 알 수 있는 디테일을 담은 질문들을 올린 후 거기에 달린 수많은 덧글 중에서 범인의 존재를 확인하고픈 마음까지 있었죠. 그 질문지를 실제로 만들기도 했거든요. 직접 만나서 "당신은 지금 행복한가"라고 꼭 묻고 싶었어요. 범인은 아마도 지금쯤 아들 딸 낳고 평범하게 잘살아가고 있을 것 같은데 그런 생각을 하면 견딜 수 없이 괴로워지죠. 아마도 그 사람은 살인을 위해서 살인을 한 듯싶어요. 예를 들어, 다섯 번째 희생자는 영하 20도의 기록적인 혹한의 날씨 속에서 발생했어요. 그런 날 논에 숨어서 스무 살 처녀를 성폭행한 뒤 살해하고 다시 옷을 입혔다는 사실을 상

상해 보세요. 그건 살인에 대한 광적인 의지가 없으면 불가능한 일일 거예요. 범인의 범행 패턴을 살펴보면, 거기에는 아무런 동요의 흔적도 없어요.

LEE 〈살인의 추억〉은 분명 걸작이지만 사실 그 영화의 대대적인 흥행은 좀 의외였습니다. 아무리 영화적인 재미가 있다고 하더라도, 범인이 잡히지 않은 채로 끝나는 우울한 결말을 가진 스릴러가 홈런을 날린다는 것은 극히 예외적인 일일 테니까요.

BONG 저도 그때 상당히 어리둥절했어요. 흥미롭게 만들려고는 했지만, 사실 〈살인의 추억〉이 마냥 신나게 볼 수 있는 영화도 아니니까요. 저는 그 작품이 장렬한 패배의 카타르시스 같은 것을 관객들에게 줬던 게 아닐까 생각해요. 최선을 다했지만 5:4로 패배한 축구 경기처럼 말이죠. 그 당시 인터넷의 관객 평들을 보면, 하나같이 소재가 된 화성 연쇄살인 사건이나 그 사건을 낳은 시대에 대한 탄식과 분노를 표출했죠. 제가 전해주고 싶었던 뜨거운 감정의 덩어리가 그대로 관객에게 전달됐다는 게 가장 보람 있는 일이었어요.

LEE 실제로 〈살인의 추억〉은 감독님의 분노에서 시작되었던 작품인 것으로 알고 있는데요.

BONG 원작인 연극 〈날 보러 와요〉를 관람하고 나서 실제 사건의 자료를 다시 들여다보기 시작했는데, 그때 솟아났던 분노와 슬픔 때문에 영화를 만들어야겠다고 결심했어요. 그리고 관련 자료를 뒤질수록, 해결되지 못했던 그 사건이 결국은 1980년대의 폭압과 무기력의 산물이란 결론에 자연스럽게 도달하게 되더군요.

LEE 〈괴물〉 때는 어떠셨습니까. 2006년 여름에 개봉한 이 영화는 상영 9일 만에 500만 명, 21일 만에 1,000만 명을 돌파한 뒤 최종적으로 관객수 1,301만 명을 기록하며 지금껏 한국영화 역대 흥행 1위에 올라 있죠. 정말 당시에 〈괴물〉의 흥행세는 실로 굉장했는데요.

BONG 가히 '광기의 스코어'라서 무섭고 두려운 마음이 생겼었죠. 도망가고 싶은 생각까지 들었어요. 저도 나름대로 예술영화 감독인데 〈괴물〉의 흥행세 때문에 정체성 혼란이 왔으니까요.(웃음) 〈괴물〉이 전야제 관객 숫자만으로도 이미 제 데뷔작인 〈플란다스의 개〉의 전체 관객수를 훌쩍 넘기는 것을 보고 허탈하기까지 했어요. 사실 〈괴물〉이 〈살인의 추억〉을 훨씬 뛰어넘는 흥행 속도를 보였던 것은 당시 한국영화의 배급 환경이 크게 변화했던 것과도 관련이 있었을 거예요. 〈살인의 추억〉은 최대 210개 스크린에서 상영되었던 데 비해, 〈괴물〉은 620개 스크린에서 개봉되었으니까요. 그때 불과 3년 사이에 스크린 수가 참 많이 늘었죠.

– 근데, 사망잔데, 사망을 안 했어요.
그러니까, 죽었는데 죽지 않은 거지.

〈괴물〉에서 송강호가 사망자로 처리되어 있는 자신의 딸 고아성이
사실은 죽지 않고 살아 있다고 강변하며

LEE 제가 지금 인용한 〈괴물〉의 대사처럼, 한 문장 안에서 역설을 통해 비튼 대사들이 종종 등장합니다.

BONG 〈괴물〉에서 그렇게 역설적인 대사를 쓴 것은 장난기 때문이 아닙니다. 그 영화에서 제대로 드러나진 못했지만, 강두와 딸 대신 키우게 된 아이인 세주라는 두 캐릭터는 일종의 거울 이미지로서 연결하려 했거든요. 형이 죽고 난 뒤 가족관계를 묻는 말에 세주가 "형은 있는데…… 없어"라고 답하는 것은 그런 게 어린아이들의 화법이기 때문이죠. 지금 지적하신 강두의 대사는 그런 세주의 어투 같은 말투를 강두에게 적용한 경우에 가까워요.

– 좋아. 니가 여자들을 다 죽인 건 아니야.
그러니까 니가 이향숙이만은 안 죽인 게 아니라는 거지?

〈살인의 추억〉에서 형사 송강호가 용의자인 박노식에게

– 넌 생각이 안 난다는데 다른 사람들은 다 니 생각이 난다거든?

〈마더〉에서 형사 윤제문이 용의자인 원빈에게

LEE 〈살인의 추억〉에서 강두가 광호(박노식)를 신문하는 방식과 〈마더〉에서 제문이 도준을 신문하는 방식은 사실상 동일합니다. 지적 능력이 떨어지는 용의자에게 교묘하게 말을 비틀어 다그침으로써 그가 범인임을 기정사실화하려는 어법이죠. 이 대사들은 일종의 언어유희적인 유머를 구사합니다.

BONG 그 대사들은 분명히 언어유희죠. 그렇게 대사로 좀 장난을 치고 싶었어요.(웃음) 왜 그런지는 모르겠는데, 취조 장면 대사를 쓸 때는 저는 재미를 많이 느낍니다. 〈마더〉의 시나리오 작업을 하면서 그 대사를 쓸 때, 저 역시 〈살인의 추억〉의 그 대사가 떠오르더라고요. 〈살인의 추억〉을 돌이키면서 변주해 보자는 생각도 있었어요. 의식적으로 그 영화의 흔적을 불러오거나 혹은 금하지 않고, 그냥 편하고 즐겁게 〈마더〉의 시나리오 작업을 했습니다. 〈마더〉에서 혜자가 여학교 앞에 갔을 때 여학생들이 쏟아져 나오는 장면도 〈살인의 추억〉에서 태윤(김상경)이 여학교 앞에 갔다가 민방위 훈련 상황을 맞는 장면과 비슷해요.

LEE 〈마더〉를 보는 관객들이 〈살인의 추억〉을 떠올릴 수 있다는 것에 대한 부담이 없으셨군요?

BONG 네. 그 영화의 추억이 〈마더〉에 겹쳐진다면 그건 즐거운 일이죠. 두 영화가 지향하는 궁극적 방향이 워낙 다르니까요.

– 근데, 말이요.
지하실 전체에서 잉잉대는 소리 같은 게 안 들리는감유?

주임님은 혹시 보일러 김씨라고 아시능교?

〈플란다스의 개〉에서 아파트 경비원인 변희봉이 보일러 김씨에 대한 이야기를 늘어놓기 시작하면서

LEE 〈플란다스의 개〉에는 아파트 경비원(변희봉)이 전설처럼 내려오는 '보일러 김씨'에 대해서 수분 간 장광설을 늘어놓는 대목이 있습니다. 〈괴물〉에서도 희봉(변희봉)이 아들 강두의 어린 시절에 대해 길고 긴 대사를 읊는 부분이 있고 〈살인의 추억〉에서는 두만이 미국 FBI의 수사 방식에 대해 한참 늘어놓지요. 그런 장면들은 배우의 뛰어난 연기력과 맞물려서 무척 흥미로운 부분이 있습니다.

BONG 보일러 김씨 이야기에 대한 제 유머가 데뷔작에서 제대로 통하지 못해서 정말 아쉬웠어요. 그래서 〈괴물〉에서 변선생님으로 하여금 더 많은 관객 앞에서 다시 롱테이크를 통해 보일러 김씨의 한을 풀어주려 한 거죠.(웃음) (〈괴물〉의 시나리오를 찾아서 해당 대목을 직접 펼쳐 보이면서) 사실 〈괴물〉의 그 장면 대사는 원래 훨씬 더 길었어요.

LEE 그 대사만 거의 세 페이지네요.

BONG 네, 그랬죠. 긴 대사를 익숙한 호흡으로 해낼 수 있는 배우가 있으면 저는 그런 장광설 대사를 구사하고 싶어 하는 것 같아요. 변선생님이나 강호 선배는 유난히 대사를 맛있게 하는 사람들이니까요.

– 지금 결백을 주장하시는 이유가 있으시면 간단하게 말씀해 주세요.

〈마더〉에서 기자가 원빈이 결백하다는 내용을 담은 유인물을 돌리고 있는 전미선에게 다가가서

LEE 대사의 측면에서 볼 때 〈마더〉는 이제까지 만드신 장편들 중 가장 간결합니다.

BONG 진태(진구)가 비 오는 밤에 범행 상황을 추리하면서 길게 대사를 늘어놓는 부분이 있긴 하죠. 제가 왜 자꾸 인물이 장광설을 하는 신을 넣고 싶어 하는지 저도 모르겠어요. 하지만 그 장면과 박카스에 관련한 어두운 과거사를 이야기하는 장면 정도를 제외하면 〈마더〉의 대사들은 확실히 간결한 편인 것 같아요. 근본적으로 제게 〈마더〉는 혜자가 홀로 어딘가로 가는 이미지가 반복된다는 느낌이었어요. 그러다 보니 대사가 많이 나올 수 없는 영화였죠.

– 그 아저씨 얼굴 봤어?
– 그냥 뻔한 얼굴인데. 그냥 평범해요.

〈살인의 추억〉의 종반부에서 범인의 인상착의에 대해 송강호가 묻자 목격자인 소녀가 대답

LEE 감독님은 언제나 뻔하게 느껴지는 장르를 빌려와서 새롭게 변주하시는 데 흥미를 느끼는 듯합니다. 〈살인의 추억〉은 형사 버디무비, 〈괴물〉은 괴수영화 장르에 속한다고 할 수 있지요. 〈살인의 추억〉에서 범인을 추적해야 할 결정적 순간에 자동차 시동이 걸리지 않는다든지, 〈괴물〉에서 천재지변이 아니라 인재人災 때문에 괴생명체가 탄생한다든지 하는 부분들은 그 장르 고유의 관습을 차용하고 있는 설정들이죠. 하지만 두 영화에는 해당 장르의 관습을 따르면서도 동시에 그걸 비틀거나 거스르기도 하는 요소나 표현들 역시 무척 많지 않습니까. 〈살인의 추억〉은 형사영화인데도 사건이 끝내 해결되지 않습니다. 그리고 괴수영화에서는 괴생명체의 본격적인 등장을 최대한 늦추는 식으로 긴장과 리듬을 만들어가는데 〈괴물〉은 초반부터, 그것도 대낮에 괴물을 등장시켜 마구 휘젓고 다니게 하죠. 장르영화에 대한 매혹과 경계를 함께 품고 있는 작품세계가 무척 흥미롭게 느껴집니다.

BONG 장르영화를 도구로 생각한 적은 없습니다. 제 자신은 장르영화

에 대한 애증이 있어요. 우선 장르영화 고유의 독특한 느낌을 즐깁니다. 대학에 진학하고 나서는 의식적으로 유럽의 예술영화들을 찾아 다녔지만, 어린 시절에는 장르영화를 보면서 흥분했던 원초적인 체험이 있었죠. 제가 혈액형이 AB형인데요, 이중 A가 그런 장르적 흥분이라면, B는 대학 때 유럽 예술영화를 찾아 다녔던 의지 같은 거죠. 그 둘이 제 영화 속에서 구분할 수 없을 정도로 섞여 있는 것 같아요.

– 관리사무소에서 안내 말씀 드립니다.

〈플란다스의 개〉에서 관리사무소 직원인 배두나가 잃어버린 강아지를 찾는 방송을 시작하면서

LEE 저는 괴물이 대낮의 드넓은 한강 둔치에서 난동 부리는 모습을 적극적으로 보여주는 극 초반을 처음 보았을 때, 만든 이의 몇 가지 노림수들을 떠올렸습니다. "괴수영화에서 보고 싶으신 게 이런 거였죠?" "하지만 이렇게 처음부터 화끈하게 보여줄 줄은 모르셨죠?" "그런데도 이걸 처음에 다 보여드리는 것은 사실 괴물이 날뛰는 게 이 영화의 전부가 아니라는 뜻입니다." 뭐, 이런 생각들이요.(웃음)
BONG 셋 다 맞습니다.(웃음) 괴수영화 장르의 기본적인 재미를 충족시켜 주면서도 장르의 관습을 바꾸고 싶은 반항심이 있었어요. 아까 말씀하신 대로, 원래 이 장르에서는 초반에는 극소수의 목격자만 알고 세상은 괴물의 존재를 잘 모르는 상태로 긴장감을 지속시키다가 클라이맥스에서 극적으로 드러내죠. 그리고 괴물을 등장시킨 후에 가족 이야기와 사회적 도그마에 대한 풍자로 무게중심을 옮길 것을 선언하고 싶은 마음도 들었고요. 한편으로는 매도 일찍 맞는 게 낫겠다는 판단도 있었습니다. 어차피 관객들이 내내 걱정 어린 눈으로 한국영화의 컴퓨터그래픽 수준을 염두에 두며 볼 텐데, 초반에 정면승부하듯 보여주면 그 결과가 성공적이든 실망스럽든 그 다음부터

는 컴퓨터그래픽의 완성도에 신경 쓰지 않고 스토리에 집중하게 될 것이라고 믿었거든요. 아, 그리고 대낮의 직사광선에 괴물을 그대로 노출시켜 장시간 난동을 부리는 장면을 만드는 것은 이 장르에서 그 예를 찾기 힘든 설정이었기에 그에 대한 시각적 도전이라고도 생각하기도 했어요. 사실 컴퓨터그래픽 캐릭터가 정신분열 연기까지 할 수 있게 된 상황을 〈반지의 제왕〉의 골룸에게서 확인했기에 기술적인 자신감이 있었죠.

LEE 그 장면에 구체적으로 참고하신 것들이 있으신가요.

BONG 레퍼런스가 두 가지 있었어요. 하나는 매년 해외 토픽에 나오는 건데, 스페인의 산 페르민 축제 때 난폭한 소를 풀어놓고 질주하게 해서 백주 대낮에 사람들이 쫓기며 달리는 장면이에요. 그걸 축제로 봐서 그렇지, 사실 얼마나 황당해요. 또 하나는 외국의 서커스단이 서울에 왔을 때 코끼리가 탈출했다가 허름한 가정집 마당에도 들어가고 그랬던 일을 떠올렸어요. 그 해프닝에 대한 텔레비전 보도를 보면서 정말로 초현실적인 장면이라고 생각했죠. 실제 벌어진 사건이었는데도 분명히 초현실적이었어요. 〈괴물〉은 SF적인 느낌이라기보다는 실제 괴물이 난동을 부리는 것이고, 그걸 리얼한 느낌으로 찍어야 한다고 봤어요. 그래서 그 두 사례를 연상하며 그 장면을 찍었죠.

– 깨라, 좀, 깬 김에! 정신 차려 이놈아. 뭔 잠이 그렇게 많아?

〈괴물〉에서 변희봉이 매점에서 엎드려 잠든 아들 송강호에게

LEE 세 개의 에피소드를 연이어 보여주는 프롤로그 이후, '괴물'이라는 제목이 뜨고 나서의 첫 쇼트를 잠든 강두의 코믹한 얼굴 클로즈업으로 표현하셨죠. 그 부분에는 배우 송강호씨의 이미지를 그대로 따와서 보여줌으로써 관객들의 마음을 처음부터 풀어주고 시작

하려는 의도가 들어 있었던 것으로 보입니다. "이거, 유머러스한 송강호씨가 주인공인 영화니까 심각해질 필요 없이 그냥 즐겁게 보시면 돼요"라고 말하는 것 같다고 할까요. 초반에 괴물의 난동을 화끈하게 보여주신 것과 함께 관객의 관람 방식에 대한 감독의 주문 같은 게 담겨 있다고 할까요.

BONG 그 두 장면은 뭐랄까, 관객을 버스에 태우는 행위 같은 거죠. 일단 관객을 태우고 나서 그 이후에는 제가 데려가고 싶은 곳을 향해 맘대로 운전하려는 속셈이라고 할까요.(웃음) 데뷔작 〈플란다스의 개〉를 만들 때는 그런 걸 몰랐던 것 같아요. 관객이 올라타는 것을 기다리지 않고 처음부터 맘대로 움직였던 영화라고 할 수 있을 거예요.

– 사실은요, 아저씨가 벌써 세번째예요.
요즘 동네 강아지들이 계속…….

〈플란다스의 개〉에서 관리사무소 직원인 배두나가
개를 잃어버렸다면서 전단에 도장을 받으러 온 이성재에게

LEE 확실히 〈플란다스의 개〉는 〈살인의 추억〉이나 〈괴물〉에 비하면 상대적으로 장르적 요소가 적은 편입니다. 하지만 이 영화 역시 극중 살해당하는 개들을 사람으로 바꿔보면, 일종의 연쇄살인극 구조를 갖고 있죠.

BONG 사실 〈괴물〉이나 〈살인의 추억〉에서 장르적 색깔이 짙어지게 된 데에는 장르적 요소가 적었던 〈플란다스의 개〉의 흥행 실패에 따른 교훈 탓도 있었던 것 같습니다. 표면적으로 장르의 깃발을 들면, 모든 일을 진행하기가 수월해지거든요. 마케팅도 그렇죠. 사실 데뷔작을 만들 때는 그걸 몰랐는데, 요령이 좀 생긴 겁니다. 본질적으로 제 영화가 변화한 것은 없다고 봐요. 장르를 욕보이고 장르를 교란

하기 위해서 장르영화를 한다고 해야 하나요. 〈살인의 추억〉은 말씀하신 것 외에도 1980년대 시대극이란 느낌도 있었죠. 〈괴물〉이야말로 장르적 특성이 가장 강하지만 장르를 부수기 위해 그 장르를 선택했다는 아이러니가 있지요. 거기에 더해서, 조금 전에 말씀드린 대로 일 진행을 쉽게 하려는 산업적인 요령 같은 것도 있었고요. 하지만 장르의 완성은 역시 비디오가게에서 이뤄지죠. 결국 장르는 그 작품을 만든 감독의 생각이나 영화평론가의 견해와 상관없이 비디오가게 아주머니가 결정하는 겁니다. 〈살인의 추억〉이 만일 '액션'에 꽂혀 있다면, 누가 뭐래도 그건 액션영화가 되는 거죠.(웃음)

– 니들 그 냄새 맡아본 적 있어? 새끼 잃은 부모 속 냄새를 맡아본 적이 있냐 이 말이여. 부모 속이 한번 썩어 문드러지면 그 냄새가 십 리 밖까지 진동하는 거여.

〈괴물〉에서 변희봉이 송강호를 변호하면서 박해일과 배두나에게 일장훈시

LEE 저는 〈마더〉에서 김혜자라는 연기자를 대하는 방식이 〈괴물〉에서 괴수영화 장르를 대하는 방식과 흡사하다는 느낌을 받았습니다. 평소에 저는 김혜자라는 배우가 그동안 수없이 연기해 온 어머니 상이 관습으로 축적된 '모성 장르' 그 자체라는 생각을 했거든요. 그렇게 볼 수 있다면, 〈마더〉와 〈괴물〉은 그 장르를 채택하고 활용하는 데서 그치지 않고 해당 장르의 관습들을 비틀고 뒤집음으로써 다른 지점으로 나아가는 영화라는 공통점이 있습니다. 초반에는 그 장르에서 관객이 기대하는 것을 적극적으로 충족시켜 주지만, 후반으로 갈수록 점점 더 기존 장르의 틀을 벗어난다는 점에서 더욱 그렇습니다. 〈마더〉의 초반 모성상은 우리가 김혜자라는 모성 장르에서 기대하는 것들과 합치하지만, 후반부로 갈수록 전혀 다른 방향으로 뻗어나가니까요.

BONG 무척 흥미로운 지적이네요. 그게 제 성향인 것 같아요. 저는 기존 관습을 비틀 때도 그걸 과시하면서 하지는 않는데, 지금 듣고 보니 〈괴물〉과 〈마더〉의 방식이 마찬가지인 듯하고요. 〈마더〉의 출발은 한국 관객에게는 특히나 쉽게 받아들여질 수 있을 것 같습니다. 한국에서는 김혜자 선생님이 이미 텍스트 외부에 존재하는 분이니까요. 〈마더〉는 그렇게 익숙하게 시작해서 모르는 사이에 멀리까지 가는 거죠. 살다 보면, '어쩌다 이 지경이 됐지?' 싶은 순간이 있잖아요? 마치 가랑비에 옷이 젖듯 말이에요. 이 영화의 결말 역시 돌이킬 수 없는 것들로 가득 차 있죠. 참 어두운 스토리인데, 그 한복판에 김혜자 선생님이 계시는 거죠. 분명히 이 영화에는 선생님에게서 그동안 볼 수 없었던 몇몇 부분이 있을 거예요. 본인도 새로운 것에 대한 갈망이 많으셨어요.

– 야, 오징어라는 게 몸통 맛도 있지만 다리 맛도 있지 않냐.
빨리 갖다드려. 사번 돗자리. 써비스라고 얘기하고.

〈괴물〉에서 변희봉이 구운 오징어 다리 하나를 떼어 먹고
나머지만 손님에게 가져다준 아들 송강호를 타이르면서

LEE 대중영화 감독으로서 영화를 만들 때 관객에게 다양한 서비스를 제공하려는 마음이 있으시죠?

BONG 그런데 일단 그 대사는 변 선생님 애드리브이기는 했어요.(웃음) 사실 저는 장르적 쾌감이나 흥분을 존중합니다. 그리고 관객이 그것만 즐겨도 크게 개의치 않아요. 관객이 좀더 여유가 있어서 그런 쾌감을 즐기고 나온 뒤에 곰곰 따져보고 '아, 이런 면도 있구나' 하면서 삶과 연관 지어 느낀다거나 그러면 더 바랄 게 없겠지만, 사실 실제 생활에서도 저는 정색하고 이야기를 하지 못하는 편이거든요. 영화를 만들 때도 정색하면서 메시지를 전달하는 것은 못하겠더

라고요. 메시지가 중요하다면 무엇 하러 영화를 찍겠어요. 그냥 편지를 쓰죠.

LEE 프랑수아 트뤼포도 "메시지를 원하는가. 그렇다면 우체국에 가서 전보를 쳐라"라고 했죠.

BONG 맞아요. 영화 자체의 아름다움이나 흥분이란 게 있는 것 같아요. 〈살인의 추억〉에도 범인이 잡힐까 잡히지 않을까를 지켜보는 조마조마함 같은 게 있죠. 그런 부분을 볼 때는 1980년대의 어두웠던 시대 분위기를 잠시 잊을 수도 있는 거잖아요. 저는 감독으로서 그런 묘사가 두렵진 않아요.

– 엄마 먼저 들어가.

〈마더〉에서 차에 살짝 치인 원빈이 그 광경을 보고 놀라서 뛰어온 김혜자에게

LEE 김혜자씨가 풀밭에서 사방을 두리번거리며 걷다가 기이한 춤사위를 선보이는 〈마더〉의 첫 장면은 이게 배우로부터 시작된 영화라는 점을 모두에서 증명합니다. 처음 그 장면을 보았을 때, 정말 소름이 오싹 끼치면서 좌석에서 저절로 등을 꼿꼿이 세워 앉게 되던데요?

BONG 오프닝신을 찍을 때는 일부러 시간을 넉넉하게 잡았어요. 리허설도 충분히 했죠. 혼자 춤을 추는 그 장면에 대해서 걱정을 참 많이 하셨고 연습도 많이 하셨습니다. 그러다 그 장면을 찍을 때 혼자 춤추기 민망하다면서 같이 추자고 하시더군요. 그래서 카메라 앞에서 김혜자 선생님이 춤을 추시는 동안, 저와 프로듀서와 여자 스태프 한 명이 카메라 옆에서 함께 춤을 췄어요. 어차피 사운드는 따로 들어가는 장면이기에 저는 함께 춤을 추면서도 계속 선생님께 특정 동작들을 지시했죠. 그러면 또 그대로 따라 하시고.(웃음)

LEE 〈스타쉽 트루퍼스〉에서 남녀 배우들이 올 누드로 함께 목욕하는 장면을 찍을 때, 편안한 마음으로 연기할 수 있도록 폴 버호벤 감독

과 스태프들까지 모두 누드가 되어 그 장면을 찍었다는 일화가 생각나네요. 〈마더〉의 오프닝 시퀀스는 두 개의 쇼트로 이뤄져 있는데요, 김혜자씨가 춤을 추는 롱테이크 쇼트 하나와 벌판에 선 채 왼손을 자신의 옷 사이로 찔러 넣으면서 정면을 응시하는 짧은 쇼트 하나입니다. 〈마더〉에서 혜자(김혜자)의 손은 작두를 썰어 돈을 버는 노동의 손이고, 침을 놓아 낫게 해주는 치유의 손이면서, 기어이 남의 피를 묻히게 되는 범죄의 손이기도 하죠. 이처럼 다양한 상징을 갖게 될 손을 첫 장면에서 옷 속으로 살짝 넣고 있다는 게 무척 의미심장하게 느껴졌습니다.

BONG 그 장면은 현장에서 결정했어요. 그 앞 쇼트에서 춤추는 모습은 오랜 연습을 통해 처음부터 다 계획한 대로 촬영했지만, 손을 옷에 넣는 쇼트는 즉흥적으로 찍었던 거죠. 그날 퍼포먼스처럼 다양한 동작을 연출하다가 어느 순간 "손을 옷 사이로 이렇게 한번 넣어보세요"라고 주문했습니다. 그런데 그 동작을 연기하는 선생님의 멍한 표정의 느낌이 아주 좋았어요. 우리가 흔히 손을 씻는다는 표현을 쓰잖아요? 이 영화에서 손은 결국 죄를 짓는 부위인데, 그 손을 자신의 옷 속에 감춘다는 것이 흥미롭게 여겨졌습니다. 콘티상으로 미리 계획한 쇼트는 아니었는데도 현장에서 잘 찍혔고 느낌도 좋았기에 최종적으로 오프닝 시퀀스에 넣었던 겁니다. 충남 태안군 신두리의 사구 근처였는데, 풍광이 워낙 독특한데다가 날씨도 촬영하기에 기가 막히게 좋았어요.

– 내가 짤랐어.

〈마더〉에서 원빈이 변호사에 대해서 묻자 해고했다고 답하는 김혜자

LEE 매우 상징적인 오프닝 시퀀스에서 제목이 흐른 뒤 곧바로 이어지는 첫 장면이 바로 작두로 약재를 자르는 손이잖습니까. 혜자가

약재상에서 일하는 사람인 만큼 작두는 일상적인 노동의 도구입니다. 하지만 우리에게 작두는 무당이 그 위에서 춤을 춘다는 점에서 무속 신앙을 떠올리게도 하죠. 더구나 이 영화의 첫 장면에서 춤을 추는 김혜자씨의 모습은 흡사 무당과도 같다는 느낌이 듭니다. 정말이지, 이 영화에서의 김혜자씨 연기는 한마디로 귀기가 서린 것 같은데요.

BONG 작두질을 하는 그 도입부의 콘셉트는 일을 하면서 물가에 내놓은 어린아이 같은 아들을 본다는 것이었어요. 이 영화에서는 누가 누구를 어떤 방향에서 보느냐 하는 문제가 중요하죠. 〈마더〉는 엄마가 아들을 보는 것으로 이야기를 시작해야 한다는 생각이 확고했어요. 그러다 종반부에 가면 아들이 엄마를 보는 것으로 뒤바뀌죠. 도입부의 그 장면에서는 엄마가 아들을 벼랑 끝에서 지켜보는 듯한 느낌을 담으려고 했어요. 손과 피의 이미지도 함께 나왔으면 좋겠다는 생각이었습니다. 작두를 썰면서 자기 손끝이 칼날 위에 놓여 있는데, 자동차에 치인 아들 때문에 자신의 위험은 아랑곳없이 뛰쳐나가는 이미지였죠.

– 재 피 나잖아.
– 내 이럴 줄 알았어. 이거 아줌마 피잖아.

〈마더〉에서 김혜자가 자신의 피를 차에 치인 원빈의 피로 착각하자 옆에서 지켜보던 전미선이 사실을 일깨워주면서

LEE 그 장면에서 피가 나는 것은 엄마인데도, 엄마는 그 피를 보면서 아들이 다쳤다고 착각하죠.

BONG 그게 핵심일 거예요. 〈마더〉는 결국 엄마가 자기 손에 피를 묻히게 되는 이야기니까요. 원래는 도준(원빈)이가 어린 시절에 자전거를 타다가 차에 치이게 될 때 엄마가 뛰쳐나가는 에피소드로 생각

했는데 현재 장면으로 바꾸게 된 경우였어요. 일단 만들어놓고 보니 상당히 강렬해서 이 에피소드를 앞쪽으로 넣어야 한다고 느꼈죠. 그러다 보니, 〈마더〉는 영화가 시작부터 아주 급박하게 돌아간 것 같습니다.

– 아저씨, 우리 아파트 개 못 키우게 되어 있는 거 맞죠?
하여튼 우리나란 원칙대로 되는 게 하나도 없어.

〈플란다스의 개〉에서 개 짖는 소리 때문에 노이로제에 걸린 이성재가
아파트 경비원인 변희봉에게

LEE 〈마더〉는 예외적이라고 할 수 있지만, 그전까지 만드신 세 편의 장편은 모두 한국 사회에 대한 강한 비판을 담고 있습니다. 그게 교수 채용에 대한 대학의 비리든 무능력하고 부도덕한 정부든 말입니다.

BONG 제가 사회 자체에 대한 공포감을 갖고 있는 것 같아요. 사실 사회에 적응을 제대로 하지 못할수록 두려움이 많아지는 것이잖아요. 불만이나 분노라기보다는 일방적으로 느끼는 공포에 더 가깝습니다. 거대한 사회 앞에서 스스로가 아주 미미하게 느껴진다고 할까요. 제가 한국에서만 살았으니까 한국 사회에 대해서밖에 묘사를 못 하는 것일 뿐이죠. 저는 감독을 하고 있기에 그나마 사회에 적응해서 정상인에 가깝게 사는 것 같아요.(웃음) 지금도 사회에 아주 안정되게 적응한 듯한 '아저씨'들을 보면 공포감이 있어요.

LEE 그런데 이제 사십대가 되셨으니, 감독님도 아저씨 나이 아니신가요?(웃음)

BONG 저는 제가 아직도 어리다는 착각 속에 살고 있는 것 같아요.(웃음) 반면에 일을 할 때는 제가 그런 능숙한 아저씨로 보여야 한다는 강박이 있어서 답답하기도 해요. 속으로는 불안에 떨면서도 겉으로는 센 척하면서 일종의 역할 놀이를 하는 거라고 할까요. 하다못해

친척들을 명절에 오랜만에 만날 때도 그렇잖아요? 상투적인 대사들을 남발하면서 괜히 능숙한 척 위장도 하고 말이죠.(웃음)

– 이 나이에 너무 놀래서, 온 몸에 기가 쫘악.

〈마더〉에서 고물상 노인이 김혜자에게 자신이 목격한 범행 현장을 전하면서

LEE 마흔을 넘기고 나니 삶에서 무엇이 달라지던가요.

BONG 마흔이면 불혹이라는데, 저는 인생이 역주행인 것 같아요. 더 무책임해지고 더 철없어져요. 자꾸 거꾸로 가는 듯해요. 저 때문에 주변 분들이 점점 힘들어지고 있지만, 그런 상황을 받아들이려고 애쓰는 거죠. 돌이켜보면, 〈살인의 추억〉을 만들 때가 가장 어른스럽거나 어른스러웠던 척했던 것 같아요. 이젠 그러지 않으려고요.

LEE 그러다 마이클 잭슨처럼 되시는 거 아닌가요.(웃음)

BONG 그렇게 되려면 돈이 받쳐줘야 하는데 저는 그렇지 못해요.(웃음)

– 조국의 민주화에 몸 바쳤더니만 씹탱이들이 취직도 안 시켜주고 말이야.

〈괴물〉에서 대학 시절 학생운동에 몰두했던 박해일이 실업자인 자신의 신세를 한탄하며

LEE 〈괴물〉에는 운동권 출신인 인물들이 나오죠. 1980년대에 대학을 다니셨던 분으로서 소위 386세대를 어떻게 보시나요.

BONG 그게 일종의 농담인데, 진지한 386들이 무척 기분 나빠하시더라고요. 이제는 그 정도의 농담은 받아들일 여유가 있어야 하는 때 아닌가요? 〈괴물〉에 왜 배신하는 운동권 캐릭터(임필성)가 나오냐고 그러시더라고요. 이탈리아 감독 마르코 벨로키오의 〈굿모닝, 나잇〉을 본 적이 있는데 그 영화가 과거 구좌파가 저질렀던 오류에 대해

기술한 영화잖아요? 그런데 벨로키오 같은 좌파 감독이 그런 상황을 무척이나 담담하게 찍었더군요. 〈괴물〉이 그렇다는 것은 아니지만, 이제는 그런 알레르기 반응은 보이지 않아도 될 것 같아요. 좌파든 우파든 배신자 캐릭터는 어디에나 있을 수 있는 것이니까요. 제 자신의 정치적 관점과 성향이 있으니까 오히려 더 여유 있게 찍었던 것인데 그렇게 민감한 반응이 있더라고요. 저는 애초에 시나리오에서 그런 대사를 쓸 때 스스로 그걸 넣을까 뺄까 하는 최소한의 고민도 하지 않았거든요.

LEE 십대의 나이로 1980년대를 통과했던 감독님에게 그 시대의 핵심적인 이미지는 어떤 것이었는지요.

BONG 등화관제예요. 〈살인의 추억〉의 클라이맥스에 등장하는 여중생 피살 사건의 경우, 실제로 '민방위의 날'인 11월 15일에 발생했어요. 모두가 불을 끄고 셔터를 내리는 사이에 죄 없는 여학생이 죽어간 겁니다.

– 현재 시각 우리나라 전역에 훈련 공습경보를 발령합니다.
모든 관공서와 건물, 각 가정에서는 불빛이 새어 나오지 않도록
철저한 등화관제를 실시하시고 민방위 재난통제본부의
지시에 따라 행동하시기 바랍니다.

〈살인의 추억〉에서 김상경이 홀로 경찰서에 남아 수사 기록을 읽고 있을 때 들려오는 민방위 재난통제본부의 방송

LEE 여중생이 참혹하게 죽게 되는 장면은 영화 속에서 등화관제 훈련 장면과 인상적으로 교차편집되면서 극의 감정적 정점을 이루죠.

BONG 인위적인 등화관제로 인해서 세상이 빛에서 어둠으로 변해간다는 게 아주 영화적이기도 해요. 실제로 제가 어렸을 때는 등화관제 훈련을 많이 했어요. 훈련 때문에 불이 꺼지면 저는 오디오 스피

커를 아파트 창에다 걸쳐놓고 영국 록밴드 레드 제플린의 음악을 크게 틀었던 기억이 나요.

LEE 이창동 감독님의 영화 〈오아시스〉의 클라이맥스 장면을 떠올리게 하는 에피소드네요.

BONG 그런 기억 자체가 참 이중적이죠. 그때를 생각하면 늘 아련한 추억과 끓어오르는 분노가 함께 교차됩니다. 학창 시절 내내 늘 어딘가로 동원되어서 줄 맞추기를 했거든요. 제가 중학교를 다닐 때는 아시안게임이 얼마 남지 않았다고 매번 동원되어서 길거리 청소도 했죠. 1980년대에 대한 그런 분노에 좀더 집중하면 〈박하사탕〉이 되고, 그 속에서도 생겨났던 개인적인 추억을 더 발전시키면 〈품행제로〉가 되었을 거예요. 〈살인의 추억〉은 그 두 가지 감정이 함께 얽혀 있는 영화인 셈이죠. 초반에는 상대적으로 개인적인 요소가 많이 나오고, 후반에는 사회적인 맥락이 중시됩니다. 1980년대는 국가가 국민에게 인위적으로 어둠을 강요한 시대라고 할 수 있을 거예요.

– 메시지가 도착했습니다.

조카 고아성의 위치에 대해 박해일이 보낸 문자 메시지가 도착해

배두나의 휴대전화에서 음성으로 알림 기능이 작동

LEE 〈괴물〉은 그 뛰어난 영화적 리듬과 유머, 그리고 높은 기술적 성취에 비할 때 정치적 메시지를 드러내는 방식은 좀 투박해 보이는데요.

BONG 정치적 메시지가 좀 울퉁불퉁하죠. 그런데 저는 그게 괴물 장르의 특성이라고 봤어요. 그런 투박하고 거친 풍자가 이 장르에 활력을 주고 드라마와도 잘 엮인다고 판단했죠. 단, 장르에 끌려가지 않고 한국적 스타일로 만들고 싶었어요. 공무원, 경찰, 미군, 운동권 선배 등 풍자의 층이 여러 가지인데 결국 이 영화에서 그 가족들을 도와준 것은 노숙자뿐이잖아요. 스토리가 다층적으로 분산되는 만

큼 각 풍자 대상은 거칠고 단순하게 다룰 필요 있다고 생각했어요. 괴수영화를 만들 때가 아니면 소심한 제가 또 언제 이렇게 직설적으로 해보겠나 싶은 생각이 들기도 했고요. 미학적으로 심오한 상징 같은 것을 기대하신 분들의 관점에서 보면 그런 측면들이 단점으로 보일 수도 있을 거라고 생각해요.

– 이건 완전 기밀사항인데, 이번에 죽은 도널드 하사관의
 사체 부검을 샅샅이 했는데 바이러스가 없었어.
 도널드는 그냥 수술 중에 쇼크로 죽은 거야.
 그리고 다른 격리환자들한테서도 바이러스가 전혀 안 나왔어.
 한마디로 지금 어디에도 바이러스가 없는 거지.
– 음? 노 바이러스? 바이러스가 없구나? 그지?
 바이러스가 없는 거지? 있지도 않은 걸 가지고.

〈괴물〉에서 미군 장교가 동료 한국인에게 말하는 내용의 핵심을 알아들은 송강호

LEE 주한미군의 독극물 방류 사건으로 〈괴물〉을 시작하셨잖아요. 극중 화학무기인 '에이전트 옐로'는 베트남전 당시의 고엽제인 '에이전트 오렌지'를 염두에 둔 작명이고, 결국 바이러스가 존재하지 않았던 영화 속 상황은 이라크전을 시작하면서 미국이 명분으로 내걸었던 대량 살상무기가 발견되지 않았던 실제 상황을 떠올리게 하죠. 이런 이유로 〈괴물〉을 반미 영화로 보는 견해도 있었는데, 이에 대해서 어떻게 생각하세요.

BONG 그 영화를 기획하던 당시에 주한미군이 한강에 독극물을 무단 방류했던 '맥펄랜드 사건'이 보도되었어요. 그때 뉴스에 접하면서 무척 흥분했죠. 한강변에 괴물이 출몰하는 영화를 기획하던 저로서는 이보다 더 절묘한 모티브가 없었으니까요. 그대로 영화에 가져오면 되겠다 싶었어요. 미국에 대한 풍자가 이 영화에 들어 있는 것은

분명 사실이죠. 그런데 저는 그게 상식선의 풍자라고 생각해요. 실제 있었던 일들이었기에 전세계적으로 즐길 수 있는 정도라고 보는 거죠. 스토리상으로 분명히 기능하는 바가 있으니까 그런 풍자가 억지는 아니라고 생각해요. 크게 보면 이런 풍자가 괴수 장르의 전통이기도 하고요. '고질라'도 프랑스의 핵실험 폐해가 낳은 괴물로 그려지잖아요. 이 정도를 반미라고 한다면, 아폴로 안톤 오노 사건 때 분노했던 한국인들을 전부 반미주의자라고 몰아붙이는 것과 다를 바 없다고 봐요. 할리우드 영화는 늘 타국인을 악당으로 만들어서 멋대로 가지고 노는데, 왜 미국은 다른 나라 영화에서 풍자의 대상이 되어서는 안 되나요. 칸 영화제에서 상영되었을 때 미국 영화인들도 그런 부분에 대해 전혀 부담감 없이 낄낄대며 재미있게 보더라고요.

LEE 〈플란다스의 개〉에서 〈살인의 추억〉과 〈괴물〉에 이르기까지의 작품들에서 느껴지는 것은 감독님이 사회에서보다는 개인에게서 희망을 찾으신다는 점입니다.

BONG 시스템이 개인을 구원할 수는 없다는 비관론이 저에게 있는 것 같아요. 독극물로 괴물이 생기고 그 괴물에게 더 강력한 독극물인 독가스가 뿌려지는 악순환의 은유를 통해 사회 모순을 그리고 싶었어요. 〈괴물〉에서 악순환은 배설의 모티브로 반복되는데, 에이전트 옐로의 살포는 곧 국가에 의한 배설인 셈이죠. 그 영화 클라이맥스에서 등장하는 에이전트 옐로 투입기의 외양이 교각에 대롱대롱 매달린 채 괴물이 처음 등장했던 바로 그 모습이에요. '사실은 이게 진짜 괴물이다'라고 선언하듯 말입니다. 구체적인 색깔과 문맥이 달라서인지 아무도 저의 그런 의도를 알아채주지 못했지만요.(웃음)

– 뭔 말인지 알겠어요? 끝났어요. 백 프로.

〈마더〉에서 윤제문이 김혜자에게 원빈을 구할 수 있을 것이라는 희망을 버리라면서

LEE 그런데 〈마더〉에서는 벗어날 수 없는 딜레마에 빠진 개인이 끝내 출구를 발견하지 못합니다.
BONG 〈마더〉는 완성한 후에도 스스로에게 계속 반문하게 했던 영화였어요. 이 영화의 정체는 뭘까. 이런 상황 자체를 받아들이자는 건가. 인생이 원래 그럴 수 있다는 것인가. 그래서 역으로 위안을 주자는 건가. 단순히 비극으로 치부하면 피해갈 수 있겠죠. '그 영화에서는 정통 비극을 그려보고 싶었습니다'라고 말할 수 있다면 좋은 핑계가 되겠지만, 그럴 수는 없을 것 같습니다. 〈마더〉는 그렇게 끝까지 한번 가보는 체험을 제게 안긴 영화였던 것 같아요.

– 이게 이렇게 다 연결이 돼 있는 거야, 한강으로.

〈괴물〉에서 형 이재응이 어린 동생 이동호를 데리고 하수구를 지나서 한강변으로 나오면서

LEE 이 대사를 한국 사회에 대한 질문으로 바꾸어보면 어떨까요. 우리 사회의 모든 문제가 다 어디로 연결되어 있다고 보십니까.
BONG 글쎄요. 거기까지는 생각 못 해봤는데요. 저는 지엽적이고 국지적인 사람이라서요. 한국 사회에 정말 이해 못할 부분이 많죠. 앞으로 하게 되어 있는 〈설국열차〉의 다음 작품으로 그 뿌리에 뭐가 있는지를 제 나름대로 진단해 보는 영화를 하려고 해요. 우리가 갖고 있는 집단적 공포의 실체에 대한 영화라고 할까요. 한국 사람들은 전세계에서 아마도 가장 성격이 급할 거예요. 항상 쫓겨서 살고 불안이 팽배해 있죠. 무엇으로부터 쫓기고 무엇이 불안한 것인지 그 근저를 한번 파고들고 싶어요. 표면적으로는 액션-스릴러가 되지 않을까 생각합니다.

– 죽은 두 여자 말이야, 뭐 공통점 같은 건 없나?

-뭐 일단, 둘 다 미혼이라는 점.
-상당히 예쁘다는 거요.
-또?
-사건 날 전부 비가 왔어요.
그리고 빨간 옷. 죽은 여자가 빨간 옷을 입고 있었어요.

〈살인의 추억〉에서 새로 부임한 형사 반장 송재호가 묻자

송강호, 김뢰하, 김상경이 차례로 대답

LEE 이전에 만드신 두 영화와 비교할 때 〈괴물〉은 우선 〈살인의 추억〉과 비슷한 점이 눈에 뜨입니다. 부도덕하고 무능력한 권력과 사회 때문에 더 큰 비극을 겪어야 하는 사회 구성원들의 이야기라는 점에서요. 하지만 영화의 분위기랄까, 기본적인 느낌은 오히려 〈플란다스의 개〉와 더 유사하게 느껴져요. 유머의 스타일도 그렇고 작품 전체에 흐르는 공기도 그렇고요. 이건 소재의 차이 때문인가요.

BONG 〈살인의 추억〉은 사건을 존중하는 영화였죠. 제 개인적인 스타일을 발랄하게 펼치기에는 실제 사건을 영화화한다는 점에서의 중압감이 너무 컸어요. 희생자 가족도 있는 상황에서 사건에 대한 예의를 지켜야 했고요. 〈괴물〉은 반면에 상상력이 중요한 영화죠. 기술적인 짐은 있었지만 내용 면에서는 〈괴물〉이 훨씬 더 자유로웠어요. 그런 면에서 〈플란다스의 개〉와 비슷한 측면이 분명히 있죠. 사실 〈플란다스의 개〉야말로 다시는 할 수 없을 지극히 개인적인 프로젝트였어요. 〈마더〉까지 포함해서 제가 만든 영화들의 공통점이 있다면 하자가 있는 무능한 주인공들이 감당할 수 없는 상황에 던져진다는 것이겠죠.

-정액의 유전자 지문을 분석한 결과, 용의자의 것과
일치하지 않으므로 박현규를 범인으로 볼 수 없다.

〈살인의 추억〉에서 용의자 박해일에 대해 미국에서 행한 유전자 감식 관련 서류의 결론

LEE 감독님의 영화들에는 늘 유머가 넘치지만, 결국 그 세계를 지배하는 것은 역사와 사회를 보는 비관적 전망입니다. 〈살인의 추억〉을 통해서는 미제로 끝난 연쇄 살인사건에서 1980년대스러움을 보아냈죠. 〈괴물〉도 비극이 아직 끝나지 않았음을 암시하면서 눈 내리는 차가운 겨울밤에 막을 내리고요. 그리고 〈플란다스의 개〉는 결국 그 누구도 진실을 알지 못하고 끝나는 영화입니다. 언뜻 보기에는 무척 유쾌한 영화들이지만, 그 근저를 흐르고 있는 것은 만든 이의 어두운 시선이라고 할까요. 주인공이 옴짝달싹할 수 없는 딜레마에 갇혀버린 채 끝나는 〈마더〉는 말할 나위도 없고요.

BONG 제가 어둡다는 점에서 스스로 놀랄 때가 있어요. 아내 역시 저에 대해서 그렇게 말해요. 제 영화들에도 비관적인 정서가 분명히 있죠. 예를 들어 〈살인의 추억〉에 담긴 것은 '우리가 이런 꼴로 살았구나' 싶은 슬픈 느낌이라고 할까요. 그나마 영화적으로 그런 탄식의 느낌을 상쇄하기 위해 세월이 흐른 후 하마터면 살해될 뻔했던 설영(전미선)이 그렇게 살아가고 있는 모습을 에필로그로 넣었죠. 그 시대를 뚫고 나와서 그렇게 살아가고 있는 게 아니라면 극중 희생자들의 죽음도 의미가 없는 것 같았거든요. 살인은 한 사람의 미래를 송두리째 소멸시켜 버리는 것이잖아요. 그때 희생당하지 않았더라면 그 여중생도 설영처럼 살아가고 있었을 텐데 말이죠. 살인도 살인이고 시대도 시대지만, 그래도 사람들이 계속 살아간다는 게 의미가 있을 거예요. 묻어둔 과거가 있고, 해결되지 않은 숙제가 있지만, 어쨌든 살아야 한다는 거죠.

LEE 말씀하신 부분은 그대로 〈괴물〉의 에필로그에도 적용될 수 있을 것 같네요.

– 저기 보이는겨? 둘 중에 한 놈은 강간범이고
또 한 놈은 피해자 오빠라 이 말이여. 그러니까 피해자 오빠가
지 여동생 이거 한 놈을 잡아가지고 왔다 이 말이여.
어느 놈이 강간범인지 한번 알아맞혀보시오.

〈살인의 추억〉에서 형사반장인 변희봉이 얼굴을 보면 직감적으로
누가 범인인지 알아맞힐 수 있다고 호언장담하는 송강호에게

LEE 소위 진실이라는 것에 대한 불가지론적인 시각도 감독님의 영화들 속에 담겨 있는 것 같아요. 그와 관련해 특히 흥미로운 것은 〈살인의 추억〉에 잠깐 나오는 장면이죠. 경찰서에 와서 나란히 앉아 조사를 받고 있는 두 남자 중 한 명은 강간범이고 또 다른 한 사람은 피해자의 오빠인데, 극중에서 그 두 사람 중 누가 범인인지에 대해 퀴즈 내듯 물어보기만 할 뿐 최종적인 해답은 제공하지 않잖습니까. 이건 끝내 범인이 누구인지를 알려주지 못하고서 막을 내릴 수밖에 없는 이 영화의 운명과도 맞닿아 있는 듯합니다.

BONG 그 장면에 나오는 두 단역 배우 중 누가 범인인지에 대해서는 저도 정하지 않고 찍었어요. 연기하는 배우들도 모르고 있었고요. 사실 그 장면에서 던진 질문이 영화 끝까지 이어지는 거죠. 두만은 직감을 신봉하는 형사지만, 클라이맥스에서 현규(박해일)의 얼굴을 한참 노려보고도 그가 악마인지 억울한 용의자인지를 가려내지 못하잖아요? 그런 의미 때문에 그 장면에서 의도적으로 현규의 얼굴을 거의 정면 앵글로 찍었던 겁니다.

– 저기 그 고물상 불난 데 갔다가 이거 주웠는데,
엄마는 이런 걸 막 흘리고 다니면 어떡해?

〈마더〉에서 원빈이 화재 현장에서 습득한 침통을 김혜자에게 건네면서 책망

LEE 스토리를 이해하는 데 핵심적이라고 할 수 있는 부분에 대한 최종 정보를 주지 않고서 마무리하는 스타일은 〈마더〉에도 그대로 적용되었습니다. 결말 부분에서 도준이 침통을 혜자에게 건네줄 때, 그 행동의 의미가 무엇인지가 상당히 모호하니까요. 그 장면에서 감독님은 이야기의 결말을 완전히 열어두신 건가요? 아니면, 그게 증거인멸의 행동인지 그냥 무심히 했던 행동인지에 대해서 감독님 마음속에서만큼은 어떤 결론이 있으셨던 건가요.

BONG 갈등이 많았어요. 그 점에 대해서 배우와도 오래 이야기를 했고요. 그 장면에 대해서 시나리오 역시 세 가지 버전이 있었죠. 도준이 어디까지 알고 있는 것인가에 대해서 스태프들도 저마다 해석이 다르더라고요. 원래는 촬영할 때 그 장면에서 대사가 한 문장 더 있었어요. "엄마는 이런 걸 막 흘리고 다니면 어떡해?"라고 한 뒤에 "이거 어디 멀리 가서 갖다 버려"라고 말하는 것까지 찍었죠. 그런데 후시녹음을 하면서 그 대사를 뺐어요. 엄마의 죄에 대해서 아들이 어디까지 알고 있는지를 좀더 모호하게 처리함으로써 여지를 남겨두고 싶었던 겁니다.

LEE 〈마더〉에서 도준을 다루는 방식과 〈살인의 추억〉에서 현규(박해일)를 그리는 방법은 비슷하기도 하고 다르기도 합니다.

BONG 그런 측면이 있어요. 현규는 99퍼센트 진범인 것 같지만, 그가 범인이 아닐 수도 있다는 여지를 약간이라도 남겨놓아야 드라마가 붕괴되지 않거든요. 〈마더〉에서는 도준의 행동을 명확히 보여주지만 그가 자신의 행동에 대해서 어떻게 생각하고 또 얼마만큼 알고 있는지를 관객들이 알 수 없죠. 인물의 머릿속을 읽을 수 없으니 관객들이 도준에 대해서 불편해 할 수도 있을 거예요. 그래서 그 역할을 소화하기가 어려웠을 수도 있는데, 원빈씨에게 의외로 순박하면서 어두운 그림자가 있어요. 그게 맞물려서 좋은 표현들이 나왔다고 봅니다.

– 니가 죽인 거야?
– 미쳤어, 엄마? 당연히 안 죽였지.

〈마더〉에서 면회 온 김혜자가 다그쳐 묻자 원빈이 부인

LEE 도준의 행동을 놓고 스릴러 장르영화의 틀로 볼 때, 〈마더〉는 자신이 살인을 저지르고도 기억을 하지 못하는 인물의 이야기를 다룬 이중(다중)인격 영화의 한국적 변용처럼 보이기도 합니다.

BONG 〈마더〉의 살인은 도준이란 인물의 캐릭터로부터 출발했어요. 저지른 행동과 거기에 대한 완벽한 무책임함에서 출발하다 보니 구조적으로나 내러티브적으로 스릴러 장르의 관습을 차용하지는 않게 되더라고요. 그냥 도준의 행동방식을 보여주려고 했어요. 벤츠 색깔이 검은색인지 흰색인지 헷갈릴 정도지만 누가 바보라고 하면 그대로 폭발해 버리는 그는 기억이나 도덕의 인간이 아니라 행동의 인간인 겁니다. 인간은 매순간 행동을 저지르는데, 거기에 대해 도덕이 없으면 매우 무서워지는 거죠. 우발적으로 돌을 던져 아정을 죽인 뒤 다시 다가가서 "학생, 왜 이런 데서 자고 있어?"라고 하잖아요. 그게 연기일까요, 아니면 실제로 믿는 걸까요. 그런 게 바로 도준인 것 같아요. 〈프라이멀 피어〉 같은 영화처럼 장르적 반전을 보여주는 게 아니라, 그런 행동을 하는 도준이란 인물을 납득시키는 데 집중했습니다. 도준은 처음부터 끝까지 그런 아이인 거죠. 마지막에 침통을 엄마에게 건네줄 때도 그게 증거인멸인지 그냥 주는 건지 애매해요. 끝까지 알 수 없다는 느낌이죠.

– 이건 단순 실종이 아닙니다, 반장님.
서류들만 자세히 훑어봐도 알 수 있죠.
서류는 절대 거짓말을 안 하거든.

〈살인의 추억〉에서 김상경이 실종 사건들이 실은 연쇄살인일 것임을 확신하면서

LEE 어떻습니까. 영화의 서류에 해당하는 시나리오에 작품의 모든 것이 다 담겨 있다고 생각하는 쪽이십니까, 아니면 시나리오는 그저 촬영할 때 잊지 않기 위한 메모에 불과하다고 보십니까.

BONG 저는 시나리오와 콘티를 최대한 세밀하게 작성하려고 합니다. 〈괴물〉에서 쓰러져 잠드느라 살짝 올라간 남주(배두나)의 윗옷을 아버지 희봉(변희봉)이 슬쩍 당겨 내려주는 디테일까지도 적어둘 정도로요. 그럼에도 불구하고, 시나리오란 영화를 찍으면 소멸되어 버리는 것이라고 생각합니다. 저는 특정 영화에 대해서 '시나리오는 별로인데 비주얼은 좋다'는 식으로 말하는 것 자체가 난센스라고 봐요. 관객은 시나리오를 읽는 게 아니고, 내러티브라는 것도 화면을 통해서 구축되는 것이기 때문이죠. 결국은 영화가 존재하는 것이지 시나리오가 존재하는 것은 아닐 테니까요. 저는 시나리오를 완성한 직후부터 거기서 벗어나려고 노력해요. 현장에서 추가하게 되는 상황도 많고요.

– 끝까지 마무리가 안 되네.

〈살인의 추억〉에서 송강호가 용의자 박노식의 자백을 반복해서 강요하며 녹음하다가 마지막 부분이 미진하자 탄식하며

LEE 이제껏 만드신 네 편의 장편 영화 중 라스트신을 결정하기가 가장 어려웠던 작품은 어떤 것이었습니까.

BONG 네 편 모두 라스트신에 대한 딜레마 같은 것은 없었습니다. 모두 다 처음부터 그렇게 마무리하려고 했던 장면들이죠. 다만 〈플란다스의 개〉의 경우, 클라이맥스 장면에서 무척 애를 먹었어요. 윤주(이성재)가 자신이 개를 죽인 범인임을 암시적으로 고백하면서 달려가는 장면이었는데, 그때 확신이 없어서 정말 여러 가지 버전을 두고 고민했었죠.

– 침 맞자. 나쁜 일, 끔찍한 일, 속병 나기 좋게
가슴에 꾹 맺힌 거 깨끗하게 풀어주는 침 자리가 있어.
허벅지 대봐. 나만 아는 침 자리야.
여기 오금쟁이 위로 다섯 치. 거기서 세 치 반.

〈마더〉에서 김혜자가 면회 때 나쁜 기억을 떠올린 원빈을 달래면서

LEE 네 편 중 라스트신이 가장 강렬한 작품은 〈마더〉였습니다. 그 영화의 마지막 장면에서 혜자는 스스로의 허벅지에 침을 놓아가면서까지 망각을 갈구합니다. 그러고는 춤판에 뛰어들어 흡사 제의祭儀와도 같은 춤을 격렬하게 추죠. 그러나 그 라스트신 이후의 상황을 생각해 보면, 그런다고 그 모든 괴로운 진실이 망각될 리는 없잖습니까. 이제 이 엄마는 어떻게 살게 되는 걸까요.

BONG 그것도 누가 그 침을 대신 놓아주는 것도 아니고, 자기가 자기의 허벅지에 직접 놓죠. 찍으면서도 제 스스로 결말이 너무 잔인하다고 느꼈어요. 그렇지만 한번 발동을 거니까 멈출 수가 없더라고요. 중간에서 멈추게 되면 이건 죽도 밥도 아닌 이야기가 될 테니까요. 이게 엄마들의 삶이 품는 고통을 보편적으로 대변할 수 있는지는 잘 모르겠어요. 만일 그렇다면 관객들이 받아들일 수 있을 것 같고, 그렇지 않다면 그냥 독특한 범죄영화처럼 머물 수도 있겠죠. 사람을 죽이는 지경까지는 가지 않더라도, 부모라면 누구나 자식 때문에 나쁜 짓을 해본 적이 있을 듯해요. 아이 때문에 극단적으로 이기적이 된다거나 자기 아들이나 딸을 위해 남의 불행을 원한다거나 하는 거죠. 평소 이성으로는 제어하지만, 극한 상황에 처했을 때 보면 사람들이 쉽게 무너져버리잖아요. 인간은 영화 〈소피의 선택〉에서처럼 아주 잔인한 시험대에 올려질 수 있는 거죠. 다만 일상에서는 그게 약화된 형태로 주어지는 것일 뿐이죠. 저도 아들 때문에 눈이 뒤집혔던 경험이 있어요. 그런 관점에서 보면 〈마더〉는 아주 무서운 영화인 거죠. 이런 생각이 자꾸 들다 보니 애초에 내가 〈마더〉의 스토리를 구상할

때 무엇을 말하고 싶었는지에 대해 반문해 보게 됩니다.

LEE 그렇다면 그 질문에 대한 현재의 해답이 어떤 것인지 궁금해집니다. 〈마더〉에서 무엇을 말하고 싶으셨던 건가요.

BONG 모성이 과연 아름답냐, 혹은 아름답기만 한 것이냐에 대해 물음을 던지고 싶었어요. 우리가 아무리 모자관계를 신비화시키려고 해도, 그것 역시 결국은 인간과 인간의 관계일 뿐이고, 암흑과 고통을 주고받는 관계일 수도 있다는 거죠.

– 여제2리 상가회 효도관광 출발하시는 부모님들은
7번 승강장에서 버스가 대기중이오니 탑승해 주시기 바랍니다.

〈마더〉에서 관광버스의 출발을 알리는 버스터미널의 안내 방송

LEE 〈마더〉의 마지막 장면에서 아주머니들이 관광버스의 좁은 통로에서 그렇게 열광적으로 춤추는 모습은 외국 관객들에게는 그 맥락이 이해되기 어려울 것 같습니다.

BONG 그 정서는 죽어도 모를 거예요. 어쩔 수 없죠. 제게는 한국 관객들이 느끼는 게 가장 중요하니까요. 사실 전 어린 마음에 그런 게 정말 싫었어요. 왜 고속버스에서 저렇게 이상한 짓을 해야 하나 싶었던 거죠. 예전에 오대산에 간 적이 있었는데, 심지어 버스가 목적지인 오대산에 도착했는데도 내리지 않고 계속 춤을 추시는 모습을 주차장에서 바라보며 경악했던 적이 있어요. 완전히 주객이 전도된 거죠. 그때만 해도 제가 철이 없어서 그 아줌마들의 서러운 몸부림을 몰랐던 거예요. 그냥 그 자체가 황당하고 초현실적으로 느껴질 뿐이었죠. 아마 서양 관객들은 그런 관점에서 볼 거예요. 그 모든 것을 혜자가 홀로 짊어지는 것처럼 그 모든 아줌마들도 그랬겠죠. 사연 없는 사람이 누가 있겠어요.

– 우리 같이 나갈까.

〈마더〉에서 술집 접대부가 변호사에게 함께 노래하자면서

LEE 혜자가 춤을 추며 다른 아줌마들 사이로 들어가는 마지막 쇼트에서는 격렬하게 흔들리는 카메라 앵글과 때마침 지고 있는 석양의 강렬하게 붉은 빛 때문에 더이상 인물들이 따로 구분되지 않고 한 덩어리로 보이죠. 그런 게 바로 혜자의 개인적인 비극을 모두의 것으로 확장해 보여주는 절묘한 연출 방식이라고 느꼈습니다.

BONG 그건 반년 넘게 준비한 쇼트였어요. 제가 그 마지막 쇼트와 관련해서 처음부터 제시한 개념 자체가 CG를 쓰고 싶지 않다는 것이었습니다. 실제 태양이 수평으로 관통해서 모든 인물이 한 덩어리로 보여야 한다는 것이었죠. 그걸 제대로 표현하려면 주변에 빌딩이나 산이 있으면 안 됩니다. 해가 관통하려면 도로가 남북 방향으로 뻗어 있어야 하고요. 촬영할 수 있는 시간대도 한정되어 있었죠. 결국 인천공항 주변의 허허벌판을 찾아냈죠. 거기서 그 각도를 정확히 맞추려면 1월 초에 찍어야 한다는 계산이 나오더군요. 꼭 산부인과에서 출산일을 받는 것 같더라고요.(웃음) 그날 날씨는 어찌 될까, 그 많은 엑스트라들과 함께 그 복잡한 촬영을 어떻게 할까, 정말 걱정이 많이 됐습니다. 해가 넘어가는 20~30분 사이에 다 찍어야 하는 것이니까요. 결국 그날 질주하는 버스 안에서 모두들 춤추며 연기하게 하고, 그걸 옆에서 나란히 차를 달리면서 촬영했죠. 그렇게 움직이는 차의 진동까지 다 화면에 담긴 겁니다. 그날따라 날씨도 기가 막히게 잘 맞았어요. 무사히 끝나서 정말 다행이었습니다.

LEE 그 마지막 쇼트 촬영을 마치고 나서 윌리엄 와일러처럼 "신이시여, 저희가 정말 이 장면을 찍었습니까"라고 하셨겠네요.(웃음)

BONG 홍경표 촬영감독님과 제가 하이파이브를 했어요. 원래 남세스러워서 그런 걸 안 하는데, 그때는 거의 포옹하는 분위기였죠. 경표형 얼굴을 보는데, 월척을 한 낚시꾼의 표정이더라고요.(웃음)

봉준호 감독은 여전히 유쾌하고 재치가 넘쳤다.
그러나 그는 자신이 창조한 세계의 밑바닥에 고인 어둠으로부터 아직 발을 빼내지 못하고 있었다.

– 크게 봐서 한동네 사람으로서 저도 명복을 빌러 왔어요.

〈마더〉에서 김혜자가 피살된 여학생의 상가로 찾아가서

LEE 저는 그 영화의 시작과 끝에 등장하는 두 번의 춤이 모두 일종의 제의 같다고 느꼈습니다. 첫 장면의 춤은 그 자신만을 위한 춤 같은데, 마지막에 가면 온통 함께 섞이는 동작들 속에서 신산한 삶을 살아온 한국인 전체에 대한 제의로 확장되는 듯했어요.

BONG 한국 사람들이 춤을 참 좋아하긴 하나 봐요. 마지막 장면에서의 춤은 사실 가장 속俗한 춤이고 가장 밑바닥의 춤이잖아요? 그런데도 말씀하신 것처럼 그것을 일종의 제의처럼 보이도록 찍고 싶었던 거니까 무척 아이러니하죠. 예전의 저처럼, 아줌마들의 그런 춤을 다들 쉽게 손가락질하기도 하는데, 가장 속된 것에서 가장 성스러운 의미를 담고 싶은 욕구가 제게 많은 듯해요.

LEE 〈괴물〉 역시 그런 면모가 있습니다.

BONG 〈괴물〉 때도 그런 느낌을 잃지 않으려고 애썼습니다. 가장 밑바닥에 있고, 가장 속된 사람들이 가장 성스러운 행동을 하는 거죠. 처음 괴물이 출몰했을 때 강두(송강호)가 현서(고아성)와 함께 도망친다는 게, 남의 딸 손을 잡고 뛰잖아요. 나중에 동생 남일(박해일)이 욕하듯 그건 정말 가장 멍청한 행동이었죠. 그런데 끝날 때가 되면 강두가 또다시 자신의 딸이 아닌 다른 아이 세주의 손을 잡고 가는 겁니다. 하지만 그때는 가장 성스러운 행동이 되는 거죠.

LEE 김혜자씨는 그런 춤에 쉽게 적응하셨나요?(웃음)

BONG 평생 연기만 해오셔서인지 한 번도 그런 춤을 목격한 적이 없다면서 보고 싶다고 하셨어요. 그래서 같이 체험 학습을 하려고 선생님과 저와 연출부 스태프 한 명이 함께 그런 버스에 올랐어요. 뭐, 그 춤은 말하자면 중장년을 위한 '부비부비'라고 할 수 있을 거예요.(웃음)

– 오빠랑 댄스 댄스.

〈마더〉에서 원빈이 강아지와 함께 즐겁게 놀면서

LEE 감독님도 분위기를 맞춰주셨나요?(웃음)

BONG 저라고 몸을 풀지 않을 수 있나요.(웃음) 대학 시절, 시골로 농활을 갈 때마다 저는 이상하게 부녀반만 맡게 되더라고요. 그런데 마지막 날에 꼭 한 번 사단이 벌어져요. 막걸리 먹고 오지게 한번 노는 거죠. 해가 뉘엿뉘엿 지기 시작하면 아줌마들이 트로트 디스코 메들리를 카세트로 틀면서 마당에 모여요. 그러면 대학생들은 처음에 격렬하게 춤추다가 얼마 지나지 않아서 하나둘씩 나가떨어지는데, 아줌마들은 처음부터 체력 안배를 하면서 최소한의 동작으로 춤을 추어왔기에 단 한 명도 낙오자가 생기지 않아요. 술기운과 춤기운에 쓰러진 후 한참 뒤에 간신히 눈을 떠보면, 애들은 다 뻗었고 해는 완전히 졌는데도 아줌마들은 먹을 것 드셔가면서 계속 그 춤판을 벌이고 있죠. 정말 그 포스는 당할 수가 없어요.(웃음)

LEE 프로와 아마추어의 차이가 아닐 수 없네요.(웃음)

BONG 이번에 선생님과 함께 버스에 올랐을 때 저 역시 오랜만에 신나게 춤을 췄어요. 그 아줌마들이 그런 저를 보면서 "야, 우리 감독님이 놀아보셨네"라고 하시더라고요. 그러면서 직접 담근 머루주 뱀주를 종이컵에 따라줘요. 버스 안에 열기와 냄새가 진동하는 가운데, 운전기사 분은 디제이 역할을 하죠. 음악을 적절하게 틀다가 터널에 들어갈 때마다 디스코 조명으로 바꿔주기도 하고요. 적당히 과열되면 또 가끔씩 끊어주고. 정말 대단들 하세요.(웃음)

LEE 한편으로는 슬프기도 하네요.

BONG 슬프죠. 젊은 애들은 스포츠카 타고 클럽으로 가서 원나잇스탠드를 하며 마음껏 즐기는데, 중장년들은 달리는 고속버스에서 그러고 있는 거니까요. 중장년이 된다고 욕망이 사그라드는 게 아니라 오히려 커지는데, 참 오묘한 세계이긴 하더라고요.

– 이야, 예술이야 예술. 내 딸이라서가 아니라 정말 예술이다.

〈괴물〉에서 변희봉이 방송으로 생중계되고 있는 양궁 경기에서
딸이 10점 과녁을 맞히자 흥분하면서

LEE 감독이라면 완성하고 나서 부끄러운 장면도 있을 테지만, '내가 만들었지만 진짜 훌륭하다'고 스스로 느끼시는 장면도 분명히 있겠죠. 제가 방금 인용한 이 대사에서 예술이란 말이 세 번 나오니, 그렇게 스스로 '예술'이라고 생각하시는 장면 세 개만 꼽아주시죠. 〈마더〉는 뚜껑을 연 지 얼마 되지 않았으니, 이전 세 작품에서 하나씩 골라주시면 좋을 것 같습니다.

BONG 이거, 도저히 빠져나갈 수가 없게 질문하시네요. 제 영화 대사에서 질문을 하시니 발뺌할 수도 없고요. 보통 이와 유사한 질문을 받게 되면 "전부 다시 찍고 싶어요. 그러니 그 대신에 가장 아쉬운 장면 세 개를 말씀드릴게요"라는 식으로 피해 가는데 말이죠.(웃음) 글쎄요, 우선 〈괴물〉에 나오는 부분인데, 가족들이 합동분향소에서 뒤로 일제히 자빠지는 모습을 직부감으로 찍은 장면이 떠오르네요. 두번째로는 〈살인의 추억〉에서 극 초반 피살된 시체가 발견된 논두렁에서 한바탕 해프닝이 벌어지는 모습을 찍은 롱테이크 장면이에요. 그리고 세번째는 〈플란다스의 개〉에서 교수가 되기 위한 뇌물로 돈 다발을 바닥에 까느라고 정작 케이크의 위에 놓인 딸기가 상자에 들어가지 못하고 걸리는 장면이겠네요.

– 요새 말이야,
뉴스 보니까 돈 받아먹고 쇠고랑 찬 교수들도 있던데.
그게 온라인 입금하니까 걸렸지, 그냥 사과 박스 안에다가
현찰 넣어 갖고 살짝 갖다주면 안 걸린다던데.
어렸을 땐 교수 될라면 그냥 죽어라고 공부만 하면

다 되는 줄 알았는데. 학장은 돈 받으면 그 돈으로 뭐 할까.

〈플란다스의 개〉에서 이성재가 아내 김호정에게 에둘러서 암시

LEE 그 직후, 아내 은실(김호정)이 그 딸기를 케이크에서 떼어내서 뇌물을 들고 갈 남편 윤주(이성재)의 입에 넣어주는 아이러니한 장면까지 정말 좋죠.

BONG 그런데 그 장면을 이야기하시니까 성재씨가 갑자기 보고 싶네요. 요즘 뭐 하시는지 모르겠지만 다음 영화로는 내성적인 역할을 하시면 참 좋을 것 같은데요.

– 본 영화에 출연한 강아지들은 담당 관리자와
전문 의료인의 입회하에 안전 관리되었습니다.

개를 잡아먹는 장면이 등장하는 영화 〈플란다스의 개〉의 첫 안내 자막

LEE 그 영화의 강아지들은 정말 어떻게 되었습니까. 죽은 강아지들을 찍으신 것은 아니죠?

BONG 아니에요. 어떻게 개를 죽여요. 두 마리 모두 마취한 거죠. 마취 시간도 30분을 넘기면 위험하다고 하기에 얼마나 마음을 졸이면서 찍었는데요.

– 이게 뭐야? 어우, 냄새 죽인다.

〈플란다스의 개〉에서 개고기 요리를 만들고 있던 경비원 변희봉에게 아파트 관리소 주임이 다가와서

LEE 외국 영화제에서 이 작품을 상영했을 때, 개를 잡아먹는 설정 때문에 뒷이야기도 많았을 것 같은데요.

BONG 부에노스아이레스영화제에서 그 영화가 상영됐을 때 주駐 아르헨티나 영사 부부께서 일부러 관람하러 오셨더라고요. 알고 보니 영화가 궁금하셔서가 아니라 불안하고 걱정되어서였죠. 그 한 달 전에 아르헨티나에서 살던 한국 교민 한 분이 마당에서 기르던 개를 잡아먹었다는데, 그걸 이웃이 캠코더로 찍어서 방송국에 제보했대요. 나라 전체가 발칵 뒤집히면서 반한反韓 감정이 팽배했다는데, 제가 그 영화를 딱 들고 나타났으니 그럴 법도 했죠.

LEE 정말 민망하셨겠네요.

BONG 괜히 미안하더라고요. 저는 영화 상영이 끝나자마자 돌아와서 영사님이 어떻게 그 영화에 대해 느끼고 또 대처하셨는지는 모르겠어요. 영국에서는 이 영화가 상영되기 세 달 전에 BBC에서 한국의 모란시장을 취재해 개고기 파는 모습을 방영했대요. 그런데 그때 외국인이 카메라를 들고서 곳곳을 찍고 다니자 민감해진 한국 상인 한 분이 화가 나서 개의 피를 바가지에 담아 뿌리셨다죠. 카메라 렌즈에 그 피가 그대로 튀는 장면까지 다 찍혀서 방영되었으니 파장이 대단했죠. 그래도 〈플란다스의 개〉 상영 후 영화의 그런 내용에 대해서 공격하는 질문이나 견해는 없었으니 다행이었어요.

– 너 여자랑 자봤어?
– 나 여자랑 잤어.
– 여자 누구?
– 엄마.

〈마더〉에서 진구가 묻자 원빈이 엉뚱하게 대답

LEE 〈플란다스의 개〉에서 개고기 모티브가 뜨거운 감자였다면, 〈마더〉에서는 근친상간 모티브가 그렇다고 할 수 있을 것 같습니다. 이 영화에는 근친상간적으로 볼 수 있는 대목들이 무척이나 미묘하게 담겨 있으니까요. 극중에서 혜자는 성인인 아들 도준과 한 이불에서 자고, 아들이 소변을 보는 모습도 바로 옆에서 쳐다봅니다. 그 모자가 함께 잔다는 것에 대해서 이상하게 생각하며 놀리는 주변인들의 대사도 몇 차례 등장하고요.

BONG 그 모자 사이에 실제로 이상한 일이 있었다고는 생각하지 않아요. 하지만 그런 묘사들에 대해서 한국 관객들과 서양 관객들이 받아들이는 양상이 좀 다를 것 같긴 해요.

– 근데 윤도준, 지 엄마랑 잔다매요? 잠만 자나, 떡도 치나.

〈마더〉에서 피살된 여고생에 대해 진구에게 말하던 고교생이 놀리듯이

LEE 서양 관객들이 훨씬 더 민감하게 받아들일 것 같은데요?

BONG 저는 그런 요소들에 대해서는 근친상간적인 모티브를 떠나서 섹스에 대한 관점으로 보면 더 좋을 듯해요. 이 영화의 인물들은 섹스를 할 수 있는 인물과 할 수 없는 인물로 나눌 수 있을 것 같아요. 극중에서 섹스를 하지 않거나 못하는 사람들이 바로 혜자와 도준인 거죠. 혜자에게는 성적인 긴장감이 내재해 있는데, 예를 들어서 진태(진구)가 여자 친구와 섹스하는 모습을 커튼 뒤에서 훔쳐보면서 혜자의 발가락이 오그라드는 장면이 묘사되기도 하죠.

LEE 거기다가 그 장면에서 클로즈업되는 혜자의 양말이 하필 빨간색이잖아요.(웃음)

BONG 이 영화에는 빨간색이 많죠. 혜자라는 캐릭터를 빨강과 보라 위주로 표현했거든요. 둘 모두 관능적인 색깔이죠. 엄마는 여자다, 남편도 없는데 집에 예쁜 남자가 있다, 그런데 그는 성적인 관계를 가질 수 없는 아들이다, 그런데도 그와 계속 같은 이불 속에서 잔다, 이런 상황 속에서는 성적인 히스테리라는 게 굉장히 중요하죠. 그러다 보니 충동적으로 이상한 일을 저지르는 겁니다. 히치콕 영화에서

그런 모티브가 자주 발견되잖아요?

LEE 〈마니〉가 대표적인 영화 같습니다.

BONG 그렇죠. 〈프렌지〉에서처럼 식욕으로 전환될 수도 있고요. 성적인 에너지가 삶의 원천인데, 〈마더〉의 경우 그런 측면에서 문제가 있는 거예요.

LEE 〈마더〉는 정신분석학적으로 세밀하게 분석하는 것이 가능한 텍스트입니다.

BONG 고등학교 때 프로이트의 《꿈의 해석》을 보면서 흥분한 적이 있어요. 계단 꿈에 대한 이야기를 읽을 때였죠. 아니, 학술 서적인데 이렇게 야하다니!(웃음) 진태와 미나처럼 살면 좋을 텐데 대부분 그러지 못하잖아요? 혹시 다들 그러고 사는 건 아니겠죠? 이거 또 괜히 억울해지네요.(웃음)

– 아니야, 절대 아니야. 아니야, 아니야. 이 쓰레기야.
우리 아들 발톱의 때만도 못한 새끼가.

〈마더〉에서 김혜자가 원빈의 범행 현장을 목격했다는 고물상 노인을 충동적으로 살해하면서

LEE 고물상에서 살인을 저지르는 장면에서 그동안 꾹꾹 눌러왔던 혜자의 히스테리가 단숨에 폭발하는 것처럼 보입니다.

BONG 혜자가 고물상에 갔을 때 할아버지가 노골적으로 들이대죠. 그게 극중에서 혜자로선 처음으로 그런 상황에 접하게 되는 거잖아요? 그런데 결국 그 할아버지는 혜자의 손에 죽음을 맞이하고 말죠. 그 순간 혜자는 솟구치는 남자의 피로 샤워를 하듯 하게 됩니다. 이전 장면에서 혜자는 여고생에게 생리대가 필요 없게 된 지 오래됐다는 말을 했던 적이 있는데, 그렇게 피를 뒤집어쓰는 장면의 앵글 같은 게 어찌 보면 무척 섹시하기도 해요.

괴물

개봉 2006년 7월 27일
출연 송강호 변희봉 박해일 배두나 고아성
상영시간 119분

CINEMA REVIEW
BOOMERANG INTERVIEW

한강 둔치에서 아버지와 함께 매점을 운영하는 강두는 갑자기 출몰한 괴물에게 딸 현서를 빼앗긴다. 바이러스 감염을 의심받아 강제로 병원에 수용된 강두는 아버지, 두 동생 남일 남주와 함께 탈출해 현서를 찾아 나선다.

〈괴물〉에는 괴수가 등장하는 스릴러 장르의 익숙한 재미와 그것을 비트는 묘미가 공존한다. 주요 인물들은 한편으로 쫓기면서 다른 한편으로는 추적해 나가는 스릴러 캐릭터의 전형적 행로를 충실히 밟는다. '괴수영화'인 이상 어차피 괴물의 난동으로 아비규환이 빚어지는 장면이 나와야 할 상황에서 정면승부를 통해 확실한 재미를 보장해 준다. 좁은 공간으로 피신한 '먹이'를 잡아먹지 못해 괴물이 입구에서 입을 벌리고 으르렁댈 때의 공포처럼 이 장르의 익숙한 표현을 차용하기도 한다. 한국영화가 괴물의 출몰을 이렇게 훌륭한 시각효과로 다룰 수 있다는 것을 입증한 기술적 성과가 대단하다. 교각에서 꼬리를 감아가며 텀블링하듯 움직이는 모습처럼 인상적인 괴물의 동작이 뛰어난 완성도로 표현됐다.
단지 그것뿐이었다면 〈괴물〉은 이 분야에서 충무로도 할 수 있다는 것을 보여준 '유사 할리우드 영화'에 그쳤을 것이다. 그러나 이 영화는 장르에 대한 뛰어난 기본기를 보여주는 것과 동시에 장르적 관습을 가지고 놀며 관람의 또다른 쾌감을 안긴다. 바이러스 감염 위험으로 격리수용 입장을 밝히던 당국 요원이 유족의 항의성 질문에 "시간관계상 상황 설명은 뉴스로 설명합니다"라며 TV를 켜지만 나오지 않는 장면 같은 데서는 이런 상황에서 언제나 TV 뉴스를 통해 판에 박은 설명을 해온 할리우드 장르영화를 풍자한다.

총 길이 100미터라고 적혀 있는 화장지를 굴려서 거리를 재어보는 장면(〈플란다스의 개〉)을 넣을 정도로 엉뚱하고 기발한 봉준호 감독의 유머감각은 이 영화에서 대단한 위력을 발휘했다. 질주하던 괴물이 미끄러져 넘어지고, 괴물에게 최후의 일격을 가하려던 비장한 주인공은 어이없게도 무기를 놓친다. 이 영화의 개성 넘치는 유머는 날카로운 주제의식과 더불어 뻔해 보이는 괴수영화 장르에 생기를 불어넣었다. 〈괴물〉에서 웃음은 양념이 아니라 전편에 떠도는 공기 그 자체다. 교향곡 전곡을 완벽하게 습득하고 능숙하게 이끄는 지휘자처럼 완급을 조절하며 관객이 영화를 보는 방식을 장악하는 리듬도 탁월하다. 일부러 나사 하나씩 풀어놓은 채 캐릭터에 몸을 헐겁게 맞추고서 맘껏 생동감 있는 모습을 보여주는 이 영화의 배우들도 시종 관객을 사로잡는다.

주제와 이야기와 스타일이 최상의 결합을 이뤘던 전작 〈살인의 추억〉에 비할 때, 이 영화가 메시지를 전달하는 방식은 어느 정도 투박해 보인다. 그러나 무기력하고 부도덕한 시스템 때문에 발생하는 비극을 실감나게 보여주는 이 영화의 이야기는 상당한 힘을 지녔다. 구성원의 최소한의 안전조차 지켜주지 못하는 사회에 대한 분노가 스며 있다는 점에서 〈괴물〉은 〈살인의 추억〉의 연장선상에 있는 작품일 것이다. 이 영화의 에필로그에서 주인공은 사건 진상에 대해 구구절절 늘어놓는 텔레비전 뉴스를 발로 꺼버린다. 그리고 딸 대신 함께 살게 된 어린아이와 함께 묵묵히 밥을 먹는다. 결국 희망이란 묵묵히 제 삶을 살아가는 사람들의 생명력에 놓여 있다.

– 맨하탄 아줌마가 그러던데,
너 어젯밤에 발정 난 똥개였다며?

〈마더〉에서 윤제문이 원빈에게 전날 밤의 행적을 캐물으면서

LEE 확실히 〈마더〉는 그 저변에 성적인 코드가 강력하게 흐르고 있는 게 사실입니다.

BONG 〈마더〉는 정말 하고 싶은데 못하는 아이와 정말 하기 싫은데 해야 하는 아이가 비극적으로 만나게 된 이야기로도 볼 수 있을 거예요. 저류로 흐르는 섹스 코드를 빼면 아마도 이 영화의 이야기는 성립하지 못할 것 같아요. 극중에서 김혜자 선생님의 베드신까지는 찍지 않았지만, 코앞에서 벌어지는 진태와 미나의 섹스를 목격하는 장면을 찍은 것만으로도 좀 뿌듯해요. 국민 엄마의 그런 모습을 보다니요.(웃음) 저도 영화 속에서 본격적인 섹스신을 찍은 것은 이번이 처음인데, 찍다 보니 느낌이 오더라고요. 그래서 결과적으로 그 장면이 꽤 길게 묘사됐죠. 도준이 소변보는 장면을 혜자가 옆에서 지켜보는 장면의 경우, 김혜자 선생님이 너무나 그로테스크하다고 여기시더군요. 그래서 그냥 약재상인 여자가 소변 색깔을 통해 아들의 건강 상태를 파악하려고 하는 장면이라고 말씀드렸더니 편하게 생각하시더라고요. 그런데 그 장면이 또 우리 관점에서는 참 묘하죠.(웃음)

– 근데 형님. 대학생 애들, 그 왜, 엠티 가면은 남자애들이
여자애들 다 따먹구 여럿이 한 방에 모여가지고
막 떼씹하고 그런대매? 그거 진짜가?
– 몰라, 이 새끼야. 빨리 이거나 해.

〈살인의 추억〉에서 김상경이 병력을 이끌고 실종된 여자의 시신을 찾고 있던
들판 바로 옆에서 실뜨기를 하던 김뢰하와 송강호의 대화

LEE 〈살인의 추억〉에서 두 형사가 황당한 음담패설을 나누면서 실뜨기놀이를 하는 장면은 어떻게 떠올리신 건가요. 동료가 병력을 이끌고 실종자 시신 수색에 나서고 있는 벌판 옆에서 중년의 형사 둘이 실뜨기를 한다는 설정이 무척이나 이색적이었는데요.

BONG 일단 제가 실뜨기놀이를 할 줄 알아요.(웃음) 형사들이 범행 현장 옆에서 한가롭게 그걸 하고 있으면 배경과 대조를 이루면서 재미있는 그림이 되겠다고 생각해서 그 장면을 찍는 날 아침에 즉석으로 설정한 부분이었죠.

– 레이스.
– 스파게티.
– 티파니.
– 니기미.

〈마더〉에서 섹스 도중 끝말잇기를 하는 진구와 여자 친구

LEE 진태와 미나가 관계를 가지면서 서로 끝말잇기를 하는 모습이 정말 인상적이던데요?(웃음)

BONG 시나리오를 쓸 때는 꽤 충격적이라고 생각했는데 막상 영화에서는 상대적으로 덜 한 것 같더라고요. 다들 그 장면을 보고서 경험이냐고 묻는데, 아니, 살인해 보고 살인 장면을 찍습니까.(웃음) 그냥 그런 게 그 두 사람의 모습이죠.

LEE 그 장면에서 진구씨의 몸이 시골 건달 캐릭터치고는 너무 만들어진 근육질이었습니다.(웃음)

BONG 저도 그 몸을 보고서 좀 죽이라고 했는데, 태생적으로 워낙 몸이 좋아요. 그 섹스신은 초반에 촬영했는데, 비 오는 밤에 진태가 혜자 집에 가서 웃통 벗고 이야기 나누는 장면을 보면 그나마 몸이 자연스러워요. 그건 좀 나중에 찍었거든요.

LEE 그렇다면 더더욱 만든 몸인 게 맞네요.(웃음)

BONG 진구씨가 귀여운 구석이 있어요.(웃음)

– 넌 손가락이 이렇게 붙어서 젓가락질도 제대로 못하겠다.

〈살인의 추억〉에서 김상경이 용의자 박노식의 화상을 입은 손을 살펴본 뒤

LEE 태윤(김상경)이 식당에서 밥을 먹으며 동료들의 이야기를 심드렁하게 들을 때 나무젓가락으로 물을 찍어 먹거나 식탁에 뭔가 글씨를 쓰는 식의 엉뚱한 모습은 감독님이 직접 배우에게 주문하신 행동인가요.

BONG 그건 (김)상경씨가 리허설을 반복하는 과정에서 생각해낸 디테일이에요. 그 장면 촬영이 다 끝난 뒤, 그때 나무젓가락으로 식탁 위에 뭐라고 적었냐고 물어봤더니, '좆까'라고 썼다고 하더라고요.(웃음)

LEE 〈마더〉에서도 인물의 사소한 동작들에서 무척이나 인상적인 디테일이 많이 보였습니다. 제가 흥미롭게 봤던 것 중 하나는 공변호사가 첫 접견을 마치고 서둘러 면회장을 빠져나갈 때, 의자에 앉아 다리를 꼬고 있는 여자에게 "어이!"라는 말과 권위적인 손동작으로 굳이 그 꼰 다리를 풀게 하고 나서 그 앞을 지나가는 모습이었죠. 그게 공변호사가 어떤 인물인지를 그대로 설명한다는 느낌이었거든요.

BONG 그 부분은 원래 시나리오에는 없었는데 현장에서 만든 내용이었어요. 공변호사가 그 장면에서 짧게 나오긴 하지만 그 인물을 설명해 줄 수 있는 뭔가가 필요하다고 느꼈는데, 그 동작을 떠올리고 나니 그 남자는 꼭 그렇게 할 것만 같다는 느낌이 들더라고요. 그 사람은 모든 주변 상황을 자기가 꼭 정리해야 하는 스타일인 거죠. 스스로 잘 나가는 사람이라는 자부심을 항상 갖고 있고요.

- 밑에 말야, 물속에, 커다랗고 시커먼 게, 물속에. 정말 못 봤어?
- 뭐, 임마, 뭐?
- 끝까지 둔해빠진 새끼들. 잘살아들.

〈괴물〉의 도입부, 한강에 투신자살을 하려던 남자가 폭우 속에서 괴물을 본 뒤 옆에 있던 친구들에게

LEE 잠실고등학교 3학년 재학중이었을 때 한강에서 정체불명의 괴물체를 목격했던 게 영화 〈괴물〉의 시작이 되었다고 개봉 당시 인터뷰들에서 여러 차례 밝히셨죠. 그때 진짜로 괴물을 보셨습니까.

BONG 입시 스트레스 때문이었는지는 몰라도 정말로 봤어요. 집이 서울 잠실에 있는 장미아파트였는데, 제 방에서 창문 밖을 내다보면 그 앞의 두 개 동 사이로 잠실대교가 보였거든요. 거기서 어느 날 오후에 괴물체가 교각을 오르다가 강에 떨어지는 것을 분명히 봤죠. 그보다 더 어렸을 때는 영국 네스 호에서 목격된 괴물 네시 이야기에 매혹되기도 했어요. 그때는 다들 그랬죠. 고등학교 때부터 영화감독이 되고 싶었기에, 장차 영화를 만들게 되면 이 두 가지 모티브를 섞은 뒤 내가 뛰놀던 한강변을 무대로 삼아서 괴물 영화를 만들어야겠다고 일찌감치 결심했어요.

- 제가 자주 듣는 '저녁의 인기가요'라는 프론데, 그 프로에
  이 〈우울한 편지〉를 꾸준하게 신청하는 사람이 있어요.
  여기 자세히 보시면 이 노래 방송된 날짜거든요.
  사실 이 노래가 히트곡이 아니어서
  자주 틀어주는 노래는 아니에요.
- 노래, 뭐, 뭔 편지?
- 우울한 편지요. 가수는 유재하. 근데 이 노래 방송된 날이
  전부 여기서 사건 터진 날이랑 일치해요.

〈살인의 추억〉에서 여형사 고서희가 형사반장인 송재호에게 보고하면서

LEE 감독님의 영화에서 가장 인상적으로 쓰인 곡은 아마도 유재하의 〈우울한 편지〉일 것 같습니다. 〈살인의 추억〉에서 유력한 용의자가 비 오는 밤이면 늘 라디오 프로그램에 신청하고는 했던 노래로 나왔죠. 이 곡은 어떻게 영화 속에 넣으시게 된 건가요.

BONG 용의자가 라디오 프로그램에 노래를 신청한다는 설정은 원작 연극에 원래 있었어요. 거기선 모차르트의 〈레퀴엠〉이었죠. 그런데 영화는 1980년대의 시대적 느낌이 중요해서 당시 노래를 고르려고 했어요. 그중에서도 이미 세상을 떠난 가수의 곡이면 더 좋을 것 같아서 유재하의 노래를 떠올렸던 거예요. 〈우울한 편지〉는 그 당시 제가 무척 좋아했거든요. 얼굴이 뽀얀 박현규(박해일) 캐릭터와도 잘 어울리는 것처럼 느껴지기도 했고요. 실제로 화성 연쇄살인사건이 일어나던 시기에 유재하씨의 앨범이 나오기도 했죠.

– 술도 많이 먹었네?

〈마더〉에서 진구가 폭탄주를 마시고 돌아온 김혜자를 보면서

LEE 감독님 영화를 보면 폭탄주에 대해 상당히 강렬하고도 부정적인 인상을 받으신 것 같습니다.(웃음) 〈플란다스의 개〉에서 교수가 회오리주를 만들어 건네는 모습이나 〈마더〉에서 변호사가 폭탄주를 조제해 전달하는 광경에서 대표되듯, 기성세대나 제도권의 부패와 부도덕이 폭탄주를 돌리는 술자리로 상징된다고 할까요.

BONG 아마 폭탄주가 〈마더〉와 〈플란다스의 개〉의 유일한 접점일지도 몰라요. 그 공통점을 딱 끄집어내시네요.(웃음) 제가 그걸 기성세대의 대표적인 이미지로 생각하나 봐요. 처음 폭탄주를 마셨을 때 무척이나 위축되는 느낌이 있었어요. 성인들의 거래라는 생각이 강

했죠. 폭탄주가 오가면서 거래도 오가는 것 같았습니다. 사실 〈마더〉에서 변호사는 폭탄주를 건네줄 때 별거 아닌 과정을 거창하게 만들잖아요. 복잡하게 조제한 후 자신이 직접 건네주는 것도 아니고 여종업원에게 "여사님 드려"라고 시키죠. 처음에 그 잔을 받아 마시지 않던 혜자는 변호사가 '정신병원에서 4년' 운운할 때 기로에서 마시죠. 그 순간 도준이 어릴 때 박카스를 앞에 둔 모습이 짧게 인서트됩니다. 그 다음 장면은 집에 와서 혜자가 토하는 장면이죠. 마치 어릴 적 농약 박카스를 마시고 토하듯이요. 그 거래라는 것은 물론 추악한 거래이고, 모든 것을 두루뭉술하게 만들어버리는 한국 사회의 거래예요. 정신병원 원장과 검사와 변호사가 모두 짜고 치는 고스톱에 너도 동참하라는 거죠.

– 이게 바로 세팍타크로의 위력이여, 응? 그리고
이거는 기본 동작. 딱, 어이, 딱, 딱. 야, 지금으로부터
예 아니오 대답 또박또박 잘 안 하면
너 완전히 죽여버리는 수가 있다.

〈마더〉에서 형사 송새벽이 원빈의 입에 사과를 물린 뒤 발차기를 날리고 나서

LEE 고문을 하거나 린치를 가할 때 주로 발을 사용하는 것도 무척 이색적입니다. 〈살인의 추억〉의 형사(김뢰하)는 군화에 덧신을 신고 발로 용의자를 마구 차죠. 〈마더〉의 형사(송새벽)는 피의자 입에 사과를 물리고 세팍타크로 동작으로 발차기를 합니다. 〈살인의 추억〉에서는 서울에서 전근 온 태윤(김상경)을 몰라보고 두만(송강호)이 두 발을 날려 쓰러뜨리기도 하고요. 〈마더〉의 진태(진구) 역시 고교생들을 발로 린치합니다. 이런 장면들에서 종종 발은 따로 클로즈업으로 인서트해 강조하시죠. 왜 유독 발로 구타하는 장면을 자주 그리시는 건가요.

BONG 그러게요. 왜 그랬을까요.(웃음) 제가 싸움을 별로 안 해보고 커서 거기에 꽂힌 건가요. 중학교 2학년 때 잠깐 싸운 이후로는 누구와 싸움을 해본 적이 없거든요. 저도 잘 모르겠네요.

– 자, 힘 줘. 꽉! 봤냐? 못 봤겠지.

〈마더〉에서 형사 송새벽이 원빈의 입에 사과를 물린 뒤 발차기를 날리고 나서

LEE 〈마더〉에서 누군가가 맞는 순간은 클로즈업 위주로 강렬하고도 짧게 삽입되어 있습니다. 관객들은 그걸 볼 때 타격의 강도와 위력은 고스란히 체험하지만, 그것이 어떤 맥락에서 어떻게 가해진 동작인지에 대해서는 제대로 파악하기 힘든 셈입니다. 도준의 입에 물린 사과에 형사가 발차기를 하는 장면, 도준이 자신을 놀리는 다른 재소자를 때리는 장면, 혜자가 유족들에게 따귀를 맞는 장면이 모두 그렇게 찍혔습니다. 대단히 파워풀한 쇼트던데요.

BONG 제가 본능적으로 그렇게 한 박자 빠르게 하는 걸 좋아합니다. 실제로도 누군가에게 얻어맞는 건 그런 게 아닐까 싶기도 하고요. 준비하고 맞는 게 아니잖아요. 혜자가 뺨을 맞는 장면을 보면, 먼저 멱살을 잡았던 여자가 때리는 게 아니에요. 뒤에서 담배를 피우던 임부가 느닷없이 달려들어 올려 치는 거죠. 일단 임부인데 담배를 피우고 있다니, 그런 사람이면 뭐든 할 수 있을 것 같은 느낌이 들죠?(웃음) 그 역을 한 배우 황영희씨는 오로지 따귀 때리는 장면 하나를 찍기 위해서 그날 고성까지 왔어요. 사실 현장에서 김혜자 선생님의 따귀를 시원하게 때릴 만큼 기가 센 배우는 거의 없어요. 그런데 어떤 공연을 보다가 황영희씨를 발견했는데, 그분이라면 할 수 있을 것 같았죠.

LEE 그럼 실제로 그렇게 세게 때린 건가요.

BONG 네, 그것도 열 몇 번을 재촬영했어요. 저는 냉정해져야 하니까

황영희씨에게 고막이 떨어져나갈 정도로 한 번에 세게 때려야 빨리 끝나서 모두 좋은 것이라고 말했죠. 그런데 정말 잘 때리면 카메라가 삐끗하는 식으로 계속 뭔가 안 맞아서 거듭 NG가 났어요. 나중에는 김혜자 선생님이 완전히 얼이 빠지셔서 거의 우시는 것 같았습니다. 정말 죄송했어요. 일평생 뺨을 맞아본 적이 한 번도 없으셨대요. 드라마와 실제 삶 모두에서요. 사실 국민 엄마가 뺨 맞을 일이 뭐가 있겠어요. 그런데 그 장면에서 연이어 그렇게 했으니. 제가 황영희씨에게 귓속말하는 모습을 보면서는 또 얼마나 분개하셨겠어요.

LEE 정말이지 감독들은 독한 사람들이에요.(웃음)

BONG 봉변을 당하신 거죠. 그 장면 동선이 정말 복잡했으니까요. 감독들은 죽으면 유황불에 탈 거예요. 그렇게 배우를 때려놓고 원하는 게 나오면 좋다고 낄낄대죠. 감독은 정말 저주받은 직업이라니까요. 그날 엑스트라로 나오신 아주머니들이 막 울었어요. "귀하신 분이 자꾸 저렇게 맞아서 어떡해"라면서요.

– 이 멍멍일 위해서 저 슈퍼엘 다시 갔다오라구?
백 미터는 될 텐데?
– 만일 백 미터 안 되면 앞으로 너 나를 누나라고 불러.
내가 원래 너보다 두 살 많잖아.

〈플란다스의 개〉에서 이성재가 애견용품 심부름을 거부하자
연상의 아내인 김호정이 밀어붙이면서

LEE 개인적으로 아시는 분들이면 이 대목에서 감독님 부부에 대해 떠올리지 않을 수 없을 것 같은데요.(웃음) 그래도 상관없다고 생각하셨나요?

BONG 사실 영화의 내용과 감독의 개인 생활을 연결 지어서 진짜 그러냐는 식으로 묻는 것은 어처구니없는 질문이죠.(웃음) 그런데 보

는 사람 입장에서는 또 그럴 수밖에 없다고 생각하기도 해요. 이게 배우나 감독의 숙명이 아닌가 싶어요. 사실 그 장면은 저와 아무런 상관없이 창작해낸 부분인데 말이죠.

LEE 부인께서 연상이시죠?

BONG 네, 저보다 네 살 위죠. 〈플란다스의 개〉에서는 주눅 든 남편에게 화가 난 아내가 망치를 던지는 장면도 나오는데, 사람들이 심지어 집에서 당했던 경험을 영화화한 거 아니냐고 묻더라고요.(웃음)

– 학부모 참관 수업하는데
삼촌이 부모 대신 온 애는 나밖에 없더라.

〈괴물〉에서 딸 고아성이 아버지 송강호에게 불평하면서

LEE 아들이 하나 있으시죠? 집에서는 어떤 아버지신가요. 학교에는 가보셨습니까.

BONG 너무 바빠서 가보지는 못했어요. 그 반대로 제가 가는 영화제나 촬영 현장으로 아들을 데려오고는 하죠. 일본 아사히신문에서 〈괴물〉을 그해의 '해외 영화 베스트 1'으로 선정해 상을 받을 때 아들을 데려간 적도 있었습니다. 그렇게 아버지가 상 받는 모습을 일부러 보여줬죠.(웃음)

LEE 〈소설가 구보씨의 일일〉을 쓰신 월북 작가 박태원씨가 외조부시잖아요? 몇 해 전에는 감독님의 어머니께서 북에 계신 이모님을 수십 년 만에 만나셨던 일이 언론에 보도되기도 했고요. 감독님의 예술가적인 기질은 외가 쪽에서 물려받으셨나봅니다.

BONG 물려받았다면 차라리 부계 쪽일 거예요. 아버지가 디자인을 하셨는데, 어려서부터 아버지의 그런 작업을 보는 게 무척 즐거웠거든요. 저는 상하이국제영화제 심사위원을 맡아 중국에 가 있느라 어머니가 이모님을 수십 년 만에 만나셨다는 이야기를 나중에 들었는데 실감이 나지 않더군요. 딴 세상 이야기 같았어요. 자매끼리 수십 년 만에 그런 자리에서 만나야 한다는 게 초현실적인 풍경이라는 느낌이었고 어처구니가 없었죠. 1987년에 해금되기 전까지는 외할아버지에 대해서 거의 몰랐어요. 해금 이후에 처음으로 〈소설가 구보씨의 일일〉〈천변풍경〉 같은 그분의 소설들을 읽었죠. 그때는 제 나이가 어렸지만 소설들이 참 모던한 느낌이었어요. 그분이 '모던 보이'셨구나 싶더라고요.

– 와, 그럼 누나는 맨날맨날 먹겠네.
– 원래 짱깨집 애들이 짜장면 더 안 먹어.

〈괴물〉에서 집에서 매점을 하기 때문에 컵라면이 쌓여 있다는 말에
꼬마인 이동호가 탄성을 지르자 고아성이 대답

LEE 감독들은 오히려 영화를 더 못 보시는 경우가 많은 것 같더라고요. 감독님의 경우는 어떠신가요.

BONG 시간이 없지만 어쨌든 계속 봅니다. 밥 먹으면서도 노트북에 틀어놓고 보고 잘 때도 꼭 켜놓죠. 보고 싶은 게 너무 많은데 제대로 볼 수가 없어서 늘 쫓기는 기분이에요. 사실 저는 다른 취미가 전혀 없어요. 포커도 안 치고 골프도 안 해요. 그러니 영화를 만들지 않을 때는 다른 사람들이 만든 영화를 보죠. 그런데도 왜 영화를 볼 시간이 이렇게 없는 건지 모르겠어요.

LEE 요즘은 어떤 영화들을 주로 보세요?

BONG 고전과 거장들의 작품이요. 대표작이 아니더라도 확실히 거장들의 작품이 좋아요. 요즘에는 페데리코 펠리니가 유독 좋아졌어요. 예전에는 그렇게까지 좋지 않았는데 말이죠. DVD로 보면서 그 진가를 다시 느끼고 있어요. 〈카비리아의 밤〉도 좋았고, 〈길〉도 제대로 다시 보니 새삼 감동을 받았어요. 〈달콤한 인생〉〈사티리콘〉〈아마코

드〉도 다 훌륭했고요. 외국에 나가면 취미가 따로 없으니 그곳의 DVD 숍에 쇼핑을 가고는 하죠.

LEE 펠리니 외에는 어떤 감독을 좋아하세요?

BONG 이마무라 쇼헤이를 참 좋아해요. 어떤 일본의 평론가가 칸 영화제 때 〈괴물〉을 보고 "이마무라 쇼헤이가 찍은 괴수영화 같다"고 평했는데, 그게 제가 〈괴물〉에 대해서 들은 가장 기분 좋은 찬사였어요. 이마무라 쇼헤이의 영화 중에서도 특히 〈복수는 나의 것〉을 정말 좋아하죠. 구로사와 아키라도 위대한 감독이라고 생각해요. 앨프리드 히치콕은 일종의 롤 모델이고요. 〈기차의 이방인〉도 좋고 〈누명 쓴 사나이〉나 〈현기증〉 〈사이코〉와 〈프렌지〉까지 다 훌륭해요. 한국의 선배 감독들 중에서는 김기영 감독님을 특히 좋아합니다.

– 어우, 우리 언니, 타이틀이 화려하세요.

류승완 감독의 〈피도 눈물도 없이〉에서 형사로 나오는 봉준호가 폭행 사건에 연루되어 온 이혜영의 전과를 조회해 본 후 비아냥거리면서

LEE 감독님은 연기력까지 갖춘 드문 연출자입니다.(웃음) 저는 특히 〈피도 눈물도 없이〉에서 형사로 나오셨을 때를 가장 인상적으로 기억합니다. 최근에는 (이경미 감독의) 〈미쓰 홍당무〉에도 나오셨죠? 그런데 정작 본인 영화에는 한 번도 등장하신 적이 없는데요.

BONG 연출만 하는 것도 힘들어서 현장에서 여유가 없는 사람인데, 제 영화를 만들면서 출연까지 할 수는 없죠. 〈피도 눈물도 없이〉의 그 형사 역은 원래 김지운 감독님이 하기로 되어 있던 건데 펑크가 나서 제가 '땜빵'을 한 경우였죠. 제 출연작 중 유일하게 자랑스러운 것은 〈인류멸망보고서〉(임필성)에서의 연기에요. 개량 한복을 입고 심야토론회 패널로 나오거든요. 사이비 시민단체 회원으로 나와서 기타까지 치면서 엄청나게 애드리브를 쏟아부었죠.(웃음) 그것 외에

다른 출연작들은 전부 창피해요.

– 오늘 박기자 새끼 안 보이네. 휴가 갔나.
씹새끼, 그거 안 보니까 속이 시원하네.

〈살인의 추억〉에서 송강호가 사건 현장을 두리번거리면서

LEE 민망한 질문을 해서 대단히 죄송합니다.(웃음) 기자들이 귀찮으실 때가 많으시죠?

BONG 그 대사는 강호 선배의 애드리브예요.

LEE 아, 송강호씨가 기자들을 귀찮아하시는 거군요.(웃음)

BONG 그것보다 공포스러워 한다는 게 더 맞을 거예요. 특히 나이 많은 기자분들 중에는 '완성된 성인 남자형'이 많잖아요?(웃음) 〈살인의 추억〉 때 어느 분께서 굳이 술을 마시면서 인터뷰 하자고 하시더라고요. 그래서 인터뷰를 했는데, 제가 쭈욱 말을 늘어놓아도 도무지 적지를 않으세요. 그렇다고 녹음하시는 것도 아니고요. 그래서 어떻게 쓰시려나 싶었는데, 나중에 신문을 보니 제 발언이 전부 다 틀리게 나왔더라고요. 사실 아까 말씀드린 대로, 저는 '한국 성인 남자' 자체에 대한 공포심이 있거든요. 어쩔 수 없이 따라간 룸살롱에서 쭈뼛거리다가 여종업원들에게 존댓말하고 있는 제 모습을 보면서 경멸하는 식의 사람들이죠. 저도 성인 남자인데 그런 '완성된 성인 남자'들 사이에 들어가서 엮이거나 대화를 나눠야 하는 상황이 무척이나 두려워요. 소위 '완성된 성인 남자'에 대한 공포라고 할까요.

LEE 그러실 것 같아요.(웃음)

BONG 완성된 성인 남자들 사이에 앉아 있어야 할 때가 정말 싫어요. 지방에 특강 갔다가 양복 입은 교수들 틈바구니에 앉게 되었을 때 보면, 그분들은 말하는 패턴도 정해져 있어요. 제가 유머를 구사해봐도 아무런 반응이 없고요. 그럴 때는 저 역시 포맷화된 방식으로

응해줘야 하는데, 참. 그분들의 안정된 자세와 눈빛이 싫어요. 사실 어떤 그룹도 상층부는 다들 그런 사람들이더라고요. 평생 유머 한 번 구사하지 않았을 듯싶은, 동상銅像 같은 느낌이랄까요. 기자 분들만 해도, 저는 솔직히 젊은 기자, 아줌마 기자, 여자 기자 들이 상대적으로 더 좋아요.

LEE 죄송합니다.(웃음)

BONG 어, 젊으시잖아요.(웃음)

– 사진 너무 예쁘게 나왔다.

〈괴물〉에서 고모인 배두나가 합동분향소에서

조카인 고아성의 영정 사진을 보다가 눈물을 주르륵 흘리면서

LEE 제 블로그에 다음 부메랑 인터뷰로 아마 봉준호 감독님을 하게 될 것 같다고 썼더니 어떤 분이 댓글을 통해 "박찬욱 감독님 잘 나온 사진은 많은데, 봉준호 감독님 잘 나온 사진은 거의 없다"면서 특별히 사진을 잘 좀 찍어달라고 부탁하더라고요.

BONG (사진기자를 보면서 큰 소리로) 저 좀 잘 좀 찍어주세요.(웃음) 박찬욱 감독님이나 김지운 감독님 같은 분들은 다 잘생기셨잖아요. 무슨 사진 탓을 하겠어요. 제가 못생겨서 그런 거죠.

LEE 제 생각에는 감독님의 독특한 헤어스타일 때문인 것 같아요. '봉' 두난발 스타일이라고 할까요.(웃음)

BONG 이건 스타일이라고 할 것도 없어요. 아무것도 하지 않은 머리거든요. 파마 했냐고 물으시는 분들이 많은데, 저, 억울해요. 좀 이상한 이야기지만, 제가 고등학교 2학년 때까지 직모였는데 갑자기 두 달 사이에 곱슬머리로 바뀌어버렸어요. 지난번에는 병원에 갔는데 제가 옆에 서 있는 것도 모르고 한 학생이 자기 친구에게 저에 대해 이야기하는 거예요. "거, 왜 있잖아? 젊고 머리 부스스한 감독."

(웃음) 전 그냥 머리를 감고 나서 젤도 바르지 않아요. 드라이도 안 하고요. 너무 귀찮아서요.

LEE 말씀하시는 걸 들으니, 아무래도 사진이 예쁘게 나오지 않는 걸 감수하셔야 할 것 같습니다.(웃음)

- 누나, 나 그거 먹고 싶어. 바나나 우유.
- 그럼 내친김에 다 말해 봐.
  여기서 나가면 뭐부터 먹을 건지. 일등부터 십등까지 쫘악.
  누나가 매점하니까 다 갖다줄 수 있거든.
- 천하장사 소시지, 삶은 계란, 핫도그,
  메추리알, 통닭, 컵라면…….

〈괴물〉에서 좁은 하수구에 갇힌 이동호가 고아성에게 자신이 먹고 싶은 것들을 나열

LEE 〈괴물〉에서 하수구에 함께 갇혀 있던 현서(고아성)가 먹고 싶은 것을 물었을 때 세주(이동호)가 일일이 열거하던 열 가지 음식이 무척 인상적이던데요?

BONG 그 음식들이 전부 다 그 아이가 실제로 그때 먹고 싶은 것들이었거든요.(웃음)

LEE 그렇다면 지금 감독님이 먹고 싶은 음식은 어떤 것들일까요. 다섯 가지만 말씀해 주시겠어요?(웃음)

BONG 음…… 게장 백반, 총각김치, 전복죽, 낫토, 오징어튀김이 생각나네요. 벌써 다섯 개 다 채운 거죠?(웃음)

LEE 특별히 미안함을 느끼는 사람들이 있으세요?

BONG 무엇보다 영화 스태프들에게 미안해요. 더 좋은 조건에서 일할 수 있도록 해야 하는데 감독이란 위치가 참 애매하죠. 제작에 대해서는 피고용인이지만, 예술적으로는 사용자의 위치니까요. 스태프들의 꿈을 빌미삼아서 '싫으면 떠나라'란 논리를 언제까지나 강요

할 수는 없다고 봅니다.

– 그 사람이야 뭐, 그러니까 전임이 됐겠죠.
나는 뭐 로비 같은 것도 못하고.

〈플란다스의 개〉에서 이성재가 평소에 학장과 좋은 관계를 맺어둬서
수완 좋게 교수가 된 사람의 이야기를 선배 임상수로부터 전해 듣고 나서

LEE 한 영화를 이루는 제반 요소들 중에서 감독님은 상대적으로 어떤 부분이 취약하다고 보십니까.

BONG 의상에 대해서 취약해요. 한 영화를 이루는 모든 것을 세밀히 컨트롤하는 편인데, 의상은 정말 잘 모르겠어요.

LEE 변희봉 선생님이 어딘가에서 하신 인터뷰를 보니, 감독님이 현장에서 화내는 것을 한 번도 목격한 적이 없다고 하시던데요?

BONG 변희봉 선생님이 못 보신 거죠.(웃음) 〈괴물〉에서 두 번, 〈살인의 추억〉에서 한 번 화를 냈어요.

LEE 그걸 또 정확히 기억하고 계시는군요.(웃음)

BONG 〈괴물〉에서는 소품인 총이 제대로 준비되지 않아서 차질이 빚어졌을 때 화가 났고, 〈살인의 추억〉의 경우는 박노식씨가 너무 차가워 얼음 기둥 같았던 전봇대에 힘들게 매달렸던 장면에서 고공 크레인 팀이 헤매는 바람에 계속 NG가 났을 때 눈이 뒤집혔죠. 제가 메가폰을 집어 던지면서 짧게 혼잣말로 욕설을 내뱉었더니 김형구 촬영감독님이 "봉감독도 화낼 때가 있냐"면서 깜짝 놀라더라고요. 스태프들은 나중에 그게 화를 낸 거였냐고 말했지만요.(웃음) 저도 다혈질이라서 속에서는 불이 끓지만, 거의 대부분 저 혼자서 그러고 말 뿐이에요. 소심해서인지, 일단 화내고 나면 나중에 계속 그 일을 떠올리면서 자학하는 스타일이라 차라리 그냥 화를 안 내고 말죠. 부부싸움도 거의 안 해요.

마더

개봉 2009년 5월 28일
출연 김혜자 원빈
상영시간 128분

CINEMA REVIEW

BOOMERANG INTERVIEW

혜자는 지방 약재상에서 일하며 홀로 아들 도준과 함께 산다. 마을의 여고생이 피살되어 시체로 발견되자 경찰은 도준을 범인으로 지목한다. 누구도 의지할 사람이 없는 상황에서 혜자는 자신이 직접 진범을 잡아 도준을 구해내기로 결심한다.

〈마더〉가 들고 온 것은 횃불이 아니라 단검이다. 이 영화는 비명조차 지를 수 없게 입을 틀어막은 채로 암흑의 심장에 정확히 비수를 박아 넣는다. 이 어둡고도 매혹적인 이야기는 기어이 마음의 현을 몇 개 끊어내고 나서야 끝이 난다. 강렬한 파토스가 지배하는 〈마더〉는 밑바닥이 보이지 않는 우물 같은 영화다.

〈마더〉는 어머니의 사랑이 얼마나 큰지를 말하는 모성 찬가가 아니다. 봉준호 감독은 모성을 이상화하는 대신, 자식을 위하는 어미의 맹목적인 사랑이 처하게 되는 딜레마를 부릅뜬 눈으로 관찰한다.

이야기는 역설로 가득 차 있다. 상기해야 할 것은 쉽게 회상되지 않는 반면, 영원히 묻어둬야 할 것은 기어이 떠오른다. 그리고 다른 이의 기억을 요구했던 자는 결국 스스로의 망각을 기원한다. 이 영화에서 가장 중요한 대사가 고아인 한 남자를 면회하며 혜자가 던지는 "엄마 없어?"라는 것은 무조건적인 모성이 디디고 선 곳이 굳건한 대지가 아니라 발목을 잡아채는 늪이라는 사실을 고스란히 일러준다.

그동안 봉준호의 영화들에서 약자는 자신과 혈연으로 이어지지 않은, 더 약한 누군가를 돌봄으로써 희망의 불씨를 이어갔다. 그러나 〈마더〉는 핏줄을 보호하려는 행위가 초래한 세상사의 뒤엉킨 그물코 앞에서 섣불리 희망을 이야기하지 못한다.

〈마더〉는 봉준호 감독의 연출력이 도달한 정점 하나를 보여준다. 이야기와 스타일을 다루는 예술적 야심은 〈괴물〉과 〈설국열차〉 사이의 소품으로 보였던 이 영화에서 오히려 가장 극명하게 드러난다.

스릴러 장르의 영화로서도 뛰어난 화술을 지닌 이 작품은 복선이 치밀한 내러티브와, 서스펜스를 능숙하게 만들어내는 테크닉을 겸비했다. 반전의 타이밍과 파괴력에서도 상당히 효과적이다. 특히 이 영화의 저변에 은밀하게 흐르는 성적인 함의는 히치콕이 프로이트적인 모티브를 끌어들여 펼쳐냈던 세계를 훌륭히 변주하면서 독특한 심리 스릴러의 분위기를 빚는다.

적지 않은 사람들이 전반부에서 〈살인의 추억〉을 떠올릴 것이다. 아닌 게 아니라, 〈마더〉는 〈살인의 추억〉에서 용의자 중의 하나였던 백광호란 인물이 현장 검증을 할 때 뒤에서 울부짖었던 그의 아버지 이야기를 어머니로 바꿔 발전시킨 이야기인 것 같은 느낌도 준다. 해프닝이 겹치는 수사 과정 역시 닮아 있다.

하지만 결국 〈마더〉는 〈살인의 추억〉과 정반대로 간다. 〈살인의 추억〉이 송강호의 앞얼굴에 대한 영화라면, 〈마더〉는 원빈의 옆얼굴에 관한 영화라고도 할 수 있다. 〈살인의 추억〉의 라스트 쇼트에서 정면을 향하는 송강호의 강렬한 시선이 과거를 잊지 않으려는 의지를 담고 있고 있다면, 〈마더〉의 마지막 장면은 흐려진 초점을 통해 모든 것을 잊으려는 몸부림을 보여준다. 그리고 수시로 등장하는 원빈의 옆얼굴 클로즈업은 반쪽의 진실만을 그려냄으로써 부조리한 삶의 양상을 암시한다.

이 영화는 김혜자라는 배우에게 바치는 특별한 헌정사이자 원빈이라는 배우를 새롭게 호명하는 추천사 같다. 김혜자라는 모성 장르 그 자체를 파격적으로 변주하는 이 영화는 첫 장면에서부터 〈마더〉가 왜 한 명의 배우로부터 시작된 작품인지를 그대로 증명한다. 귀기 서린 그의 연기는 따스한 모정과 폭발하는 히스테리에서 눈 둘 곳을 찾지 못하는 황망함까지를 극단적으로 오가면서 관객을 사로잡는다. 원빈은 미소년 같은 외모가 주는 느낌을 적절히 활용하거나 배반함으로써 언뜻 단선적으로 보일 수 있는 캐릭터를 풍부하게 살려냈다.

〈마더〉는 독무로 시작해서 군무로 끝냄으로써, 출발점과 종결점 사이의 그 모든 일들을 위무하는 거대한 굿판을 벌이려는 것으로 보인다. 마지막 장면에서 가장 속된 몸짓으로 가장 성스러운 제의를 벌이는 듯한 광경은 흔들리는 카메라와 세상을 붉게 물들이는 낙조에 담겨 모두가 한 덩어리로 보인다. 그렇게 어느 기막힌 비극 하나는 한국인의 한스러운 삶 전체로 녹아 들어간다.

영화가 끝나고 기어이 머리에 떠오르는 것은 〈선악을 넘어서〉에 니체가 적어 넣었던 경구다. "당신이 오랫동안 심연을 들여다보면, 심연 또한 당신을 들여다볼 것이다." 〈마더〉는 봉준호 감독의 가장 뜨겁고 독한 영화였다. 이 탁월한 작품에서 그는 인간이라는 심연을 들여다보았다. 어두운 심연을 오래오래 응시함으로써, 봉준호는 자신의 필모그래피 두 번째 장을 열어젖혔다.

– 우체국이죠? 저, 수사본부 서태윤이에요.
미국에서 서류 도착 안 했어요?

〈살인의 추억〉에서 김상경이 우체국에 전화를 걸어서
미국에서 날아올 유전자 감식 결과 서류에 대해 문의

LEE 외국에서 연출 제안이 많이 들어오죠? 특히 할리우드에서 그럴 것 같은데요. 외국에서 활동할 계획은 없으신지요.

BONG 저뿐만 아니라 박찬욱 감독님, 김지운 감독님, 임상수 감독님 등 제안 받으신 분들이 많을 겁니다. 중요한 것은 외국에 진출하느냐 여부가 아니라 제가 그 작품에 대해 100퍼센트 컨트롤하는 권한을 가질 수 있느냐인 것 같아요. 다들 할리우드에서는 그게 힘들다고 하지만, 〈바벨〉 같은 영화를 보면, 알레한드로 곤잘레스 이냐리투 감독이 100퍼센트 컨트롤하고 있다는 게 보이잖아요. 그런 게 이상적인 할리우드 진출 케이스라고 봐요. 그게 보장이 안 되면 못 하는 거죠. 만일 그게 된다면 어느 나라에서든 영화를 할 수 있다고 봅니다.

LEE 할리우드에서 연출 제안이 들어오기 시작한 것은 〈살인의 추억〉 이후부터인가요.

BONG 맞아요. 심지어 앨프리드 히치콕의 〈새〉를 리메이크 해달라는 경우도 있었어요. 주연 배우로 나오미 왓츠를 캐스팅했다나요. 잠깐 고민하다가 그다지 득이 될 게 없는 프로젝트인 것 같아서 포기했죠. 일본에서는 〈20세기 소년〉 연출 제안이 있었어요. 제가 무척 좋아하는 원작이어서 하고 싶은 마음도 있었는데, 제반 조건이 부담스러워 결국 거절했어요. 앞으로 하게 될 〈설국열차〉는 국제적으로 긴밀한 협조를 갖춰야 할 것 같아요. 그 대신 우리가 주도권과 작품을 컨트롤할 수 있는 권한을 유지할 거구요. 예전에 오우삼 감독이 처음 할리우드에 진출할 때 〈하드 타겟〉 같은 영화를 데뷔작으로 찍으면서 고생하고 그러는 게 별로 좋은 예는 아닌 듯합니다. 〈괴물〉은 할리우드 배우와 할리우드 컴퓨터 그래픽 회사를 우리가 주도해서 쓴 경우잖아요? 그런 방식이 괜찮은 것 같아요.

– 야, 기차 오잖아, 임마.

〈살인의 추억〉에서 살인사건 목격자인 박노식이 철로 위로 도망치자 송강호가 다급하게 제지

LEE 〈설국열차〉는 감독님이 자주 가시는 홍익대학교 근처 만화서점에서 우연히 보게 된 원작 만화에 매료되면서 시작된 프로젝트인 것으로 알고 있습니다. 아까 말씀해 주신 폐소 공간의 모티브 외에 원작의 어떤 점이 특히 매력적이라고 느끼셨나요.

BONG 스트레스가 쌓일 때마다 말씀하신 그 만화서점으로 한 달에 한두 번씩 가요. 거기 가서 이것저것 뒤지다가 충동구매를 하는 식이죠. 〈살인의 추억〉이 끝나고 〈괴물〉을 준비하던 2004년 무렵이었는데, 우연히 그 서점에서 〈설국열차〉를 발견하고 선 채로 다 읽었어요. 기차에 대한 로망이 누구에게나 있잖아요? 칙칙폭폭 달리는 기차와 창밖으로 흘러가는 풍경을 생각하면 다들 마음이 들뜰 테니까요. 특히 이 원작은 영하 80도의 혹한 속에서 살아남은 사람들이 기차를 타고 끝없이 간다는 설정이 정말 매력적이고 놀라웠어요. 그림체도 매혹적이었고요.

– 어, 되게 많다.

〈마더〉에서 원빈이 골프장 곳곳의 골프공들을 보면서

LEE 사실 〈설국열차〉의 원작은 분량이 그리 많지 않잖아요? 그런데도 그 안에는 정말 다양한 모티브들이 담겨 있습니다. 죽지 않기 위해 끝없이 궤도를 달려야 하는 사람들의 이야기라는 점에서 실존적

인 측면이 있는가 하면, 계급문제를 포함해 많은 사회문제를 다루고 있어서 문명비판적인 측면도 강한 것 같아요. SF는 먼 훗날을 무대로 하지만, 사실 미래라는 가상의 시공간을 빌어서 갖가지 문제들을 지닌 현재에 대해 발언하는 장르잖습니까.

BONG 맞아요. 원작에서 그 살아남은 사람들이 엄혹한 상황 속에서도 서로 생존을 위해 힘을 합치지 않고, 기차의 칸들마다 나뉘어 거듭 싸우는 모습이 충격적이었어요. 맨 뒤칸에는 비참한 형편의 사람들이 있는데, 앞으로 갈수록 여유로운 지배층이 타고 있죠. 비행기에서 이코노미클래스를 타고 열 몇 시간씩 허리 통증을 참아가며 비행한 끝에 내리면, 가끔 비즈니스나 퍼스트클래스의 좌석을 지나쳐서 내리게 되는 경우가 있는데. 그때 그 넓은 자리들을 보면 갑자기 울컥하기도 하잖아요. 아니, 이 사람들은 이렇게 넓고 쾌적한 자리에 앉아서 왔단 말이야?(웃음) 그런 경험이 떠오르기도 했습니다.

LEE 박찬욱 감독님이 〈설국열차〉의 제작자시죠? 박감독님은 어떻게 그 영화의 제작을 맡게 되셨습니까.

BONG 영화화를 결심하고 처음에는 제 영화를 이전에 제작하신 다른 분께 제안했어요. 그런데 그분이 별다른 관심을 보이지 않으셨죠. 그래서 마침 당시에 직접 제작사를 차리신 박찬욱 감독님께 원작을 보여줬더니 무척 좋아하시더라고요. 그 이후 곧바로 판권을 구입하게 됐죠.

LEE 〈설국열차〉는 워낙 희귀한 프로젝트이니만큼 제작과정이나 방식에 대해서도 궁금해져요. 예를 들어서 캐스팅은 어떻게 하는지, 배우는 한국 배우 위주로 짜이는지 외국 배우들도 포함되는지, 극중 언어는 한국어인지 영어인지 프랑스어인지, 제작 기간은 어떻게 되는지 등등 말입니다.

BONG 현재로서는 모든 게 준비 단계예요. 이제 슬슬 각본을 쓰기 시작해야죠. 미리 어느 정도 생각해 놓았기에 대강의 틀은 잡혔어요. 원작 만화로부터는 기본 콘셉트만 가져올 거예요. 인물과 상황은 상당히 달라질 것 같아요. 다국적 성격을 가진 영화가 되지 않을까 싶은데 아마도 다양한 국적의 배우들이 뒤섞일 듯해요. 저는 사실 합작을 위한 합작 영화를 싫어하는데, 이 영화는 스토리 자체가 그런 콘셉트를 갖고 있어서 그게 적절할 것 같아요. 대사도 한국어 대사와 외국어 대사가 뒤섞이겠죠. 그리고 특수 효과가 정말 많이 필요할 거예요. 2012년 개봉을 목표로 하고 있어요. 일단은 제가 〈마더〉 개봉 후 한계상황이라 좀 쉬게 될 것 같습니다. 제가 좀 많이 지쳤기에 쉬어도 슬프게 쉬어야 할 듯해요.(웃음) 2010년까지 시나리오를 완료하고 2011년쯤 촬영에 들어가지 않을까 싶어요. 그러면 늘 해왔던 간격대로 3년 만에 신작이 나오게 되는 거죠. 이제 단편 작업은 당분간 안 하고 싶어요. 〈설국열차〉에만 집중하고 싶습니다. 준비해야 할 것이 많아서 아주 힘든 작업이 될 것 같네요.

– 한강 둔치의 시민들을 습격한 뒤 홀연히 사라졌던 괴생물체가
당초 예상보다 훨씬 더 치명적인 존재라는 사실이
속속 드러나고 있습니다.

〈괴물〉에서 괴생명체의 난동 사실에 대해 다급하게 보도하는 텔레비전 뉴스 앵커

LEE 〈괴물〉 때 그렇게 고생을 하시고도 또 대작을 하시게 됐네요.(웃음)

BONG 저는 사실 개인적으로 규모가 크고 제작비가 많이 드는 영화가 싫어요. 〈괴물〉도 하다 보니까 어쩔 수 없이 제작비가 커진 경우였죠. 〈설국열차〉 역시 기차 풍경이나 대지가 얼어붙은 스펙터클을 보여주려면 어쩔 수 없이 규모가 커질 수밖에 없을 거예요. 하지만 제가 보여주고 싶은 건 규모 그 자체라거나 외국 배우들을 캐스팅했다는 사실은 아니에요. 얼어붙은 땅을 달리는 기차나 스토리가 주는 정서 같은 것, 인간들의 처절한 모습을 제대로 보여주고 싶은 거죠. 그런 걸 보여주려다 보니 특수효과와 스펙터클도 어쩔 수 없이 동원

해야 한다는 게 더 맞는 말인 것 같아요. 무엇보다 관객들이 그 영화를 피부로 직접 느끼게 하고 싶어요. 생존자들이 기차에 타고 있는데 바깥은 영하 80도의 혹한이라는 사실을 구체적이고 물리적인 감각으로 전달하고 싶은 거죠. 단순히 '기차 내부는 세트에서 찍고 창밖 풍경은 블루 스크린으로 처리했겠지'라고 짐작되도록 쉽게 넘어가는 게 아니라, 창문 틈새로 스며드는 냉기가 관객의 살갗에 닿는 느낌을 만들고 싶다고 할까요.

LEE 듣기만 해도 괜히 제가 다 걱정이 되네요.(웃음)

BONG 그런 기본적인 전제가 관객을 설득하지 못한다면, 이후 인물들의 우여곡절이나 영화에서 펼쳐지는 사건들이 모래 위에 성을 지은 것처럼 쉽게 무너질 수 있다는 거죠. 가장 기본적이고 원초적인 감각을 살려내서, 기차에서 떨어지는 건 곧 죽음을 의미한다는 것임을 구체적으로 전달하고 싶어요. 개인적으로 요즘 할리우드 영화를 보면 신기한 비주얼 이펙트가 많긴 한데, 컴퓨터그래픽이 지나치게 남용된다는 느낌이 듭니다. 〈설국열차〉에서는 물리적이고 아날로그적인 느낌을 주고 싶어요. 기차를 실제로 만들어서 남극이나 북극 같은 곳에서 실제로 스태프들이 추위에 떨며 찍은 것 같은 느낌이 아니면 곤란할 것 같아요.

– 오신 김에 우리 얘기나 실컷 합시다. 어휴, 추워라 추워.

〈마더〉에서 고물상 노인이 자신을 방문한 김혜자에게

LEE 문자 그대로 '쿨'한 영화가 될 듯하네요. 겨울에 찍어서 여름에 상영하면 정말 좋을 것 같아요.(웃음) 〈설국열차〉도 정말 특수효과가 많이 들어갈 작품일 텐데, 사실 감독님이 특수효과를 제대로 쓰신 것은 〈괴물〉에서가 처음이었잖아요? 그 영화가 제작에 들어갈 때 다들 감독의 연출력은 믿었지만 특수효과의 완성도는 의심하는 분들이 많았죠. 특수효과의 품질이라는 게 감독의 연출 능력만으로는 커버할 수 없는 것이니까요.

BONG 〈괴물〉을 만들던 3년 동안, 컴퓨터그래픽이 전 국민의 관심사라는 것을 실감했어요. 거의 축구 수준이더라고요(웃음). 제대로 착수도 하기 전에 〈괴물〉이 화두가 되어 이미 인터넷에서 "우리도 할 수 있다"와 "결국 안 된다"를 놓고 논전이 벌어졌죠. 전 국민적인 CG 콤플렉스라고 할까요. 저야 열심히 준비하는 수밖에 없었어요. 처음에는 국내 업체를 알아봤는데 결국 경험 있는 슈퍼바이저가 필요하다고 판단해서 외국 업체들과 접촉해야 했죠. 피부를 가진 생물체가 컴퓨터그래픽에서는 최고 난도니까요. 해외 메이저 회사들을 두드려보니 조지 루카스의 ILM의 경우 가격이 한 쇼트당 1억 원 정도 견적이 나오더군요. 애초에 괴물은 120쇼트 정도 등장할 예정이었기에, 그 계산대로라면 컴퓨터그래픽에만도 무려 120억 원이 들어가는 것이기에 답이 안 나오더라고요. 결국 저는 감독이면서도 특수효과에 대해서는 프로듀서 마인드를 가질 수밖에 없었어요. 그런 중압감을 즐겁게 받아들이면서 괴물이 등장하는 쇼트를 줄이는 것을 오히려 창의성을 발휘할 기회로 삼기 위해 노력했죠.

LEE 강두(송강호)가 괴물의 입에 마지막으로 찔러 넣은 쇠파이프에서 손을 떼었는데도 여전히 파이프가 부르르 떨리는 것으로 묘사한 장면이 그 예가 될 것 같은데요? 그 장면에서는 괴물을 제대로 등장시키지 않고도 절묘한 효과를 빚어내셨잖아요. 입에 찔러 넣은 직후 강두의 다리가 뒤로 밀리는 쇼트와 파이프가 부르르 떨리는 쇼트로 괴물의 최후를 그려낸 것은 참 인상적인 연출이었습니다.

BONG 정작 그 장면들을 촬영했을 때는 진짜 우스꽝스러웠어요. 생각해 보세요. 나중에 컴퓨터그래픽으로 처리할 것을 예상하면서 스태프가 공중에 치켜든 두 손에 파이프만 들고서 흔들어대는 모습을 찍는 것이었으니까요. (두 팔을 들고 부르르 떠는 흉내를 직접 내면서) "이렇게요? 아니면 요렇게요?" 제게 끊임없이 물으며 장시간 계속 변주해서 떨어댔죠.(웃음) 스티븐 스필버그도 〈죠스〉를 만들 때 고무로 만든 상어가 자꾸 고장이 나자 이를 대체하기 위한 상어의 시점 쇼트를 만들어 섬뜩한 효과를 만들어냈잖아요. 제한이 창의성을 오히려 촉진하는 경우도 분명히 있는 것 같아요.

LEE 처음에는 특수효과를 뉴질랜드의 웨타스튜디오와 함께 하려다가 바꾸셨죠?

BONG 제한적인 예산 규모에서 어떤 회사와 협력해야 최선인가를 고민하다가 처음에는 〈반지의 제왕〉을 만든 뉴질랜드의 웨타스튜디오와 주로 논의했어요. 그런데 마지막 순간에 예산 문제와 그쪽에서 담당하게 된 피터 잭슨의 〈킹콩〉 일정 문제로 결렬됐어요. 갑자기 값을 올려 불렀거든요. 그때가 가장 큰 위기였죠. 영화 엎어지는 것 아닌가 생각했으니까요. 그러다가 (〈슈퍼맨 리턴즈〉와 〈해리 포터〉 시리즈의 특수효과를 담당한) 미국 회사 오퍼니지와 연결되어 작업하게 됐어요. 쇼트당 3,000~4,000만 원 정도 들었어요. 전화위복이 된 거죠. 결국 국내에서 담당한 비용까지 다 합쳐서 특수효과에 대략 50억 원가량 들었습니다.

LEE 사실 예상보다 적은 가격인 것 같은데, 시장이 좁은 한국 영화이기에 오퍼니지 쪽에서 깎아준 것인가요?

BONG 그건 아니에요. 50억 원이면 〈지퍼스 크리퍼스〉 특수효과에 들인 돈이 동일하다고 하더라고요. 그런데 결과를 보면 우리 쪽이 훨씬 더 잘된 것 같아요. 오퍼니지에는 최고 난도의 핵심 부분만 맡기고, 컴퓨터그래픽을 위한 물리적 특수효과를 포함한 나머지 기본적 부분들은 한국에서 했죠. 디자인도 우리가 직접 하면서 계속 협업을 했어요. 예산을 최대한 절감하기 위해서 오퍼니지 일정에 맞추는 경우가 많았는데, 그거 하느라고 배우와 스태프들이 정말 고생했어요.

– 한강 아주 큽니다. 미스터 킴. 마음을 크고 넓게 가집시다.

〈괴물〉에서 주한미군 간부가 독극물을 그대로 한강에 쏟아 부으라고 지시한 후 그에 대해 한국 직원이 망설이자

LEE 〈괴물〉은 100억 원이 훨씬 넘는 프로젝트였으니 당연히 제작비에 대한 부담이 클 수밖에 없었을 것 같네요.

BONG 제가 쓰는 돈에 대한 예의랄까, 최대한 합리적으로 하려고 했어요. 그게 다 투자하신 분들이 힘들게 번 돈일 테니까요.

– 어, 저기 저기, 헤엄친다.
– 근데 꼬리가 도대체 몇 개야?
– 그러게, 은근히 징그럽구만.

〈괴물〉의 도입부, 한강에서 낚시를 하던 두 남자가 아직 다 자라지 않은 괴물을 우연히 발견하고서

LEE 괴물의 외양을 눈여겨보면 정지 상태에서는 입이 돋보이고 이동할 때는 꼬리가 돋보이더군요. 크게 벌렸을 때 여섯 조각으로 갈라지는 입의 모양과 교각에 칭칭 감아가며 이동하는 꼬리의 모양이 특히 인상적이었죠.

BONG 입 모양은 전적으로 장희철 디자이너의 작품이었어요. 동작대교 교각에서 텀블링을 하는 것 같은 동작으로 이동하는 장면은 구체적으로 제가 지시를 했고요. 그 괴물의 경우에는 날렵하게 치고 빠지는 동작이 중요하다고 봤거든요. 교각에서 어떻게 움직이면 인상적일까를 많이 생각했죠.

– 아줌마 눈이랑 똑같아.

〈마더〉에서 전미선이 원빈의 눈이 예쁘다고 칭찬한 뒤 엄마인 김혜자의 눈과 닮았다면서

LEE 가가와 데루유키와 아오이 유우를 주연으로 단편 〈흔들리는 도쿄〉를 찍으시면서 미셸 공드리, 레오스 카락스와 함께 옴니버스 영화 〈도쿄〉에 참여하셨죠. 외국에서 외국 배우 및 외국 스태프들과 함께 일하신 것은 그때가 처음이셨을 텐데, 나라에 따라 영화 찍는 방식이 상당히 다르다고 느끼셨습니까, 아니면 영화를 찍는 것은 어디나 흡사하다고 느끼셨습니까

BONG 작업하기 전에는 일본 배우나 일본 스태프와 제대로 소통할 수 있을지에 대해서 의문스럽기도 했어요. 의도적으로 외롭게 영화를 만들면서 그런 환경에서 제가 어떻게 할 수 있는지 시험해 보고 싶은 생각도 있었고요. 그런데 막상 작업을 해보니까 어디서 누구와 해도 결국은 다 똑같다는 것을 알게 됐어요. 언어는 다르더라도 인간이 표현하는 방식은 동일하기 때문이었죠. 결국 저는 영화가 인간의 감정을 다루고 전달하는 매체라서 똑같다는 결론에 도달하게 됐어요. 저로서는 규모가 큰 〈괴물〉이든 규모가 작은 〈플란다스의 개〉든 외국에서 찍는 〈흔들리는 도쿄〉든, 스토리와 감정을 어떻게 다뤄서 관객을 끌고 갈 것인가라는 점에서는 근본적으로 같다고 봐요. 새 영화를 만들면 매번 새로운 국면이나 조건에 처하게 되지만, 돌이켜보면 제가 겪어야 했던 고충이나 고민은 늘 동일하게 반복되는 느낌이라고 할까요. 〈마더〉를 준비하면서 겪었던 고민도 똑같습니다. 그래서 자괴감도 생겨요. 어쨌든 10여 년간 장편 시나리오를 네 편 이상 썼는데도 뭔가 축적된 느낌이 없고 매번 새로운 인물과 과제인 것 같아서, '내가 계속 제자리걸음을 하는 건 아닌가' 싶은 공포감이 생기는 거죠.

– 외국에서 한참 고생하고 와 가지고.

〈플란다스의 개〉에서 이성재가 못 먹는 술을 억지로 받아 마셨다가 변을 당한 남자 이야기를 선배 임상수에게 전해 듣고서

LEE 서로 말이 통하지 않아서 힘드셨던 것은 없었습니까.

BONG 촬영을 위해 일본에 가기 전에 딱 하나 감독으로서 두려웠던 건 언어에 대한 것이었어요. 한국어 대사를 쓰면서 뉘앙스 바꾸는 걸 좋아하는데 일본어 대사로는 그렇게 할 수 없을 것 같아서요. 그런데 실제 촬영에 들어가보니 할 수 있겠다는 확신이 들었어요. 그 뜻을 정확히 몰라도 자꾸 찍다 보니 그 말을 그렇게 한 뉘앙스가 뭔지에 대해서 알겠더라고요. 그래서 대사의 느낌에 대해 일본 배우들과 교감하면서 찍었어요. 외국어 대사이고 내가 모르는 언어인데도 어감을 조절할 수 있다는 게 제일 기뻤죠. 말이란 감정의 표현이기에 그걸 기준으로 하면 얼마든지 의사소통을 할 수 있다는 것을 확인하게 됐어요. 전혀 모르는 언어에 대한 공포감을 없앤 게 〈흔들리는 도쿄〉의 가장 큰 수확 중 하나였습니다.

– 그나저나 아침에 소나기 잔뜩 왔잖아?
뭐, 웬만한 건 다 뭉개졌겠네.

〈마더〉에서 윤제문이 피살 시체가 발견된 옥상을 둘러보다가

LEE 데뷔작 〈플란다스의 개〉에서는 교수 채용을 둘러싼 사회의 구조적인 모순을 주요 모티브로 다뤘지만 전체적인 분위기는 가볍고 밝은 쪽이었습니다. 그런데 〈살인의 추억〉 〈괴물〉을 거쳐오면서 점점 더 영화들이 어두워졌죠. 그리고 이번 〈마더〉는 전작들과 비교가 되지 않을 정도로 무겁고 암울합니다. 더구나 다음 영화 〈설국열차〉도 무척이나 음울한 영화일 것 같은데요.

BONG 일단 디스토피아를 다루게 되니까요. 〈괴물〉에서는 전작들로부터 계속 이어져온 지리멸렬한 것들을 총결산하려는 느낌이 있었죠. 〈마더〉를 찍으면서 새롭게 해보려는 마음이 있었던 것은 분명해요. 달라지고 싶은 마음이라고 할까요. 물론 그런 의도로 작품의 모든 것을 조직한 것은 아니지만요. 후회는 없어요. 그렇게 하고 싶었으니까요. 그런 면에 있어서 멈칫거리고 싶지 않았습니다. 이번에 인간의 심연을 들여다볼 수도 있는 거니까요. 영화가 예술이라면 충분히 갈 수 있는 방향이라고 믿었어요. 어떤 영화를 찍었다는 것은 이미 어딘가에 강렬하게 끌렸다는 거죠. 제가 찍어온 영화들은 모두 뭔가에 강하게 이끌렸던 결과물이었어요. 그렇게 시작해도 영화를 만들기가 얼마나 힘든데, 당위로 출발하면 도저히 완성하지 못할 것 같아요. 엄마가 이 지경이 되는 것을 보고 싶어서 〈마더〉를 찍었고, 괴물이 한강에서 나오는 걸 보고 싶어서 〈괴물〉을 찍었습니다. 그런 점에서 후회는 없어요. 다만 내가 왜 그런 충동을 느꼈는지는 내가 나를 분석해야 하는 거라서 아직 답이 안 나오고 있을 뿐이죠.

– 또다른 내가 온 거야.

〈마더〉에서 진구가 경찰서에서 윤제문에게 보여주는 휴대전화 동영상 속에서 김종서의 〈아름다운 구속〉을 노래하는 여자친구

LEE 저는 먼 훗날 봉준호 감독님의 필모그래피를 살펴보면 〈마더〉가 하나의 기점을 이룰 것 같다는 생각이 듭니다. 봉준호 영화세계의 두 번째 챕터를 열어젖힌 작품으로 기록될 것 같다는 거죠. 스스로는 어떻게 느끼십니까.

BONG 제가 데뷔작 〈플란다스의 개〉를 찍은 게 정확히 10년 전입니다. 〈마더〉는 제가 사십대가 되어서 처음 찍은 작품이기도 하고요. 그동안 많은 일이 있었죠. 제가 의도한 것도 있었고 의도하지 않은

것도 있었어요. 그 과정에서 〈마더〉를 통해 조금이나마 달라지고 싶고 좀더 나아가보고 싶은 생각이 없지 않았습니다. 제가 스스로 규정한다고 그렇게 인위적으로 될 수 있는 것은 아니지만요.

- 목격자고 나발이고 씨발, 다 필요 없어. 자백만 받아내면 돼.
  박현규 그 새끼를 죽도록 두들겨 패는 거야.
- 너 많이 변했다.

〈살인의 추억〉에서 원래 이성적인 수사를 하던 김상경이 좌절감에 점점 거칠게 변해가자 자제를 시키는 송강호

LEE 신인 감독 시절과 지금을 비교하면 스스로가 좀 달라졌다고 느끼십니까.

BONG 성격이 급해졌어요. 거칠어진 부분도 있고요. 〈괴물〉을 찍을 때 제가 좀 달라진 걸 느꼈어요. 그래서 지금은 그걸 치유하려고 합니다. 〈괴물〉과 〈마더〉를 준비하면서 너무 힘들었거든요. 〈설국열차〉는 차분하게 찍으려 해요. 성격은 좀 달라진 것 같지만, 반면에 제가 만드는 영화들은 변하지 않았다고 생각합니다. 좋아하는 스타일이나 분위기가 달라지지 않았고, 오히려 강화된 측면까지 있는 것 같아요.

- 진작 말씀을 하시지. 미안합니다.
  근데, 싸움을 그렇게 못해서 어떡해, 형사가.
- 거 사람을 그렇게 못 알아봐서 어떡해, 형사가.

〈살인의 추억〉에서 송강호가 서울에서 막 내려온 형사 김상경을 강간범으로 오인해 마구 때린 것에 대해 사과하자 김상경도 그 말을 받아 삐딱하게 응수

LEE 감독이란 직업은 어떻습니까. 감독이 절대로 못 해서는 안 되는 게 있다면 어떤 것일까요.

BONG 자신이 원하는 이미지가 있어야 한다는 것이죠. 감독은 결국 그것 하나로 버티는 거라고 생각해요. 그 이미지를 완성해서 스크린에 투사하기까지의 과정이 사실 너무 힘들고 가시밭길이잖습니까. 캐스팅, 장소 섭외, 촬영 등 모든 것이 다 그렇죠. 그런 고통스러운 과정을 견뎌낼 수 있는 것은 결국 내가 찍고 싶은 이미지가 있기 때문이에요. 젊은 감독이 이래서는 안 되겠지만, 사실 저는 그 과정이 매우 힘들어요. 그런데 '이거 하나는 반드시 찍어야 돼'라는 생각 하나로 버티는 거죠.

– 뭐야? 벌써 갔어? 아, 어떡해. 우리가 싫은가 봐.

〈마더〉에서 원빈이 변호사가 첫 접견에서 금방 떠나는 것을 보고 나서 김혜자에게

LEE 〈살인의 추억〉 때까지만 해도 봉준호 감독님을 싫어하는 관객들이 거의 없었죠. 그런데 〈괴물〉의 거대한 성공 이후에 소수이긴 해도 소위 '안티'가 생겼습니다. 성공의 필연적인 그늘이라고 할까요. 물론 대다수의 관객들은 봉준호 감독님을 좋아하지만, 그런 사람들도 존재한다는 사실에 대해서 부담을 느끼시는지요.

BONG 감독은 대중과 영화로 만나는 사람이고 작품을 통해서 노출되는 직업일 뿐입니다. 저는 작품이 저의 공적인 인격체라고 생각해요. 제 영화가 나쁘면 엄청나게 욕을 할 것이고 그 반대면 좋아해주겠죠. 그 흔한 미니 홈페이지조차 없는 사람으로서, 저는 오로지 작품을 통해서만 사람들을 만나고 싶어요. 저는 소위 공인으로서의 어떤 신분을 자각하고 싶지도 않고, 유명인 행세를 하고 싶지도 않습니다.

– 그러니까네, 발자국 말곤 아무것도 찾은 게 없다, 이거지?

〈살인의 추억〉에서 형사반장 송재호가 김상경의 보고를 들은 뒤에

LEE 결국 세월이 흐르면 창작자 뒤로 남는 것은 발자국밖에 없을 거라고 봅니다. 먼 후일에 어떤 발자국을 남기고 싶으세요? 훗날 어떤 평가를 받기 원하십니까.

BONG '그 사람 영화는 참 특이했다', 그런 코멘트 하나면 만족할 것 같습니다. 그게 예술가들이 궁극적으로 추구하는 것 아닌가요? 그 사람이 아니면 안 되는 것 말입니다. 그게 이 대량복제 시대에 유일하게 예술가가 누릴 수 있는 영예겠죠. 저 사람 영화 참 특이했다, 저 사람이 죽으면 저런 영화들을 다시는 볼 수 없을 것 같다, 그런 발자국이면 정말 좋을 것 같습니다.

BOOMERANG INTERVIEW

DIRECTOR
RYOO SEUNG WAN

PHOTO ⓒ 김보배

장르의 쾌감과 삶의 비감 사이 걸음을 멈추지 않는 장남의 영화 **류승완**

류승완 영화세계의 특징은 그가 만들어온 장편들의 제목에 고스란히 반영되어 있다. '액션'(다찌마와 리)에 특별한 애정을 갖고 있는 그는 흔히 '버디무비'(짝패)의 형태로 원초적인 매혹을 표현한다. 하지만 그것을 품고 있는 세계는 '파국'(죽거나)으로 치닫기 일쑤인 '음울'(나쁘거나)한 곳이다.

요컨대, 그의 영화에서 '장르의 쾌감'(주먹)을 감싸고 있는 것은 언제나 '뻘밭으로서의 삶'(운다)이다. 게다가 쉬지 않고 움직이는 카메라워크와 쉴 새 없이 장면 사이에 고리를 만들어 당겨대는 편집을 포함한 '떠들썩한 스타일'(장풍대작전)은 종종 '과다한 폭력'(피)과 '과잉의 드라마'(눈물)를 연출하며 그의 영화를 스크린 밖으로 흘러 넘치게 한다.

그런데 참 이상한 일이다. 텍스트와 콘텍스트가 서로 충돌하고, 과도한 에너지가 휩쓰는 듯한 그의 영화세계에서 이 모든 요소들은 서로 모순이 되지 않는다. 기이하게도 류승완의 교감신경과 부교감신경은 길항작용을 하지 않고 오히려 서로를 북돋아준다. 그것은 그의 작품이 온통 책임에 짓눌려 있으면서도 결코 걸음을 멈추지 않는 '장남長男'의 영화이고 '구도求道'(아라한)의 영화이기 때문이다. 그리고 그게 류승완 감독의 영화가 늘 흥미로운 이유다.

인터뷰를 하기 위해 찾은 류승완 감독의 방은 그의 영화세계를 고스란히 닮아 있었다. 문을 열고 들어서자마자 서로 겹쳐진 채 벽을 완전히 메우고 있던 수많은 포스터와 배우 사진들이 일제히 소리를 질러대는 듯했다. 그리고 그 모든 것은 하나의 육체를 이룬 유기체처럼 보였다. 그 속에서 뜨거운 여름날의 오후를 닫으며 시작했던 인터뷰는 가을을 느끼게 하는 새벽을 열며 끝났다.

– 막말로 전두환이나 노태우보다 (김)광선이가 우리나라를 더 알린 거 아냐? 우리 국민들이 정말, 에이 씨발, 정말 우리한테 이러면 안 돼.

〈주먹이 운다〉에서 올림픽이나 아시안게임에 열광했다가 금방 식는 사람들에 대해서 울분을 토하는 아시안게임 은메달리스트 최민식

LEE 며칠 전 〈주먹이 운다〉를 다시 보면서 올림픽을 떠올렸습니다. 베이징 올림픽 열기가 실로 대단했는데, 그때 경기들 좀 보셨나요?

RYOO 전혀 못 봤습니다. 버스 안에서 잠깐 지나가면서 본 것 정도예요. 요즘 집에서 텔레비전을 안 보거든요. 제가 의외로 스포츠 보는 걸 별로 안 좋아해서요. 장미란 선수나 박태환 선수가 금메달 딴 소식 정도 접했을 뿐이에요. 무대 인사를 다니다보면 사람들이 올림픽 이야기를 하니까 전해 들었던 거죠. 기본적으로 저희 집에 텔레비전이 없어요. 어려서 어른들을 보면 왜 저렇게 요즘 가수들을 모르나, 어떻게 서태지와 현진영을 헷갈리나 싶었는데, 이제는 제가 그렇게 된 것 같습니다.(웃음)

LEE 왜 텔레비전이 없습니까.

RYOO 아이들 때문이었어요. 우리 부부의 방침인 셈이죠. 처음에는 텔레비전 중독에 가까울 정도로 자주 틀고 그랬는데, 4년 전에 없애고 나니까 저 자신과 가족들에게 투자할 시간이 생기더라고요.

LEE 이거, 신문에 날 만한 미담인데요?(웃음)

RYOO 그런가요?(웃음) 멍하게 버리는 시간도 없고, 책과 영화를 볼 여유도 생기게 된 것 같아서 잘 내린 결정이었다고 생각해요.

– 이번에 한번 크게 벌리면 자네도 일어서야지.

〈피도 눈물도 없이〉에서 신구가 정재영에게 판돈이 큰 투견 게임을 지시하면서

LEE 영화감독은 한 편 한 편의 흥행에 따라 영향을 많이 받지 않습니까. 최근작인 〈다찌마와 리〉 흥행이 사실 기대에 미치지 못했는데요.

RYOO 물론 기분이 좋을 수는 없었죠. 그러나 제가 기록적인 박스오피스 성적을 갖고 있는 것은 아니지만, 여러 편을 거치며 흥행에 성공도 해보고 깨지기도 해봤기에 그냥 '왜 이랬을까?' 싶은 정도였습니다.

– 왜 이거 시동이 안 걸려?

〈피도 눈물도 없이〉에서 김영인이 경찰 차를 미행하려다가 차를 출발시킬 수 없게 되자

LEE 그렇다면 왜 결과가 그랬던 것 같습니까?

RYOO 주위에서는 올림픽 영향으로 극장가에 사람이 없었다는 말도 하는데, 그것과는 다른 문제인 것 같아요. 〈다찌마와 리〉는 취향을 많이 타는 작품일 수밖에 없는데, 아마도 이 영화를 보러 오려는 선택 자체를 모험으로 생각했나 봐요. 저는 호불호가 극명하게 갈릴 거라는 예측을 했는데, 시사회 때 반응을 보니 생각보다 많은 사람들이 좋아해줘서 놀랐어요. 그런 초기 반응에 당한 측면도 있는 것 같습니다. 거기에 비해서 최종 박스오피스 성적이 그렇게 좋지는 않았으니까요. 영화 흥행이라는 것은 정말로 아무도 모르는 것 같아요.

– 방송 같은 거 출연해 가지구,
한바탕 놀래킬 필요가 있다는 거지유.

〈아라한 장풍대작전〉에서 백찬기가 무도에 관심 없는 젊은이들에게 우선 호기심을 일으키는 게 중요하다면서

LEE 요즘은 개봉 전에 감독이 전방위적으로 홍보에 나서는 것 같습니다. 워낙 총력전을 펼쳐야 하니까요. 감독님은 강호동씨가 진행하는 〈무릎팍도사〉에도 출연하셨던데요? 사실 〈무릎팍도사〉 같은 프로그램에 출연할 수 있는 인지도와 스타성을 가진 감독이 몇 명 되지 않을 것 같습니다.

RYOO 그 프로그램 출연 자체는 재미있었어요. 저는 강호동씨를 포함해서 진행하시는 세 분과 그렇게 집중적으로 이야기를 해본 적이 없었는데, 이번에 네 시간가량 녹화하면서 그분들의 모습이 상당히 흥미로웠거든요. 그처럼 뜨거운 프로그램이 만들어지는 과정 자체가 재미있었다고 할까요. 사실 방송 출연은 무척이나 소모적인 느낌이 있죠. 〈무릎팍도사〉는 초창기에 섭외가 와서 거절했던 적도 있었는데, 아무래도 개봉을 맞다보니 검색어 순위 올리고 그러는 게 마케팅 측면에서 중요하다니까 나가게 됐던 겁니다. 그런데 막상 방송이 되고 나니 '류승완 부인'이 검색어 1위가 된 반면, 〈다찌마와 리〉의 순위는 별로 안 올라서 우울해지더군요.(웃음) 김홍준 감독님이 그런 말씀을 하신 적이 있어요. 예전에는 감독이 영화만 잘 만들면 됐는데, 요즘은 인터뷰도 엄청나게 해야 하고 행사도 많이 뛰어야 하며 DVD 코멘터리까지 담당해야 한다고요. 너무나 많이 바뀐 현재의 미디어 환경이 영화 만드는 사람에게는 분명 좋은 게 아니죠.

죽거나 혹은 나쁘거나

개봉 2000년 7월 15일
출연 류승완 류승범 박성빈 배중식
상영시간 98분

CINEMA REVIEW

BOOMERANG INTERVIEW

고교생 성빈은 절친한 친구인 석환이 당구장에서 시비 끝에 현수와 싸움을 벌이게 되자, 말리려다가 우발적으로 현수를 살해한다. 살인죄로 7년간 복역하고 출소한 성빈은 석환을 만나보려 하지만 경찰이 된 석환은 부담스러운 친구를 계속 피한다. 주위의 냉대 속에서 어려움을 겪던 성빈은 결국 조직폭력배가 된다. 석환의 말썽꾸러기 동생 상환은 학교에 흥미를 잃고 성빈의 폭력조직으로 들어간다.

감독에게는 일평생 딱 한 번만 만들 수 있는 영화가 있다. 류승완 감독에게 〈죽거나 혹은 나쁘거나〉가 그런 작품이다. 신인 감독의 의지와 재능을 이야기할 때면 계속 거론되는 이 전설적인 데뷔작은 16밀리 필름의 거친 영상과 독립영화 제작의 열악함을 온몸으로 돌파했다.
류승완은 장선우 감독의 〈나쁜 영화〉가 쓰고 남긴 자투리 필름에 자비 400만 원을 들여 1997년 단편 〈패싸움〉을 먼저 만든 후, 게릴라식으로 나머지 부분들을 차례로 연출해 스물일곱 살에 이 장편 데뷔작을 완성했다. 각각 액션, 호러, 페이크 다큐멘터리, 누아르로 분류될 수 있는 서로 다른 장르의 4부로 구성된 이 영화는 각각의 부분이 그 자체로 완결적이면서도 전체로는 하나의 이야기를 이루도록 짜여졌다.
당구장 주인의 냉소적인 발언과 고교생들의 패싸움을 현란하게 갈마들면서 편집한 1부 〈패싸움〉, 전과자에 대한 냉대와 살인에 대한 악몽을 몇 개의 선명한 이미지로 표현한 2부 〈악몽〉, 형사와 깡패의 끈질긴 대결 사이사이에 두 사람의 인터뷰 내용을 재치있게 녹여 넣은 3부 〈현대인〉, 뛰어난 사실감으로 장대한 파국을 그려낸 4부 〈죽거나 혹은 나쁘거나〉는 서로 다른 형식으로 제각각 관객을 사로잡다가 어느 순간 구심점으로 모여들어 거대한 비극을 구성하면서 묵직한 주제의식을 표출한다.

〈죽거나 혹은 나쁘거나〉는 분명 '액션' 영화지만, 일반적인 의미에서의 '액션영화'는 아니다. 양식적이고 스타일이 뛰어난 액션에서 개싸움 같은 난투극을 거쳐, 마침내 판타지를 제거한 뒤 핏물 뚝뚝 떨어지는 하드보일드에 이를 때, 이 영화의 난폭한 장면들은 지독한 현실감의 결과로 폭력을 경계하는 계몽성을 체현하며 메시지를 강렬히 드러낸다. 뒷골목 언어가 그대로 육화된 대사에 재기와 유머까지 갖춘 영상언어는 종국에 이르러 폭력의 악순환에 대한 탄식, 삶을 멋대로 휘저은 채 엇나가기만 하는 운명에 대한 한숨을 길게 토해낸다.
10여 년이 지난 지금에 와서 돌이켜보아도 〈죽거나 혹은 나쁘거나〉는 작은 기적처럼 느껴지는 작품이다. 연출에서 각본, 주연, 무술지도까지를 혼자 다 해낸 류승완 감독의 능력과 열정에 영화와 인간에 대한 믿음으로 화답한 스태프들의 땀이 어우러져 그 기적에 이르는 단단한 계단을 만들었다. 〈죽거나 혹은 나쁘거나〉의 자세와 방법론은 노영석 감독의 〈낮술〉과 양익준 감독의 〈똥파리〉에까지 이어지면서 한국 독립영화의 가장 믿음직한 뼈대 하나를 이뤘다.

– 너도 정식으로 판 하나 내고
테레비 같은 데도 나와야 할 것 아니냐.

〈피도 눈물도 없이〉에서 정재영이 가수 데뷔를 꿈꾸는 전도연에게

LEE 영화 개봉 직전에 감독이나 배우들이 텔레비전의 오락 프로그램에 나가서 작품 홍보를 하는 것이 일종의 필요악이라고 보시는지요.

RYOO 저도 잘 모르겠어요. 안 그래도 될 것 같다는 생각도 들기는 하지만, 마케팅과 홍보를 담당하는 직원들이 객관적 자료를 들이대면서 말하면 또 그런 것도 같고요.(웃음) 영화 산업 종사자의 한 사람으로서 보자면 그것도 일의 한 부분이고 임무의 하나라고 생각되기도 해요. 항상 갈등이 되죠. 내 스스로의 신념과 취향만으로 모든 것을 결정하기에는 돌아가는 판이 너무 크니까요. 책임을 져야 할 사람으로서 하기 싫어도 해야 할 일이 있는 것 같기도 합니다. 그러면서 하나씩 선택하는 거죠. 하고 나서 후회하기도 하고요.

LEE 그렇게 막상 오락 프로그램에 나가보시면, 예상보다 효과가 적다는 생각은 안 드세요?

RYOO 그게 관점의 차이인 것 같아요. 저뿐만 아니라 영화를 만든 사람들은 개봉 직전이 되면 무척이나 불안한 상태에 놓이게 되거든요. 그럴 때 선택하라고 하면 고민이 생길 수밖에 없지요. 어쨌든 내가 낳은 내 자식을 어디로 데려가서 뭘 하긴 해야 하는데, 가급적이면 좋은 옷 입혀보고 싶은 게 부모 마음이잖아요. 옆에서 훈수 두는 선생님의 말을 따라야 애한테 좋을 것 같고요.(웃음) 다음 작품이 나올 때까지 여유가 있는 상황에서 그런 제의가 들어오면 응하지 않는 경우가 훨씬 더 많죠.

– 여기가 놀이턴 줄 알아?

〈주먹이 운다〉에서 교도관 안길강이 복창 소리 작은 재소자들을 다그치며

LEE 모든 영화 촬영 현장은 전쟁터입니다. 그래도 〈다찌마와 리〉를 보면 그 뻔뻔스러울 정도로 유쾌한 콘셉트와 분위기 때문에 현장도 어느 정도 놀이터 비슷했을 것 같다는 느낌이 들던데요?

RYOO 엄밀히 말하면, 즐거웠다기보다는 해방감이 있었다는 쪽에 더 가까웠을 거예요. 이 영화는 엄격함 같은 것을 필요로 하는 작품이 아니었죠. 다른 방식의 코미디였다면 이런 해방감이 없었을 텐데, 이 경우는 어색하고 설렁설렁하고 모자라 보이는 것 자체가 콘셉트였으니까요. 〈피도 눈물도 없이〉나 〈주먹이 운다〉 같은 영화였다면 그런 허술함이 전혀 용납되지 않죠. 조금만 그런 모습을 보여도 큰 허점이 될 거예요. 〈다찌마와 리〉는 그런 데서 자유로운 영화였지만 아무리 그래도 역시 현장은 전투적일 수밖에 없더라고요. 스케줄이 워낙 빡빡했거든요. 제 영화 중 촬영 회차가 가장 적은 작품이었어요. 맘에 좀 안 드는 장면이 있어도 '옛날 액션영화 감독이라면 대사만 들리면 된다는 판단으로 아마 OK했을 거야' 라고 과감히 생각했죠. 그게 이 영화 콘셉트였다니까요.(웃음)

– 여기 잠깐만 계세요. 나 금방 갔다 올게요.

〈아라한 장풍대작전〉에서 경찰인 류승범이 국회의원이 탄 차량에
딱지를 떼다가 오토바이 날치기범을 목격한 후 차량 운전자에게

LEE 원래 〈야차〉라는 무협 사극을 준비하다가 투자 과정이 원활하지 않아 돌파구로 준비하신 게 〈다찌마와 리〉잖습니까. 이를테면 이 영화는 '류승완의 〈중경삼림〉' 같은 작품인 셈인데, 사실 〈중경삼림〉은 왕가위 감독이 난항을 거듭하던 〈동사서독〉에서 잠시 떨어져 나와 만든 작품이지만 관객들은 오히려 그 영화를 더 좋아하는 경우가 많았죠.

RYOO 멋진 표현이네요. 그런데 그렇게 말하면 제게 안티가 많이 생

기지 않을까요?(웃음)

LEE 직접 하신 말씀이 아니라 인터뷰 하는 사람이 한 말인데요, 뭘요.(웃음)

RYOO 말씀하신 대로 왕가위의 〈중경삼림〉이나 두기봉의 〈방축〉 혹은 마틴 스코세지의 〈특근〉처럼, 감독이 '잠깐 여기 계세요. 갔다 올게요'라고 하는 듯한 영화들이 존재하죠. 하지만 〈다찌마와 리〉를 만들면서 느낀 것은, 한국에서 극장용 영화를 만든다는 건 결코 재미 삼아 던지는 빈볼을 생각할 수 없는 구조에 있다는 것이었습니다. 운용의 묘를 위해 빈볼을 한 번 던지기에는 너무 많은 관객과 점수를 상대로 게임을 해야 하는 시대라는 거죠. 제가 데뷔하던 무렵과도 정말 많이 달라진 것 같아요. 나중에 이 영화가 제 필모그래피에서 어떻게 평가받을지는 모르지만, 아무리 '가벼운 마음으로 만들었다'고 말은 쉽게 해도 실제 현장에서의 마음가짐은 절대로 그럴 수 없었다는 겁니다. 그러기에는 아주 많은 돈이 들어가니까요. 저는 세상의 어떤 영화라도 제작되는 현장에서 OK와 NG 사이를 가르는 판단이 내려지는 순간의 긴장은 다 존재한다고 생각해요.

– 근래 보기 드문 자신감이로군.

〈다찌마와 리〉에서 임원희가 또다른 조직원인 안길강에게

LEE 그럼 〈짝패〉의 경우는 어떠셨나요. 그 작품을 보면서 저는 시작부터 끝까지 단숨에 한 호흡으로 내달리는 듯한 장악력을 느꼈는데요. 가장 잘해낼 수 있는 영화에 대한 일종의 자신감이라고 할까요.

RYOO 그렇게 보시는 분들이 많죠. 그런데 사실은 제가 가장 피로한 상태에서 시작한 작품이 〈짝패〉였어요. 왜냐하면 애초에 다른 작품을 하려다가 외부적인 여건 때문에 브레이크가 걸린 공황 상태에서 돌파구로 준비했던 게 그 영화였거든요. 돌파구를 마련하면서 무의

식적으로 가장 자신 있는 것을 끄집어냈을 수도 있겠죠. 하지만 그보다는 솔직히 살아남아야겠다는 절박함이 훨씬 더 컸어요. 그때 추석 연휴였는데, 집에서 뒹굴뒹굴하다가 어느 순간부터 막 시나리오를 쓰기 시작했죠. 제가 일중독 경향이 있거든요. 그렇게 연휴 기간에 초고를 완성한 후 사무실에 나가서 돌려보니까 직원들이 다들 좋아하더군요. 그래서 용기를 내서 시작할 수 있었던 작품이었어요.

– 아이템 괜찮은데, 응?

〈주먹이 운다〉에서 임원희가 거리에서 매 맞으며 돈을 벌고 있는 최민식에게 다가와서

LEE 〈다찌마와 리〉는 2001년 인터넷으로 상영되어 크게 인기를 끌었던 단편을 장편영화로 재창조한 경우입니다. 정말 기상천외한 아이템이고 재미도 대단해서 당시 엄청난 인기를 끌었는데요, 이 콘셉트를 다시 장편으로 만드시게 된 계기는 어떤 걸까요.

RYOO 거기에 대해서는 인터뷰용 멘트가 있고 솔직한 심정이 있는데…….

LEE 인터뷰용 멘트는 다른 자리에서 해주시고, 여기서는 후자를 이야기해 주시죠.(웃음)

RYOO 솔직히 말해서 제 자신이 웃고 싶었던 심정이 있었어요. 〈야차〉의 시나리오를 쓰느라 수개월간 그악스럽게 잡혀 있다 보니 가벼워지고 싶은 욕망이 생겼다고 할까요. 지난 수년간 한국영상자료원에 가서 예전 한국영화들을 볼 때마다 '저거, 〈다찌마와 리〉 대사로 정말 딱인데!' 싶기도 했고요.(웃음) 그런 과정에서 임원희 선배와 함께 "우리 극장판으로 다시 해볼까?"라는 말을 나눠본 적도 있어요. 이 아이템에 내포된 엉성함을 인터넷이 아니라 스크린으로 보면 더 웃길 것 같았죠. '필름 룩look'에 대한 아쉬움 같은 거랄까요. 그리고 일종의 부채감 같은 것도 있었습니다. 인터넷판은 내가 만든 괴물

같은 느낌이 있었거든요. 화장실에 가서 큰일 보고 난 후 제대로 안 닦은 듯도 하고요. 그래서 '에이, 이번에 깨끗하게 정리해 주마. 비데로 씻자'는 생각이었죠.(웃음) 돌이켜보면 영화를 준비할 때마다 거창한 기획의도가 있는 것 같지만, 사실은 말로 설명할 수 없는 감이 가장 크게 작용하는 듯해요. 그동안 거창하게 기획의도를 밝혔던 것은 다 '개뻥'이었던 것 같아요.(웃음) 영화라는 건, 이게 좋은 것 같고 또 만들면 뭔가 나올 것 같으니까 하는 거지, 일일이 설명할 수 있는 성질의 것이 아니죠. ·

– 마치 80년대 경기장을 보는 것같이 자못 뜨거워지고 있습니다.

〈주먹이 운다〉의 신인왕전 결승전 직전, 관객의 열기에 고무된 해설자

LEE 〈다찌마와 리〉는 아나크로니즘anachronism(시대착오적 묘사)이 얼마나 웃길 수 있는지를 여실히 보여주는 코미디입니다. 예를 들어 이 영화가 부제를 따온 1976년 박노식씨 주연 영화인 〈악인이여 지옥행 급행열차를 타라〉의 경우, 당시 관객들은 액션영화로 진지하게 즐겼을 텐데, 요즘 관객이 그 작품을 보면 웃음이 절로 나오게 되지요. 과도한 비장미나 성우가 대신 더빙한 문어체의 대사들, 그리고 무전기에서 흘러나오는 목소리의 도움으로 맹인 주인공이 자동차를 몰며 추격전을 벌이는 설정 같은 것들에서 그 당시에 소비되는 문맥과 현재의 맥락이 전혀 다른 느낌으로 다가온다는 거지요. 감독님의 신작 〈다찌마와 리〉는 이를 의도적으로 집요하게 표현함으로써 객석을 뒤집어놓습니다. 그런데 그런 의문은 들더라구요. 이 영화가 비틀고 있는 대상 자체를 잘 모르는 나이 어린 관객들에게는 그 비틀기의 묘미마저 제대로 전달되지 않을 것 같다는 거죠.

RYOO 지금 질문 안에서 중요한 지점을 말하셨는데, 그건 바로 예전 관객이 실제 그 영화를 보았던 시선에 대한 것이에요. 저는 거기에

함정이 좀 있다고 봅니다. 제가 어릴 때인 1980년대에 극장에서 그런 한국식 터프가이 액션영화들을 보면 진짜 웃겼거든요? 액션영화를 보면서 느끼는 시원한 웃음이 아니라, 짜증 섞인 실소에 가까운 것이었죠. 어린 마음에 상처도 많이 받았어요.(웃음) '왜 저렇게밖에 못 할까' 싶기도 했고요. 아무리 과거 관객이 순진했다 해도, 장님에게 화살 잡는 법을 연습시키는 장면 같은 것을 보면서 감탄하지는 않았을 거예요. 만든 이들은 제대로 액션을 하고 싶었는데 아마 능력이 미치지 못해서 그렇게 나왔을 거고요. 과거에는 관객들이 그런 영화에 몰려들며 열광했다고 생각하기 쉽지만, 사실 박스오피스 자료를 살펴보면 그런 영화들 대부분이 실패했어요. 흘러간 과거니까 지금 미화되는 부분이 있는 거죠. 영상자료원에서 오래된 한국 대중영화를 상영할 때 찾아오시는 어르신 관객들은 그 영화 자체를 감상하고 싶다기보다는, 스스로의 과거를 향수로 즐기기 위한 목적이 더 큰 것 같습니다. 제가 〈다찌마와 리〉를 만들면서 갖고 있었던 확신은, 아는 만큼 보인다고 했을 때 과거 영화들에 대한 기억이 있으면 훨씬 더 강력하게 이 영화에 반응할 수 있다는 것이었어요. 이 작품에서 숨은 그림 찾기를 할 수 있으면 훨씬 더 큰 재미를 누릴 수 있겠죠. 그런데 한편으로는 제가 고교 때 먼지 쌓인 영화들을 보면서 낄낄거렸던 느낌과 〈다찌마와 리〉를 보는 요즘 십대 관객들의 반응이 크게 다를 것 같지 않다는 생각도 드는 겁니다. 반면에 7년 전의 인터넷 버전으로 이 작품을 즐기기 위한 일종의 학습이 이미 이뤄져 있었다는 것은 이번 장편이 지닌 강점이었겠지요.

LEE 그런데 여전히 이런 의문은 남습니다. 1976년작인 〈악인이여 지옥행 급행열차를 타라〉가 당시 관객들의 웃음을 샀던 것이 감독이나 배우들의 의도는 아니었다는 거죠. 그 영화의 제작진들은 그런 액션 시퀀스들을 제대로 멋지게 만들어내고 싶었지만 결국 실패했던 것이고, 그 결과 관객들이 웃게 됐으니까요. 그러니 류승완 감독님이 고교 시절 먼지 쌓인 영화들을 보면서 낄낄거렸던 느낌과 〈다찌마와 리〉를 보면서 웃는 요즘 십대 관객들의 반응에는 결정적 차이가 있는 게 아닐까요. 전자는 실패의 결과를 확인하면서 관객들이 실소하는 것이고, 후자는 성공적인 의도에 부응하며 관객들이 폭소를 터뜨리는 것이니까요.

RYOO 지금은 사라져버렸지만, 예전에는 동시상영관이 있었잖습니까. 제가 1980년대에 로저 무어가 주연한 007 영화를 보러갔을 때, 〈엑스포 70 동경전선〉 같은 영화를 동시에 틀어줬단 말이죠. 같은 입장료를 지불했으니 그거 안 보고 나오면 손해잖아요? 아마도 제 또래가 동시상영관 마지막 세대인 것 같은데, 〈엑스포 70 동경전선〉의 내용을 제대로 기억하는 사람은 없어요. 그렇지만 어떤 식으로든 경험은 했던 거죠. 개별 영화에 대한 조롱 같은 것이라기보다는 그 시절을 회고하는 느낌이라고 할까요. 예를 들어서 가짜 일본어 대사 같은 것도 지금은 TV 코미디 프로그램을 더 많이 떠올리겠지만, 제가 어렸을 때 본 이름 모를 사극 영화들에서 일본인으로 나오는 배우들은 무조건 콧수염의 가운데 부분을 자르고서 가짜 일본어 대사를 했다는 거죠. 빵모자를 쓰고 나오면 무조건 왕서방이었던 거고요. 1980년대 〈뽕〉 같은 영화에서도 보면 일본 순사들이 한국말 대사를 "~하무니다, ~했으무니다"라고 했잖아요? 그 시절에 대한 그런 막연한 기억들을 구체화해 환기시킬 수 있는 지점을 찾아 〈다찌마와 리〉를 만들려고 한 겁니다. 물론 그 영화의 구체적인 대사들은 예전 영화들에서 직접 가져온 경우가 많았지만요.

– 이 돈은 정교한 위조지폐예요.

〈다찌마와 리〉에서 '다마네기'로 불리는 악당 김수현이 도피해 있던 미국으로 찾아와 다그치는 공효진

LEE 동서양의 수많은 영화들을 종횡무진으로 참조하는 〈다찌마와

리〉는 흡사 정교한 위조지폐처럼 보입니다.

RYOO 그렇게도 말할 수 있겠네요. 속는 사람들만 속는 위조지폐 같은 것이니까요. 비슷한 맥락에서 저는 '인덱스 영화'라고 해요.

LEE 사실 인용되는 영화가 너무 많아서 일일이 다 거명하기 힘들 정도죠. 어느 정도까지 기존 영화들을 참조하셨습니까.

RYOO 물론 많이 참조했죠. 그런데 이 영화에 대해서 다른 분들이 거명하시는 작품들 중에는 제가 미처 생각하지 못했던 것들도 많아요. 하지만 그분들의 이야기를 들으면 맞긴 하거든요. 제가 의식하지 못했던 작품들이었던 거죠. 기본적으로는 007 시리즈의 패턴을 빌려왔어요. 구체적인 장면에서도 특정 영화를 인용한 게 많은데, 예를 들어서 이 영화에 등장하는 요정 '설마'는 1980년대 에로영화였던 〈설마가 사람 잡네〉와 관련이 있는 식이죠.(웃음)

LEE 그 모든 인용 맥락을 관객들이 몰라도 상관없다고 여기셨죠?

RYOO 그럼요. 그런데 마치 세 편의 영화를 보는 것 같은 구조에 신경을 썼던 것은 복선을 활용하기 위해서이기도 하고, 그 세계 안에서 구축된 것을 해결하면서 역할 바꾸기를 시도하기 위해서였어요. 시각적 방식도 전반부와 중반부 그리고 후반부가 아주 다르죠. 후반부의 오페라 극장 안 세트 양식과 전반부의 세트 양식도 다르고요. 영화 한 편에서 주인공 캐릭터를 끝까지 끌고 가지만, 그 캐릭터가 다양한 세계를 경험하도록 하기 위한 방식이랄까요.

– 뭐야. 이 새끼.
– 헉, 독비도?

〈다찌마와 리〉에서 완전히 변모한 모습의 임원희와 마주친 류승범과 김병옥이 놀라면서

LEE 말씀하신 대로, 〈다찌마와 리〉는 구성상 크게 세 부분으로 나뉩니다. 그리고 각각의 부분은 서로 다른 영화들을 참조하며 짜인 것

같습니다. 예를 들어 전반부가 우리의 예전 액션영화들을 패러디했다면, 만주 벌판에서의 중반부는 장철의 〈외팔이 검객〉(원제 〈독비도〉)이나 그 영향을 받은 서극의 〈칼〉을 근간으로 삼았고, 설원에서의 신나는 액션을 보여주는 후반부는 〈용형호제〉를 위시한 성룡 영화의 느낌을 가져왔다는 거지요.

RYOO 정확한 지적입니다. 세 부분은 바로 그런 느낌을 의도했습니다. 저는 후반부 설원에서의 액션 장면이 좀 아쉽기는 했어요. 그래도 눈 위를 빠르게 미끄러지면서 벌이는 액션 신은 무척 흥미로운 방식으로 찍었던 듯해요. 그렇게 추격전을 찍은 경우는 없었으니까요. 이 영화의 전반부가 예전 액션 스타일의 의도된 재현이라면 중반부는 저의 존경 대상이면서 스스로 도달하고 싶었던 지점을 목표로 삼았던 사례였습니다. 일례로 마적 소굴 습격 장면에는 존경과 조롱의 뉘앙스가 섞여 있죠. 그리고 후반으로 갈수록 정색하면서 마지막 액션은 상큼하게 마무리하고 싶었습니다. 콘셉트도 다 다르죠. 난관에 봉착한 순결한 여인을 구출하러 온 영웅을 다루는 초반 액션은 요절복통 코미디를 통해 이 영화의 인터넷 버전 팬들에 대해 일종의 서비스를 하는 느낌이었고, 굴욕을 겪은 남자가 훈련을 통해 거듭나서 복수하는 플롯의 중반부는 좀 정색하고 서부영화와 무술영화의 분위기를 내본 경우였어요. 후반부는 스파이영화의 컨벤션으로 돌아와서 스피디한 추격 위주로 짰고요. 전체적으로 다채로운 느낌을 전편에 불어넣으려고 했습니다.

– 다시 한 번 말씀드립니다.

〈아라한 장풍대작전〉에서 류승범이 경찰차를 타고 순찰 돌 때 무전기에서 들려오는 출동 지시 목소리

LEE 저는 〈다찌마와 리〉를 일반 관객들과 함께 보았습니다. 자연스

럽게 객석 반응을 살피게 되었는데, 초반에는 정말 열광적인 반응이 더군요. 그러다가 중반 이후에는 상대적으로 분위기가 가라앉았습니다. 저는 그런 반응이 이 장편 기획에 생래적으로 따라붙는 한계 같은 것이라고 생각합니다. 기본적으로 〈다찌마와 리〉는 콘셉트 영화인데, 같은 콘셉트가 전편을 통해 어쩔 수 없이 반복되면서 그 효용이 체감된다는 거지요. 그게 인터넷 버전과 다른 이 장편의 근원적 한계일 수 있다는 판단인데요.

RYOO 사실 만들면서도 그걸 알았어요. 제작 과정에서 이미 웃음으로 40분을 넘기지 못할 거라고 판단했으니까요. 이건 어떻게 받아들이느냐의 문제일 텐데, 영화가 말을 걸고 안내하던 장르의 관습 포인트가 중반부 만주 장면으로 넘어가면서 바뀌잖아요? 대본을 쓸 때부터 그 지점에서는 '이제 즐기실 만큼 즐기셨을 테니 진담으로 들어갑니다'는 느낌이었죠. 〈다찌마와 리〉는 말투에 홀려서 말뜻을 놓치면 뒤가 재미없어지는 영화일 거예요. 아마도 이건 이 영화에 대한 최대의 오해일 텐데, 〈다찌마와 리〉는 분명히 아는 만큼 즐길 수 있는 영화이기도 하지만, 그와 정반대로 얼마만큼 열심히 보느냐에 따라서 다를 수 있는 영화이기도 하다는 거죠.

– 야, 우리 전에 어디서 만난 적 있지?

〈죽거나 혹은 나쁘거나〉에서 김태훈이 자신을 도와준 박성빈을 알아보며

LEE 감독님의 영화를 보면, 특히 그 대사들이 매우 사실적이어서, 어디까지가 주변에서 경험한 것이고 어디까지가 취재를 한 것인지 궁금할 때가 많습니다. 일반적으로 영화를 만들기 위해 취재를 어느 정도로 하십니까.

RYOO 그게 참 이율배반적입니다. 제가 취재를 중요하게 생각하는데, 사실은 잘 안 하거든요. 주로 연출부를 시키죠.(웃음) 취재를 가장 많

이 했던 작품은 〈아라한 장풍대작전〉이에요. 현실과 제일 멀리 떨어져 있는 것 같은 작품인데 역설적이게도 가장 많이 취재했죠. 숨어 사는 도인들이나 무술인들을 찾아서 방방곡곡을 돌아다녔으니까요. 〈주먹이 운다〉도 두 주인공의 실제 모델들을 만나서 숙소에서 같이 생활해 보기도 하고, 이야기를 듣기도 했어요. 〈죽거나 혹은 나쁘거나〉는 취재라기보다는 살면서 직접 만났던 사람들을 통해 보고 들었던 것들을 녹여 넣은 경우였죠. 〈피도 눈물도 없이〉는 가장 취재가 적었던 작품이었어요. 〈짝패〉도 취재는 별로 안 했던 것 같고요. 그나마 다행인 게, 제가 감독 데뷔 전까지 수많은 직업을 전전하며 많은 사람을 만나봤다는 겁니다. 그게 감독 생활에 큰 자산이 된 듯합니다.

– 이런 식으로 자꾸 판돈 떨어지면
내가 직접 움직이는 수밖에 없어.

〈피도 눈물도 없이〉에서 신구가 정재영을 다그치며

LEE 직접 경험보다 더 좋은 취재는 없겠죠.

RYOO 사실 영화를 만들 때, 만드는 사람이 현실 속에서 어떻게 살아가고 있느냐가 취재한 내용보다 작품에 더 많이 반영되는 것 같습니다. 이창동 감독님과 홍상수 감독님이 현실을 찍는 것 같지만, 사실 그 두 세계는 전혀 다른 세계잖아요? 그 대한민국이 서로 완전히 다른 대한민국이죠. 저도 현실을 놓치지 않기 위해서 의식적으로 자꾸 거리로 나가보려고 하고, 지하철이라도 더 타보려고 하지만, 생각보다 어려운 일이더라고요. 가급적 신문의 사회면 기사는 놓치지 않으려 노력하는 편입니다. 정치적으로 엄청난 소신이 있어서가 아니라 상식을 지키면서 살고 싶어요. 땅에 발을 디디고 설 때 비로소 그게 내 것이 된다는 생각이 있습니다. 현장의 감각을 안고 있어야 그 영화에 이 시대를 함께 살고 있는 것 같은 느낌이 담길 게 아니겠어요? 감독이라는 직업인으로서의 태도 말고도 자연인으로서 살아가는 원칙이랄까, 그런 걸 잃는 순간 제 영화도 가짜가 될 것 같은 공포가 제게 있어요.

– 백풍이란 분이 계셨네. 권력을 가진 사람들이 무고한 시민들을 향해서 마구 힘을 휘두르던 시절에 그들의 그 만행을 막기 위해서 기를 모으시던 중에 최루탄 가스까지 마셔서 그만.

〈아라한 장풍대작전〉에서 윤주상이 류승범에게 오래전 이야기를 해주면서

LEE 감독님은 첨예한 정치적 사안에 대해서 직접 행동하거나 발언을 하셔서 주목 받으신 적이 종종 있습니다. 그런데 영화 속에서는 정치적인 발언이 거의 담겨 있지 않습니다.

RYOO 영화에서 현실을 묘사하는 노력을 게을리 하지는 않는데, 아마도 다른 요소들이 강해서 그런 게 아닌가 싶습니다. 〈짝패〉에서 청년회장(김병옥)이 급하게 이사 가는 장면을 찍을 때도 철거민들의 현수막을 매우 중요하게 생각했거든요. 한쪽에서 고층 건물들을 올릴 때 다른 한쪽에서는 파괴되어 가고 있는 상황도 대비를 시켰고요. 〈아라한 장풍대작전〉도 공간을 포착할 때 현대식 건물의 이면에 쓰러져 가는 건물들이 있는 걸 담으려 했어요. 〈주먹이 운다〉도 그렇고요. 그런 것들이 구체적으로 정치적 입장을 표명한 것은 아니지만, 현실을 제대로 묘사해 보려고 했던 것임에는 분명합니다. 〈짝패〉에서 십대들 수십 명과 난투극을 벌이는 장면도, 그들에 대한 두려움도 두려움이지만, 폭력을 게임처럼 사용하는 십대들을 등장시킴으로써 그 도시의 몰락을 보여주려고 했던 거죠. 제가 켄 로치 같은 감독은 아니니까 잘 모르겠지만, 한편으로는 영화를 통해 특정한 메시지를 강력히 주장하는 것에 대해 꺼리는 것도 있는 것 같긴 해요. 어떤 관점이나 세계관을 맹신할 때 생기는 부작용에 대한 두려움도 있고요. 그리고 사실 제가 뚜렷한 정치적 입장을 갖고 있는 것도 아니에요.

그때그때 사안에 따라 달라요. 제게 중요한 것은 상식이기에, 몰상식에 대해서 분노하는 것뿐입니다. 폭력에 대한 증오심이랄까, 강자가 약자를 힘으로 누르려는 것에 대한 분노가 제게 있어요.

– 아니, 무슨 말씀을 좀 하셔야 할 것 아닙니까.

〈주먹이 운다〉에서 형사인 김병옥이 경찰서로 연행된 후 묵묵부답인 최민식에게

LEE 효순이 미선이 사건 때 삭발을 하셨죠?

RYOO 그때 제게 정말로 중요한 것은 SOFA의 개정이 아니었어요. 봉오리도 피워보지 못한 아이들이 장갑차에 깔려 죽었는데 가족들은 제대로 된 사과도 못 받고 있고, 그런데 우리는 월드컵 응원한다고 신나서 흥분하고……. 그런 게 미안했어요. 저로 인해서 조금이라도 그 문제에 사람들이 관심을 가지면 좋겠다고 생각해서 참여하다보니, 불합리한 게 너무 많아서 열을 받은 거죠.

LEE 촛불시위 때는 어떤 심정이셨습니까.

RYOO 촛불시위도 시민의 한 사람으로 그냥 나간 건데, 현장에서 인터뷰를 했더니 어느새 제가 투사처럼 되어버렸더군요. 1998년도에 스크린 쿼터 사수를 위한 영화인 시위를 할 때 광장에 서 있다가 곧 행진을 하게 됐는데, 어찌 하다보니 제가 선두에 서게 됐어요. 그런데 하필 그날 제가 샌들을 신고 나갔다가 발톱이 빠져 피가 났는데, 사회자 분께서 "여기, 피를 흘리고 있습니다"라고 말씀하시더군요. 상식적인 선에서의 분노는 누구에게나 생기는 것 아니겠어요? 어떤 입장도 표명하지 않는 게 오히려 이상한 것 같습니다. 만일 제 선택이 잘못됐다면 진심으로 사과하고, 그것을 보상할 수 있는 행동을 하면 되는 것이죠.

– 아, 거 말 많네.

〈짝패〉에서 이범수가 계속 이죽거리던 조덕현을 갑자기 명패로 내리쳐 살해한 뒤

LEE 대사들의 사실성에도 불구하고, 감독님의 영화들은 대사가 상대적으로 적은 편입니다. 그런데 〈다찌마와 리〉는 그 양과 뉘앙스에서 대사가 결정적 역할을 한다는 점에서 다른 작품들과 다르죠. 그 영화의 기기묘묘한 대사들을 쓰실 때 세웠던 원칙은 어떤 것이었는지요. 독특한 시대적 분위기를 살려내는 것이었습니까.

RYOO 네, 그게 제일 중요했어요. 요즘 영화 같지 않은 느낌이랄까요. 〈다찌마와 리〉가 참고로 하고 있는 영화들은 대사가 문장 구성 자체부터 다르니까요.

– 왜 이리 아침부터 하늘이 못난 마누라 얼굴처럼 찌뿌둥한가 했더니 버르장머리 없는 조센 손님을 만나려고 그랬군.

〈다찌마와 리〉 중 상하이 역 앞에서 임원희에게 시비를 걸어오는 불량배

LEE 아닌 게 아니라 〈다찌마와 리〉에는 인용만으로도 웃음이 터져 나오는 대사들이 많습니다. "날카로운 발톱을 지닌 암코양이로군. 앙증맞은 것. 내 너를 사고 싶다. 얼마면 되겠니? 에누리는 하지 않겠다"라든지, "깜깜한 놈. 이거 달리는 기차 안에서 인간 사표를 쓰게 생겼구만" 같은 대사들이 대표적이죠.(웃음)

RYOO 저는 이 영화의 대사들이 일종의 사투리 같은 거라고 생각해요. 초중반까지 사투리를 쓰다가 그게 반복된다고 해서 대사를 표준어로 바꿀 수는 없는 거잖아요? 관객 입장에서는 초반에 그런 대사로 웃기니까 후반에도 계속 웃길 거라고 기대하게 되죠. 그러나 이 영화의 후반부는 그동안 깔아놓은 이야기를 정리하는 부분이거든요. 그런 기대가 어긋나는 게 누군가의 잘못은 아닌 것 같습니다. 제

가 봐도 〈다찌마와 리〉는 양념 맛이 아주 센 음식 같은 영화거든요. 양념만으로 밥을 비벼서 먹고 나오는 사람도 있는 거니까요. 간장 게장의 속살은 못 느끼고 나오신 분들도 계셨던 듯해요.

– 야, 내 입에서 쌍욕 나오게 하지 마라, 이 개호로 새끼야.

〈주먹이 운다〉의 최민식이 유치장에서 무서운 얼굴로 욕을 퍼부으며

LEE 원색적인 욕설 대사도 많이 쓰시죠. 앞으로 당겨서 인서트되는 당구장 주인의 인터뷰 대사를 제외하면 감독님 첫 영화의 첫 대사라고 할 수 있는 것도 "아이, 씨발, 좆만이. 지금 시간이 몇 시냐?"라는 고교생의 욕설이었으니, 관객들 앞에 푸짐하게 욕을 풀어놓으면서 영화 경력을 시작하셨다고 할까요.(웃음) 점점 덜 쓰시긴 하지만, 욕설 대사를 많이 썼던 것은 결국 사실성을 살리기 위한 방편이었습니까.

RYOO 그 당시에는 저 자신이 그런 식으로 욕을 섞어 말을 하고 다녔어요. 제가 입이 좀 거칠거든요. 욕이 필요한 영화면 써야죠. 그래도 지금은 욕을 들으면 피곤해지긴 해요. 영화에서 제가 욕을 점점 덜 쓰게 되는 것은 사실인 것 같아요.

– 어이, 너 지금 말이 심한 거 아니냐?

〈짝패〉에서 친구인 안길강이 자신을 거머리에 비유하자 이범수가 정색하며

LEE 특히 초기작들에서 욕설이나 비속어로 담긴 '극악무도'한 대사들을 많이 쓰셨습니다.(웃음) 〈피도 눈물도 없이〉의 독불(정재영)이 쓰는 말들이 대표적이지요. 영화적으로는 무척 효과적이지만, 그런 독한 대사를 쓸 때 스스로 브레이크를 걸려는 마음이 들 때는 없습니까.

RYOO 배우들은 어떤 대사를 할 때 흥분하게 되는 지점이 있어요. 저

도 연기를 해보면 그런 경험을 할 때가 종종 있죠. 아무리 파괴력이 있더라도 그게 단지 대사를 위한 대사 같다면 바꾸지만, 아무리 극악무도한 대사라도 그게 그 캐릭터가 실제로 뱉는 말로 들리면 바꾸지 않습니다. 제가 그 순간 그 사람을 포착한 것이니까요. 예를 들어서 〈죽거나 혹은 나쁘거나〉에서 상환(류승범)이 또래 친구들과 툭툭 내던지는 욕설들은 이미 육화된 말들입니다. 〈피도 눈물도 없이〉에서 정재영씨 역시 그런 말들에 깊게 몰입해서 자신의 말로 뱉어냈기에 제어할 수가 없었죠.

LEE 혹시 영화를 만들거나 대사를 쓸 때, 세 아이의 아버지로서 아이들 생각이 떠오를 때는 없으신가요. 로베르트 로드리게스가 아이들에게 보여주고 싶어서, 평소의 취향과 완전히 다른 〈스파이 키드〉를 만든 것처럼 말입니다.

RYOO 그럴 때도 있긴 하죠. 아이들이 점차 크고 있는데 보여줄 수 있는 아버지 영화가 〈아라한 장풍대작전〉밖에 없으니까요. 그런 의미에서 요새는 대사도 쉽게 잘 전달하는 방법이 없을까를 고민해요. 영화는 보고 듣는 방식으로 즐기는 매체라 대사가 무척 중요한 듯합니다. 말을 독특하게 구사하시는 분의 이야기를 들으면 바로 메모해서 컴퓨터에 저장하기도 해요. 제가 지상렬씨를 좋아하는데, 어느 날 라디오를 듣다 보니 노사연씨가 큰 귀고리를 하고 왔나봐요. 그러자 함께 진행하는 지상렬씨가 "누님, 오늘 선덕여왕 같으세요"라고 하는 겁니다.

– 지금 어디 가서 이런 걸 구해? 나니까 구하지.

〈주먹이 운다〉에서 임원희가 최민식에게 임시 거주지를 구해주면서 생색

LEE 지상렬씨라서 가능한 표현 같네요.(웃음)

RYOO 그 말을 듣자마자 노사연씨가 어떤 귀고리를 하고 왔는지가 생

생히 시각적으로 머릿속에 펼쳐지더라고요. 어떻게 그런 표현이 나오는지 모르겠어요.(웃음) 민가협(민주화실천가족운동협의회) 어머니들의 다큐멘터리를 본 적이 있는데, 거기서 한 분이 인터뷰를 하시다가 울분 때문에 눈물을 흘리셨어요. 그런데 그분이 잠시 후 눈물을 그친 뒤 "내 새끼가 지금 내려다볼 텐데 내가 약해지면 안 되지. 뚝, 뚝"이라고 스스로 다짐하시는 겁니다. 몇 마디 안 되는 말 속에서 그분의 분노와 상실감과 의지 그런 것들을 포함한 모든 감정이 아주 강하게 느껴지더군요. 대사를 잘 쓰려면 그런 경지에까지 올라야겠죠. 일상적이고 별것도 아닌 말을 툭툭 던지는데도 관객의 심금을 울릴 수 있는 대사를 쓰고 싶어요. 욕을 쓴다는 것은 어찌 보면 쉬운 방식이기도 하죠. 욕을 하면 연기하기 쉬워지기도 하니까 그런 대사를 편안해 하는 배우들도 있어요.

– 아이, 씨발.

〈짝패〉의 마지막 쇼트에서 처참한 실내를 둘러보며 탄식하듯 욕설을 내뱉는 류승완

LEE 〈짝패〉와 〈죽거나 혹은 나쁘거나〉는 욕설 대사를 쓰는 데 매우 인상적인 공통점을 갖고 있습니다. 두 작품은 극중 첫 대사와 마지막 대사가 모두 욕이거든요. 그중에서 특히 인상적인 것은 영화의 마지막 쇼트에서 구사되는 욕설의 뉘앙스입니다. 〈짝패〉는 모두가 죽어 피바다가 되어 있는 요정의 실내를 바라보던 석환(류승완)이 눈을 내리깔고서 욕을 하는 마지막 쇼트로 끝납니다. 〈죽거나 혹은 나쁘거나〉는 눈 속에서 칼에 찔려 죽어가던 상환(류승범)이 힘없이 욕을 내뱉는 게 마지막 쇼트고요. 그 두 쇼트는 공교롭게도 욕 대사가 "아이, 씨발"이라는 점에서도 동일합니다. 이때 그 욕설은 절망이나 무력감 혹은 한탄을 토하는 효과적인 감탄사의 기능을 하지요. 그 외에도 〈피도 눈물도 없이〉에서 독불(정재영)이 죽을 때 하는 마지막

대사를 포함해서, 특정 신이나 시퀀스의 마지막 쇼트가 욕설로 마침표를 찍으며 끝나는 예는 무척이나 많습니다. 그 강력한 정서적 파급력 때문에 욕설 대사로 마무리하시는 경우가 많은 건가요.

RYOO 글쎄요. 그건 어떤 장면이냐에 따라서 다를 것 같네요. 사실은 제 영화에서 등장인물이 최후를 맞이하거나 결정적 마무리를 해야 할 때 그런 식으로 욕을 하는 것은 그게 그들의 언어이기 때문일 거예요. 단순한 것 같지만 그게 정답이겠죠. 이를테면 그들이 자라온 환경이라는 게 워낙 열악했기에, 자신의 감정 상태를 논리정연하게 설명할 능력이 없는 거죠. 그럴 때 자신의 감정을 표현할 수 있는 게 욕이잖아요. '씨발놈'이란 말도 그 용례와 정서가 워낙 다양해요. 예전에 할머니들이 '급살 맞을 놈'이란 표현을 반어적인 느낌으로 많이 쓰기도 했잖아요? 저는 욕설 대사가 많은 게 본질적으로 그 세계 안의 그 인물이 그런 욕설을 내뱉을 수 있는 상황이기에 그렇다고 봅니다.

LEE 욕설 대사에서 가장 중요한 것은 인물이 느끼고 있는 정서의 전달이겠죠? 연민이든 무력감이든, 사실상 감독님 영화에서 욕은 특정한 상황에 대한 느낌을 요약하는 감탄사의 역할을 하잖습니까.

RYOO 지금 생각해 보니 저는 글을 쓸 때도 마침표 대신 느낌표를 잘 쓰네요. 그걸 제가 좋아하는 것 같아요. 〈다찌마와 리〉의 마지막 쇼트에 삽입된 자막인 '안녕히'란 말도 느낌표 같은 부호로 뜨잖아요?

– 어우, 우리 언니, 타이틀이 화려하세요.

〈피도 눈물도 없이〉에서 형사로 나오는 봉준호가 폭행 사건에 연루되어 온 이혜영의 전과를 조회해 본 후 비아냥거리면서

LEE 이번에는 제목에 관한 질문을 드리고 싶습니다. 그전에, 제가 지금 인용한 〈피도 눈물도 없이〉에 카메오로 출연한 봉준호 감독님의

대사는 누가 쓴 건가요?

RYOO (봉)준호 형이 직접 만든 대사예요.(웃음)

LEE 역시 그렇군요.(웃음) 류승완 감독님의 영화 타이틀들은 대단히 강렬하고 화려한 편입니다. 제목은 어떻게 지으시는지요.

RYOO 저는 제목 짓는 것을 아주 중요하게 생각해요. 어쨌든 제목이 그 영화를 상징하니까요. 〈주먹이 운다〉는 김대우 감독님이 지어주신 제목이었어요. 〈피도 눈물도 없이〉는 정지우 감독님의 단편인 〈흔들림 없이〉를 패러디한 것이고요.

LEE 그 제목이 〈흔들림 없이〉를 패러디했다는 것은 정지우 감독님 본인도 모르실 것 같은데요?(웃음)

RYOO 아무도 몰라요. 그런데 요즘은 문장형 제목이 좋아요. '나는 전설이다' 라든지 '야수는 죽어야 한다' 처럼 소설풍의 제목이요.

– 악인이여, 지옥행 열차를 타라

〈다찌마와 리〉의 부제

LEE 그래서 〈다찌마와 리〉에도 그런 문장형 부제를 따로 붙이셨군요.

RYOO 그런 셈이죠. 저는 제목 가지고 말장난도 자주 하는 편이에요. 얼마 전에 서울아트시네마에서 마이클 커티즈의 〈더럽혀진 얼굴의 천사들〉에 대해 소개해야 하는 자리가 있었는데, 그때 제가 제 영화 제목들을 인용해서 장난을 좀 쳤죠. 〈더럽혀진 얼굴의 천사들〉은 어려서 '짝패' 였던 두 친구가 '주먹이 우는' 세상을 만나서 한 친구는 '아라한' 의 세계로 들어가고 한 친구는 '피도 눈물도 없는' 세계에 들어갔다가 '죽거나 혹은 나쁘거나' 둘 중 하나의 상태가 되는 이야기라고요.(웃음)

LEE 정말 그 영화의 스토리에 딱 맞는 절묘한 인용이네요.

– 예, 김금복입니다. 예, 오늘 저녁에요? 예예, 감사합니다.

〈피도 눈물도 없이〉에서 사채를 굴리는 신구가 걸려오는 전화를 공손히 받으며

LEE 감독님 영화의 악역들은 일반적으로 묘사되는 악당과 좀 다릅니다. 대표적인 예가 〈피도 눈물도 없이〉에서의 김금복(신구)과 〈짝패〉에서의 필호(이범수)일 텐데요, 평소에는 따뜻하고 친근한 모습을 보이는 게 인상적입니다. 이를테면 '생활인 악당'이라고 할까요.(웃음) 가해자와 피해자들이 흡사 서로 친구나 가족 사이인 듯 가깝게 얽혀 있는 것도 그렇고요.

RYOO 일단 저는 이 세상 어떤 악인도 먹이사슬의 꼭대기에 있는 것은 아니라는 생각을 갖고 있어요. 그런 묘사들은 제가 어린 시절 그런 '동네 삼촌들'과 '동네 형들'을 보며 성장했기에 제 피부에 직접 와 닿은 삶의 방식이기도 한 것 같습니다. 강한 사람에게 부딪치면 부러지니까 생존을 위해 잠시 휘어져 있다가 상대가 뒤돌아섰을 때 일격을 가하는 식이었죠. 제가 어릴 때 저희 집안이 몰락하면서 사람이 사람을 배신하거나 배신당하는 광경을 너무 많이 봐서, 그런 게 뼛속에 배었나 봐요. 사실 제가 사람들과 쉽사리 친해지지 못하고, 새로운 사람들을 만나는 것도 두려워하는 편인데, 그런 성향도 제 과거와 어느 정도 관련이 있을 것 같아요.

– 아, 일수쟁이 김영감! 그 노인네가 이 동네 나가요들하고
웬만한 업장주들한테 전부 일수 놓고 사는 전주거덩?
동네 골목만 한 바퀴 돌아도 현금으로만 몇 백씩 땡길 거다.

〈주먹이 운다〉에서 누가 현금이 많은지를 묻는 류승범의 질문에 선배가 답하며

LEE 작은 가게를 운영하는 사람들을 상대로 사채업자들이 돈을 빌려주고 이자를 걷으러 다니는 모습이 감독님 영화에서 자주 묘사됩니

다. 그럴 때마다 인상적인 것은, 수금하러 다니는 사채업자에게 가게 주인들이 공손히 허리 굽혀 인사하는 모습을 그리신다는 거지요. 차림새까지 서로 비슷한 그 사채업자들은 가게 주인들의 그런 인사를 인자한 미소로 고개까지 끄덕거리며 받고 말이죠. 〈피도 눈물도 없이〉나 〈주먹이 운다〉뿐 아니라 〈짝패〉에까지 그런 스케치 장면이 있는데요.

RYOO 제가 어릴 때 집에 일수 찍으러 오시던 한 키 작은 아저씨와 아주머니들을 선명하게 기억해요. 집에서 식당을 하다가 크게 망해서 전기까지 끊어졌는데, 그런 분들은 그럴 때도 악착같이 찾아오셔서 돈을 받아내려 하셨죠. 무척 인상적이었던 것은 그분들이 항상 부드럽게 웃으시고 우리를 걱정해 주는 말을 하신다는 점이었어요.(웃음) 제가 자란 곳인 온양이 유흥도시라서 동네 아저씨들이 다 멋쟁이였어요. 오후 두 시쯤에 다방에 앉아서 얘기하며 시간 보내다가 계산할 때는 서로 돈 낸다고 그러셨는데, 지금 생각해 보면 그게 다 허세였던 거죠. 그리고 일수놀이하던 사람들에게 고개를 숙이는 게 진심이 아니라는 것도 그때부터 알 수 있었어요. 진짜 존경과 가짜 존경은 보기만 해도 완전히 다르잖아요? 사채업자들은 또 그걸 다 알면서도 즐겼던 거죠.

LEE 그런 사채업자들에 대해서 극중에서 묘사하시는 걸 보면 의상에서 구체적인 제스처까지 공통적인 부분들이 참 많습니다. 그걸 다 일일이 지시하며 연출하셨다는 이야기인데요.

RYOO 전부 다 의식하고 한 것은 아니었는데, 진짜 제 속에 뭐가 많이 남아 있나 봐요. 제가 의상팀에 구체적으로 사채업자들의 패션까지 다 말하긴 했죠. 구두는 단화에, 상의는 필라 티셔츠, 가방은 그 끈을 손에 한 바퀴 감아서 들고 있고, 아주 짙지 않아서 약간 눈이 보이는 선글라스에 청바지도 다려서 입고 다니죠.(웃음) 오늘 별 이야기를 다 하게 되네요. 저보다 이전에 부메랑 인터뷰를 하신 감독님들과 이야기를 해보면 다들 무척 재미있었다고 하시더군요. 생각지도 못한 것에 대한 지적과 질문들이 나온다고요. 감독 본인도 스스로 인식하지 못하는 것들을 어떻게 그렇게 다 집어내세요?
LEE 먹고살기 위해 직업적으로 열심히 하면 누구나 그렇게 할 수 있습니다.(웃음)

– 아, 글쎄, 독불이놈 사지를 찢어놓든지,
후장부터 목구멍까지 빵꾸를 내든지,
그건 니가 알아서 하고, 돈이나 찾으란 말야.

〈피도 눈물도 없이〉에서 노름판의 판돈을 전부 강탈당하자
사채업자 신구가 악에 받쳐서 전화로 소리 지르며 부하에게 지시

LEE 그런데 악역에 해당하는 그런 사채업자들은 극중에서 보통 때는 한없이 사람 좋은 미소를 짓는데, 폭발하면 무시무시하죠. 〈피도 눈물도 없이〉에서의 신구씨나 〈짝패〉에서의 이범수씨는 딱 한 번 폭발하는데, 그때 정말 살벌하잖아요? 그 두 배우가 워낙 연기를 잘하시기도 했죠.
RYOO 누구에게나 손가락질 받는 사람들은 별로 안 무서워요. 그런데 모두에게 존경 받는 사람들은 무섭죠. 어떤 면에서 저는 선한 사람들이 더 무서워요. 정말로 선해서 그게 자연스럽게 드러나는 사람도 있지만, 사실은 뭔가를 꾹꾹 누르고 자제하면서 살아가는 경우가 더 많거든요. 그게 터질 때 어찌될지에 대해서는 아무도 모르는 거죠. 제가 한석규 선배의 연기를 좋아하는 게, 대부분 선하게 흘러가다가도 발작적으로 어느 순간 튀어나오는 게 있어요. 그거야말로 진짜 무섭거든요. 〈히트〉를 보면 알 파치노는 내내 소리 지르면서 연기하는데, 로버트 드 니로는 늘 꾹꾹 눌러 담아요. 그렇지만 드 니로가 훨씬 더 무섭게 느껴지죠. 제 스스로도 터질 때는 절제가 잘 안 돼요. 제가 항상 웃고 장난칠 것 같다고 보시는 분들이 많은데, 사실

현장에서는 극악무도한 감독입니다.(웃음)

LEE 현장에서 무서운 감독이시라고 알고 있습니다. 이미 이야기를 몇 차례 들었거든요.(웃음)

RYOO 벌써 소문이 다 났군요.(웃음) 제가 평소에 '남들에게 피해 주지 말자. 인간에게는 무엇보다 예의가 중요하다' 등을 절대 덕목으로 두고 살면서도 저 역시 그런 극악무도한 대사를 현실에서 할 때가 있어요.

LEE 영화 현장에서요?

RYOO 아뇨. 운전할 때 그렇게 되는 것 같아요. 그러고 나면 제 안의 폭력성을 발견한 것 같아서 씁쓸하죠. 제가 그렇게 하면 다른 사람들도 저를 그렇게 바라보는 듯해요. 시종 꽥꽥거리면 원래 저런 놈이거니 생각하게 되잖아요. 허점이 보이는 거죠. 그런데 그런 허점이 안 보이는 사람들이 있어요. 〈폴링 다운〉의 주인공을 보면 이해가 잘 되는데, 김영하의 〈엘리베이터에 낀 그 남자는 어떻게 되었나〉 같은 소설을 보면 꾹꾹 누르는 게 보이죠. 이소룡 영화도 그런 것들이 폭발할 때에 대한 영화인 셈이고요.

– 아휴 형님, 그러니까 무서울라고 그러잖아요.

〈아라한 장풍대작전〉에서 깡패가 정색하는 류승범에게 비아냥거리면서

LEE 〈피도 눈물도 없이〉는 어떻게 보면 공포영화로까지 보이기도 합니다. 독불(정재영)이 평소 모시던 사채업자(신구)를 죽이고 나서 피투성이 현장에서 사과를 우적거리며 먹는 장면 같은 게 참 소름끼치죠. 그러고 보면 스릴러에서 사람을 죽이고 나서 뭔가 먹는 장면들이 특히 무섭게 느껴지는 것 같아요. 그게 이마무라 쇼헤이 감독의 〈복수는 나의 것〉에서의 나무 열매든, 박찬욱 감독의 〈복수는 나의 것〉에서의 자장면이든, 앨런 파커 감독의 〈엔젤 하트〉에서의 삶은

계란이든, 김지운 감독의 〈좋은 놈 나쁜 놈 이상한 놈〉의 피스타치오든 말입니다. 그런 장면들은 정말로 하드보일드하게 느껴지거든요.

RYOO 아직 만들지 않은 영화인데, 제가 꼭 찍고 싶은 장면이 하나 있어요. 가장 참혹하고 쓸쓸하게 밥을 먹는 장면으로 찍고 싶은 게 있거든요. 나중에 보시면 아실 거예요.(웃음) 살면서 가장 중요한 행위 중 하나가 음식을 먹는 것인데, 이상하게 뭔가를 먹는 장면이 가장 무섭게 느껴지기도 해요. 〈무간도〉에서 노인들이 샤부샤부를 먹으면서 누구를 제끼라고 지시하는 장면이라든지, 〈대부〉에서 만찬 도중 누군가를 죽이라고 명하는 장면 같은 거죠. 〈프렌치 커넥션〉에서 추운 겨울날 형사인 진 해크먼이 바깥에서 절박하게 뭘 먹고 있을 때, 안에서는 우아한 식당에서 정찬을 먹고 있는 장면 같은 것도 참 인상적이잖아요? 말씀하신 이마무라 쇼헤이 영화의 그 부분은 제 인생의 베스트 장면 중 하나인데, 그게 정말 참혹해 보이는 진짜 이유는 인간을 묘사했기 때문인 듯 해요. 살인을 저지르고 나서도 허기가 져서 그 열매를 따먹는 거잖아요. 지금 거론하신 독불이의 사과 먹는 장면 연출은 사실 좀 겉멋이 있었죠. 지금 그 장면을 다시 찍는다면 다르게 묘사할 것 같아요.

– 상황이 생각보다 심각해지고 있습니다.

〈짝패〉에서 부하가 이범수에게 벌어지는 일들에 대해 보고하며

LEE 그러고 보면, 감독님 영화에서는 따뜻한 장면들도 많지만 일상에서 벌어지는 행위를 차갑고 냉정하게 묘사한 장면들도 참 많습니다.

RYOO 〈주먹이 운다〉에서 태식(최민식)이 부부싸움을 벌이다가 갑자기 아내와 섹스를 하잖아요? 그건 사실 배설인 셈이죠. 〈피도 눈물도 없이〉에서 독불이가 화장실 문을 열고 일을 볼 때 수진(전도연)이 문 닫고 싸라고 신경질을 부리는 것도 같은 맥락이죠. 아주 가까운 사이에

서 먹고 싸는 것은 자주 벌어지는 일이잖아요? 그런 장면들을 찍기 위해서 제 영화를 냉정하게 보려고 해요. 침묵하는 순간, 혹은 걷는 순간이나 먹고 싸는 순간이 감정적 반향을 크게 일으킬 수 있도록 하는 지점까지 도달하기 위해 노력하죠. 제가 정말로 잘 찍고 싶은 것은 그런 장면들이에요. 액션 장면들은 제가 계속 해보니까 오히려 누구나 다 찍을 수 있는 것 같아요. 감정 상태 자체가 무척 격렬할 수밖에 없는 그런 장면들은 전문가들이 도움을 주면 눈에 띄는 수준으로 완성할 수 있는 부분이거든요. 정두홍 무술감독님과 같은 뛰어난 테크니션이 붙으면 충분히 가능하죠. 영화를 찍으면서 더욱더 중요한 것은 일상적인 묘사들이에요. 어떤 영화들은 먹는 것을 통해서 무척 따뜻한 느낌을 주기도 하는데, 또 어떤 영화들은 한자리에서 모여 먹지만 '저 가족은 끝장났구나' 싶은 생각이 저절로 들기도 하잖아요?

LEE 이창동 감독님의 영화들에서 그런 느낌을 주는 장면들이 종종 등장하죠.

RYOO 네. 저는 오승욱 감독님의 〈킬리만자로〉에서 밖에서 놈들이 들이닥치려 하는데도 안성기 선배가 뭔가를 꾸역꾸역 먹고 있는 장면을 진짜 좋아해요. 찍을 때는 무심하게 그냥 찍는 것 같은데, 나중에 관객들에게 강력한 심정적 반향을 일으킬 수 있는 경지에 도달하고 싶습니다.

– 당신도 내 손에 제껴질 거라는 거 몰랐잖아, 이 씨발놈아.

〈피도 눈물도 없이〉에서 정재영이 평소에 모시던 신구를 죽이기 직전에 씩 웃으면서

LEE 제가 감독님 영화에서 가장 무시무시하게 생각하는 장면은 독불이 사채업자(신구)를 죽이기 직전에 피투성이 얼굴로 살인을 암시하며 웃는 부분입니다. 그 장면을 볼 때 진짜 섬뜩했어요.

RYOO 그렇죠. 저도 어린 시절에 느꼈던 경험에서 그 장면을 착안했던

것 같아요. 이전에 한 번도 말한 적이 없는 이야기인데, 유지되던 힘의 균형이 깨지고 역할이 바뀌는 상황에 제가 특히 관심이 있어요. 주로 돈이나 권력에 의해서 그런 일이 벌어지죠. 제가 그럴 때 몰락해 가는 쪽의 입장에 처해본 적이 있어서인지 그런 설정이 참 강렬하게 느껴져요. 〈영웅본색〉에도 그와 관련해 잊지 못할 장면이 하나 있죠.

LEE 관계가 역전된 상황에서, 세차장에서 다리를 절며 차를 닦아준 주윤발에게 예전의 부하가 세차비를 바닥에 던져주는 장면을 말씀하시는 거죠?

RYOO 제가 예전에 계산원으로 일할 때, 손님이 돈을 던져주면 정말 싫었어요. 노름판에서 돈을 다 잃은 사람이 악만 남은 상황 같은 것을 어려서부터 목격했죠. 가까운 사람이 돈 때문에 더할 수 없이 비굴해지는 모습도 봤어요. 결국 새로 정립된 관계에 적응하지 못하고 튕겨져 나가는 경우가 많죠. 그럴 때면 나도 그렇게 될 수 있을지도 모른다는 사실에 대한 공포가 밀려왔어요.

– 많이 컸다. 니가 나한테 충고까지 하고.

〈죽거나 혹은 나쁘거나〉에서 박성빈이 자신을 찾아와 다그치는 류승완에게

LEE 그런데 이와 관련해 또 하나 흥미로운 것은, 감독님 영화 속에서 시간이 흘러 두 사람의 권력 관계가 역전이 되었다고 해도 그 둘이 다시 물리적으로 대결하면 현재 상태에서 우위에 오른 사람이 아니라 과거에 우위를 점했던 사람이 여전히 이기는 것으로 묘사된다는 겁니다. 〈짝패〉에서 왕재(안길강)와 필호(이범수)가 맞대결할

피도 눈물도 없이

개봉 2002년 3월 1일 **출연** 전도연 이혜영 정재영 류승범 **상영시간** 120분 _ 가수가 꿈인 수진은 불법 투견장을 운영하는 독불과 함께 살지만 그의 폭력성 때문에 늘 고통 받는다. 전문 금고털이범이었던 경선은 어두운 과거를 씻고 택시기사로 살아가지만 빚 때문에 항상 쫓긴다. 독불을 떠나 새로운 삶을 살고 싶어 하던 수진은 교통사고를 계기로 알게 된 경선에게 모두를 속이고 투견장의 자금을 빼돌려서 달아나자고 은밀히 제안한다.

때와 〈주먹이 운다〉에서 태식(최민식)과 용대(오달수)가 싸울 때 모두 그랬죠.

RYOO 제가 어렸을 때 이런 일이 있었어요. 저를 때린 놈을 밟아버리겠다고 혼자 운동을 열심히 한 적이 있었죠. 그러다 다시 딱 만났는데 그놈과 눈이 마주친 순간부터 뭘 어쩌질 못하겠더라고요. 걔를 이긴 애는 내가 어떻게 해볼 수 있는데, 정작 그놈 앞에서는 작아지기만 하는 거죠. 비슷한 일이 영화 〈레올로〉에도 나와요. 그 영화를 본 분들도 많이 기억하지 못하는 장면인데, 레올로의 형이 동네 불량배들에게 학대받는 것을 견디다 못해 운동을 열심히 하며 몸을 불려요. 그래서 몸이 상당히 우람해졌는데도, 불량배 하나가 지나가다가 '요즘 운동 좀 한다며?' 라면서 괜히 때리는데 덤벼들지 못하고 그냥 맞고만 있을 뿐이죠.

– 어렵고 힘들고 위험한 건 내가 다 했잖아.

〈피도 눈물도 없이〉에서 류승범이 자신을 비난하는 친구들에게

LEE 정말 만만치 않은 성장 과정이셨네요.(웃음)

RYOO 중학교 때는 학교에서 다들 짱으로 쳐주는 아이가 하나 있었어요. 그런데 본격적으로 서열 다툼이 다시 시작되면서 저랑 친했던 친구가 졸업식날에 짱이었던 그애를 처참하게 밟는 것을 봤어요. 짱이었던 녀석과는 전혀 친한 사이가 아니었는데도, 그 무너지는 모습에서 바뀐 관계와 역할을 목격하니 갑자기 처연해지더라고요. 그런 틈바구니에서 성장하다 보니 그런 역학관계 변화에 흥미를 느끼는 듯해요. 저 스스로도 그런 세계 안에서 사니까 공포도 상존하고요. 그런 것에 대한 제 히스테리가 영화를 통해서 나오는 것 같아요.

- 환장허겄지? 옛날 핫바지 꼬봉 새끼한테 꼼짝 못하니께, 아주 죽겄지, 엉?

〈짝패〉에서 이범수가 정두홍을 숲에서 마구 때리며

LEE 〈짝패〉가 바로 그런 관계의 역전을 이야기의 핵심으로 다룬 작품이죠?

RYOO 그렇죠. 애초에 왕재(안길강)가 필호(이범수)를 인정했다면 좀 달라질 수도 있었을 텐데, 왕재가 필호에게 조직을 물려줄 때 두 사람 관계는 대등한 게 아니잖아요? 일종의 보살핌 같은 의미가 있었던 거죠. 필호 입장에서는 자존심이 잔뜩 상한 상태에서 문제까지 생기니까 그런 극단적인 일을 벌이는 겁니다. 살면서 그런 것 때문에 틀어지는 걸 많이 봤어요. 살다보면 이십대 때와 삼십대를 넘어섰을 때 관계가 달라지는 경우가 종종 있거든요. 다른 이의 현 상태를 제대로 인정하지 않는 데서 나오는 사소한 오해 같은 것들이 좋지 않은 결과를 낳는 거죠.

- 지금까지 애들이 나를 애비로 대접해 준 적이 있어?
- 그럼 아빠는 아빠 노릇 제대로 한 적 있구요?

〈죽거나 혹은 나쁘거나〉에서 살인죄로 복역한 뒤 출소한 아들 박성빈이
가족과 함께 식사하는 자리에서 언쟁을 벌이는 아버지와 누나

LEE 감독님 영화에 등장하는 가족들은 단란한 가정의 모습과 거리가 먼 경우가 많습니다. 〈주먹이 운다〉의 가족 상황이 대표적이지요. 특히 눈에 띄는 것은 아버지나 형이 그 위치를 다른 가족들로부터 인정받지 못할 때가 많다는 겁니다. 〈죽거나 혹은 나쁘거나〉에서 딸은 아버지가 아버지 노릇을 못하고 있다고 비난하고, 〈짝패〉에서 동생 석환(류승완)은 형 동환(정석용)을 형으로 인정하지 않으면서 심지어

주먹질까지 예사로 합니다. 이런 묘사는 역설적으로 아버지 노릇과 형 노릇이 제대로 이뤄져야 한다는 생각에 바탕하고 있다는 점에서 가부장적이기도 합니다.

RYOO 그것도 제 어린 시절과 관련 있는 부분이 있는 것 같아요. 사실 저희 가족은 단란했어요. 그런데 제가 중학교 때 예기치 않은 변고로 부모님이 돌아가시면서 보호막이 없어지고 제가 가장 역할을 하게 됐죠. 그로 인해 예민한 사춘기에 가족에 대해 비정상적인 환상을 갖게 되었거나 그와 정반대로 너무 차가운 시선으로 바라보게 되었다고 생각해요. 〈주먹이 운다〉의 경우, 해체된 가족 안에서 뭔가를 붙잡고 싶은 아이 같은 심정이 그 속에 표현되었죠. 지금 그 영화를 만든다면 훨씬 더 덤덤하게 연출할 것 같습니다. 제 영화에서 가족이 사실 좀 썰렁하죠. 그런데 현실의 가족들 치고 그 안에 문제가 없는 가족도 드물 거예요. 가장 큰 상처가 가족 안에서 비롯하는 경우도 많고 말이죠. 그런 현실에 대한 안타까움이 제 영화에 묻어나는 듯해요. 〈전원일기〉 같은 드라마가 장수하는 것도 현실의 가족이 충족시켜 주지 못하는 판타지를 구현하고 있기 때문일 거예요. 아버지나 형이 제대로 인정받지 못하는 것은 제가 아까 말했던 권력관계가 뒤집히는 양상과도 관련이 있겠죠. 그건 가족 안에서의 역할이 뒤바뀌게 되는 것이니까요.

– 야, 불은 왜 꺼?
– 제가 다 책임질게요.
– 니가 임마, 뭘 책임을 져?
– 다 책임질 수 있다니깐요.

〈죽거나 혹은 나쁘거나〉의 당구장 패싸움 장면에서 싸움이 벌어지기 직전에 한 고교생이 불을 끄고 문을 걸어 잠그면서 주인과 입씨름

LEE 감독님 영화의 대사들에서는 유독 책임이란 단어가 자주 쓰입니다. "더이상 얽혀들면 나도 책임 못 져"(《피도 눈물도 없이》), "나는 다른 사람의 인생을 책임질 만큼 큰 사람이 되질 못해"(《다찌마와 리》), "내 동생을 행복하게 해준댔으면 책임을 져야지"(《짝패》) 같은 대사들이 정말 많거든요. 그 점과 함께 감독님 영화에서의 가족관계에 대한 짙은 묘사와 애착을 떠올릴 때, 저는 이런 생각이 듭니다. 류승완의 영화는 '장남의 영화'라는 거지요. 감독님 작품 속 인물들은 온통 책임에 짓눌린 장남의 딜레마를 갖고 있습니다. 이는 감독님 자신과도 무관하지 않을 것 같은데요.

RYOO 놀라운 분석이네요. 듣고 보니 진짜 충격이에요. 제가 과도한 책임감 때문에 스스로 힘든 경우가 많거든요. 직업윤리에 대한 부분도 그렇고요. 책임도 못 지면서 늘 책임감에 억눌려 있어요. 일할 때 남들에게도 "너, 책임질 수 있어?" 이런 말을 자주 합니다. 정신분석학하는 분들께 제가 왜 이런지 묻고 싶어질 때도 있어요.

– 나에겐 나이든 노모, 시집 가야 할 여동생, 그리고 큰집의 돌아가신 어르신들의 자식들과 철모르던 시절 싸질러놓은 자식들까지 부양할 가족이 많단 말이오.

〈다찌마와 리〉에서 류승범이 시장통에서 돈을 뜯다가 임원희와 마주치자 변명하며

LEE 감독님 영화 속 인물들은 자기 자신의 삶에 대한 고려보다는 가족에 대한 책임감에서 행동하는 경우가 많지요.

RYOO 제게 장남 콤플렉스가 있는 것 같습니다. 바르게 보이는 일을 할 때가 종종 있는데, 그럴 때도 이게 우러나와서 하는 행동인지, 아니면 일종의 책임감 때문에 그러는 것인지 스스로 궁금해지기도 해요. 어쩌면 그건 제가 제 능력에 비해서 지금 삶을 과하게 즐기고 있다는 생각이 들기 때문이 아닌가 싶기도 합니다. 사실 자신이 하고

싶은 일을 하면서 살 수 있는 사람이 얼마나 되겠어요. 그런 면에서도 저는 축복받은 경우죠. 하고 싶은 일을 하면서 그걸로 먹고살 수 있으니까요. 앞으로는 어떨지 모르겠지만요. 그런 것들에 대한 부채감이 있어요. 그런데 그런 게 제 영화에도 배어 있었군요. 한편으로는, 책임이란 말을 자주 쓰는 게 제 어휘력이 딸려서일 수도 있어요.(웃음)

– 선배한테 욕하고 반말하는 거 아니다.

〈주먹이 운다〉에서 최민식이 자신을 린치했던 후배 오달수와

일 대 일 대결을 벌여 이기고 난 뒤 자리를 떠나면서

LEE 감독님의 영화는 위계질서가 중시되는 세계를 보여줍니다. 아까 언급했던 것처럼 〈짝패〉에는 동생이 형을 패는 장면이 두 차례 나옵니다. 그런데 그런 극악한 장면에서도 옆에서 필호(이범수)나 태수(정두홍)처럼 "아무리 못났어도 니 형이여"라며 말리는 사람이 꼭 등장하거든요. 위계질서가 중시되는 세계이기에, 그런 관계가 역전될 때 벌어지는 충격이 영화 속에서 강렬하게 그려지기도 하고요.

RYOO 그 지점에서 정말 이중적인 태도가 제게 있나 봐요. 확실히 저는 위계질서 같은 것을 중요하게 여기거든요. 예를 들어, 한번 제 사수가 된 사람은 평생 제 사수로 생각해요. 특히 선후배 사이에서 그렇죠. 저는 저보다 나이가 많은 선배 감독님들을 아무리 오래 만나도 형이라고 부르지 못해요. 처음 맺어졌던 그 관계 그대로 가는 거죠. 그러다가 본의 아니게 그런 관계가 파괴되는 상황이 되면, 저는 아예 그 관계 자체를 단절하고 마는 경향이 있는 것 같아요.

– 전과라는 거 평생을 따라다녀.
나도 더는 사고 막아줄 재간도 없고.

〈피도 눈물도 없이〉에서 경찰인 이영후가 이혜영을 타이르며

LEE 격렬하게 흔들리는 주인공들 뒤에는 묵묵히 도와주는 일종의 멘토나 후견인 캐릭터가 존재하는 경우가 많습니다. 〈피도 눈물도 없이〉의 이영후씨, 〈주먹이 운다〉의 변희봉씨와 천호진씨, 〈죽거나 혹은 나쁘거나〉의 기주봉씨, 〈아라한 장풍대작전〉의 안성기씨, 〈다찌마와 리〉의 김영인씨가 연기한 인물들이 모두 후견인이나 멘토에 해당하니까요. 〈짝패〉를 제외하고는 감독님의 모든 영화에서 이런 캐릭터를 볼 수 있다는 게 흥미롭습니다.

RYOO 진짜 그러네요. 왜 그럴까요. 지금 생각해 보니 저 자신이 누군가에게 끊임없이 보호 받으면서 살고 있기 때문인 듯합니다. 피할 그늘도 없이 살아온 사람들의 영화는 그 안에서 확실히 그런 티가 나죠. 그래도 저는 어쨌든 항상 어딘가 숨을 곳이 있었던 듯해요. 그런 면에서 보면 저는 극악스러운 삶을 산 건 아닌 것 같구요. 지금 멘토란 표현을 쓰셨는데, 저는 살면서 닮고 싶은 대상이 늘 존재했어요. 그런 영향이 아닐까 싶네요.

– 당신은 저 일본인을 추적하시오. 난 어두운 놈을 좇을 테니.

〈다찌마와 리〉에서 안길강이 스위스 비밀은행 알프스 지점 앞에서

악당들을 미행하던 중에 임원희에게

LEE 그동안 감독님의 영화들은 대부분 어두운 이야기를 좇아왔습니다. 강렬한 파국이 주는 비장미가 담겨 있는 작품들이라고 할까요.

RYOO 어두운 이야기에 더 매혹되어 온 게 사실이죠. 코미디인 〈다찌마와 리〉조차 따지고 보면 우울하죠. 통쾌하게 복수한 세계가 실은 가짜의 세계인 것이고, 악당 다마네기도 알고 보면 내부의 적이었고, 키스도 성공 못하고, 극장 스코어도 우울하고.(웃음)

個獨行
風雨卻偏逼近...

–내가 오늘 방 보증금 뺐어. 내가 우리 애새끼하고,
내 이런 좆같은 세상, 내가 쫑 낼라고.

〈주먹이 운다〉에서 술에 취한 최민식이 자신의 처지에 대해 천호진에게

LEE 〈주먹이 운다〉에서 만취한 태식(최민식)이 토해내는 격렬한 한탄처럼 냉혹한 세상에 대해 울분을 터뜨리는 직설적인 대사들도 자주 나옵니다.

RYOO 관객으로서 저는 밝은 영화 보는 것도 좋아하긴 하는데, 영화를 만들다보면 우리가 사는 세상이 그렇지 않다는 것을 알게 되죠. 인간은 누구나 죽을 수밖에 없기에 근원적인 공포 하나씩을 안고 살기도 하고요. 발버둥 쳐도 사람의 운명이 본인의 의지로 해결되는 게 한계가 있으니까, 그런 것들에 대한 허망함이 쌓여서 영화적으로 그렇게 표출되어 나오는 것 같아요. 지금까지는 확실히 어두운 쪽의 이야기에 더 매력을 느껴왔습니다.

–여호와여 내가 알거니와
인생의 길이 자기에게 있지 아니하니
걸음을 지도함이 걷는 자에게 있지 아니하나이다

〈죽거나 혹은 나쁘거나〉의 라스트신이 끝난 후 화면에 인용되는 성경 구절

LEE 그런 느낌은 데뷔작 때부터 강했습니다. 〈죽거나 혹은 나쁘거나〉의 엔딩 부분에서 자막으로 나오는 성경의 예레미야서 11장 23절의 인용에서 짙게 풍겨 나오는 것은 일종의 허무주의적인 느낌이랄까요. 말하자면 '어찌할 수 없음'을 토로하는 무력감의 정서였으니까요.

RYOO 그런 게 제 안에 있었겠죠. 〈죽거나 혹은 나쁘거나〉 때는 정말로 제 삶에 분노와 짜증이 잔뜩 담겨 있었어요. 제가 인용한 예레미야서의 구절이 바로 영화 속 세계에 대한 제 입장이었던 거죠. 그런

데 살다보니 그 구절이 요즘 다시 제게 돌아오더군요. 나이를 먹을수록 인생의 길이 나에게 있지 않다는 것을 더욱 짙게 느껴요. 생각해 보면 데뷔작에서 그 구절을 운명적으로 집어넣었던 것 같습니다.

LEE 영화의 비극적인 결말을 볼 때, 어린 시절의 친구끼리 싸우다가 비극적으로 끝나는 〈죽거나 혹은 나쁘거나〉와 〈짝패〉의 유사점이 눈에 띕니다.

RYOO 그 두 영화는 친척관계에 있는 작품 같아요. 과거에서 헤어 나올 수 없었던 사람들이 결국 파멸한다는 점에서 동일하죠. 돌이켜볼 때 '내가 왜 여기까지 왔나' 싶은 감정 같은 게 핵심적으로 들어 있는 겁니다. 현재의 감당할 수 없는 현실은 좋았던 시절의 잘못된 선택이 빚어낸 결과인 셈이라고 할까요.

– 마지막 순간에 당신이 있으니,
내 더러운 영혼이 구원받는 기분이에요.

〈다찌마와 리〉에서 박시연이 임원희의 품에서 죽어가며

LEE 감독님 영화에서 발견되는 테마 중 하나가 구원입니다. 피와 눈물로 범벅이 되는 극중의 비극적 상황들도 구원을 향한 고행이나 속죄의 단계처럼 여겨지는 경우도 종종 있었고요. 이런 종교적인 느낌이 감독님 영화에 서려 있는 것에 대해서 어떻게 생각하십니까.

RYOO 제가 의식적으로 그렇게 한 부분이 있겠죠. 그런데 예전에 제가 취했던 그런 태도에는 약간의 허세도 있었던 것 같아요. 그래야 뭔가 있어 보이잖아요.(웃음) 마틴 스코세지의 영향도 있었을 테고요. 지금은 그 테마가 여전히 중요한 문제라고 생각하지만, 그런 의문들은 제 삶의 몫으로 남겨둔 채 자연인으로서 그런 고민을 하면서 살아가면 될 것 같아요. 그러다 보면 영화감독으로서 제가 영화를 만드는 과정을 통해 그런 고민들이 저절로 나타나게 되리라고 봐요.

그게 자연스럽게 묻어나면 진짜인 거고, 그렇지 않으면 그 고민이 그만큼 절박하지 않은 것이겠죠. 〈죽거나 혹은 나쁘거나〉를 만들 때는 좀 예외적이라고 할 수 있을 거예요. 그때는 그 영화만이 제 인생의 유일한 탈출구라고 생각했으니까요.

– 이거 봐. 이거 풀어졌잖아.

〈주먹이 운다〉에서 최민식이 한 아이의 운동화 끈이 풀어진 것을 발견한 뒤 매어주면서

LEE 하지만 지금까지 여섯 편의 장편 영화를 만들어오면서 무척이나 비관적이었던 분위기가 조금씩 풀어지고 있다는 느낌도 듭니다.

RYOO 얼마 전 〈다찌마와 리〉를 만들다가 그런 생각이 잠시 들었어요. 어차피 영화라는 게 다 '뻥'이고 의식주처럼 반드시 있어야 되는 것도 아닌데다가 저보다 훨씬 더 우아하고 좋은 방식으로 삶의 아픔을 이야기하는 감독들이 많은 상황에서, 저는 영화를 통해 가짜이긴 하지만 즐겁고 맛 좋은 거짓말을 해야 하는 게 아닌가 하는 생각이었지요. 어려서 제가 처음 열광했던 영화도 그런 대리만족을 주는 영화들이었거든요. 지금은 굳이 어두운 것을 좇겠다는 마음 같은 것은 없어요. 제가 선택한 다음 영화 자체가 중요할 뿐이죠. 그게 또 어두울 수도 있겠지만, 출발은 어두워도 결국 그 어둠을 뚫고 나가는 영화를 만들 수도 있을 거예요.

– 움직이지 마!

〈피도 눈물도 없이〉에서 불법 도박판을 덮치는 경찰

LEE 그런 지향점을 가진 영화가 바로 〈주먹이 운다〉겠죠. 〈주먹이 운다〉는 아마도 극중에서 주인공들이 처한 상황이 가장 참담한 경우일

겁니다. 그런데 의외로 이 영화는 피투성이로 일그러진 두 주인공이 각각 환하게 웃는 모습을 분할된 정지 화면에 함께 담아 비추면서 끝납니다. 마지막 경기 결과에 관계없이 사람들이 그들을 향해 박수를 쳐주고 가족들이나 코치가 달려가 안아주는 모습이 그 직전에 나오기도 하고요. 저는 그 엔딩을 보면서 스티븐 스필버그의 〈A. I.〉의 라스트신을 떠올렸습니다. 많은 사람들이 〈A. I.〉의 마지막 부분을 췌언 같다고 비판했는데, 저는 아이의 눈물을 기어이 닦아주고 싶었던 스필버그의 마음이 그 장면에 담겨 있기에 꼭 필요했다고 느꼈던 거죠. 〈주먹이 운다〉의 감상적일 수도 있는 엔딩 역시 사실은 그 영화의 핵심인 듯 여겨집니다.

RYOO 그 영화에 대한 비판자와 지지자의 견해가 갈리는 지점이 바로 거기인 것 같습니다. 사실 종반부에서 가족들이 권투 경기장 안으로 전부 모이는 것 자체가 굉장히 억지스럽죠. 그러나 저는 그게 그 영화라고 봤거든요. 그동안 만들었던 영화 속 인물들 중에서 제가 존경심을 품은 유일한 경우가 바로 〈주먹이 운다〉의 두 주인공이었어요. 태식과 상환이라는 캐릭터의 실제 모델인 두 사람에 대한 존경심이 처음부터 있었죠. 〈주먹이 운다〉는 실존 인물들을 다큐멘터리에서 접했을 때 생겼던 존경심으로 만든 영화였으니까요.

– 너 아주 잘했다. 류상환, 잘했다.

〈주먹이 운다〉에서 마지막 경기가 끝난 후 교도관 안길강이 류승범을 격려하며

LEE 저는 감독님이 마지막 장면을 그렇게 찍기 위해서 그 영화를 만들었다는 느낌까지 받았습니다.

RYOO 영화로 만든다고 해서 세련된 형식으로 그분들 삶을 파괴하고 싶지는 않았습니다. 그냥 그분들을 영화 속에서 웃게 하고 싶었어요. 감독으로서 제가 가진 특권으로 그분들에게 선물을 하고 싶었다

고 할까요. 그것 하나는 진심이었습니다. 다만 지금 생각해 보면 그렇게 억지를 부리지 않고도 미소 짓게 할 수 있는 방법이 있지 않았을까 싶기는 하죠. 당시에는 그게 최선의 지점이라고 생각하고 달렸던 거지만 말입니다. 그 영화에 대한 비판들도 충분히 수긍 가능합니다. 다만 그 모두가 제가 하고 싶어서 했던 것이었어요.

– 다들 행복의 나라로 갑시다.

〈주먹이 운다〉의 엔딩 크레딧 시퀀스에서 흐르는 노래 〈행복의 나라로〉 가사

LEE 영화가 다 끝나고 엔딩 크레딧이 올라갈 때 〈행복의 나라로〉가 흐르는 것을 들으면서 그런 의도를 충분히 짐작할 수 있었습니다. 그 노래에 담긴 게 바로 그 영화의 마음이었겠지요.

RYOO 실제로 시나리오를 쓰면서 내내 〈행복의 나라로〉를 들었어요. '제발 이 사람들이 행복의 나라로 갔으면' 싶은 마음이었죠. 솔직히 말하면 라스트신 이후에도 그 사람들 생활이 크게 달라질 리가 없죠. 상환은 다시 교도소로 돌아가야 하고, 태식 역시 그게 그저 잠깐의 눈물과 웃음이었을 거예요. 그래도 인생에는 누구에게나 클라이맥스가 있잖아요? 바로 그 클라이맥스에서 화면을 정지시키고 싶었던 겁니다. 그게 영화라는 매체의 마술이니까요.

– 심판 2 대 1 판정으로 제33회 KBC 회장배 슈퍼라이트급 신인왕은 천안 충의대 소속 류상환 선수로 결정되었습니다.

〈주먹이 운다〉에서 결승전 경기 결과를 발표하는 아나운서

LEE 〈주먹이 운다〉의 신인왕 결승전에서 맞붙은 두 선수는 모두 이겨야만 할 절박한 이유가 있었습니다. 그런데 그 경기에서는 결국

상환(류승범)이 태식(최민식)을 이겼지요. 왜 태식이 아니라 상환이 이기는 결말을 선택하셨는지요.

RYOO 결말에 대해서 고민 정말 많이 했죠. 별별 버전이 다 있었어요. 3라운드 시작하면서 서로 마지막 펀치를 교환하며 정지 화면으로 끝나는 것도 있었고, 결국 태식이 이겼는데 펀치 드렁크로 링에서 일어나지 못하는 것도 있었어요. 전자는 〈록키 3〉, 후자는 〈챔프〉와의 유사성 때문에 각각 포기했습니다. 심지어 두 사람이 동시에 펀치를 날리다가 심판이 맞아서 쓰러지는 엔딩도 있었어요. 그건 박찬욱 감독님이 제시해 주신 의견이었는데, 한동안 그분을 만나면 안 되겠구나 싶었죠.(웃음) 고민을 하다가 현실적으로 결정하기로 했어요. 일단 그 시합은 서로 비슷한 실력을 가진 두 선수가 무승부 같은 경기를 펼치면서 끝까지 누가 이길지 모르는 게 중요했죠. 그런데 그런 경기가 실제로 벌어졌다면, 권투협회에도 현실적인 입장이 있지 않았겠어요? 사십대 퇴물 복서에게 신인왕을 주고 싶진 않을 거예요. 전과가 있다고 해도 미래에 투자할 겁니다. 그래서 상환이가 이기게 했죠. 사실 그건 대단히 냉혹한 판정이었어요.

– 입장을 한번 바꿔놓고 생각을 해봐유, 에?

〈짝패〉에서 류승완이 손을 떼라고 충고하는 선배 정두홍에게 항의

LEE 그렇다면 두 캐릭터의 실제 모델인 하레루야 아키라와 서철씨가 맞붙은 상황이라면, 그리고 현실적이거나 영화적인 판단과 상관없이 감독님 뜻대로 승부 결과를 만들 수 있다면, 누가 이기도록 해주고 싶습니까.

RYOO 저는 하레루야 아키라를 응원할 듯해요. 촬영 전에 실제로 만나보았는데, 하도 펀치를 많이 맞아서 자신의 주소도 헷갈리는 지경이시더라고요. 그 사람은 그렇게 어렵게 번 돈으로 계속 빚을 갚아

나갔어요. 책임의식이 대단한 사람이었죠. 한 달에 한 번씩 신주쿠의 부랑아들에게 밥도 샀고요. 그 사람이 이혼한 것도 빚 독촉에 가족들이 시달리지 않도록 하기 위해서였습니다. 그런데도 늘 농담을 던지며 말하는 유쾌한 사람이기도 했습니다. 〈주먹이 운다〉를 보신 후, "당신이 여자였다면 키스를 해줬을 것"이라고 말하기도 했죠. 얼굴이 온통 울퉁불퉁한데, 그렇게 웃고 있으면 정말이지…… 불운의 복서죠. 저는 올드보이를 좋아하니까 하레루야 아키라가 이기도록 하고 싶습니다. 애들이야 또 알아서 크는 거고요.(웃음)

– 인생이라는 게 이런 일도 있구 저런 일두 있구 그런 건디,
아니 뭐 그렇게 죽자 살자 해결도 안 되는 일을 해결할라구 그랴.

〈짝패〉에서 이범수가 피투성이로 자신에게 다가와 공격하려는
정두홍과 류승완에게 이죽거리면서

LEE 저는 이번에 여섯 편의 영화들을 쭈욱 보면서 쾌활한 오락영화 대작 〈아라한 장풍대작전〉보다는 조금 전 이야기를 나눈 대로 오히려 그 다음 작품인 〈주먹이 운다〉에서부터 류승완 작품세계의 온도가 본격적으로 달라지고 있다는 인상을 강하게 받았습니다. 감독님의 인물들은 모두가 제대로 해결되지 않는 일을 해결하려고 애쓰는 과정에서의 딜레마를 겪고 있죠. 그런데 초기의 영화들 속에서는 결국 해결이 안 되고 마는 상황에 대한 분노와 탄식의 느낌이 강했다면, 최근에는 해결되기 어려운 상황에서라도 해결하려고 노력하는 것 자체가 중요하다는 사실을 강조하는 느낌입니다. '희망이 있다'는 낙관주의가 아니라 '희망이 있어야 한다' 혹은 '희망을 만들어야 한다'는 태도라고 할까요. 그렇기에 거기서는 일종의 종교적 갈망까지 느껴집니다.

RYOO 맞습니다. 세계관의 변화까지는 아닌 것 같지만, 변하고 있는

것은 사실인 듯해요. 제 영화들을 보면 〈죽거나 혹은 나쁘거나〉를 제외하고 영화 전체를 관통하는 목적 같은 게 하나씩은 다 있었죠. 영화에서는 메인 플롯을 지탱할 수 있는 기둥이 중요하다고 생각했거든요. 그런데 지금 제가 도달하고 싶은 지점은, 처음에는 아무것도 아닌 것처럼 여겨지는데 다 하고 나면 정말로 이야기가 되는 식의 영화예요. 사소한 것처럼 출발했는데 인물들의 관계가 이후 예상치 못한 방향으로 흘러간다든지 하는 식의 진행에 더 관심이 가는 거죠. 포인트가 명확한 기획보다는 캐릭터의 성격이나 그들의 관계에서 발생하는 이야기에 더 끌립니다. 제 이전 영화들은 초반에 아주 센 사건으로 시작해서 중반부에 감정적 클라이맥스가 있었어요. 관객들도 제 영화에서 중간 부분을 더 좋아했고요. 〈짝패〉에서는 비보이들과 싸우는 거리의 난투극 부분을, 〈아라한 장풍대작전〉에서는 고깃집에서의 대결을 클라이맥스 액션 신보다 더 좋아들 하셨죠. 돌이켜 생각해 보니, 예전에는 영화를 만들 때마다 뭔가를 쏟아내고 싶어서 안달을 한 후 나중에 그걸 수습하느라 정신이 없었던 듯해요. 그런데 작게 시작해서 촘촘해지는 경우가 있잖아요? 사소하게 시작해서 큰 사건으로 끝나는 이야기 말이에요. 장님 문고리 잡듯 제가 데뷔작에서 그걸 했던 것 같은데, 그런 걸 제대로 해보고 싶습니다. 감각적으로 도드라져 보이거나 잘난 척하지 않으면서요. 그건 분명히 태도의 문제겠죠.

– 얼굴에 여드름이 생기면 친구보다 이성을 찾게 되고,
귀밑머리에 흰 머리가 생기면 나라보다 자기 집 아랫목이
걱정되는 게 인지상정.

〈다찌마와 리〉의 초반부에서 오지혜가 자신의 배신을 매섭게 질타하는 임원희에게

LEE 사람이 나이가 들면 정치적 견해가 아니라 삶을 사는 태도 자체

가 저절로 보수적이 되는 경우가 많잖습니까. 그런 것이 감독님의 작품세계에 미친 영향도 있지 않을까요.

RYOO 굉장히 큰 영향을 미쳤죠. 아이들 때문에 겁도 많아지고 새로운 것에 대해 두려움도 생기고요. 가족이 있으니까 확실히 겁쟁이가 되는 것 같아요. 제게는 풀어진다는 것의 의미가 좋게 들리는데, 좋은 쪽으로 더 풀어지고 싶습니다. 세상을 바라보는 여유 같은 것이랄까요. 다른 한편, 영화를 절박하게 만들 때는 제 삶이 영화 속으로 고스란히 들어가 있었던 것 같았는데, 가면 갈수록 그렇게 되지 않는 듯해서 스스로 반성도 하고 있어요. 직업 감독으로 여러 해를 살다보니 영화와 제가 딱 붙어버리게 된 느낌이에요. 제가 제 안으로 숨기 시작하면, 제 영화도 흥미가 떨어질 거라는 생각이 들거든요. 그래서 저도 현실을 통해 자극 받으려고 노력합니다. 다만 예전에는 일방적인 시선에만 의존해서 보려는 경향이 있었다면, 이제는 어떤 사안이든 양쪽 입장을 두루두루 살펴보려고 하는 것 같아요.

– 내 맘 내가 왜 이럴까. 몸과 맘이 따로 놀아.

〈다찌마와 리〉에서 임원희가 자신의 마음속에는 공효진이 있는데도 눈앞에서 박시연이 적극적으로 대시하자 마구 흔들리는 심정을 토로하며

LEE 감독님 영화 속에서는 두 가지 핵심적인 요소가 충돌하는 것처럼 보입니다. 장르영화에 대한 원초적인 매혹과 삶을 보는 비관적인 시각이 한 작품 속에 뒤엉켜 있다고 할까요? 〈아라한 장풍대작전〉 개봉 당시 감독님을 인터뷰할 때도 이런 이야기를 한 적이 있는데, 흥미로운 것은 언뜻 모순될 것 같은 이 두 가지 요소가 기묘하게 어울리며 감독님 영화세계를 역동적으로 만들어준다는 거죠.

RYOO 처음에는 그 점을 의식하지 못했는데, 다른 분들이 지적하는 것을 들으면서 느끼기 시작했습니다. 고민도 있었어요. '한 편의 영

화 속에서 질서가 성립되어야 보기 좋기 마련인데, 나는 왜 균형을 맞추지 못할까' 하는 생각이었죠. 제가 생각해도 무질서한 측면이 있거든요. 그런데 그것은 현실을 사는 류승완과 직업인 류승완을 분리했을 때 답이 나오는 것 같습니다. 저는 이렇게 생각해요. 현실에서의 류승완은 좀더 땅에 발을 붙이고 사는 것에 대해 두려워하지 말아야 한다는 것입니다. 그리고 직업인 류승완은 일종의 기능공으로서 영화를 만드는 일에 충실해 보자는 겁니다. 그 둘을 완전히 떼놓는다고 해도 현실에서의 류승완이 영화 현장으로 들어가는 것이니까 그 둘은 자연스럽게 섞이겠죠. 저는 앞으로 영화를 좀더 단순하게 만들어보고 싶은데, 연출할 때 가장 기초적인 것들로만 영화를 만들어간다 해도 제가 현실을 열심히 살아간다면 제 몸 속에 배인 게 어떤 식으로든 영화에 투영될 거라고 봐요.

– 가급적 초장에 끝내야 한다. 헛주먹 날리지 말고 탕탕, 먹히는 것부터 저거해야 한단 말이여.

〈주먹이 운다〉에서 변희봉이 신인왕전 결승전을 앞둔 류승범에게 주문

– 형, 초반에 정면승부 하지 마. 알지?

〈주먹이 운다〉에서 임원희가 신인왕전 결승전을 앞둔 최민식에게 주문

LEE 〈주먹이 운다〉에서 마지막 대결을 앞두고 두 선수는 상반된 전술을 쓰려고 합니다. 상환(류승범)이 초반에 승부를 보는 방식을 선호하는 반면, 태식(최민식)은 좀더 길게 경기를 끌고 가려 하죠. 일반적으로 감독님 영화는 프롤로그의 내용에서 촬영 · 편집 스타일까지, 초반부터 강력하게 시작할 때가 많았죠. 〈아라한 장풍대작전〉의 도입부에서 보이듯, 그 장면의 맥락을 전체적으로 제시해 주는 설정 쇼트까지 생략한 채 박진감 넘치게 밀어붙이는 경우도 감독님 영화

에서 자주 나타납니다. 그런데 여섯 편의 영화를 찍으면서 조금씩 무게중심이 뒤로 가고 있는 것 같습니다. 이를테면, 상환의 방식에서 태식의 방식으로 이동중이라고 할까요.

RYOO 정확히 보셨어요. 제가 데뷔 때 좀 요란했잖아요? 그 이후 지금까지 8년의 시간은 어쨌든 인생이 뜻대로 되지는 않는다는 것을 깨달아가는 과정이었죠. 그 사이에 성공도 있었고 실패도 있었지만 가장 중요한 것은 끊임없이 계속하는 것이란 사실을 깨달았어요. 〈죽거나 혹은 나쁘거나〉 때의 저와 지금의 저는 같은 사람이 아니에요. 좋은 쪽이든 나쁜 쪽이든 분명 변하고 있어요. 그런데 저는 살아가는 것 자체가 무엇보다 중요하다는 생각을 갖게 됐습니다. 저는 제가 나이 칠십, 팔십이 되어서 찍을 영화가 어떤 것일지 무척 궁금해요.

– 근데, 천하의 왕재도 나이는 먹을 거 아니냐?

〈짝패〉에서 이범수가 그동안 안길강에게 무슨 일이 있었는지를 정두홍에게 설명하면서

LEE 30~40년 후, 나이를 많이 먹은 자신의 영화가 궁금하다는 말씀이 무척 인상적이네요.

RYOO 저는 그때 만들게 될 영화가 궁금해서 지금 이렇게 살아남기 위해 투쟁하듯 영화를 만들고 있는지도 모르겠어요. 도중에 실패를 경험한다고 해도, 내 삶에 충실하고 또 옳은 것을 선택하려는 의지를 잃지 않는다면 그때 도달해 있는 제 삶은 어떤 식으로든 그때의 제 영화에 투영되어 있을 것이라고 보거든요. 구로사와 아키라든, 클린트 이스트우드든, 노인의 시선으로 찍은 영화들이 있잖아요? 그 작품들에 무슨 정치적인 관점이 있고, 현란한 그 무엇이 있겠어요. 하지만 거기에는 끝내 살아남은 한 사람의 시선이 담겨 있잖아요.

– 지금이 어느 때냐? 젊은 놈들 천지라고.
아차 하면 우리도 자유공원 가서 장기 둬야 돼.

〈피도 눈물도 없이〉에서 백일섭이 부하들인 김영인과 백찬기에게

LEE 나이를 많이 먹은 후에 만들게 될 자신의 영화가 궁금하다는 말씀에는 약간의 두려움도 포함된 것이 아닌가 싶습니다. 저는 〈피도 눈물도 없이〉에 등장하는 세 늙은 건달의 행동이나 대사를 무척이나 인상적으로 들었습니다. 체력이 부치는데도 여전히 건달로 사는 이들은 나이 때문에 밀려나는 것에 대해 두려움을 갖고 있지요. 위의 대사뿐만이 아닙니다. 극중 백골(김영인)이 경선(이혜영)과 격렬한 몸싸움을 벌이고 난 뒤, "우리가 나이 먹어서까지 꼭 이래야 되냐?"라고 말하는 부분도 있고, 경선 역시 백골에게 "오빠들이나 나나, 이 나이에 할 짓들이 아니다"라고 내쏘는 대목도 있죠. "젊어서 반짝하는 거 아무 소용없더라"라는 대사도 두 번이나 나오고요. 그런데 이런 뉘앙스를 지닌 대사는 감독님 영화들의 대부분에 포함되어 있습니다. 심지어 스물일곱 살 때 발표하신 데뷔작 〈죽거나 혹은 나쁘거나〉에도 있죠. 그 작품에서 건달(배중식)이 그런 대사들을 많이 하잖습니까. 신인으로 영화를 만들기 시작하던 이십대 중반부터 감독님은 기반 없이 밀려나는 노년에 대한 공포를 가지고 계셨던 것처럼 느껴집니다.

RYOO 무섭죠. 우아하게 늙고 싶고 품위를 잃지 않고 싶은데, 그렇지 못한 상황이 오면 어떻게 될까 많이 생각해요. 제가 겪었던 과거도 그렇고 현재 역시 정말 빠르게 변하고 있는데, 그런 변화에 대한 거부와 공포가 제게 내재해 있는 것 같습니다. 제가 사실 적응 속도가 느리거든요. 요즘 디지털 환경에도 잘 적응하지 못하겠더라고요. 문제는 우리가 지금 살아 있고 또 앞으로도 살아가야 하니까, 생존에 대한 절박함이나 애절함이 있는 듯해요. 그런 대사가 많은 것은 설명할 수 없는 제 안의 취향이나 감수성의 결과겠죠.

– 우리들 봐라. 이 나이에 집 한 채 변변한 게 있나,
그렇다고 모아놓은 돈이 있나.

〈피도 눈물도 없이〉에서 한탄하는 김영인

LEE 실제로 주변에서 나이 드신 영화인들을 종종 보실 텐데요.

RYOO 충무로 근처를 다니다가 예전에는 자주 뵈었는데 지금은 잘 안 보이시는 단역 배우들과 마주치게 되면 마음이 아파요. 그런데 제가 자신이 없어서 그분들을 제 영화에 선뜻 기용하지도 못하는 상황을 보면 마음 한쪽에 공포도 생기죠. 내가 나이를 먹었는데 생존의 능력을 갖추지 못하고 퇴물이 되어 있다면 얼마나 우울할까 싶어요. 임권택 감독님에 대한 많은 영화인들의 존경에는 예술가에 대한 존경도 존경이지만, 어쨌든 살아남으셨다는 것에 대한 존경도 있을 거예요. 임권택 감독님의 상징적 의미가 대단하시잖아요. 유일무이한 존재이시니까요.

LEE 다들 그렇게 되기를 바라는 것 같아요.

RYOO 저도 그렇게 되고 싶어요. 데뷔가 좀 빨라서인지, 어떤 분들은 제가 마흔이 다 된 줄 알아요. 저보다 어린 기자들을 만나기 시작하고, 영화사 직원들도 저보다 나이가 어린 분들과 마주치면서 느끼는 감정들이 제 영화에서 자연스럽게 드러나겠지요. 음악 같은 것도 이미 지나간 것들을 접해야 편해져요. 라디오도 이종환 아저씨의 〈마이웨이〉나 최양락의 〈재미있는 라디오〉 같은 걸 들어요. 그런 프로그램에서 훌리오 이글레시아스나 엘비스 프레슬리의 노래 같은 것들을 틀어주면 아주 편해요.(웃음) 제 영화도 지나가야 편해지죠. 사람도 그렇고요. 영화도 회고전이 더 당겨요. 제 유전자가 그런가봐요.

– 그, 그런 거 배우면 실전싸움 같은 건 잘하겠습니다.
– 야, 여긴 싸움질 같은 거 가르치는 그런 데 아니야.

〈아라한 장풍대작전〉에서 안성기의 도장을 찾아 무술을 배우려는 이유에 대해 류승범이 말하자 안성기의 딸인 윤소이가 말을 가로막으며

LEE 〈아라한 장풍대작전〉을 보면서 인상적으로 보였던 부분이 하나 있었습니다. 극 초반 의진(윤소이)과 상환(류승범)이 대화할 때, 상환이 존댓말을 쓰는 반면에 의진은 반말을 한다는 것이지요. 그렇다고 의진이 상환보다 나이가 더 많은 것도 아닌데, 한국영화 속에서의 일반적인 대화 어법과는 상당히 다른 부분이었거든요.

RYOO 말씀을 들으니 그러네요. 그 부분에 대해서는 저 자신이 의식해 본 적이 없었거든요. 아마도 항상 여자는 이러저러해야 한다는 묵계 같은 것에 대한 반감이 제게 있었나 봅니다.

– 근데 여자들이 있는 게 좀 튀지 않을까.

〈피도 눈물도 없이〉에서 노름판의 판돈을 빼돌리기 위한 계획이 논의될 때 이혜영이 질문

LEE 그 영화에서의 대화 어법뿐만이 아니라, 감독님 영화에서 전반적으로 여자 캐릭터들이 사용하는 말이 좀 다르기는 합니다. 정확히 말하자면, 태도나 행동 혹은 생각이 다른 거죠. 〈짝패〉의 미란(김서형) 정도를 제외하면 감독님의 영화에 등장하는 여성 캐릭터들은 하나같이 강한 여자들입니다. 상대적으로 초반에 여성성이 강해 보였던 〈피도 눈물도 없이〉의 수진(전도연)조차 사소한 언쟁 끝에 병으로 상대 남자의 머리를 내리칠 정도니까요.(웃음)

RYOO 제가 살면서 약한 여자보다는 강한 여자를 훨씬 더 많이 봤거든요. 병 깨는 여자까지는 아니더라도요.(웃음) 저를 키워주신 분은 할머니였는데, 뼈밖에 안 보이셨지만 무척 강한 분이셨죠. 자랄 때 제 주변에서 보면 남자들이 빈둥거리는 동안 여자들이 이 악물고서 집안을 끌어가는 경우가 많았어요. 지금도 그런 경우를 심심찮게 보

고요. 저는 여성들이 더 현명한 것 같아요. 후회할 짓이나 쓸데없는 짓을 하는 것은 주로 남자들이잖아요. 전쟁도 남자들이 일으키고요. 영화를 볼 때도 예쁜 여자가 남자 주인공을 위기에 빠뜨리는 설정 같은 것을 보면 짜증이 나요. 또 한 가지 이유를 더 생각한다면, 제 아내의 영향도 있겠죠. 저보다 아내가 훨씬 더 현명하거든요.

LEE 지금 그 말씀은 인터뷰 글이 길어지더라도 생략하지 않고 반드시 써드리겠습니다.

RYOO 하하.

-어우, 난 여자 패는 남자새끼들만 보면.

〈피도 눈물도 없이〉에서 전도연이 여자 때리는 남자를 보고 나서

LEE 영화 속에서 남자와 여자가 서로 싸우는 장면을 찍을 때도 인정사정없으신 것 같습니다. 물론 극중에서의 여자들이 워낙 강한 스타일이기도 하지만, 〈피도 눈물도 없이〉 〈아라한 장풍대작전〉 〈짝패〉의 액션 신에서 남자가 여자를 마구 때리는 장면을 찍는 데 전혀 주저함이 없으니까요.

RYOO 우리는 그런 거 안 해요. 액션은 액션이죠.(웃음) 제가 〈예스 마담〉 시리즈 같은 영화를 좋아해서 그런지도 몰라요. 저는 꼭 여자에게라기보다는 사람에게 함부로 하는 경우를 잘 참지 못해요. 누구나 실수를 할 수 있잖아요? 하지만 그 실수에 대해서 스스로 인정하고 남을 인격적으로 존중하면 아무 문제가 없는데, 끝까지 인정하지 않고 거칠게 몰아붙이는 인간들이 있죠. 제 영화에 여자가 남자를 마구 때리는 장면도 나오는데, 그런 인간들에게 복수하고 싶은 마음 같은 게 거기 담겨 있어요. 〈피도 눈물도 없이〉에서 택시 운전을 하는 경선(이혜영)이 성희롱을 거듭하는 취객(이문식)에게 주먹으로 응징하는 장면이 대표적이죠. 저는 그런 강한 여자에 대해 매료되는

부분이 있어요. 연애할 때 아내가 제게 잊지 못할 이야기를 해준 적이 있습니다. 부부가 된다는 것은 적들에게 둘러싸여 있을 때 남자가 여자를 지켜주는 게 아니라, 등을 서로 마주대고서 함께 맞서 싸우는 거라고요.

LEE 강혜정 대표님은 정말 강한 아내이신 것 같네요. 〈짝패〉의 클라이맥스에서 둘러싼 적들과 등을 맞댄 채 치열하게 함께 싸우는 두 남자 주인공의 모습은 실은 바람직한 부부관에 대한 상징 같은 것이었군요.(웃음)

RYOO 그런 셈이죠.(웃음)

– 선주야. 너, 내가 정말 싫으냐.

〈주먹이 운다〉에서 최민식이 자신에게 차갑게 대하는 아내 서혜린에게

LEE 조금 전 말씀드린 것처럼, 〈주먹이 운다〉에서 태식(최민식)과 선주(서혜린)의 부부 사이는 파탄 직전에 놓여 있습니다. 그런데 어차피 곧 헤어질 것으로 보이는 둘의 관계에서 눈에 띄는 것은 여자가 쿨한 태도를 보이는 반면, 남자는 결국 안쓰러울 정도로 매달린다는 거죠. 〈피도 눈물도 없이〉에서 독불(정재영)도 수진(전도연)에게 똑같은 질문을 그와 비슷한 톤으로 했죠. 독불과 태식은 평소에는 무척 폭력적으로 굴었던 남자들인데 결정적인 순간에서는 여자 앞에서 그렇게 약한 속내를 드러내는 거잖습니까. 그렇게 물었을 때 선주나 수진이 모두 아무런 대답을 하지 않음으로써 부정하고 있다는 것도 두드러져 보이는 묘사고요.

RYOO 오, 제가 그런 연출을 했었군요.(웃음) 이거 진짜 어려운 질문입니다. 영화 속 인물의 경우로 대답하지 않고, 그냥 저 자신에 대해서 이야기해야 할 것 같네요. 어려서는 좋아하는 상대에게는 말도 걸기 힘들고, 좀 그렇잖아요? 제가 남녀관계에 대해서는 아직 유아

기 상태에서 벗어나지 못한 듯해요. 속으로 좋아하던 부반장을 막상 직접 마주 대하면 못살게 구는 식이랄까요. 독불이는 사실 유아기를 못 벗어난 캐릭터죠. 저는 결혼하기 전에 아내와 연애할 때 세련되게 밀고 당긴 적이 한 번도 없었어요. 그냥 투박하게 좋으면 좋은 거고 싫으면 싫은 거죠, 뭐. 허진호 감독님의 영화들을 보면 '저 사람들 참 대단하다' 싶어요. 홍상수 감독님의 세계도 경이롭죠. 남자가 찌질하게 저 문제에 대해서 저렇게까지 매달릴 수 있구나.(웃음) 제가 최근에 〈극장전〉을 보았는데, 그걸 보고 난 후 하루를 공쳤어요. 극중 장면들과 대사들이 뇌리를 떠나지 않아서요.

LEE 주인공이 너무나 찌질해서요?(웃음)

RYOO 아뇨, 너무나 절박해서요. 최고였어요. 마지막 장면에서 주인공이 '이제 생각을 해야겠다'고 되뇌는데, 정말 좋더군요.

LEE 〈주먹이 운다〉 같은 영화에서 묘사된 경우와 정반대로, 감독님 부부는 사이가 워낙 좋으시죠?

RYOO 저는 결혼을 하고 난 후 다시 태어나게 된 것처럼 느껴지기까지 해요.(웃음)

LEE 그러니까 날 때부터 기혼남이셨던 것처럼 편하고 익숙하시다는 거죠?

RYOO 네. 이젠 아내가 아니라 형제처럼 느껴진다니까요.(웃음)

– 오늘은 아빠와 다함께 하는 수업이죠? 오늘 모실 분은요, 아시안게임에서 은메달을 따신 자랑스러운 아빠예요.

〈주먹이 운다〉에서 선생님이 일일교사로 강단에 서게 된 최민식을 소개하며

LEE 아이들에게는 친구 같은 아빠이실 것 같아요.

RYOO 아이들을 좀 지적으로 키워야 하는데, 저는 아침마다 '파워 레인저' 놀이 하느라고 정신없어요. 제가 괴물이 되어서 아이 셋을 획

획 던져주다가 출근하는 거죠.

LEE 강혜정 대표님이 아이 넷을 키우시는 셈이네요.(웃음)

RYOO 뭐, 세상 사는 게 다 그런 거죠. 완벽한 게 어디 있겠어요?(웃음)

– 사랑했어요. 그땐 몰랐지만. 내 마음 다 바쳐서

〈죽거나 혹은 나쁘거나〉에서 교사인 고인배가 귀갓길에 부르는 노래

LEE 감독님 영화에는 멜로적인 요소가 극히 적습니다. 사랑이란 말 자체가 극중에서 술에 취해 흥얼거리는 유행가 가사 속에나 등장하죠. 〈주먹이 운다〉나 〈피도 눈물도 없이〉에서처럼 식어버렸거나 〈짝패〉에서처럼 과거에 이미 끝난 관계는 있어도, 이제 막 가까워지는 관계는 거의 없지요. 워낙 희화화된 〈다찌마와 리〉를 제외하면 그나마 가장 가까운 게 〈아라한 장풍대작전〉일 텐데, 사실 그 영화에서 남녀 주인공들의 관계는 애정이라기보다는 우정에 더 가깝게 묘사되잖아요? 〈피도 눈물도 없이〉의 남녀를 지독한 멜로적 관계로 읽어낼 수도 있겠지만, 그건 사실 일방적인 관계구요. 〈죽거나 혹은 나쁘거나〉는 아예 여성 캐릭터 자체가 없습니다.

RYOO 저는 남녀 사이에 대해서 드릴 말씀이 별로 없어요. 미숙하죠. 현실뿐만 아니라 영화에서 다룰 때도 솔직히 미숙한 게 많아요. 남자들끼리 대화할 때는 카메라를 어디에 두고 어떻게 끌고 가야 할지 아는데, 하다못해 여자 종업원만 끼어도 헷갈리기 시작해요. 현장에서 영화를 찍다가 모니터가 있는 천막 같은 데서 어쩌다 여배우와 단둘이 있게 되면 도대체 무슨 이야기를 해야 할지 모르겠어요. 그저 아이 사진이나 꺼내 보여주면서 "귀엽지?" 이딴 소리나 하고.(웃음)

- 이제 와 후회해도 아무 소용없겠죠?
- 못난 소리. 이제야 내 마음이 재건축되어 마음속에 새로운 세입자를 받을 여유가 생겼건만.

〈다찌마와 리〉에서 속으로 연모했던 박시연이 죽어가자 한탄하는 임원희

LEE 남녀 사이에 살갑고 애틋한 대화가 오가는 유일한 영화가 〈다찌마와 리〉입니다. 감독님은 코미디의 형태를 빌려서야 간신히 이런 정서를 대사에 실을 수 있는 것 같아요.(웃음)

RYOO 그래야 쑥스럽지 않으니까요. 어쨌든 〈다찌마와 리〉를 통해 비련의 삼각관계를 그렇게라도 그릴 수 있어서 다행이에요.(웃음) 제가 사실 멜로를 만들고 싶긴 한데.

LEE 한번 해보시지 그러세요.

RYOO 아무도 투자하려고 하지 않을 거예요.(웃음)

- 언제까지 몸에 개털 붙이고 살 순 없잖아?

〈피도 눈물도 없이〉에서 사채업계의 큰손인 신구가 정재영에게

LEE 감독님 영화의 남자는 대부분 힘에 경도되어 있거나 의존하는 공통점을 지닙니다. 이들은 크게 두 부류로 나눌 수 있는 것 같습니다. 자신의 힘을 깨닫고 일어서는 인물이거나, 과거나 야망 혹은 마초이즘에 사로잡혀 결국 파멸하는 인물이죠. 〈아라한 장풍대작전〉이나 〈주먹이 운다〉의 캐릭터는 전자에 속하고, 〈죽거나 혹은 나쁘거나〉 〈피도 눈물도 없이〉 〈짝패〉는 후자에 속할 겁니다. 이런 인물 군상에 애착을 가지시는 것은 어떤 이유 때문인지요.

RYOO 그 두 가지 유형은 모두 현재가 증발되어 버린 경우인 것 같네요. 오지도 않을 미래에 집착하느라 현재를 경시하거나 아니면 자신의 과거에 사로잡혀 현재의 자기자신을 인정하지 않는 사람들이니

까요. 자신의 현재 능력을 모르고 있는 것은 현재의 자신을 모른다는 것이기도 하고요. 이건 저의 종교적인 관점일 수도 있는데, 제가 몸담고 있는 다일공동체에서 오늘날 사람들이 맞게 되는 비극들이 현실을 현실로 보지 못하는데서 온다는 깨달음을 얻었어요. 지금 내가 어디에 있고 또 내 상태가 어떤 것인지 인식하지 못하는 순간에 비극이 생긴다고 할까요. 내 영화에 존재하는 비극성과 희극성은 모두 그런 데 있는 게 아닐까 싶어요. 물론 기쁨으로 충만한 현실을 살아가는 사람들도 있죠. 하지만 이미 그런 상태가 된 분들에게는 제가 굳이 관심을 가져서 무엇인가를 할 필요가 없을 거예요. 현실이 증발한다는 것은 자기 현실에 만족하지 못한 채 살아간다는 거니까 뭔가 결핍이 있다는 뜻이겠죠. 저를 포함해서 제 주변의 사람 대다수가 그렇게 사는 것 같아요. 그런 사람들의 이야기를 그리는 것에 제가 매력을 느끼고 있는 듯합니다.

– 태수야. 우리 시간 있으면 사우나나 같이 하자.

〈짝패〉에서 이범수가 고향에 오랜만에 내려온 어린 시절 친구 정두홍에게

LEE 남녀간의 애정이 잘 묘사되지 않는 데 비해서, 남자들끼리의 끈끈한 정이나 연대 같은 것이 자주 그려집니다. 감독님 영화에서 남성간의 그런 정서적 소통이 가장 이상적으로 담기는 공간은 목욕탕인 것 같습니다. 〈짝패〉에서뿐만 아니라 〈주먹이 운다〉의 부자가 함께 공중목욕탕에서 목욕하는 장면 역시 그렇지요.

RYOO 목욕탕, 중요하죠. 그곳은 친한 사람들끼리만 다 까고 가는 장소잖아요. 어린 시절 목욕탕에서 가족끼리 때를 밀어주던 기억이 인상적으로 제게 남아 있는 것도 사실이고요. 말씀하신 것처럼 남자들끼리의 연대에 대한 믿음도 있지만, 반대로 그건 다 새빨간 거짓말이란 생각도 있어요. 그런데도 그런 것에 매혹을 느끼는 것은 현실

에서 발견하기 어렵기에 영화를 통해 보고 싶기도 해요. 오우삼 감독의 영화 〈적벽대전〉을 보는데, 마치 예전에 〈영웅본색〉을 보았을 때처럼 피가 끓더군요. 조자룡이 유비의 아들을 홀로 구해내는 장면이었는데, 그가 날아오는 화살을 막아낼 때 예전의 무협 거장 장철의 세계가 다시 나타나는 듯하면서 흥분됐어요.

LEE 그런 관계를 현실에서도 직접 보신 적이 있으신가요.

RYOO 제 주변에도 서로에게 아낌없이 내어주려고 하는 관계들이 존재해요. 그런데 영화들에서처럼 정말 목숨까지 내줄 수 있는지는 잘 모르겠어요. 프랑스 감독 장 피에르 멜빌이 이야기한 것처럼 두 사람 이상이 모이면 반드시 배신이 생길 수도 있죠. 〈주먹이 운다〉에서 함께 목욕하는 장면에는 확실히 남자들끼리 살과 살이 부딪치면서 얻어지는 연대감 같은 게 표현되어 있어요. 그런데 〈짝패〉에서는 또 그런 공간이 무시무시한 린치의 장소가 되기도 하잖아요? 그런 것에 대한 제 생각은 무척 복잡해요.

– 야. 진짜 저것만이 내가 꿈꿔 오던 진정한 남자의 모습이다.

〈죽거나 혹은 나쁘거나〉의 류승범이 건달들의 행태를 보고

LEE 지금 말씀하신 그런 부분들 같은 데서 마초적인 것에 대한 매혹이 엿보이는 것 같습니다. 사실 감독님 영화에서 드러나는 남성영화로서의 넘쳐나는 힘의 이면에는 그런 마초적 성향에 대한 본능적 경도 같은 게 있거든요.

RYOO 그건 사실일 거예요. 확실히 제 마음속에는 마초적 기질 같은 게 있다고 생각해요. 신체적 조건이 지금보다 훨씬 더 건장하고 살아온 환경이 좀 달랐다면 자경단원 같은 게 됐을지도 몰라요.

LEE 자경단원이라고 하시니, 〈다크 나이트〉의 경우가 떠오르네요.

RYOO 우리의 해병전우회 같은 것도 그렇죠. 동생은 어릴 때 공공질

서를 어기면 제가 그러지 말라면서 때리고 그랬다는 걸 기억하고 있더라고요. 제가 약간 '더티 해리' 쪽인 것 같아요. 파란 불 켜지면 가고, 빨간 불 켜지면 서고, 그거 남들이 안 지키면 화가 나고. 저도 제 정체성에 대해서 시간이 흐를수록 아리송해져요. 말할 때 상식을 중요하게 여기면서, 반면에 몰상식한 행동도 하죠. 그 모든 게 다 저 같습니다.

– 내가 얻은 깨달음은 하나다.
강력한 힘만이 평화를 지킬 수 있다는 것.

〈아라한 장풍대작전〉에서 힘으로 세상의 질서를 뒤엎으려는 정두홍

LEE 힘에 대한 본능적 경도가 있는 반면, 한쪽으로 쏠린 힘을 견제하고 균형을 맞추려고 하는 시도나 시각도 극중에서 종종 발견됩니다. 그런데 그처럼 균형을 맞추려는 노력도 결국은 힘에 의존하게 되는 또다른 딜레마를 품게 되죠. 〈아라한 장풍대작전〉에 나오는 흑운(정두홍)의 경우처럼 말입니다.

RYOO 흑운 같은 사람을 제가 무서워해요. 자기가 갖고 있는 신념에 대해서 확신을 가지고 다른 입장은 전부 잘못됐다고 판단해 적으로 돌리는 사람들이요. 하지만 세상에는 서로 다른 의견들이 존재할 수밖에 없죠. 그렇다면 인류가 지속되는 한 반드시 힘의 균형이 필요해진다고 생각해요. 한쪽이 일방적으로 몰리는 것은 위험하니까요. 〈짝패〉에서 서울로부터 거대한 세력이 몰려올 때 왕재(안길강)처럼 힘의 균형을 맞출 수 있는 존재가 있었다면 달라졌겠죠. 하지만 그게 흡수되는 상황이 되니까 비극이 생기는 거잖아요. 저는 한미관계도 마찬가지라고 봅니다. 굳이 싸울 필요는 없지만, 한쪽이 월등히 강하다고 해서 그쪽에 붙으면 엉망이 될 수 있다는 거죠. 그렇다면 뭔가 균형을 맞추기 위해서는 힘을 길러야 하는 게 아닌가 싶어요.

현실이 그렇지 않습니까. 이게 좀 이율배반적이기도 하지만요. 저도 남자인데 강력한 힘에 대한 로망이 왜 없겠어요. 다만 저는 그 허망함도 같이 알고 있어요. 힘에 대한 저의 태도에는 좀 이중적인 측면이 있다고 할까요.

– 우리 사이에 굳이 통성명은 필요 없을 것 같은데?

〈다찌마와 리〉에서 임원희가 다시 마주친 류승범에게

LEE 이미 서로 알고 있어서 통성명이 필요 없는 경우에도 굳이 자신의 이름을 밝히는 경우가 자주 등장합니다. 〈짝패〉에서 왕재(안길강)는 어린 시절부터의 친구인 필호(이범수)에게 "나, 왕재여, 오왕재"라고 말하고, 〈죽거나 혹은 나쁘거나〉에서 상환(류승범)은 밤길에 교사를 찾아가 때리면서 "내 이름은 류상환이야, 새꺄"라고 외칩니다. 〈아라한 장풍대작전〉에서 자신의 생일을 알고 있는 것에 놀라 의진(윤소이)이 "어떻게 알았냐?"고 묻자 상환(류승범)이 익살스럽게 "척척박사 류상환 몰라?"라고 답하는 것도 그렇죠. 심지어 〈피도 눈물도 없이〉에서 단역으로 등장하는 취객(이문식)까지 "천하의 개문식이가 너 같은 년한테 요금을 줘야 된다?"면서 빈정거리죠. 이렇게 자신의 이름을 밝히는 것은 대부분 스스로의 존재를 과시하거나 상대를 위압하려는 맥락에서 발생하는데요.

RYOO 왕재가 자신의 이름을 그렇게 밝히는 방식이 제가 좋아하는 묘사 중 하나예요. 건달들이 '나, 어디 누구야' 라고들 하잖아요? 그게 다 두려워서 자기 이름 뒤에 숨는 겁니다. 허상인 명성 뒤로 말입니다. 그런 게 웃기고 재미있어요. 〈장군의 아들〉에서도 잔뜩 취한 아저씨가 "내가 마포 쌥쌥이여"라고 말하잖아요? 한국의 마초 세계에서 낯설지 않은 풍경들이죠. 마초 세계가 아니라도 그래요. 말이 안 통하면 (〈타짜〉에서처럼) "나, 이대 나온 여자야"라고 말하는 식이죠.(웃음) 그렇게 이름이나 배경 뒤로 숨으려는 욕망이 흥미로워요. 그건 진짜 자기소개와는 차원이 다른 거죠. 저는 인물들의 이름을 참 힘들게 짓는 편인데, 작은 비중이라도 배우 입장에서는 이름이 있는 배역과 이름이 없는 배역을 받는 게 느낌이 서로 다르거든요. 하지만 그렇게 힘들게 이름을 지어놓았는데 극중에서 끝까지 한 번도 안 불리면 더 허망하죠.(웃음)

– 승구냐? 나야 나, 상환이.

〈아라한 장풍대작전〉에서 친구에게 전화하는 류승범

LEE 감독님 영화들 속에서 류승범씨가 맡은 배역들은 전부 극중 이름이 '류상환'입니다. 그리고 감독님이 직접 연기한 인물들의 이름도 모두 '류석환'으로 같지요. 데뷔작 때부터 그랬는데, 왜 이 이름들을 계속 고수하시는지요. 감독님 영화들에서 나오는 주인공의 연속성을 강조하기 위한 것인가요? 아니면 무슨 특별한 사연이 있습니까?

RYOO 〈죽거나 혹은 나쁘거나〉 때 워낙 힘들게 지었던 이름들이라서 계속 쓰고 있는 겁니다. 만화가들은 흔히 그러잖아요? 이현세의 설까치, 이상무의 독고탁, 허영만의 이강토. 어려서 저는 창작하는 사람들이 원래 그렇게 해야 하는 건 줄 알았어요. 성룡도 매번 진가구 형사로 나오고 그러는 줄 알았죠.(웃음) 석환하고 상환은 제 중학교 동창들 이름이에요. 사실 친하지도 않았죠. 그냥 그들이 흥미로워 보여서 붙인 이름입니다. 석환이는 그렇게 생긴 얼굴이 좋아서 붙였고, 상환이는 인물이 좋은데다가 호기로운 성격이 인상적이어서 따왔어요. 상환이는 성도 류씨였습니다. 사실 〈피도 눈물도 없이〉에서는 승범이가 채민수라는 이름으로 나와요.

LEE 웨이터 명찰에 쓰인 이름이니, 그건 아마도 가명이겠죠?

RYOO 그렇죠. 사실은 상환이겠죠. 〈다찌마와 리〉에서도 '국경살쾡이'라고 불리지만, 본명은 상환이겠죠.

– 한창때고, 술도 한잔 먹고, 자꾸 시비를 걸어오니까 더이상 물러설 때도 없고, 그러니 액션 한번 보여주고 가잔 말이지.

〈죽거나 혹은 나쁘거나〉에서 조직폭력배로 등장하는 배중식이 중학교 때 처음 싸움판을 벌이게 된 것을 회고하면서

LEE 그동안 여섯 편의 장편 영화를 통해서 '액션'을 많이 보여주셨습니다. 그런데 따지고 보면 장르적인 의미에서의 액션 영화는 〈짝패〉 한 편밖에 없지 않습니까.

RYOO 아, 맞아요. 그런데 의외로 그렇게 보시는 분들이 없어요. 저를 생각하면 액션영화가 저절로 떠오르시는 것 같아요.

LEE 감독님과 액션영화의 관계에 대해서 어떻게 생각하시나요.

RYOO 남들이 볼 때 잘 안 떨어지는 관계죠.(웃음) 그게 한때는 좀 스트레스였는데, 제 스스로가 엎지른 물이기는 했어요. 〈죽거나 혹은 나쁘거나〉로 데뷔했을 때 제가 인터뷰를 통해서 계속 액션영화 이야기를 했고, 또 그 영화에서 액션 장면이 중요하게 작용하기도 했으니까요. 그런데 지금은 액션영화 감독으로 불리는 게 자랑스러워요. 제가 액션영화를 찍은 게 별로 없다는 사실 때문에 좀 그렇긴 하지만.(웃음) 요즘은 오히려 반대로 생각해요. 사람들이 제게 액션을 기대한다면 아예 마음 제대로 먹고 한번 액션에 달려들어볼까 하는 거지요. 평생 액션을 만들어서, 사람들이 언제고 다시 꺼내보고 싶어지는, 기억에 오래도록 남아 있는 영화를 몇 편 내놓는다면, 그것도 정말 영화감독이 걸어볼 만한 길인 것 같아요. 하지만 여기서 그렇게 하겠다고 선언하는 것은 또 못할 일이죠. 우리는 또 말을 꺼낸 뒤 책임져야 하는 것에 대해 부담 느끼는 사람들이니까요.(웃음) 어쨌

든 예전만큼 액션영화의 장르적 매혹 자체에 끌리진 않아요.

- 움직이지 마!
- 나 경찰이야. 나, 경찰.
- 진정해, 진정.

〈아라한 장풍대작전〉에서 속옷 차림의 류승범이 깨어나 주위에 서 있는 도사들을 보고 당황해서

LEE 인물의 직업으로는 경찰이나 조폭을 선호하십니다. 특히 경찰이 〈죽거나 혹은 나쁘거나〉 〈피도 눈물도 없이〉 〈아라한 장풍대작전〉 〈짝패〉에서 주인공이거나 비중 있는 인물로 다뤄집니다. 기본적으로 이건 액션에 대한 감독님의 관심 때문일까요.

RYOO 인물의 직업에 대한 고민을 많이 합니다. 코언 형제처럼 이발소 주인(〈그 남자는 거기 없었다〉)을 가지고 영화를 만들어도 좋겠지만, 사실 형사나 범죄자만큼 영화적으로 매혹적인 직업도 없는 듯해요. 이명세 감독님이 인터뷰에서 형사가 삶과 죽음의 경계에서 일하는 사람이기에 매력 있다고 했던 대목도 떠오르네요. 저는 사실 경찰이나 흥신소 직원처럼 특수 직업에 종사하는 사람들 이야기만 만들어도 충분히 재미있을 것 같아요. 좋은 경찰뿐만 아니라 나쁜 경찰로도 〈더티 해리〉 〈리셀 웨폰〉 〈악질 경찰〉처럼 얼마든지 흥미로운 영화를 만들 수 있잖아요? 성룡은 말할 것도 없고, 멜 깁슨이나 클린트 이스트우드도 경찰로 영화에 등장하면 저절로 환호를 하게 돼요. (사무실 벽에 붙여놓은 〈악질 경찰〉 포스터 속 하비 카이텔을 가리키며) 저분도 한번 만나보고 싶어요. 저는 알 파치노나 로버트 드 니로보다 저 사람이 더 위대한 배우라고 생각해요. 드 니로는 하비 카이텔을 좀 불편해 하는 것 같은데, 카이텔과 크리스토퍼 워큰이 한 영화에서 맞붙으면 실로 무시무시할 것 같아요.

– 암만 그래도 다 때가 있는겨.
– 때가 있는 건지는 내가 잘 모르겄구, 난 그냥 왕재형 쑤신 놈덜 찾아다가 뺵따구까지 싹 다 발라버릴텨.

〈짝패〉에서 안길강을 죽인 자들에 대해 나누는 이범수와 류승완의 대화

LEE 가장 액션에 주력한 영화인 〈짝패〉에는 확실히 직선주로를 단김에 질주하는 호쾌함이 아주 잘 살아 있습니다. 그런 면에서 저는 감독님의 스타일이 대작보다는 좀 작은 듯한 영화에 더 잘 어울리는 것 같다는 느낌을 받는데요.

RYOO 저도 갈수록 짧은 영화가 좋아져요. 단편을 만들 때도 좋고요. 70~80분 안에서 정말 많은 이야기를 해내는 장편영화들을 볼 때면 참 신기하죠. 제가 좀 쉬워지고 싶다고 말하는 것에는 그런 면도 있어요. 잰 체하는 걸 뒤로하고, 겉멋을 좀 덜 부리면 그렇게 할 수도 있을 것 같거든요. 제가 감독으로 데뷔할 때 비평적으로 너무 환대를 받아서 착각한 지점이 있었어요. 계속 잘나 보이고 싶었던 거죠. 그런데 시간이 흐를수록 그런 마음이 유치하게 느껴져요. 저를 이루고 있는 많은 것이 그런 것들과 거리가 먼데, 그런 걸로 포장해서 마치 내가 일류인 것처럼, 뛰어난 예술가인 것처럼 보이고 싶은 마음이 있었다니까요. 철부지였던 거죠. 이제는 내가 영화감독이라는 것, 그리고 영화를 잘 만드는 게 나의 가장 중요한 임무라는 것만을 생각해요. 존경받는 사람이 되는 것과 영화감독으로 잘하는 것은 별개인데, 예전의 제게는 오히려 전자의 욕망이 있었던 거지요. 그게 허세일 뿐이라는 것을 이제 느꼈어요. 앞으로는 제 영화를 만드는 일 외에 다른 행사에는 가급적 참여하지 않으려고 해요. 남이 만든 좋은 영화를 소개하는 것은 제게 그렇게 중요한 일이 아닌 것 같아요. 제 영화를 잘 만드는 게 가장 중요하죠. 거론하신 그 대사를 제가 다시 인용해 말씀드린다면, '이거저거 내가 잘 모르겄구, 난 그냥 영화나 잘 만들티유'라는 거죠.(웃음)

아라한 장풍대작전

개봉 2004년 4월 30일
출연 류승범 윤소이 안성기 정두홍
상영시간 114분

경찰관 상환은 우연히 날치기 현장을 목격하고 범인을 쫓다가 의진이 장풍을 쏘는 현장을 목격한다. 의진의 장풍에 잘못 맞아 정신을 잃었다가 눈을 뜬 상환은 무도의 길을 가는 칠선들을 만난다. 의진의 아버지이자 칠선을 이끄는 자운의 지도하에 무공을 익혀가던 상환 앞에 봉인에서 풀려난 괴력의 악인 흑운이 나타난다. 칠선들이 차례로 흑운에게 당하자 상환은 의진과 함께 최후의 대결을 준비한다.

시대의 변화에 적응 못하는 도인들이 대도시 한복판에 살고, 밀폐된 공간에 봉인된 악인이 부활하며, 조직폭력배들의 폭력에 좌절하던 경찰관이 '주화입마'와 '점혈' 같은 용어가 일상적으로 쓰이는 무협세계 속으로 뛰어든다. 설정부터 흥미로운 류승완 감독의 세 번째 장편〈아라한 장풍대작전〉은 시종 날렵한 '경공'(몸놀림을 가볍고 빠르게 하는 무공)을 펼치면서 영화 관람의 순수한 쾌락을 선사한다.
이 영화의 액션은 중반까지 충분히 흥미롭다. 특히 그동안 괴롭혀온 건달들과 고깃집에서 맞서는 장면은 액션 디테일이 살아 있는데다가 인물의 심리와 잘 맞물려 무척이나 생생하게 느껴진다. 상환이 다양한 무공을 차례로 연마하는 연습 장면들도 흥미롭다. 그러나 정작 극의 정점을 이뤄야 할 후반부가 되면 화려한 특수효과에도 불구하고 오히려 긴장감이 좀 떨어진다. 종반 클라이맥스 싸움 장면은 2대 1 검술 대결에서 몸을 부딪는 무술 대결까지 무려 17분간이나 이어지지만, 가끔씩 아이디어나 흡인력이 부족해 보이기도 한다. 그러나 사실 〈아라한 장풍대작전〉의 가장 큰 재미는 이전에 나온 두 편의 장편영화들에서 맛보기 힘들었던 류승완 감독 특유의 기발한 유머에 있다. 격렬한 격투 장면 사이사이에까지 슬쩍 끼워놓은 이런 웃음들은 극 전체를 통해 완급을 조절해 가며 탄력 있는 리듬을 불어넣는 동시에 작품 자체를 귀엽고 사랑스럽게 만들었다. 식사 쟁반들을 아슬아슬하게 이고서 배달에 나선 아주머니, 까마득한 빌딩 유리창에 대롱대롱 매달려 능숙하게 유리를 닦는 아저씨 등 '생활 속의 도인들'을 하나의 긴 쇼트 안에서 보여주는 장면도 무척이나 인상적이다.

〈아라한 장풍대작전〉은 재능이 넘치는 배우 류승범의 가장 유쾌한 연기를 볼 수 있는 작품 중 하나이기도 하다. 첫 주연작 〈품행제로〉에 이어 이 영화로 다시금 관객을 사로잡았던 그의 새로운 매력은 친근한 표정 연기와 리드미컬하고 유머러스한 대사 처리, 몸을 사리지 않는 성실한 액션 연기를 통해 멋지게 발휘됐다(음료수를 훔쳐 먹다가 들킨 후 장황하게 둘러대는 장면의 코믹 연기는 그의 탁월한 대사 소화 능력을 명확히 보여준다). 무협만화 〈열혈강호〉의 주인공 한비광과 홍콩 스타 성룡을 섞어 만든 듯한 상환 역 류승범의 맛깔스러운 연기는 황당하게 느껴질 수도 있는 이야기에 차진 현실감을 불어넣었다. 안성기, 윤주상, 백찬기, 김영인, 김지영 등 칠선 역할을 맡은 배우들의 인간미 넘치는 넉넉한 연기를 즐기는 것도 이 영화에서 빼놓을 수 없는 재미다.

– 밧데리 나갔어요.

〈피도 눈물도 없이〉에서 이혜영이 옆에 있던

형사 이영후의 휴대전화가 삑삑 소리를 내는 것을 보고

LEE 감독님 영화의 액션 중에서도 특히 인상적인 것은 사력을 다하느라 완전히 기진맥진한 상태로 싸우게 되는 장면들입니다. 4부작인 〈죽거나 혹은 나쁘거나〉의 3부에 해당하는 '현대인' 부분이나, 〈짝패〉의 마지막 액션 시퀀스가 대표적이죠. 〈아라한 장풍대작전〉의 최후 대결이나 〈주먹이 운다〉의 권투 결승전도 그렇고요. 그 과정에서 힘이 다 빠져 일어나다가 연거푸 넘어지거나 거듭 헛발질을 하는 모습이 묘사되기도 하죠. 액션의 처절한 느낌으로 홍콩 거장 장철을 떠올리게 하는 이런 장면들의 인물들에게서는 일종의 숭고함까지 느껴집니다.

RYOO 제가 관객으로서 영화를 볼 때 그런 장면들을 좋아하는 건 아니에요. 그런데 감독으로서 액션 장면을 찍다보면 결국 그렇게 되나봐요. 액션을 반복해 찍다보면 실제로 저 자신을 포함해 배우들이 지쳐가는 것을 보게 되잖아요? 현장에서는 바로 그런 모습에 꽂히는 거죠. 저는 영화를 현장의 감각으로 만들기에 그런 장면들이 반복적으로 등장하는 것 같아요. 저는 준비를 철저히 해서 찍는 걸 좋아하는 사람인데, 이상하게 액션 연출은 자꾸 그렇게 됩니다.

– 어떠냐, 좀 버틸 만허냐?
– 말할 기운두 읍슈.

〈짝패〉에서 한참 동안 수십 명과 난투극을 벌이던 정두홍과 류승완의 대화

LEE 이제껏 그런 액션의 처절함과 피로감이 가장 잘 드러난 장면은 어떤 것이었다고 자평하세요?

RYOO 아무래도 '현대인'에서 극심한 피로가 가장 잘 드러난 것 같아요. 진짜 피로해 보이거든요. 〈주먹이 운다〉의 마지막 부분에서 두 선수가 너무 힘들어 서로 헛손질하는 장면도 만족스럽습니다. 권투 경기를 직접 보면 코치가 선수들에게 가드 올리라는 말을 하는 걸 자주 듣게 되는데, 정말 나중에는 손 올릴 힘도 없어지기 때문이죠. 홍콩 액션 스타 견자단이 〈주먹이 운다〉를 보면서 "영화에서 이런 권투 장면을 처음 본다"고 그랬대요. 그 영화의 권투 장면들은 사전에 합을 짜지 않고 사실적인 느낌을 최대한 살려 찍었기에 그렇게 느꼈을 거예요.

– 주차장에서 발견했을 당시부터
쭈욱 두 분 모두 저런 상태로 계십니다.

〈아라한 장풍대작전〉에서 앉은 채로 몸이 굳어 있는 김영인과 백찬기를 가리키며 의사가 안성기에게

LEE 제가 이번에 감독님 영화들을 쭈욱 보면서 액션 신이 몇 개인지 일일이 세어보았습니다.(웃음) 약간의 오차가 있을 수 있겠는데, 일방적인 린치 장면을 제외하고 여섯 편의 장편에 모두 61번 정도의 액션 신이 등장하더군요. 그렇게 세어보았던 것은 감독님 영화에서 액션 신의 장소로 어떤 곳이 선호되는지 알아보고 싶어서였습니다. 통계를 내보니, 골목길에서 열 번, 체육관이나 링 위에서 아홉 번, 넓지 않은 공터나 공사장 혹은 철거 현장에서 여덟 번, 주차장에서 여섯 번 연출되었더군요. 링이 많은 것은 권투 영화 〈주먹이 운다〉 때문이니, 결국 감독님은 액션 장소로 골목길이나 주차장 혹은 작은 공터나 공사장을 선호하신다는 결론이 나오더라고요. 이 장소들의 공통점은 모두 좁다는 것이죠.

RYOO 우와, 그걸 일일이 다 세셨어요?(웃음) 아마 실제로 그런 장소

들에서 싸움이 많이 일어날 거예요. 부분적으로 열린 공간 같은데, 사실 적막한 곳들이죠. 싸움이 시작되었을 때는 당사자들만 존재하는 것 같지만, 어느새 다른 이의 시선이 자연스럽게 개입되기도 좋은 공간이기도 하구요. 저는 뻥 뚫려 있는 공간에서 액션 장면을 찍는 것을 두려워하는 편이에요. 좁은 공간에서는 액션이 벌어질 때 카메라가 움직여도 뭔가가 프레임 속에 이미 채워져 있으니 부담이 덜하죠. 골목은 어렸을 때 주로 싸움판이 벌어졌던 곳이라서 자연스럽게 택하게 된 것 같구요.(웃음) 주차장도 독특한 느낌이 있죠. 저는 지금도 주차장에 가서 차 문을 열 때마다 뒤통수가 순간적으로 서늘해지는 것을 느껴요. 〈피도 눈물도 없이〉의 클라이맥스에서 경선(이혜영)이 독불(정재영)의 목을 자동차 열쇠로 찌르는 묘사가 나오는 것도 저의 그런 경험과 무관하지 않을 거예요. 제가 한동안 주차장에 들어설 때면 뭔가 불안해져서 손가락 사이에 자동차 열쇠를 그렇게 끼우고 다녔거든요. 살면서 크게 나쁜 짓을 한 것도 아닌데 왜 그랬나 몰라요. 어쨌든 좁은 공간에서 언젠가 제대로 한번 액션 장면을 찍고 싶어요.

LEE 〈소나티네〉의 엘리베이터 안 총격 장면 같은 거요?

RYOO 진짜 멋지죠. 정말이지, 우리 다케시 형은…….(웃음)

– 이제 이곳과도 작별을 고해야 할 시간이 된 거 같소.

〈다찌마와 리〉에서 임원희가 베이징에서의 임무를 완수한 뒤 공효진에게

LEE 그런 면에서 〈다찌마와 리〉의 액션 시퀀스들은 이전과 좀 다릅니다. 무엇보다 좁은 공간이 아니라 탁 트인 평원 같은 데서 벌어지는 싸움을 담고 있으니까요. 이전에는 벌판에서의 액션을 찍으신 적이 없는데, 이 영화에는 네 차례나 등장하죠.

RYOO 그 영화의 액션 공간들이 넓기는 하지만, 그 대신에 좁은 공간

에서는 절대 일으킬 수 없는 먼지바람이 있었죠.

LEE 뭔가 기댈 구석은 다 있는 법이군요.(웃음)

RYOO 만일 뻥 뚫린 공간에서 찍어야 하는데 그런 효과마저 없었다면 아마 안 찍었을 거예요. 〈다찌마와 리〉에서는 에필로그로 펼쳐지는 마지막 액션 장면 빼고는 뭔가 그런 효과를 주는 것들이 항상 존재했어요. 눈밭 장면은 굴곡들이 있어서 지형을 이용할 수 있었죠. 눈덩이도 굴릴 수 있었고요. 상하이역 앞의 액션 장면에서는 깔아놓은 낙엽들이 바람에 날리며 먼지 같은 효과를 냈죠. 총격전의 경우는 주위에 놓인 것들이 총에 맞아 튀게 되니 넓은 공간이 휑하게 느껴지지 않았어요. 다행인 것은 〈다찌마와 리〉의 액션 장면들은 여럿이 함께 등장하는 경우가 많았다는 거죠. 만일 일 대 일로 싸우는 장면이었다면 액션 디자인을 아주 화려하게 하는 방식으로 돌파했을 거예요.

– 나한테 쌓인 건 나한테 풀어.

〈죽거나 혹은 나쁘거나〉에서 류승완이 동생 류승범을 소모품처럼 쓰려는 조직폭력배 친구 박성빈에게 거칠게 쏘아붙이며

LEE 액션 장면들에서 또 한 가지 눈길을 끄는 부분은 액션이 이뤄지는 공간에 쓰레기더미나 폐자재 같은 것들이 쌓여 있을 때가 많다는 점입니다. 〈주먹이 운다〉의 상환(류승범)이 주차장에서 지갑을 빼앗으려 사채업자를 마구 때릴 때 피해자는 쓰레기더미 위로 쓰러집니다. 〈피도 눈물도 없이〉에서 상환(류승범)의 친구들과 침묵맨(정두홍)이 공터에서 싸울 때도 옆에는 폐자재들이 쌓여 있죠. 〈피도 눈물도 없이〉의 마지막 액션이 벌어지는 곳에는 폐타이어들이 있습니다. 〈아라한 장풍대작전〉의 라스트신에서는 장풍이 난무할 때 쓰레기장의 쓰레기더미들이 터져나가기도 하고요.

RYOO 격렬하게 액션을 찍다보면 주변의 것들에 영향을 주기 마련이

잖아요? 쓰레기더미가 액션신에 좋은 것은 안전하면서도 부딪쳤을 때 강한 효과를 낼 수 있다는 점이죠. 격투의 와중에 내용물이 쏟아져 나오면 시각적으로도 풍부해지고요. 〈아라한 장풍대작전〉에서 쓰레기더미들을 터뜨린 것도 시각적인 효과 때문이었습니다. 〈주먹이 운다〉에서는 피해자가 살기 위해 쓰레기더미 안으로라도 기어들어가서 발버둥치는 모습을 그리고 싶었던 겁니다. 〈피도 눈물도 없이〉의 장면처럼 건축자재들이 쌓여 있으면 굳이 배우가 부딪치지 않더라고 위험한 데서 싸운다는 느낌을 줄 수 있죠. 액션을 만들 때는 주위의 소품 배치가 참 중요한데, 그 공간에 있을 만한 것들을 얼마나 잘 배치해서 시각적으로 활용하는지가 결정적으로 작용하기도 하는 것 같아요.

– 야 이 새끼들아. 니덜은 집에 삼춘도 없냐?

〈짝패〉에서 류승완이 홀로 수십 명의 십대들과 싸움을 벌이고 있는 정두홍에게 뒤늦게 합세하며

LEE 〈짝패〉의 중반부 거리 액션 시퀀스에서처럼 수십 대 일로 싸우는 구도와 〈죽거나 혹은 나쁘거나〉의 종반부 당구장 싸움 장면처럼 일 대 일로 싸우는 구도 중에서 어떤 게 더 흥미로우신가요.

RYOO 저는 일 대 일의 싸움이 제대로 구현될 때 가장 흥분하는 것 같아요. 〈주먹이 운다〉에서처럼 진검 승부는 일 대 일에서 나오잖아요. 수십 명이 격투를 벌이는 액션은 정두홍 무술감독님이 더 좋아하죠. 어떻게 보면 수십 명이 한꺼번에 싸우는 장면은 일단 큰 동선만 짜놓으면 연출하기가 오히려 더 편하기도 해요. 〈다찌마와 리〉의 만주벌판에서 싸우는 대규모 액션 장면 같은 것은 육체적으로는 힘들지만 스트레스는 적어요. 일 대 일 대결 장면을 찍을 때가 훨씬 더 신경이 쓰이죠. 그만큼 섬세하고 리듬도 중요하니까요. 잘못하면 지루

해지거나 썰렁해지거든요.

- 어이, 아저씨! 나랑 위치 바뀌었어.

〈아라한 장풍대작전〉에서 류승범이 대결을 벌이던 정두홍을 여유만만하게 조롱하며

LEE 그런 일 대 일 대결 장면을 가장 길게 공들여 찍으신 것은 〈아라한 장풍대작전〉의 클라이맥스에서였던 것 같습니다. 상환(류승범)과 흑운(정두홍)의 대결을 위치와 상황까지 바꿔가며 다양하게 변주해 만드셨으니까요.

RYOO 〈아라한 장풍대작전〉은 리듬상으로 보자면 클라이맥스 대결 장면에서 의진(윤소이)이 흑운의 배를 찔렀을 때가 딱 좋았어요. 그런데 굳이 일 대 일 대결 구도로 만들고 싶어서 거기서 더 나아갔던 거예요. 20분씩 일 대 일 대결을 펼쳤던 성룡의 〈사제출마〉처럼 하고 싶었던 거죠. 그때는 제 취향을 제대로 다스리지 못했어요. 기능공으로서 더 냉정하게 볼 필요가 있었는데 말이죠.

- 그 마지막 깨달음의 문은 어떻게 되는 겁니까?

〈아라한 장풍대작전〉에서 단계를 밟아가며 수련을 하던 류승범이 윤주상에게 질문

LEE 미닫이문을 이용한 액션 동작들이 눈에 띕니다. 〈짝패〉나 〈피도 눈물도 없이〉에서 특히 인상적으로 쓰였죠. 〈죽거나 혹은 나쁘거나〉에서 형사(임원희)가 칼에 찔려 쓰러졌을 때 엘리베이터 문이 그의 몸에 걸려 닫혔다 열렸다를 반복하는 장면은 브라이언 드 팔마의 〈드레스 투 킬〉에서 따오신 거죠?

RYOO 네, 맞아요. 액션을 펼칠 때 미닫이문을 자주 활용하는 것은 성룡의 영향이 크고요. 그러고 보면 액션을 만들 때 미술감독 역할이

참 중요한 것 같아요. 다양한 액션이 거기서 가능해지니까요. 지적하신 〈죽거나 혹은 나쁘거나〉의 맥락은 좀 다르겠지만, 앞의 두 경우는 공간 구조를 활용하면서 액션의 상황을 다채롭게 변주하기 위한 선택이었던 듯해요. 제가 〈엑시덴탈 스파이〉 촬영 현장에 놀러간 적이 있었는데, 그때 보니 촬영이 끝나면 성룡과 촬영감독, 무술팀, 미술팀이 남더군요. 그렇게 함께 모여 다음날 찍을 액션의 동선을 짜며 천천히 움직여보다가, '여기서는 의자에 바퀴가 있으면 좋을 것 같아. 그렇게 의자가 뒤로 밀려가고 나면 스탠드가 있어서 뒤통수를 치면 좋을 것 같고'라는 식으로 아이디어를 내는 거죠. 그때도 미술이 중요하다는 것을 여실히 깨달을 수 있었어요.

– 이렇게 프로복싱이 사랑을 받는 게 참으로
  오랜만 아니겠습니까.
– 이유야 여러 가지 있겠습니다만,
  이종격투기를 비롯해서 여러 스포츠들이 순수 스포츠의
  목적을 상실하고 있는 그런 경향 때문이 아니겠습니까.

〈주먹이 운다〉에서 신인왕전을 중계하며 캐스터와 해설자

LEE 감독님 영화에서는 다양한 스포츠 중에서 유독 권투가 많이 묘사되거나 언급됩니다. 〈주먹이 운다〉는 복싱 경기가 핵심 소재이고, 〈피도 눈물도 없이〉의 주인공인 독불(정재영)은 전직 권투선수입니다. 직접적으로 등장하지 않더라도 "너, 싸움질 같은 거 배우려면 딴데 가서 배우라니까. 왜, 복싱 있잖아"(〈아라한 장풍대작전〉)라든지 "이거 안 하면 복싱이나 해야 되는데"(〈죽거나 혹은 나쁘거나〉) 같은 대사들이 자주 등장하지요. 권투를 실제로 좋아하십니까.

RYOO 신인왕전 경기를 한때 즐겼죠. 미숙한 선수들이 벌이는 시합을 보면서 깨달음을 많이 얻었어요. 맞는 걸 무서워하면 때리지 못한다

는 것도 알 수 있었고요. 예전에 직접 권투를 해본 적도 있긴 해요. 권투를 생각하면 두 가지 강렬한 인상이 들어요. 하나는 이제 흘러가버린 추억의 스포츠인데 과거에는 진정한 황금기가 있었다는 것이죠. 또 하나는 가장 적은 규칙을 적용해 가장 원시적인 형태로 펼쳐지는 경기라는 측면에서 무척 순수하게 느껴진다는 점이에요. 권투 경기를 벌이다 보면 게임에서는 이기고도 목숨을 잃는 경우까지 생기잖아요. 〈주먹이 운다〉 때 글러브 안에 짙게 배인 썩은 냄새를 맡으면서 진정한 땀의 가치 같은 것을 느낄 수 있었어요.

– 예전에 브루스 리도 〈사망유희〉에서 압둘 자바랑 맞짱 뜰 때 그냥 기습적으루다가 급소를 노린 거거든.

〈피도 눈물도 없이〉에서 류승범이 친구들과 싸움 방법에 대해 논하며

LEE 아시아에서 액션을 찍는 사람들이라면 이소룡과 성룡의 자장磁場에서 벗어나기 어렵습니다. 감독님 영화에서 이소룡은 두 차례 직접 언급되죠. 〈피도 눈물도 없이〉에서 위에 인용한 대사로 한 번, 〈죽거나 혹은 나쁘거나〉의 고교생 패싸움 장면에서 포효하는 이소룡의 얼굴이 아주 짧게 인서트되면서 또 한 번입니다. 반면에 성룡은 〈아라한 장풍대작전〉에서 그의 출연작 〈오복성〉이 언급되는 정도입니다. 성룡이나 이소룡에 대한 애정을 그동안 많은 자리에서 표해오셨는데, 이제 '폴 매카트니냐, 존 레넌이냐' 혹은 '짜장면이냐, 짬뽕이냐' 같은 저차원적인 질문을 드리고 싶네요. 성룡이 더 좋으세요, 아니면 이소룡이 더 좋으세요?(웃음)

RYOO 출연작으로 따지면 성룡의 영화를 훨씬 더 좋아하죠. 특히 1980년대 성룡 영화들은 정말 대단했잖아요? 실로 엄청난 스턴트들이었죠. 〈프로젝트 A〉의 1편과 2편, 〈폴리스 스토리〉의 1편과 2편은 말 그대로 최고입니다. 이 네 편은 전부 성룡이 직접 감독까지 맡은 작품들인

데, 그가 온전히 영화 전체를 장악한 결과물들이었죠. 그가 도달하고 싶었던 버스터 키튼의 세계를 포함해, 성룡의 모든 것이 그 영화들에 담겨 있습니다. 〈폴리스 스토리〉 마지막 장면에서 변호사를 때릴 때의 통쾌함은 정말 대단했어요. 〈미라클〉도 좋긴 한데, 프랭크 카프라의 세계를 너무 많이 가져와서 좀 그렇죠. 이소룡 영화로는 〈용쟁호투〉를 좋아하는데, 솔직히 말하면 영화가 아니라 이소룡 자체를 더 좋아하는 거구요.

LEE 사실 이소룡이 출연한 영화들은 그 자체로는 결코 훌륭하다고 볼 수 없죠.

RYOO 뜯어보면 〈사망유희〉 같은 작품도 참 이상한 영화예요. 하지만 이소룡이 입었던 '노란 추리닝'의 아우라가 대단해서 지금까지 남아 있는 거죠. 이소룡은 동양인 무도가로서 정말 짧고 굵게 갔잖아요? 한마디로 폼 나는 거죠.

– 그건 내가 듣고 싶은 대답이 아니다.

〈아라한 장풍대작전〉에서 정두홍이 윤주상의 행방을 캐물으며

LEE 제 질문에 아직 답하지 않으셨네요.(웃음) 출연작이 아니라 액션스타 그 자체로서 누가 더 좋습니까.

RYOO 이건 정말 대답하기 어려운 질문이에요. 하나를 고르면 다른 쪽을 배신하는 건데, 그럴 수는 없죠. '척 노리스냐, 스티븐 시걸이냐'면 모를까.(웃음)

LEE 그건 열등 비교죠.(웃음) 저는 그래도 감독님이 성룡을 택할 거라고 예상했는데요.

RYOO 최근에 나온 영화들이나 그의 발언들에 너무 실망해서요.(웃음) 제가 이제껏 세 번 성룡을 직접 만났어요. 처음은 〈미라클〉의 국내 개봉 때 팬클럽 회원이었던 제가 내한한 그와 악수 한 번 해봤던

경우였죠. 두번째는 〈엑시덴탈 스파이〉 때 그 팀에서 일하는 친구가 있어서 촬영 현장에 잠시 가본 것이고요. 그리고 세번째는 부산영화제에서였습니다. 제가 오우삼이나 정소동을 만날 때도 전혀 떨지 않았는데, 그때는 진짜 떨리더라고요. 하지만 그날 많이 실망하고 말았어요. 술을 먹고 게슴츠레해진 그 눈을 잊을 수가 없어요.

LEE 세번째는 아니 만났어야 좋았을 것인데……. 피천득 선생님의 수필 〈인연〉의 한 구절을 떠올리지 않을 수 없군요.(웃음)

RYOO 맞아요. 정말 우상은 마음속으로만 품고 있어야 돼요.(웃음)

– 자넨 내가 만난 젊은이 중에 가장 강한 기운을 품고 있네.

〈아라한 장풍대작전〉에서 안성기가 자신의 도장에 온 류승범에게

LEE 최근에 본 액션영화 중에서는 어떤 게 가장 인상적이셨나요.

RYOO 지난 몇 년간 본 액션 중 유독 기억에 남는 게 〈황혼의 사무라이〉였어요. 전문가들이 볼 때는 특별할 것 없는 합으로 이뤄진 액션 장면들이었죠. 그런데 그 장면 안에서 뿜어 나오는 기운이 대단했어요. 클라이맥스에서 싸우기 싫어하는 주인공이 막대기를 들고 적과 대결하는 장면은 정말 좋았어요. 그 힘이 어디서 나오는지 궁금해지더라고요. 〈노인을 위한 나라는 없다〉의 모텔에서 펼쳐지는 액션도 무척이나 인상적이었어요. 이젠 액션에 대한 개념이 바뀌고 있는 것 같아요.

– 누가 진짜 선수인지는 두고 보면 알겠지.

〈피도 눈물도 없이〉에서 경찰인 이영후가 모텔에 모여 있는 범인들을 덮치기 전에 이혜영에게

LEE 그렇다면 현재 전세계에서 액션을 가장 잘 찍는 사람은 누구라고 생각하십니까.

RYOO 액션 디자인의 경우에는 견자단이 지금도 계속 뭔가 돌파하려고 하는 것 같다는 점에서 여전히 흥미롭습니다. 그런데 좀 이상한 것은 견자단 본인이 출연해서 만드는 액션 디자인과, 액션 디자인만 할 때가 많은 차이를 보인다는 점이에요. 〈블레이드 2〉에서는 무술감독으로 일했는데, 본인이 직접 출연한 부분은 훌륭하죠. 최근 작업한 작품들을 보면, 〈살파랑〉과 〈도화선〉에서 무술감독으로서 전체적인 액션 콘셉트를 잡아내고 밀어붙이는 기량은 좋았는데, 〈용호문〉에서 여러 주인공들이 함께 나와서 무술을 펼칠 때는 액션 콘셉트가 이상했어요. 액션을 잘 만든다는 지점에서 견자단에 대해 의문이 좀 생기는 거죠.

– 티비 보면 미국 형사들은 총 쏠 일 특별히 없으믄 과학수사나 고도의 심리적인 대화로 기가 막히게 잡아내잖어?

〈짝패〉에서 이범수가 안길강 살해사건의 수사 상황에 대해
서울에서 내려온 정두홍에게 설명하면서

LEE 미국영화의 액션에 대해서는 어떻게 생각하십니까.

RYOO 실제로 액션을 만드는 측면에서 보면 여전히 미국 주류 영화에서 새로운 문법을 찾아내고 있는 듯합니다. 대표적인 예가 제이슨 본 시리즈를 내놓은 스태프들일 텐데, 액션을 파워풀하게 잘 만드는 것 같아요. 〈007 퀀텀 오브 솔러스〉의 액션도 그 사람들이 맡았잖아요? 홍콩의 마셜 아트 스타일에 서양인들의 무게감을 합쳤는데, 거기에 미국식 카메라워크를 덧붙였죠. 예전 홍콩 영화들처럼 속도감을 내면서 말이에요. 편집에서는 액션의 구체적인 동작이 보이든 그렇지 않든, 액션 상황의 전체적 느낌을 중시하는 것 같습니다. 무겁

게 쿵쿵 떨어지는 느낌이라고 할까요. 〈와호장룡〉과 〈매트릭스〉 이후에 그들이 나름의 방식을 찾아낸 듯해요. 그리고 〈플래닛 테러〉 같은 영화를 보면, 로베르트 로드리게스는 액션을 진짜로 한껏 놀 듯 찍어내는 것 같습니다.

LEE 프랑스 쪽 액션영화들에 대해서는 어떻게 보세요?

RYOO 홍콩 액션영화의 노하우를 잘 빨아들인 프랑스의 액션 스태프들도 뛰어나죠. 홍콩 스태프들이 전세계로 흩어지면서, 이젠 마셜아트 콘셉트의 액션은 세계적으로 평준화된 것 같아요. 태권도 코치들이 세계 각국으로 가면서 각지의 선수들 실력이 평준화된 것처럼 말이에요.

– 〈테러리스트〉에서 민수 형님도 마찬가지셨구.

〈피도 눈물도 없이〉에서 류승범이 친구들에게 기습 공격의 중요성을 설명하면서

LEE 〈피도 눈물도 없이〉에서 〈테러리스트〉가 직접적으로 거론되고, 극중 류승범씨가 맡은 배역이 웨이터로 일할 때 쓰는 가명이 채민수인 걸 보면, 김영빈 감독님의 액션영화 〈테러리스트〉도 무척 높게 평가하시는 것 같습니다.

RYOO 극장에서 그 영화를 처음 보았을 때 열광했어요. 종반부에 등장하는 1980년대식 대사 마무리는 좀 걸렸지만, 개장수와의 싸움 장면은 정말로 시원했거든요. 〈게임의 법칙〉과 〈비트〉까지 그 무렵에 연이어 나오는 것을 보고는, '와, 이제 한국에서도 진짜 액션이 되는구나' 싶기도 했죠. 〈테러리스트〉는 지금도 가끔 봅니다. 거기서 최민수씨의 연기가 무척이나 좋았던 건, 아까도 잠시 이야기했던 싸우는 자의 피로감이 잘 살아 있다는 점 때문이었어요. 겨울에 허연 입김을 내뿜으면서 싸우는데, 찢어진 피부에 배인 땀과 눈이 잘 안 떠지는 정도의 피로 같은 게 생생했죠. 잘 찍었다기보다는 모든 것이

잘 만들어진 듯해요. 영화 전체가 위대하다는 생각보다는, 보는 이를 끓게 만드는 몇몇 장면이 있는 작품이라는 생각이 들죠.

LEE 〈짝패〉의 좁은 골목 액션 장면 직전에 곧 맹렬히 싸우게 될 두 인물이 주먹을 말아 쥐고 서로를 노려보는 모습을 부감으로 찍어 인서트한 것은 임권택 감독님의 〈장군의 아들〉을 그대로 떠올리게 하는 연출입니다.

RYOO 물론이죠. 〈장군의 아들〉의 그 부감 쇼트들은 정말 대단해요. 처음 극장에서는 좀 썰렁하게 봤는데, 나이가 들어서 볼수록 정말 잘 만들었다는 느낌이 들어요.

– 지금 이 상황에서 웃음이 나와요?

〈다찌마와 리〉에서 공효진이 웃고 있는 임원희에게 열차 안에서

LEE 액션 장면이나 심각한 장면 도중 혹은 직후의 예기치 않은 지점에 유머를 끼워 넣는 경우가 많습니다. 예기치 않은 타이밍으로 허를 찌르듯 웃긴다고 할까요. 〈주먹이 운다〉에서 용대(오달수)가 건물 옥상에서 선배인 태식(최민식)을 마구 때린 뒤 부하들에게 무게를 잔뜩 잡으면서 "철수!"라고 내뱉고 한쪽으로 퇴장하려 할 때, 부하 중 한 명이 반대쪽을 가리키며 "이쪽입니다"라고 말해 용대가 멋쩍어하는 장면이 대표적인 예가 되겠지요.

RYOO 그런 걸 좋아해요. 막판에 '삐꾸' 나는 거요.(웃음) 누군가가 폼을 잔뜩 잡고 있다가 무너지는 순간에 발생하는 유머를 즐기죠. 예쁜 여자가 일어나는데 엉덩이에 바지가 낀 것 같은 상황 말이에요. 그걸 알게 된 여자가 애써 티를 내지 않으며 슬쩍 바지를 빼내는 동작 같은 걸 목격하게 되면 정말 웃겨요. 그런 상황은 일상에서도 많이 일어나잖아요?

- 날 선선하구 차도 안 막히구. 내 맘대로 이사도 못 혀?
- 이게 그냥 선선한 날씨유? 입김이 푹푹 나고 있는디. 군고구마의 계절이유.

〈짝패〉에서 밤에 몰래 이사 가려다 들킨 김병옥이 퉁명스럽게 둘러대자 류승완이 능청스럽게 말을 받으며

LEE 템포를 늦추며 의뭉스럽게 둘러가는 대사의 유머도 상당합니다. 말하자면 충청도식 유머라고 할까요. 특히 〈짝패〉의 경우가 그렇습니다.

RYOO 충청도 사람들 말투가 원래 그래요. 저는 중학교 2학년 때까지 충청도에서 살았거든요. 그 말투에 대해서는 전설적인 유머들이 있잖아요? 비싼 도자기가 깨져서 질겁하니까 주인이 아무렇지도 않은 듯 "냅둬유. 도자기니께 깨지제, 안 깨지면 스뎅이게?"라고 했다는 식이죠.(웃음) 그런 충청도식 기질이 무서울 때도 있어요. 도무지 예측을 하지 못하게 하니까요.

- 마음을 집중해라.
- 아니, 방송실에 계세요?

〈아라한 장풍대작전〉에서 주화입마走火入魔 상태에 빠진 안성기가 내공을 통해 어디선가 자신의 목소리를 전해오자 류승범이 흠칫 놀라면서

LEE 〈아라한 장풍대작전〉을 보면서 가장 웃겼던 것은 스승을 찾아 헤매던 상환(류승범)이 들려오는 말소리에 "방송실에 계세요?"라면서 흠칫 놀라는 장면이었습니다. 그건 시나리오 때부터 있던 대사였습니까.

RYOO 그럼요. 말하자면 거꾸로 가는 유머 같은 거죠. 한쪽은 진지한데 다른 쪽에서 뭔가 툭 엉뚱하게 내뱉는 식이니까요.

– 사인은 뭐라고 합니까.

– 만주 마적단 놈들이 불상을 빼앗기 위해 고문하면서 입 안에다 콧물과 침을 잔뜩 쳐 넣는 바람에 기도가 막혀서 그만.

〈다찌마와 리〉에서 김뢰하와 조상건이 정석용의 죽음에 대해 이야기

LEE 〈다찌마와 리〉에서는 진상8호(정석용)가 죽어갈 때 다찌마와 리(임원희)가 비통해 하며 눈물 콧물을 다량으로 쏟아내는 화장실 유머도 정말 웃겼습니다. 주성치의 〈희극지왕〉을 떠올리게 하는 장면이었죠. 현장에서 촬영할 때 웃음바다였을 것 같은데요.

RYOO 제가 그런 장면을 좋아해서 처음 찍어봤는데, 현장에서 난리가 났어요.(웃음) 정말 폭발적인 인기였죠. 대본으로 쓸 때는 그렇게까지 웃길 줄은 몰랐거든요.

LEE NG도 많이 났을 것 같습니다.

RYOO 물론입니다. 지금 영화에 들어가 있는 OK 쇼트도 주의 깊게 보시면 진상8호가 죽어가면서도 웃고 있는 것을 보실 수 있을 거예요. 두 배우 다 힘들었을 겁니다.(웃음) 특히 임원희씨의 콧물방울은 진짜 축복이었어요. 타이밍에 딱 맞춰서 뻥 터져주었으니까요. 특수분장팀이 그날 영웅이 됐지요.(웃음)

– 말수를 아껴.

〈다찌마와 리〉에서 정석용이 고통스럽게 죽어가면서도 자꾸 뭔가 말하려고 하자 임원희가 이를 제지하면서

LEE 감독님 영화를 보면서 클라이맥스가 너무 길고 과하다는 느낌을 받을 때가 가끔 있습니다. 그로 인해 드라마나 액션이 과잉인 경우가 많아서, 정작 관객의 감정이 최고조에 이르러야 할 부분에서 오히려 보면서 지치는 듯한 경우가 없지 않다고 할까요. 아까 언급하

신 〈아라한 장풍대작전〉의 클라이맥스 액션 장면이 그렇지요. 〈주먹이 운다〉에서 두 주인공이 마침내 대결하는 부분도 그렇습니다.

RYOO 결국 영화를 만들면서 가장 중요한 것 중 하나가 시간 리듬일 겁니다. 제대로 된 시간 리듬을 만들어내기 위해서는 세공력도 필요할 거예요. 지금 지적하신 것과 같은 비판을 종종 받아온 게 사실이죠. 어쨌든 〈짝패〉는 그런 비판에 대한 제 자신의 극복 방법을 말한 작품이에요. '이런 리듬인가요?'라는 것이죠. 제 영화를 보실 때 기시감을 거론하시는 분들도 계셨는데, 〈다찌마와 리〉를 통해서는 제가 '이런 기시감은 어떤가요?'라고 되물은 것이고요. 저는 데뷔 이후 비판을 많이 받아와서 맷집이 많이 길러진 것 같아요.

LEE 감독님 영화에 대해 비판적인 평을 보실 때는 어떤 느낌이신가요.

RYOO 전문가나 애호가들의 비평을 볼 때 가장 즐거운 것은 애정 어린 칭찬입니다. 그리고 가장 기분 나쁜 것은 영화에 대한 존중도 애정도 없이, 그냥 불법으로 다운받아 보다가 면도칼로 상처내고서 도망가듯 하는 내용들이죠. 하지만 그런 공격들은 그 글을 볼 때만 짜증날 뿐, 금세 잊어요. 정말 위험한 것은 애정 없는 칭찬일 겁니다. 저는 사실 그것도 좋아했는데, 생각해 보면 그것만큼 달콤한 독약도 없어요. 거기에 홀리기 시작하면 위험하죠. 저를 키워준 것은 애정 어린 비판이었어요. 그게 저의 좋은 스파링 파트너가 되었죠. 제가 버틸 수 있을 만큼의 펀치를 제게 날려줘서, 다음 게임을 뛸 때는 그런 펀치를 막거나 피할 수 있도록 해줬으니까요. 매번 영화를 만드는 것이 전에 찍은 영화를 뛰어넘기 위한 투쟁의 과정이었다는 점은 스스로도 자부해요. 지금 서 있는 곳과 다른 지점을 향해 가려고 계속 노력해 왔고요.

주먹이 운다

개봉 2005년 4월 1일 **출연** 최민식 류승범 임원희 변희봉 **상영시간** 134분 _아시안게임 은메달리스트였던 태식은 거리에서 사람들에게 매 맞아주는 대가로 돈을 번다. 아무런 소망도 없이 살아가던 상환은 패싸움 후 합의금 마련을 위해 강도짓을 하다가 체포되어 수감된다. 소년원에서 권투부에 가입하게 된 상환은 아버지의 죽음과 할머니의 입원을 겪으면서 좌절을 극복하기 위해 신인왕전에 나선다. 아내가 이혼을 요구해 오고 아들과도 함께 살 수 없게 된 태식 역시 절망의 수렁에서 빠져 나오기 위해 신인왕전에 참가한다.

LEE 확실히 그런 측면이 있는 것 같습니다.

RYOO 예를 들어 〈피도 눈물도 없이〉는 〈죽거나 혹은 나쁘거나〉에서 제가 했던 독립영화 시스템으로 주류에서 보기 힘든 아주 센 영화를 하나 해보겠다는 것이었어요. 부분적 성취는 있었던 듯합니다. 그리고 〈피도 눈물도 없이〉를 극복하기 위해 〈아라한 장풍대작전〉의 직선 구조 안에서 그때까지 해보지 못했던 와이어 액션을 비롯한 테크놀로지의 측면에 정점에 서려고 노력한 거지요. 이후 〈주먹이 운다〉를 할 때는 다시 거리로 나가, 〈아라한 장풍대작전〉처럼 장르에 기대지 않으면서 인물에 대해 정면 돌파하는 방식으로 만들려고 했습니다. 〈짝패〉에서는 말씀하신 그런 리듬이나 구조를 짜봤던 거고요. 하면 할수록 기본기란 것에 대해 점점 더 고민을 하게 됩니다.

– 왜 이렇게 초반부터 달려?

〈주먹이 운다〉에서 임원희가 경기 초반부터
맹렬하게 공격하는 최민식의 체력 저하를 염려하며

LEE 도입부에서 주변을 스케치하며 여유롭게 영화를 출발시키지 않습니다. 첫 신부터 맹렬한 속도로 달린다는 느낌이죠. 〈주먹이 운다〉와 〈다찌마와 리〉를 제외한 대부분의 영화들이 다 그렇게 시작합니다.

RYOO 그게 제 영화의 한계이기도 한 것 같습니다. 처음부터 다 까고 시작한다는 거죠. 좀 감추면서 해야겠다는 생각도 들어요. 그런데 빙빙 돌려서 말하는 것은 제 스타일과 잘 안 맞는다는 느낌이 있긴 해요. 로저 코먼이 "좋은 영화를 만들려면 시작하고서 10분 안에 승부를 봐야 한다"고 했는데, 그런 충고가 어려서부터 제 뼛속 깊이 박혔나봐요. 제 영화를 보면서 단순하다는 느낌을 받게 되는 것은 목표지점과 출발점이 동일선상에 있기 때문인 것도 같습니다. 설혹 장애물이 있다고 해도 목표지점이 보이니까 끝까지 흥미롭게 끌고 가기 어렵죠. 그래서 이제 코스를 좀 바꿔보려고 생각하고 있어요.

– 지금까지 나 찾아온 사람 중에 그냥 찾아온 사람 없었어.
그러니까 빨리 용건부터 말해.

〈피도 눈물도 없이〉에서 이혜영이 자신의 집으로 불쑥 찾아온 전도연에게

LEE 감독님 영화가 후반부에 접어들면서 힘이 떨어지는 경우가 있는 것은 용건부터 시작하는 스타일과도 무관하지 않은 것 같습니다. 이를테면 이야기의 발화 지점이 너무 빠른 플롯이라고 할까요.

RYOO 말하자면, 조루의 영화죠.(웃음) 그래도 고마운 것은 데뷔 후 8년간 계속 영화를 만들 수 있는 축복을 누렸다는 겁니다. 그동안 무엇과도 바꿀 수 없는 학습을 해온 셈이죠. 어쨌든 지지자들이 있다는 것도 정말 감사하고요. 스스로 생각해 봐도 제 영화의 리듬이 좋지는 않다는 느낌이 있어요. 물론 관점에 따라서 다르기는 해요. "좀 거칠지만 저게 류승완 영화의 리듬이야"라고 말씀하시는 분들도 있으니까요. 하지만 좀더 쉽게 그리고 더욱 효과적으로 전달할 수 있으면 더 좋은 거잖아요. 그래서 그런 쪽으로 고민을 하고 있어요. 제가 한 편의 영화를 만들면서 너무나 많은 것들을 채워 넣으려 하는 바람에 오히려 놓치는 것도 있는 것 같아요. 아무래도 정답은 더 단순한 곳에 있을지도 모르겠어요. 잘못된 것을 찾아내는 걸 두려워해서는 안 될 것 같습니다. 제 스스로 맘에 드는 제 성격은 포기를 잘한다는 거예요. 아닌 것은 아닌 것이니까 빨리 인정하고 다음 작품을 할 때는 그걸 극복하려는 노력을 하는 게 좋은 세상을 만들지 않을까요.(웃음)

LEE 좋은 감독을 만들죠.

RYOO 하하.

– 야, 밀어!

〈짝패〉에서 이범수가 주민들의 반대에도 불구하고 철거반원들에게 강제 철거를 지시하면서

LEE 기술적인 측면 중 감독님 영화에서 두드러져 보이는 것은 특히 편집입니다. 우선, 뒤에 이어지는 화면이 앞에 나온 화면을 밀면서 등장하는 와이프wipe, 새로 나오는 장면의 첫 쇼트가 이전 장면의 마지막 쇼트 중간에 작은 원처럼 등장해서 점점 커지며 화면을 가득 채우게 되는 아이리스 인iris in 등 옵티컬 작업을 무척 많이 하시는 게 눈에 띕니다. 〈아라한 장풍대작전〉에서 류승범이 생일을 따져볼 때의 장면 전환은 시계 방향으로 화면이 돌아가면서 이뤄지지요. 〈짝패〉의 좁은 실내 액션 시퀀스 한 중간에 필호가 담배 피우는 장면을 넣어 완급을 조절할 때는 원을 사각형으로 바꾼 일종의 변형 아이리스 인이 쓰이기도 했죠.

RYOO 옵티컬, 좋아하죠. 이명세 감독님 정도는 아니지만요.(웃음)

LEE 옵티컬 작업을 하면 고전영화적인 느낌이 들 때가 많죠?

RYOO 그렇죠. 저는 장면을 전환할 때 신과 신이 마술처럼 붙기를 바라는 마음에서 옵티컬을 적극적으로 썼던 것 같습니다. 말씀하신 대로 고전기 흑백 영화에서 그런 기법이 쓰이는 장면들을 보면 무척 영화적이라는 느낌이 들잖아요? 지금 텔레비전에서는 이런 방식을 잘 안 쓰기도 하고요. 연속성을 깨지 않으면서 이게 영화라고 얘기하는 것 같아서 좋아하는 편입니다. 그 방면으로는 우리나라에서는 이명세 감독님이 최고시죠. 〈형사〉와 〈엠〉에서의 장면 전환들은, 정말이지 폭주하는 느낌이더라고요. '내가 지금부터 장면 전환을 보여주겠어. 장면 전환의 역사에 남겠어' 라고 외치시는 듯했어요.(웃음)

– 같이 있길래 그냥 잡아와버렸슈.

〈피도 눈물도 없이〉에서 백찬기가 이혜영과 함께 전도연을 데려온 이유에 대해서 백일섭에게 설명

LEE 이전 장면의 마지막 쇼트와 다음 장면의 첫 쇼트 사이에 고리를 넣어 당기는 듯한 느낌을 주죠.

RYOO 맞습니다. 연출자의 성향은 편집에서 잘 드러나는 듯해요. 이창동 감독님 같은 경우에는 하나의 신을 하나의 쇼트 안에서 설명하시는 경우가 많은데, 저는 여러 방향으로 찍은 뒤 쪼개서 하는 편이죠. 신과 신이 붙는 순간에는 이야기가 바뀌거나 인물이 바뀌게 되는데, 어떻게 하면 그걸 좀 다르게 할 수 있을까, 좀더 매력적으로 보이게 할 수 있을까를 늘 고민하게 됩니다. 인물들의 대화나 행동을 매순간 최면 걸듯 찍을 수는 없잖아요. 그럴 때 그와 같은 장면 연결 방식을 통해서 매혹적 순간들을 만들어낼 수 있는 틈이 열리는 듯해요. 그래요, 말하자면 그런 틈 같은 거예요. 여유 있고 화사하며 다르게 표현할 수 있는 어떤 것이죠. 카페에서 대화를 나누는 장면을 다르게 찍어본들 얼마나 다르겠어요. 그런 틈바구니 안에서 뭔가 다르게 표현할 수 있는 게 바로 그런 지점인 것 같습니다.

–나 오늘 두 탕 뛰는 날이야.

〈피도 눈물도 없이〉에서 이혜영이 자신을 찾아와
이리저리 말을 돌리는 전도연에게 바쁘니 용건만 말하라면서

LEE 두 개 이상의 장면들을 함께 보여주는 분할 화면도 많이 쓰시는 편이죠? 〈짝패〉에서처럼 전화 통화를 하는 두 사람을 함께 비출 때도 쓰고, 〈아라한 장풍대작전〉에서처럼 일련의 수련 장면을 연이어 보여줄 때도 쓰죠. 〈주먹이 운다〉의 권투 경기 장면처럼 라운드와 라운드 사이의 휴식 시간에 앉아 있는 두 선수의 상황을 분할해서 같은 장면에서 함께 보여주기도 하고, 〈짝패〉에서처럼 수십 대 일로 싸우는 난투극에서도 잠시 두 사람의 활약을 나눠서 짧게 인서트하며 동시에 스케치하기도 합니다. 〈피도 눈물도 없이〉에서는 화면을 셋

이상으로 분할하기도 하셨죠. 특히 〈주먹이 운다〉는 경기가 끝난 후 두 사람의 모습을 나눠서 동시에 비추며 끝난다는 점에서 분할 화면을 가장 극적으로 활용한 영화라고 할 수 있을 겁니다.

RYOO 분할 화면은 교차편집과 비슷한 맥락에서 쓰는 편인데요. 스크린에서의 분할은 더 많은 정보량을 동시에 처리할 수 있다는 점에서 특별한 것 같아요. 시각적 이미지도 매혹적이죠. 한쪽은 줌 인이 되는데 다른 한쪽이 줌 아웃되면 흡사 매직아이를 보는 느낌이 들 수도 있잖아요? 제가 분할 화면을 즐기는 데는 브라이언 드 팔마의 영향이 클 겁니다. 그분의 영화를 보면서 어떻게 저런 영화를 만드나 싶을 때가 많았는데, 닮고 싶었던 거죠.

– 아저씨, 일단 빨리 가주세요.

〈피도 눈물도 없이〉에서 교통사고를 낸 후 택시에 탄 전도연이 운전기사에게

LEE 기본적으로 편집 호흡이 빠릅니다. 뜸을 들이지도 않고요. 이야기가 전개되면서 관객들이 뭔가 궁금해지는 상황이 되자마자 플래시백이나 교차편집 같은 방식을 통해 곧바로 설명해 주는 편집법이라고 할까요. 어떤 인물이 대화 중에 거론되면 대화 중간에라도 그 인물의 상황을 스케치해 보여주죠. 예를 들어 〈짝패〉에서 태수(정두홍)가 마약에 빠진 동환(정석용)을 보면서 "누구냐, 널 이렇게 만든 놈이?"라고 물으면 그 다음 장면으로 그를 그렇게 만든 필호(이범수)가 클로즈업됩니다. 클라이맥스에서 적의 소굴에 들어선 태수가 "장필호 워딨냐?"라고 호기롭게 외치면, 접대부들과 함께 복도를 으스대며 걷고 있는 필호를 묘사하는 쇼트가 이어지고요.

RYOO 덜 적극적인 플래시백과 더 적극적인 플래시백의 경우를 나눌 필요가 있는 것 같습니다. 그건 유머러스하게 활용하고 싶을 때 쓰는 편집 방식이기도 하고요. 어떤 사건에 대해서 대화할 때 시각적

인 상상을 하는 걸 직접 펼쳐서 보여주고 싶은 경우도 있죠. 더 중요한 것은 화법이라고 할 수 있을 겁니다. 지적하신 것에 어느 정도 답이 들어 있는 것 같네요. 저는 에둘러 가는 게 잘 안 돼요. 거두절미하고 바로 가는 거죠. 사실 플래시백은 쓰고 나면 항상 불만스럽게 느껴져요. 그런데도 제가 기를 쓰고 플래시백 시퀀스를 계속 사용하는 것은 될 때까지 해보자는 의미도 있어요. 〈다찌마와 리〉나 〈짝패〉의 플래시백은 상대적으로 괜찮게 느껴지지만요. 이두용 감독님의 〈최후의 증인〉이나 임권택 감독님의 〈짝코〉 같은 영화들은 플래시백이 참 좋죠.

– 이미 정보를 입수하고 이곳에 왔습니다.

〈다찌마와 리〉에서 황금불상이 없다고 발뺌하는 골동품점 주인을 김병옥이 몰아세우며

LEE 관객이 현재의 장면을 보고 있을 때 그와 관련 있는 과거의 특정 장면을 짧게 인서트해서 정서적 파괴력을 높이는 방식도 자주 쓰시는 듯합니다.

RYOO 〈짝패〉에서 필호가 명패로 조사장을 내리 찍어 살해하는 장면에서 어린 시절의 한 장면이 잠깐 들어간다든지 하는 것은 순전히 샘 페킨파의 영향이에요. 플래시백을 비롯한 편집에 대해서, 가면 갈수록 영화적 형식으로 접근하기보다는 인물들의 생각을 들춰보는 방식으로 임하게 되는 것 같아요. 필호는 그 순간 어린 시절의 사건을 떠올릴 테니까요. 앞으로도 그런 것에 좀더 충실해질 수 있는 방향으로 영화를 만들 것 같아요.

LEE 이야기 전개에서 미스터리를 가지고 관객과 게임하는 것을 즐기시지는 않는 듯한데요.

RYOO 그건 아닌 것 같습니다. 저로서는 인정하기 힘든 사실이지만, 만일 그렇다면 영화 속에서 표현이 제대로 안 된 거죠. 이 세상의 어

느 감독이 확고한 이야기가 있는데 그걸 포기하면서 다른 걸 하려고 하겠어요. 그건 본질보다 포장에 더 신경을 쓰는 것이니까요.

LEE 그렇다면 영화에서의 본질은 이야기라고 생각하시는 건가요.

RYOO 이야기일 수도 있죠. 하지만 그보다 더 중요한 것은 인물들 개인의 삶과 그들이 맺는 관계들이 있어야 이야기가 된다는 거죠. 관객이 영화 한 편을 볼 때 어떤 인물을 체험해야 뭔가가 와 닿는 것이 잖아요? 자꾸 그런 생각이 들어요. 결국은 사람이 가장 중요하다는 거죠. 본질은 감정일 수도 있고 이야기가 될 수도 있겠지만 결국 제일 중요한 것은 세계 안의 사람일 겁니다. 플래시백이나 편집이란 것도 말하는 사람의 의식을 표현하는 방식이니까요.

– 괜찮아유. 우린 때와 장소를 안 가리니께.

〈짝패〉에서 류승완이 찾아가겠다는 제안을 거절하는 이범수에게

전화로 의뭉스럽게 응대하며

LEE 서로 다른 시간과 장소를 이어 붙일 때 점점 더 과감해지시는 것 같습니다. 〈짝패〉에서 관광특구에 세울 카지노 부지 이야기를 나누는 장면에서는 전혀 다른 두 공간에 있는 두 인물이 직접 말을 주고받는 방식으로 쇼트를 이어 붙여가며 편집이 되어 있습니다. 그리고 이와 정반대로, 왕재(안길강)의 술집에서 오랜만에 만난 필호와 태수가 대화할 때는 같은 공간에서 일어난 과거의 일을 묘사하는데도 커트를 하지 않은 채 카메라만 움직여서 한 쇼트 안에서 서로 다른 시간대에 발생한 사건을 보여주지 않습니까.

RYOO 저는 촬영할 때보다 편집할 때와 시나리오를 쓸 때 훨씬 더 재미있어 하는 것 같아요. 말씀하신 그 술집 장면은 제가 아주 좋아하는 부분이에요. 관객으로서 볼 때든, 감독으로서 만들 때든, 현실에서는 있을 수 없는 상황이 벌어지는 것을 제가 무척 즐기나봐요. 〈아

라한 장풍대작전〉에서도 카메라가 도장 바깥에서 안으로 들어가 흑운(정두홍)과 대결하는 모습을 찍는 스테디캠 롱테이크 장면이 나오는데, 그렇게 맥락이 확 바뀌어버리면서 엉뚱한 곳으로 가게 되는 것이 제게는 아주 흥미로워요. 매우 영화적인 세계 같고요. 사실 그런 식의 묘사에서는 직업 감독으로서의 치기 같은 게 담겨 있을 수도 있는데, 저는 그런 순간이 영화 같아요. 그건 말로 설명하기 어려운 취향 같은 거죠. 그런 걸 생각해 내고 스스로가 기특하게 여겨질 때도 있어요.(웃음)

– 으아아악!
– 어유, 시끄러워. 쟤 왜 저래요?

〈아라한 장풍대작전〉에서 소리를 지르며 깨어나는 류승범을 보면서 통명스럽게 내쏘는 윤소이

LEE 예전에 자주 쓰던 방식을 점점 안 쓰게 되는 경우도 있습니다. 악몽에서 깨어나며 비명을 지를 때 인물의 입 안 어둠에서 밖으로 줌 아웃되면서 악몽과 현실이 교체되는 방식은 〈죽거나 혹은 나쁘거나〉와 〈아라한 장풍대작전〉 같은 초기작에서 애용하셨죠. 그런데 그 이후에는 한 번도 쓰신 적이 없으시죠?

RYOO 신과 신을 연결할 때 뭔가 다르게 해야 한다는 강박이 제게 있는 것 같아요. 말씀하신 그 방식은 스파이크 리가 초창기에 애용했던 형식인데, 저는 요즘 그런 게 점점 재미가 없어지더라고요. 아까 언급하신 〈짝패〉의 장면에서처럼 인물이 갑자기 인서트된다든지 하는 식으로 그냥 나가는 게 더 좋아요. 제가 설정 쇼트를 잘 쓰지 않는 것도 거칠 것 없이 쫙쫙 나가는 느낌이 좋아서예요. 일반적인 쇼트 연결법과 달리 클로즈업 쇼트에서 클로즈업 쇼트로 계속 이어지도록 하는 경우도 많죠. 보통은 풀 쇼트에서 미디엄 쇼트와 클로즈

업 쇼트로 옮아가는데, 저는 정반대로 하기도 해요. 대화 도입부가 아니라 대화가 한참 이어지는 중반부에 설정 쇼트를 넣을 때도 있고요. 사실 제 초기작들에서 사용했던 예전 테크닉들은 지금 생각하면 부끄러워지기도 해요. 너무 멋을 부렸거든요. 담배를 폼 나게 버리면서 시작되는 〈피도 눈물도 없이〉의 오프닝 장면 같은 것들이죠. 하지만 두 개의 상황이 교차되는 식의 편집 같은 것은 여전히 흥미가 있어요.

– 최신 연발 권총일세.

〈다찌마와 리〉에서 과학자인 김영인이 새로 개발한 권총을 김원희에게 건네주면서

LEE 촬영을 하실 때 마스터 쇼트(특정 장면의 맥락이나 그 장면 내에서 인물들의 행동 전체를 보여주는 쇼트)를 많이 아끼신다는 느낌이 있습니다. 그러면서 조금 전 말씀하셨듯이 클로즈업만으로 대화 장면을 계속 이어붙이는 경우가 종종 있죠.
RYOO 확실히 그렇죠?

– 그것도 다 옛말이지,
산중수련이란 게 시간이 얼마나 많이 먹히는데.

〈아라한 장풍대작전〉의 첫 대사. 카페에서 윤주상이 함께 앉은 동료 무도인들에게 이야기를 건네며

LEE 초기작들에서 마스터 쇼트를 안 쓰는 경우가 상당히 많기는 했지만, 그와 관련해서 특히 이상하게 여겨졌던 신이 하나 있었어요. 〈아라한 장풍대작전〉의 첫 장면인데, 카페에서 무도인들이 푸념에 가까운 대화를 나누는 장면이었죠. 그 장면에서는 여러 사람들이 이

야기를 나누고 있는 상황인데, 전체를 비추거나 두세 사람을 함께 담아내는 쇼트가 하나도 없었어요. 그 신의 모든 쇼트는 클로즈업 단독 쇼트였거든요. 카메라가 움직이는 데도 불구하고 하나의 쇼트에 한 인물씩만 담아가며 대화가 계속 진전이 되었습니다. 그래서 그 장면이 느닷없이 시작하고 끝난다는 인상과 함께 앵글의 연결이 너무 타이트해서 답답하다는 느낌도 받았거든요. 더구나 한 영화의 첫 장면인데, 그 신은 왜 그런 방식으로 찍고 또 편집하셨는지요.

RYOO 뒷부분이 잘려서 그런 느낌을 받으셨을 거예요. 대화 도중 카메라가 뒤로 빠지면서 사실은 그들이 안 어울리는 공간에서 이야기를 나누고 있었다는 것을 보여주는 쇼트가 있었거든요.

LEE 그러면 그 부분은 왜 자르셨나요?

RYOO 시간이 길어져서요. 사실 그 프롤로그가 애초에는 대화로 끝나는 게 아니라 복잡한 사건으로까지 연결되는 설정이었거든요. 그런데 그 뒷부분이 전부 빠지면서 지금처럼 되고 말았죠. 사실 제가 초기에는 인물 중심의 타이트한 쇼트로 많이 찍었어요. 〈피도 눈물도 없이〉가 특히 그랬죠. 그러다가 〈아라한 장풍대작전〉부터는 액션도 좀 널찍하게 찍으려고 했어요. 〈주먹이 운다〉 때는 망원렌즈보다 와이드렌즈를 써서 인물과 배경을 함께 담아내려고 했고요. 인물들이 사는 공간이 중요한 영화이기도 했으니까요. 〈짝패〉에서는 액션을 찍을 때 인물에 가까이 다가가려 했지만, 도중에 제가 무릎 부상을 당해 동작이 잘 안 나오는 것을 감추려고 카메라 앵글로 속인 경우도 적지 않았죠. 그 영화도 저수지 같은 장면을 찍을 때는 공간이 함께 잘 보이는 렌즈나 앵글을 썼어요. 전체적으로 보면 제가 그냥 마스터 쇼트를 아까워하는 것 같아요. 설정 쇼트를 쓰면 그 장면에 뭔가를 잃는 듯한 느낌이 들어요. 그거라도 없애서 시간을 좀 아끼려는 생각도 있는 거죠. 이를테면 '아나바다'를 영화 속에서 실천하려는 거라고 할까요. 이거, 오늘 다 들키네요.(웃음)

– 더 늦기 전에 움직여야 할 것 같소.

〈다찌마와 리〉에서 임원희가 마적단 습격 위험을 경계하며 박시연에게

LEE 또한 촬영 때 줌을 점점 더 많이 쓰시고 있는 것 같던데요. 이전에는 인물을 처음 소개할 때 클로즈업 고정 쇼트를 사용하는 경우가 많았는데, 〈짝패〉 이후에는 줌 인이 그 역할을 담당하는 경우가 좀더 잦아졌죠. 줌을 쓰지 않을 때도 카메라를 역동적으로 많이 움직이시는 편입니다. 하나의 쇼트 안에서도 최대한 리듬을 부여하려는 카메라워크라고 할까요.

RYOO 확실히 줌은 요즘 좀더 과감하게 쓰고 있는 것 같아요. 예전에는 줌 사용에 두려움 같은 게 있었거든요. 줌의 느낌이 점점 더 좋게 느껴지기도 하고요. 그런데 〈다찌마와 리〉는 제 영화 중에서 트래킹 쇼트가 제일 적게 쓰인 영화일 거예요. 촬영 스케줄이 빡빡해서 트랙을 깔 시간이 없었기에 다 줌으로 조졌죠.(웃음) 트랙을 깔 시간이 없었기에 여러 방향으로 찍어서 편집하는 방식을 택했던 것인지도 몰라요. 저는 〈아라한 장풍대작전〉 때부터 대화 장면의 마스터 쇼트를 찍기 시작했어요. 제 영화에서 쇼트의 리듬이라는 것은 별거 없어요. 지켜보다가 직관적인 리듬에 따라 빠지거나 들어가는데, 그때 더 중요한 것은 쇼트 안에서의 대화의 리듬인 것 같습니다. 말과 말이 오가는 흐름의 리듬 말입니다. 그런 것이 제 영화에서 쇼트를 구성하는 기준이 되는 것 같아요.

LEE 기본적으로 장면을 잘게 쪼개는 편이시죠?

RYOO 사실 제 영화가 쇼트가 많은 편이죠. 그건 제가 하나의 이미지를 오래 지켜보기 힘들어서 계속 쪼개는 것일 수도 있어요. 제가 대화 장면을 찍을 때 의식적으로 하는 게 있다면, 어떻게 하면 관객이 좀더 편안하게 극중 대화에 몰입할 수 있도록 할까에 대한 고민이죠. 현장에서 카메라를 세우는 위치에 대한 원칙도 그 기준에 맞춰요. 인물들의 관계를 어떻게 보여줄 것인가를 고민한다고 할까요.

수많은 영화 포스터들로 둘러싸인 방에서
류승완 감독은 자신의 영화의 과거와 미래에 대해 진솔하게 이야기했다.

그런 원칙은 세우는 편이에요.

– 찐따냐? 나 석환이 형인데, 너 성빈이 만났었어?

〈죽거나 혹은 나쁘거나〉에서 자동차 좌석에서 전화 통화를 하는 류승완

LEE 〈죽거나 혹은 나쁘거나〉나 〈피도 눈물도 없이〉 같은 초기작들에서는 피사체가 거울에 되비치는 모습을 의도적으로 강조해서 찍는 쇼트를 애용하셨죠. 특히 자동차 백미러에 비치는 인물의 모습을 종종 묘사하셨는데 이런 앵글은 매우 인상적이지만 동시에 인위적인 느낌을 주기도 합니다. 요즘에는 이런 쇼트들이 발견되지 않던데요.

RYOO 말씀하신 것처럼 인위적이고 치기 어려 보여서 안 하고 있어요. 예전에는 앞에 뭔가를 걸어서 찍고 그랬는데, 그건 자신이 없어서 다른 것으로 가리려 했던 것 같아요. 요새는 촬영 역시 가장 기초적인 데서 출발하려고 해요. 후반부라면 앵글을 클로즈업으로 하거나 렌즈를 극단적인 망원으로 쓰는 식으로 인물을 인상적으로 묘사할 수도 있겠지만, 초반부라면 좀더 편안하게 카메라를 배치하려고 합니다.

LEE 렌즈는 어떤 걸 선호하십니까.

RYOO 저는 표준 이미지보다 광각 이미지나 극단적인 망원 이미지를 좋아해요. 배경이 뿌연 상태에서 외롭게 서 있는 개인의 모습을 담는다거나, 하나의 프레임 안에서 포커스가 전부 다 선명하게 맞도록 하는 것을 좋아하죠. 저는 현실에서 볼 수 없는 이미지가 이어질 때 영화에 여전히 매혹됩니다. 기괴하기도 하지만 강렬하기도 하잖아요. 예전에는 모든 쇼트에 이유가 있어야 한다고 생각했어요. 그런데 한 편의 영화에 쓰이는 몇 천 개의 쇼트에 어떻게 이유를 다 댈 수 있겠어요. 결국은 감이겠죠. 물론 사전에 콘티를 짤 때 다 생각해두기는 하죠. 하지만 현장에서 촬영감독과 부딪칠 때도 종종 있어

요. 정말로 희한한 게, 가면 갈수록 제 영화에 대해서 현장에서 제대로 설명하지 못하겠어요. 그냥 좋을 것 같다고만 말하죠. 현장에서 논리적으로 설명하는 것은 사실 다 가짜 같아요. 그냥 떠오른 건데 그걸 엉뚱하게 둘러대는 거죠. 모르겠다고 하면 쪽팔리니까 이유를 갖다 붙이는 걸 수도 있고요. 책을 읽을 때 모든 문장에 전부 방점이 찍혀 있으면 모든 문장에 아무것도 안 찍혀 있는 것과 마찬가지잖아요? 그동안의 영화들에서 너무 방점이 많았다고 느껴요.

LEE 영화에서 특정한 효과를 쓰는 것보다 더 중요한 것은 그 효과를 쓰지 않는 것이라는 생각이 들 때가 종종 있습니다.

RYOO 그런 면이 있죠. 제 영화에 대해서는 스스로 엄격한 편이에요. '이게 이 영화의 스타일이야'라고 주장하면서 계속 방점을 찍어나가며 작품을 만든다면, 결국에는 그 방점의 강렬함이 아무런 의미도 갖지 않게 되죠. 그래서 어떻게 방점을 찍어야 하는가에 대해 생각을 많이 해요. 이건 촬영 편집을 포함해 영화를 이루는 모든 요소를 아우르는 문제입니다.

– 그날따라 아르바이트 하는 애가 못 나와갖고,
왕재가 직접 서빙까지 뛰었다.

〈짝패〉에서 이범수가 안길강이 살해당했던 날의 이야기를 정두홍에게 들려주며

LEE 말하자면 〈짝패〉는 감독님이 직접 서빙까지 뛴 작품이죠.(웃음) 연출뿐 아니라 주연까지 맡아 몸을 사리지 않는 액션 연기를 하셨으니까요. 데뷔작 〈죽거나 혹은 나쁘거나〉에서도 직접 주연을 맡았죠. 한때 배우로서의 꿈도 있으신 걸로 아는데, 지금은 어떠신가요?

RYOO 예전에 꿈이 있었죠. 그러나 지금은 배우로서는 은퇴선언을 한 상태입니다.

LEE 왜요?

RYOO 〈주먹이 운다〉를 통해 엄청난 배우들을 눈앞에서 직접 봤는데도 그 꿈을 계속 유지하면 미친 거죠. 〈짝패〉는 좀 특이한 경우라서, 마지막으로 원 없이 하고 싶었던 작품이었어요. 제 연기의 강점은 발차기였는데 이젠 그것도 잘 안 되니 뭘 더 하겠어요.(웃음)

– 합의를 봐도 우리가 봐야지.
– 나 여기서 드러눕는다.

〈피도 눈물도 없이〉에서 자동차 사고가 난 뒤 정재영과 이혜영이 서로 강하게 맞서며

LEE 저는 감독님 출연작 중 〈오아시스〉에서의 연기를 제일 좋아합니다. 경찰서 뒤뜰에서 합의를 위해 돈을 요구하는 상대 가족과 대화하는 장면의 연기는 정말 좋았죠.

RYOO 합의 같은 것은 또 경험이 많으니까요.(웃음) 시선도 마주치지 않은 채 다른 데 쳐다보며 말도 툭툭 내뱉고 그러면서 합의 잘하죠.

LEE 출연 제의도 많으셨을 것 같은데요.

RYOO 〈오아시스〉가 나왔을 당시에는 특히 그랬어요. 주연 역할을 제의받은 적도 두 차례 있었거든요. 심지어 방송 드라마에서도 캐스팅 제의가 왔죠. 극중 감독 역이었어요. 하지만 제가 〈오아시스〉에 출연한 것은 연출자가 이창동 감독님이었기 때문이에요. 어떻게 연기를 끌어내실지 참 궁금했거든요. 그때 출연하면서 배운 것도 많아요.

– 등 따숩고 배부르면 공부가 되냐?
다 자기가 절실해야 배우는 게야.

〈아라한 장풍대작전〉에서 윤주상이 수련에 대해 심드렁하게 생각하는 류승범에게

LEE 구체적으로 뭘 배우셨어요?

RYOO 배우들 괴롭히는 거요.(웃음) 이건 농담이지만, 현장에서 자학해 가면서 세상 모든 고민을 다 끌어안은 듯 앉아 계신 모습을 보면 예술가란 생각이 절로 들어요. 사실 다른 사람이 만드는 영화 현장에서는 책임질 것 없이 내 연기만 하면 되니까 재미가 있기도 해요. 감독은 챙길 게 너무 많잖아요.

LEE 그때는 배우에 대한 꿈을 완전히 포기하기 전일 텐데, 다른 영화들은 왜 거절하셨습니까.

RYOO 일단 스케줄부터 안 맞았어요. 좀 창피하기도 했고, 내가 제대로 해내지 못할 것 같기도 했어요. 그래도 깐죽거리면서 뒤통수치는 연기는 잘할 수 있을 것 같아요.(웃음)

– 어떻게 오셨습니까.
– 아, 예. 류상환 학생 보호자 되는 사람입니다.

〈죽거나 혹은 나쁘거나〉에서 류승완이 폭력사건으로 끌려간 동생 류승범을 찾아 파출소에 들어서면서

LEE 류승범씨에 대한 질문을 안 할 수가 없네요. 감독님이 데뷔작 〈죽거나 혹은 나쁘거나〉에서 우연히도 동생인 류승범씨를 출연시키지 않았다면 아마도 류승범씨는 지금처럼 배우의 길을 걷고 있지는 않았겠지요.

RYOO 그렇겠죠. 〈죽거나 혹은 나쁘거나〉의 4부를 찍기 위해서 출연할 배우를 물색하고 있었는데 그때 승범이는 하던 일을 그만두고 집에 있을 때였어요. 그래서 동생에게 생각이 미쳐 부탁을 했죠. 승범이는 형이 어려서부터 영화를 찍는다고 돌아다녔기에 출연하는 데 거부감이 없었거든요. 제가 고등학교 시절 8밀리 영화를 찍을 때도 출연했었죠. 사실 큰 기대를 안 했는데, 촬영 현장에서 너무 잘하더라고요. 친구들과 그러는 것처럼 한번 놀아보라고 주문했는데 정말

훌륭하게 해냈어요. 스태프들도 다들 놀랐죠. 승범이는 〈죽거나 혹은 나쁘거나〉를 다 끝내고 나서도 배우를 할 생각이 없었어요. 전주 영화제에서 처음 상영된 후 대단한 반응을 얻었을 때도 신경을 전혀 쓰지 않더라구요.

- 이놈이 제가 말씀드린 동생입니다.

〈죽거나 혹은 나쁘거나〉에서 정재영이 동생 박성빈의 일자리를 카센터 사장 기주봉에게 부탁하며

LEE 그 영화 다음에 인터넷 버전의 단편 〈다찌마와 리〉에 연이어 캐스팅하셨죠?

RYOO 네. 그런데 그 영화는 〈죽거나 혹은 나쁘거나〉와 달리 진짜로 연기를 해야 하는 거잖아요? 그런데 승범이가 거기서 정말로 연기를 해내더라고요. 그 다음 작품으로 임순례 감독님의 〈와이키키 브라더스〉를 찍으면서 승범이가 진짜 배우가 된 듯해요. 그 영화에서 임순례 감독님 및 정말 좋은 배우들과 호흡을 맞추면서 직업 배우의 길에 들어서게 된 거죠.

- 너, 니 형 빽으로 큰대메?

〈죽거나 혹은 나쁘거나〉에서 형인 류승완이 경찰관임에도 불구하고, 폭력조직에 들어간 류승범에게 친구가 이죽거리면서

LEE 지금 류승범씨는 연기가 운명인 것처럼 느껴지는 뛰어난 배우입니다. 하지만 아무래도 형제지간인 만큼 형의 눈으로 오랜 기간 동생을 바라보셨을 텐데, 언제부터 류승범씨가 객관적으로 자질이 훌륭한 배우라는 사실을 깨달았습니까.

RYOO 사실 〈죽거나 혹은 나쁘거나〉 때는 동생을 출연시킬까 말까 갈등을 많이 했어요. 그러다 결국 캐스팅했는데, 그 영화 결말 부분에서 승범이가 칼에 찔려 죽어가는 장면을 연기하는 걸 볼 때는 정말 멍해지더군요. 그게 사실이 아니라 연기라는 것을 잘 알면서도 막 정신이 없어지면서 어찌할 바를 모르겠는 거예요. 감독으로서 그런 경험은 그때가 처음이자 마지막이었습니다. 그때 저는 승범이를 배우로 바라본 게 아니었겠죠. 그런데 그 영화가 공개되니 정말 많은 사람들이 승범이의 연기를 좋아하더라고요. 이어서 〈다찌마와 리〉의 인터넷 버전을 찍을 때 배우로서의 잠재력을 확인할 수 있었어요. 그러다 〈주먹이 운다〉를 찍으면서, '얘가 위대한 배우가 될 수 있겠구나'는 생각이 비로소 들더군요. 그때부터는 배우로서 류승범에 대한 존경심이 생겼죠. 그런데 저희 형제는 현장에서 일할 때는 냉전도 자주 하고 정말 썰렁해요.(웃음)

– 아유, 이 요구르트 죄송해요. 아이, 제가 하도 목이 말라서
하나 먹었는데, 저희 집은 우유 먹는데, 그 아침에 거 와가지구
우유 같은 거 몰래 집어 가고 그러면 굉장히 기분 나쁘거든요.
아유 아유, 죄송해서 어떡하지? 아이 저 그때 침 맞구 가구
그랬는데 제가 고맙다는 인사도 제대로 못 드리고 그래가지고
한 번 와야지 와야지 그러면서도 그게 또 잘 안 오게 돼요.
또 일을 하고 이러다보니까. 근데 오늘은 또 우연치 않게
여기를 이렇게 지나가다가 한번 또 계실까 이런 생각도 들고
그래가지고 한번 들렀는데, 어떻게 안에 선생님들
그때 계셨던 분들은 이케 건강하게 잘 계시잖아요?

〈아라한 장풍대작전〉에서 류승범이 윤소이 집에 들러서
무심코 배달된 요구르트를 훔쳐 먹다가 들키자 횡설수설 핑계를 대면서

LEE 다양한 역할을 다 잘하시지만, 민망해져서 딴청 피우거나 횡설수설하는 연기는 정말 류승범씨를 따라올 배우가 없는 것 같아요. 특히 〈아라한 장풍대작전〉에서 요구르트를 훔쳐 먹다가 둘러대는 장면이나 버스 정류장 앞에서 여자 행인 치마를 향해 장풍 연습을 하다가 걸리자 "아, 밤공기 되게 좋다. 나, 내리막길이니깐 그냥 뛰어가야 되겠다"라면서 허둥지둥 달려가는 장면은 정말 코믹했지요. 이런 건 류승범씨의 애드리브였습니까.

RYOO 요구르트 대사는 시나리오에 있었어요. 내리막길 대사는 자기가 만든 거였고요. 승범이는 촬영장에 왔을 때 배우로서 현장 장악력이 뛰어나요. 상황 판단력이 참 좋죠. 감독으로서 저는 배우가 미리 설정을 준비해 오는 걸 은근히 싫어했는데, 〈아라한 장풍대작전〉을 찍으면서 승범이 때문에 바뀌게 됐어요. 완성된 영화를 보면서 느낀 거죠. 그래서 〈주먹이 운다〉 때는 "네가 다 알아서 해"라고 했어요. 〈아라한 장풍대작전〉 때 배우와 감독으로 지긋지긋하게 싸워서 정작 승범이는 "형이 시키는 대로 할게"라고 먼저 말했지만요.(웃음)

– 아이 정말, 왜 안 나와.

〈다찌마와 리〉에서 공효진이 대사관 앞에서 임원희를 애타게 기다리며

LEE 감독님 영화 중에서 유일하게 류승범씨가 안 나오는 작품이 〈짝패〉입니다. 그 영화에서는 왜 류승범씨를 안 쓰셨는지요.

RYOO 원래 승범이가 나오는 버전이 하나 있었어요. 그런데 대본이 바뀌게 되었죠. 승범이가 이전부터 충청도 대사로 연기를 하는 작품을 하고 싶어 했는데 아쉽게 됐어요.

LEE 감독님 영화 외의 작품들 중에서 류승범씨의 연기가 가장 좋았다고 생각하시는 것은 어떤 영화인가요.

RYOO 영화로는 〈와이키키 브라더스〉고, 연기로는 〈사생결단〉입니다.

〈복수는 나의 것〉 때는 시사회를 마치고서 사람들이 "류승범이 출연했다는데 어디에 나왔다는 거야?"라고 말할 때 기분이 정말 좋더라고요.

– 아아, 하나 둘 하나 둘. 아아, 여러분. 안녕하십니까, 안녕하십니까. 저로 말씀드릴 것 같으면 지금으로부터 일천구백구십년 북경 아시안게임 은메달리스트, 여러분들의 귀염둥이, 여러분들의 추억의 복서 강태식이올시다. 제가 이 자리에 선 이유는 여러분들의 울분과 스트레스를 한 방에 날려드리려고 이 자리에 섰습니다. 장사가 안 돼 짜증나는 사장님들 그리고 떼인 돈 못 받아 밤새 잠 못 자고 뒤척이는 사모님들 그리고 애인한테 버림받아 기분 찌찌부리해진 언니오빠들 기타 등등 울분에 가득찬 모든 분들, 이 추억의 복서 강태식이한테 오십시오. 제가 인간 샌드백이 돼서 대신 맞아드리겠습니다.

〈주먹이 운다〉 첫 장면에서 확성기에 대고 호객하는 최민식

LEE 롱테이크를 자주 쓰시는 편은 아니지만, 연기력이 뛰어난 배우들의 경우, 얼마든지 길게도 찍으시는 것 같습니다. 〈주먹이 운다〉의 첫 장면에서 최민식씨가 확성기에 대고 손님을 부르는 대목 같은 경우, 쇼트를 나누지 않고 인물의 주변을 빙빙 도는 스테디캠으로 아주 길게 찍혔지요. 감독님 영화에서는 롱테이크가 많지 않기에 이런 장면들은 대단히 눈에 띕니다. 〈아라한 장풍대작전〉의 경우, 뜨거운 차를 마시는 장면을 포함해서 류승범씨가 등장하면 쇼트의 길이가 길어지는 경향이 있습니다. 반면에 배우가 강도 높은 액션을 직접해낼 수 있느냐의 여부가 중요했던 〈짝패〉 같은 경우는 긴 쇼트가 거의 없지요. 이는 〈짝패〉의 두 주연 배우가 연기력이 탁월한 인물들이라

고는 할 수 없는 것과 어느 정도 관련이 있는 것 같습니다.(웃음) 카메라를 배우의 특성에 맞게 움직이시는 편인가요?

RYOO 물론이죠. 〈주먹이 운다〉의 첫 쇼트는 원래부터 그렇게 찍기로 계획된 것이었어요. 극 초반에서 태식(최민식)은 긴 쇼트로 등장시키고 상환(류승범)은 짧게 스케치하듯 소개하기로 한 거죠. 그런데 배우들이 몰입해서 연기하는 것을 보다보면 제가 거기 홀려서 '컷'을 외칠 순간을 놓치는 경우도 생깁니다. 뛰어난 배우들은 컷 외치기 전까지는 그 안에서 살고 있으니까요. 제가 스테디캠을 좋아해서 영화마다 길게 찍는 쇼트들을 하나 이상은 넣는 편이에요. 테이크를 나누는 특별한 원칙은 없지만, 굳이 커트를 하지 않아도 그 안에서 배우들의 활발한 에너지가 표출되고 있다면 나누지 않는 게 더 낫다고 봅니다. 〈아라한 장풍대작전〉의 그 장면은 원래는 쪼개서 찍을 예정이었는데 배우들의 호흡이 잘 맞아서 한 쇼트로 간 경우였죠. 〈주먹이 운다〉 때는 배우들이 다 알아서 잘해줬기에 참 편했어요. 말씀하신 것처럼 분명히 그런 경향이 있죠. 현장의 즉흥성과 관련해서 리듬이 좋으면 그렇게 되는 것 같아요.

LEE 같은 장면이라도 현장에서와 편집실에서 서로 느낌이 달라지는 경우도 있죠?

RYOO 요즘은 현장에서 예비 쇼트를 항상 찍어요. 바로 그런 이유 때문이죠. 현장에서는 오감으로 체험하기에 그런 것 같아요. 대표적인 게 자동차 추격전 같은 건데 현장에서 지켜보면 엄청나게 빠른 듯 느껴지거든요. 그러나 찍은 분량을 편집실에서 보면 그냥 길기만 하죠. 그렇게 현장의 흥분이 지나간 다음에 편집실에서 보면 썰렁해질 때가 많아요. 그래서 최근에는 일상적인 장면을 찍어도 세 개의 다른 방향에서 찍는 경우가 많습니다. 중요한 클로즈업 쇼트들은 꼭 찍죠. 그게 나중에 편집실에서 후회하는 것보다는 훨씬 나아서요.

짝패

개봉 2006년 5월 25일
출연 류승완 정두홍 이범수 안길강
상영시간 92분

CINEMA REVIEW

BOOMERANG INTERVIEW

고교 시절 친구 왕재가 살해되었다는 소식을 듣고 서울에서 형사 생활을 하던 태수는 10여년 만에 고향으로 내려와 살인범을 찾아내려 한다. 거리에서 십대들로부터 급작스러운 공격을 받은 태수는 후배 석환의 도움을 받아 위기를 모면한다. 이후 태수와 석환은 힘을 합쳐 살인 사건과 관련한 단서들을 캐나가다가 충격적인 사실을 알아내고 최후의 결전을 준비한다.

크게 숨을 들이켠 뒤 단 한 번 내뱉으며 직선주로를 질주하는 듯한 느낌이라고 할까. 〈짝패〉는 몸을 쓰는 활극의 쾌감을 시종일관 전해주는 뛰어난 액션영화다. 〈짝패〉의 지향점은 액션영화광으로 소문난 류승완 감독과 충무로 무술감독의 대명사인 정두홍이 주연을 맡았다는 사실에서 그대로 확인된다.
이 영화의 이야기는 극적인 상황에서 옛 친구와 만나 목숨을 걸고 싸우던 태수가 "우리가 어쩌다 이렇게 됐냐"라고 탄식하듯 내뱉는 대사 속에 그대로 요약되어 있다. 뒤틀린 관계와 비틀린 욕망이 개발논리에 따라 급격한 변화를 맞게 되는 지방 소도시를 무대로 배신과 파멸의 드라마를 빚는다. 하지만 이 영화에서 좀더 중요한 것은 아기자기한 이야기가 아니라 장르의 쾌감이며, 치밀한 플롯이 아니라 거칠게 솟구치는 에너지다.

장소와 스타일을 변주해 가며 화면 가득 펼쳐지는 이 영화의 액션 장면들에는 호쾌하고 짜릿한 손맛이 있다. 액션영화 팬들이라면 춤과 싸움을 뒤섞은 집단 격투 장면이나 단계별로 전혀 다른 액션 신을 보여주는 마지막 대결 장면 등을 미련 없이 만끽할 수 있을 것이다. 좁은 골목길과 넓은 네거리, 복층으로 된 요정 내부와 수많은 미닫이문으로 연결된 방 등 다양한 액션 공간이 어떻게 활용되는지를 지켜보는 것도 흥미진진하다. 임권택의 〈장군의 아들〉과 서극의 〈순류역류〉에서 장철의 〈복수〉까지, '류승완스러움'의 개성을 잃지 않으면서도 이전의 다양한 작품들을 인용하는 방식 역시 충분히 즐길 만하다. 그리고 이 장쾌한 액션영화는 결국 격심한 분노와 극심한 피로의 끝에서 파국을 맞은 뒤, 단 혼자 남은 자가 내뱉는 탄식의 욕설로 긴 메아리를 남기며 끝난다.

상대적으로 약한 드라마는 악역을 맡은 이범수의 또렷한 캐릭터 연기로 보완되었다. 엔도르핀을 한 껏 주사한 듯한 편집은 곳곳에서 적극적으로 틈입하며 파괴력을 높였다. 느릿느릿 돌려 말하는 충청도 사투리 대사들은 감정을 폭발 지점 직전까지 꾹꾹 눌러주며 극 전체가 내연하게 만들었다. 단서를 캐기 위해서 상대를 압박하거나 고문하는 순간까지도 천연덕스럽고 의뭉스러운 유머로 관객을 즐겁게 만들기도 한다.
액션 장면이 들어간 영화는 셀 수 없이 많다. 그러나 〈짝패〉와 같은 '액션영화'는 앞으로도 충무로에서 쉽게 나오지 못할 것이다.

– 그 말 없고 과묵한 놈. 그놈의 몸놀림에
우린 당해낼 재간이 없어.

〈피도 눈물도 없이〉에서 정두홍에 대해 친구들에게 말하는 류승범

LEE 정두홍 무술감독님이 처음으로 비중 있는 배역을 맡은 영화가 〈피도 눈물도 없이〉였습니다. 극중 배역 이름 자체가 '침묵맨'인데, 대사가 전혀 없는 이유는 정감독님의 연기력을 우려하셨기 때문인가요?(웃음)

RYOO 그 배역은 원래부터 침묵맨이었어요.

LEE 정두홍 무술감독님에 대해서는 어떻게 평가하시나요.

RYOO 정두홍 무술감독님이 여전히 매력 있는 이유는 완전체가 아니기 때문인 것 같아요. 항상 콤플렉스에 시달리고 갈증을 느끼죠. 누구보다 뛰어난 장점들을 갖고 있지만 한계도 분명히 있는 것을 스스로 인식하면서 계속 앞으로 나아가고 있는 것 같아요. 무술감독으로서 좀 질투가 나는 지점은 다른 사람들과 일할 때 뭔가 빛나는 성과를 이뤄낸다는 점이죠.(웃음) 임권택, 김영빈, 김성수 감독님을 빼고서는 정두홍이라는 사람에 대해서 이야기를 못하는 거니까요. 사실 저는 무임승차 케이스죠. 〈달콤한 인생〉이나 〈무사〉에서의 액션들은 정말 뛰어나죠. 무술감독으로서 채워지지 않은 갈증이 그분을 살아서 꿈틀거리게 하는 듯해요. 본인 스스로 능력을 과소평가하는 게 아닌가 싶은 생각도 듭니다. 스스로의 평가보다 훨씬 더 뛰어난 사람인데, 자신의 힘이 어느 정도인지 정확히 모르는 것 같아요.

LEE '배우 정두홍'은 어떻습니까.

RYOO 저한테는 고양이 앞에 쥐죠. 뭐, 열정 있는 신인 배우라고 할까요.(웃음)

– 야, 난 이렇게 열심히 하는데 왜 실력이 크게 안 느냐?

〈아라한 장풍대작전〉에서 류승범이 수련 성과에 대해 조급해 하며 윤소이에게

LEE 그래도 연기에 대해서도 욕심이 많으신 것 같은데요.

RYOO 욕심이 많죠. 열정은 아주 많은데, 그게 스스로를 망쳐요.(웃음) 그냥 서 있으면 되는 연기인데도 열정을 갖고 서 있어야 하니까요. 안타까움이 있죠.(웃음) 연기할 때 보면 잔뜩 긴장하는 게 너무 귀여워요. 〈짝패〉에서 크게 취해 미란(김서형)의 집으로 들어가는 장면을 찍을 때는 정말이지 엄청 고민하더라고요. 진짜 술을 먹고 연기하겠다고 제안하는 것을 그냥 취한 척 연기하면 된다고 했는데 결국은 술을 마시고 했어요. 그러다 촬영 중에 큰 대자로 쓰러져서 잠이 들어버렸죠.(웃음)

LEE 그것도 다 열정 때문이신 것 같은데요?(웃음)

RYOO 진짜 귀여워요. 우리가 아는 액션의 대가 정두홍이 아니에요.

– 너도 좋은 시절 다 갔다.

〈피도 눈물도 없이〉에서 이혜영이 택시를 운전하다가
룸미러로 자신의 얼굴을 보며 혼잣말

LEE 배우 캐스팅에서 무척 인상적인 부분은 잊혀져가는 연기자들을 기용하는 경우가 많다는 점입니다. 〈피도 눈물도 없이〉에서 이혜영, 김영인, 백찬기, 송경철씨가 등장하는 게 대표적이죠. 1970년대 블랙스플로이테이션Blaxploitation 영화의 스타였던 팜 그리어를 〈재키 브라운〉에 등장시킨 것을 비롯해, 쿠엔틴 타란티노가 이같은 방식으로 캐스팅하는 것으로 유명한데요.

RYOO 타란티노의 그런 캐스팅 전략이 영향을 준 게 명백한 사실입니다. 그 영향이 없었다면 저도 용기를 내지 못했을 거예요. 타란티노

의 사례를 보면서, '우리라고 못 할 거 뭐 있나' 싶었던 겁니다. 송경철씨는 〈수사반장〉의 악역으로 유명했죠. 백찬기씨도 수많은 작품에서 범죄자로 나오셨고요. 백일섭씨는 시골에서 상경해 주먹을 쓰는 인물로 나오는 액션배우 느낌이 있었고 김영인씨는 수많은 영화에서 이름도 제대로 불리지 않는 배역들을 맡았죠. 이혜영씨는 제 기억 속에서 아주 섹시했던 배우였고요. 이분들에 대한 기억이 선명하게 남아 있었기에 제가 캐스팅을 할 수 있었던 것 같습니다. 그런 분들을 현장에서 만나는 게 저도 신기했으니까요. 백찬기 선생님은 캐스팅 때 우리 사무실에 오셔서 저를 보고는 '제작부 아이'인 줄 아셨대요.(웃음)

LEE 특히 김영인씨의 경우는 현재까지 〈죽거나 혹은 나쁘거나〉와 〈짝패〉를 제외한 감독님의 모든 작품에 캐스팅하셨습니다.

RYOO 제가 신작에 들어가면 준비를 다 하고 계세요. 계속 전화를 걸어오시고요.(웃음) 현장에서 버거워하시는 부분도 있습니다. 동시녹음 시대의 배우가 아니셨으니까 연기법이 좀 다르기도 하고요. 그런 상황을 보면 저도 어쩔 때는 난감해지기도 하죠. 그러다가도 감동을 받는 순간이 종종 있어요. 〈피도 눈물도 없이〉를 찍으며 밤샘 촬영할 때였어요. 다들 아주 피곤해 하는 상황이었는데, 김영인 선생님이 연세도 적지 않으시고 그 장면과는 직접적인 관련도 없으신데 갑자기 사람들을 돌아보면서 "내가 여기서 지금 잼뻐를 돌아볼까?" 하시는 거예요.

– 아니, 이 사람 지금 무슨 소리 하고 있는 거야?

〈아라한 장풍대작전〉에서 윤주상이 정두홍을 피하려는 안성기에게

LEE 잼뻐가 뭔가요?

RYOO 잼뻐는 몸을 감아서 바닥에 떨어지는 공중회전 낙법이에요. 그

러고는 그 연세에 "잼뽀라는 건 이렇게 하는 거지"라면서 직접 시범을 보이시는 겁니다. 졸고 있던 스태프들이 한순간에 집중하더군요. 젊은 사람들이 지치니까 그렇게라도 현장에서 활력을 불어넣고 싶으셨던 거지요. 수시로 옛날이야기도 해주시고요. 촬영부가 줄자를 가지고 재고 있으면, "그건 몇 자야. 잴 필요도 없어"라고 하세요. 실제로 재어보면 말씀하신 게 맞는 거예요. 평생 현장에 계셨던 분들이잖아요? 스스로가 어디에 서 있어야 된다는 걸 정말 잘 아십니다. 그럴 때 오는 감동적인 순간들이 있어요. 제가 막내자식뻘일 텐데, 현장에서 저에 대한 존중은 말 그대로 감동이에요.

LEE 김영인씨는 2000년 이후 류승완 감독님 작품들 이외에는 〈그때 그 사람들〉 딱 한 편에만 출연하셨던데요.

RYOO 그렇죠. 그래서 한편으로는 마음이 무겁기도 해요. 좀더 활발하게 활동하셨으면 좋겠습니다. 제가 더 잘 만들어서 그분들의 활약이 더욱 돋보여야 하는데 말이죠.

– 선배가 맡아주시겠습니까.

〈아라한 장풍대작전〉에서 안성기가 윤주상에게 정두홍과 대결해 줄 것을 부탁하며

LEE 선배나 동료 감독들도 영화에 카메오로 많이 출연시키고 있습니다. 이장호, 김홍준, 오승욱, 이무영, 봉준호, 임필성 감독님 등 면면도 화려합니다.(웃음) 특별한 계기 같은 게 있으셨나요.

RYOO 저는 조 · 단역들의 연기가 이상하면 정말 못 보겠어요. 그런데 감독들은 연기를 잘하잖아요? 〈죽거나 혹은 나쁘거나〉 때는 경력도 없이 만들었던 독립영화라 중년 연기자들을 캐스팅하기가 쉽지 않았죠. 그래서 무작정 이장호 감독님을 찾아가서 부탁드렸더니 흔쾌히 허락해 주시더군요. 개인적인 인연이 없었는데도 말이에요. (봉)준호형의 연기력은 익히 알고 있었기에 〈피도 눈물도 없이〉에 캐스

팅했죠. 김홍준, 오승욱, 이무영, 임필성 감독의 연기력도 그렇고요. 짧은 분량으로만 나오는데도 상당히 잘하시죠?

LEE 〈피도 눈물도 없이〉에서 오승욱 감독님 연기는 참 자연스럽더라고요.

RYOO 진짜 여관집 큰아들 같잖아요.(웃음) 김홍준 감독님도 제대로 느낌을 살려주셨고요.

– 조국? 허, 내 조국은 내 발길이 닿는 곳이 조국이야.

〈다찌마와 리〉에서 류승범이 독립운동을 하는 임원희에게 쏘아붙이며

LEE 최근에 〈좋은 놈 나쁜 놈 이상한 놈〉과 〈다찌마와 리〉를 연이어 보면서 인상적이었던 공통점 하나는 일제 말기를 무대로 하고 있음에도 불구하고 민족주의나 애국심에 대한 강조가 전혀 없다는 점이었습니다. 메시지에 대한 강박을 드러내는 기존 한국영화들과 달리, 두 작품 모두 오락영화로서 매우 쿨하게, 그리고 끝까지 간 영화라는 거죠.

RYOO 제가 만들었지만 저도 〈다찌마와 리〉의 그런 측면이 맘에 듭니다. 가면 갈수록 영화 안에서 메시지를 선언하듯 드러낼 필요는 없다는 생각이 들어요. '메시지 따위는 개나 줘버려' 라고 과격하게 말할 것까지는 없다고 해도 말이에요. 할리우드의 고전기에 스튜디오에 소속되어서 작품 활동을 했던 장인 감독들의 영화를 보면, 문법에도 별 차이가 없는 것 같고, 심지어 똑같은 배우에 똑같은 장르인 험프리 보가트 주연의 필름 누아르를 동일하게 찍는데도, 전부 다 달라 보이거든요. 하워드 혹스의 누아르와 존 휴스턴의 누아르는 서로 다르잖아요. 그 영화들에서 메시지는 목소리 높게 외쳐지는 게 아니라, 감독의 손길 자체에 묻어 있는 것 같아요. 그런 것들을 재확인하면서 요즘 들어 '어떻게 하면 가장 기본적인 것들로 쉽게 만들

수 있을까'를 고민하게 됩니다.

LEE 평자에 따라서는 메시지의 측면에서 〈짝패〉를 주목하기도 했습니다.

RYOO 〈짝패〉까지만 해도 그 안에서 뭔가 말하고 싶은 게 있었어요. 그런데 그 영화를 본 열 사람 중에서 소도시의 재개발 문제 같은 주제적 측면에 대해서 거론하는 경우는 두어 사람 정도에 불과하고 나머지는 다 〈킬 빌〉과의 공통점에 대해서만 말하더라고요. 그러고 보면 감독의 개인적 취향을 드러내는 게, 만드는 영화에게 못할 짓을 하는 것이라는 생각도 해요. 반면에 〈다찌마와 리〉는 무국적 활극이라는 애초의 목표에 충실한 경우였죠. 시종 낄낄대며 즐거우려 했던 사례였던 겁니다. 액션 장면에서 피도 안 나오고, 주인공은 마지막까지 키스에 실패하죠. 그렇게 폼 잡지 않고 재지 않으면서 온전히 끝까지 한번 가본 게 그 영화에서 제 스스로 만족스러웠던 지점이었습니다.

– 첫 자막 작업이라 서툴러도 귀엽게 봐주삼. 무료 배포는 구속^^
자막에 관한 의견은 www.dachimawalee.com으로.

〈다찌마와 리〉에 유머러스하게 삽입된 자막

LEE 〈다찌마와 리〉에서 네티즌들이 영화 파일을 불법으로 다운받거나 올리고 자막 입히는 세태를 풍자하기도 하셨습니다. 불법 다운로드 관행이 영화계에 치명상을 입히고 있는데, 이 문제에 대해서 어떻게 생각하십니까. 대형 스크린으로 감상하라고 만들어놓은 영화를 많은 관객들이 작은 컴퓨터 화면에서 즐기고 있는 상황에 대해서도 말씀해 주시죠.

RYOO 요즘 관객들은 영화를 음성 기호와 영상 기호로 이뤄진 일종의 정보로 받아들이는 것이 아닌가 싶을 때가 있어요. 영화를 소비하는 패턴이 정말 이전과 많이 달라졌습니다. 극장 문을 나서는 순간 관객들이 그 영화를 떨쳐버리는 듯한 느낌을 받아요. 다운을 받아서 보면 그런 경향이 더 심해지죠. 궁금한 부분만 넘겨가며 보잖아요. 영화감독으로서 그런 상황에 대한 피로감이 있죠. 화면을 일일이 색 보정하고 정교하게 가다듬는 게 대체 무슨 소용이 있나 싶기도 해요. 그러면서도 〈원스 어폰 어 타임 인 아메리카〉의 복원판 프린트 같은 것을 극장에서 보게 되면, '그래도 저렇게 해야지'라고 재차 마음을 다잡기도 하고요.

– 주위가 점점 암흑으로 변하고 있어요.
– 실제로 어둡소.

〈다찌마와 리〉에서 총에 맞아 죽어가는 박시연의 말에 대답하는 임원희

LEE 영화를 보는 풍토가 확실히 이전과 달라진 것 같기는 합니다.

RYOO 자꾸 제가 옛날 사람이 되는 것 같아 겁이 나지만, 지금 영화에 대한 환경이 제가 데뷔하던 시점과도 정말 많이 달라졌어요. 시장이 비정상적이라서 개봉 첫주에 박스오피스 1위를 못하면 그걸로 끝나잖아요? 부가판권 시장도 완전히 끝장이 났죠. 한국영화에 대한 적대감까지 생겼고요. 먹고살기 힘들다고 농민들이 분신도 하는 판에, 레드카펫을 멋진 드레스 입고 올라가는 게 꼴사나울 수도 있겠죠. 저 역시 좀더 많은 영화인들이 함께 현실에 참여했으면 좋겠다는 생각을 해요. 하지만 사람마다 다 다른 것 아니겠어요. 여론이 한쪽으로 쏠리면서 한국영화에 대한 관객들의 태도 역시 도 아니면 모가 되는 상황이 씁쓸할 때가 있어요.

– 자넨 역시 현장 체질이야.

〈다찌마와 리〉에서 과학자인 김영인이 새로 개발한 신무기에 대해 임원희가 질문하자 칭찬하며

LEE 감독님의 영화들을 보면 언제나 사무실에서 머리로 만들지 않고 현장에서 몸으로 만들었다는 느낌이 강하게 듭니다. 그건 데뷔작인 〈죽거나 혹은 나쁘거나〉를 처음 보았을 때부터의 인상이었죠. 저는 그게 류승완 작품세계의 특징 중 하나라고 보기도 합니다.

RYOO 그렇게 느끼셨다면 제게는 큰 찬사예요. 저는 몸으로 영화를 만들려고 노력해요. 갈수록 점점 더 그렇게 되는 것 같아요. 예전에는 좀더 지적인 영화를 만들고 싶었던 시절도 제게 있었죠. 그런데 그렇게 할수록 지적을 많이 당하고 영화가 엉키게 되더군요. 남의 영화를 베낀다는 소리나 듣고요. 이제는 갈수록 현장이 제게 중요하게 느껴집니다. 지금까지 나름대로 쉬지 않고 열심히 영화를 만들어 왔다고 생각하고 있는데, 저는 제 일을 연출 노동으로 봅니다.

LEE 연출 노동이라는 말이 무척 인상적으로 들리네요.

RYOO 전 노동이라는 말을 좋아해요. 거기에는 숭고한 가치 같은 게 담겨 있는 듯하거든요. 노동은 사람이 살아가면서 반드시 해야 할 숭고한 일이라고 생각해요. 제게 영화를 만든다는 것은 제 속에서 넘쳐흐르는 예술적 감성의 결실이라기보다는, 부족한 게 있더라도 현장에서 비슷한 일을 반복하면서 숙달된 결과 그 부족한 부분을 다음 작품에서 좀더 낫게 채워나가는 과정이었던 것 같습니다. 그걸 인정하게 되는 순간부터 더 많은 것을 배우게 되었구요. 저는 앞으로도 구체적으로 스스로에게 질문할 것 같아요. '영화란 무엇인가'라는 거창한 물음보다는, 특정한 상황을 어떻게 설정하고 배우들을 그 안에서 어떻게 있도록 해야 좋은지, 쇼트는 어떻게 나눠야 바람직한지와 같이 기능적인 부분들에 대해 좀더 고민을 하고 있어요.

– 원래 우리 가게는 말이죠, 예술고등학교 애들이 오고 공고 애들은 오지 않아요.

〈죽거나 혹은 나쁘거나〉에서 당구장 주인이 패싸움 사고 후에 진술

LEE '예전에는 작가auteur가 되려고 했지만 이제는 장인metteur이 되려고 한다'고 밝히신 걸 본 적이 있습니다. 예술가보다는 장인이 되겠다는 생각이 명확하신 건가요?

RYOO 명확해요. 그리고 제가 정성들여 영화를 만들다보면 거기서 예술적 가치가 저절로 드러날 수도 있겠죠. 공산품도 예술이라고 말을 하잖아요. 굳이 제가 예술가연할 필요는 없겠죠. 그러기에는 제가 영화를 만드는 방식이 '노가다'에 가까우니까요. 어느 순간 '아, 나는 남들보다 뛰어난 영화보다는 남들과 다른 영화를 만드는 사람이겠구나' 하는 생각이 들었어요. 제가 좋아하고 존경하는 대상들이 가까운 곳에도 존재하는 상황에서, 그들을 뛰어넘기에는 제가 너무 다른 사람이라는 것을 깨닫게 되면서 무척 편해졌어요. '그렇다면 내가 할 수 있는 다른 것을 해야지. 그들이 할 수 없는 뭔가가 있지 않겠어?'라는 생각이에요. 저는 현재의 제 노선이 자랑스럽습니다.

– 왜 이 직업을 택했는가, 왜 건달이 됐는가, 그 말입니까?

〈죽거나 혹은 나쁘거나〉에서 배중식이 화면 밖 인터뷰어의 질문을 되받으며

LEE 왜 영화감독이 되고 싶으셨습니까.

RYOO 처음에는 그냥 액션 스타가 되고 싶었어요. 그런데 '누구도 저를 배우로 안 써줄 테니 내가 직접 찍어볼까?'라는 생각에 중학교 때부터 시나리오를 쓰기 시작했죠. 그러다 고등학교에 들어가서 영화를 좋아하는 친구들로부터 영화는 감독이 만드는 것이라는 사실을 확실히 알게 됐어요. 그전까지는 체력 단련이 제일 중요하다고 생각

해서 운동에 가장 많은 시간을 쏟았거든요.(웃음) 그렇게 감독의 존재를 알게 되면서 영화 잡지도 보게 되고, 그러면서 영화를 보는 취향까지 바뀌어 새로운 세계에 눈을 뜨면서 자연스레 감독이 되고 싶어진 거지요. 그때까지 제가 알았던 영화들과 완전히 다른 영화들을 다른 시각으로 보게 되면서 영화의 진짜 매력을 느끼게 됐다고 할 수 있어요. 그러다 이십대가 되면서 갖가지 직업을 전전하는 한편 영화일도 했죠. 다른 일을 하면 한 달이면 지쳤는데 영화 현장만큼은 전혀 그렇지 않았어요. 거기에는 늘 뭔가가 항상 있는 것처럼 느껴졌거든요. 그때는 영화가 나를 일으켜줄 것이란 확신이 있었죠.

- 그런 생각을 해보면 이 생활만큼 괜찮은 것도 없는 것 같고.

〈죽거나 혹은 나쁘거나〉에서 경찰로 등장하는 류승완이 자신의 직업에 대해

- 오늘은 일단 여기다 묻어둘겨. 그리고 한 20년쯤 있다 성공해서 폼 나게 꺼내 마시자 이거여.

〈짝패〉에서 안길강의 어린 시절을 연기하는 배우가 친구들과 함께 담근 뱀술을 산에 파묻으며

LEE 감독이 된 지금은 어떠신가요.

RYOO 지금은 그때와는 많이 달라졌어요. 심지어 순수하게 영화를 좋아하는 블로거들을 보면 부러워지기까지 해요. '이 사람들은 얼마나 즐거울까. 나는 왜 다른 재주가 없어서 이 일을 직업으로 삼았을까' 하는 생각이 들기도 하거든요. 그런데 그게 배부른 소리란 것도 잘 알아요. 어쨌든 저는 지금 제가 좋아하는 일을 하고 있으니까요. 이제는 영화가 꿈이나 희망이라기보다는 치열한 현실이 됐지요. 저와 저희 가족의 생계를 유지할 수 있게 하고, 저와 함께 가는 많은 스태프들의 생계도 유지하도록 하는 현실 말입니다. 갈수록 더 절실해지는 것 같아요.

– 내일모레면 스물이야.

〈죽거나 혹은 나쁘거나〉에서 박성빈이 다른 학교 학생들과 싸움을 벌이려는 류승완을 당구장에서 말리며

LEE 이번에 〈죽거나 혹은 나쁘거나〉를 다시 보는데, 고교생 주인공이 "내일모레면 스물"이라면서 친구를 말리는 대사가 재미있다는 생각이 들더군요. 아이들이 볼 때면 스무 살이 다 큰 것 같지만, 어른들의 감각으로는 전혀 다르잖아요.

RYOO 그때는 절박하죠. 스물이면 어른일 줄 알 테니까요.

LEE 스무 살 무렵, 감독님은 실제로 어떠셨나요?

RYOO 그 시절의 저는 아마 애 같았을 거예요. 그런데 지금 돌아봐도 절박해 보이기는 하네요. 일을 많이 했죠. 당구장을 맡아서 운영하고 있었어요. 중학교 때부터 당구장 일을 했거든요. 제가 당구장 운영은 좀 했어요. 제가 들어가면 다 죽었던 당구장도 살아나고.(웃음) 불법으로 운전 교습을 해주는 곳의 삐끼 노릇도 하고, 책장사도 했어요. 운전교습소 주변에서 팔았죠. 제일 많이 판 날도 기억나네요. 신정 연휴가 끝난 1월 3일에 가판대에서 99만 원 어치를 팔았거든요.(웃음) 그러면서도 영화 워크숍에 다녔죠.

LEE 역시 그 무렵쯤에 꿈이 확고하셨던 거군요.

RYOO 네. 영화감독에 대한 꿈을 확고히 갖고 있었죠. 제가 당시에 닥치는 대로 일을 한 것은 그렇게 6개월쯤 돈을 모아놓고 나머지 6개월은 영화 현장 언저리에 발을 들여 놓기 위해서였어요. 시나리오도 쓰고요. 부끄럽지 않게 살기는 했어요. 바보 같을 정도였죠. 지금도 잘 놀지 못하는데 그래서 제 이십대에 미안한 감정도 있어요.

– 사람이 우선 살고 봐야 되지 않겠수.

〈피도 눈물도 없이〉에서 이혜영이 자신에게 빚 독촉을 하는 김영인과 백찬기에게

LEE 〈죽거나 혹은 나쁘거나〉를 만들기 전, 그 힘든 시절 동안 확실히 몸으로 배우신 게 있다면 어떤 것일까요.

RYOO 우는 아이가 사탕 하나 더 먹는다는 거죠. 그리고 사람들이 모두 같은 세상을 사는 게 아니라는 것도 알았어요. 그 시절의 경험 때문에 사람을 잘 믿지 못하는 버릇이 생긴 듯합니다.

LEE 당하신 적이 많았나보네요.

RYOO 많이 당했죠. 아무래도 거친 동네에 있다보니.(웃음) 깔끔 떠는 사람들이 더했어요. 삐끼 일을 하면 신발이나 허리띠 혹은 헤어스타일을 보고 직업이 뭔지 판단하는 걸 배우거든요? 그런데 깨끗한 구두에 정장 입고 머리까지 단정하게 빗질을 하면 현금을 많이 가지고 다니지 않아요. 랜드로버 같은 걸 신고 점퍼 입은 사람들이 오히려 현금이 많죠.

LEE 처음 들어보는 이야기라서 흥미진진하네요.(웃음)

RYOO 삐끼는 불법적으로 일하는 것이기에 눈을 마주치지 않고 해요. 단속이 뜨면 얼른 아닌 척을 해야 하니까요. 그래서 늘 시선을 벨트나 신발 같은 데 두는 거죠. 그 대신 책장사는 걸릴 게 없으니까 눈을 보면서 해요. 그때도 관찰력이 많이 길러졌어요. 면허시험장 근처에서 서류 들고 다니는 사람들 중 인지가 많이 붙어 있는 분들이 봉이에요. 많이 떨어진 사람이니까요. 그러면 그런 사람들 붙잡고서 대충 찍어보는 거예요. "아줌마, 필기 또 떨어졌구나?" 그러면 어떻게 알았냐면서 놀라죠. 그럼 그 다음부터는 술술 풀려요. "크라운 꺼봤지? 그러니까 떨어지지."(웃음) 다만 그때부터는 시선을 맞추지 않고 말하죠. 뭔가 해주는 척하면 팔기 쉬워요. 사람들 허점을 파고드는 게 의외로 쉽거든요. 당구장을 운영할 때도 보면, 일부러 져주는 사람들이 참 많이 보여요. 진짜 노력하는구나 싶죠.(웃음)

- 스타 탄생

〈피도 눈물도 없이〉에서 전도연의 휴대전화 초기 화면에 적혀 있는 글귀

LEE 데뷔작 〈죽거나 혹은 나쁘거나〉를 시사회에서 처음 보았을 때의 신선한 충격이 지금도 생생합니다. 신인 감독으로서 그때 정말 큰 각광을 받으셨죠?

RYOO 작년에 스위스 뉴샤텔 영화제에서 제 전작을 한데 모아 상영한 적이 있었어요. 그런데 다시 보니 〈죽거나 혹은 나쁘거나〉의 당구장 액션 장면이 너무 창피하더라고요. 그때는 왜 그렇게 찍었지 싶었어요. 공사장에서 펼쳐지는 액션 장면은 지금 봐도 괜찮았어요. 그런데 화면으로 그때의 저를 보니 정말 '아기'더라고요. 그런데 영화 속에서는 터프한 형사인 척했으니.(웃음)

- 나이는 어린데 펀치가 장난이 아니더라고.

〈주먹이 운다〉에서 임원희가 상대 선수인 류승범의 전력을 탐색해 본 뒤 최민식에게

LEE 데뷔작인 〈죽거나 혹은 나쁘거나〉의 놀라운 성과에 대해서 지금은 어떻게 생각하십니까.

RYOO 돌이켜보면 기적이죠. 기적이라고밖에는 표현을 못하겠어요. 제 십대와 이십대를 그때 모두 보상받았으니까요. 하지만 그때 역시 제가 어렸던 것 같아요. 그래서 개봉 후 제게 불어닥친 반응에 대해서 잘못 대처한 것도 있었고 본의 아니게 남들에게 상처도 많이 주었구요. 사람들을 좀더 잘 챙기는 법을 그때 알았어야 했는데 말이죠. 데뷔작 성공 후에 친했던 친구와 주먹질을 하며 싸운 적이 있어요. 그 친구가 술주정이 좀 심했는데 제가 그걸 참지 못했던 거죠. 그래서 싸웠는데 폭발하게 만든 뭔가가 제게 있었던 듯해요. 그 사건 이후로는 과거의 친구들을 만나기 꺼려하게 된 것 같아요. 어쨌

든 저는 죽기 전에 돌아보면 데뷔작을 통한 그런 경험을 한 번 했다는 것만으로도 흐뭇하겠죠. 그 영화를 통해서 제 동생이 배우가 됐고, 저 역시 꿈에 그리던 직업 영화감독이 됐으니까요. 극심한 가난에서도 벗어났죠. 정말로 모든 게 감사한 일투성이죠.

– 한국의 오우삼! 감독 각본 주연 무술감독의 류승완!
'인정사정볼것없다' 를 능가하는 고감각 스타일 액션

출시된 〈죽거나 혹은 나쁘거나〉의 비디오 재킷에 적혀 있는 선전 문구

LEE 〈죽거나 혹은 나쁘거나〉의 비디오 재킷에는 오우삼이나 이명세 감독과 비교하는 선전 문구들이 들어 있습니다. 데뷔 때부터 이렇게 계속 선배 감독들에 견주어서 설명되는 경우가 유독 많았던 것 같습니다. 그런 말을 들으면 당시에는 어떤 기분이셨어요?

RYOO 정말 신났죠. '와, 내가 한국의 오우삼이래!'(웃음) 실제로 〈죽거나 혹은 나쁘거나〉에는 아이들이 〈영웅본색〉을 보는 장면이 나오잖아요? 거기서 그 영화에 대한 예찬론이 펼쳐지기도 하죠. 그리고 우리 세대에게 이명세 감독님은 쇼트 바이 쇼트로 연구되던 대상이었어요. 저는 그런 것들에 대해서 거부감은 없어요. 제가 좋아하는 감독들이니까 비교만으로도 감사하죠. 문제는 쿠엔틴 타란티노 감독과의 비교예요. 다른 분들은 만나보기라도 했는데, 타란티노는 근처에도 가본 적이 없었어요. 하도 비슷하다는 말을 많이 들으니까 '나는 괜찮지만 그 사람이 이 사실을 혹시 알게 되면 어떻게 생각할까' 싶기까지 했어요. 너무 오해를 받으니까 나중에는 불편해지

다찌마와 리
악인이여 지옥행 급행열차를 타라
개봉 2008년 8월 13일 **출연** 임원희 공효진 류승범 박시연 **상영시간** 90분 _ 1940년. 독립운동을 하는 특수요원들의 명단이 담긴 문서와 여성 비밀요원 금연자가 작전 수행 도중 흔적도 없이 사라진다. 이에 임시정부는 문제를 해결하기 위해서 다찌마와 리를 투입한다. 최신형 무기를 공급받은 다찌마와 리는 여성 스파이 마리와 함께 곳곳을 누비면서 첩보전을 펼친다.

더라고요. 제가 좋아하는 감독임에도 불구하고 말이에요.

LEE 〈짝패〉가 특히 그런 비교를 많이 받은 것 같습니다. 클라이맥스의 운당정 액션 시퀀스 전체가 〈킬 빌〉의 강력한 영향력 아래 있다고 수도 없이 지적되었으니까요.

RYOO 정말 죽는 줄 알았어요. 세트의 시각적인 구조 때문에 영화 전체가 그렇게 되어버리고 마는구나 싶었죠. 지금까지도 〈짝패〉를 거론할 때 그런 이야기가 나오는 것을 보면 오해 받을 짓을 한 게 잘못 같기도 해요. 다른 구조를 가진 세트에서 찍었어야 했는데 말이죠.

LEE 예전의 한국 액션영화에서 홍콩의 장르영화 그리고 〈마루치 아라치〉를 비롯한 다양한 레퍼런스까지, 대중문화에 대한 잡다한 지식 자체를 자양분으로 삼아 텍스트를 풍부하게 만들고 또 받아들여지게 하기 위한 일종의 교양으로 끌어올린다는 점에서 타란티노를 떠올리게 하는 측면이 없지 않은 것 같습니다. 스타일이 아니라 영화 역사 문맥 속에서의 역할이란 점에서 말이지요.

RYOO 그러기에는 쿠엔틴 타란티노는 예술가예요. 저는 타란티노보다 훨씬 더 기술자에 가깝죠.

LEE 흘러가버린 잡다한 장르영화에 대해 그 당시의 대중들이 충분히 즐겼음에도 불구하고, 그 가치에 대해서는 그리 높은 평가를 받지 못하고 있는 게 사실이잖습니까. 이들의 가치를 어느 정도 복원시켰다는 점에서 흡사한 역할을 한 게 아닐까요. 대중이 느껴온 이율배반적인 '길티 플레저guilty pleasure'에서 '길티'를 제거하고 '플레저'만 남겼다고 할까요.

RYOO 그 지점도 저와는 다른 부분이 있는 것 같아요. 타란티노가 숭배하고 인용하는 작품들 중에는 진짜 뛰어난 영화들이 많잖아요? 〈폭시 브라운〉처럼 여전히 우리를 흥분시키는 작품들이 적지 않죠. 홍콩 쇼 브라더스의 걸작들이나 유가휘의 영화들도 그렇고요. 물론 저도 이두용 감독님의 〈최후의 증인〉처럼 보석 같은 과거의 영화를 발견하고서 그에 대해 이야기할 때는 즐겁지만, 기본적으로 제가 거론하면서 낄낄대는 행위에는 좀더 구질구질하고 어두운 측면이 있다고 봐요. 저는 어쩌면 특정한 시절의 특정한 영화에 대해 얘기하는 것보다 그 시절의 환경 자체를 더 즐기는 듯해요. 1970~80년대 신문의 영화광고 문구를 지금 보면 웃음이 절로 나잖아요? 그렇게 흘러간 시절의 문화 자체를 더 좋아하는 것 같아요.

LEE 그런 인용에서 영화라는 텍스트가 아니라 그 시절의 콘텍스트 자체가 더 중요하단 말씀이시죠?

RYOO 그렇죠. 지금은 다 사라져버렸으니까 동경도 아닐 거예요. 이제는 없는 것들이니까요. 이건 마틴 스코세지가 마이클 파월의 영화가 상영되면 그게 어디든 달려가서 본다는 것과는 다른 지점일 거예요. 스코세지의 경우는 파월에 대한 존경으로 똘똘 뭉쳐서 그렇게 하고 있는 거니까요. 타란티노가 엘모어 레너드의 소설에 광분한다든지, 흘러간 팝 음악을 열렬히 예찬한다든지 하는 것들도 마찬가지죠. 〈저수지의 개들〉은 〈용호풍운〉의 플롯을 그대로 가져온 경우인데, 둘 다 존경할 만한 가치가 있는 영화잖아요? 그런 지점에서 보면 〈다찌마와 리〉처럼, '제가 만든 것조차 조롱하셔도 됩니다'라는 뉘앙스를 지닌 게 훨씬 더 불량하죠. 진짜 못된 자식인 셈이니까요. 인터넷 버전에 이어 극장판 영화까지 완성하고 나니까 이제는 그런 것도 재미가 없어요. '이만하면 됐지, 뭐. 내 영화가 더 중요해요. 아버지 인생은 아버지가 살아요'라고 되뇌는 듯한 느낌이랄까요.

– 우리 어릴 적의 〈콜롬보〉만 봐도 수준이 상당해.

〈짝패〉에서 이범수가 사업 계획을 설명하면서

LEE 최근 미국 영화들이 대단히 좋아졌습니다. 이 점에 대해서 어떻게 느끼시는지요.

RYOO 〈트랜스포머〉부터 〈아이언맨〉 〈스피드 레이서〉까지, 과학과 기술로 만들어내는 영화들을 보면 이상하게 제가 소외되는 듯한 느낌이 들어요. 제가 이전에 알고 있던 영화가 아닌 거예요. 이건 무시하는 말이 아닙니다. 심지어 제가 무식하게도 CG팀에 〈아이언맨〉은 어떻게 만드는 거냐고 묻기도 했어요. CG팀에서는 "NASA에서 우주선을 만드는 것과 비슷하다고 보시면 돼요"라고 답하더군요. 그래서 '그들의 영화가 우리 영화와 다르구나. 그러니 우리가 할 수 있는 게 뭔가 있겠지'라고 생각하려는 순간, 제이슨 본 시리즈나 〈노인을 위한 나라는 없다〉 같은 영화를 만나게 되는 거죠. 미국 놈들 얄미운 게 그런 거예요. 전부 다 해버리잖아요.

LEE 다른 나라의 영화인들을 위해서라도 뭔가 영역을 남겨줘야 하는데 말이죠.(웃음)

RYOO 맞아요. 할리우드가 영화를 제대로 만들지 못하던 시기가 있기는 했는데, 그때는 작가조합이 파업하던 시기였던 거죠. 절망과 좌절이에요. 한숨만 나올 뿐이고요. 그들과 싸워야 한다고 생각하면 안 될 듯해요. 다른 전략을 세워야 하는 거죠. 다행인 것은 한국에 아직 다양한 재능들이 살아남아 있다는 겁니다.

- 내가 세계 참피언일지도 모른다

〈주먹이 운다〉에서 교도소 체육관 안에 붙어 있는 플래카드

LEE '내가 거장일지도 모른다'고 생각한 적 있으신가요.

RYOO 그럼요. 데뷔작이 나왔을 때 사람들이 천재라고까지 했거든요. 그런데 지금은 이렇게 생각하죠. 내가 '쌈마이'일지도 모른다.(웃음)

- 건달은 아무나 되는 줄 알아?

〈죽거나 혹은 나쁘거나〉에서 박성빈이 폭력조직에 들어오고 싶어 하는 류승범에게

LEE 감독이 될 수 있는 건 어떤 사람이라고 생각하십니까.

RYOO 될 놈이 되는 것 같아요.(웃음) 성의 없는 대답처럼 들리겠지만, 정말 그래요. 제가 조수로 일할 때 우러러보던 선배들이 많았어요. 모든 후배들이 존경하던 선배들이었는데, 어느 순간부터 소리소문 없이 사라져요. 그런 분들을 많이 알아요. 반면에 저처럼 모두가 다른 자격증이나 따보라고 말했던 사람은 영화감독이 되어서 지금 이렇게 인터뷰를 하고 있잖아요? '시나리오를 열심히 쓰고, 좋은 영화를 많이 보고, 꿈을 잃지 않으면 영화감독이 될 수 있어요'라고 말씀드리고 싶지만, 그렇게 해도 되지 않는 경우가 더 많은 게 사실이거든요. 그럼에도 불구하고, 시도조차 하지 않는 것보다는 하는 게 확률이 훨씬 더 높은 것은 맞죠. 그동안 부메랑 인터뷰를 한 감독들로만 한정해도 다들 정말 많이 다르잖습니까? 특정한 성향을 가졌다고 해서 감독이 되는 것은 분명 아니죠. 그래도 어쨌든 뭔가 시도한 사람들이 감독이 되는 것 같긴 해요. 자기 인생 전체가 파괴될 만큼 무모하게 매달리는 것보다는 조금 현명해질 필요가 있는 거죠. 저는 무모하게 돌진한 경우였지만요. 아, 한 가지 더 덧붙인다면, 영화감독이란 직업을 갖고 싶다고 생각하는 사람은 가망이 없다는 건 확실하게 말할 수 있어요. 자기 영화를 만들고 싶은 사람이 감독이 되는 것이지, 그 직업을 갖고 싶은 사람이 감독이 되는 건 아니거든요. 야, 내가 해놓고도 멋진 말이네.(웃음)

– 빠른 시간 안에 계약 게임으로
큰 거 한판 벌여야 되겠는데 말이야.

〈피도 눈물도 없이〉에서 신구가 규모 큰 도박판 개최를 염두에 두면서 정재영에게

LEE 대작을 하고 싶은 생각은 없으신가요? 특히 〈다찌마와 리〉와 비슷한 시기에 개봉한 김지운 감독님의 〈좋은 놈 나쁜 놈 이상한 놈〉을

보면서 그런 생각을 하지 않으셨나요?

RYOO 〈피도 눈물도 없이〉에서 자동차 추격전을 찍을 때 현장에 카메라가 일곱 대나 나온 적이 있었어요. 그때는 '와, 이게 영화 현장이구나' 싶은 마음에 흥분이 되기도 했죠. 사실 저는 〈아라한 장풍대작전〉을 하면서 너무 힘들어서 다시는 큰 영화 안 한다고 말한 적이 있어요. 지난 3년간 현장에서 35밀리 카메라를 본 적이 없기에 우리 제작부가 35밀리 카메라 예산을 못 짜요. 대작이 무엇이냐에 대한 개념이 다를 수 있는데, 제 경우에는 서사가 큰 영화는 하고 싶어요. 서사가 큰 영화라고 하면 흔히 〈벤허〉 같은 작품을 떠올리시겠지만, 저는 데이비드 핀처의 〈조디악〉 같은 영화를 말하고 있는 거죠. 〈노인을 위한 나라는 없다〉도 크지 않은 규모지만 엄청난 서사를 내포하고 있잖아요? 지금 제가 하고 있는 형태와 좀 다른 방식으로 영화를 찍고 싶은 생각이 있어요. 국내의 영화 시장 구조로 볼 때 지금처럼 계속 가면 자살행위인 셈이니까요.

– 나 부탁이 있는데, 이 장풍 쏘는 것만 어떻게
니가 가르쳐주면 안 되겠냐?

〈아라한 장풍대작전〉에서 류승범이 윤소이에게 간절히 부탁하며

LEE 〈아라한 장풍대작전〉에서의 장풍처럼, 감독으로서 꼭 배우고 싶은 게 있다면 어떤 걸까요.

RYOO 저는 대본을 좀더 잘 쓰고 싶습니다.

– 그놈만 해결하고 나면 원래대로 언니랑 나,
둘만 남게 될 거란 생각이었죠.

〈피도 눈물도 없이〉에서 전도연이 이혜영에게 애초의 범죄 계획에 대해 해명하며

LEE 감독님이 이제까지 만든 여섯 편의 장편영화 중에서 두 편만 남겨야 한다면 어떤 작품을 남기시겠습니까.

RYOO 일단 〈죽거나 혹은 나쁘거나〉는 고를 것 같습니다. 다른 영화들은 다시 찍으라면 더 잘 만들 자신이 있어요. 〈죽거나 혹은 나쁘거나〉도 허점이 보이는데, 그 영화는 다시 찍더라도 더 잘 만들지는 못할 것 같습니다. 저 스스로도 그 영화에 대해 만족을 느끼고 있는 것은 그 누구도 따라갈 수 없는 에너지가 거기 있기 때문이거든요. 그 영화를 찍을 때는 정말 제 인생 모든 것을 걸고 만들었으니까요.

LEE 이제는 영화 한 편에 모든 것을 거실 수는 없죠?

RYOO 너무 많이 왔죠. 모든 것을 한 편에 걸기에는 너무 선수가 되어버렸고요.

LEE 나머지 한 편을 더 고르신다면요?

RYOO 〈주먹이 운다〉와 〈짝패〉 사이에서 갈등이 되네요. 두 작품 모두를 선택할 수 없다면, 차라리 두 편 다 놓아버리겠습니다.

– 인생을 살면서 말이다, 어떤 놈이 너한테 누굴 막 씹으면서
너한테 온갖 얘기를 꺼내면서, 너를 꼬시는 놈이 있을 거야.
절대 그런 놈들 말에 넘어가서는 안 되는 거야.
그런 놈은 꼭 니 뒤통수를 친다고, 응?

〈주먹이 운다〉에서 최민식이 목욕탕에서 어린 아들에게 신신당부

LEE 〈주먹이 운다〉의 태식(최민식)처럼 앞으로 아이에게 꼭 해주고 싶은 말이 있다면 어떤 겁니까.

RYOO 제가 자라면서 들었던 할머니의 가르침을 그대로 말해 줄 것 같아요. 다른 사람들에게 피해를 주는 일을 해서는 안 된다, 사람에 대한 예의를 지키며 살아야 한다, 그래야 네가 최악의 상황을 모면할 수 있다, 휘어질 때 휘어질 줄 알아야 한다, 그럴 때 버티려고 하

면 부러진다.

– 세상이 워낙에 그런 거야. 너무 세면 부러져.

〈피도 눈물도 없이〉에서 경찰 간부인 이영후가 이혜영을 달래면서

LEE 〈피도 눈물도 없이〉에서 이영후씨가 그런 충고를 하는 것도 다 연원이 있었던 것이군요.

RYOO 그렇죠. 절대 총대를 메지 말라는 말도 해주고 싶어요.

LEE 총대를 많이 메시는 분이 왜 그런 말씀을 해주세요?(웃음)

RYOO 아니에요. 저는 항상 빠져나갈 구멍을 마련해 놓아요. 아, 그 말도 해줘야겠구나. 항상 빠져나갈 구멍을 만들어놓아라.(웃음) 절대 친구와 돈 거래를 하지 말아라. 친할수록 동업하지 말아라. 빚 보증 서지 말아라. 꽤 많네요.

– 어, 그래? 그럼 다음에 봐야지. 야, 전화 좀 해.
그래. 어, 아무 때나. 그래.

〈아라한 장풍대작전〉에서 전화를 건 류승범이 친구로부터 거절당하자

LEE 전화를 걸었는데 친구가 피하는 상황이 〈아라한 장풍대작전〉과 〈죽거나 혹은 나쁘거나〉에 나옵니다. 이렇게 스스로가 곤궁에 빠졌을 때 친하게 지냈던 친구들이 슬슬 피하며 만나주지 않는 경험을 하신 적이 있으신지요.

RYOO 많아요. 그래서인지 그런 상황에 대한 왠지 모를 두려움이 있기도 합니다. 사실 제가 살아오면서 그전까지의 환경과 명확하게 단절된 경우가 몇 번 있었어요. 지금 제가 하는 일이 남들 앞에 드러나는 종류의 일이 아니라면 그냥 흘러갈 수 있는데, 노출이 되는 감독

일을 하고 있기에 과거로부터 누군가가 불쑥 찾아오는 경우가 종종 있어요. 그렇게 흘러간 과거의 친구들과 만나게 되면 무슨 이야기를 해야 할지 모르겠어요. 아무렇지도 않게 대화를 나누기에는 제 과거의 상실됐던 시간의 외로움이 정말 커요. 내가 정말 필요했을 때 전화 한 통 해줄 수 있지 않았나 싶은 마음이 드는 거죠. 친척들도 그렇고요. 힘들 때 제 옆에 남아 있던 친구들은 지금 만나도 언제나 반가워요. 오랜만에 연락해서 만나도 바로 어제 만난 듯하죠. 그렇지 않은 사람들은 뭔지 불편해요. 자연스럽지가 않고요.

LEE 언론매체에도 자주 나오시고, 또 CF도 찍으시고 그러니까 돈 이야기를 꺼내시는 분들도 있을 것 같습니다.

RYOO 집안에 심각한 문제도 있고 그랬죠. 그럴 때 저는 단호해요. 나는 어려울 때 누구에게도 손 벌린 적 없는데, 공사판에서 맞아가면서 내가 일을 해야 했을 때 당신들은 어디 있었느냐 싶거든요. 그런 점에서 냉정해졌어요. 피도 눈물도 없어요, 제가.

– 느들도 참 끈질긴 넘들이여.

〈짝패〉에서 이범수가 최후의 대결을 앞두고 정두홍과 류승완에게

LEE 감독님 영화에 등장하는 사람들은 주인공이든 악역이든 상관없이 끈질긴 사람들이라는 공통점이 있습니다.

RYOO 그렇죠. 제가 매혹을 느끼는 사람들이 바로 그런 사람들이에요. 끝까지 살아남는 사람들.

– 케이지비한테 너무 많이 뜯기는 거 아냐?
– 오바하지 마. 가늘고 길게 가는 게 장땡이야.

〈피도 눈물도 없이〉에서 정재영이 의문을 제기하는 동료에게

LEE 가늘더라도 길게 가는 게 최고라고 보시는 건가요?

RYOO 네. 무리하지 않고 '나와바리' 관리나 하면서요.(웃음)

– 태수야. 살아보니께 강한 놈이 오래가는 게 아니라
오래가는 놈이 강한 거더라.

〈짝패〉에서 이범수가 정두홍에게

LEE 무엇보다 오래가는 게 가장 중요하다고 생각하시는 것 같습니다.

RYOO 맞아요. 제가 농담처럼 말했지만, 사실 살아가는 것만큼 중요한 건 없잖아요? 삶 자체가 제일 중요한 것 같습니다. 살아 있기에 좋은 일도 있고 나쁜 일도 있는 것 아니겠어요? 자기 삶을 윤택하게 하려고 실수도 하고 옳은 선택도 하는 건데, 삶이 고통이기도 하지만 축복이기도 한 것 같아요. 전에는 내가 만든 인물들이 영화 속의 이야기에 리액션을 하는 것이라고 생각했어요. 그런데 설혹 그게 지어낸 가짜 이야기라도, 진짜인 내가 만든 것이잖아요. 중년에 명퇴를 해서 안타깝게 마감하는 사람들을 보면 공포가 생겨요. 어쨌든 나는 살아남아야 하는데, 그러려면 어떻게 사느냐가 문제죠. 추하게 사는 것은 죽기보다 싫기에, 그렇게 되지 않기 위해 제가 스스로를 단련하려고 하는 것 같습니다.

LEE 오래 하면 좋은 영화를 만들 가능성이 높아진다고 생각하시는지요.

RYOO 그 부분에 대해서는 이미 제 자신을 알아버린 것 같아요. 여섯 편 정도 찍으면 어쨌든 걸작 몇 개는 나왔어야 하거든요. 그런데 그렇지 않았던 것을 보면……. 그래도 저는 제가 아직 현재진행중이라고 생각합니다. 김기영 감독님은 누가 물을 때마다 항상 '다음 영화가 최고작이 될 것'이라고 답하셨다는데, 그런 걸 제게도 적용할 수 있도록 해봐야죠. 해봐야 알 것 같아요. 그렇게 해볼 기회를 놓치지 않으려면, 어떤 방식으로든 살아남아야죠. 제 성에 완전히 찰 만한 영화를 아직 못 만든 듯하니, 끝까지 가보는 거죠, 뭐.

– 못 가. 더이상은 못 가.

〈피도 눈물도 없이〉에서 신구의 집에 가던 중 힘들어 하던 친구가 류승범에게

LEE 하지만 가다보면, 도저히 더이상 못 갈 것 같은 순간이 오기도 하잖아요? 감독으로서 그런 순간이 온다면 언제일 것 같습니까.

RYOO 제 안에서 이야깃거리를 더이상 만들지 못하거나 동력이 끊어지는 느낌이 들면, 그때는 정말 못 하겠죠. 만일 그런 때가 온다면 스스로 인정할 수 있을 것 같아요. 그때는 손 털고 일어설 줄 아는 법을 배워야겠죠. 그런데 더 절망적인 상황은, 난 뭔가 하고 싶은데 투자가 전혀 되지 않을 때이겠죠. 미디어센터 같은 데서 카메라를 빌려 초저예산으로 만들었는데도, 그 영화가 단 한 사람의 마음도 움직이지 못하면, 그때는 떠나야죠. 나만 좋으려고 영화를 만들 수는 없잖아요. 그런 순간이 왔는데도 붙잡고 늘어지면 정말 추해지겠죠. 말하다 보니, 우울해지네요.

– 내가 고시 공부한다고 했을 때,
끝까지 밀어준 건 왕재뿐이 없어.

〈짝패〉에서 정석용이 친구 안길강에 대해서 회고

LEE 지금 이 자리에 오시기까지 헌신적으로 밀어준 단 한 사람이 있다면, 그건 부인이신가요? 부인인 강혜정 대표님과는 감독과 제작자 사이로 일해오고 계신데요.

RYOO 당연히 그렇죠.

LEE 아내가 아니라 영화적 동지로서 강대표님을 어떻게 평가하세요?

RYOO 솔직히 말하면, 뛰어난 제작자인지는 잘 모르겠어요. 그러나 아주 건강한 기업가이긴 한 것 같아요. 원칙을 지키려 하고, 사술邪術을 부리지 않으려 하고, 윤리를 지키면서 일하려고 하죠. 좀 고리타분하기는 하지만, 저희는 그게 무척 중요하다고 봅니다. 그런 원칙이 무너지면 모든 것을 잃을 거라고 생각해요. 이 업계에서 영원한 승자는 없다는 게 진리잖아요. 흐름도 많이 바뀌고요. 그렇게 불확실한 수치를 향해 달려간다고 해서 삶의 품위까지 저당 잡힐 수는 없죠. 스태프들에게 감사를 표하는 것을 포함해 제가 못하는 게 많은데, 저의 그런 부족한 부분들을 정말 많이 채워줍니다.

– 꿈은 무슨 꿈입니까. 꿈이니 희망이니 그런 거 잊어버린 지
굉장히 오래됐습니다. 그냥 뭐, 열심히 잘 사는 거죠.
굴곡 없이 사는 거예요. 무사안전주의.

〈죽거나 혹은 나쁘거나〉에서 경찰관 류승완이 꿈에 대한 질문을 받자

– 꿈? 그런 거 생각할 여유도 없었어. 지금도 그렇고.
그저 애들한테 칼침이나 안 받았으면 좋겠어.

〈죽거나 혹은 나쁘거나〉에서 조직폭력배 배중식이 꿈에 대한 질문을 받자

LEE 꿈에 대한 감독님의 생각을 듣고 싶습니다. 영화감독이 되고 싶다는 어린 시절의 꿈을 이미 이십대 때 이루었는데요.

RYOO 지금 인용하신 〈죽거나 혹은 나쁘거나〉 속의 두 사람이 대사로 대신 말해 버렸네요. 제가 어린 시절의 꿈을 이룬 것은 맞죠. 그런데 사람은 항상 현실에 만족하지 못하고 사는 것 같아요. 지금은 여든 살이 되어서까지 영화를 계속 만들어서 제대로 된 작품을 남기고 싶은 게 직업인으로서의 제 꿈입니다. 정말 영화를 잘 만들고 싶어요. 그리고 제 가족들이 행복했으면 좋겠습니다. 거기서 좀더 허락된다

면, 저와 제 가족이 뭔가 의미 있는 일을 할 수 있기를 바라구요. 하지만 그 모든 것에 앞서서 무엇보다 살아남는 게 제일 중요하다고 생각해요.

- 도대체 지금 몇 신 줄 알아요?

〈짝패〉에서 김서형이 밤늦게 술에 취해서 찾아온 정두홍에게

LEE 오후 다섯 시에 시작한 인터뷰가 새벽 네 시에 끝났네요. 정말 수고 많으셨습니다.

RYOO 드디어 끝났군요. 그럼 그동안 '부메랑 인터뷰' 시리즈로 인터뷰한 감독들 중에서 제가 가장 오래 한 건가요?(웃음)

SCENE#
PARK, KWANG-SU
RYOO, SEUNGWAN
CHOE DONG-

BOOMERANG INTERVIEW

DIRECTOR
YOO HA

PHOTO © 김보배

비주얼보다는 리얼리티
탈출이 아닌 발견의 영화를 위해
유하

'감독 유하'와 '시인 유하'는 치열하게 줄다리기한다. 스토리와 스타일이 밀고 당기며, 장르의 익숙한 패턴과 일상의 생경한 리얼리티가 주고받는다. 폭력에 대한 매혹과 반성이 경계선상에서 일진일퇴를 거듭하는가 하면, 생생한 욕망이 일으킨 거대한 해일 뒤로 덧없는 포말이 끝도 없이 부서진다. 그의 창작력은 두 세계 사이의 끝없는 긴장 사이에서 분출한다.

골방에 나 있는 좁은 창문으로 바깥 광장을 넘겨다보던 그는 이제 광장으로 나와 모두가 머물 수 있는 튼튼한 영화의 집을 지으려 한다. 스스로를 만족시키는 일과 만인을 설득하는 일은 완전히 다르면서도 결국 같은 도상에 놓여 있는지도 모른다. 감독 유하는 그 길의 끝에 다다르기 위해 끊임없이 걷는다.

유하는 1990년대에 가장 빛나는 시인 중 한 사람이었다. 그러던 그는 영화계에 뛰어들어 1993년 〈바람 부는 날이면 압구정동에 가야 한다〉로 감독 데뷔를 했지만 이 작품이 실패한 후 오랜 방황의 나날을 보내야 했다. 9년이 지난 후 그는 〈결혼은, 미친 짓이다〉로 멋지게 재기에 성공했고, 〈말죽거리 잔혹사〉와 〈비열한 거리〉를 거쳐 〈쌍화점〉까지 연이어 내놓으며 입지를 확고히 다졌다.

한국 영화감독 중 그만큼 이야기에 집중하는 연출자도 드물 것이다. 무협지에서 CF와 만화까지 다양한 대중문화적 레퍼런스를 시의 공간으로 끌어들여 시어의 영토를 혈기왕성하게 확장했던 젊은 날의 그는 이제 사십대가 되어 영화에서 가장 고전적인 태도로 이야기를 다지고 또 다진다.

스타일만을 '영화적인 것'으로 여기는 세태 속에서, 유하 감독을 만나 인터뷰하는 것은 영화의 가장 기본적인 본성에 대해 거듭해 묻는 자리에 들어서는 것이다. 여기에 그 물음들이 있다(유하 감독 인터뷰에서는 영화 속 대사뿐만 아니라 그가 쓴 시 역시 일부 질문으로 차용했다).

– 누나, 쉬면 나랑 영화나 한 편 때릴까?
태평극장에서 재밌는 거 하는데.

〈말죽거리 잔혹사〉에서 박효준이 버스 차장에게 수작 걸며

LEE 어린 시절 이야기부터 질문하고 싶습니다. 아주 어릴 때부터 영화를 무척 좋아하셨다고 들었는데요.

YOO 아버지가 공무원이셨는데 한국영화 팬이었어요. 박노식씨 같은 액션스타들이 나오는 무협영화를 특히 즐기셨죠. 제 고향인 고창에는 당시에 고창극장과 중앙극장이 있었는데 아버지를 따라 그런 영화관에 다니면서 영화를 많이 봤어요. 그러다 〈흑나비〉 같은 무협영화를 저도 좋아하게 되었죠. 그 시절에는 홍콩영화나 한국 · 홍콩 합작영화들을 참 많이 봤던 것 같아요. 〈미워도 다시 한 번〉을 눈물 펑펑 흘리면서 본 것도 기억납니다.

– 와, 죽인다.

〈말죽거리 잔혹사〉에서 박효준이 등교하다가 버스에 오르는
옆 학교 여학생 한가인을 발견하고

LEE 〈십계〉를 보고 앤 백스터에게 반해서 영화배우가 되려는 꿈을 꾸기도 하셨다면서요.(웃음)

YOO 중학교 2학년 때였어요. 서울의 전농중학교를 다니다가 강남이 막 개발되기 시작할 때 말죽거리 쪽으로 이사를 갔죠. 그때는 학교 주변이 다 밭이었는데, 저는 시골에서 어린 시절을 보냈기에 그런 분위기가 좋았어요. 그때 〈십계〉를 학교에서 단체 관람했는데 그걸 보고 앤 백스터에게 반한 거죠. 그 배우 때문에 어린 마음에 거의 한 달 가까이 기묘한 기분에 휩싸이기도 했어요. 앤 백스터를 만나려면 할리우드까지 가야 하나 싶기도 했고요.(웃음) 그러면서 영화감독에 대한 꿈을 처음으로 키웠던 거죠.

– 나는 언제쯤이나 꿈에 그리던 시네마천국을 세울 수 있을까.
그런 생각이 절실해질수록 현실은 늘 흑백화면 속의
감질 나는 키스신 같았다.

〈바람 부는 날이면 압구정동에 가야 한다〉에서 감독이 되고 싶어 하는
홍학표의 초반 내레이션

LEE 구체적으로 감독의 꿈을 키우신 것은 언제부터입니까.

YOO 어떻게 보면 성장이라는 게 꿈을 상실해 가는 과정이잖습니까. 제게도 성장은 무엇이 허황된 것인지를 깨달아가는 여정이었죠. 제가 세종대 영문학과 81학번인데, 동기 중에 (〈비트〉와 〈무사〉의 감독인) 김성수와 (〈국경의 남쪽〉과 〈하얀 거탑〉의 감독인) 안판석이 있었어요. 그 사람들이 할리우드 키드였고, 어울리다보니 일본판 잡지 〈스크린〉을 보면서 배우 이름들을 대는 식으로 같이 영화를 즐기게 되었습니다. 저는 당시 학교에서 하는 영어 연극에 빠져서 연출도 맡게 되었죠. 김성수와 함께 배우도 했고요.

- 그런데 사실 훌륭한 시는 이렇게 극히 개인적이고 트리비얼한 잡념이나 망상에서 출발을 합니다.

〈결혼은, 미친 짓이다〉에서 영문학 강사 감우성이 학생들에게 강의를 하면서

LEE 시를 본격적으로 쓰게 된 것도 그 시기였습니까.

YOO 김성수와 안판석이 입대하고 나서 진이정 시인을 만나게 되었어요. 안타깝게도 삼십대 중반의 나이로 작고하셨는데, 대학 시절 제게는 정신적 스승 같은 분이셨죠. 세종대 교지에 제가 쓴 시를 보고서 그 선배가 저를 찾아왔어요. 재능이 있다면서 함께 시 동인을 해보자고 제의하더군요. 저는 상문고등학교를 졸업했는데, 당시 무척이나 폭력적인 학교였음에도 그때부터 시를 썼어요. 제 마음속에 있었던 그런 시에 대한 욕구가 진이정 시인을 만난 후 문학적 세례를 받고 분출해서 1985년경부터 본격적으로 쓰기 시작했던 거죠.

LEE 이십대 때부터 시와 영화에 함께 매혹되셨군요.

YOO 그렇습니다. 당시는 영화 일을 하고 싶어 하는 사람들에게 배창호 감독님이 우상이셨던 시절이었어요. 진이정 시인이 제게 꿈을 묻기에 "시인이 되고 싶기도 하지만, 무엇보다 배창호 감독처럼 되고 싶다"고 대답했죠. 그러자 "하고 싶으면 하면 된다. 우리가 카메라를 들고 찍으면 영화다"라는 말로 격려해 주시더군요. 그래서 군에서 제대한 두 친구들과 단편영화를 만들었죠. 그때 김성수가 8밀리 카메라를 사서 갖고 있었는데 그걸로 찍었어요. 제가 연출을 하고 안판석이 조명, 김성수가 촬영, 진이정 시인이 각본을 맡았죠. 제목은 〈게으름의 찬양〉이었어요.

LEE 시인이 만든 영화 제목답네요.(웃음)

YOO 완성한 후 들고 다니면서 대학에서 상영도 하고 그랬어요. 그러다가 김성수가 동국대 연극영화과 대학원에 진학했는데, 1년 후에 저도 친구 따라서 같은 대학원에 진학했죠. 그러면서 구체적으로 영화감독의 꿈을 키우게 된 것 같습니다. 그 시기에 등단도 했고요.

– 나는 정문고의 악명을 어렴풋이 듣긴 했지만
그 소문이 제발 사실이 아니길 바랄 뿐이었다.

〈말죽거리 잔혹사〉에서 정문고로 전학 오는 첫날의 권상우 내레이션

LEE 장편영화감독으로 데뷔하시기 전, 충무로에 대해서는 어떤 이야기들을 들으셨나요. 당시 한국영화 제작 환경이 대단히 열악했을 텐데요.

YOO 무척이나 열악하다고 들었죠. 일을 해도 돈을 주지 않는 경우가 많고, 제작자의 횡포가 심하다는 것이었어요. 저처럼 우디 앨런 같은 감독들을 바라보며 공부를 한 영화학도가 쓴 시나리오는 난도질당하고 만다는 이야기도 들었고요.

– 너, 무협소설 한번 써봐. 내가 백만 부 책임진다.

〈바람 부는 날이면 압구정동에 가야 한다〉에서 무협소설 출판사 사장인 최주봉이 시인인 홍학표에게 제의

LEE 1993년에 〈바람 부는 날이면 압구정동에 가야 한다〉로 장편영화감독 데뷔를 하셨죠. 당시 감독님은 두 권의 시집을 내고 시인으로서 대단한 명성을 날리고 계셨는데, 어떻게 영화 쪽으로 깊숙이 뛰어드시게 된 건지요. 영화계에서 먼저 제의가 온 건가요.

YOO 두 번째 시집인 〈바람 부는 날이면 압구정동에 가야 한다〉가 당시에 사회적인 현상을 일으킬 정도로 히트했어요. 그 때문에 난생처음으로 거액도 만져봤죠. 시집인데도 10만 부가 넘게 팔렸으니까요. 그때는 시의 시대였기에 가능했던 것 같습니다. 그 제목은 양귀자씨의 〈비 오는 날이면 가리봉동에 가야 한다〉를 패러디해서 지은 것인데, 제목의 느낌이 좋아서인지 영화계에서 제의가 많이 들어왔어요.

LEE 판권 제의였습니까.

YOO 그렇죠. 판권을 사고 싶다거나 각본을 맡기고 싶다는 제의였죠. 그런데 저는 연출을 하고 싶었거든요. 그런 뜻을 밝히면 대부분 난색을 표했어요. 제가 연출 경험이 거의 없었으니까요. 그런데 시네마패밀리라는 회사에서 제 뜻을 받아들여줘서 결국 합동영화사 제작으로 데뷔작을 만들게 된 겁니다.

– 어머, 오빠 웬일이야? 오빠가 이런 델 다 들어오고.

〈바람 부는 날이면 압구정동에 가야 한다〉에서 사촌여동생이 꽁생원인 홍학표를 우연히 나이트클럽에서 발견하고서

LEE 당시 문인들이나 영화인들은 시인이 감독 데뷔를 한다는 사실에 대해서 의외라고 생각했을 것 같은데요.

YOO 시인으로 처음 데뷔했을 때, 당시 제가 영화학과 대학원에 재학 중이었기에 문인들이 신기하게 여겼어요. 그런 경우는 이전에 없었으니까요. 그렇게 처음부터 영화를 지망하는 시인이라는 사실이 알려져서인지 막상 제가 감독 데뷔를 한다는 것에 대해 놀라는 경우는 거의 없었죠. 아마도 다들 '저 친구는 언제인가는 영화 쪽으로 갈 사람이야'라고 생각했던 것 같아요. 그런데 영화계에서는 제가 연출부 생활을 했다거나 영화 쪽으로 이전에 기여한 바가 없었는데 곧바로 감독으로 데뷔하니까 좀 이상하게 생각했죠. '얼마나 찍나 보자'는 식으로 부정적인 반응이 많았어요. 흔한 경우는 아니었기에, 호기심을 갖는 분들도 있었고요.

– 여기 김현수라고, 이번에 새로 전학 온 친구다. 잘 지내도록.

〈말죽거리 잔혹사〉에서 담임선생님인 안내상이 전학생 권상우를 급우들에게 소개하며

LEE 문단에서 영화계로 전학을 와보니 어땠습니까. 이전에 들었던 것만큼 열악하던가요.

YOO 제 예상보다도 더 열악했어요. 현장에 모니터도 없었기에 데뷔 감독으로서 뭐가 OK고 뭐가 NG인지 판단하기 어려웠습니다. 영화사에서는 제가 쓴 시나리오를 계속 고치라고 요구했고요. 너무 힘들고 고통스러웠어요. 돌이켜보면 드라마에 대한 공부를 그때 제대로 하게 된 계기가 된 것 같습니다. 당시에는 제가 충분히 안다고 생각하고 다른 분들과 각을 세웠는데, 지금 생각해 보면 그분들 말 중에서 맞는 것들이 많아요. 그분들의 말투나 방법론이 다소 촌스럽고 유치할 수는 있었지만, 핵심은 정확했던 것 같아요.

– 근데 왜 배고프게 시를 쓰죠? 작사가로 나서면 꽤 먹어줄 텐데.

〈바람 부는 날이면 압구정동에 가야 한다〉에서 엄정화가 시인인 홍학표에게

LEE 시인으로서 영화를 하게 된 데에는 경제적 동기도 있었는지요. 사실 시를 써서는 제대로 돈을 벌 수 없는 게 현실이잖습니까.

YOO 그런 두려움이 있었죠. 심지어 세 번째 영화인 〈말죽거리 잔혹사〉를 끝내고 나서도 어머니가 "취직 언제 하냐?"고 물어보신 적이 있었어요.(웃음) 저희 집안은 종갓집이었고, 무척이나 가부장적이고 보수적이었어요. 남자는 일정한 나이가 되면 꼭 취직을 해야 하고 또 반드시 효도해야 하는 것으로 교육받았죠. 물론 영화감독이 된 것은 그게 꿈이었기 때문입니다. 하지만 시인으로는 제대로 가정을 꾸리고 살아갈 수 없을 거라는 생각이 거기에 어느 정도 영향을 미친 것도 사실이에요.

– 너 〈퐁네프의 연인들〉 봤어? 나 레오 카라랑 칸느 영화제에서 화장실에서 만날지도 몰라.

〈바람 부는 날이면 압구정동에 가야 한다〉에서 감독을 꿈꾸는 홍학표가 자신을 무시하는 허준호에게

LEE 감독 데뷔할 때의 예술적 목표는 어떤 것이었습니까.

YOO 당시에 저는 우디 앨런 영화에 빠져 있었어요. 그래서 시나리오 자체가 우디 앨런 식이었죠. 자막을 수시로 활용한다거나, 인물이 카메라를 보고 말하는 식으로요. 드라마에 충실한 시나리오가 아니었는데 이후 제작자와 대화를 해가면서 점점 상업적인 시나리오로 바뀌게 됐습니다. 그 와중에서 결국 이도 저도 아닌 시나리오가 된 거죠. 처음에는 우디 앨런처럼 뭔가 예술적인 전복을 보여주고 싶었어요. 그래서 극중에서 CF 패러디도 한 거고요. 영화감독으로서 출사표는 상당히 거창하게 쓴 셈인데 그때는 정말 아무것도 몰랐던 거죠.(웃음)

– 나는 비록 상업 쪽으로 팔리고 있지만 너만큼은 레오 카라 같은 진짜 예술가가 돼야 될 거 아냐.

〈바람 부는 날이면 압구정동에 가야 한다〉에서 CF 쪽 일을 하고 있는 선배가 홍학표에게 8밀리 영화를 만들 수 있도록 돈을 대주면서

LEE 첫 영화에서 레오스 카락스를 거듭 거론하신 것은 그의 영화를 특별히 좋아해서였습니까.

YOO 당시에 레오스 카락스가 예술영화의 상징과도 같은 존재였기에 대사에 넣은 것뿐입니다. 사실 전 카락스 영화를 별로 좋아하지 않아요.

파랗게 이는 불꽃이여
남몰래 간직한 사랑의 힘으로
하루하루 필사적으로 살아갑니다

〈바람 부는 날이면 압구정동에 가야 한다〉에 인용되는 함성호 시인의 시 〈비와 바람 속에서〉

LEE 함성호 시인의 시를 자막 인용하는 것으로 데뷔작의 첫 장면을 시작하셨습니다. 시인이 감독으로 데뷔한다는 사실에 관심이 쏠려 있는 상황에서 서두를 그렇게 여신 것은 문학적 정체성을 그대로 드러내기 위한 것이었습니까.

YOO 지금 생각해 보면 전략적으로 잘못된 선택이었던 것 같아요. 제 영화를 보고 나서 사람들이 지금까지도 문학적이라고 말하고는 하는데, 저는 사실 그런 지적이 좀 억울합니다. 제가 감독 데뷔 이전에 시인이 아니었다면 그렇게 판단하지 않았을 것 같거든요. 데뷔작을 만들던 당시에는 제가 시인이라는 사실을 적극적으로 영화에 접목시키고 싶었습니다. 시인으로서의 자의식이 강했던 시기이기도 했고, 영화를 통해 시를 알리고 싶은 마음도 있었어요. 영화를 시와 대중문화의 길 트기 작업으로 생각한 면이 있었던 거죠.

– 어, 시인 겸 감독. 너 요즘 아주 괴상한 시집을 냈더만.
뭐? 내 마음엔 황비홍이 산다?
나 그거 읽고 뒤집어지는 줄 알았어.

〈바람 부는 날이면 압구정동에 가야 한다〉에서 출판사 사장인 최주봉이 홍학표에게

LEE 감독님 첫 영화의 주인공은 시인이면서 감독으로 데뷔하려고 합니다. 데뷔작 제목 자체가 감독님의 두 번째 시집 제목이기도 하고요. 영화 〈바람 부는 날이면 압구정동에 가야 한다〉에 이처럼 자기반영성을 강하게 투영한 것은 어떤 이유에서였습니까.

YOO 제가 〈시인 구보씨의 하루〉라는 단편영화를 찍은 적이 있는데, 그 단편을 확장한 영화로 첫 장편을 찍고 싶었습니다. 제 데뷔작은 제가 쓴 시집과 접목시킨 결과물입니다. 당시 시인으로서 제 시적인 정체성이 패러디 같은 쪽에 놓여 있었는데, 그런 것들이 섞여서 영화에 그렇게 투영됐을 겁니다. 시단에서 저를 포스트모더니스트로 분류할 때 저는 그 말을 싫어했지만, 일종의 자기 패러디라고 할까, 그런 마음이 있었던 게 사실인 것 같습니다. 제가 쓴 처음 두 권의 시집에는 상당 부분 그런 정신이 담겨 있죠. 지금은 패러디가 너무 흔해졌지만 당시에는 처음 시작되던 단계였어요. 영화에 광고 패러디를 끌어들인 것도 아마 〈바람 부는 날이면 압구정동에 가야 한다〉가 처음 아니었나 싶네요.

– 암만 생각해도 난 참 괜찮은 놈이라니까요. 누굴 사랑하려면 적어도 이 정도는 추라이해야 되는 거 아닙니까.

〈바람 부는 날이면 압구정동에 가야 한다〉에서

홍학표가 먼저 탄 엄정화를 향해 엘리베이터로 뛰어가면서

LEE 말씀하신 대로 〈바람 부는 날이면 압구정동에 가야 한다〉의 시작 장면과 끝 장면은 동일한 CF를 패러디하면서 수미상관의 대구對句를 이루고 있습니다. 바로 당시에 크게 인기를 끌었던 '트라이'라는 속옷 광고를 차용한 장면이었죠. 감독님 첫 영화는 상업적이고 지극히 한시적인 CF를 영화에서 패러디할 정도로 제반 대중문화를 적극적으로 인용하셨습니다. 혜진을 만나기 전에 영훈이 이상우씨의 가요 제목을 따와서 '그녀를 만나기 10미터 전'이라고 독백을 하는가 하면, 서태지와 아이들의 공연을 대사로 언급하기도 하셨죠. 〈말죽거리 잔혹사〉에서도 라디오 인기 프로그램이었던 〈서금옥의 이브의 연가〉나 홍콩 가수 진추하의 노래처럼 1970년대 후반을 풍미했던

대중문화적 코드들이 숱하게 언급됩니다. 이미 시인으로 대중문화의 언어들을 시어로 적극 끌어들이셨는데, 영화에서의 이런 인용 역시 시에서의 인용과 맥락이 같은 것인가요.

YOO 거의 비슷하죠. 패러디의 한계는 공유하는 코드가 사라질 때 무의미해진다는 것입니다. 당연히 한시성을 띠고 있는데, 패러디는 그걸 감수하고 하는 겁니다. 그때 제가 시에서 압구정동 젊은이들을 묘사할 때 인용했던 차종인 엑셀 GLSi 같은 것도 지금 그 뉘앙스를 살리려면 벤츠 정도는 되어야 하겠죠. 어찌 보면 시라는 게 굉장히 품격 있고 고귀한 언어를 쓰는 장르인데, 오히려 저는 그런 인용들을 통해서 자해를 한 셈입니다.

LEE 시에서는 대중문화의 용어를 차용하는 것이 자해가 될 수도 있겠지만, 영화는 시와 달리 기본적으로 대중예술이니 인용의 뉘앙스가 다를 것도 같은데요.

YOO 그때는 그런 것을 별로 계산하지 않고서 했어요. 사실, 영화에서 CF 패러디가 무슨 의미를 지니겠어요. 당시의 얕은 재치에 불과했죠. 그런 면에서 영화 〈바람 부는 날이면 압구정동에 가야 한다〉는 좀 부끄러운 부분이 있습니다. 당시에는 문화 비판으로 썼다고 생각했는데, 영화라는 매체가 결국 대중적인 매체인 상황에서 그런 것들을 패러디했다고 영화 장르가 전복성을 띨 수 있었겠어요? 깊은 통찰로 이뤄진 게 아니어서 민망한 부분이 있죠.

– 이왕이면 에로틱한 묘사도 물씬. 알았어?
– 아예 〈원초적 본능〉을 무협소설로 옮겨보죠.

〈바람 부는 날이면 압구정동에 가야 한다〉에서 출판사 사장인 최주봉이 소설을 좀더 에로틱하게 써달라고 하자 홍학표가 대답

LEE 감독님 첫 영화는 이미 시로 쓴 것을 영화로 옮긴 부분이 적지

않은 것 같습니다. 장르를 옮겨서 유사한 작업을 한다는 게 어떤 의미를 지닌다고 보시는지요.

YOO 그때는 시란 어차피 줄거리가 없고 생각의 흐름을 언어화해서 단편적으로 보여주는 것이라고 봤어요. 그래서 영화는 '압구정동'이란 대중문화 공간을 좀더 이야기로 바꿔내어 제가 시에서 다루지 못한 부분을 보여줄 수 있을 거라고 생각했습니다. 그게 반복이라고 생각하지 않았기에 시와 다른 부분의 이야기를 영화에서 할 수 있으리라 봤던 거죠. 그런데 그때까지 제가 너무 제 시에 갇혀 있다 보니까 결국 영화가 이도 저도 아닌 형태로 나오게 된 것 같습니다.

– 저는 대학에 시간강사로 나가고 있어요.
– 과는요?
– 영문과입니다.

〈결혼은, 미친 짓이다〉에서 맞선을 보게 된 감우성이 엄정화의 질문에 대답

LEE 영화 속 남자 주인공들의 직업인 시인, 감독, 영문학과 대학 강사는 감독님의 삶과 밀접한 관련을 맺고 있습니다. 사극인 〈쌍화점〉을 제외하면, 감독님과 직접적으로 연관된 직업을 가진 주인공들이 주로 등장하죠.

YOO 저 스스로를 리얼리스트라고 말하긴 그렇지만, 제가 영화를 통해 리얼한 것을 추구하는 감독이다 보니 그렇게 된 것 같습니다. 저는 제 영화 속 주인공이 땅에 발을 디디고 서 있어야 한다고 생각하거든요. 로버트 맥기도 자기 자신만큼 좋은 텍스트는 없다고 말했지만, 저 역시 그런 견해를 가지고 만드는 셈이죠. 그게 훨씬 진실할 수 있으니까요.

– 황지우가 누구예요?

〈바람 부는 날이면 압구정동에 가야 한다〉에서

엄정화가 카페에서 빨대로 음료수를 마시다가 홍학표에게 대뜸 질문

LEE 〈바람 부는 날이면 압구정동에 가야 한다〉에서는 영훈(홍학표)이 황지우 시인 이야기를 할 때 화려하게 차려입은 혜진(엄정화)이 '황지우가 누구냐'고 반문하는 장면이 들어 있습니다. 이 쇼트는 극 초반에 상당히 강조되어서 따로 인서트되기까지 하죠. 이 영화에는 겉치레에만 몰두할 뿐 문화적으로는 무지한 인물들에 대한 조롱의 뉘앙스가 상당히 강하게 들어 있습니다.

YOO 제가 그 당시에는 혈기 방장한 나이라서 본격문학이 홀대받는 것에 대한 분노가 있었어요. 저는 출신 자체가 촌놈인데, 당시에 압구정동을 갈 때마다 이율배반적인 정서를 느꼈던 거죠. 시집 《바람 부는 날이면 압구정동에 가야 한다》는 제 자신이 오렌지족처럼 되고 싶은 욕망과 그런 데서 빠져나가고 싶은 욕구 사이의 긴장에서 쓴 작품이에요. 영화도 그 연장선상에서 만든 것 같습니다.

LEE 그 영화를 찍을 때 엄정화씨는 황지우 시인을 알고 있었나요.

YOO 몰랐어요.

LEE 황지우 시인에 대해서 어떻게 설명해 주셨습니까.

YOO 훌륭한 시인이고 대한민국에서 내가 가장 좋아하는 시인이라고 했죠. 제가 직접 시집도 사줬어요.

LEE 그 시를 읽어보고 나서 엄정화씨는 뭐라고 하던가요.

YOO 다 읽어보고는 좀 어렵다고 하더라고요.

– 저도 시를 좋아해요. 한번 암송해 볼까요?

〈바람 부는 날이면 압구정동에 가야 한다〉에서 엄정화가 카페에서

서정윤 시인의 시를 읊으며

LEE 〈바람 부는 날이면 압구정동에 가야 한다〉만큼 시 제목이나 시인들 이름이 많이 언급되는 영화도 없을 겁니다. 감독님의 시집 《바람 부는 날이면 압구정동에 가야 한다》의 표지도 직접 등장하죠. 심지어 영훈이 낮잠을 잘 때 얼굴에 덮고 있는 책도 정현종 시인의 《사랑할 시간이 많지 않다》입니다. 사실 시집은 다른 책들에 비해 폭이 좁아서 덮고 자기에 적당한 사이즈가 아닌데도 말입니다.(웃음)

YOO 일단 시집을 많이 팔리게 하고 싶은 마음이 있었죠. 정현종 시인의 그 시집을 제가 워낙 좋아하기도 했고요. 말하자면 제가 좋아한 것들에 대한 찬양의 의미를 지닌 인용이라고 할까요. 당시를 시의 시대라고 말하기까지 했지만, 사실 시는 언제나 소수 예술이잖아요. 시에 큰 가치를 두지 않는 세태에 대한 아쉬움과 안타까움이 짙었던 상황에서 제 영화 속에 인용함으로써 관객들에게 직접 보여주자는 생각이 있었던 거죠.

–《검은 꽃》은 제가 지금 찾아드릴게요.
이리 오세요. 여기 있습니다.
《오빠가 돌아왔다》는 손님 이름으로 예약해 드릴까요?

〈비열한 거리〉에서 서점 직원인 이보영이 손님에게 안내

LEE 〈결혼은, 미친 짓이다〉에서는 T. S. 엘리엇이 길게 인용됩니다. 그리고 〈비열한 거리〉에서는 손님에게 김영하씨의 소설을 찾아주는 장면이 꽤 길게 나오죠.

YOO 김영하씨와 친해요. 그래서 그의 책이 좀더 팔리도록 해주고 싶었던 겁니다.(웃음)

LEE 그 장면을 보고 나서 김영하씨가 고마워하던가요?

YOO 그냥 웃던데요? 그 영화에는 은희경씨의 소설 《새의 선물》도 나와요. 저는 신작 시사회가 끝나면 뒤풀이도 항상 문인들과 합니다.

그 자리에서 영화 속에 숨은 그림처럼 넣은 장면들을 함께 찾아보기도 하죠. 그런 건 개인적인 재미라고 할 수 있어요. 일종의 애정 고백이기도 하고요.

압구정동에 겨울-나무로부터 봄-나무에로라는 까페가 생겼다.

시 〈바람 부는 날이면 압구정동에 가야 한다 1〉의 도입부

LEE 원작 시뿐만 아니라 영화 〈바람 부는 날이면 압구정동에 가야 한다〉에도 '겨울-나무로부터 봄-나무에로' 카페가 등장합니다. 황지우 시인의 시집 제목을 그대로 따온 이 카페는 그 자체로 묘한 대비를 이룹니다. 소비문화의 최전선인 압구정동에 황지우 시인의 시집 제목을 차용한 카페가 실제로 있다는 게 무척이나 아이러니한 일이니까요.

YOO 바로 그런 느낌으로 그 카페 장면을 영화에 넣었어요. 당시 압구정동 한복판에 본격문학 시집 제목이 카페 이름으로 등장한 게 저로서도 무척 인상적으로 보였거든요. 사막 속의 오아시스 같은 느낌을 주기도 했고요. 그 자체가 시적이라는 생각을 했기에 시와 영화 모두에 인용한 겁니다

– 아까 교수님이 엘리어트 강의하시기 전에
  영화 얘기 하셨잖아요?
– 아, 〈레퀴엠〉.
– 네, 그거요. 그것 좀 빌려볼 수 없을까요?

〈결혼은, 미친 짓이다〉에서 제자인 여대생 강소정이 강사인 감우성에게 접근하며

LEE 감독님 영화에는 시나 소설 못지않게 다른 영화들도 자주 인용

됩니다. 〈결혼은, 미친 짓이다〉에는 〈레퀴엠〉과 〈드리븐〉 장면이 직접 나옵니다. 〈말죽거리 잔혹사〉에는 〈정무문〉 〈바람 부는 날이면 압구정동에 가야 한다〉에는 〈시네마 천국〉 장면이 등장하죠. 〈취권〉 〈사망유희〉 〈퐁네프의 연인들〉 같은 작품들은 제목이 인용되고요. 책처럼 이 영화들의 인용에도 오마주의 의미가 담겨 있습니까.

YOO 책은 확실히 의도적으로 넣었지만, 영화들은 좀 다른 것 같아요. 특별한 의미는 없었으니까요. 판권을 구하기 쉬운 작품들을 주로 넣었죠.(웃음)

– 빠진다.

〈결혼은, 미친 짓이다〉에서 엄정화가 침대에서 감우성과의 관계 도중에

LEE 첫 영화인 〈바람 부는 날이면 압구정동에 가야 한다〉는 결국 평단에서도 흥행에서도 그리 좋은 반응을 얻지 못했습니다. 감독님 자신도 이후에 만든 네 작품에 비해 이 영화가 많이 빠진다고 느끼시는지요.

YOO 다른 작품들도 썩 훌륭하다고 보지는 않지만, 그 작품이 특히 많이 빠진다고 봅니다. 시작은 창대했지만 결과는 미미한 영화가 되고 말았으니까요.

– 무지 아쉽겠다.

〈결혼은, 미친 짓이다〉에서 저울질하다가 엄정화가

포기한 남자에 대해 언급하면서 감우성이 놀리듯이

LEE 돌이켜보면, 그때 어떤 점이 잘못이었다고 생각하십니까.

YOO 사실 그 영화가 개봉되고 1~2년간은 상당히 억울했어요. 상황

에 대해 분노를 많이 느꼈고, 명예회복을 꼭 해야겠다는 심정이었습니다. 나는 크게 잘못한 게 없는 것 같고, 모든 게 다 제작자 책임인 것처럼 느껴졌거든요. 그러다 결국 영화를 포기해야겠다는 마음이 되더라고요. 문단의 총아처럼 기세 좋게 나아가다가 영화에서 그렇게 되고 나니까 삽시간에 모든 것이 사라졌어요. 내가 우스꽝스러워졌다는 열패감이 계속 들었죠. 방황을 많이 하다가 시나 열심히 쓰자는 쪽으로 마음을 굳힌 후에는 영화도 거의 안 봤어요. 그러다 세월이 흐르면서 점차 제가 잘못한 게 보이기 시작하더군요. 드라마에 대한 이해가 부족했고, 심지어 영화에 대해서도 제대로 아는 게 없었다는 근원적 반성이 시작된 겁니다. 그게 참 아이러니한 거죠. 다시는 영화를 만들게 되지 않을 것이라고 여기게 된 때부터 그런 생각이 들게 된 거니까요. 무엇보다 그라운드 사정을 잘 알고 있어야 했는데, 제가 그때는 충무로를 너무 몰랐어요. 연출부 경험도 없었죠. 그래서 나중에 영화과에서 학생들을 가르칠 때는 실전 경험을 강조했습니다. 현장의 메커니즘을 아는 게 정말 중요하거든요. 드라마에 대한 공부도 마찬가지입니다. 저는 시나리오라는 게 시의 연장인 줄 알았거든요. 시와 달리 시나리오란 물질화된 구체성이 꼭 필요한 장르라는 것을 이해할 수 있을 때까지 시간이 너무 오래 걸렸습니다. 그 와중에서 애꿎은 제작자만 욕했던 거죠. 종합적으로 볼 때 그 당시는 제가 영화를 전혀 몰랐다고 할 수 있을 것 같습니다.

– 다 보고 나중에 천 원만 줘. 내가 애니멀로 바꿔줄게.

〈말죽거리 잔혹사〉에서 박효준이 교실에서 급우에게 포르노 잡지를 팔면서

LEE 영화 〈바람 부는 날이면 압구정동에 가야 한다〉의 실제 결말은 시나리오와 사뭇 다릅니다. 시나리오에서는 영훈이 고향 하나대를 향해 쓸쓸히 떠나는 것으로 끝나는데, 완성된 영화는 일종의 수미상

관 형식을 끌어들여 첫 장면처럼 CF 패러디를 변주하면서 해피엔드가 되니까요. 이 두 결말은 완전히 달라서 영화에 대한 느낌 자체를 바꿔놓을 정도입니다. 이 영화의 라스트신이 바뀌게 된 게 감독님 뜻이었다고 보기는 어려운데요.

YOO 원작 시집에서는 압구정동과 하나대라는 두 공간이 서로 대비되어 있죠. 원래 시나리오에 있던 낙향 장면은 찍지 않았어요. 제작자를 포함한 주변 의견이 그 장면에 대해 재미없다는 쪽이어서 결국 현재처럼 광고 패러디로 끝을 맺었습니다.

– 어때? 뺀찌 맞은 기분이.

〈바람 부는 날이면 압구정동에 가야 한다〉에서 친구가 나이트클럽에 들어가려다 퇴짜를 맞은 허준호에게

LEE 관객으로부터 외면 받은 게 큰 상처가 되셨을 것 같습니다.

YOO 〈바람 부는 날이면 압구정동에 가야 한다〉가 아주 망한 것은 아니었어요. 그래도 서울에서 4만 명 정도 들었는데, 당시로서는 그렇게 나쁜 결과는 아니었거든요. 영화에서 흥행이 그렇게 중요한 것인 줄은 미처 몰랐어요. 관객들이 줄을 서지 않는 극장 매표구 앞과 텅 비어 있는 극장 안을 직접 눈으로 보고 나니 그 느낌이 온몸으로 전해지더라고요. 관객이 외면한 영화라는 게 이런 것이구나. 대중영화에서 관객이 얼마나 소중한지 그때 뼈저리게 느꼈어요.

– 거북이 한 마리가 없어졌어. 아무리 찾아도 보이지가 않아.
– 한 마리 다시 사줄까요?
– 그냥 없어졌다는 거야. 다섯 마리 중에 한 마리가.

〈결혼은, 미친 짓이다〉에서 친구 결혼식에 갔다가 화장실 앞에서

엄정화와 마주친 감우성이 엉뚱하게 거북이 이야기를 꺼내면서

LEE 이제까지 모두 다섯 편의 영화를 만드셨습니다. 그런데 나머지 네 편에 대해서는 지금도 많이 거론되지만 첫 영화는 거의 잊혀진 상황입니다. 감독님이 그 영화를 만든 것 자체를 모르고 있는 관객도 많습니다. 이런 상황에 대해서는 어떻게 느끼시나요.

YOO 다행이라고 생각하죠.(웃음) 하지만 못난 자식도 자식이에요. 그 영화에 대한 회한이 없었다면 이후의 8년 방황도 없었을 것이고 제 인생도 달라졌겠죠. 아마 〈결혼은, 미친 짓이다〉로 재기하지도 못했을 거예요. 그 영화는 제게 여러 의미가 있는데 없어져버렸으면 좋겠다는 마음이 있지만 또 한편으로는 되찾고 싶은 마음도 있어요. 그런 미련은 듭니다. 처음에는 〈바람 부는 날이면 압구정동에 가야 한다〉를 압구정동에서 다큐멘터리처럼 찍어보려고 했거든요. 인터뷰도 하면서 말이죠. 애초에는 상당히 해체적인 시나리오였는데, 실제 그렇게 찍었다면 잘 만들지 못했어도 아쉬움이 남지는 않았을 거예요. 그때 하고 싶은 대로 찍었다면 지금의 제 영화 스타일도 좀 바뀌었을 것 같고요. 저는 지금 이야기를 무척 중시하는데, 그렇게 된 데는 첫 작품에서 제가 이야기를 잘못해 실패한 데 대한 반작용의 의미도 있는 거죠. 그때 이야기에 대한 반성이 생겨서 이야기를 강화하는 쪽으로 감독으로서의 정체성이 옮겨간 게 아닐까 싶거든요.

– 그럼, 생활은 어떻게 하고 있으세요?
– 아직 보따리장사니까 근근이 사는 정도죠.

〈결혼은, 미친 짓이다〉의 맞선 자리에서 엄정화의 질문에 시간 강사인 감우성이 대답

LEE 첫 영화 후 8년간 방황하시는 동안 생활은 어떻게 하셨나요. 시집 판매 인세로는 많이 부족했을 텐데요.

YOO 거의 원조를 받는 형태였죠. 어머니로부터 근근이, 굴욕적으로 원조를 받았어요. 거의 이슬만 먹고 사는 시인이었죠.(웃음)

LEE '참이슬' 말씀이신가요?(웃음)

YOO 하하. 그 당시에는 재즈에 대한 음악 비평도 하고 잡문들도 쓰면서 원고료를 받은 게 거의 유일한 수입원이었어요.

LEE 1995년에 나온 네 번째 시집 《세운상가 키드의 사랑》은 꽤 인기가 있었던 것으로 기억하는데요.

YOO 〈바람 부는 날이면 압구정동에 가야 한다〉가 나왔던 1991년 무렵이 시의 시대의 끝물이었던 것 같아요. 더구나 제가 연출한 영화가 망하고 나니까 시인으로서의 아우라가 훼손되어서 사람들이 제 시집을 안 사더라고요. 시인은 이미지가 중요하니까요. 어디, 섬진강이나 강화도에 산다든가 그래야 좋잖아요.(웃음) 영화가 박살이 나니까, 그런 작품을 연출했던 시인의 이미지를 살 이유가 없는 거죠.

– 우리 어디 가서 한잔 더 할까. 이대로 헤어질 순 없잖아.

〈결혼은, 미친 짓이다〉에서 결혼식이 끝나고 나서 공항으로 떠나는 신혼부부에 손을 흔들어준 후, 하객 중 한 사람이 친구들에게

LEE 그러다 두 번째 작품인 〈결혼은, 미친 짓이다〉를 실로 오랜만에 만들게 되셨습니다. 이 영화는 어떻게 하시게 된 건가요.

YOO 당시에 여균동, 이현승, 김성수, 박헌수 감독과 친하게 지냈어요. 함께 이야기도 하고 가끔씩 포커를 치기도 했는데, 그때 차승재 대표를 알게 되어 친분이 생겼죠. 처음 만났을 때는 영화사 신씨네의 제작부장이었어요. 제가 1999년에 결혼을 했는데, 결혼하자마자 싸이더스 대표인 차승재씨에게 연락이 왔죠. 제게 1,000만 원을 주면서 "무협영화를 만들려고 하는데 네가 시나리오를 써봐라" 하는 거예요. 그 제안에 당혹감을 느끼면서도 그 거액의 돈을 받았어요.

당시는 경제적으로 꽤 어려운 상황이었는데, 아내가 만삭인 상태로 회사를 다니고 있었거든요. 스스로가 이상의 소설 〈날개〉에 나오는 남자 같다는 생각이 들어 '나도 뭔가 일을 해야 하지 않을까' 라고 되뇌고 있던 시기였죠.

LEE 받은 돈은 어떻게 하셨어요?

YOO 호기롭게 전부 다 아내에게 줬죠.(웃음) 그런데 그때부터 후회가 밀려오더라고요. 도저히 그 시나리오를 못 쓸 것 같은 거예요. 감을 찾기 위해 무협지만 계속 읽으며 시간을 보냈죠. 그러다 차승재 대표가 다시 전화해서 요즘 괜찮은 원작 소설이 없냐고 묻더라고요. 곧바로 이만교씨의 소설 〈결혼은, 미친 짓이다〉가 떠올랐습니다. 제가 '오늘의 작가상' 심사를 하면서 그 원고를 재미있게 봤거든요. 그래서 판권을 구입할 수 있도록 다리를 놓아주었죠.

LEE 처음에는 연출 제의는 받지 않으신 건가요.

YOO 그냥 판권만 구매할 수 있도록 해달라는 건 줄 알았죠. 그런데 판권을 산 후 저 보고 연출까지 맡으라는 거였어요. 귀를 의심했죠. 뭘 믿고 제게 감독을 맡기겠어요. 그런데 "네가 독신 생활을 오래 했잖아. 네가 하면 잘할 거야"라고 하더군요. 그래서 무협 시나리오를 쓰기로 했던 것에서 방향을 틀어 졸지에 이 영화에 착수하게 됐죠. 하면서도 잘 믿기지 않았어요. 너무 쉽게 시작해서요. 지금도 차승재씨에게 무척 고마워요. 차승재라는 사람이 없었다면 아마 다시 영화 할 일이 없었을 겁니다.

– 이게 얼마만이냐.

〈비열한 거리〉에서 남궁민이 옛 친구인 조인성을 오랜만에 만나서

LEE 다시 영화를 시작하시게 되기까지 무려 9년이 걸렸습니다. 그렇게까지 오래 걸린 데는 내적인 이유도 있었을 것 같은데요.

YOO 솔직히 말하면, 이중적인 감정이 있었어요. 하나는 다시 영화를 만들어서 제대로 보여주고 싶다는 생각, 이전의 실패를 만회하고 싶다는 마음이었죠. 또 하나는 영화 일을 다시는 하고 싶지 않다는 느낌이었습니다. 한번 상처를 받으면 그쪽으로 다시 가고 싶지 않은 심정이 있잖아요? 그 두 가지의 이율배반적인 감정이 제게 동전의 양면처럼 있었던 것 같아요.

– 나 자리 너무 오래 비운 거 같애. 들어갈게.

〈비열한 거리〉에서 이보영이 일터인 서점으로 돌아가면서 조인성에게

LEE 오랜만에 현장으로 돌아가서 이전과 가장 다르다고 느낀 것은 어떤 점이었습니까.

YOO 일단 분야별로 스태프들이 전문화되어 있는 게 놀랍더군요. 하지만 무엇보다 감독이 현장에서 직접 확인할 수 있는 모니터가 있다는 사실이 반가웠습니다. 전에는 현장에서 모니터가 없었기에 촬영감독의 입김이 무척 강했거든요. 카메라의 뷰파인더를 들여다보는 것도 사전에 일일이 양해를 구해야 하는 형편이었죠. 모니터가 있으니 현장에서 OK를 내릴 때 정말 큰 힘이 되더군요.

– 두번째도 실수였습니다. 이거 어떡하면 좋은가?

〈바람 부는 날이면 압구정동에 가야 한다〉에서 주먹 대결을 할 때

상대인 홍학표가 두번째도 제대로 때리지 못하자 최민수가 이죽거리면서

LEE 만일 두 번째 작품도 성공하지 못했다면 어떻게 됐을까요.

YOO 그랬다면 그후로는 정말로 안 했을 거예요. 아니, 못 했겠죠. 기회가 없었을 테니까요. 차승재 대표도 그때 이게 마지막 기회일 수

있다고 했어요. 누가 말해 주지 않아도 나 자신이 그 사실을 매우 잘 알고 있었습니다. 내가 계속 영화를 하려면 흥행이든 비평이든 어느 정도는 되어야 하지 않겠냐는 중압감이 매우 컸어요. 그런데 첫 장면을 찍고 났는데 제 스스로 생각할 때 정말 못 만든 것 같은 거예요. 초보운전으로 도로에 나섰는데, 신호등도 제대로 보이지 않는 것 같은 느낌이라고 할까요.

LEE 처음 찍은 신이 어떤 장면이었습니까.

YOO 준영(감우성)이 대학로 패스트푸드점 앞에서 맞선 상대 연희(엄정화)를 기다리는 장면이었죠. 사람들이 많이 등장하는 군중 신이었는데, 재촬영하고 싶더라고요. 집에 돌아오면서 '또 망했다'는 생각이 절로 들었고요. 그러다 점점 감을 찾아서 나머지 장면들을 찍게 됐죠. 완성하고 나서 싸이더스 내부에서는 평이 썩 좋지 않았어요.

LEE 왜요?

YOO 일단 감독과 배우의 지명도가 약한데다가 내용적으로도 배우 둘만 나와서 왔다 갔다 하는 작은 드라마여서였는지 편집본 반응이 별로였습니다. 그러던 차에 아내에게 그 영화를 보여줄 기회가 있었어요. 그런데 아내가 정말 재미있다면서 걱정하지 말라고 하는 거예요.

LEE 당시 기자 시사회에서 이 영화를 보고 무척 좋았던 기억이 납니다. 저뿐만 아니라 시사회 분위기가 상당히 호의적이었죠.

YOO 기자 시사회 때 반응이 예상보다 훨씬 좋아서 좀 놀랐어요. 그제야 한시름 놓은 기분이더군요.

– 좋아. 아주 잘됐어. 수고했어요.

〈바람 부는 날이면 압구정동에 가야 한다〉에서 완성된 CF 시사가 끝난 후 광고제작사 간부가 제작진을 치하

LEE 〈결혼은, 미친 짓이다〉는 결국 손익분기점을 훨씬 넘었죠? 흥행

에까지 성공하는 것을 보면서 어떤 기분이셨습니까.

YOO 60만 명이 손익분기점이었는데 최종적으로 125만 명이 들었죠. 그런데 실감이 잘 나지 않더라고요. 만든 사람 입장에서는 영화를 다시 보면 실수만 계속 눈에 들어오는 법이니까요. 시나리오는 괜찮았다고 보기에 그 영화는 제가 지금의 스킬로 찍을 수 있었다면 훨씬 더 좋았을 것 같습니다.

LEE 연출적으로 특히 그 영화의 어떤 점이 아쉬우신가요.

YOO 보시는 분들은 눈치 채지 못할 수도 있는데, 인물들의 감정이 점층적으로 고조되지 못하고 갑자기 싸운다거나 하는 장면들이 자연스럽지 못하게 느껴져요. 싸울 정도로 감정이 쌓였다기보다는 드라마 전개상 싸워야 되는 장면이니까 싸우는 것 같다는 거죠. 그 영화에 좀 뻑뻑한 게 있는데, 아무래도 9년간 쉬었기 때문인 것 같습니다.

– 사는 동안 누구나 인생에서 제일 기억에 남는 시절이
있을 것이다. 내겐 1978년이 그런 해였다.
그해 봄 우리 집은 강남으로 이사를 왔다.

〈말죽거리 잔혹사〉의 도입부에 흘러나오는 권상우의 내레이션

LEE 세 번째 작품인 〈말죽거리 잔혹사〉에는 감독님의 개인적인 추억이 짙게 배어 있습니다. 자신의 고교 시절을 영화화하겠다고 할 때의 마음은 어떤 것이었습니까.

YOO 제 영화에는 남성성에 대한 매혹과 그것에 대한 혐오가 동시에 관류하고 있는데 그런 이중적인 느낌이 〈쌍화점〉까지도 지속되고 있는 것 같아요. 〈말죽거리 잔혹사〉를 찍기 전에는 나이가 마흔이 됐는데도 잠을 자면 고교 시절 꿈을 계속 꾸었어요. 누군가에게 린치를 당하거나 돈을 뜯기거나 캐비닛에 갇힌 채 선생에게 맞는 꿈이었죠. 고등학교 때 저는 덩치가 워낙 컸기에 싸움도 잘하고 남자다워

야 한다는 강박을 갖고 있었어요. 누군가에게 얻어맞으면 덩치가 그렇게 큰데 맞고 다니냐는 말을 들어야 했으니까요. 제가 다녔던 상문고등학교 자체가 그때는 수컷들의 소굴이었는데, 그 안에서 살아남기 위해서 저 역시 음성 서클에 가입해 다른 아이들을 때려야했습니다. 저는 사실 여성성이 강한 사람이에요. 그랬기에 시인이 될 수 있었던 거죠. 그런데도 그런 학창 시절을 보냈던 게 제게 트라우마로 남아 있었기에 영화를 통해서 살풀이를 하고 싶었습니다. 그래서 그 내용에 대해 차승재 대표에게 말했더니 회의적으로 보더군요. 소재가 그래서인지 제작비 마련부터 어려웠던 작품이었습니다. 하지만 〈결혼은, 미친 짓이다〉가 끝난 후, 그 다음에는 무조건 이걸 영화로 만들어야겠다고 생각하고 밀어붙였죠.

LEE 완성 후 영화가 커다란 성공을 거뒀으니 제대로 살풀이를 하신 거네요.(웃음)

YOO 이 영화를 만들고 난 다음부터 고교 시절에 대한 꿈을 꾸지 않게 되더라고요.(웃음) 고등학교에 다니던 때의 기억 자체가 다 없어졌어요. 이전에는 그 시절을 하도 많이 생각해서, 〈말죽거리 잔혹사〉를 만들면서 따로 취재가 필요 없을 정도였죠. 그 영화는 제 머릿속에서 끄집어낸 기억으로만 만든 작품이거든요. 그런데 그 영화를 끝내고 나니 그 시절이 제대로 떠오르지조차 않습니다.

1978년, 말죽거리, 은광여고 쥐색 항아리 치마를 태운
은빛 자전거가 내 검은 제복의 가슴을 뚫고 지나갔다
· · ·
우린 모두 이상한 새들이었다 이 땅의 육체가 문득 족쇄처럼
느껴질 때, 키치의 날개를 퍼득이며 말죽거리, 세운상가를 지나
태평양을 가로질러, 메스티조 미희들의 나라 아르헨티나까지
아주 날아갔으면……

시 〈새들은 말죽거리에 가서 잠들다〉 중에서

나의 그로잉 업을 영화로 찍는다면 어떨까

…

밤늦게 떡볶이 먹다 떡볶이 집 아줌마한테 유혹당한

시 〈그로잉 업〉 중에서

LEE 감독님의 시 〈그로잉 업〉과 〈새들은 말죽거리에 가서 잠들다〉에는 〈말죽거리 잔혹사〉에 다뤄진 내용의 상당 부분이 이미 묘사되어 있습니다. 실제로 촬영에 들어가기 십 수년 전 그 시들을 쓰실 때 이미 감독님은 머릿속에서 그 영화를 다 찍어놓으신 것 같습니다.

YOO 그때는 제가 영화학과 대학원 입시를 준비하고 있을 때였어요. 당시에 이미 그 내용의 영화화를 염두에 둔 게 사실이죠. 언젠가는 꼭 찍어보고 싶다고 생각했는데 결국 십수 년 뒤에 〈말죽거리 잔혹사〉를 만들게 된 거죠. 압구정동에서 말죽거리까지는 걸어서 기껏 두 시간 거리인데, 저는 그걸 걷는 데 10년이 걸린 셈입니다.(웃음)

– 졸업이 얼마나 남았다고 짤리냐. 웬만하면 그냥 다니지.

〈말죽거리 잔혹사〉에서 권상우가 재수 학원에서 우연히

옛 친구 박효준을 만나 그간의 이야기를 듣다가

LEE 〈말죽거리 잔혹사〉에 등장하는 주요 인물들은 일종의 악역인 종훈(이종혁)을 제외하면 전부 퇴학당하거나 자청해서 학교 밖으로 나갑니다.

YOO 제 자신이 학교 다니기가 너무 싫었어요. 당시 퇴학당해서 거리를 어슬렁거리는 친구들을 은광여고 앞 같은 데서 우연히 마주칠 때가 종종 있었죠. 그러면 그 친구들이 제게 학교 아직 다니냐고 묻고는 했는데, 그럴 때마다 죄책감까지 들었어요. 다들 쫓겨나서 체제 밖에 있는데 저 혼자만 비겁하게 남아 있는 것 같아서요. 실제로 그들이 부럽기도 했어요. 학교가 정말 싫었거든요. 〈말죽거리 잔혹사〉에서 현수(권상우)가 퇴학당하게 된 게 사실은 저의 로망일 수도 있습니다. 저는 어쨌든 끝까지 다녔으니까요.

– 갖고 왔냐?
– '마성기' 하고 이거 '꿀단지'.
– 알았어.

〈말죽거리 잔혹사〉에서 포르노 만화를 교실에서 거래하는 학생들

LEE 〈말죽거리 잔혹사〉를 보면 교실에서 학생들끼리 포르노 잡지나 만화를 사고파는 장면이 인상적으로 묘사되어 있습니다.

YOO 지금이야 남학생들이 손쉽게 인터넷으로 다운 받아서 '야동'을 보겠지만, 그때는 그런 걸 구하기가 어려운 시절이었어요. 그런데 저는 입수 루트를 알고 있었기에 급우들에게 인기가 있었죠.(웃음)

LEE 극중 햄버거(박효준)처럼 팔지는 않으셨죠?

YOO 왜요, 팔기도 했죠.(웃음) 아이들의 관심을 그런 걸로 끌기도 했어요. 작고하신 문학평론가 김현 선생님이 제 시에 대해 평하시면서 '키치 중독자'라는 표현을 쓰셨는데, 실제 제가 그랬던 것 같습니다. 그 근원에는 아마도 세운상가가 있는 듯해요.

LEE 네 번째 시집 제목이 바로 '세운상가 키드의 사랑'이었죠.

YOO 제 짝이 말 그대로 세운상가 키드였거든요. 매일 책상 밑에 '빨간 책'

바람 부는 날이면
압구정동에 가야 한다

개봉 1993년 1월 22일 **출연** 홍학표 엄정화 최민수 상영시간 110분 _ 시인인 영훈은 8밀리 카메라로 습작하면서 영화감독 데뷔를 꿈꾼다. 영훈은 어느 날 우연히 거리에서 만난 후 반하게 된 혜진에게 자신의 영화에 주연배우로 출연해 달라고 요청한다. 혜진은 압구정동에서 자유분방하게 살아가는 현재에게 매력을 느끼고 다가가지만 그에게서 버림받는다. 스타가 되는 것이 꿈인 혜진은 영훈의 영화에 합류하기로 결심한다.

을 펴놓고 보고는 했죠. 그 친구 따라서 저도 세운상가에 다니게 됐어요. 영화를 좋아하는 입장에서 일본판 잡지 〈스크린〉 같은 것도 구하고요. 이소룡이나 올리비아 허시 같은 배우들 사진을 모으기도 했죠. 우리 시대의 대표적인 아이콘 같은 사람들이었으니까요. 세운상가의 문화는 일종의 곰팡이 문화라고 할 수 있을 텐데, 그런 데 깊게 경도되어 있었습니다. 그게 영화를 만드는 과정에서 추억담으로 나오는 것이겠죠. 수컷들을 학교라는 폐쇄적인 공간에 억압시켜 놓으면, 금지된 것에 대한 환상이 생겨나는 것 같아요. 지금 학생들은 그때보다는 상대적으로 자유롭겠지만요.

추억은 먼지 낀 유행가의 몸을 빌려서라도
기어코 그 먼 길을 달려오고야 만다

시 〈세상의 모든 저녁 1〉 중에서

LEE 추억을 떠올리는 데 노래만 한 게 없는 것 같습니다. 아닌 게 아니라 〈말죽거리 잔혹사〉에는 진추하, 모리스 앨버트, 양희은, 샌드페블즈 등의 음악이 끊임없이 흘러나오면서 한 시대의 공기를 입체적으로 만들어냅니다. 이 영화의 노래들은 어떤 작품들보다도 영상과 단단히 밀착되어 있는 것처럼 느껴집니다.

YOO 어떤 창작자들은 과거보다는 미래를 상상하면서 작품을 만들죠. 그런데 사실 저는 앞보다는 뒤를 보면서 작품 활동을 하는 것 같아요. 지나간 것에 대한 상실감 같은 게 워낙 큰 거죠. 인생이란 단 한 번 사는 것이고 늙음과 죽음을 향해 달려가는 것인데, 뒤돌아보면서 추억하면 순간적으로나마 허무함이나 덧없음을 잊을 수 있어요. 그래서 영화든 시든, 그런 것들을 창작해내는 동안에는 살아 있음을 생생히 느끼는 거죠. 노래는 그 멜로디 안에 이미 추억담이 각인되어 있잖아요? 어떤 소절이 나오면 그때 어떤 빵집에서 무슨 이야기를 나누고 있었는지가 고스란히 떠오르는 식이죠.

– 버스에서 한두 번 봤어요.
  그때마다 이어폰 끼고 있던데 음악 듣는 거 좋아하나봐요.
– 예, 팝송 좋아해요.
– 어떤 가수 좋아해요?
– 엘튼 존하고 진추하 좋아해요.

〈말죽거리 잔혹사〉에서 권상우가 빵집에서 묻자 한가인이 대답

LEE 감독님은 예전에 어떤 음악 좋아하셨어요?

YOO 은주(한가인)처럼 주로 팝송이었죠. 사이먼 앤 가펑클, 레드 제플린, 아바 등 잡탕으로 좋아했어요.

LEE 대학 이후에는요?

YOO 대학 때도 팝송을 즐겼어요. 〈비열한 거리〉에도 넣었지만, 앨런 파슨스 프로젝트의 노래들도 참 많이 들었고요. 대학을 졸업한 뒤에는 시를 쓰면서 우연히 재즈를 듣게 되어 빠져들었습니다. 역삼동에 '채플린'이라는 카페가 있었는데 거기에 출입하면서 사람들과 시에 대해 이야기를 나누고는 했죠. 그런데 하도 자주 가다 보니까 거기서 틀어줬던 재즈 선율에 저절로 인이 박이게 된 거예요. 그렇게 재즈 레코드를 사기 시작했어요. 나중에는 공부도 했죠.

LEE 재즈 칼럼도 쓰셨잖아요. 재즈는 누굴 좋아하셨습니까.

YOO 색소퍼니스트들을 좋아했죠. 소니 롤린스나 덱스터 고든을 많이 들었어요.

– 야, 이 개새끼야. 너 이리 나와.
  이 씨발놈아. 니가 그렇게 싸움을 잘해? 옥상으로 올라와.

〈말죽거리 잔혹사〉에서 권상우가 자신의 반에 들어와서 행패를 부리는 이종혁에게

LEE 〈말죽거리 잔혹사〉는 성장영화지만 어떻게 보면 서부극의 플롯을 가진 것처럼 보이기도 합니다. 아무도 도와주지 않는 상황에서 마을에 침입한 악당들을 홀로 해치우고 공동체를 구한 뒤 표표히 떠나는 서부의 영웅 이야기 같다는 거지요.
YOO 의식했던 것은 아니지만 제가 서부극을 좋아했으니 무의식적으로 반영되었을 수는 있겠죠.

– 근데 너 뭐, 건달들 만나려고 그런다면서?
– 어, 이번에 준비하는 게 건달 얘기야.

〈비열한 거리〉에서 조인성이 오랜만에 만난 친구인 감독 남궁민에게 질문

LEE 네 번째 영화인 〈비열한 거리〉는 소위 '조폭영화'입니다. 그런데 조폭장르라면 혐오의 감정부터 드러내는 관객들도 적지 않죠. 저는 조폭영화 자체가 나쁘다고는 생각하지는 않습니다. 그 장르에도 괜찮은 영화들이 있으니까요. 하지만 〈비열한 거리〉가 기획되었을 때에는 이미 허다하게 많은 조폭영화들이 쏟아져 나왔고, 더구나 〈비열한 거리〉가 다루고 있는 이야기는 〈게임의 법칙〉 〈초록 물고기〉 〈친구〉 같은 작품들에서 상당히 유사한 형태로 선행되었던 게 사실이기에 의구심이 좀 있었습니다. 왜 이런 소재를 영화화하기로 결심하셨는지 궁금합니다.
YOO 저 역시 그때도 이중적인 심리가 있었어요. 사실 〈말죽거리 잔혹사〉 이후에 그 작품을 포함한 '폭력 3부작'을 생각하게 됐습니다. 액션 장르 자체에 대한 동경이 제게 있었거든요. 이제는 주인공이 학교에서 나와서 좀더 본격적으로 액션을 하게 하고 싶었는데, 그렇게 하려니까 조폭장르로 갈 수밖에 없더군요. 그런데 막상 착수하려

니까 너무나 많은 조폭영화들이 나와 있는 게 걸렸습니다. 게다가 그 장르의 영화들에 대해서는 보기도 전에 도덕적으로 단죄하는 경향이 있는 것도 우려스러웠구요. 그래도 〈대부〉 같은 영화를 워낙 좋아했기에 저도 만들고 싶은 마음에 취재를 시작하게 됐죠. 취재를 하러 조폭들을 만나다 보니 '내가 무슨 엘도라도를 찾겠다고 이러고 있나' 싶은 자괴감도 들더군요. 하지만 영화감독이 대박을 꿈꾸며 조폭을 만나게 되는 이야기에는 메타 장르적인 속성이 있기에 변별성이 있다고 봤어요. 감독인 저로서는 자기반영성이 담긴 작품이기도 하고요. 그래서 시작하게 됐습니다.

– 오늘 태사가 새로이 합궁 날짜를 내놨소.

〈쌍화점〉에서 주진모가 송지효와 조인성이 잠자리를 함께하는 일에 대해 상의하면서

LEE 〈비열한 거리〉가 여타 조폭영화와 결정적으로 다른 것은 조폭 세계를 취재해서 영화를 만들려는 인물이 큰 비중을 지니고 등장한다는 점입니다. 이것은 말씀하신 대로 자기반영성이 들어간 모티브이기도 하지만, 다른 한편으로는 장르의 묵은 이야기를 새롭게 포장하려는 의도가 담긴 것이기도 하다는 생각이 들었습니다.

YOO 이걸 해봐야 또다른 조폭영화 한 편을 보태고 마는 게 아닐까 싶은 회의감이 있었죠. 그런데 감독 캐릭터를 이야기에 넣어서 만들면 조금 다른 시각에서 볼 수 있을 거라고 판단했어요. 그래서 제 자신을 그 속에 투영하게 된 거죠. 지금 돌이켜보면 차라리 그냥 조폭 세계에 좀더 천착해서 병두(조인성)의 스토리만 가지고 만드는 게 더 낫지 않았을까 싶은 생각도 들어요. 영화감독 모티브가 들어가니까 이야기의 집중력이 좀 떨어진다고 할까요. 이야기 자체로는 방만한 부분이 있었던 듯합니다. 그게 아니면, 아예 영화감독이 확고한 주인공이 되어서 조폭 세계를 들여다보는 쪽으로 찍는 게 낫지 않았을

까 싶기도 하고요. 그런데 그렇게 하려고 했다면 상업영화에서 캐스팅이 쉽지는 않았겠죠. 감독을 하면서 가장 어렵게 느껴지는 게 캐스팅인데, 투자가 되는 배우를 쓰려면 배우가 원하는 배역이 있어야 한다는 거죠. 그런 데서 타협점을 찾는 게 쉽지 않습니다.

– 나는 왜 이렇게 너한테 이런 말을 하는 걸까.

〈바람 부는 날이면 압구정동에 가야 한다〉에서 최민수가 자신의 인생에 대해 감상적으로 회고하는 말을 엄정화에게 늘어놓다가

LEE 저는 감독님이 하시는 이야기들이 매우 고전적이고 원형적이라고 느낍니다. 그런데 감독님은 그 이야기에서 새롭다는 느낌이 들도록 변형을 가할 수 있는 모티브를 조합하시는 것 같습니다. 〈비열한 거리〉에 영화감독 이야기가 서브플롯으로 삽입된 게 대표적이죠. 〈쌍화점〉에서 동성애 모티브가 등장하는 것도 마찬가지일 것 같습니다. 저는 〈쌍화점〉의 이야기가 매우 전형적인 삼각 멜로라고 보는데, 감독님은 거기에 동성애 모티브를 가미하고 시공간 배경을 고려시대의 왕실로 옮김으로써 새로운 감각을 불어넣으려 하셨던 것 같습니다. 〈쌍화점〉의 동성애와 〈비열한 거리〉의 영화감독 부분은 각각 두 영화의 핵심이 아니라 일종의 노림수나 극적 장치에 가깝다는 겁니다.

YOO 맞습니다. 저는 하늘 아래 새로운 이야기는 없다고 생각해요. 다만 끝없는 변주가 있을 뿐이죠. 〈쌍화점〉을 만들면서 이야기에 대해 점점 더 관심을 가지다보니까, 이야기의 원형이 되는 것들부터 짚고 싶더라고요. 그러다 보니 〈햄릿〉 같은 작품도 다시 읽게 됐습니다. 그렇지만 아무래도 21세기에 전형적인 삼각관계 이야기는 좀 낡아 보일 것 같더군요. 그래서 동성애 코드를 집어넣은 것입니다. 특히 왕이란 존재는 남성주의의 극점에 가 있는 사람인데, 그가 동성애자

라고 하면 전복성이 훨씬 더 커지는 것 같아서 시작한 프로젝트지요.

– 아무래도 큰일을 꾸미는 거 같습니다.

〈쌍화점〉에서 임주환이 반역의 조짐에 대해 조인성에게 보고하면서

LEE 〈쌍화점〉은 순제작비만 76억 원입니다. 감독님이 이제까지 만드신 작품 중 가장 큰 규모였습니다.

YOO 사극을 연출해 보니까 실제 체감하는 것보다 돈이 더 많이 들어가는 것 같더군요. 현장에서 느껴지는 규모는 〈비열한 거리〉보다 오히려 적게 여겨졌거든요. 사극은 모든 것을 전부 다 디자인해야 하니까 제작비를 많이 쓸 수밖에 없는 것 같습니다. 지방 촬영이 많았기에 특히 숙식비로 많이 들어갔죠.

LEE 대작이니만큼 부담도 크셨을 것 같은데요.

YOO 그 부담은 나중에 많이 생겼죠. 처음에는 내밀한 궁중 비사秘史로, 이동진 기자님이 이 영화 리뷰에서 표현하신 대로 '농밀한 멜로'로 만들고 싶었는데 하다 보니 커진 경우였습니다. 원래 이야기의 규모는 〈비열한 거리〉보다 작다고 보고 연출했는데 점점 더 제작비가 올라가니 많이 당황하게 됐죠. 그러면서 부담도 커졌고요.

– 형님, 오늘 생각보다 하객이 많이 온 거 같습니다.

〈비열한 거리〉에서 조인성이 여동생 결혼식을 치르고 있는 윤제문에게

LEE 〈쌍화점〉은 400만 명 가까운 관객이 들었습니다. 이 영화의 손익분기점이 350만 명임을 감안하면, 괜찮은 흥행 성적입니다. 그렇지만 크게 성공했다고 보기는 어려운데, 스스로 어떻게 느끼십니까. 이 정도라서 아쉬우신가요, 아니면 이 정도인 게 다행인가요.

YOO 둘 다예요. 〈쌍화점〉은 찍는 내내 부담이 많은 영화였어요. 맞지 않는 옷을 입고 다니는 듯 했거든요. 잠을 못 이룰 정도로 힘들었어요. 제가 평상시에 사극을 즐겨 본 것도 아니었거든요. 사극이 제게는 낯설고 불편한 장르였던 것 같습니다. 그리고 저는 활동적인 영화를 좋아하는데 이 영화는 기본적으로 정적이기도 했고요. 또 하나 부담스러운 것은 두 남자배우의 스타 파워였습니다. 처음에는 조인성, 주진모를 캐스팅했으니 그들의 스타성만으로도 관객이 어느 정도 들 거란 생각에 안도했죠. 그런데 개봉이 가까워질수록 주변에서 기대치가 너무 커져 점차 부담으로 바뀌었어요. 다 찍고 서울에 올라와보니, 제가 엄청난 블록버스터를 찍은 것처럼 알려져 있더라고요.

– 병두야, 너 고생 많았다.
– 아닙니다.
– 아니야. 어려운 돈 받아왔어.

〈비열한 거리〉에서 천호진이 받기 어려웠던 채무자의 돈을 성공적으로 받아온 조인성을 칭찬

LEE 영화의 소재나 제반 조건을 고려하면 400만 명에 가까운 관객 수는 상당히 선전한 결과로 보입니다.

YOO 완성되었을 때 내심 500만 명을 넘겼으면 좋겠다는 바람을 갖기는 했죠. 그게 안 되어서 아쉬움은 좀 있지만, 극장에서 관객들과 함께 이 영화를 보니 모두가 폭넓게 좋아할 만한 작품은 아니라는 생각이 들더군요. 동성애 모티브가 제 예상보다도 훨씬 더 남성 관객들에게 거부감을 주는 듯했어요. 그런 생각을 하면 동성애를 다룬 영화 치고는 성공한 편이라는 판단도 들어요. 그런 거부감 속에서도 400만 명 가까이 든 거라면 선전한 것이겠죠. 사실 멜로영화는 관객 동원력이 그렇게 크지 않아요. 그런 한계들을 감안하면 괜찮은 성적

인 것 같습니다.

– 근데 내가 이제 상철이 정리하고 너랑 일을 하게 되면 어려움이 좀 있을 텐데 각오는 돼 있냐?

〈비열한 거리〉에서 천호진이 조인성에게 새로운 파트너십을 제의하면서

LEE 〈결혼은, 미친 짓이다〉부터 〈말죽거리 잔혹사〉와 〈비열한 거리〉까지, 감독님은 줄곧 싸이더스에서 영화를 만들어오셨습니다. 그런데 〈쌍화점〉은 싸이더스가 아닌 다른 영화사와 손을 잡은 작품이지요. 계속 차승재 싸이더스 대표와 함께 해오시다가 다른 곳에서 영화를 만드는 게 어렵지는 않으셨나요.

YOO 그게 참 묘하더라고요. 그 구조 안에서 친숙하게 영화 작업을 하다가 이번에 신생 영화사에서 하니 큰 우산 아래에서 일을 하다가 우산이 없어져버렸을 때의 허전함이 느껴지는 한편, 그늘에서 벗어나 뭔가 새롭게 도전하는 느낌도 들더군요.

LEE 싸이더스가 아닌 다른 영화사에서 하신 이유는 어떤 건가요.

YOO 싸이더스에서 이미 세 작품을 했죠. 같은 영화사에서 계속 작업하면서 정체된다는 생각도 있었고, 싸이더스는 영화가 워낙 많아서 홍보 등에서 아쉬움을 느끼게 되는 경우도 있었어요. 자유롭게 바깥바람을 쐬고 싶은 생각이었습니다.

LEE 차승재 대표께서 섭섭해 하지는 않던가요?

YOO 서운해 했지만 그다지 많이 붙잡지는 않았습니다.

– 이런 거 몇 개는 갖고 있어야지.

〈비열한 거리〉에서 조인성이 새로 연 오락실이 잘된다면서 덕담을 건네는 조직원에게

LEE 첫 영화만 실패했을 뿐, 감독님은 이후 네 편의 영화가 모두 손익분기점을 넘기며 흥행에 성공했습니다. 이 정도면 흥행감독이라고 불려도 전혀 어색하지 않은데요.(웃음)

YOO 700~800만 명은 동원해야 흥행감독 소리 들을 수 있는 것 아닌가요. 저도 흥행하고 싶죠. 자신이 만든 이야기를 좀더 많은 사람이 봐주는 게 창작자로서의 원초적인 욕망일 테니까요. 시도 마찬가지입니다. 자신의 시집이 많이 팔리는 것을 싫어하는 시인은 아마 없을 거예요. 이건 돈 문제가 아니거든요. 하지만 지금 이 정도로 봐주시는 것만으로도 고맙죠. 제게는 드라마가 어느 정도 관객을 납득시킬 수 있게끔 다가간다면 영화가 턱없이 망하지는 않을 거라는 믿음이 있기도 해요. 〈결혼은, 미친 짓이다〉 때부터 그런 생각을 하게 됐죠. 제 영화에 관객이 납득할 만한 요소가 어느 정도는 있었던 것 같기도 해요. 그래서 손해를 보지는 않았겠죠.

– 형님, 여긴 자리가 좋아가지고 관리만 잘하면 괜찮겄습니다.

〈비열한 거리〉에서 진구가 새로 개업한 오락실 운영에 대해 조인성에게

LEE 이제껏 만드신 영화 중 찍을 때부터 어느 정도 흥행을 예감했던 작품이 있었다면 어떤 것인가요.

YOO 촬영하면서 흥행 예감이 든 적은 없었습니다. 다만 〈비열한 거리〉는 어느 정도 되지 않을까 싶었어요. 그런데 210만 명 정도에서 끝나 좀 실망했지요. 그 영화는 운도 따르지 않았어요. 그 영화의 개봉일이 하필 월드컵 토고전이 열리던 날이었거든요.(웃음)

LEE 그렇다면 찍으면서 가장 힘드셨던 영화는 어떤 작품입니까.

YOO 모든 작품이 다 어려웠지만, 특히 〈말죽거리 잔혹사〉가 그랬던 것 같습니다. 〈결혼은, 미친 짓이다〉로 멜로드라마에는 성공했지만 그 영화는 액션이 많이 가미되는 내용이라서 투자자 측에서 의구심

이 많았거든요. 유하라는 감독이 소소한 멜로는 성공시켰지만 액션까지 가능할까 싶었던 거지요. 저 역시 액션 장면이나 군중신을 찍으면서 굉장히 긴장했던 게 사실이었어요. 연출부 경험도 적고 현장 경험도 많지 않았던 상황에서 〈말죽거리 잔혹사〉처럼 당시로서는 꽤 큰 영화를 제대로 찍을 수 있을지에 대한 긴장이 항상 있었죠.

- 저희 영화 '남부건달 항쟁사'가 어제부로 관객 오백만을 돌파했습니다.

〈비열한 거리〉에서 극중 영화가 크게 히트하면서 관객 500만 명을 돌파하자 사회자가 축하 무대에서

LEE 감독님의 최근 영화 네 편이 모두 흥행에 성공했지만, 소위 '대박'으로 여겨지는 500만 명을 돌파한 경우는 없었습니다. 그렇게 된 건 운이 없었기 때문이라고 생각하십니까.

YOO 아뇨, 그렇게 보지는 않습니다. 저는 대중들이 납득할 수 있을 만큼 드라마를 짜고 또 고전적인 구조로 영화를 만들려고 노력하는데, 결국은 관객들에게 불친절한 부분이 있지 않았나 싶어요. 제가 시로 출발한 사람이다 보니까 결정적 순간에 시인의 정체성이 나오는 듯해요. 폭발시켜야 할 지점에서 너무 절제한다든가, 관객이 좀 더 보고 싶어 하는 장면에서 쿨하게 찍는다든가 하는 식이죠. 제 유머 코드가 그리 대중적이지 않은 것과도 관련이 있을 것 같아요. 좀 문학적인 측면이 있다고 할까요. 그런 부분들 때문에 관객이 제 영화에 온전히 만족하지 못하는 게 아닌가 싶습니다. 예전에 차승재 대표가 그러더라고요. "너는 하고자 하는 이야기가 너무 확고해서 아주 많은 관객이 좋아하지는 않을 거야"라고요. 그래서 관객들이 제 영화를 끝까지 편안하게 보지 못하는 부분이 있지 않나 싶어요.

나의 언어는 작곡이 아니라 연주에 불과한 것

시 〈모텔, 카사블랑카〉 중에서

LEE 〈쌍화점〉을 보면서 많은 영화가 생각났습니다. 이야기의 틀에서는 〈왕의 남자〉나 〈황후화〉가 떠오르고, 왕의 실연을 절절하게 다룬다는 점에서는 〈음란서생〉이 연상되었습니다. 사랑하는 연인을 설득해 다른 사람의 침소로 밀어 넣는 모티브는 테렌스 맬릭의 〈천국의 나날들〉, 잔치를 가장해서 참석자들을 참살하는 장면은 지앙웬의 〈귀신이 온다〉, 배우자를 마당에서 열리는 연회에 남겨둔 채 좁은 실내에서 격정적으로 관계를 갖는 설정은 앤소니 밍겔라의 〈잉글리쉬 페이션트〉를 각각 상기시켰죠. 서로 다른 영화들에서 나타나는 공통점의 상당 부분은 물론 우연입니다. 이야기라는 것은 상당 부분 겹치기 마련이니까요. 하지만 의도적으로 모티브를 가져오신 경우도 없지 않을 것 같습니다. 만드는 과정에서 이들 중 어떤 영화를 의식하신 적이 있으신가요.

YOO 솔직히 말하자면, 제가 영화를 많이 보는 편이 아닙니다. 책은 요즘도 많이 보는 편이지만, 다른 사람이 만든 영화들을 마니아처럼 보거나 하진 않아요. 처음 영화를 시작하면서 신상옥 감독의 영화 〈내시〉를 보며 충격을 받은 적이 있었습니다. 물론 촌스러운 부분도 없지 않았지만, 당시에 그렇게 모던하고 퇴폐적인 매력을 갖추면서 결말이 센 영화를 만들었다는 게 놀라웠거든요. 그래서 언젠가는 그 영화를 리메이크하고 싶다는 생각을 했지요. 당대의 톱스타들이 극중에서 거세를 당했다는 사실도 흥미로웠습니다. 신성일씨도 그랬고, 안성기씨는 두 번이나 그랬죠. 영화 속에서 거세란 억압된 현실이나 폐기된 젊음을 의미한다는 점에서 현실을 풍자적으로 반영하는 모티브겠죠. 저는 그 거세의 모티브를 마초이즘에 대한 혐오로 바꿔서 사용하고 싶었어요. 그런데 2007년에 〈왕과 나〉라는 텔레비전 드라마가 나오는 바람에 그 계획을 덮었던 거죠. 그러다가 공민

왕에 대한 이야기를 읽고 강한 인상을 받으면서, 거기에 거세의 모티브를 합쳐서 영화를 만들 생각을 했죠. 그랬더니 또 〈왕의 남자〉가 떠오르더라고요.(웃음)

LEE 그 정도 비슷하다고 기획 자체를 포기할 수는 없을 것 같은데요.

YOO 〈비열한 거리〉 때도 〈친구〉 이야기가 나왔어요. 〈말죽거리 잔혹사〉 때는 〈품행제로〉가 계속 거론되었고요. 요즘은 텍스트가 너무 많으니까 일정 부분 겹쳐지지 않을 수 없죠. 그래도 그런 말을 듣기 싫어서 다른 거 먼저 하려고 일단 보류해 두었습니다. 그런데 공민왕 이야기가 머릿속에서 떠나지를 않더라고요. 제게는 워낙 매혹적인 이야기였거든요. 결국 밀어붙이기로 했는데, 시나리오를 다 쓴 뒤에 〈음란서생〉을 보니까 거기에도 거세 모티브가 등장하더군요. 그렇기 때문에 영화가 개봉되면 〈왕의 남자〉나 〈음란서생〉 이야기는 나올 거라고 예상했어요. 저는 〈파리넬리〉에 대한 말도 나올 줄 알았는데, 그건 거론되지 않더군요. 저는 사실 그런 지적들은 무시하는 편입니다. 김현 선생님 말씀처럼, 외면적 베끼기는 표절이 되고 내면적 베끼기는 창작이 되는 것이니까요. 제가 그 정도의 극단주의자인 것은 아니지만, 그런 문제에 대해서는 이미 '세상에 창작이 어디 있냐'는 패스티시론까지 나왔잖습니까.

LEE '나의 언어는 작곡이 아니라 연주'라는 말은 영화 언어에도 그대로 적용할 수 있다고 보시는 거죠?

YOO 네. 저는 이야기의 원형을 변주할 뿐입니다. 세상에 원형이 아닌 이야기가 어디 있겠어요. 최대한 간략하게 간추리고 나면 이야기의 원형이라는 게 몇 가지 안 되거든요.

LEE 《인간의 마음을 사로잡는 스무 가지 플롯》이란 시나리오 작법책도 있었죠.

YOO 그렇죠.

- 몇 주가 지났다.

〈결혼은, 미친 짓이다〉에서 엄정화와 싸우고 헤어졌던 일에 대해서 강의 도중 떠올리는 감우성의 내레이션

LEE 〈쌍화점〉이 개봉된 지 몇 주가 흘렀습니다. 이 영화에 대해서는 호평도 많지만 악평도 적지 않습니다. 감독님은 〈쌍화점〉이 제대로 이해받지 못한 작품이라고 생각하시는지요.

YOO 그렇지 않습니다. 어떤 영화든 좋은 반응과 나쁜 반응이 있기 마련이잖아요. 예전에는 제 영화를 비판하는 사람들을 보면 화가 났는데 이제는 그렇지 않아요. 〈쌍화점〉은 그런 측면에서 제 자신이 별로 흥분하지 않은 경우였어요. 찍으면서도 논란이 있을 수 있겠다는 생각은 했습니다. 이 영화에는 성性을 정면으로 다룬 부분들이 있으니까요. 그런 것들을 굉장히 싫어하는 분들도 있을 거예요.

- 형, 나도 베드신 한번 거하게 때려봅시다. 그럼 난 노 캐라(노 개런티)로 할게.

〈바람 부는 날이면 압구정동에 가야 한다〉에서 신해철이 감독으로 직접 등장하는 유하에게

LEE 〈쌍화점〉은 베드신이 정말 많은 작품입니다. 말하자면 〈쌍화점〉은 감독님이 '베드신을 거하게 때려본' 영화인 거죠.(웃음) 동성애 장면과 이뤄지지 않은 정사 장면까지 포함해서 모두 일곱 차례나 베드신이 등장하는 만큼, 그리고 그 장면들이 매우 격정적인 심리를 드러내도록 설정된 만큼, 각 장면들을 어떻게 서로 달리 변화를 주며 연출하려 하셨는지 듣고 싶습니다.

YOO 무엇보다 감정의 발전 상태에 따라서 묘사하려고 했습니다. 왕(주진모)과 홍림(조인성)의 동성애는 불안감이 격렬하게 표현되어야 한다고 보았기에 입술을 격하게 탐하는 식으로 연출했어요. 왕후(송

지효)와의 베드신은 처음에는 겁을 먹기도 한 상황에서 마음은 안 따라가지만 몸은 반응하는 식으로 콘셉트를 잡았죠. 서가에서의 섹스신에서는 왕후의 유혹이 느껴질 수 있도록 급작스럽고도 도발적으로 전달되게 했습니다. 궁궐에서 떨어진 사가私家에서의 베드신은 이제 왕후와 신하 사이를 넘어 같은 위치에서 마음껏 서로의 육체를 탐하는, 그러면서도 죄의식은 더욱 깊어가는 식으로 그려내려 했죠. 그리고 마지막 정사 장면은 죽어도 좋다는 느낌이랄까, 마음은 내키지 않지만 몸이 강렬히 원하기에 죽음을 무릅쓰는 섹스의 느낌을 담았습니다. 말하자면 절망적인 쾌락이라고 할까요.

LEE 저는 사가에서 펼쳐지는 베드신에서 식스나인 체위가 나오는 쇼트를 보고 정말 '허걱' 했습니다. 배우들이 그 장면을 순순히 찍었습니까.(웃음)

YOO 그럴 리가 있겠어요.(웃음) 사실, 배우들의 반대가 심하면 그 장면을 찍지 않을 생각이었어요. 그런데 시나리오를 다 쓰고 나서 촬영에 들어갈 때쯤 이안 감독의 〈색, 계〉가 개봉했어요. 배우들과 함께 가서 봤는데, 그 영화의 베드신은 실제로 정사를 한 게 아닌가 싶을 정도의 수위잖아요? 그러다 보니 촬영을 하면서도 그 영화를 민감하게 의식할 수밖에 없더라고요. 〈색, 계〉까지 본 상황에서 〈쌍화점〉을 보면 오히려 표현 수위가 약하다는 이유에서 베드신만 놓고 실망을 표하는 관객이 생길 수도 있으니까요. 왕후가 왕후임을 포기할 때 침대에서 할 수 있는 게 뭘까 궁리하다가 식스나인 체위가 떠올랐습니다. 사극에서 그런 자세가 나온다는 게 생뚱맞기도 하고 또 한편으로는 도발적일 것 같았죠. 결국 배우들이 흔쾌히 이해해 주었습니다. 막상 찍고 나서도 편집 과정에서 뺄까 말까 한참 고민한 끝에 최종적으로 포함시킨 쇼

결혼은 미친 짓이다

개봉 2002년 4월 26일 **출연** 감우성 엄정화 박원상 강소정 **상영시간** 103분 _ 대학 강사인 준영은 친구의 주선으로 연희와 소개팅을 하게 된다. 첫 만남에서 차를 마시고 영화를 본 뒤 음주 후 잠자리까지 함께한 두 사람. 조건 좋은 의사와의 결혼도 포기하고 싶지 않고 준영과의 달콤한 연애도 버리고 싶지 않은 연희는 결국 둘 모두를 병행하기로 결심한다.

트였습니다.

LEE 찍었다가 최종 편집에서 삭제한 베드신 쇼트가 있습니까.

YOO 없어요. 오히려 좀더 과감하게 찍지 못한 것에 대한 아쉬움이 있죠. 아무튼 헤어누드를 찍지 못하기 때문에 앵글 제약이 많았습니다. 자칫 잘못하면 주요 부위가 보이게 되니까요.

– 포스트모던 섹스라나 뭐래나. 그런 베드신을 하라는데 어떤 놈이 그걸 하겠어요. 그런데 감독 말이 더 가관이에요. 흥행을 위해서라면 뭔들 못해, 이러는 거 있죠?

〈바람 부는 날이면 압구정동에 가야 한다〉에서 신해철이 자신을 상대로 취재하는 채해지에게 감독 험담을 하면서

LEE 〈쌍화점〉이 하는 이야기의 핵심 중 하나가 욕망이 이끄는 대로 일직선으로 뻗어나가는 자의 딜레마라는 점에서 이 영화의 베드신은 반드시 필요했던 것으로 보입니다. 하지만 흥행을 위해 배우들을 벗겼다고 생각하는 관객들도 많습니다. 포털사이트에서 〈쌍화점〉을 키워드로 쳐보면, '연관 검색어' 중 가장 먼저 뜨는 게 바로 '쌍화점 노출'이라는 사실도 이 영화를 바라보는 시선이 어디에 주로 머물고 있는지를 보여줍니다. 이 작품이 이렇게 받아들여졌던 상황에 대해서 어떻게 느끼시는지요.

YOO 상업영화를 만들면서 흥행에 대해 전혀 생각하지 않을 수는 없죠. 그런데 이 영화 제목 자체가 〈쌍화점〉입니다. 쌍화점은 남녀상열지사의 대표 격인 노래잖습니까. 섹스가 주제인 노래를 제목 자체로 빌려 쓴 영화인데 어떻게 피해가겠어요. 정사 장면의 묘사가 부족하다고 지적한다면 받아들이겠지만, 과다하다는 생각은 하지 않고 있습니다. 많은 관객들이 그렇게 느끼는 이유에는 조인성씨가 주연배우라는 사실도 관련되어 있는 것 같습니다. 조인성이라는 빅스타에

게는 여성 팬들이 남동생처럼 생각하는 친근감도 있습니다. 안티도 거의 없는 배우죠. 그런 스타가 과감하게 노출하고 영화에 나오는 데 대한 분노가 있는 것 같아요. 예를 들어서, 문근영씨가 정사신을 찍으면 관객들이 싫어할 수도 있으니까요. 개봉 전에 그런 부분을 우려했던 것도 사실이구요. 조인성씨의 스타 이미지와도 연관되어 있기에, 제가 연출적으로 의도한 것보다 베드신이 더 큰 오해를 받을 여지가 있다는 것이었죠. 그렇게 어느 정도 예상을 했음에도, 개봉 후 여배우인 송지효씨의 노출에 대해서는 전혀 거론되지 않고, 조인성씨의 엉덩이에 대해서만 이야기될 때 난감하기는 하더군요.

- 원나라로 돌아가시오. 짐작은 했겠지만 나는 여자를 품을 수 없는 몸이오. 그러니 후사를 얻을 리도 만무할 터.

〈쌍화점〉에서 왕이면서 동성애자인 주진모가 왕후인 송지효에게

LEE 저는 시사회가 열리기 한참 전부터 〈쌍화점〉의 동성애 표현 수위가 워낙 높다는 말을 듣고 '마음의 준비'를 하고 있어서인지, 막상 극 초반의 그 장면을 보고 나서는 예상보다 약하다는 생각까지 들었습니다. '이게 끝이야?' 싶기까지 했거든요.(웃음)

YOO 그렇죠?(웃음) 동성애 베드신을 더 과감하게 하고 싶었는데, 좀 비겁하게 묘사했다는 느낌이 제게도 있어요. 이 이야기에서는 남성들간의 사랑이 아주 중요하니까요. 마지막 대결에서 상대의 몸에 칼을 꽂는 모습도 정사 장면을 염두에 둔 알레고리였지만, 그런 은유적 표현 외에도 좀더 격정적인 정사 장면이 있어야 한다고 여겼거든요. 결국 상업영화로서의 제약 때문에 그렇게밖에 표현할 수 없었던 것인데, 개인적으로 많이 아쉽습니다. 하지만 영화에 묘사된 표현 수위만으로도 거부감이 엄청나기는 하더라고요. 우리 스태프들 중에서도 남자들의 키스 장면이 너무 역겹다고 하는 반응을 보이는 사

람이 있었으니까요.

LEE 조인성씨와 주진모씨는 그 장면을 찍을 때 거부감을 보이지 않았습니까.

YOO 둘 다 무척 힘들어했어요. (조)인성이는 왕후와의 베드신 때는 별다른 거부감 없이 연기했는데 그 장면은 매우 큰 부담을 갖더군요. (주)진모도 힘겨워했어요. 마음의 준비가 안 되었다면서 그 장면 촬영을 한 달 미루자고까지 했으니까요. 그러다가 결국 찍게 되었는데, 테이크가 거듭될수록 두 배우의 얼굴이 점점 굳어지더라고요. 자괴감을 많이 느끼는 듯했습니다. 성 정체성이 영화 속 상황과 다르니까 유쾌할 수가 없었겠죠. 그러다 보니 촬영장 분위기는 점점 가라앉았습니다. 이러다간 안 되겠다 싶어서 제가 얼른 끝냈어요.

– 종수야, 나 믿고 한번 가보자.
– 예, 형님. 알겠습니다. 저 형님 때문에 이 생활 시작했습니다. 형님이 가면 가겠습니다.

〈비열한 거리〉에서 조인성의 설득에 호응하는 진구

LEE 감독에 대한 믿음이 없다면 톱스타들이 그런 과감한 베드신을 연기할 수 없을 것 같습니다. 감독님은 〈쌍화점〉을 하면서 배우들을 어떻게 설득하셨나요.

YOO 인성이는 일단 한번 믿으면 더이상 군소리를 하지 않는 스타일입니다. 〈쌍화점〉을 같이하자고 처음 제안했을 때에도 "감독님 좋은 거라면 저도 좋아요"라고 하더군요. 시나리오를 보고 나서도 "믿고 가겠다"고 짧게 말했고요. 딱 한 가지, 남자끼리의 키스신이 걸렸는지 "그 장면을 상징적으로 처리하면 안 될까요?" 하더라고요. 제가 그건 어렵다고 했더니 결국 내 뜻을 따라줬어요. 그런 상황이었으니 제가 배우를 설득했다고까지는 말할 수 없을 거예요.

유하 감독은 질문을 받으면 가끔씩 턱을 괴고 생각에 잠겼다.
그리고 천천히 입을 열었다.

– 아직 말하지 못했다.

〈쌍화점〉에서 왕후 송지효가 왕인 주진모에게

아직 임신 사실을 전하지 못했다면서 조인성에게

LEE 〈바람 부는 날이면 압구정동에 가야 한다〉는 스토리만으로 보면 베드신이 적지 않을 내용입니다. 그런데 영화에는 정사 장면이 등장하지 않습니다. 〈결혼은, 미친 짓이다〉나 〈쌍화점〉에서는 과감한 섹스신을 연출했는데, 왜 첫 영화에서는 그렇게 하지 않으셨는지요.
YOO 무엇보다 그 작품은 처음부터 '15세 관람가' 등급을 받아야 한다고 논의가 되었던 경우였기 때문입니다. 그리고 그때 베드신은 안 찍겠다는 조건으로 엄정화씨와 계약을 하기도 했고요.
LEE 두 번째 작품인 〈결혼은, 미친 짓이다〉에는 당시로서는 파격적인 베드신이 들어 있습니다. 데뷔작과는 전혀 다르게, 그 영화에서 그런 묘사를 하게 된 이유가 있으신가요.
YOO 따지고 보면 그 영화의 베드신이 그다지 파격적인 것도 아니에요. 배우가 옷을 벗지 않았으니까요. 다만 상황이나 대사가 워낙 도발적이기에 보시는 분들이 그렇게 느끼는 것 같아요.

– 손은 또 왜 그래?

〈말죽거리 잔혹사〉에서 권상우가 붕대를 감고 있는 이정진의 손을 보면서

LEE 저는 〈결혼은, 미친 짓이다〉의 베드신이 멋지게 연출되었다고 생각합니다. 특히 준영(감우성)과 연희(엄정화)가 처음으로 관계를 맺게 되는 장면이 그렇습니다. 이번에 이 영화를 다시 보면서 확인해 보니, 130초의 그 신은 무려 58개의 쇼트로 이루어져 있더군요. 사실 그 장면에서 배우들이 그리 많이 노출한 것도 아닌데, 클로즈업을 통해 인물들의 동작을 감각적으로 잡아내면서 리드미컬하게

편집한 게 높은 효과를 거둔 것 같습니다. 특히 베드신에서 손의 동작을 대단히 인상적으로 묘사하십니다. 〈쌍화점〉에서도 그랬고요.

YOO 〈결혼은, 미친 짓이다〉를 찍으면서 가장 고민스러웠던 것 중 하나가 바로 베드신이었습니다. 〈쌍화점〉이 그렇듯 그 영화도 에로티시즘이 전면에 드러나야 하는 작품인데 배우와 사전에 약속한 것도 있고 과감한 노출도 안 되는 상황에서 어떻게 에로틱한 느낌을 전달할 수 있을까 싶었던 거죠. 그러다 보니 관능적인 이미지들을 좀더 극대화시켜서 찍어야 했어요. 전신을 노출하지 않으면서도 가장 리얼한 정사 장면을 만들어야 하니까 결국 이미지들을 파편화해서 촬영한 뒤 조합해서 보여줄 수밖에 없더군요. 그런 이유로 손을 많이 사용하게 된 것 같습니다.

LEE 말하자면, 한계를 오히려 장점으로 바꾼 경우라고 할 수 있겠네요.

YOO 그렇다고 할 수 있을 거예요.

– 올 사람 없을 거야. 이거 좀 만져봐. 이렇게 해봐.

〈말죽거리 잔혹사〉에서 분식집 주인인 김부선이 권상우의 손을 자신의 가슴에 가져다대면서

LEE 제가 그 영화를 보면서 진짜 인상적으로 생각했던 장면은 정사를 끝낸 남녀가 침대에 누워서 대화를 나누는 부분이었어요. 그때 대화의 주제는 에로틱한 것이 아니었는데, 천장을 보고 말하는 연희의 이야기를 주의 깊게 들으면서도 준영이 한 손가락으로 연희의 가슴을 속옷 위로 계속 무심하게 애무하는 모습이었죠. 무척이나 자연스러우면서도 관능적인 표현으로 느껴졌다고 할까요.

YOO 어떻게 보면 절제된 에로티시즘이 더 야하다고 할 수도 있잖아요? 〈결혼은, 미친 짓이다〉의 베드신은 〈쌍화점〉과 달리, 절제하면서 덜 드러내는 쪽의 에로티시즘 콘셉트였죠. 연인들끼리 누워 있다 보면 더한 장난도 하니까, 그 장면은 모텔에서의 일상을 강화시켜서

표현해 보려고 한 결과였어요. 〈결혼은, 미친 짓이다〉는 마치 옆집에서 이뤄지는 이야기인 것처럼 찍어야 하는 영화였으니까요. 그랬기에 배우들을 어느 정도 가두어놓고서 면밀하게 통제해 가며 찍은 〈쌍화점〉과 달리, 그 영화는 연기자들을 많이 풀어놓고 찍은 경우였죠. 홍상수 감독 정도는 아니었겠지만, 최대한 배우가 편하게 연기할 수 있도록 했어요.

– 왕후가 열이 많소. 인동초가 해열에 좋으니
  잘 달여서 왕후전에 주도록 하시오.
– 예, 전하. 헌데 그건 많이 잡수신다고 좋은 건 아니옵니다.

〈쌍화점〉에서 왕의 지시에 시의가 대답

LEE 〈쌍화점〉은 여러모로 〈결혼은, 미친 짓이다〉보다 좋은 조건에서 촬영되었습니다. 제작비도 더 많았고, 배우들도 무엇이든 할 자세가 되어 있었던 것 같으니까요. 그럼에도 불구하고 저 개인적으로는 〈결혼은, 미친 짓이다〉의 경우에 비해 일곱 차례나 등장하는 〈쌍화점〉의 베드신들이 상대적으로 지루한 감이 있었습니다. 왜 그렇게 느껴졌을까요.

YOO 〈쌍화점〉의 베드신들은 에로틱하게 만들려고 하지 않았습니다. 그저 상황을 있는 그대로 묘사해 보자는 차원에서 찍었던 거죠. 여기서 가장 중요한 목표는 홍림이 육체에 탐닉해서 점차 변해가는 과정을 묘사하는 것이었어요. 왕이 홍림과 왕후의 정사를 훔쳐보는 부분 같은 것도 훨씬 더 에로틱하게 찍을 수 있었지만, 그냥 슬프고 초라하게 보이도록 만들었습니다. 〈결혼은, 미친 짓이다〉와는 베드신을 대하는 콘셉트가 기본적으로 다르지 않았나 싶어요. 또 하나의 이유로는 이 작품이 현대극이 아니란 점일 것 같습니다. 현대극은 사람들이 에로틱하게 느낄 만한 상황과 장소를 조성해 줄 수 있지만, 사극은 한정된 세트 안에서 움직여야 하고 그마저도 왕이 살고 있는 거처라서 상황을 마련하는 게 분명한 한계가 있었어요. 관객들이 에로틱하게 느끼는 데에는 심리적이고 상황적인 측면이 강한데 그걸 준비할 수 없었으니까요. 저는 사실 〈색, 계〉도 그렇게 야하다는 생각이 안 들었어요. 그보다는 상황이 슬퍼서 연민이 생기는 쪽이었죠. 그건 조국이냐 욕정이냐의 문제였잖아요. 〈쌍화점〉 역시 비슷한 딜레마가 있었기에 그걸 표현하는 데 초점을 맞춘 것이지 상황적으로 관능적인 장면을 보여주려고 했던 것은 아니었어요.

LEE 영화가 완성된 후, 〈쌍화점〉의 베드신이 스스로 아쉽게 여겨지신 부분은 없으신가요.

YOO 왜 없겠어요. 표현 수위에 대한 제약이 없었다면 좀더 시간을 절약하면서 정확하게 핵심에 육박해 몇 개의 쇼트로 끝냈을 수도 있었을 거예요. 그런데 그렇게 하지 못해서 에둘러 가다보니까 쇼트가 좀 낭비되고 핵심에도 완벽하게 이르지는 못했던 것 같습니다. 사실은 시 역시 마찬가지예요. 시인이 스스로가 생각한 이미지를 단 한 줄로 묘사할 수 있다면 그 시는 한 줄로 끝내겠죠. 그게 안 되니까 자꾸 레토릭을 구사하는 거구요. 제 영화 역시 이미지를 한두 개의 쇼트로 요약할 수 있었다면 낭비 없이 정확히 보여줬겠죠.

– 왜 웃어요?
– 아뇨. 좀 전에 누가 똑같이 물어봤거든요.

〈결혼은, 미친 짓이다〉에서 패스트푸드점 직원이 다른 사람에 이어
같은 질문을 반복해서 자신에게 묻는 감우성에게

LEE 저는 〈결혼은, 미친 짓이다〉와 〈쌍화점〉이 기본적으로 유사한 이야기를 다루고 있다고 봅니다. 말하자면 몸이 먼저 알고 마음을 이끌어 가는 사랑에 대한 영화라고 할까요. 감독님 영화 중에서 멜로

장르에 포함될 수 있는 두 편이 모두 같은 주제를 다루고 있다는 점이 무척 흥미롭습니다.

YOO 그게 멜로의 기본 속성 아닌가요. 로미오와 줄리엣도 단 한 번 상대를 보고서 이유 없이 서로에게 반하잖아요. 사랑은 이렇다 할 전조도 없이 우연적이고도 갑작스러운 만남을 통해 시작해서 인생을 완전히 바꿔버리는 경우가 많잖아요.

LEE 로미오와 줄리엣이 처음에 서로에게 반한 것은 분명 외모, 즉 서로의 육체일 겁니다. 그러나 〈쌍화점〉과 〈결혼은, 미친 짓이다〉의 경우는 그 상황과는 좀 다른 것 같습니다. 왜냐면 홍림과 왕후는 정사를 하기 전까지는 이성으로서 서로에게 별다른 감정을 느끼지 않았으니까요. 준영과 연희 역시 맞선 당일에 이뤄진 충동적 첫 섹스 후 싹튼 사랑 때문에 딜레마에 빠집니다. 〈쌍화점〉과 〈결혼은, 미친 짓이다〉는 단지 외모에 반해서 사랑이 시작된 게 아니라 섹스라는 육체의 쾌락을 함께 경험하고 나서 촉발된 것이라는 점에서 상당히 차이가 있는 게 아닐까요.

YOO 듣고 보니 그런 것도 같네요. 하지만 홍림과 왕후의 경우에도 무의식적으로라도 전혀 끌리지 않았다면 섹스를 하지 않았을 것 같은데요.

LEE 왕명인데 어떻게 동침하지 않을 수 있었겠어요.(웃음)

YOO 설령 왕명이라고 하더라도 저는 두 사람이 어느 정도는 서로에게 마음이 있었을 거라고 봅니다. 어쨌든 몸으로 시작해서 마음으로 이어지면서 가슴 아프게 끝나는 사랑 자체가 인생에 대한 구체적 은유인 것처럼 느껴져서 자꾸 그런 이야기에 매혹을 느끼는 것 같아요. 처음부터 정신적으로 연애를 하는 것보다는, 우연히 몸으로 먼저 시작했는데 그게 사랑으로 전이가 되고, 그렇게 되어버렸을 때는 이미 이러지도 저러지도 못하는 상황에 도달하게 되는 게 훨씬 더 흥미롭지요. 그게 또 이야기라는 것의 속성일 수도 있으니까요.

말죽거리 잔혹사

개봉 2004년 1월 16일
출연 권상우 이정진 한가인 이종혁
상영시간 116분

CINEMA REVIEW

BOOMERANG INTERVIEW

1978년, 강남의 한 고교로 전학 간 현수는 뛰어난 싸움 실력으로 군림하는 우식과 친구가 된다. 현수는 통학 버스 안에서 이웃 여고에 다니는 은주를 보고 한눈에 반하지만, 적극적인 우식이 먼저 은주에게 접근해 사귀기 시작한다. 그러던 어느 날, 선도부장 종훈이 평소에 못마땅해 하던 우식에게 정면 승부를 걸어온다.

〈말죽거리 잔혹사〉에는 '스타'와 '향수'로 빚은 대중영화의 불가해한 매력이 오롯이 담겨 있다. 이 영화는 성장통을 앓는 고교생들의 이야기를 1970년대 후반의 시대 분위기 속에서 그려냈다. 하지만 유하 감독은 뛰어난 디테일을 통해 흘러가버린 시절에 살과 피의 생생한 육체성을 부여함으로써, 역설적으로 그 속에서 울고 웃었던 많은 캐릭터들이 유신 말기라는 좁은 시간의 울타리를 넘어서 비상하도록 만들었다. 길이 보이지 않는데도 무조건 나아가야만 하는 고통스러운 여정으로 십대 시절을 해석하는 〈말죽거리 잔혹사〉는 한때 십대였거나 지금 십대의 터널을 지나고 있는 그 모든 사람에게 바치는, 잔혹했지만 아름다웠던 청춘의 송가다.
청춘의 상처는 시간이 흐르고 나서야 비로소 피를 흘린다. 사십대가 된 감독은 이 영화에서 자신의 고교 시절을 떠올리며 영화 속에서 흘러가버린 우정과 놓쳐버린 사랑의 아픔을 반추한다. 그런 상처들의 밑그림에는 폭압적인 국가 권력을 그대로 닮았던 제도권 교육의 폭력이 놓여 있다. 등굣길에 선도부원들에게 '충성' 구호를 외쳐야 했고, 교련 교사는 아예 군복을 입고 다녔던 시절에 대한 탄식은 교사들이 학생들 뺨을 올려붙이기 전에 위협적으로 내뱉는 "어금니 물어!"란 말 속에 고스란히 담겨 있다. 어금니를 다물어 침묵할 수밖에 없었고, 어금니를 악물어 분노를 삭인 채 내파할 수밖에 없었던 시절 말이다.

청춘의 처참한 패배기를 통해 수컷 만들기로서의 학교 교육에 문제 제기를 하는 이 영화는 창작자와 캐릭터 사이의 거리가 거의 느껴지지 않을 만큼 강렬한 감정이입 때문에 묘하게도 이율배반적이다. 머리는 제도교육에 비판적이지만 액션 장면 등을 통해 드러나는 그 가슴은 수컷스러움에 강렬한 매혹을 느낀다.
감독이 이 영화를 통해 외치고 싶었던 것은 현수가 최후의 싸움을 마친 뒤 내뱉는 "대한민국 학교 좆까라 그래"라는 말이겠지만, 동시에 그것은 현수가 종훈과의 싸움을 앞둔 채 〈택시 드라이버〉의 로버트 드 니로처럼 거울 속 자신의 얼굴을 보고 미리 연습하는 "너 지금 나한테 뭐라고 그랬냐? 한판 뜰까?"라는 싸움 걸기의 말이기도 하다. 그렇게 세상에 제대로 싸움을 걸 수 없었던 시절의 억눌린 내면은 장렬한 클라이맥스 액션 장면 속에서 은밀한 욕망을 마음껏 발산한다.

지옥 같았던 시절을 때로 잃어버린 낙원에 대한 그리움처럼 회상하는 이 영화의 정서는 권상우라는 배우의 몸속에 깃들며 대단한 위력을 발휘한다. 단련된 몸의 강함과 수줍은 표정의 약함을 양면의 매력으로 겸비한 그는 대중영화에서 스타의 매력이 어떤 건지를 여실히 보여주며 정점의 스타 파워를 구사한다. 〈해적, 디스코왕 되다〉에서 나무토막 같았던 이정진도 180도 달라진 모습을 보여주고, 연기는 최적이 아니었지만 캐스팅은 최적이었음을 보여준 배우 한가인도 인상적이다. 다소 약한 주연급들의 연기력을 제대로 떠받친 조연들의 연기도 좋다.
이미 앞서서 유사 소재를 비슷한 정서로 다뤘던 〈친구〉와 〈품행제로〉 때문에, 〈말죽거리 잔혹사〉는 아마도 독창성을 인정받기는 어려울 것이다. 그러나 지나갔기에 그리운 모든 것을 물기 어린 눈에 담은 이 작품의 정서적 밀도는 스크린 속으로 뛰어들고 싶을 만큼 진하기 그지없다.

난 꿈꾼다 욕정이 끝난 자리에도
사랑이 살구꽃처럼 피어나기를
욕정에 배부르기보다는
살구를 쥐어 주던 손길의 따스한 여운에 배부르기를

시 〈살구나무 있던 자리〉 중에서

LEE 감독님이 어디선가 '육체를 이끌고 다니는 마음에 대한 이야기'라는 표현을 쓰신 것을 인상 깊게 보았던 기억이 나네요. 그런데 〈쌍화점〉에서 홍림과 왕의 사랑과 욕망에 대한 태도는 대조적인 것 같습니다. 홍림은 욕망이 이끄는 대로 일직선으로 치달아간 인물인 반면에 왕은 사랑에서 정신적인 것의 가치를 훨씬 더 중시한 경우인 것 같고요. 자신의 연인을 또다른 사람의 침소에 넣을 수 있다는 것 자체가 정신적인 사랑만 확고하면 설령 그 사람의 육체를 남과 공유해도 상관없다는 생각을 담고 있는 것이니까요.

YOO 무척 어려운 질문이네요. 저는 성수기 때보다 철이 지나버린 바닷가에 가는 걸 좋아합니다. 여름이 지나버린 해수욕장에 가보면 욕망의 흔적으로 뒤엉킨 부스러기만 남아 있는 것 같은 기분이 들거든요. 인간의 진짜 감정이 구체적으로 오갈 때보다는 그것이 떠나간 뒤의 흔적을 오래 추억하는 편이라고 할까요. 아마 그래서 인용하신 그런 시 구절을 쓰기도 한 것 같아요. 영화를 통해서도 저는 현재 육체의 축제성을 즐기기보다 그것이 지나간 뒤의 풍경을 더 사랑하고 추억하며 집착하는 듯합니다. 그런 저의 감정이 아마도 왕의 캐릭터에 투영되지 않았나 싶어요.

비디오 숍에 가면 수많은 거짓말들이 제 이름을 대며 꽂혀 있지 / 난 진실한 사랑을 네게 고백했어 & 난 달콤한 거짓말로 널 따먹었어 / 우우 불타는 불량 테이프들의 환희처럼 / 거짓

말들은 사라지고 사랑의 이름만 남는다네

시 〈드루 배리모어, 장미의 이름으로〉 중에서

LEE 감독님이 쓰셨던 시의 세계에서는 사랑의 너울을 뒤집어쓴 욕망의 비린 속내를 꿰뚫어보는 시선이 종종 드러납니다. 그런데 감독님이 만드신 영화들에서는 그런 시선이 발견되지 않지요. 그 속에서는 인물들이 섹스를 하더라도 달콤한 사랑의 거짓말로 둘러대지 않습니다. 욕망을 사랑으로 위장하거나 그 둘을 혼동하는 대신, 그냥 그 속으로 깊숙이 몰입하는 거지요. 왜 감독님의 시적 자아와 영화적 자아는 욕망에 대해서 서로 다른 입장을 취하는 걸까요.

YOO 그건 결국 영화와 시의 상업적 기반이 차이 나기 때문이 아닐까 싶습니다. 대중을 의식하느냐와 아니냐의 차이겠죠. 대중이 많이 보는 드라마에서 지나치게 위악적이거나 과도하게 쿨한 것, 파편적인 냉소 같은 것은 관객들의 감정을 움직이는 데에 별 도움이 되지 않기에 영화는 좀더 보수적인 태도로 접근하는 듯합니다. 시와 달리 영화는 자의식을 내뱉기만 해서는 안 되지요. 전체적인 드라마투르기가 있어야 하고, 유기적으로 맞물려야 하니까요. 저는 영화가 하는 이야기는 진실이 아니라고 단언할 수도 없다고 생각합니다. 제가 쓴 시도 진실일 수 있지만, 제가 만든 영화 속에서 불면의 밤을 지새우는 지순한 사랑 역시 진실일 수 있는 거죠. 영화는 대중들이 좀더 낙관적으로 받아들일 수 있게 하는 장치를 갖추는 것 같습니다.

- 시나리오 재밌던데? 진작에 이렇게 좀 쓰지.
- 예?
- 왜 이렇게 좋아진 거야? 아주 재밌게 봤어.

〈비열한 거리〉에서 남궁민이 다시 써 온 시나리오에 대해서 영화사 사장인 박진성이 칭찬을 아끼지 않으면서

LEE 영화는 대중이 좋아하는 쪽으로 이야기를 맞춰야 한다는 것인가요.

YOO 그런 면도 있겠죠. 일단은 대중이 몰입해야 하니까. 독설이나 감정적 파편을 늘어놓는다고 해서 대중이 호감을 갖지는 않으니까요. 어쨌든 영화는 대중이 호감을 갖는 줄거리를 선호하기 마련입니다. 달콤한 거짓말로 따먹었다고 해도 그 순간은 진실한 사랑이었거든요. 영화는 그런 사랑이나 인생의 모든 부분이 아니라 임팩트가 있는 특정한 부분을 끄집어내서 보여주는 매체입니다. 반면에 시는 통시적인 속성이 있지요. 김밥 자르듯 삶을 잘라서 그 단면을 보여주는 게 영화이기에, 그 순간을 드라마적으로 핍진하게 보여주는 게 중요합니다. 감정이란 양가적이고 이율배반적인 경우가 많은데, 영화는 그 모두를 보여주기는 어려운 장르이기도 해요. 제 첫 영화는 그걸 잘 몰라서 어설프고 치기 어린 실험으로 끝난 것도 같아요. "황지우가 누구예요?"라는 대사를 넣는다고 해서, 본격문화가 대중들에게 홀대받는 상황이 자동적으로 풍자되는 것은 아니거든요. 그게 전체 드라마 속에서 물질화되어야 비로소 관객들이 이해하게 되는 거죠. 그 차이점을 제가 몰랐던 것 같아요. 그래서 시보다는 시나리오가 훨씬 더 어려운 작업인 듯도 합니다. 시는 관념을 나열하면 되는데, 시나리오는 관객들에게 구체적으로 물질화시켜서 눈에 보이는 현실로 구현해야 하니까요.

– 강의 들을 때부터 선생님이랑 키스하고 싶다는 생각했어요.

〈결혼은, 미친 짓이다〉에서 대학생 강소정이 강사인 감우성에게

LEE 프렌치키스를 하는 장면을 선호하시는 것 같습니다. 〈결혼은, 미친 짓이다〉에서 준영과 연희의 첫 정사 장면은 두 사람의 딥키스 쇼트로 시작됩니다. 〈쌍화점〉 첫 베드신의 첫 쇼트 역시 왕과 홍림이 짙은 키스를 하는 모습이었지요. 게다가 이 두 장면은 클로즈업으로

인서트되어 강렬한 인상을 남깁니다. 관객들은 이 두 영화에서 베드신을 눈앞에 갑자기 제시되는 프렌치키스 클로즈업 쇼트로 보기 시작하는 셈이니까요. 왜 이런 묘사를 반복적으로 하시는지요.

YOO 글쎄요.(웃음) 일반적인 키스라면 텔레비전 드라마에서도 숱하게 나오는 상황에서, 우선은 텔레비전에 대한 영화의 변별성을 들 수 있지 않을까요. 그리고 프렌치키스라는 것은 상대에게 나를 집어넣는 행동이잖아요. 그게 에로티시즘에 잘 어울리는 것 같아서 무의식적으로 그렇게 종종 한 것 같습니다. 좀더 격렬한 인상도 드는데다가 그 순간이 진짜라는 느낌을 줄 수도 있고요.

– 병두야, 앞으로 니 뒤는 내가 확실하게 봐줄 테니까
나랑 멋지게 일 한번 해보자.

〈비열한 거리〉에서 천호진이 청부살해 건을 성공적으로 해결한 조인성에게

LEE 베드신에서 또 하나 두드러지는 것은 남자 배우들의 엉덩이가 강조된다는 점입니다. 연기자들의 '뒤를 확실히 보게 해주는' 자세랄까요.(웃음) 〈쌍화점〉이나 〈결혼은, 미친 짓이다〉에서 남성 상위 체위로 정사가 이루어질 때, 남자 배우는 종종 바지를 다 벗지 않고 무릎 정도까지만 내립니다. 그러다 보니 그 자세에서 관객의 시선은 고스란히 남자 배우의 엉덩이에 쏠릴 수밖에 없죠. 옷을 다 벗은 섹스신이라면 오히려 그렇지 않을 텐데 말입니다. 〈쌍화점〉을 보고 난 관객들의 상당수가 '조인성 엉덩이'에 대해 이야기하는 것도 어떤 면에서는 당연한 것 같은데요.

YOO 〈결혼은, 미친 짓이다〉 때 그렇게 찍었던 것은 원작 소설에 있던 묘사 때문이었습니다. 연희는 옷을 다 벗지 않은 채 관계를 갖는 걸 좋아하는 사람이었으니까요. 그게 대사로도 몇 차례 등장하죠. 〈쌍화점〉에서는 마지막 서고에서의 섹스 때 그런 묘사가 나오는데, 그

건 홍림이 원래 그곳에서 왕후와 섹스를 할 생각이 없었기 때문이죠. 갑자기 치르는 정사이기도 하고 또 빨리 왕에게 가봐야 하는 상황이니까 옷을 다 벗지 않은 채 관계를 맺는 느낌이었는데, 그걸 또 제가 부감으로 연출하다 보니까.(웃음) 생각해 보니 한편으로 그건 제 키(187cm)와도 관련이 있는 것 같네요. 단편영화 작업을 할 때도 제가 찍으면 늘 앵글이 부감이 되더군요. 제가 앙각을 거의 쓰지 않는다고 촬영감독이 말한 적이 있었는데, 저는 무의식적으로 부감을 선호하는 듯해요.

LEE 그렇다면 왜 여배우의 엉덩이가 강조되는 쇼트는 나오지 않는 걸까요.

YOO 그건 체위와도 관련이 있는 것 같아요. 여배우의 엉덩이가 보이려면 여성 상위 체위가 되어야 하는데, 그걸 자칫 잘못 찍으면 '공사'로 가린 중요 부분이 보이게 되거든요. 베드신을 찍어보면 예상보다 훨씬 더 어렵습니다. 예기치 못한 일들이 생기는 경우가 많거든요. 중요 부분을 숨기면서 구사할 수 있는 가장 무난한 체위가 바로 남성 상위입니다. 저도 다른 체위 묘사를 안 해본 건 아니었어요.

LEE 이런, 제가 아마추어의 질문을 한 거였네요.(웃음)

YOO 아뇨, 저도 찍기 전에는 몰랐어요.(웃음)

– 완전히 뿅 갔구만.

〈바람 부는 날이면 압구정동에 가야 한다〉에서

엄정화가 노래하는 것을 보며 넋을 놓고 있는 홍학표를 사촌여동생이 놀리면서

LEE 개인적으로 가장 에로틱하게 연출되었다고 느끼신 영화는 어떤 작품이었습니까.

YOO 애드리언 라인의 〈언페이스풀〉이 아닌가 싶네요.

LEE 계단 앞에서의 장면은 아찔하죠.(웃음)

YOO 그 장면과 화장실에서의 장면이 정말 관능적인 것 같아요. 배우의 몫도 큽니다. 배우가 사십대면 그 자신 성적 경험이 풍부한 나이이기에 완전히 벗지 않아도 느낌만으로 매우 에로틱한 광경을 그려낼 수 있는데, 다이언 레인이 그걸 정말 잘 표현하더군요.

– 이미 늦었습니다. 어서 끝내시지요.

〈쌍화점〉에서 조인성이 칼을 들고 궁에 침입한 상황에서 항복하라는 왕 주진모에게

LEE 〈쌍화점〉은 매우 격정적이고 진진한 이야기를 다루고 있습니다. 그런데 이 영화는 후반으로 갈수록 리듬이나 긴장이 떨어지는 것으로 느껴집니다. 감독님의 이전 영화들에서는 그런 느낌을 받은 적이 거의 없는데 말입니다.

YOO 이야기를 효율적으로 배분하지 못한 것 같습니다. 〈쌍화점〉은 3장으로 구성된 작품인데, 홍림이 거세되는 장면이 두 번째 장의 절정 부분에 놓여 있죠. 그 다음부터 전개되는 세 번째 장에서 위기·절정·결말이 차례로 펼쳐져야 하는데, 그게 20분 안에 스피디하게 다 소화되어야 관객들이 집중해서 감상할 수 있는 것 같아요. 그런데 이 영화는 그 부분이 30분 가까이 됩니다. 그러니 이야기가 끝까지 다 왔는데도 시간을 끌고 있다는 느낌을 줬을 거예요. 지금 판단으로는 그 부분에서 좀더 압축했어야 좋았을 것 같습니다. 또 하나는 배우와 관련된 부분입니다. 이 영화 시나리오는 홍림을 주인공으로 전개해 나갔는데, 쓰다 보니 왕이 제 마음에 정말 많이 와 닿더라고요. 홍림이 주인공인 만큼 왕에 대한 이야기를 많이 생략한 채 홍림에 집중했으면 훨씬 더 간결한 영화가 됐을 거예요. 그런데 왕이라는 또다른 주인공에게도 이야기를 많이 배분하면서 두 인물 모두에게 감정을 주다 보니 극이 늘어진다는 느낌이 생기게 된 것 같아요. 만일 인성이와의 약속이 없었다면 〈쌍화점〉을 왕의 이야기로 만

들었을지도 모릅니다. 그랬다면 사랑과 혁명 모두에서 실패한 왕의 일대기가 되었겠죠.

슬픈 육체여
지나온 사랑의 출렁거림 앞에서
난 아직도 망연자실하다

시 〈세상의 모든 저녁 3〉 중에서

LEE 이 영화에서 가장 비중이 큰 인물은 물론 홍림이지만, 개인적으로는 〈쌍화점〉을 다 보고 나서 왕의 심리가 훨씬 더 강렬하고도 슬프게 와 닿았던 게 사실입니다. 홍림은 사랑을 위해 순교한 멜로의 영웅일 수도 있지만, 왕은 그저 사랑의 패배자니까요.

YOO 분명히 그런 면이 있죠. 이 이야기에서 가장 큰 피해자는 바로 왕이니까요. 보는 사람들은 아무래도 가장 약한 자를 응원하게 되잖습니까. 관객들이 가장 강렬하게 감정이입할 수 있는 인물인 거죠. 촬영에 들어가기 전에 논의하는 과정에서 인성이에게 이렇게 말한 적도 있어요. "관객들이 이 영화를 보면 왕에게 좀더 감정을 이입할 수도 있을 것이다. 홍림에게 몰입하려면 홍림이 가장 큰 희생자가 되어야 할 텐데, 지금 시나리오처럼 왕후와 관계를 가지게 된 후 성 정체성이 바뀌게 되는 인물이 되면 그런 시선을 받지 못할 것이다. 차라리 홍림이 끝까지 왕을 사랑하는데 냉혹한 왕이 그를 이용한 후 정치적으로 제거하는 식으로 이야기가 흘러가면 관객이 훨씬 더 감정이입할 것이다." 그런데 인성이는 그것보다는 성 정체성이 바뀌는 인물을 연기하는 게 더 끌린다고 하더군요. 그래서 결국 그렇게 이야기가 펼쳐지게 됐죠.

LEE 청춘스타인 배우의 입장에서는 당연히 그런 반응을 보일 것 같은데요.(웃음)

YOO 그렇죠.(웃음) 그런데 그렇게 했더라면 더 재미있었지 않았을까 싶기는 해요. 아무래도 배우가 끝까지 동성애자 역할을 맡은 것에 대해 부담이 있었던 듯합니다.

LEE 조금 전에 말씀하신, 조인성씨와 사전에 약속하셨다는 내용은 어떤 것입니까.

YOO 〈비열한 거리〉 이후 차기작을 인성이와 함께하기로 했기에, 주인공으로 살려서 영화를 만들겠다는 약속이죠. 만일 그런 약속이 없었다면 이건 왕의 이야기로 볼 수 있으니까 홍림 역할은 축소시키고 상대적으로 지명도가 낮은 배우를 썼을 수도 있었을 거예요.

– 내게 중요한 것은 지금 이 순간이라구요.
– 혜진씬 축제주의자예요.

〈바람 부는 날이면 압구정동에 가야 한다〉에서 엄정화와 홍학표가 카페에서 대화

LEE 감독님 영화에서 인물들은 타오르는 현재 앞에서 오랜 세월 쌓아온 과거의 의미에 등을 돌리는 경우가 많습니다. 〈바람 부는 날이면 압구정동에 가야 한다〉의 혜진(엄정화)과 〈쌍화점〉의 홍림이 대표적이죠. 심지어 〈바람 부는 날이면 압구정동에 가야 한다〉에서 최민수씨가 맡은 배역 이름 자체가 '현재'입니다.(웃음) 왕을 보위하면서 그 사랑을 얻는 게 일평생의 꿈이었던 홍림은 그 꿈이 현실로 이루어져 오랜 시간을 왕의 연인으로 지냈으면서도, 어느 순간 갑자기 찾아온 왕후와의 사랑 앞에서 불나방처럼 날아갑니다. 왕과 지내온 사랑의 그 긴 역사도 이글거리는 격정의 현재 앞에서는 아무 의미가 없게 되죠.

YOO 지금 여기가 가장 중요하게 여겨지죠. 언제나 내 눈앞의 현실이 가장 강력하잖아요. 그 앞에서는 역사든 삶이든 그동안의 그 어떤 것도 순식간에 다 휘발되어 버리는 겁니다. 그게 인간의 욕망인 것 같아요. 저도 그랬던 것 같고요.

– 정 그렇다면 가십시오. 헌데 마마를 뫼시고 나와서 어쩌시게요? 평생 바라만 보시겠습니까? 평생 바라만 보며 살 거냐구요? 마마가 퍽이나 행복해 하시겠습니다.

〈쌍화점〉에서 임주환이 거세당한 몸으로 말을 타고 왕후를 찾아 나서려는 조인성을 막아서며

LEE 〈쌍화점〉에서 한백(임주환)이 거세당한 채 왕후를 찾아 떠나려는 홍림을 만류하면서 하는 말이 무척 인상적이었습니다. 그건 자신의 목숨까지 버릴 각오를 하는 멜로영화의 가장 숭고한 순간에서조차 그 사랑의 육체성을 상기시키는 대목이니까요.

YOO 그렇기에 결국 욕망의 덧없음을 이야기할 수밖에 없습니다. 우리가 청춘이 덧없다고 한탄할 때, 그건 청춘이 대단히 중요하다는 뜻도 더불어 함축하고 있죠. 만일 중요하지 않은 거라면 덧없음 자체도 못 느낄 거예요.

– 청첩장 나왔다.
– 아 예, 축하드립니다, 형님.

〈비열한 거리〉에서 윤제문이 여동생 결혼식 청첩장을 주자 축하 인사를 건네는 조인성

LEE 〈결혼은, 미친 짓이다〉는 결혼제도에 대해 매우 도발적인 질문을 하는 작품입니다. 그런데 감독님은 그 영화를 만들기 얼마 전에 실제로 결혼하셨잖습니까. 그런 상황 때문에 그 영화를 만들면서 힘들지는 않으셨나요.

YOO 신혼 상황에서 그런 발언을 하는 영화를 연출하는 것 자체가 아이러니였죠.(웃음) 많이 힘들었습니다. 자기검열도 있었던 게 사실이고요. 〈결혼은, 미친 짓이다〉는 판타지라기보다는 현실에 기반을 둔 영화잖습니까. 저는 분명히 아내를 사랑하지만, 이 영화는 결혼

은 하지 말아야 한다고 말하는 것 같은 작품이니까요. 정신적으로 부담이 컸지요.

– 니가 결혼을 한다고?
– 그래. 난 못할 거 같니?

〈결혼은, 미친 짓이다〉에서 엄정화가 결혼 계획을 밝히자 감우성이 공격적으로 반문

LEE 사모님께서 이 영화를 본 후 감독님의 결혼관에 대해 직접 따져 묻지는 않으셨습니까.(웃음)

YOO 물론 물어왔죠. 내가 그때 뭐라고 변명했더라. 아, "그건 영화잖아"라고 했던 것 같네요.(웃음)

LEE 〈결혼은, 미친 짓이다〉처럼 과감한 영화를 만드신 분이 좀 비겁하셨네요.(웃음)

YOO 뭐, 그렇죠.(웃음) 제 아내도 문학을 좋아하는 사람이라서인지 본질적인 측면에서는 동의했어요. 설혹 제가 영화를 만드는 와중에 자기검열을 했다고 해도 그건 제 스스로 한 것이지 아내 때문은 아니었고요. 저는 결혼 자체가 나쁘다는 입장이 아니에요. 다만 우리 현실의 결혼이 그리 좋아 보이지는 않다는 거죠. 저는 결혼이 두 사람만의 결합이 아니라 집안끼리의 만남이 되는 게 싫더라고요. 일부일처제가 인류 최후의 결혼제도인지에 대해서 회의가 들기도 하고요.

– 아, 그러고 너 말이야. 이번주 결혼식 끝나믄
영광 좀 다녀와야 쓰것다.

〈비열한 거리〉에서 윤제문이 조인성에게 지시하며

LEE 그 당시에는 결혼을 하신데다가 그후에 만들게 된 영화 〈결혼은,

미친 짓이다〉까지 성공해서 무척 '영광'스러우셨겠어요.(웃음) 그전까지 감독님이 길고 긴 방황의 시간을 거치셨던 만큼, 사모님이 정말 좋아하셨을 텐데요.

YOO 많이 기뻐했죠. 개봉 전에 그 영화를 보고 나서부터 재미있다면서 계속 제 편을 들어줬어요. 그러다 개봉 후 결혼기념일이 되어 다른 영화를 보러 간 적이 있었는데, 극장 매표소 앞에서 아내가 "당신 영화를 관객들과 함께 보고 싶다"고 하더군요. 그래서 표 사서 그 영화를 함께 관람하기도 했어요.

LEE 아무리 그래도 결혼기념일에 〈결혼은, 미친 짓이다〉를 부부가 함께 보시다니, 조금 엽기적이란 생각은 드네요.(웃음)

YOO 그날 극장에서 아내가 관객들이 적극적으로 반응하는 것을 보고 무척 좋아했어요. 아마도 그때가 영화감독이 된 후 가장 보람을 느꼈던 하루였던 것 같습니다.

– 나 내일 시간 있는데. 우리 만날까?
– 좋아. 뭐 할까? 자전거나 타러 갈까?

〈결혼은, 미친 짓이다〉에서 자전거를 타면서 데이트하게 된 엄정화와 감우성

LEE 순수한 사랑의 상징으로 자전거를 애용하십니다. 〈바람 부는 날이면 압구정동에 가야 한다〉에서 순수한 사랑을 하는 영훈(홍학표)는 자전거를 타고, 부박한 연애를 하는 현재(최민수)는 오토바이를 타는 것으로 설정되어 있습니다. 〈결혼은, 미친 짓이다〉에서 성적인 욕망에만 탐닉하는 것으로 보이던 준영(감우성)과 연희(엄정화)의 관계는 두 사람이 자전거를 함께 타는 장면에서 정신적인 면모를 내비칩니다. 〈말죽거리 잔혹사〉에서 현수(권상우)가 타는 자전거는 그가 하는 사랑의 여린 속내를 그대로 표현하죠.

YOO 시를 쓸 때도 그랬던 것 같아요. 〈자전거의 노래를 들어라〉라는

연작이 있었으니까요. 그런 상징들은 개인적인 체험과도 깊은 관계가 있는 것 같습니다. 순수했던 나이에 자전거를 처음 접하고서 무척이나 가슴 설레었거든요. 자전거는 탄 사람 스스로가 직접 굴려서 앞으로 가는 메커니즘을 갖고 있잖아요. 자신의 마음이 움직여가는 탈것인 셈이죠. 그게 문명의 메커니즘과 상당히 거리가 있는 만큼 순수하다고 생각하는 듯합니다.

– 사가엔 얼마나 있을 생각이오?

〈쌍화점〉에서 주진모가 조카 생일잔치에 다녀오는 김에

오빠의 집에서 며칠 쉬다 오겠다는 송지효에게

LEE 감독님 영화에서는 사랑하는 남녀가 본거지를 떠나 먼 곳에 있는 이른바 '지상의 방 한 칸'으로 애정의 도피 행각을 하는 장면들이 매우 중요하게 그려집니다. 〈결혼은, 미친 짓이다〉에서는 다른 남자와 결혼식을 올리기 직전에 연희가 준영과 둘만의 여행을 떠나서 허름한 민박집에 머뭅니다. 이 장면을 다루는 부분에는 '신혼여행'이란 소제목이 붙어 있기까지 하죠. 〈쌍화점〉에서는 홍림이 왕후가 머물고 있는 사가로 불쑥 찾아가서 그 사랑의 가장 달콤한 순간을 보냅니다. 그 사가에서 왕비가 조국인 원나라 풍습에 따라 손수 만든 쌍화병을 홍림에게 주는 부분은 이 영화에서 가장 낭만적인 대목이기도 하죠. 연인들이 세상의 눈을 피해 둘만의 공간으로 찾아드는 장면을 멜로의 극점으로 강조해 그리시는 것은 어떤 이유 때문인가요.

YOO 그 두 경우 모두 관계가 특별하잖아요? 〈결혼은, 미친 짓이다〉에서는 연희가 다른 남자와의 결혼을 앞둔 시점에서 준영과 이루어질 수 없는 사랑을 하는 경우고, 〈쌍화점〉에서는 발각되면 대역 죄인으로 극형을 받게 되는 상황이니까요. 멜로의 전형적인 인물들이 겪는 비극성을 극대화하는 방법을 찾을 때 그런 공간을 떠올리게 되는 거죠. 두 경우 모두 그곳은 단 한 번만 갈 수 있는 공간이니까요. 단 한 번의 신혼여행이고 단 한 번의 왕후와의 데이트 아닙니까. 저는 그런 장면을 통해서 인생에서 딱 한 번 존재하는 것을 묘사하고 싶어하는 듯합니다. 말하자면 사랑의 싹을 틔우는 장소가 아니라 비극성을 확인하는 공간이라고 할까요. 비록 비극적이지만 단 한 번의 행복이나 추억이 담기는 공간이기도 하고요. 그렇게 좀더 서글픈 느낌이 있는 공간을 찾다보니 민박집과 사가를 다루게 된 것 같아요.

- 은주야, 오랜만이다.
- 어.
- 잘 지내지?
- 넌 머리 많이 길었네?
- 나 학교 그만뒀어. 반갑다. 우리 한 일 년만인가?

〈말죽거리 잔혹사〉에서 시간이 흐른 뒤 버스에서 우연히 재회하는 권상우와 한가인

LEE 〈말죽거리 잔혹사〉 〈비열한 거리〉 〈결혼은, 미친 짓이다〉 같은 영화에서는 세월이 흐른 뒤 남녀가 다시 만나는 장면이 인상적으로 그려집니다. 작품 속에서 왜 재회에 드라마적 방점을 찍으시는지요.

YOO 영화마다 그 의미가 조금씩 다른 것 같습니다. 〈말죽거리 잔혹사〉에서는 극의 종반부에 인생의 낙오자들끼리 다시 만나게 해서 페이소스를 전달하고 싶었어요. 〈결혼은, 미친 짓이다〉의 마지막 장면에서는 '그럼에도 불구하고 나는 만나겠다, 들키지 않을 자신으로'라는 결말을 통해 도전적이고 불온한 종지부를 찍고 싶었죠. 일부일처제에 대한 전복의 느낌을 주면서 끝내기를 원했다고 할까요. 〈비열한 거리〉에서 초등학교 시절 동창인 남녀가 성인이 되어 다시 만나게 되는 것에는 제 고향과 어린 시절에 대한 강한 기억이 영향을 미친 것 같네요. 작가들은 원체험이 중요한데, 저는 어려서 고향 마

을에서 그런 경험을 많이 했어요. 대가족 아래에서 살았기에 자라면서 사람이 죽는 것도 많이 봤고, 자연 속에서 살았기에 서정적으로 자아를 키울 수 있었죠. 그런 어린 시절에 대한 그리움이 유달리 강한 편입니다. 삶에 대해 덧없어 하는 제 태도도 거기서 나온 듯해요. 지금 그 고향 마을에 가봐야 옛 모습이 모두 다 바뀌어버렸을 테니까요. 그때 친구들과 함께 뛰놀았을 때의 어린아이로서의 웃음은 이제는 환청으로밖에 들리지 않는 것이겠죠. 〈비열한 거리〉에서 두 남녀는 각각 조폭으로 타락하거나 서점 직원으로 힘들게 삶을 이어가는 상황에서 유년의 기억을 간직한 채 다시 만나는 거잖아요. 《호밀밭의 파수꾼》에서처럼 순수한 유년의 세계와 전락한 성인의 세계가 대비되는 셈이죠. 제가 영화에서 그런 모티브를 중요하게 쓰고 싶어 하는 것 같습니다.

– 야, 차종훈. 너 지금 뭐 하는 거야?
– 니네 반 좆나 개판이다.
– 누가 남의 반에 들어오라 그랬어?
– 그럼, 나 니 허락 받고 들어와야 되냐?

〈말죽거리 잔혹사〉에서 이정진이 자신의 반에 들어온 이종혁에게 매섭게 쏘아붙이자 이종혁도 지지 않고서 응수

LEE 〈말죽거리 잔혹사〉와 〈비열한 거리〉에 등장하는 남자들은 언제나 영역 싸움에 골몰합니다.

YOO 그게 이른바 수컷의 본능이죠. 동물들이 오줌을 싸서 자신의 구역을 표시하는 것 같은 원초적 행동인 셈입니다. 〈쌍화점〉도 말하자면 홍림이 서서히 남성이 되어가는 이야기라고 볼 수도 있어요. 아이러니한 것은 그가 '남성'이 되는 순간 '남성'을 잃는다는 것이죠.

– 너, 누구 동생이여? 이런 싸가지 없는 놈의 새끼.

〈비열한 거리〉에서 윤제문이 상대 폭력 조직원과 통화하다가 격분해서

LEE 감독님 영화 속 남자들 세계에서 흥미로운 것은 평등한 친구들끼리의 우정보다는 선후배간의 서열이 훨씬 더 중요하다는 점입니다. 〈비열한 거리〉처럼 '형님' 문화를 체계화하고 있는 조폭 장르의 영화는 말할 것도 없고, 〈말죽거리 잔혹사〉처럼 동급생들의 이야기를 다룬 성장영화에서까지 그렇습니다. 같은 학년임에도 불구하고 누가 주먹을 더 잘 쓰느냐에 따라서 형성되는 권력관계가 좌우하는 세계니까요. 〈쌍화점〉에서의 남자들 역시 모두 서열화되어 있죠.

YOO 저는 사랑과 마찬가지로 우정에 대해서도 회의적인 시선을 갖고 있어요. 어떤 사람을 좋아할 때 그게 그 사람 자체를 좋아하는 것이라기보다는 그 사람을 둘러싼 배경이나 환경까지 다 고려해서 좋아하는 거라고 보거든요. 그 모든 것이 섞여서 형성되는 우정 역시 사람의 이기적인 욕망에 의해 얼마든지 균열의 순간을 맞이할 수 있죠. 사람 사는 게 다 영속적이지 않은 찰나에 의해서 끊임없이 이합집산을 거듭하지 않을까요. 그게 우리가 가치를 부여하는 사랑이나 우정 혹은 정의 같은 게 아닌가 싶은 생각이 제게 무의식적으로 잠재해 있나 봅니다. 제가 자꾸 그런 영화들을 반복해서 만들어나가는 것을 보면 말이에요.

– 우리도 좋은 스폰 하나 잡아갖고 한방 멋지게 해야 되는디.

〈비열한 거리〉에서 진구가 새로 문을 연 오락실 앞에서

LEE 저는 〈쌍화점〉을 보면서 이건 〈비열한 거리〉에서의 병두(조인성)가 자신의 스폰서인 회장(천호진)과 사랑하게 되는 이야기일 수도 있겠다는 생각이 들었습니다. 사실 따지고 보면 이야기를 지탱하는 모

티브들에서 두 영화는 비슷한 점이 상당히 많거든요.

YOO 분명히 그런 면이 있어요. 공교롭게도 비슷해요. 〈비열한 거리〉에서 병두가 자신의 조직원인 종수(진구)에게 칼을 맞게 되는 것은 〈쌍화점〉에서 홍림이 건룡위에서 한솥밥을 먹던 승기(심지호)의 칼에 찔리게 되는 것과 겹치죠. 종수와 승기는 각각 병두와 홍림의 자리를 넘보는 사람이었다는 점에서도 같고요. 〈쌍화점〉의 시나리오를 쓰다 보니 〈비열한 거리〉와 비슷해진다는 생각이 들어서 홍림이 건룡위 무사들 전체와 싸우다가 죽는 걸로 결말을 바꾸려고도 했어요. 하지만 이미 왕이 죽고 난 후에 그렇게 싸우는 게 어떤 의미가 있겠나 싶어서 그냥 지금처럼 했죠. 그 과정을 통해서 우정이나 사랑 같은 가치를 바라보는 나의 시각이 이렇다는 것을 깨닫는 계기가 되기도 했습니다. 누군가가 만든 작품 속에는 그 사람의 의식과 세계관이 담길 수밖에 없지요.

LEE 확실히 감독님 영화를 지배하는 것은 비관적인 정서입니다.

YOO 일반적으로 중요하다고 생각하는 가치들에 대한 근원적 회의가 제게 있는 것 같아요. 예전에 멕시코 혁명군들은 전투에 임하기 전에 세상에서 가장 슬픈 민요를 들었다고 해요. 그게 오히려 전투 욕구를 북돋는다는 거죠. 저는 관객으로서 결말이 비극적인 영화를 보면 오히려 영혼이 정제되면서 희망이 생기는 느낌을 받아요. 그래서 감독으로서도 그런 영화를 만드는 듯합니다. 시나리오를 쓸 때, 처음부터 의도적으로 비극을 만들지는 않아요. 그런데 쓰다 보면 삶의 부정적인 측면들이 극대화되면서 결국 비극으로 끝을 맺게 됩니다. 해피엔드와 언해피엔드는 관객 수에서도 많은 차이를 내는 게 사실이죠. 그런데도 집요하게 비극을 만들고 있는 걸 보면 제가 정말 흥행에 관심이 있는 건가 싶기도 해요.(웃음)

– 그 얘기는 저번에도 하셨습니다, 형님.

〈비열한 거리〉에서 윤제문이 형편 풀리면 돈을 더 주겠다고 하자 조인성이 볼멘소리로

LEE 사실 〈쌍화점〉의 이야기는 〈비열한 거리〉와 〈결혼은, 미친 짓이다〉를 합친 것 같다는 인상이 있습니다.

YOO 창작자는 평생 동어반복을 하다가 죽는 것 같아요. 거기에 얼마나 밀도가 생기느냐에 성공 여부가 결정될 뿐이죠. 저는 동어반복을 두려워하거나 피하지 않아요. 단지 좀더 깊어지고 싶은데 그게 마음대로 잘 안 되네요.

– 우식이 얘가 싸움 하나는 진짜 왔다예요. 저번에 천호동 걸레파 애들이랑도 1대 8로 붙어서 이겼잖아요.

– 진짜 싸움 잘하는 건 안 싸우고 이기는 거야.

〈말죽거리 잔혹사〉에서 박효준이 한가인 앞에서 싸움 실력을 칭찬하자
이정진이 짐짓 무게를 잡으면서

LEE 인터뷰 초반에 직접 말씀하시기도 했지만, 확실히 감독님의 영화 속에서는 폭력에 대한 매혹과 반성이 동시에 존재합니다.

YOO 제가 매혹과 반성의 경계선상에서 계속 긴장을 얻는 것은 사실이에요. 〈말죽거리 잔혹사〉에서 현수(권상우)가 종훈(이종혁) 일당에게 마구 쌍절곤을 휘두르는 장면은 제도교육에 의해 희생된 괴물이 청춘의 상실감으로 어른의 공간인 옥상에서 폭력을 가하는 의미를 담은 것이지만, 그와 동시에 휘두르는 순간의 매혹을 표현한 것도 사실이죠. 저는 늘 그 사이에서 시를 쓰고 영화를 찍는 것 같습니다. 수컷이 되고 싶고 파괴적인 마초가 되고 싶은 마음이 있는 반면, 어떤 순간에는 여성성에 대해서 매력을 느끼기도 하는 거죠. 그게 〈쌍화점〉에까지도 계속 이어져온 것 같아요. 〈쌍화점〉의 왕은 남근성의

중심이자 정점에 있는 인물이라고 할 수 있을 텐데도 극중에서 여성성이 강한 인물로 그려지지 않습니까. 인물이든 이야기든, 저는 그와 같은 충돌을 통해서 계속 영화를 만들어나가는 것 같습니다.

– 아버진 밖에선 인품 있는 무도인으로 통했지만
유독 자식에겐 폭력적이었다.
그래서 늘 말보단 주먹이 먼저 나가곤 했다.

〈말죽거리 잔혹사〉에서 권상우가 태권도장을 운영하는 아버지 천호진에 대해서 내레이션

LEE 그런데 폭력에 대한 매혹과 반성 사이에서 '시인 유하'가 상대적으로 후자에 역점을 두었다면, '감독 유하'는 전자에 더 무게중심을 싣는 것처럼 보입니다.

YOO 시를 쓰면서 제가 반성을 너무 쉽게 한다는 생각을 많이 했습니다. 시집 《바람 부는 날이면 압구정동에 가야 한다》에서는 압구정동의 매혹이란 텍스트와 좀더 뒹굴고 놀았어야 했는데 너무 빨리 빠져나왔어요. 노는 것이 반성 자체와 한 몸이 되는 경지의 시를 써야 하는데 지나치게 일찍 반성했다는 느낌이 있죠.

LEE 너무 일찍 반성했다는 반성을 하시는 거네요.(웃음)

YOO 그렇죠. 삼십대 후반이 되니까 그런 생각이 들더라고요. 그래서 영화에서는 너무 빨리 반성하기보다는 매혹이라는 텍스트와 좀더 뒹굴어보자는 생각을 한 것 같습니다. 그리고 영화란 엔터테인먼트적인 측면이 강하다는 사실도 간과할 수 없죠. 반성을 하면 하품이 나오니까 매혹의 요소를 채워 넣는 것일 수도 있어요. 반면에 시는 모든 예술의 어머니이자 대중과 관계없는 장르이니 시를 쓸 때는 제 반성적인 자아가 많이 투영될 수밖에 없었습니다. 폴 발레리 같은 시인은 딱 100명을 위해서 시를 쓰겠다고 했잖아요? 시는 많이 봐준다고 좋은 게 아닙니다. 내 시를 정확히 이해해 줄 수 있는 한 사람

이 필요한 것이거든요.

LEE 영화는 그 작품을 이해해 줄 수 있는 소수의 관객들로는 안 되는 거죠?

YOO 그 정도 성과로는 다음 작품을 할 수 없으니까요.

– 근데 급하게 할 얘기 있다는 게 뭐냐?
– 어, 그거. 야, 여기서 이러지 말고 일단 가면서 이야기하자.

〈비열한 거리〉에서 남궁민이 조인성을 차에 태운 뒤 용건을 말하지 않고 차를 출발시키면서

LEE 감독님 영화는 어디로인가 걸어가는 인물을 비추는 첫 쇼트로 시작하는 경우가 대부분입니다. 〈바람 부는 날이면 압구정동에 가야 한다〉에서는 인파로 가득 찬 거리를 걷는 영훈(홍학표)의 모습을 비추고, 〈결혼은, 미친 짓이다〉에서는 결혼식장에 들어서는 하객들을 뒤따라갑니다. 〈비열한 거리〉는 병두(조인성)가 동생이 끌려가 있는 경찰서로 가기 위해 걸어가는 장면이 첫 장면입니다. 〈말죽거리 잔혹사〉 역시 이소룡 영화를 보여주는 프롤로그 부분을 제외하면 첫 쇼트는 전학 가서 처음 등교하는 현수(권상우)의 걸음이지요. 〈쌍화점〉만이 예외인 셈입니다. '일단 가면서 이야기를 시작'하는 방식을 선호하시는 이유는 어떤 것인가요.

YOO 질문을 받기 전까지는 그런 공통점이 있는지도 몰랐어요. 듣고 보니 공교롭게도 제가 그렇게 했네요.(웃음) 어쨌든 이야기는 앞으로 가야 하는 것이고, 첫 쇼트에는 무엇인가를 추진하는 게 나와야 한다는 무의식의 발로가 아닐까 생각됩니다. 제 영화는 앞으로 나아가고 싶어 하는 인물들을 다루는데, 결국에는 다 못 나아가면서 비극이 생기잖아요.

– 나? 나라고 다르겠냐?

〈비열한 거리〉에서 조인성이 칼로 사람을 찔러본 적이 있느냐는 남궁민의 질문에 답하면서

LEE 그런데 그중에서도 〈결혼은, 미친 짓이다〉의 오프닝 장면은 유독 다릅니다. 다른 작품들은 짧게 끊어서 잇는 3~5개의 쇼트가 한 신을 이루면서 영화의 문을 여는 데 반해서, 이 작품의 첫 장면은 하나의 신을 하나의 쇼트로 길게 찍은 원 신 원 쇼트one scene one shot니까요. 결혼식이 이루어지기 전의 풍경을 스테디캠으로 옮겨 다니며 찍은 그 첫 쇼트 길이는 무려 2분 24초더군요. 사실 이런 방식으로 연출하려면 기술적으로도 무척이나 까다롭고 복잡하지 않습니까. 대단히 인상적인 동시에 상당히 인위적인 방법이기도 하고요. 〈결혼은, 미친 짓이다〉에는 그런 촬영법이 이후에 전혀 등장하지 않는데, 오프닝 쇼트를 유독 그렇게 찍으신 것은 어떤 의도였습니까.

YOO 제 개인적으로 이제껏 찍은 장면 중 가장 기억에 남는 신이 바로 그 대목입니다. 우선, 재기를 하는 차원에서 감독으로서의 야심 같은 게 있었던 것도 사실이죠. 하지만 그보다 더 중요한 것은 〈결혼은, 미친 짓이다〉의 전제가 결혼은 누구나 하는 것인 상황에서 두 주인공이 흔히 주변에서 볼 수 있는 캐릭터라야 한다는 점이었어요. 그렇기에 결혼식장을 스케치하는 장면 역시 붕어빵 찍듯 천편일률적으로 치러지는 현실의 결혼식 풍경을 리얼하게 보여줄 수 있는 쇼트여야 한다는 생각을 했던 거죠. 그래서 궁리 끝에 쇼트를 짧게 쪼개서 감독의 의도에 따라 이어 붙일 게 아니라 그 상황을 날것 그대로 하나의 공간에서 하나의 테이크로 보여주기로 했습니다. 그 시장바닥 같은 광경을 말입니다.

하여튼 난 너무 영화적으로 생각하는 게 병이라니까

시 〈고성의 드라큘라〉 중에서

LEE 감독님은 시인 출신이었기 때문에 '문학적인 영화'를 하시는 것으로 평가받는 일이 종종 있었습니다. 그렇기에 9년 만에 재기작을 연출하시는 상황에서, 자신의 작품에 대해 영화적이지 못하다고 보는 통념에 맞서서 가장 '영화적'으로 보일 수 있는 롱테이크로 시작하신 점도 있지 않습니까.

YOO 영화적으로 보여주어야겠다는 그런 강박이 있었죠. 원래 그 장면의 콘티는 짧은 쇼트들로 나눠 찍는 것으로 되어 있었어요. 30개 이상이나 되는 쇼트로 구성되는 신이었던 거죠. 그런데 촬영 전날 그 계획을 다 허물고 '원 신 원 쇼트'로 가기로 바꿨던 겁니다.

LEE 영화의 첫 장면을 그렇게 '원 신 원 쇼트'의 이동 카메라로 길게 찍은 장면들을 보게 되면 오슨 웰즈의 〈악의 손길〉이나 로버트 앨트먼의 〈플레이어〉 혹은 폴 토머스 앤더슨의 〈부기 나이트〉 같은 걸작들의 경우가 저절로 떠오르기도 합니다. 이런 시작은 흔히 스타일리스트의 방법으로 여겨지기도 하는데요.

YOO 이동 카메라의 롱테이크 장면은 공간을 심화시켜 주니까요. 그건 영화만이 할 수 있는 것이잖습니까. 사실 제 영화는 지금 쇼트 수가 점점 많아지고 있어요. 〈쌍화점〉은 3,000여 개의 쇼트로 구성된 작품이죠. 그런데 고수는 장면을 많이 나누지 않으면서도 하나의 쇼트에 여러 쇼트의 의미를 담아낼 수 있는 능력을 가진 사람인 것 같습니다. 제가 그렇게 되려면 좀더 가야 되겠죠. 개인적으로 봉준호 감독이 그런 측면에서 능력이 뛰어나다고 생각합니다.

– 서두르시죠 형님. 글 안해도 언젠가는 해야 할 일 아닙니까.
시간 끌다가는 우리가 먼저 당할 수도 있습니다.

〈비열한 거리〉에서 진구가 조인성에게 조직 보스인 윤제문에 대해 선제공격을 가하자면서

LEE 일반적으로 감독님의 작품들에는 제목이 떠오르기 전에 어떤 상

황을 스케치하거나 특정 에피소드를 묘사하는 프롤로그 같은 장면이 있습니다. 앞으로 펼쳐질 내용을 예열하는 대목이라고 할까요. 그런데 〈비열한 거리〉만 유독 제목을 먼저 화면에 띄우고 나서 곧바로 이야기를 합니다. 왜 그 영화만 그렇게 시작하셨는지요.

YOO 원래는 타이틀 시퀀스가 있었어요. 병두가 차를 몰고서 집에 가는 광경을 도시 야경을 훑으며 잡아내는 식이었죠. 그런데 편집을 마치고 나니까 러닝타임이 제 영화 중에서 가장 길더군요. 그래서 그걸 다 들어내고 제목부터 시작하게 된 겁니다.

LEE 매우 실용적인 이유에서 그렇게 선택하신 거군요.

YOO 그렇죠.

– 때론 맛없는 반찬부터 먹어치우기도 하잖아요? 중요한 거라면 결정적일 때 묻지 않겠어요?

〈결혼은, 미친 짓이다〉에서 엄정화가 맞선 상대로 나온 감우성에게 직업이나 나이를 묻는 뻔한 질문들을 늘어놓은 데 대해

LEE 〈결혼은, 미친 짓이다〉는 서두부터 매우 도발적이고 직선적입니다. 결혼식장의 뻔한 풍경을 스케치하고 나서 결혼식 사진을 찍으려고 플래시가 터지면 곧바로 〈결혼은, 미친 짓이다〉라는 제목이 화면을 가득 채우면서 떠오르니까요. 처음부터 이 영화가 어떤 말을 하고 싶은지 명확하게 선언하는 식의 오프닝이 아닐 수 없습니다.

YOO 아마도 〈결혼은, 미친 짓이다〉가 제 영화 중에서는 스토리가 가장 미니멀할 거예요. 고전적인 화술을 가지고 있는 이후 영화들과는 사뭇 다르죠. 저는 그 작품이 이야기로 승부하려는 영화가 아니고 아젠다agenda가 주인공인 영화라고 생각했어요. 한 여자의 발칙한 도발이라고 할까요. 일부일처제에 대한 풍자나 야유를 담은 전복성이 핵심이라고 보았죠. 그건 결국 여자가 남자의 옥탑방에서 축첩을 하

는 이야기니까요. 그런 부분을 영화에서 가장 중요한 요소로 가져가려 했기 때문에 특별한 사설이 필요 없었던 거죠. 그렇기에 도발적으로 시작해서 도발적으로 끝낸 겁니다. 원작 소설에서는 여자 주인공이 지하 단칸방에서 남자를 잠깐 만나는 장면이 있는데, 영화화하면서 그 부분을 확장해 봐야겠다는 생각을 했어요. 그래서 지하 단칸방을 옥탑방으로 바꿨고, 그 공간을 마련하는 돈도 여자가 대는 것으로 변형시켰죠.

LEE 그런 요소들로 '축첩'의 의미를 강화하셨군요.

YOO 그렇습니다.

– 다시 가봐야 되는 거 아니냐.

〈말죽거리 잔혹사〉에서 권상우가 아수라장이 된 고고장에서
도망쳐 나온 후 뒤늦게 남겨진 친구들을 걱정하며 이정진에게

LEE 반면에 한 영화를 끝낼 때는 이미 영화 속에서 흘러가버린 특정 장면을 다시금 복기하거나 상기시키는 방식을 즐겨 사용하십니다. 최근 두 작품인 〈쌍화점〉과 〈비열한 거리〉가 모두 그렇지요. CF를 패러디하며 끝나는 〈바람 부는 날이면 압구정동에 가야 한다〉의 엔딩 장면 역시 오프닝 장면과 형식적으로 대비시킨 수미상관 장면이었다는 점에서 그렇고요. 하나의 이야기를 맺는 순간에 감독님은 흔히 뒤를 돌아보는 과거지향성을 보이신다고 할까요.

YOO 그것도 한 번도 생각해 보지 못했네요.

LEE 〈말죽거리 잔혹사〉 때에는 그 영화가 과거의 추억 자체를 다루는 작품임에도 불구하고 한 시절이 완전히 흘러가버린 상황을 후일담처럼 묘사하면서 끝맺음을 하셨죠. 성룡의 〈취권〉이 상영되고 있는 극장 앞에서 두 친구가 성룡이 나은지 이소룡이 나은지를 놓고 티격태격하는 모습 자체가 이미 이소룡의 시대가 흘러가버렸다는

것을 함축하고 있으니까요. 반면에 최근 작품으로 올수록 라스트신에서 점점 더 회고적인 시선이 짙어지고 있습니다.

YOO 〈말죽거리 잔혹사〉 역시 비슷한 느낌이 있었을 거예요. 다만 간판이 이소룡에서 성룡으로 바뀐 것뿐일 수도 있죠. 영화를 찍어가면서 점점 제 자신이 제 영화의 화자가 되어가는 것 같은 느낌을 받아요. 제 스스로 텍스트가 된다고 할까요. 이미 상실된 무엇인가를 찾아 되돌아가고 싶은 욕망이 강합니다. 그러다 보니 자꾸 마지막 부분에서 우정이나 사랑의 정점으로 되돌려 보여주려는 것 같아요. 흔히 〈쌍화점〉의 마지막 장면을 상상으로 보시는데, 저는 사실 그 장면을 상상으로 생각하지 않거든요.

LEE 저 역시 그 장면을 상상으로 보았는데요. 애초에 왕이 그림으로 그렸던 두 사람의 사냥 장면 자체가 왕의 꿈 아니었습니까. 게다가 그 그림 속에서 활을 쏘고 있지 않은 홍림의 모습과 달리, 마지막 장면에서 두 사람 모두가 환하게 웃으며 활을 쏘고 있다는 것은 그게 상상 장면이라는 뜻이 아닐까요.

YOO 상상이라도 좋고 과거의 한때라고 해도 좋은 공간으로 만들었습니다. 그 장면을 찍기 전, 배우가 이게 실제 일어났던 일을 찍는 것인지 아니면 상상 장면인지에 대해 물었을 때도 관계없다고 대답했어요. 제 영화의 라스트신에 훼손되지 않고 타락하지 않았던 순수한 시절로 돌아가려는 욕망이 존재하는 것은 사실인 것 같습니다. 〈결혼은, 미친 짓이다〉는 예외입니다. 그 영화는 현재진행형이니까요.

– 거기 서 봐봐.
– 그만 찍어.
– 서봐.
– 마지막이야.

〈결혼은, 미친 짓이다〉에서 엄정화가 함께 묵은 민박집에서 감우성의 사진을 찍으면서

LEE 그리고 한 영화의 라스트 쇼트는 정지 화면인 경우가 많습니다. 〈바람 부는 날이면 압구정동에 가야 한다〉에서 엘리베이터 안에 함께 올라탄 영훈(홍학표)과 혜진(엄정화), 〈말죽거리 잔혹사〉에서 서로를 향해 장난스럽게 발차기를 하는 현수(권상우)와 햄버거(박효준), 〈쌍화점〉에서 말을 탄 채 나란히 활을 쏘는 왕(주진모)과 홍림(조인성)은 모두 정지 화면으로 표현됩니다. 이건 그 자체로 시간을 정지시켜 영원으로 이어가려는 소망을 담는 방식인가요.

YOO 맞습니다. 영속성이죠. 처음의 순간으로 회귀하면서 그 순간을 영원히 정지시키고 싶은 욕망이 그런 형식에 담겨 있는 겁니다.

매혹적인 것을 보면 실제로 나의 의식은 '스톱 모션' 된다.

《유하 문학선》 서문 중에서

LEE 매혹적인 광경을 보면 여전히 실제로도 머릿속에서 정지 화면처럼 남으십니까.

YOO 늙어가면서 좀 변하는 것 같아요. 매혹적인 것들이 점점 없어지는 듯하거든요. 웬만해서는 마음이 움직여지지 않습니다. 〈쌍화점〉 베드신이 건조했다면 그게 제 마음의 상태여서 그럴 수도 있을 것 같아요. 〈결혼은, 미친 짓이다〉 때는 배우들의 정사 장면을 찍을 때 현장에서 제 마음도 설레며 움직였거든요. 그런데 〈쌍화점〉의 베드신을 찍을 때는 제 마음이 너무나 차분하더라고요.(웃음)

LEE 말씀을 듣다 보니 요즘 좀 건조하게 사시는 것 같습니다.(웃음)

YOO 불혹이란 말이 딱 맞는 듯해요. 이제 매혹이 없는 나이가 된 거죠. 어느덧 제 나이가 불혹도 끝물인데, 서글프면서도 또 한편으로는 편해요. 뭐, 자기 돈 들여가면서도 수도를 하는데요.(웃음)

– 방금 전하께서 시역자의 칼에 승하하셨다.
그리고 우리는 그 시역자를 베었다. 너희들은 빨리 시신을 거두고 이 사실을 절대로 외부에 새어나가지 않도록 해라.

〈쌍화점〉에서 심지호가 왕을 죽인 조인성을 칼로 찌른 후 부하들에게

LEE 이야기를 마쳐야 할 순간에 흥미롭게 보이는 것은 이제까지 펼친 이야기를 묻는 것 같은 설정이 있다는 점입니다. 〈쌍화점〉의 마지막 대사는 바로 파국에 이른 상황에 대해 입조심을 당부하는 내용이죠. 〈비열한 거리〉에서도 라스트신에서 회장(천호진)이 비밀을 봉인하는 부분이 강조됩니다. 〈말죽거리 잔혹사〉의 종반부에서 햄버거가 은주(한가인)에 대한 소문을 오랜만에 들려줄 때도 현수는 듣고만 있습니다. 그는 은주와의 사랑을 둘만의 추억으로 마음속에 묻어두는 거지요. 〈결혼은, 미친 짓이다〉 역시 그와 같은 소재의 멜로에서 흔히 그렇듯 남편이 둘 사이의 관계를 알게 되면서 펼쳐지는 부분이 전혀 없습니다. 준영은 친구들에게조차 그 이야기를 하지 않지요. 당사자 두 사람만 아는 상황이 끝까지 지속되는 셈입니다. 끝내 비밀이 봉인될뿐더러, 봉인하는 과정 자체를 마치 의식儀式처럼 결말 부분에 인상적으로 넣으시는 것은 어떤 이유 때문입니까.
YOO 그 부분에 대해서도 제가 의식意識한 적은 없었던 것 같습니다. 글쎄요. 그렇게 처리하면 결국 아무도 모르는 것이 되기에 비극이 더 처연해지기 때문이 아닐까 싶네요. 예를 들어 〈쌍화점〉의 경우, 왕과 홍림이 그렇게 죽게 되면 좀더 초라하고 비참하고 비루한 죽음이 되어서 그 울림이 더 커진다고 보았어요. 시역자와 시역 당하는 사람으로서가 아니라 사랑싸움을 하다가 죽게 되는 것인데, 그런 비밀을 봉함으로써 죽음의 가치가 개죽음의 수준으로 떨어지는 거죠. 비극성을 배가시키기 위한 설정이었던 것 같습니다.

– 니 걱정이나 하셔. 나는 혼자서도 잘하니까.

〈결혼은, 미친 짓이다〉에서 감우성이 빨리 결혼하라고 재촉하는 친구 박원상에게

LEE 감독님은 초기 영화에서 주인공이 혼잣말을 하는 내레이션을 중요한 장치로 쓰셨습니다. 〈바람 부는 날이면 압구정동에 가야 한다〉 〈결혼은, 미친 짓이다〉 〈말죽거리 잔혹사〉가 모두 그랬죠. 그런데 최근 두 편의 영화 〈비열한 거리〉와 〈쌍화점〉에는 내레이션이 등장하지 않습니다. 왜 이런 변화가 생긴 것인가요.

YOO 비주얼한 영상으로 이야기를 구체화하고 물질화해야 하는데 내가 그걸 문학적인 내레이션으로 쉽게 보완하고 있는 게 아닌가 싶은 반성이 들더라고요. 좀더 영화적인 표현을 찾아서 영화적인 것에 더욱 복무해야 하지 않나 싶었던 거죠. 내레이션 장치란 것도 잘 쓰면 나쁘지는 않는데, 인물의 움직임이나 이미지를 통해 보여줘야 하는 것을 혼잣말로 대체하며 설명하니까 좀 게으르다는 생각이 들더군요. 문학이 영화에 내면화되지 못하고 너무 도드라지는 것 같은 데 대한 반성이었죠. 그러면서 자연스럽게 내레이션을 안 쓰게 되었어요. 저는 사실 영화도 문학의 연장이라고 생각하지만, 좋은 내레이션 영화는 내레이션을 다 걷어놓고 봐도 뜻이 통해야 되거든요. 그럴 정도가 되면 내레이션을 써도 상관없는 것 같습니다.

LEE 다 걷어내고도 뜻이 통할 수 있다면 왜 굳이 내레이션을 쓸까요.

YOO 정보 전달 차원이 아니라 변증법적인 것으로 상황을 풍부하게 만들기 위해서 쓸 수도 있다고 봅니다. 앞으로도 작품에 따라서 내레이션을 쓸 수도 있고 안 쓸 수도 있다고 생각해요. 솔직히 〈비열한 거리〉에서 조폭이 내레이션을 하는 것은 어울리지 않잖아요?(웃음)

LEE 그 작품에서 또다른 축을 이루는 감독 민호(남궁민)가 내레이션을 할 수도 있지요.(웃음)

YOO 그렇긴 하죠. 저는 사실 관객으로서 내레이션이 있는 영화를 좋아하기도 해요.

- 그동안 연희는 격주로 자취방을 다녀갔었던 것 같다.
왜 굳이 격주로 다녀갔던 걸까.
처음으로 이런 의문을 가져본다는 게 우습다.

〈결혼은, 미친 짓이다〉에서 감우성이 엄정화와 헤어진 후 둘의 관계에 대해 되짚어보다가 내레이션으로

LEE 내레이션과 관련해서 이런 의문도 듭니다. 감독님이 내레이션이란 장치에 대해서 회의하시는 것은 최근작이 아니라 오히려 초기작에서 있었어야 했던 게 아닌가 싶은 거죠. 시인으로서 더 많이 알려진 상황에서 연출에 착수하게 되면, 스스로에 대한 세상의 통념을 의식해서라도 문학적 특성을 줄이는 방식으로 영화를 만들게 되지 않을까 싶거든요. 내레이션이야말로 가장 문학적인 방식이라고 흔히들 여기는 장치니까요.

YOO 그건 아무래도 시와 영화를 분리시키는 과정에서 일어난 일인 것 같습니다. 첫 영화를 만들 때는 '내가 시인이라고 해서 반드시 구별 지을 필요가 있을까'라는 생각을 했어요. 오히려 카메라로 시를 쓰겠다는 생각까지 있었죠. 시인으로서의 특장이 영화에서도 발휘될 수 있다고 믿었고, 시와 영화를 접목시키려는 의도도 있었던 겁니다. 그런데 하면 할수록 영화라는 장르에 대한 경외감이 생기더라고요. 이 장르만 가지고도 충분히 버겁고 어렵다는 인식을 서서히 하게 됐어요. 그렇게 시인으로서의 정체성과 영화감독으로서의 정체성을 점점 더 분리시켜 왔던 게 아닌가 싶네요. 예전에 저는 시와 영화가 별 차이 없다고 생각했는데, 확실히 다르더군요. 서로 다른 이미지들을 결합해서 새로운 이미지를 만든다는 핵심은 같지만, 거기에 이르기까지의 과정이나 메커니즘은 너무 다르다는 거죠. 그 다른 부분을 제가 공부하고 있는 듯해요.

– 만약에 말이야. 니가 그 자식을 만나고 내가 아르바이트 여학생을 만났다면 지금쯤 우리는 어떻게 됐을까?
– 옆방에 있겠지.

〈결혼은, 미친 짓이다〉에서 감우성과 엄정화가 서로 다른 사람을 만났으면 어떤 결과가 빚어졌을지에 대해서 모텔에서 대화

LEE 이와 관련해서 제가 참 흥미롭다고 생각해 오던 게 있습니다. 문단 출신의 대표적인 영화감독은 이창동 감독님과 유하 감독님이십니다. 그런데 소설가였던 이창동 감독님은 영화로 옮기신 뒤에 상대적으로 운문에 가까운 영화를 만들고 계십니다. 반면에 시인이었던 유하 감독님은 매우 산문적인 영화를 하시고 있잖습니까. 이 점에 대해서 어떻게 생각하시나요.

YOO 상당히 흥미로운 질문이네요. 이런 거 아닐까요. 시를 쓰는 시인에게는 늘 소설을 쓰고 싶은 강박이 있어요. '나는 왜 단편적인 이미지만 나열하지?' '나는 왜 장대한 이야기를 하지 못하지?' 그러면서 소설가에 대해 콤플렉스를 느끼기도 하고요. 그런데 예전에 소설가들을 만나보면 역으로 시인에 대해서 콤플렉스를 갖고 있는 경우가 아주 많더라고요. 어떤 소설가들은 우스갯소리 삼아서 "시인이 되지 못해 소설가가 됐다"고까지 말하죠. 아무래도 제 경우는 영화를 통해 제게 숨겨져 있던 이야기의 욕망을 점점 발산하는 듯해요. 시는 10년 이상 쓰면서 시집도 이미 여섯 권을 냈으니까 목마름이 별로 없지만, 노래를 하는 동안에도 이야기에 대한 열망은 늘 남아 있었으니까요. 그러다 영화를 하면서 뒤늦게 이야기하는 데 재미를 붙였나봐요. 저와 반대로 이창동 선배는 소설가였기에 시에 대한 열망이 있었을 수도 있겠죠. 남의 경우는 잘 모르겠지만 저는 그런 것 같아요. 그런 면에서 이창동 감독님이 더 고수이신 거죠. 뭐든지 최고의 경지는 운문이 되잖아요.

LEE 모든 예술은 결국 음악적인 것을 동경하는 것 같습니다.

YOO 확실히 그래요. 시인들이 가장 민감하게 여기는 게 시적 음률이거든요. 실제로 뉘앙스의 음률이 잘 안 맞으면 몇 번이고 고쳐 쓰고는 하는데, 영화는 그런 부분에 대해서 상대적으로 자유롭지요. 좀 지루해도 더 말하고 싶고 더 나아가고 싶어지니까요. 스스로 제 영화가 너무 산문적이라는 생각이 들어도 편집에서 개선하지 않는 것을 보면, 저는 분명히 그런 쪽에 대한 굶주림이 강했던 것 같습니다.

– 중전, 노래 한자리 해보시오.
– 예?
– 왜, 연경에 있을 때 즐겨 부르던 고려 노래가 있지 않소?

〈쌍화점〉에서 야외에서 연회를 연 주진모가 송지효에게

LEE 감독님 영화에는 극중 주인공이 노래를 부르는 장면이 빈번하게 등장합니다. 〈바람 부는 날이면 압구정동에 가야 한다〉에서 혜진(엄정화)은 무대에서 〈눈동자〉를 부르고 영훈(홍학표)은 가라오케에서 〈너무나 사랑한 당신〉을 부릅니다. 〈말죽거리 잔혹사〉에서는 은주(한가인)와 함께 짧은 여행을 간 현수(권상우)가 기타를 뜯으며 〈이루어질 수 없는 사랑〉을 수줍게 부르죠. 〈비열한 거리〉에서는 현주(이보영)가 친구들과 노래방에 가서 〈그대 내 맘에 들어오면은〉을 부르는데, 그걸 보고 깊은 인상을 받은 병두(조인성)도 나중에 그 노래를 합니다. 병두는 차 안에서 혼자 〈땡벌〉도 악을 쓰며 부르죠. 이 영화의 라스트신은 회장(천호진)이 룸살롱에서 마이크를 잡고 〈올드 앤 와이즈Old and wise〉를 부르는 장면이기도 합니다. 그리고 〈쌍화점〉에서는 왕후(송지효)와 왕(주진모)이 각각 고려가요 〈가시리〉와 〈쌍화점〉을 부릅니다. 〈결혼은, 미친 짓이다〉만 예외인 셈이죠. 한국영화에 유독 노래하는 모습이 많긴 하지만, 특히 이런 장면을 즐기시는 데는 이유가 있을 것 같은데요.

YOO 제가 노래를 좋아해요.(웃음) MT 같은 데를 가면 남들 앞에 나가서 부르는 것도 즐겼고요. 기타를 치면서 노래책을 보고 흥얼대면서 삶을 허송한 적이 많았는데, 그런 게 영화 속에 자주 투영되는 듯해요. 그리고 저뿐만 아니라 우리나라 사람들 대부분 음주가무를 좋아하잖아요.(웃음)

LEE 〈쌍화점〉 속에서 주진모씨가 부르는 노래 〈쌍화점〉은 실제로는 누구의 목소리인가요.

YOO 주진모와 목소리가 흡사한 가수가 불렀어요. 사실 진모가 노래를 잘하는데 충분한 시간이 없어서 그렇게 했죠. 시사 전날까지 후시 녹음을 해야 했으니까요.

– 내 맘을 모르는지 알면서 그러는지 시간만 자꾸자꾸 흘러가네

〈비열한 거리〉에서 이보영이 동창들과 함께 간 노래방에서 부르는

〈그대 내 맘에 들어오면은〉의 가사

LEE 처음 네 영화의 러닝타임은 평균적이었습니다. 모두 103분에서 116분 사이였으니까요. 그런데 〈비열한 거리〉부터 분량이 크게 늘었습니다. 〈비열한 거리〉가 141분, 〈쌍화점〉이 133분이지요. 상영 시간이 늘어나고 있는 것도 감독님의 이야기에 대한 욕구와 무관하지 않을 것 같은데요.

YOO 이야기에 점점 더 관심을 갖고 천착하면서, 이야기하고자 하는 욕망이 점점 더 강해지는 듯해요. 그러다 보니 하고 싶은 이야기가 많아지고 호흡도 길어지는 것 같습니다. 상업적으로는 굉장히 불리하죠. 상영 횟수 자체를 줄일 수밖에 없으니까요. 그래서 관객에 대한 서비스가 좀 부족하다는 판단도 들어요. 생리적으로 두 시간이 넘게 되면 화장실에 가고 싶어지기 마련이잖아요. 그래서 좀더 압축할 수 없을까 고민을 합니다. 그런 면에서는 시인으로서의 초심을

가져야 하지 않나 싶어요. 시를 쓸 때는 A4 용지 네 장짜리 장시를 쓰고도 불필요해 보이는 부분을 조금씩 지우니, 결국 달랑 두 줄짜리 시가 된 경우도 있었거든요. 〈개미와 베짱이〉라는 시가 그랬어요. (〈개미와 베짱이〉의 전문은 다음과 같다. "오늘도 베짱이는 허기진 노래를 불러요 / 개미를 한 입에 먹어치우고 싶다고")

- 우리 사회의 빈부격차나 노동문제에 대해선 어떻게 생각하죠?

〈바람 부는 날이면 압구정동에 가야 한다〉에서 기자인 채해지가 오렌지족인 최민수에게 질문

LEE 감독님의 시는 일정 부분 정치적이었습니다. 사회비판적인 발언도 적지 않았고요. 첫 시집 《무림일기》는 그 자체로 김지하 시인의 《오적》처럼 정치 풍자적인 장시를 담고 있었죠. 〈전함 포템킨〉 〈크로커다일 던디〉 〈파리 애마〉처럼 영화명을 그대로 제목으로 차용한 시들조차 부제가 '영화사회학'일 정도로 강렬한 현실 발언을 담고 있었고요. 그런데 감독님의 영화에서는 그런 면모가 거의 발견되지 않습니다. 이것은 매체의 차이인가요, 아니면 시대의 변화 때문인가요.

YOO 1980년대에 대학을 다닌 저희들은 이른바 역사에 부채의식을 갖고 있는 세대잖아요. 그 당시에 돌 한 번 안 던져본 사람이 어디 있겠습니까. 그러다 보니 늘 그런 부채의식 속에서 시를 썼죠. 시인으로서 저는 그 당시 유행했던 민중시 계열의 시를 쓰지 않고 '문학과지성' 쪽이 추구하는 시를 썼기에 그런 것들에 대한 콤플렉스도 좀 있었어요. 그런데 제가 영화를 만들게 된 시기는 우리 사회가 탈

비열한 거리

개봉 2006년 6월 15일 **출연** 조인성 남궁민 이보영 천호진 윤제문 **상영시간** 141분 _ 조폭 조직의 2인자인 병두는 가족의 어려운 살림살이 때문에 경제적으로 힘든 나날을 보내지만 보스인 상철은 이를 모른 척한다. 내심 기대했던 오락실 운영권까지 상철이 다른 조직원에게 맡기자 병두의 불만은 극에 달한다. 그런 그에게 조직의 뒤를 봐주던 황회장이 적대적인 관계에 놓여 있는 검사를 청부살인해 달라면서 은밀히 부탁을 해온다.

이데올로기화되는 지점이었어요. 거대담론이 사라지면서 대중문화가 새로운 담론을 형성하던 시기에 영화를 시작하게 된 거죠. 2000년대 들어서 두 번째 영화를 만들게 되었을 때는 그런 이념들이 많은 부분 해체되었기에 굳이 다룰 만한 모티브가 없었습니다. 유신시대에 대한 풍자가 있는 〈말죽거리 잔혹사〉 정도였죠. 만약 제가 시를 썼던 무렵에 영화를 했더라면 비슷한 색깔이었을 거예요. 하지만 영화를 한참 뒤에 했기에 다른 모습이 되었죠. 그러나 〈비열한 거리〉에서처럼 사회의 구조적인 모순에 대한 비판은 제 영화에 있어요. 원형들은 여전히 담겨 있죠.

– 과인은 그동안 원나라의 속국으로 전락한 고려의 왕으로서 갖은 수모와 치욕을 견디며 살아왔소. 경들 또한 과인의 심정과 다르지 않을 것이오. 헌데 이 자리엔 원의 주구인 것을 오히려 자랑스럽게 여기는 자들도 있소. 이 나라 젊은이들이 오랑캐 땅에서 피 흘리며 죽어가는 것을 경사라고 말하는 자들이 그들이오. 오늘 과인은 이 역적의 무리들을 모조리 처단하여 이 나라 종사를 바로 세울 것이오.

〈쌍화점〉에서 주진모가 역도들을 없애기 위해 연회로 위장한 자리에서

LEE 〈쌍화점〉에서 왕이 신하들을 참살하기에 앞서서 일갈하는 대사를 들으며 저는 이라크 파병과 대미對美 문제를 떠올렸습니다. 이 대목에는 그 문제에 대한 정치적 은유가 담겨 있는 것인가요.

YOO 이 영화를 만들려고 〈고려사절요〉를 보니 당시 정황이 지금 상황과 상당 부분 유사하더군요. 노무현 정부 때의 이라크 파병 문제와 무척 비슷하다는 생각을 했죠. 그 장면은 의식적으로 그 부분을 생각하고 쓴 게 맞습니다.

– 이 시의 주인공 프루프록은 자의식이 강하고 자기냉소적인 인물이에요.

〈결혼은, 미친 짓이다〉에서 대학 강사인 감우성이 수업 시간에 T. S. 엘리엇의 시 〈프루프록의 연가〉를 설명하면서

LEE 감독님의 영화는 최근으로 올수록 점점 뜨거워지고 있습니다. 초기에는 다소 냉소적인 인물이 주인공이었던 것에 비해, 이제는 매우 열정적이고 모든 것을 던질 자세가 되어 있는 사람들이 영화를 이끌어가고 있습니다. 말하자면 캐릭터의 체온이 점점 더 올라가고 있다고 할까요. 왜 인물들의 느낌이 달라지고 있는 걸까요.

YOO 이야기에 대해 점점 더 깊게 구멍을 뚫다보니 자연적으로 캐릭터들이 점점 더 심한 갈등을 하게 됩니다. 드라마에서 이야기의 추동력은 갈등이잖아요. 갈등이 세면 셀수록 이야기의 추진력이 세지니까 이야기의 엔진을 점점 더 센 걸로 바꿔 달고 있는 셈이죠. 그래서 주인공들도 점점 뜨거워지는 것 같습니다. 시라는 장르는 기본적으로 좀 쿨한 부분이 있잖아요? 제 초기 영화에서는 시인으로서의 자아가 만든 캐릭터가 주종을 이뤘다면, 지금은 시나리오를 쓰는 사람으로서의 자아가 투영된 캐릭터가 주인공이 되는 거죠. 한편으로는 제가 생물학적으로 점점 차가워지는 나이로 접어들고 있기에 오히려 이야기를 할 때는 뜨겁고 싶어서 대척점의 캐릭터를 만드는 게 아닌가 싶기도 해요.

– 더! 더 세게!

〈말죽거리 잔혹사〉에서 천호진이 아들 권상우에게 샌드백 발차기를 시키며

LEE 유머도 점차 줄어들면서 이야기가 점점 더 큰 비극으로 가고 있습니다.

YOO 〈쌍화점〉의 경우에 대해서 이야기한다면, 그 작품이 사극이기에 저만의 유머 스타일을 발휘하기 힘들었다는 점을 우선 들 수 있어요. 유머라는 것은 동시대의 코드를 가지고 구사하는 것이고, 이게 사극이니 상상력과 추측만으로 시나리오를 쓸 수밖에 없었죠. 그런데 거기에 유머를 넣어보니까 슬랩스틱 코미디밖에 안 되더라고요. 그래서 사극 특유의 어쭙잖은 유머는 아예 구사하지 않기로 했죠. 그러다 보니 완성된 영화를 보면서 제 스스로가 내내 너무 무겁다는 생각이 들기는 하더군요. 또 한 가지 이유는 제 자신 나이가 들어가면서 우스운 게 별로 없게 된 상황과 관련이 있습니다. 에너지가 서서히 줄어들어서인지 웃을 만한 일이 그렇게 많지 않아요. 젊어서는 모임에 가면 남들을 많이 웃기고 농담도 자주 구사하는 편이었는데, 어느 순간부터는 웃을 일 자체가 줄어들게 되더군요. 그런 영향도 있을 거예요.

– 압구정동은 바닥이 좁아.

〈바람 부는 날이면 압구정동에 가야 한다〉에서 사촌여동생이 엄정화를 잘 안다면서 홍학표에게

LEE 텍스트와의 거리 역시 점점 좁혀지고 있는 것 같습니다. 감독님의 초기작들은 텍스트에 대해 일정한 거리를 확보하고 있습니다. 거리를 두기 위한 미학적 장치들도 종종 발견되고요. 하지만 요즘 영화들에서는 텍스트 속으로 깊숙이 뛰어 들어가는 양상입니다.

YOO 결국 이야기의 미학은 인류 역사상 딱 두 가지입니다. 아리스토텔레스가 말하는 '몰입의 미학'과 브레히트가 말하는 '소외의 미학'이죠. 이야기는 사실상 아리스토텔레스의 영역이에요. 시인은 브레히트에 가깝습니다. 저는 지금 시인으로부터 감독으로 옮겨가는 과정을 겪고 있는데, 이야기의 생명은 몰입이거든요. 홍상수 감독처럼

소외의 구조로 영화를 찍는 분도 있지만, 저는 스토리를 중시하는 감독이다 보니 몰입의 구조를 많이 생각합니다. 영화는 리얼한 허구를 다룹니다. 아리스토텔레스 식으로 말하자면, 뿔 달린 암사슴의 존재를 믿게 하는 게 이야기의 핵심인데, 그렇게 하려면 몰입과 감정이입이 중요해질 수밖에 없죠. 의심의 자발적 정지가 이뤄져야 하는 겁니다. 저는 그런 방향으로 계속 스스로를 탐구하는 것 같아요. 그렇게 몰입을 하다 보면 뜨겁게 느껴질 수 있겠죠.

– 내가 죽이는 거 하나 가지고 온다.

〈비열한 거리〉에서 남궁민이 자신을 홀대한 영화사에서 나오다가 이를 갈면서

LEE 감독님이 만드신 첫 세 편의 영화에서는 아무도 죽지 않습니다. 그런데 최근작 두 편에서는 너무나 많은 사람들이 죽습니다.

YOO 거기에는 장르적인 이유가 있는 것 같습니다. 멜로드라마도 원형에서는 주인공들이 대부분 죽잖아요? 로미오와 줄리엣이 모두 죽는 것처럼 말이죠. 〈쌍화점〉은 기본적으로 그런 느낌이 있습니다. 그리고 〈비열한 거리〉는 누아르 장르의 영화다 보니까 그렇게 된 것 같아요. 그 장르에서는 주인공이 죽는 경우가 다반사잖아요. 이유가 하나 더 있다면, 제가 점점 더 죽음에 대해서 많이 생각하기 때문이기도 해요. 삶보다 죽음에 대한 생각이 삶을 더 크게 지배하게 되는 것 같아요.

– 김감독이 얘기를 잘 지어내니까 재미있게 만들 거 같애.

〈비열한 거리〉에서 천호진이 룸살롱에서 감독인 남궁민에게
자신의 연애 경험으로 차기작을 만들어보라면서

LEE 감독님은 아마도 현재 한국영화 연출자 중에서 가장 서사에 집중하는 분이 아닐까 싶습니다. 감독님 영화들만큼 이야기성이 강한 작품들도 드물 테니까요. 예전에 '드라마가 상위 개념이고 스타일은 하위 개념'이라고 언급하신 것도 기억납니다. 감독님은 영화가 이야기를 실어 나르는 일종의 '스토리 비이클story vehicle'이라고 생각하시는지요.

YOO 어느 정도는 그렇게 생각합니다. 대중을 염두에 두지 않은 영화 매체란 성립하지 않으니까요. 아마도 영화는 유일하게 관객이 굉장히 중요한 예술일 수도 있을 거예요. 그건 만들기 위해서 돈이 많이 들어가니까 그럴 겁니다. 관객이 극장에 오는 것은 근본적으로 인생을 보고 싶어서, 삶의 파노라마를 한번 타보고 싶어서라고 생각해요. 두 시간짜리 실험 영상이나 뮤직비디오를 즐기기 위해 온다고 생각하지는 않아요. 어찌 됐든 영화에서는 스토리라는 것이 대단히 중요하다고 봅니다. 그게 영화를 보고자 하는 관객의 욕망과 가장 맞닿은 부분일 테니까요. 니체는 신이 죽었다고 했지만, 사실 오늘날에는 신뿐만 아니라 모든 것이 다 죽었잖아요. 이제 남아서 사람들의 입에 오르내리고 있는 것은 매일매일 나오는 방송 드라마 정도가 아닌가 싶어요. 흡사 이야기가 마지막으로 남은 종교인 것 같다는 거죠. 제가 이야기성에 집중하게 된 데에는 제 자신의 반골 기질도 어느 정도 작용한 것 같아요. 지금 영화계에서는 스타일에 대한 추구 자체가 주류를 이루고 있는 상황이잖아요. 사실 스타일은 영화에서 부차적인 것으로 대접을 받아야 하는데, 현재는 비중이 역전되고 전도되어서 그런 취향이 주류로 떠오른 듯해요. 그런 상황에서 이야기를 추구하는 감독이 오히려 마이너리티가 되고 있죠. 그렇기에 저는 더욱더 이야기에 집중하고 있는 것 같아요. 누구나 다 스토리에 전력을 기울인다면 저는 다른 것에 매진했을지 몰라요.

LEE 그 자체가 또 하나의 아이러니를 빚고 있는 셈이네요.

YOO 지금은 의미가 위기에 처한 시대라는 점과도 상관이 있어요. 모든 가치가 쇠락을 맞고 있는 시대죠. 이야기란 근본적으로 가치의 변화를 다룹니다. 그런데 가치가 변하다보니 이야기도 위기에 처하게 되는 것이겠죠. 그렇게 의미 없는 시니피앙들만 의미로 대접을 받고 있는 시대이니 제가 이야기에 집중한다는 것 자체가 스스로 불온하게 느껴지기도 해요. 하지만 시인이란 불온한 것들에 경도되는 사람입니다. 너무나 고전적이고 상식적인 것들이 비주류로 떠밀려 가는 상황에서 그런 것들에 몰두하는 게 좀 다른 의미에서의 불온을 추구하는 게 아닌가 싶어요. 그럴 때 영화를 만들고 싶은 저만의 호승심이 생겨나는 거죠.

– 그래, 이야기는 이야기로 끝나야지.

〈비열한 거리〉에서 천호진이 감독인 남궁민에게 자신의 연애 경험을 영화로 찍되 너무 똑같이 만들지는 말라고 당부하면서

LEE 〈비열한 거리〉 종반부에 대단히 인상적으로 삽입되어 있는 "이야기는 이야기로 끝나야 한다"는 대사는 무슨 뜻인가요.

YOO 이야기를 '리얼한 허구'라고 할 때, 중요한 것은 '리얼한'이 아니라 '허구'라는 것이죠. 너와 내가 알고 있는 것은 결국 픽션이니까, 끝까지 픽션으로 알고 있어야 한다는 겁니다. 저는 그 대사를 쓰면서 세헤라자데를 생각하기도 했어요. 〈비열한 거리〉는 〈아라비안 나이트〉의 욕망을 갖고 있는 작품이에요. 문학평론가 김현 선생님도 말했지만, 이야기의 욕망이란 죽음의 공포로부터 벗어나려는 것이죠. 그런데 이 영화에서 병두(조인성)는 더이상 이야기할 게 없었기 때문에 죽었을 수도 있는 겁니다.

LEE 이야기가 다 떨어지는 바람에 왕에게 죽음을 당하게 될 처지에 놓이게 되는 세헤라자데 같다는 건가요?

YOO 그렇죠.

– 이거 내가 좋아하는 팝송인데, 김감독, 뜻이 근사해.

〈비열한 거리〉의 마지막 장면에서 천호진이 노래 〈올드 앤 와이즈〉를 부르기에 앞서 남궁민에게

LEE 〈비열한 거리〉는 회장(천호진)이 앨런 파슨즈 프로젝트의 노래 〈올드 앤 와이즈〉를 직접 부르는 장면으로 끝납니다. 회장은 그 노래를 부르기 전에 그 곡의 가사가 참 좋다고 말합니다. 그런데 그건 그 노랫말의 어떤 점을 강조하는 대사인가요.

YOO 한마디로 '올드 앤 와이즈'가 아니라는 겁니다. 살아남은 자의 비루함이죠. 현명한 자라면 그러고 있겠어요? 회장은 추해서 살아남은 거지, 강해서 살아남은 게 아니잖아요. 늙을수록 추해지는 거죠. 욕망은 더 추해질 뿐, 결코 늙지 않거든요. 저는 인간이 근본적으로 악하다고 봅니다. 결국 그 노래는 반어적인 의미로 쓴 거예요.

LEE 〈결혼은, 미친 짓이다〉는 감독님이 남이 쓴 원작을 시나리오로 각색한 유일한 경우입니다. 글을 쓰는 직업을 가지셨던 분으로서, 직접 쓰는 시나리오와 각색하는 시나리오 중에서 어느 것이 더 힘드신가요.

YOO 오리지널 시나리오를 쓰는 게 훨씬 힘들어요. 저는 각색하는 게 재미도 있고 좋더라고요. 기댈 언덕도 있고요. 원래 자기 것은 못 봐도 남의 것에 대해서는 옳은지 재미있는지 중요한지가 잘 보이는 법이잖아요. 남의 작품에 대해서는 어떤 것을 버리고 어떤 것을 취할지에 대한 판단이 명확히 들거든요. 그런 의미에서 자신의 장점과 상대의 장점이 서로 합쳐질 수 있죠. 좋은 원작이 있거나 좋은 시나리오 작가가 있다면 받아서 하고 싶어요. 그렇게 하면 영화를 훨씬 더 효율적이고도 객관적으로 만들 수 있을 것 같습니다. 그런데 그런 작품 만나기가 쉽지 않더군요.

– 이런 씨발. 대한민국 학교 좆 까라 그래.

〈말죽거리 잔혹사〉에서 권상우가 이종혁과의 싸움 후 학교 옥상에서 내려와 유리창을 깨고 쌍절곤을 던지면서

LEE 감독님 영화들 중에서 가장 유명한 대사는 〈말죽거리 잔혹사〉에 등장하는 것 같습니다. 현수가 옥상에서의 싸움을 끝내고 내려왔을 때 복도에서 교사들이 제지하려고 하자 거칠게 울분을 토하는 장면에서였죠. 이 대사는 어떻게 쓰셨습니까.

YOO 처음에 쓰고 나서 무척 망설였어요. 대사가 너무 직설적이니까요. 이건 은유가 아니라 구호에 가깝다는 생각이 들더군요. 그래서 현장에서 빼고 하려니까 권상우씨가 그 대사를 넣어서 한번 해보고 싶다고 하더라고요. 진정성이 있으면 그 대사가 용인될 수도 있을 것 같아서 일단 그렇게 찍어봤죠. 막상 권상우씨가 그 상황에서 그 대사를 하니까 구호로 느껴지지 않더라고요. 그 상황에서 자연스럽게 나올 수 있는 대사처럼 여겨졌습니다. 메시지를 바로 발설하면 안 되겠지만, 그 장면에서 그 대사는 그저 욕처럼 내뱉어지는 톤이어서 그냥 넣기로 한 겁니다.

– 야, 나한테 전화할 시간 있으면 책이나 한 자 더 봐. 인내는 쓰고 열매는 뭐다? 달다! 나 근무중이니까 나중에 통화하자.

〈비열한 거리〉에서 조인성이 여동생과 전화 통화 하면서

LEE 〈비열한 거리〉에서 자문자답하면서 이야기를 하는 병두의 말투가 무척 독특합니다. 이건 실제 조폭 세계를 취재하면서 얻은 어투인가요?

YOO 아니에요. 제가 고등학교에 다니던 시절, 교사 중 그런 말투를 쓰는 분이 있었죠. 아마 체육교사가 그랬던 것 같습니다.

– 인생의 첫발, 사랑의 화촉, 왕림. 언제 봐도 식상하지 않냐?

〈결혼은, 미친 짓이다〉에서 감우성이 친구 박원상의 청첩장에 쓰인 구절들을 소리 내어 읽으면서

LEE 시인은 언어를 가장 함축적이고도 경제적으로 구사하는 사람일 것입니다. 그런데 감독님 영화를 보면서 대사가 양과 질의 측면에서 과하다는 인상을 받을 때가 전혀 없지는 않습니다. 예를 들어 〈쌍화점〉에서 왕이 하는 말들이 그렇죠. 홍림과 마지막 대결을 벌일 때만 해도 왕은 "연모의 정이 그리도 중하더냐?"라고 묻고 나중에 재차 "한마디만 묻자. 너는 단 한 번이라도 내게 애정을 품은 적이 있느냐? 너는 정녕 단 한 번만이라도 날 정인이라 생각한 적이 있느냐?" 라고 또 묻습니다. 더구나 이런 말은 형태를 달리 해서 그전에도 반복되었죠. 물론 이 대사가 이 영화에서 무척 중요한 것이긴 하지만, 저 개인적으로는 직설적인 말을 필요 이상으로 반복하고 있는 것 같다는 느낌을 줍니다.

YOO 저는 그 대사가 아주 중요하다고 봤어요. 극소수의 고급 관객을 제외할 때, 그게 없다면 너무 불친절하지 않을까요. 그 대사들이 지나친 설명이 아니냐고 제게 말한 문인도 있었지만, 대부분의 관객들은 그 부분에서 슬픔을 많이 느끼고 울컥하더라고요. 남녀간의 대화였으면 닭살 돋아 안 썼겠죠. 그런데 이건 남자와 남자 사이의 멜로니까 좀 다를 거라고 봤습니다. 건룡위 신하들이 지켜보고 있는 상황에서 절대권력자로서의 민망함을 감수하고 왕이 그렇게 대놓고 비루하게 물어본다는 게 개인적으로는 필요 없는 대목이라고 느껴지지 않습니다. 일단 이전에 왕의 진심이 한 번도 드러난 적이 없었다고 봤어요. 더구나 그 마지막 질문을 할 때, 왕은 현재형이 아니라 과거형으로 물어보잖습니까. 더 많이 사랑하는 사람의 비참함이 과거를 물어보면 더 극명하게 드러날 거라고 본 거죠.

LEE 영화는 대중을 상대로 하는 만큼, 친절할 수밖에 없다고 생각하

시는 거죠?

YOO 대중은 정말 다양해서, 클라이맥스에서의 왕의 감정 상태 정도의 내용도 이해를 못하는 사람들이 꽤 있어요. 대중영화를 하는 게 그런 면에서 어려움이 많죠. 어디까지 설명하거나 절제할 것인가에 대한 고민이 늘 있습니다. 시를 쓰는 사람의 입장에서 언어의 경제성이나 함축은 생명이라고 할 수 있지만, 영화에서 그렇게 하면 관객들이 화를 내요.(웃음) 오히려 영화는 어떤 면에서는 함축을 절제해야 됩니다.

- 아무래도 제가 생각하는 액션은 이런 게 아닌 거 같아가지고.

〈비열한 거리〉에서 무술감독이 짜온 액션 동작들을 보고 난 후

극중 감독 남궁민이 조심스럽게

LEE 〈말죽거리 잔혹사〉 〈비열한 거리〉 〈쌍화점〉에서의 액션 장면들은 상당히 완성도가 높습니다. 무엇보다 좋은 것은 액션이 드라마와 잘 이어진다는 점인 것 같습니다. 감정 표현으로서의 액션이라고 할까요. 액션 장면을 찍을 때 어떤 원칙을 갖고 계시는지요.

YOO 액션의 동작이 멋진 것도 중요하지만 그보다 더 중요한 것은 액션의 목적성이라고 생각합니다. 특정 액션 장면의 목적성부터 설명하고 나서 그것을 위해 액션이 복무해야 한다는 거죠. 그게 저의 원칙입니다. 규모가 큰 액션 장면이 나오더라도, 드라마 전개 과정에서 그 앞 신과 그 뒤 신으로 이어지는 감정이 액션에서도 관리될 수 있게끔 찍습니다.

- 갑자기 끼어들어서 죄송한데요,

그, 보니깐 싸움이 어째 실제랑 많이 틀리네요.

– 네?

– 민호야. 실제 건달들은 이렇게 안 싸우잖아. 그냐 안 그냐.

〈비열한 거리〉 속 영화 촬영 장면에서 액션 연출을 구경하던 조인성이 불쑥 끼어들어 남궁민에게 동의를 구하면서 무술감독에게 의견을 개진

LEE 〈비열한 거리〉의 액션은 대단히 리얼해 보입니다. 굴다리 밑에서 집단으로 대결하는 대목을 포함한 이 영화 속 싸움 장면들은 실제 조직폭력배들이 가장 사실적인 액션 연출로 평가한다는 이야기도 들은 적이 있습니다. 이 부분에도 직접 취재하신 내용이 반영되어 있습니까.

YOO 그럼요. 사시미칼을 쓸 때는 어떻게 하는지, 테이핑은 어떤 방식으로 하는지에 대해서도 취재를 했습니다. 예를 들어서 조직끼리 '전쟁'을 벌이더라도 생명에는 지장이 없게끔 허리 위로는 안 찌른다든지 하는 것들이죠. 그 안에서도 다 규칙이 있더라고요.

– 그래서 앞에선 못하지. 눈 보면 절대 못해. 맘이 약해지거든. 근데 어쩌다가 눈이라도 마주 보게 되잖아? 그거 평생 간다. 그 기분 아무도 모를 거야. 잊혀지지가 않아.

〈비열한 거리〉에서 조인성이 남궁민에게 사람을 칼로 찔렀던 경험에 대해서 이야기하며

LEE 칼로 찌를 때는 눈을 보면 안 된다고 병두가 민호(남궁민)에게 말하는 대사 역시 취재의 결과인 것 같던데요?

YOO 맞습니다. 상대를 '작업'할 때는 눈을 보면 안 된다고 하더군요. 눈끼리 마주치면 마음이 약해져서 제대로 할 수가 없다는 거죠.

– 제가 먼저 쳐도 되겠습니까?

〈쌍화점〉에서 조인성이 주진모에게 결투를 신청하면서

LEE 〈쌍화점〉의 액션 동작에서 가장 두드러지는 것은 튀어 오른 한쪽이 칼을 위에서 아래로 있는 힘껏 내리 찍어 공격함으로써 검술 대결이 시작되는 묘사입니다. 극 전체를 통해서 이런 방식이 계속 반복되는데, 사실 이런 액션 안무는 〈트로이〉의 경우와 매우 흡사합니다. 혹시 그 영화를 참고하셨는지요.

YOO 영화 〈트로이〉를 본 적이 있지만 오래되어서 구체적인 장면들이 기억나지는 않습니다. 말씀하신 그 동작은 무술감독이 그렇게 합을 짜왔어요. 제가 검술이 시작될 때는 임팩트가 있게 충돌해야 한다고 주문했거든요. 무술감독이 〈트로이〉의 스타일을 참고했는지는 저도 모르겠습니다. 〈쌍화점〉의 액션 장면들은 와이어를 쓰되 마치 안 쓴 것 같은 방식으로 해보자는 원칙도 있었어요.

LEE 야외 정자에서 휴식을 취하는 왕을 자객들이 급습할 때 와이어를 쓰셨죠.

YOO 왕과 홍림이 대련할 때도 와이어를 썼어요. 표가 나지 않는 선에서 몇몇 장면에서 그렇게 했죠.

– 새로 옮긴 직장은 마음에 들어?

– 좋아.

– 니 적성에 맞을 줄 알았어.

〈결혼은, 미친 짓이다〉에서 감우성이 엄정화에게

그녀의 신혼 생활을 새로 옮긴 직장에 빗대어 질문

LEE 〈말죽거리 잔혹사〉 〈비열한 거리〉 〈쌍화점〉에서의 액션 장면들을 모두 좋아합니다. 스스로 생각하실 때도 액션 연출에 대해 자부심을 가지시는지요.(웃음)

YOO 그렇지는 않아요. 제가 액션의 리얼함을 좀더 추구하는 정도겠죠. 성장기에 많이 보고 직접 참가도 했기에 그 체험이 리얼하게 많이 반영된 것 같아요.(웃음) 제 영화가 액션영화인 것도 아니잖아요? 액션은 (〈비트〉 〈무사〉의 감독인) 김성수가 잘 찍죠. 근사하고 멋있게 찍잖아요. 제 스스로는 액션을 좀 멋없게 찍어보자는 생각도 있었어요. 다큐멘터리에 가까운 액션이라고 할까요.

– 맞다. 병두, 운동신경 좋았었잖아.

〈비열한 거리〉에서 동창 모임의 여성 참석자가 초등학교 시절의 조인성에 대해 회고하며

LEE 감독님 영화에서 액션을 하는 주연배우들의 자질도 훌륭한 것 같습니다. 권상우씨나 조인성씨, 주진모씨 모두 상당히 고난도의 액션을 직접 소화하던데요. 발차기 동작 같은 것도 무척 좋고요.

YOO (조)인성이를 〈비열한 거리〉에 처음 캐스팅할 때 무술 할 줄 아냐고 물었습니다. 그랬더니 태권도 공인 2단이라고 하더군요. 그 말을 들으면서 급호감이 생겼죠.(웃음) 권상우야 말할 것도 없이 운동신경이 뛰어난 연기자고요. 주진모도 체육교육과 출신인 만큼 액션을 잘 소화합니다.

LEE 뽑을 때부터 액션을 잘할 수 있는 배우를 고르시는군요.

YOO 그럼요. 촬영 전에 연습시키는 것으로는 한계가 있어요.

– 이소룡이란 쿵푸 스타가 우리를 사로잡던 시절이 있었다.
물론 내게도 이소룡은 최고의 우상이었다.

〈말죽거리 잔혹사〉의 첫 대사로 흘러나오는 내레이션

LEE 〈말죽거리 잔혹사〉는 호쾌한 액션을 선보이는 이소룡의 영화 속

모습을 직접 보여주고 그에 대한 추억을 되짚어보는 내레이션으로 시작하는 영화입니다. 감독님은 《이소룡 세대에 바친다》는 산문집도 쓰셨는데, 이 영화야말로 감독님을 포함한 이소룡 세대에 바치는 헌사 같은 작품이기도 하죠. 그때는 왜 다들 그토록 이소룡을 좋아했을까요.

YOO 지금도 그렇지만 그때는 정말 하루하루가 정해진 틀에 얽매여 억압 속에서 살았죠. 그럴 때 이소룡은 일종의 탈출구 였을 거예요. 그 기이한 괴조음이나 우스꽝스러운 표정, 혹은 단숨에 핵심에 육박하는 무술의 동선 같은 것들이 우리에게는 일상 탈피의 뜨거운 상징 같은 것이었죠. 사실 이소룡 영화의 완성도는 그렇게 높다고 할 수 없잖아요? 그런데도 당시에는 누구나 이소룡 흉내를 내면서 일상의 괴로움을 잊었죠. 저도 그랬고요. 당시에는 다양성이 거의 없었어요. 지금은 하다못해 텔레비전 채널이라도 많고 개인적인 취미가 다양한데, 당시는 네트워크가 하나로 단일화되어 있던 때였으니까요.

- 이소룡 영화보다 재밌냐?
- 야, 이소룡이 게임이 되냐? 일단 보고 얘기해.
  성룡 저 새끼 골 때려 아주.
- 웃기지 마, 새끼야. 그래두 이소룡이지.
- 이소룡은 한물갔지 새끼야.
- 이소룡이지 새꺄.

〈말죽거리 잔혹사〉에서 권상우와 박효준이 성룡 주연 영화 〈취권〉을 상영하는 극장 앞에서 서로 장난스럽게 다투면서

LEE 감독님도 그렇게 명명하셨지만, 정말이지 '이소룡 세대'라는 말은 충분히 성립 가능한 용어일 것 같습니다. 반면에 그 뒤를 이어 성룡이 선풍적인 인기를 끌었던 시기를 일컬어서 '성룡 세대'라고 할

수는 없을 듯합니다. 성룡의 팬들이 광범위하게 존재했음에도 불구하고 말이에요. 이런 차이는 두 엔터테이너의 성향 차이에서 비롯되는 것일까요, 아니면 사회적인 맥락의 차이 때문일까요.

YOO 이소룡은 거의 종교였어요. 무척이나 비장한 액션스타였잖아요. 포스가 정말 엄청났는데 성룡보다 훨씬 더 남성다웠죠. 이소룡은 '남성'에 대한 환상과 로망을 제대로 극대화해서 만족시켜 준 아이콘인 셈이었습니다. 그러니 그 자신이 종교가 될 수밖에요. 당시 학교라는 곳이 굉장한 남성성을 요구하기도 했으니, 거기에 집단적으로 감정이입할 수밖에 없었던 사회였던 거죠. 그런데 성룡은 그런 것을 포기하면서 웃기는 배우잖습니까.

– 자, 좋습니다. 카메라 보시구요. 하나, 둘.

〈비열한 거리〉에서 윤제문의 여동생 결혼식 사진을 찍는 사진사

LEE 감독님 영화 속 촬영 앵글에서 두드러지는 것은 인물들의 정면 클로즈업 쇼트를 선호하신다는 점입니다. 이런 경향은 〈말죽거리 잔혹사〉에서부터 본격적으로 드러나기 시작해서 〈비열한 거리〉 〈쌍화점〉으로 오면서 점점 강렬해지고 있죠. 첫 두 작품과 달리 이 세 편의 영화는 모두 최현기 촬영감독이 카메라를 담당하셨던데, 이처럼 정면 쇼트를 즐겨 찍으시는 것은 전적으로 감독님 취향인가요, 아니면 최현기 촬영감독님의 색깔이기도 한 건가요.

YOO 제가 그런 앵글을 워낙 좋아합니다. 배우의 시선을 최대한 카메라 가까이로 붙여서 정면에서 찍기를 즐기는 거죠. 그건 몰입과 관련이 있는 앵글이에요. 인물이 상대방에게 말할 때 관객이 그 캐릭터의 감정을 생생히 느낄 수 있도록, 카메라를 직접 쳐다보지 않는다는 전제하에 최대한 정면에 가깝게 바라보도록 하고 찍는 거죠.

LEE 특히 〈쌍화점〉에서 정면 클로즈업 쇼트가 대단히 인상적으로 쓰

였죠. 이 영화는 첫 쇼트부터 그렇게 시작하고 있으니까요. 젊은 왕이 건룡위 멤버가 되기 위해 훈련받는 어린아이들과 묻고 답하는 대화 장면을 다룬 〈쌍화점〉의 첫 장면은 다섯 개의 쇼트로 구성되어 있는데, 그중 네 개가 정면 클로즈업 쇼트였잖습니까.

YOO 그랬죠. 꼭 그렇게 찍고 싶었어요. 그러다 보니 이제는 촬영감독도 제 취향을 알고 미리 다 그런 구도로 잡아놓기도 해요.(웃음)

– 자긴 옛날 애인 얘기 통 안 하더라.

〈결혼은, 미친 짓이다〉에서 엄정화가 민박집에서 감우성에게

LEE 그런데 처음 두 영화에서는 왜 그런 앵글을 별로 쓰지 않으셨습니까.

YOO 취향이 점점 강해지는 거죠. 두 번째 작품까지만 해도 그렇지 않았는데, 이후 점점 이야기 중심의 몰입 구조로 제 영화가 옮겨가고 있는 것과 관련이 있을 거예요. 이야기가 뜨거워질수록 카메라도 스트레이트해지고 인물도 앵글의 중심에 있어야 하는 겁니다.

LEE 감독님뿐만 아니라 요즘 한국영화에서 정면 클로즈업 쇼트가 점점 더 많이 쓰이고 있는 듯합니다. 왜 그렇다고 생각하세요?

YOO 글쎄요. 저로서는 다른 감독들의 변화까지는 잘 모르겠어요. 그런데 제 경우는 배우의 느낌에 따라 앵글을 수정하는 편이기도 해요. 특히 조인성은 정면 쇼트가 무척 좋습니다. 훨씬 더 잘생기게 나와요. 반면에 엄정화나 감우성 같은 배우는 얼굴이 약간 평평한 편이라서 조금 옆에서 찍어줘야 더 예쁘게 나오죠. 주진모는 상대적으로 측면 쇼트가 많아요. 그럴 때 더 멋지게 화면에 잡히거든요.

– 내일 비 올 건가봐. 별이 하나도 안 보이네.

〈말죽거리 잔혹사〉에서 한가인이 사설 독서실 옥상에 올라 권상우에게

LEE 화면이 점점 어두워지거나 하얗게 표백되어 가는 페이드아웃도 즐겨 사용하십니다. 첫 영화는 그렇지 않지만 이후 작품들에서는 많이 쓰셨는데, 특히 〈결혼은, 미친 짓이다〉와 〈말죽거리 잔혹사〉에서 그랬죠. 그렇게 암전 장면을 넣어 이야기 사이에 여백이 생기도록 만드는 것을 좋아하셨던 것 같습니다. 그런데 이 역시 최근 들어서는 점점 줄어들고 있습니다. 〈쌍화점〉의 경우 종반부에서 세 차례 거듭해 활용하셨지만, 그전까지는 전혀 쓰지 않으셨으니까요.

YOO 그것 역시 스토리에 대한 제 태도와 관련이 있어요. 시의 경우 의미는 이어지더라도 단절되면서 펼쳐지는 단상이 많은데, 제가 암전 효과를 이전에 많이 쓴 것은 시처럼 상황을 자유롭게 열고 닫기를 원했기 때문인 것 같습니다. 그런데 이야기를 좀더 진지하게 가져가기 위해서는 중간에 끊어지면 안 됩니다. 이어지는 게 이야기니까요. 그래서 〈쌍화점〉에서는 그런 효과를 상대적으로 자제했어요.

LEE 암전 화면은 시에서 행을 가른다거나 쉼표를 쓰는 것 같은 의미로 사용하셨던 거죠?

YOO 바로 그거죠. 그런데 최근 들어서 그 사용을 점점 절제하게 된 겁니다. 암전을 하면 그때 관객들은 다른 생각을 해서 영화의 호흡이 끊기니까요.

– 손 펴봐. 생일 선물이야.
– 선물은 무슨. 근데 이거 뭐야.
– 테입이야. 레코드 가게에서 근사한 곡만 녹음했어.

〈말죽거리 잔혹사〉에서 한가인이 이정진에게 생일선물로 녹음 테이프를 선물하면서

LEE 다른 감독들에 비해서 후시 녹음을 무척 중시하는 듯합니다. 이유가 궁금한데요.

YOO 후시 녹음이라는 게 느껴지시는군요?

LEE 〈쌍화점〉이 특히 그렇죠.

YOO 저는 대사의 뉘앙스 같은 데 무척이나 집착하는 편입니다. 그래서 상대적으로 배우들 연기에 디테일이 살아 있다고 하시는 건지도 모르죠. 언어를 다루는 사람으로서 말투의 미묘한 변화 같은 것을 매우 중시하는데 현장에서 그런 뉘앙스를 얻으려고 반복해 촬영도 해보지만 짧은 시간 내에 그런 것을 얻어내기가 쉽진 않아요. 그렇게 현장에서 해가 점차 기울어가면 마음속에서 후시 녹음을 기약하는 거죠. 결국 스튜디오에 들어가서야 원하는 뉘앙스의 대사를 건져내는 경우가 많이 있어요. 그래서 어쩔 수 없이 후시 녹음을 선호하게 됩니다.

LEE 스튜디오에서 최상의 뉘앙스를 살려내려면, 배우들이 무척 힘들겠네요.

YOO 상당히 힘들어 하죠. 예를 들어 〈쌍화점〉에서 왕후의 저음 톤을 얻기 위해 송지효씨는 수도 없이 후시 녹음을 되풀이해야 했으니까요. 대사 전달이 분명하게 이뤄져야 한다는 강박이 있기에 그 부분도 후시 녹음에서 보강해요. 게다가 후시 녹음을 한 걸 티가 안 나게 하려면 시간도 많이 걸리고 힘들죠.

– 그거 가지고 혜진이 꼬실 수 있겠어?
뭔가 좀 화려한 독창성이 있어야지.

〈바람 부는 날이면 압구정동에 가야 한다〉에서 최민수가 화장실에서
홍학표의 열등감을 건드리며

LEE 배우도 하기 싫어하는 장면이 있을 수 있잖습니까. 그럴 때는 어

떻게 설득하시는지요. 〈쌍화점〉을 다 보고 나니 그게 궁금해지더라고요.(웃음)

YOO 일단 시나리오 단계에서부터 점검합니다. 어떤 장면이 부담스러운지 물어보기도 하고요. 배우들은 처음에는 말을 잘 안 하는데 연기자들이 어떤 장면을 싫어한다면 그 이유는 사실 간단해요. 겉으로 드러내는 이유야 어떻든 그 속내는 '내가 돋보이지 않는다'는 거죠.(웃음) 그러면 설득을 해요. "네가 지금 이 신에서는 돋보이지 않지만 이 신 때문에 다음 신에서의 네가 돋보이게 된다"거나 "내가 이 신에서 너를 돋보이게 찍어주겠다"고 하는 거죠. 배우는 자기 존재가 돋보이는 데서 정체성을 찾는 사람들이니까, 많은 부분 그런 방향으로 설득하고 찍게 됩니다.

– 드디어 내 영화의 주인공을 찾아냈다구. 어때,
거의 환상적이지? 난 폐수에서 연꽃을 발견한 기분이라구.

〈바람 부는 날이면 압구정동에 가야 한다〉에서 홍학표가
우연히 마주친 엄정화에 대해서 친구에게

LEE 일반적으로 배우는 어떻게 캐스팅하십니까.

YOO 가급적 대중적으로 인기가 높은 배우를 캐스팅하려고 노력하기 마련이죠. 하지만 영화마다 조금씩 다르기는 한 것 같아요. 예를 들어, 권상우씨는 처음부터 고려했던 배우는 아니었어요. 하지만 그 직전에 〈동갑내기 과외하기〉로 인기가 치솟아 있었기에 시나리오를 건넸죠. 그런데 못하겠다고 하면서 저를 피해 다녔어요. 다급해진 제가 결국 비 오는 날에 택시를 타고 대전까지 내려갔습니다. 그러고는 학교에서 교생 실습을 하고 나오는 (권)상우와 우연을 가장해 마주친 뒤 이야기하기 시작했어요. 두 시간 동안 앉아 이야기하면서 사실상 영화 한 편을 찍었죠.(웃음) 그렇게 삼고초려 끝에 간신히 도

장을 찍게 한 케이스입니다. 〈말죽거리 잔혹사〉가 성공하니까 이후에는 상대적으로 남자배우 캐스팅이 용이해지더군요.

– 그렇죠. 좋아요. 살짝 웃으면서 걸어온다. 아이, 좋다.

〈바람 부는 날이면 압구정동에 가야 한다〉에서 CF 감독이 촬영 도중 모델인 엄정화에게 연기 지시를 하면서

LEE 배우들 연기를 어떻게 끌어내시는 편입니까.
YOO 일단은 프리프로덕션 단계에서 배우들과 리딩을 많이 하는 편은 아닙니다. 하지만 촬영에 들어가기 전에 그 장면에서 인물의 내면 심리에 대해 집중적으로 토론을 하면서 이해가 되도록 합니다. 촬영할 때 제가 생각하는 표정이나 뉘앙스가 잘 안 나오면 다시 이야기해서 교정해 가는 스타일입니다.
LEE NG라고 생각되면 이유를 다 설명해 주시나요.
YOO 네. 왜 잘못됐고 다시 해야 하는지를 구체적으로 설명해 주죠. 예를 들어서 〈결혼은, 미친 짓이다〉에서 감우성씨가 민박집에서 엄정화씨의 옷을 벗겨주는 장면이 있었어요. 여자가 다른 남자와 결혼하기 직전에 두 사람이 마지막으로 함께하는 시간이라 굉장히 슬픈 상황인 거죠. 그때 (감)우성이가 굉장히 심각하고도 엄숙하게 옷을 벗겼어요. 그런데 저는 그런 느낌보다는 반대로 표현되어야 더 나을 거라고 봤거든요. 저는 배우의 마음과 표현이 같아서는 안 된다고 봅니다. 액면과 내면이 달라 보여야 깊이와 입체성이 생긴다는 게 제 지론이거든요. 그래서 "여기서는 네가 좀 장난스럽게 웃으면서 벗기는 게 좋지 않겠냐"고 말했죠. 우성이 생각은 달랐어요. 이 상황에서는 감정이 슬픈데 그렇게 표현하면 이상하다는 거였죠. 결국 격론을 벌인 뒤에 제 생각 쪽으로 찍었습니다. 우성이 견해대로도 한 번 더 찍었지만요. 의견이 좁혀지지 않으면 버전을 둘로 해서 찍을

수밖에 없는데, 당시만 해도 저는 제 주장만 내세웠던 듯해요. 이제는 경험이 쌓이다보니 배우들에게 흥분하지 않고 설명하는 기술은 조금씩 늘어나고 있는 것 같아요.

– 내 말 믿고 한번 봐봐.

〈말죽거리 잔혹사〉에서 박효준이 권상우에게 함께 〈취권〉을 보자면서

LEE 감독에게는 배우들과의 소통이 정말 중요한 것 같습니다.

YOO 그럼요. 저는 연출자에게 가장 중요한 게 연기 디렉팅일 수 있다고 생각해요. 미장센이나 스타일이 중시되는 경우가 많은데, 사실 연출자에게 가장 중요한 임무는 연기 연출이죠.

LEE 중국에서는 감독이란 단어 자체가 연기 지도를 한다는 뜻의 '도연導演'이잖습니까.

YOO 그렇죠. 저도 그 이야기를 자주 해요. 연출을 하려는 학생들에게는 배우를 배제한 채 그림만 생각하면 안 된다고 계속 이야기했죠.

나는 빈 그릇을 숭상한다. 그것엔 내가 원하는 그 무엇이라도 담을 수 있는 무한한 가능성과 쓰임의 공간이 있기 때문이다.

《유하 문학선》 서문 중에서

LEE 감독님 영화 속에서는 확실히 배우들이 돋보입니다. 그런데 더욱 인상적인 것은 대중들이 이미 잘 알고 있는 것 같은 그 배우들의 새로운 얼굴을 보여주신다는 겁니다. 〈말죽거리 잔혹사〉의 권상우씨나 〈비열한 거리〉의 조인성씨가 대표적인 경우겠죠. 배우의 기존 이미지 사이에 있는 여백을 꿰뚫어보신다고나 할까요. 어떻게 그렇게 하실 수 있는 건가요.

YOO 배우를 하나의 오브제라고 할 때, 그간 그 오브제를 보아오던 시선의 방향을 바꾸면 새로워지는 경우가 많아요. 예를 들어 제가 캐스팅하기 전에 권상우는 터프가이의 이미지였죠. 조인성은 연약하면서 부잣집 막내아들 같은 느낌의 꽃미남이었고요. 저는 기존 이미지와 정반대의 역할을 맡겼죠. 상우에게 모범생 배역을, 인성에게 깡패 배역을 준 것이니까요. 이미지를 뒤집어서 빈 곳을 채우는 것으로 관객들에게 어필할 수 있겠다는 판단이 서면 과감하게 캐스팅을 합니다. 물론 송강호, 설경구, 황정민씨처럼 정말로 연기를 잘하는 배우도 있지만, 그들 역시 어색한 시나리오상에서는 자연스러울 수 없다고 봐요. 저는 캐릭터에 얼마나 공감이 가느냐에 따라 배우의 연기가 달라져 보인다고 생각합니다. 감독은 배우가 캐릭터에 충실할 수 있게끔 한 신 한 신 세심하게 조율해내야죠. 배우는 연주자고 저는 지휘자라고 생각해요. 제대로 조율하면 배우들의 굴곡이 잘 생겨나면서 아주 자연스럽게 캐릭터가 다가오기에 좋은 연기가 나오게 되죠.

LEE 대부분의 배우들이 그럴 수 있다고 보시는 건가요.

YOO 저는 어느 정도 수준이 되는 연기자는 누구나 연기를 잘할 가능성이 있다고 보거든요. 그걸 시나리오에서 어떻게 구조로 보여주느냐가 감독의 몫이겠죠. 저는 배우의 연기를 만들어내는 사람이 아니예요. 그 사람의 가능성이 좀더 화면에 드러날 수 있게 도와주는 조력자일 뿐이죠. 어떤 신의 연기가 어색하면 배우의 연기력을 의심하기보다는 제가 그 장면을 어색하게 쓰지 않았나를 먼저 점검해요. 그렇게 시나리오를 배우에 맞게 바꾸고 분명한 목적성을 주면 연기가 자연스러워질 수밖에 없어요. 아마추어가 아니니까요.

– 지금 한창 뜨는 놈 잘못 손댔다 일 더 커지면
어떡하려고 그래?

〈비열한 거리〉에서 천호진이 영화감독으로 각광받고 있는 남궁민을 해치운 뒤 해외 도피하겠다는 조인성의 말에

LEE 기존에 성공한 배우의 이미지와 완전히 다른 쪽으로 가도록 하는 것은 상당한 위험이 따를 수도 있는 것 같은데요.
YOO 어차피 창작은 모험 아닙니까. 시를 쓸 때도 그랬지만, 평범하게 취직해서 돈을 벌 것을 포기한 채 창작자로 일생을 살겠다고 나선 것 자체가 모험인 거죠. 어차피 저는 그걸 즐기는 편이 아닌가 싶습니다. 그리고 어느 정도 스타성이 있는 배우들은 이미지를 바꾼다고 해서 실패하는 게 아니거든요. 뭔가 시나리오나 영화 자체가 말이 안 되거나 어설프게 찍혔을 때 망하는 거죠. 최선을 다해 찍는다면 그 정도 변신은 더 큰 창조성으로 다가갈 것이라는 믿음이 있어요.

– 이봐요, 시인. 우리 앞으로 자주 만나게 될 거 같은데?

〈바람 부는 날이면 압구정동에 가야 한다〉에서 최민수가 편의점 앞에서 홍학표와 헤어지면서

LEE 연출 데뷔작의 주연배우는 엄정화씨였습니다. 그리고 무려 9년이 흘러 두 번째 작품인 〈결혼은, 미친 짓이다〉를 찍게 되셨을 때도 다시 엄정화씨를 캐스팅하셨죠. 이건 흔치 않은 경우인 듯 한데요.
YOO 두 번째 영화를 찍으면서 당시에 투자가 잘될 만한 몇몇 배우에게 시나리오를 돌렸는데 돌아오지 않는 메아리였어요.
LEE 거절을 하는 게 아니라, 아예 답 자체가 없죠?
YOO 맞아요. 읽었는지 안 읽었는지조차 모르는 거죠. 멜로는 특히나 상대역으로 캐스팅되는 배우가 누구인지도 배우들이 따져보는데, '누가 하면 하겠다'는 식으로 답하는 경우도 적지 않았죠. 그런데 그게 어디 쉽나요. 그렇게 캐스팅이 너무 어려워서 거의 절망적

인 상황이 되었습니다. 9년 만에 출사표를 과감히 던졌는데, 미처 칼도 못 뽑아보고 시단으로 다시 돌아가야 하나 싶었던 거죠. 그때 갑자기 엄정화씨가 생각났어요. 인연이었던지, 텔레비전을 켰는데 그때 한 단막극에 나오더라고요. '오! 정화가 있었네. 연기를 잘하니까 정화를 캐스팅하면 되겠구나' 싶었죠. 드라마를 계속 보고 있는데 연기가 많이 늘었더군요. 그래서 바로 전화했죠. 사실 속으로는 '제발 이번 한 번만 살려주라'의 심정이었는데 겉으로는 폼 재면서 "우리, 근사하게 복수전 한번 치러보자"고 호기롭게 말했어요.(웃음) 그때 정화도 저와 상황이 비슷했던 것 같아요. 저와 함께 한 첫 주연 영화가 망가지고 나서 오래도록 복수전을 꿈꾸고 있었던 셈이죠. 다만 노출 장면이 좀 있어서 정화가 고민을 했는데, 제가 설득해서 결국 같이 하게 된 거죠. 〈결혼은, 미친 짓이다〉는 촬영을 시작하고 나서도 투자가 전부 이뤄지지 않은 상태였어요. 그 영화는 차승재 싸이더스 대표의 용단이 있었기에 가능했던 작품이었던 겁니다.

– 이름이 뭐예요.
– 혜진이에요, 오혜진.

〈바람 부는 날이면 압구정동에 가야 한다〉에서 홍학표가 조심스럽게 묻자 엄정화가 대답

LEE 배우로서 엄정화씨는 어떻습니까.

YOO 굉장히 영리한 배우입니다. 끼도 많죠. 현장에서도 무척이나 솔직하고 호오好惡가 분명해요. 싫은 것은 싫다고 잘라 말하는데, 그 대신에 호탕한 부분도 있어서 분위기를 잘 맞춰줍니다. 본능적으로 타고난 연기력이 있는 배우예요.

– 아, 김병두? 병두 잘 알죠.

〈비열한 거리〉에서 형사가 조인성에 대해서 묻는 남궁민에게

LEE 이제껏 함께하신 배우들 중 〈비열한 거리〉와 〈쌍화점〉을 찍은 조인성씨가 상대적으로 가장 잘 아시는 배우인가요.

YOO 그렇죠. 두 작품을 합쳐서 200회 차가 넘는 촬영을 했으니까요.

LEE 조인성씨는 어떤 배우입니까.

YOO 인성이는 정사신에서까지 드러나는 대로, 삶을 참 건실하게 사는 배우입니다. 배우가 불량기도 좀 있고 음주가무도 즐기고 감독에게 가끔씩 거짓말도 좀 해야 하는데, 어쩌면 저렇게 돈도 많이 벌고 인기도 있는 친구가 저렇게 맨숭맨숭 살까 싶을 정도로 건실해요. 감정을 한 쇼트에 쏟아 붓는 능력은 20대 배우들 중에서 최고 수준인 것 같습니다. 삶의 경험도 더 쌓고 삶에 더 유연해지면 지금보다도 더 뛰어난 연기를 할 수 있을 겁니다.

– 왜 하필 저를 택하셨습니까?

〈쌍화점〉에서 조인성이 왕후가 낳을 아기의 아버지로 자신을 점찍은 것에 대해 왕에게 질문

LEE 처음에 왜 조인성씨를 선택하셨습니까.

YOO 사실 저는 잘 몰랐어요. 〈클래식〉 외에는 인성이의 연기를 본 적이 없었거든요. 드라마 〈발리에서 생긴 일〉이 뜨고 있을 때는 〈말죽거리 잔혹사〉를 찍고 있어서 보지 못했고요. 그런데 조인성을 생각하게 된 것은 아내의 강력한 추천이 있었기 때문입니다. 알고 보니 여성들로부터 엄청난 지지를 얻고 있던 배우더라고요. 조폭 영화는 거칠고 남성적인 장르라서 상대적으로 여성 관객에게 취약할 수밖에 없는데, 그런 점에서도 정말 좋을 것 같았습니다. 막상 만나봤더니 크게 호감이 생기더라고요. 처음 보는 순간 그 얼굴에서 빛이 나

는 것 같으면서 정말 잘생겼다는 느낌을 받았습니다. 예전에 프랑스 배우 알랭 들롱을 보면서 정말 미남이라고 봤는데, 조인성씨를 보는 순간 비슷한 생각을 했다고 할까요. 일단 보고 나니 배우로서 시각적 쾌감이 정말 강해서 같이 일을 해보고 싶었습니다. 역할이 맞고 안 맞고는 둘째 문제였어요.(웃음)

– 니가 해주면 내 너랑 평생 간다.

〈비열한 거리〉에서 천호진이 계속 자신을 귀찮게 하는 검사를 청부살해하라고 윤제문에게 은밀히 제안하면서

LEE 이제 두 작품을 했는데도, 조인성씨를 유하 감독님의 영화적 페르소나로 보는 견해가 적지 않습니다. 그 점에 대해서 조인성씨와 인터뷰했을 때 어떻게 생각하냐고 물어본 적이 있습니다. "당연히 좋죠. 하지만 친하다는 이유로 서로를 구속하면 곤란할 겁니다. 신작을 함께하지 않는다고 해서 서로에게 죄의식 같은 것을 느끼면 안 될 것 같습니다"라고 답하더군요.

YOO 저도 그 말에 적극적으로 공감합니다. 동의해요. 사실 저는 제 영화 속 모든 인물에 제 의식의 편린을 싣습니다. 예를 들어서 〈말죽거리 잔혹사〉 때는 고등학교 시절의 제 일면이 (권)상우를 통해 나왔던 거죠. 제 욕망이 하나만 있는 것도 아니잖아요? 〈말죽거리 잔혹사〉의 경우만 해도 우식(이정진) 같은 욕망과 현수(권상우) 같은 욕망이 모두 제게 있었던 거죠. 심지어 햄버거(박효준)라는 인물 역시 세운상가를 왔다 갔다 했다는 측면에서는 제 페르소나일 수도 있어요.

– 안녕하세요. 우리 같이 합석하죠.

〈말죽거리 잔혹사〉에서 이정진이 나이트클럽에 있던 여자들에게 접근해서

LEE 이제껏 다섯 편의 영화를 연출하면서 전반부는 엄정화씨와 두 편, 후반부는 조인성씨와 두 편을 하셨습니다. 이 두 분을 함께 캐스팅해서 다음 영화를 만드신다면 어떤 영화가 될까요.(웃음)

YOO 남자가 연상의 여인을 사랑하는 멜로드라마가 되지 않겠습니까. 그게 아니라면 둘 사이의 스릴러도 재미있을 듯 같아요.

LEE 누아르도 좋을 것 같은데요?

YOO 그러네요.(웃음)

– 안녕하세요.
– 잘생겼다. 자주 와.

〈말죽거리 잔혹사〉에서 처음 분식점으로 들어오면서 권상우가 인사를 하자 김부선이 반갑게 맞으며

LEE 권상우씨의 연기에 대해서는 어떻게 보십니까.

YOO 남들은 발성을 문제 삼기도 하지만, 저는 상우가 좋은 연기자라고 봐요. 특히 〈말죽거리 잔혹사〉에서는 현수라는 인물의 이미지와 아주 잘 부합됐죠. 저는 상우의 얼굴에 양면성이 있어서 좋습니다. 터프한 느낌과 순박한 느낌이 공존하고 있거든요. 그런 상반된 얼굴을 가진 배우와 함께하면 감독에게는 무척 즐거운 작업이 되죠. 게다가 액션은 거의 한국의 성룡이잖아요. 워낙 잘하니까요. 〈말죽거리 잔혹사〉의 농구 경기 장면에서 선보였던 덩크슛도 직접 한 거예요. 서전트 점프를 굉장히 높이 뛰더라고요. 타고난 스포츠맨이죠.

– 신랑 봤어? 어우, 잘생겼어.
– 좋겠다.

〈결혼은, 미친 짓이다〉에서 결혼식장에 모여든 하객들이 신랑에 대해서

LEE 시사회에서 〈결혼은, 미친 짓이다〉를 보고 난 문인들이 모여 영화에 대해 이야기를 할 때 "무슨 시간 강사 몸이 그렇게 좋냐. 리얼리티가 없다"고 농담들을 했다죠? 극중 시간 강사로 나오는 감우성씨가 인물이 좋은데다가 웃통을 벗었을 때 상반신마저 아주 잘 다듬어져 있어서요.(웃음)

YOO 원래 몸이 훌륭하더라고요. 그런데다가 베드신을 찍을 때면 그 직전에 팔굽혀펴기를 해서 근육에 날을 세워 촬영에 임했죠.(웃음) 그래서 제가 농담처럼 "시간 강사 몸이 너무 좋으면 핍진성이 떨어진다"고 했는데, "그래도 이렇게 해야 관객들이 더 좋아할 수 있다"고 대답했어요. 나중에 극장에서 보니, 실제로 관객들이 좋아하더군요. 그게 시간 강사의 리얼리티보다 더 중요한 거였죠. 저는 그와 같은 요소가 영화라는 대중예술의 특성이기도 하다고 봐요. 문학에서는 그런 게 허용이 되지 않잖아요.

LEE 배우로서 감우성씨는 어떻습니까.

YOO 연기를 정말 편하게 잘하는 배우죠. 최근에 케이블 텔레비전에서 방영되는 〈결혼은, 미친 짓이다〉를 우연히 다시 보게 되었는데, 참 연기를 잘하더군요. 새삼 놀랐어요. 일상적인 연기가 정말 자연스러웠습니다. 지식인 역할을 잘 소화할 수 있다는 점도 우성이의 장점이죠.

– 영필이도 곧 들어가고, 인자 믿을 놈은 너밖에 더 있냐.

〈비열한 거리〉에서 윤제문이 조인성에게

LEE 이제 조인성씨도 군대에 들어간 상황에서 다음 영화는 누구와 함께하실 생각인가요. 믿을 만한 배우가 누가 또 있습니까.

YOO 사실, 오래전부터 가장 일해 보고 싶은 배우가 송강호씨였어요. 워낙 뛰어난 배우고 탁월한 연기를 하는 사람이니까요. 언젠가는 꼭 한 번 해보고 싶은데, 기회가 잘 닿지 않네요. 제가 배역을 제의한 적도 있었는데, 결국 함께하지는 못했습니다.

– 해철아, 이번에 말이야, 우정출연 좀 해줘야겠다.

〈바람 부는 날이면 압구정동에 가야 한다〉에서 극중 감독으로 출연한 유하가 신해철에게 부탁

LEE 〈바람 부는 날이면 압구정동에 가야 한다〉에서 직접 카메오 출연도 하셨죠? 그 이후로는 한 번도 영화에 직접 나온 적이 없으신데요.

YOO 너무 창피해서요. 그때는 데뷔작을 찍는 감독으로서 치기가 있어서 모습을 들이밀고 그랬는데, 나중에 정말 얼굴이 뜨겁더군요. 깊이가 동반되지 않은 실험이 얼마나 유치한 것인지 새삼 깨달았어요. 그때 정신적인 상처가 있어서 그런지, 그 다음부터는 지나가는 행인 역도 못 하겠더라고요.(웃음)

LEE 그럼 앞으로도 연기는 전혀 안 하실 건가요.

YOO 안 할 겁니다.

LEE 스스로 연기자로서의 자질이 없다고 보시나요.

YOO 그럼요. 연기는 자의식이 강하면 절대 안 되거든요. 남에게 어떻게 보이고 있는지 의식을 강하게 하면 위축되어서 연기를 할 수 있겠어요? 카메라 앞에서 뻔뻔해져야 하는데 말입니다.

– 그러니까 직업 시인이시군요.
그럼 베스트셀러 시집을 한 권 정도는 내셨겠네요?

〈바람 부는 날이면 압구정동에 가야 한다〉에서 엄정화가 시인이면서 영화감독인 홍학표에게

LEE 시인으로 1990년대 시단에서 크게 각광을 받으셨습니다. 김수

영문학상도 받으셨고요. 우리 시 문학사에서 유하 시인이 차지하는 위치는 확고합니다. 그런데 시인으로서 누리신 명성에 비해 영화계에서는 상대적으로 덜 평가받고 계신 것 같습니다. 왜 그렇게 된 것 같습니까. 그런 상황이 좀 섭섭하게 느껴지지는 않으시는지요.
YOO 일단 제가 시로 먼저 시작했다는 게 컸던 것 같습니다. 어찌 보면 시에서 새로운 시도를 했다는 것에 대한 점수가 있었을 것 같기도 하고요. 제가 영화 쪽에서 하는 작업과 시에서 했던 작업이 이미지와 내용 모두 다 다릅니다. 영화를 만들 때는 고전적이고 보수적인 방식으로 장르를 대했던 반면, 시를 쓸 때는 전위라면 좀 우습지만 좀더 파격으로 다가갔던 측면이 있었던 거죠. 신세대 시인의 칭호도 있었고요. 그런 시도의 차이가 분명히 존재합니다. 또 하나는 시를 쓸 때 제가 젊었기 때문인 것 같아요. 창작자가 젊다는 게 굉장히 중요하거든요. 육체가 젊기에 발상도 젊을 수 있고요. 젊음은 늘 유치함을 동반하지만, 그 에너지와 힘은 또 무시할 수 없습니다. 가장 에너지가 많았을 때 저는 시를 썼던 것 같습니다.

- 궁을 오래 비워서야 되겠습니까?

〈쌍화점〉에서 송지효가 얼마나 오래 사가에 가 있을 거냐고 묻는 주진모에게

LEE 2000년에 《천일馬화》를 내신 이후 벌써 10여 년째 새 시집이 안 나오고 있는데요.
YOO 시집을 내고 싶은 생각은 늘 있어요. 그런데 일단은 영화를 만드는 데 힘을 쏟느라 여력이 생기지 않기도 해요. 시를 쓰기 위해서는 시인의 몸이 필요한데, 시인의 몸을 만들려면 영화를 포기해야 하는 부분도 있거든요. 그게 또 겁이 나죠.
LEE 시인의 몸은 어떻게 만드는 겁니까.
YOO 더 무능력하고 더 쓸모없고 더 박해받는 느낌으로 스스로를 몰

아가야 밑바닥에서 언어가 올라오면서 시가 됩니다. 세상에 대해 도전하는 '막장' 정신에서 시가 나오는 법인데, 저는 그런 육체에서 빠져나온 게 너무 오래됐어요. 실제로 시를 쓰려고 해도 시상이 잘 떠오르지 않아요.

LEE 시를 써서는 생활을 꾸려갈 수 없다는 것도 무시하지 못할 것 같습니다.

YOO 그럼요. 시를 써서 어떻게 돈을 벌겠습니까. 아주 잠깐 술값이 생기는 것뿐이죠.(웃음)

– 소첩은 이미 고려 사람입니다.
이 궁이 제 집인데 대체 어디로 가란 말입니까?

〈쌍화점〉에서 송지효가 원나라로 돌아가라는 주진모의 말에 안타까워하며

LEE 앞으로 다시 시인으로 돌아갈 수 있을 것 같으신가요.

YOO 창작을 하는 사람으로서 현실을 완전히 무시할 수도 없잖아요? 감독이기 이전에 한 가정의 가장이기도 한 상황에서 영화를 평생토록 하고 싶어요. 창작자로서의 욕구도 만족시켜 주고, 잘됐을 경우 어느 정도 안정된 생활도 보장해 주니까요. 그런데 시에 대한 생각을 늘 하고 사는 것도 사실입니다. 나를 시인보다는 영화감독으로 봐줬으면 하는 욕심이 있는 반면, 시를 너무 오래 안 쓰고 있는 게 아닌가 하는 불안감도 있어요. 좋은 후배 시인의 시를 읽게 되면 저도 쓰고 싶은 욕구가 생기기도 하고요. 마지막에는 병행하고 싶은 생각이 분명히 있는데 어찌 될지 지금은 모르겠습니다.

LEE 요즘 시인들 중에서는 어느 분의 시를 좋아하세요?

YOO 제가 영화를 만드는 동안에 상당히 바뀌었더라고요. 시단의 분위기도 그렇고 시를 쓰는 감각도 많이 바뀐 듯해요. 저는 최근에 문태준 시인의 시가 좋더군요.

쌍화점

개봉 2008년 12월 30일
출연 조인성 주진모 송지효 심지호
상영시간 133분

CINEMA REVIEW

BOOMERANG INTERVIEW

고려 말. 왕후와의 사이에서 아이가 없다는 것을 빌미로 원나라가 후계 문제에 대해 계속 무리한 요구를 하자, 왕은 동성애자인 자신 대신 애인인 건룡위의 수장 홍림에게 왕후와 합궁할 것을 명한다. 그러나 합궁 이후 뜻하지 않게 왕후와 홍림의 마음이 흔들리기 시작하면서 세 사람의 관계는 격랑 속으로 빠져든다.

〈쌍화점〉의 베드신 수위는 상당히 높다. 초반에 등장하는 동성애 장면은 스타로서 두 배우의 위상을 생각하면 믿기지 않을 정도로 파격적이고, 중반 이후 여러 차례 나오는 홍림과 왕후의 동침 장면 역시 강력하다.
하지만 표를 사게 만드는 〈쌍화점〉 인력의 일정 부분이 설혹 베드신을 둘러싼 궁금증이라고 해도, 극장을 나서면서 관객의 마음속에 남게 될 것은 온통 휘몰아치는 격정이 남긴 침전물일 것이다. 이 영화 속 연인들은 욕망의 대로 위에서 일직선으로 뻗어나가며 몸이 이끌어가는 대로 사랑을 하며 열정과 혼돈을 겪는다. 이를테면 〈쌍화점〉은 뜨거운 몸뚱이를 가진 인간들의 성정이 서로 부딪치며 아우성치는 소용돌이의 한복판에 버티어 서 있으려는 영화다.
이 영화에 정면 클로즈업 쇼트가 많은 것은 우연이 아니다. 유하 감독은 그런 감정의 회오리를 정면으로 부릅뜬 채 바라보려 한다. 그러니 여기서 베드신은 단지 눈요깃거리나 양념이 아니다. 그 자체로 이 영화의 정체성을 이루는 것이기에, 배우들이나 감독 모두 물러설 수 없었을 것이다.

동성애 모티브와 왕실 사극이라는 장르는 이 영화의 관심사가 아니라 낚시 바늘에 가깝다. 그 둘은 열정이 빚어내는 고전적 비극을 좀더 신선하게 다뤄내기 위한 방법인 것이다. 아울러 그것들은 사랑으로 뭉뚱그려진 채 그 속에 뒤섞여 온통 들끓고 있는 요소들을 좀더 극한까지 밀어붙여 살펴보기 위한 감정의 입자가속기 같은 장치이기도 하다. 그 극단적인 전개와 결말에도 불구하고, 이 영화가 풀어내는 사랑의 양상은 사실 전형적이다. 솟구치는 현재의 격정 앞에서 때때로 사랑의 역사는 초라해진다.
언뜻 이야기의 틀에서 〈왕의 남자〉나 〈황후화〉가 먼저 떠오르고, 특정 모티브는 〈천국의 나날들〉이나 〈음란서생〉을 연상하게 하기도 한다(처음 달려들 때 튀어 오른 후 온 몸을 실어 칼을 내리치는 식으로 파워를 강조한 액션 스타일은 〈트로이〉를 참고했을 것이다). 하지만 이 영화가 그 정서와 표현방식에서 진짜로 염두에 두고 있는 작품은 이안 감독의 〈색, 계〉일 것이다. 〈쌍화점〉과 〈색,계〉는 결국 같은 말을 한다.
이 영화의 주연 배우들은 말 그대로 모든 것을 걸고서 연기한다. 아마도 이 세 배우의 연기력이 여기서 절정의 기량을 보여줬다고 말할 수는 없을 것이다. 하지만 많은 세월이 흐른 뒤 되돌아본다고 해도 후회나 부끄러움이 없을 성실한 연기로 박수가 아깝지 않도록 만든다. 작품 안에서 배우와 감독의 전적인 신뢰의 흔적을 발견하는 것은 매우 인상적인 일이다.

제작비의 규모를 여실히 드러내는 〈쌍화점〉의 영상은 매끄럽다. 멜로로서 극중 인물들의 절실한 감정이 관객의 코앞에까지 육박해 오는 부분도 적지 않다. 그러나 두 시간이 넘는 긴 상영 시간 내내 긴장감 넘치지는 않는다. 극 전체의 리듬을 살리지 못해, 갈수록 고조되어가는 인물들 심리의 궤적에 관객이 고스란히 조응하기가 쉽지 않다. 연출의 세기에 비해 직접적으로 감정을 확인하는 대사들이 너무 많은 것은 일종의 노파심으로 보인다. 그리고 이 영화의 후주는 관습적이다. 하지만 〈쌍화점〉만큼 결이 우아하고 감정적으로도 농밀한 멜로를 만나는 것도 그리 흔한 일은 아닐 것이다.

– 내 친구 중에 영화감독도 있고, 가오 좀 선다, 잉?

〈비열한 거리〉에서 조인성이 감독인 친구 남궁민에게

LEE 평소에 문인들의 응원을 느끼십니까.

YOO 그건 잘 모르겠지만, 평상시에 친한 함성호 시인이나 김미현씨, 은희경씨 같은 분들이 신작 영화를 보러 와주면 친정 식구가 온 것 같아서 위로받는 느낌이 들어요. 마음이 무척 편해지거든요.

– 내가 여기 사장이에요.
– 그럼 디제이는?
– 그거야 재미로 하는 거죠. 킬링 타임.

〈바람 부는 날이면 압구정동에 가야 한다〉에서 최민수가 자신을 취재하려는 채해지를 고급 술집으로 데리고 들어가면서

LEE 시와 영화 중에서 지금 더 재미를 느끼시는 것은 영화입니까.

YOO 그렇죠. 하지만 영화를 만드는 게 훨씬 더 힘들어요. 제 인생에서 가장 큰 행복감을 느낀 때는 시를 썼을 때였어요. 좋은 시를 썼다는 판단이 들면 세상을 얻은 느낌이 바로 들죠. 누구에게 평가받을 필요도 없이 자기 자신이 알아요. 반면에 영화는 만들고 나서도 편집해서 주변에 보여주고 시사회를 열고 관객 반응을 살펴야 하죠. 그러다 보면 자신이 영화를 만들면서 느꼈던 만족감은 다 빠져 나가 버려요.

LEE 그런데도 영화가 더 재미있는 것은 어떤 이유입니까.

YOO 개인적 만족도는 떨어지지만 살아 있다는 느낌을 훨씬 더 강하게 받아요. 시인은 고립된 채 외롭게 작업을 해야 하잖아요. 몇 개월간 사람도 전혀 만나지 않고서 시를 쓰죠. 그런데 영화는 다른 사람들과 만나서 비즈니스도 하고 설득도 해야 합니다. 많은 사람들과

커뮤니케이션을 해야만 하는 장르인 거죠. 현장에서는 내 말에 따라서 일이 진행되는데 그 과정에서 느껴지는 살아 있음의 매력 때문에 영화를 계속 하게 되는 것 같아요.

– 그 기집애랑 자든 말든 그건 내가 알 바 아니야.
그치만 최소한 여긴 끌어들이지 마.
– 뭐가?
– 여긴 내가 꾸민 방이야. 다른 기집애 냄새 배는 거 싫어.

〈결혼은, 미친 짓이다〉에서 엄정화가 감우성에게 옥탑방에 다른 여자를 데리고 오지 말라면서

LEE 감독님의 영화를 보다보면 '시인 유하'와 '감독 유하'가 그다지 많이 겹치지 않는다는 생각이 듭니다. 이건 다행인가요, 불행인가요?
YOO 그렇다면 정말 좋죠. 저는 지금 제 영화가 제 시의 연장선상에 있는 것으로 보이고 싶지는 않거든요.

– 야, 명근아. 너는 민간인도 아닌 것이,
건달도 아닌 것이, 반달이냐?

〈비열한 거리〉에서 검사인 권태원이 조폭과 일을 하는 기업체 회장인 천호진에게 비아냥거리면서

LEE 시인과 영화감독의 정체성을 모두 갖고 계십니다. 처음에는 영화계가 어색하기도 하셨을 텐데, 언제부터 스스로가 완전히 직업적으로 영화감독이 되었다는 생각이 드셨습니까.
YOO 세 번째 영화 〈말죽거리 잔혹사〉를 끝내고 나서입니다. 그때부터 사람들이 저를 영화감독으로 온전히 대하는 느낌이더라고요. 솔

직히 말하면 개인적으로는 지금도 영화계가 여전히 불편해요. 아는 사람도 많지 않은데다가, 여전히 손님인 것처럼 느껴지거든요. 그런데 또 요즘은 문단에서도 제가 손님 같다는 생각이 들거든요. 양쪽 세계 모두에서 국외자의 느낌을 받고 있어요.

– 수십 년간 내 몸에 축적해 온 노하우를 전수해 줄게.

〈바람 부는 날이면 압구정동에 가야 한다〉에서 허준호가 이제 막 사랑을 시작한 홍학표에게 연애 비법을 알려준다면서

LEE 만일 문인인 후배가 영화감독으로 데뷔하려고 한다면 어떤 조언을 해주고 싶으십니까.

YOO 어찌됐든 문학은 고도의 관념에서 시작하는데 그걸 철저히 버려야 한다고 말해 주고 싶습니다. 일상에 대한 물질화를 어느 정도 달성할 때에야 영화를 찍을 수 있다고 보거든요. 우선은 영화라는 장르의 특성을 알아야 하니까 연출부든 무엇이든 스태프로 영화 현장에 참가해서 직접 일을 해보라고 조언하고 싶어요. 그게 에둘러가는 게 아니라 지름길입니다. 시인으로 문단에 데뷔하려면 수백 편의 시를 습작해야 하는데, 영화는 한 편도 안 해보고 데뷔하기도 하잖아요? 그런 게 참 부조리하다는 생각입니다. 저 역시 단편을 너무 적게 찍었고 스태프로도 일을 해본 적이 없기에 늘 그런 경험에 대한 아쉬움이 있었어요. 그런데 문학하는 사람이 영화를 하게 되면 장점도 있어요. 문학이라는 것은 결국 인간에 대한 이해니까 그런 측면에선 문학적 통찰력을 지니고 있는 상태에서 일단 영화의 메커니즘을 알게 되면 영화를 더 잘 찍을 수 있을 겁니다. 이창동 선배가 대표적인 예가 되죠.

– 친구한테 꾼 돈은 꼬박꼬박 갚았고 의리 하나로 이 세상을 버텨왔으며 가령 연애를 할 때도 두 여자를 동시에 사귄 적은 한 번도 없다. 그렇다고 내가 남들보다 시를 못 쓰나 당구를 못 치나. 그런데 요즘 내가 아무래도 맛이 간 게 아닌가 싶다. 그놈의 계집애 하나 때문에.

〈바람 부는 날이면 압구정동에 가야 한다〉의 첫 장면에 흐르는 홍학표의 내레이션

LEE 〈바람 부는 날이면 압구정동에 가야 한다〉의 첫 내레이션을 들으면서 감독님의 젊은 시절을 떠올렸습니다. 이중 어떤 항목이 일치하셨는지요. 일단 친구한테 꾼 돈은 꼬박꼬박 갚는 타입이셨어요?(웃음)

YOO 대부분 갚긴 갚았는데, 안판석의 돈은 너무 친해서 안 갚았어요. 그때 돈으로 적지 않은 액수인 1만 원을 빌린 기억이 나는데, 그러고 보니 그걸 아직도 안 갚았네요.(웃음) 당구장에서 살았던 것도 내레이션과 똑같았죠.

LEE 의리는요?

YOO 무척 중요하게 생각했죠. 친구가 야구장에 가자고 그러면, 시험을 보던 도중이라도 나와서 함께 야구장에 갔으니까요.(웃음)

LEE 연애를 할 때 두 여자를 동시에 사귄 적도 없으셨고요?

YOO 없었어요. 한 번에 한 명씩 사귀었죠.(웃음)

LEE '그놈의 계집애 하나 때문에 맛이 가신 적'은요?(웃음)

YOO 그런 적은 없었지만 짝사랑을 한 적은 있죠. 그런 게 변형되어서 창작이 되는 것 같아요.

LEE 그 변형이 은주(〈말죽거리 잔혹사〉에서의 한가인)군요.

YOO 은주고, 혜진(〈바람 부는 날이면 압구정동에 가야 한다〉에서의 엄정화)이고, 그렇죠.(웃음)

내 이 세상 도처에서 쉴 곳을 찾아보았으되, 후미진 만화방 보다 나은 곳은 없어라 / 더 이상 내려갈 곳이 없으므로 나는 행복했네

시 〈드루 베리모어, 장미의 이름으로〉 중에서

LEE 감정적으로 바닥을 치는 느낌을 받으신 건 언제인가요.

YOO 삼십대 중반이었어요. 이십대 때는 힘들었어도 꿈이 있었죠. 삼십대 때는 첫 영화가 실패했고 좋아하는 선배인 진이정 시인이 세상을 떠났어요. 그후로는 시에 대한 의욕을 상실하고 경마장에서 살다시피 했죠. 경주에 돈을 걸고 그 결과에 따라 천당과 지옥을 오가면서 역설적으로 현실의 상처를 잊고 싶었습니다. 그때 이러다가 폐인이 되는 것 아닌가 싶었어요. 바닥까지 갔다는 느낌을 받았죠. 그렇게 몇 년간 허송세월을 했어요. 그것도 엄살일 수 있겠지만요. 그러다 이렇게 살면 안 되겠다는 생각을 하게 됐죠.

LEE 어떻게 헤어 나오셨습니까.

YOO 특별한 계기는 따로 없었어요. 9년 만에 두 번째 영화인 〈결혼은, 미친 짓이다〉를 만들면서 헤어 나올 수 있었던 것 같습니다.

– 너의 침묵에 메마른 나의 입술
차가운 네 눈빛에 얼어붙은 내 발자국

〈말죽거리 잔혹사〉에서 권상우가 한가인에게 불러주기 위해 혼자 기타를 치며 연습하는 노래 〈이루어질 수 없는 사랑〉의 가사

LEE 감독님 영화 속에서 냉소적인 감우성씨와 열정적인 조인성씨 중 어느 쪽 캐릭터에 더 가까우신가요.

YOO 아무래도 저는 감우성 쪽에 더 가까운 듯해요.

LEE 그래도 예전보다는 덜한 편 아닌가요.

YOO 맞아요. 예전에는 정말 냉소적이었죠. 지금은 나이가 들어가면서 점차 덜해지기는 하더라고요. 철이 들면서 약간의 진지함도 갖게 되고요. 젊었을 때는 진지한 게 그렇게 어색했거든요.

– 난 말야, 내 인생을 블루스 음악처럼 살고 싶었어.

〈바람 부는 날이면 압구정동에 가야 한다〉에서 최민수가 엄정화에게 분위기를 잡으면서

LEE 젊었을 때는 인생을 무엇처럼 살고 싶으셨습니까.

YOO 제 시에도 그렇게 쓴 적이 있는데, 괜히 어쭙잖게 재즈처럼 살고 싶다고 했죠. 때가 되면 일탈을 해서 나갔다가 또 때가 되면 다시 집에 들어왔다가 그렇게요.(웃음)

LEE 결혼 후에 그 꿈이 산산조각 나셨겠네요.(웃음)

YOO 그래도 아내가 상당히 너그러운 편이에요. 일한다고 제가 새벽 네 시에 들어가는 일이 비일비재했으니까요. 거의 '레이디 호크'죠.(웃음) 동틀 때 저는 막 들어와서 자고 있는데 아내는 일어나 아이들 학교 보내거나 출근을 했으니까요. 영화감독은 결혼하면 민폐입니다.

LEE 감독 생활을 안 하실 때에 결혼하신 거니까 알리바이는 있으신 거죠.(웃음)

YOO 하하.

– 내가 세상에서 제일 싫어하는 게 뭔지 아니?
바로 너처럼 내 사생활에 불쑥 뛰어드는 그런 애들이야.

〈바람 부는 날이면 압구정동에 가야 한다〉에서 최민수가 연락 없이
자신을 찾아온 채해지에게

LEE 어떤 사람들을 싫어하십니까.

YOO 무례한 사람을 싫어합니다. 그런데 또 무례한 사람들은 내가 당하지 않은 선에서 관찰하기에는 재미가 있기도 해요.

– 이 미친 세상을 견딜 수 있는 방법은 두 가지가 있어.
하난 이 미친 세상보다 더 미친 광인이 되는 거야.
아니면 미친 세상과 전혀 관계없는 거지가 되는 거지.
난 거지가 되는 걸 택했어. 그것도 사랑을 구걸하는 거지.

〈바람 부는 날이면 압구정동에 가야 한다〉에서 홍학표가 취한 엄정화를 등에 업고 밤길을 걸어가면서 혼잣말

LEE 젊은 시절에 감독님은 미친 세상을 견딜 수 있는 두 가지 방법 중에서 어떤 쪽을 택하셨나요.

YOO 저도 영훈(홍학표)과 마찬가지로 거지가 되는 쪽을 택했죠. 저는 광인이 될 만큼 열정적으로 미쳐본 적이 없어요. 좋게 말하면 균형감각이 있는 것이고 나쁘게 말하면 이성이 지나치게 강한 편인 거죠. 무엇인가에 올인하거나 하나에 파고들지 못해요. 돈키호테보다는 햄릿 같은 인간형이라고 할까요. 그렇기에 제 영화 속에서 그 두 가지 유형의 인물들이 계속 등장하는 것 같습니다. 〈말죽거리 잔혹사〉의 현수(권상우)가 햄릿 같은 대표적인 인물이겠죠.

– 병두야, 너 올해 몇 살이냐?
– 스물아홉입니다, 형님.

〈비열한 거리〉에서 윤제문이 자신에게 따져 묻는 조인성의 따귀를 때리고 나서 질문

LEE 어느덧 사십대 후반이 되셨습니다. 지금 나이가 되어보니 어떤

느낌이 드십니까.

YOO 제가 영화를 일찍 다시 만들었으면 어땠을까 하는 생각을 합니다. 좀더 젊었을 때 두 번째 영화를 만들었다면 더 많은 작품을 통해 올인할 수 있지 않았을까 싶은 거죠. 그런 아쉬움이 들긴 하는데, 또 한편으로는 마흔 넘어서의 인생이란 것도 살아보니까 괜찮더라고요.(웃음) 젊음이란 불안정한 것이잖아요. 그런데 사십대가 되니 한편으로는 마음에 평정 같은 게 생겨서 살아가는 게 편안해요.

– 어딜 가는 거야? 어딜 가?

〈바람 부는 날이면 압구정동에 가야 한다〉에서 엄정화가 자신의 손목을 잡고 어디로인가 가려는 최민수에게

LEE 한 명의 인간으로서 어떤 길로 가시고 계신 것 같습니까.

YOO 나이 마흔을 넘어서 가장 좋은 것은 사람과 삶을 보는 시각이 이전보다 훨씬 더 깊어지고 있다는 겁니다. 젊어서는 감성적으로만 이해가 됐던 것들이 이제는 제대로 이해가 가요. 확실히 중년은 삶에 대한 성찰 같은 게 어느 정도는 생기는 나이인 것 같아요. 그 대신에 멜로를 만들 수 있는 감정적 떨림 같은 것은 사라져버렸어요. 그럼에도 불구하고 창작자가 사오십대가 되면 더 깊은 시를 쓰거나 영화를 만들 수 있을 것이라고 봅니다. 지금 돌이켜보면 '내 나이 삼십대 때 뭘 알고서 그걸 했지?' 싶은 작품들이 있어요. 그런 의미에서 중년은 살 만한 나이인 거죠. 영화 역시도 더욱 삶에 대한 깊이를 추구하는 쪽으로 가고 있는 것 같습니다.

– 오빤 어떤 감독을 좋아해요?
– 우디 알렌. 프로이트보다 더 프로이트적이지.

내면 심리 묘사가 정말 뛰어나거든. 내 포부가 있다면 우디 알렌을 뛰어넘는 세계적인 연출가가 되고 싶다는 거야.

〈바람 부는 날이면 압구정동에 가야 한다〉에서 홍학표가 엄정화의 질문에 자신의 꿈을 늘어놓으며

– 제가 〈대부〉나 〈스카페이스〉 같은 그런 할리우드 갱스터 영화를 굉장히 좋아하거든요. 주로 그런 데서 영감을 많이 얻었죠.

〈비열한 거리〉에서 막 영화를 발표한 감독 남궁민이 인터뷰 도중

LEE 영화 속에서 주인공의 입을 통해 우디 앨런이나 프랜시스 코폴라 혹은 마틴 스코세지 같은 감독들에 대해 강한 호감을 표하셨습니다. 실제로 이 감독들을 특별히 좋아하시나요.

YOO 한창때는 코폴라나 스코세지의 영화를 참 좋아했죠. 우디 앨런도 무척 좋아했습니다. 그런데 앨런 영화는 요즘 다시 보면 예전보다는 덜 좋더라고요. 최근에는 클린트 이스트우드의 작품들이 아주 좋습니다. 〈밀리언달러 베이비〉 〈용서받지 못한 자〉 〈미스틱 리버〉 등이 다 좋아요.

– 내가 아주 어렵게 이루려 했던 걸 우식인 너무도 쉽게 얻었다.

〈말죽거리 잔혹사〉에서 권상우가 한가인과 쉽게 사귀게 된 우식을 떠올리면서 내레이션

LEE 말론 브랜도 전기를 읽을 때 서문에 인용된 폴 뉴먼의 말을 보고서 깊은 인상을 받은 적이 있습니다. '내가 너무나 힘들게 노력해서 간신히 성취한 것을 브랜도는 너무도 쉽게 이뤘다'는 말이었거든요. 그렇게 느껴지시는 감독이 있으신가요.

YOO 꽤 있죠. 특히 마틴 스코세지가 그렇습니다. 〈택시 드라이버〉 같

은 작품을 보면 그런 생각이 절로 들죠. 굉장히 쉽게 가는데 영화 속에 있을 게 다 있는 감독입니다.

LEE 한국 감독 중에서는 그런 분이 없으신가요?

YOO 특별히 떠오르는 분은 없는 것 같습니다.

– 병두 너, 나이 몇이냐?

〈비열한 거리〉에서 천호진이 자신의 차 안에서 조인성에게 질문

LEE 현재의 한국영화를 이끌고 있는 감독들 중에는 이상하게도 1963년생이 많습니다. 감독님 외에도 허진호, 박찬욱, 윤종찬 감독님이 모두 같은 나이죠. 1962년생과 1964년생까지 치면, 임상수, 강제규, 김지운, 송해성 감독님까지 포함되고요. 이건 우연일까요?

YOO 글쎄요. 잘 모르겠는데요. 왜 그런 것 같으세요?

LEE 1963년생이면 한국영화가 폭발적으로 성장하기 시작했던 1990년대 후반에 에너지 넘치는 데뷔작을 낼 수 있는 삼십대 중반이었다는 사실과도 어느 정도 관련이 있지 않을까요. 감독님은 동세대 다른 감독들과 같은 길을 간다는 연대의식이 있으십니까.

YOO 시를 쓸 때는 그런 연대의식이 있었어요. 시를 쓰는 스타일이 달랐고 다루는 주제도 차이가 났지만 그 당시의 시대 상황이나 시인으로서의 의식 혹은 유사한 출발점 등에서 연대감을 느꼈던 것 같습니다. 그런데 영화를 만들면서는 그런 걸 잘 느끼지 못하고 있는 듯해요. 각자 자신의 작업들을 하고 있는 것 같습니다.

– 너는 참 건달 티가 안 나서 마음에 든다.

〈비열한 거리〉에서 천호진이 술집에서 조인성에게 술을 따라주면서

LEE 감독님은 개인적인 느낌이 다른 충무로 감독 분들과 사뭇 다른 것 같습니다. 직접 만나서 장시간 인터뷰를 하고 있자니 더 그런 느낌인데요.

YOO 제가 출발점이 문인이어서 그런 것 같네요. 제가 처음부터 충무로에서 연출부 생활을 했고 동료의식도 있는 상황에서 감독으로 데뷔했다면 달라질 수도 있었겠죠. 저도 좋게 본 동료 감독들의 영화가 있으니까 같이 만나 이야기를 하고픈 생각이 들 때도 있지만 기회가 잘 안 닿더라고요. 오래전부터 친구인 안판석, 김성수 감독과 지금도 주로 이야기하는 편이죠.

– 2 로그 2에 4 플러스 로그 2에 8이다 이거야.
여기서 2를 뒤로 쭉 빼. 그리고 4 위에 살짝 얹어.
왜? 패턴이니까. 수학은 논리가 아니고 뭐다?
– 패턴이요.

〈말죽거리 잔혹사〉에서 수학교사인 안내상이 강의를 하면서

LEE 감독님은 장르영화의 바운더리 안에서 영화를 찍고 있습니다. 일정한 패턴을 지녀야 하는 장르영화를 만드는 게 취향에 맞으십니까.

YOO 먼저 장르를 정하면 시나리오를 쓸 때 좀더 정확히 의미가 도출되면서 편해지는 것 같아요. 장르마다 약속이 다르니까요. 바둑에 비유를 하면 어떤 포석을 두었을 때 그 다음 착점은 어느 정도 사전에 정해진 것이거든요. 그런 구조가 있기에 저는 일단 장르 안에서 시나리오를 쓰려고 노력하는 편이죠.

LEE 어떤 영화를 그렇게 작업하셨습니까.

YOO 전부 다 그렇게 했어요. 멜로든 성장영화든 누아르든 말이죠. 분명한 것은 항상 장르적 특성 안에서 글을 썼다는 겁니다.

– 이거, 내가 만든 거지만 정말 맛있게 됐다.

〈비열한 거리〉에서 조인성이 아픈 이보영을 위해서 죽과 장조림을 직접 만들어주며

LEE 이제껏 만드신 장면들 중에서 스스로 생각하실 때도 만족스럽게 된 신 세 개만 골라주실 수 있으신가요.

YOO 〈쌍화점〉에서는 라스트신이 맘에 듭니다. 100퍼센트 만족스러운 것은 아니지만 홍림이 궁궐로 들어와서 왕과 대결을 벌이다가 죽는 장면까지 제가 찍고 싶었던 게 잘 드러난 듯해요. 〈비열한 거리〉의 굴다리 액션 장면도 떠오르네요. 굉장히 고생하면서 찍었는데, 노력을 많이 기울여서 그런지 보람이 있었습니다. 〈말죽거리 잔혹사〉는 현수가 종훈 패거리들과 옥상에서 마지막 대결을 벌이는 장면이 상대적으로 덜 불만스러운 장면인 것 같고요.

– 니 말을 듣고 보니 그게 더 어울릴 수도 있겠구나.

〈쌍화점〉에서 주진모가 자신이 그리는 그림 속 인물의 동작에 대해

다른 의견을 말하는 조인성의 말을 듣고 나서

LEE 그렇다면 다 만들고 나서 시간이 흐른 뒤 후회스러웠던 장면은 어떤 것이었는지요.

YOO 〈결혼은, 미친 짓이다〉에서 연희가 결혼한 후에 펼쳐지는 장면들을 좀더 재미있게 찍지 못한 게 제일 걸립니다. 후반부를 스타일과 이야기 모두 너무 소박하게 찍은 것 같아서요. 시를 쓸 때보다 영화를 찍으면서 훨씬 더 조심스러워져요. 스타일이란 것도 실험정신에서 나올 수 있는 것인데, 막상 현장에 가면 상당히 보수적으로 바뀌게 되는 듯하거든요.

– 그런 것들이 뭐 중요한가요?

〈결혼은, 미친 짓이다〉에서 감우성이 맞선을 보던 중 엄정화가 직업과 나이를 묻자

LEE 영화에서 상대적으로 덜 중요한 것이 무엇이라고 생각하십니까.

YOO 〈쌍화점〉을 찍기 전까지는 미술을 그렇게 중시하지 않았어요. '있는 그대로 찍으면 되지, 지나치게 손을 대면 과잉이 되는 거 아닌가' 싶었던 거죠. 그런데 역시나 영화라는 것은 보이는 것 자체가 관객에 대한 하나의 서비스라는 생각이 들면서 서서히 견해가 바뀌더군요. 제가 인위적으로 가공된 것은 좋아하지 않는 타입인데, 〈쌍화점〉 사극을 통해서 그런 걸 한번 해본 겁니다.

– 누구 스타일을 원하세요?
– 요즘은 일본 CF 모델 미야자와 리에의 얼굴이 유행이걸랑요? 저는 미야자와 스타일로 할 거에요.

〈바람 부는 날이면 압구정동에 가야 한다〉에서 성형외과에 손님으로 온 여자가 취재중인 채해지에게 대답

LEE 감독님 영화는 시청각적 스타일에 대한 비중이 상대적으로 적습니다. 그 대신 이야기성을 극대화하시죠. 스타일에 대한 감독님의 견해를 듣고 싶습니다.

YOO 스타일은 내용을 담는 그릇이라고 생각합니다. 제가 채우고자 하는 내용물이 제가 취하게 되는 스타일을 요구하는 것 같아요. 비주얼이나 영화적인 것을 염두에 두려면 시나리오 단계부터 그렇게 써야 합니다. 대사를 나열하기보다는 인물의 행동과 상황의 미장센 같은 데서 비주얼을 떠올려야 하니까요. 저는 고전적 의미를 지닌 이야기를 하다보니 대화가 많아야 하고 정보도 어느 정도 줘야 하는 영화를 만드는 것 같습니다. 그런 부분에서 변화를 주고 싶은 생각

은 분명히 있는데 그러려면 제가 하려는 이야기도 약간은 변해야겠죠. 사실 〈쌍화점〉에서도 그런 변화를 가하고 싶었지만 사극인지라 일단 이야기의 기본 정보량이 많아야 했어요. 스타일을 바꿨을 때 오는 불안감도 있었고, 대작 영화에서 모험을 한다는 게 부담스럽기도 했죠. 변화에 대한 갈망은 창작을 계속 하는 한 지속적인 동인이 되는 게 분명한 것 같습니다.

– 작업을 하려면 티 안 나게 해야지.

〈비열한 거리〉에서 윤제문이 부하에게 지시

LEE 시인으로서 확고한 문체를 갖고 계셨습니다. 그런데 영화감독으로서는 상대적으로 자신만의 인장印章이 덜 드러나는 것 같습니다. 예를 들어서 '유하 시인'의 미발표 시 몇 편을 본다면 아마도 그 시를 쓴 사람이 누구인지 추측하는 게 그리 어렵지 않을 것 같은데, '유하 감독'이 새로 찍은 영화의 특정 장면만 봐서는 그게 누구 작품인지 모를 것 같다는 거죠. 물론 이것은 감독님이 이야기를 중시하시는 경향과도 밀접하죠. 이야기라는 것은 한 토막만 잘라내서는 파악하기 힘드니까요. 하지만 한국의 여타 주요 감독들과 확실히 다른 경우인 것만큼은 사실인 듯합니다.

YOO 그 부분에 대해서는 저도 고민을 많이 했습니다. 시를 쓸 때 제가 고민했던 것은 문체나 형식의 실험이 오히려 제가 전달하려는 의미의 진정성을 해칠 수도 있다는 것이었죠. 제가 쓴 연시戀詩들이나 후기에 쓴 시들 중에는 문체의 재치와 형식의 실험성을 죽이고 소박하게 접근한 경우들도 많았어요. 조금 나이가 들면서는 시의 근본적인 의미가 전달되게 하기 위해서 스타일을 내면화하려는 작업도 했고요. 사십대에 접어들면서 영화를 다시 하게 됐는데, 영화에서 그런 부분을 좀더 심화시키는 쪽으로 갔습니다. 일단은 제가 보여주고

자 하는 의미를 먼저 생각하고 거기에 맞는 영화적 스타일은 후에 떠올렸죠. 저는 각각의 내용에 맞춰서 그때그때 카메라워크 등이 달라지게끔 작업해 왔어요. 한마디로 스타일을 내면화시키려고 노력했다는 겁니다. 슬로모션도 거의 쓰지 않았고, 학교 얘기든 조폭 얘기든 소박하면서 멋을 부리지 않는 범박한 느낌의 스타일을 주로 추구했어요. 자칫하면 폭력이 미화되거나 영웅주의에 함몰될 것 같기도 했으니까요. 누차 이야기된 대로 제 영화에는 폭력에 대한 매혹도 있지만 반성도 있거든요. 적어도 〈비열한 거리〉까지는 그렇게 찍었습니다. 〈쌍화점〉에서는 변화를 시도해 보기도 했지만요. 제가 지금 믿고 있는 것은, 한 장면 한 장면씩 보면 제 스타일이 보이지 않을지도 모르지만, 제가 사용하는 시나리오 속 인과관계의 뚜렷한 발전이나 감정을 쌓아가는 방식, 일상의 프로토콜을 다루는 방법 같은 것의 스타일은 분명히 찾을 수 있을 거라는 점입니다.

– 보기보다 상당히 소박하시네요.

〈결혼은, 미친 짓이다〉에서 감우성이 맞선 상대로 나온 엄정화에게

LEE 〈결혼은, 미친 짓이다〉 이후의 감독님 영화에서 드러나는 스타일에 대한 소박한 태도는 첫 영화가 상대적으로 시각적 스타일이나 형식의 실험성을 추구한 작품이었다는 사실과도 역설적으로 관련이 있는 것 같습니다.

YOO 그렇습니다. 첫 작품을 끝내고 나서 '영화에서 자기가 좋아하는 것을 하는 게 대중예술일 수 있을까' 라는 질문을 스스로에게 던지게 되었거든요. 〈바람 부는 날이면 압구정동에 가야 한다〉는 제가 저의 스타일을 한번 구현해 보려고 만든 영화였는데, 완성하고 나니 제 취향이 대중에게 제대로 다가갈 수 있을지에 대한 회의가 생겼던 거죠. 오히려 영화는 감독이 누군지 몰라야 되고, 카메라나 편집도 안

느껴져야 하는 게 아닌가 싶었던 겁니다. 그래서 다시 영화를 시작할 때는 이야기가 천의무봉한 상태를 이상으로 추구했어요. 스타일이 느껴지지 않는 영화, 그걸 스타일로 하는 영화를 하고 싶었던 겁니다. 근데 이건 한두 편으로는 안 될 것 같습니다. 적어도 열 편 스무 편을 만들어야 '아, 저건 유하의 영화야' 싶은 게 나오지 않을까요. 저를 포함해서 한국의 감독들은 영화를 너무 적게 만드는 것 같습니다.

– 뻔하긴 해도 재밌네요.
– 하긴 뭐 뻔한 걸 재미있게 보여주는 게
할리우드 영화의 미덕이죠.

〈결혼은, 미친 짓이다〉에서 엄정화와 감우성이 처음 만나 함께
할리우드 영화 〈드리븐〉을 보고 극장을 나서면서

LEE 감독님이 추구하는 방향은 어느 정도 할리우드 문법과 닿아 있는 게 아닌가 싶습니다. 커트가 느껴지지 않는 불가시 편집법이라든지, 이야기 흐름의 자연스러움을 거스르지 않는 카메라워크라든지 하는 게 지금 말씀하신 내용과 어느 정도 상통하는 게 아닐까요.

YOO 꼭 그렇지는 않을 것 같아요. 예를 들어서 저는 조지 로이 힐 같은 감독들을 좋아합니다. 이른바 무기교의 기교를 사용하면서도 아주 깔끔하게 이야기하는 영화를 만들 수 있는 감독들이죠. 그게 가장 뛰어난 기교가 아닐까 싶어요. 저는 아직 그와 같은 경지에 도달하기 위해서 노력하는 감독에 불과하지만, 아무런 멋을 부리지 않은 쇼트 하나에도 지성과 감성이 제대로 녹아 있는 그런 스타일의 작품이 정말 훌륭한 영화인 것 같습니다. 스타일이 먼저 눈에 들어오는 영화들 중에는 진정성보다는 겉멋이나 과도한 치장이 더 짙게 느껴지는 경우가 많아 저로서는 거부감이 들 때가 종종 있었습니다.

LEE 그런 측면에서 앞으로는 감독님 영화가 어떤 방향으로 옮겨갈 것 같습니까.

YOO 다음 작품부터는 서사성을 많이 낭비하지 않으면서 스타일과 경제적으로 접목될 수 있는 영화를 찍어보고 싶습니다. 이야기가 과잉인 것도 금물이니까, 그 두 가지가 잘 결합된 영화를 만들어보고 싶어요. 매번 그런 욕심이 있는데 쉽지는 않네요. 그런 쪽으로 발전하고 싶습니다.

– 아무리 생각해도 난 정말 괜찮은 놈이다.

〈바람 부는 날이면 압구정동에 가야 한다〉의 첫 장면에서 홍학표가 인파 속 거리를 걸어갈 때 깔리는 첫 내레이션

LEE 스스로 생각하실 때 괜찮은 감독이신 것 같으세요?(웃음)

YOO 늘 불만족스러우니까 다음 작품을 하려는 것 아니겠어요? 저는 다음 영화를 만들게 되는 기본 동력이 직전에 만들었던 영화에 대한 불만과 반성인 것 같습니다. 영화를 완성하고 나면 늘 복기를 하거든요.

LEE 복기는 어떤 방식으로 하세요?

YOO 사람들과의 대화와 토론을 통해서 뭘 잘하고 뭘 잘못했는지에 대해 짚어보죠. 주로 제 연출부들이나 친구들 혹은 제작자 같은 사람들과 그렇게 해요.

– 오빤 말을 너무 잘하는 게 탈이야.
– 말만 잘하는 게 아니라고. 감정 표현도 잘한다고.

〈바람 부는 날이면 압구정동에 가야 한다〉에서 엄정화와 홍학표가 데이트를 마치고 헤어지면서

LEE 감독으로서 상대적으로 어떤 부분에 강하신 것 같습니까.

YOO 상황을 자연스럽게 끌어가는 부분은 있는 것 같아요. 상대적으로, 배우의 장점을 좀더 드러내면서 캐릭터를 만들어가는 거요. 그 외에는 다 단점이죠.

LEE 정말 그렇게 생각하세요?(웃음)

YOO 네, 정말 그렇게 생각해요.

– 그 오빠 가슴이 따뜻한 사람이야.

〈바람 부는 날이면 압구정동에 가야 한다〉에서 엄정화가 홍학표에 대해서 최민수에게

LEE 인간적으로는 스스로를 어떻게 평가하세요?(웃음)

YOO 하자가 많죠.(웃음)

LEE 절대적인 기준에 견주지는 마시고요.

YOO 남에게 피해는 안 끼치는 것 같습니다. 제가 좋은 가장은 아닙니다만, 그래도 제가 하는 일만큼은 열심히 하는 듯해요. 예전에 제가 아무런 경제력도 없이 빈둥거릴 때는 금치산자가 아니었을까 생각해 봐요. 그나마 지금은 민폐를 덜 끼치는 게 위안이 되지요.

– 무슨 요리 잘해?
– 거의 다. 그중에서도 매운탕이랑 갈치조림은
내가 봐도 맛있게 잘한다.

〈결혼은, 미친 짓이다〉에서 감우성이 신혼생활에 대해서 묻자 엄정화가 대답

LEE 이제껏 만드신 다섯 편의 영화 중에서 가장 애착이 가는 두 편만 고른다면 어떤 작품일까요. 말하자면 감독님의 매운탕과 갈치조림이라고 할까요.(웃음)

YOO 〈말죽거리 잔혹사〉와 〈비열한 거리〉를 꼽고 싶습니다. 만족스러워서가 아니라 제가 좋아하는 장르의 영화라서요.

– 골치가 아파 죽겠어.
– 왜?
– 한 명은 의사, 두 명은 회사원, 한 명은 벤처 사업가,
그리고 너. 이 다섯 중에 누굴 골라야 할지 말이야.

〈결혼은, 미친 짓이다〉에서 엄정화가 최근 만난 다섯 명의 맞선 상대자 중 누구와 결혼해야 할지 고민이라면서 감우성에게

LEE 그 다섯 편 중에 다시 딱 한 편만 골라야 한다면, 〈말죽거리 잔혹사〉와 〈비열한 거리〉 중 어느 작품을 선택하시겠습니까.

YOO 그렇다면 〈비열한 거리〉를 고를 것 같은데요.

LEE 성장영화보다는 누아르 장르를 더 좋아해서입니까.

YOO 그런 것도 어느 정도 있겠지만, 무엇보다 〈비열한 거리〉는 제가 이야기를 하는 것에 대해 재미를 느낀 영화거든요. 장점과 단점이 혼재된 영화인데 제게는 어쨌든 터닝 포인트가 된 작품이었어요. 이야기를 하는 자로서의 자의식을 갖고 시나리오를 쓴 작품이었으니까요.

– 앞으로 머리를 자를 계획은 없나요?
– 차라리 내 목을 자르슈.

〈바람 부는 날이면 압구정동에 가야 한다〉에서 취재를 하던 채해지의 질문에 신해철이 호기롭게 대답

LEE 감독으로서 절대로 양보할 수 없는 것이 있다면 어떤 것인가요.

YOO 비주얼을 위해서 상황의 개연성이 무너지거나 리얼리티가 파괴

되는 것입니다. 그런 유혹이 종종 생기거든요. 비주얼이 훨씬 좋아지고 그 자체로 매혹적인데, 과연 이게 말이 되는가 싶은 거죠. 일단 그런 의문이 들면 다 바꾸는데 그러다 보면 비주얼이 전부 무너지고 상황의 개연성만 남게 되죠. 그런데 제게는 그게 더 중요하거든요.

- 혜진이는 어떤 배우가 되고 싶어?

〈바람 부는 날이면 압구정동에 가야 한다〉에서 배우가 꿈이라는 엄정화에게 홍학표가 질문

LEE 앞으로 어떤 감독이 되고 싶으십니까.

YOO 좋은 감독이 되고 싶죠.(웃음)

LEE 그러면 어떤 감독이 좋은 감독입니까.(웃음)

YOO 저는 영화의 외피가 별로 중요하지 않다고 봅니다. 관객들은 일상에서 탈출하기 위해서 극장을 찾을 수도 있지만, 궁극적으로 좋은 영화는 그 안에서 인생을 발견할 수 있는 경우라고 생각해요. 저는 탈출이 아닌 발견의 영화를 찍는 감독이 되고 싶습니다. 영화를 통해 자신의 삶을 거울처럼 볼 수 있는 영화, 진정한 삶을 발견할 수 있는 영화를 찍고 싶은 거죠. 그건 기술이나 스타일의 문제가 아니라 삶을 바라보는 인식의 깊이에 대한 문제일 겁니다. 그런 영화를 만들 수 있도록 좀더 현명해지고 싶고, 좀더 공부하고 싶습니다. 그런 영화를 일평생 한 편만 찍을 수 있다면 더 이상 바랄 게 없을 것 같습니다.

SCENE#
READY
PARK
CHAN
WOOK
RYOO, SEUNGWAN
CHOE DONG-
PARK, KWANG-SU

BOOMERANG INTERVIEW

DIRECTOR
YIM SOON RYE

PHOTO ⓒ 김현호

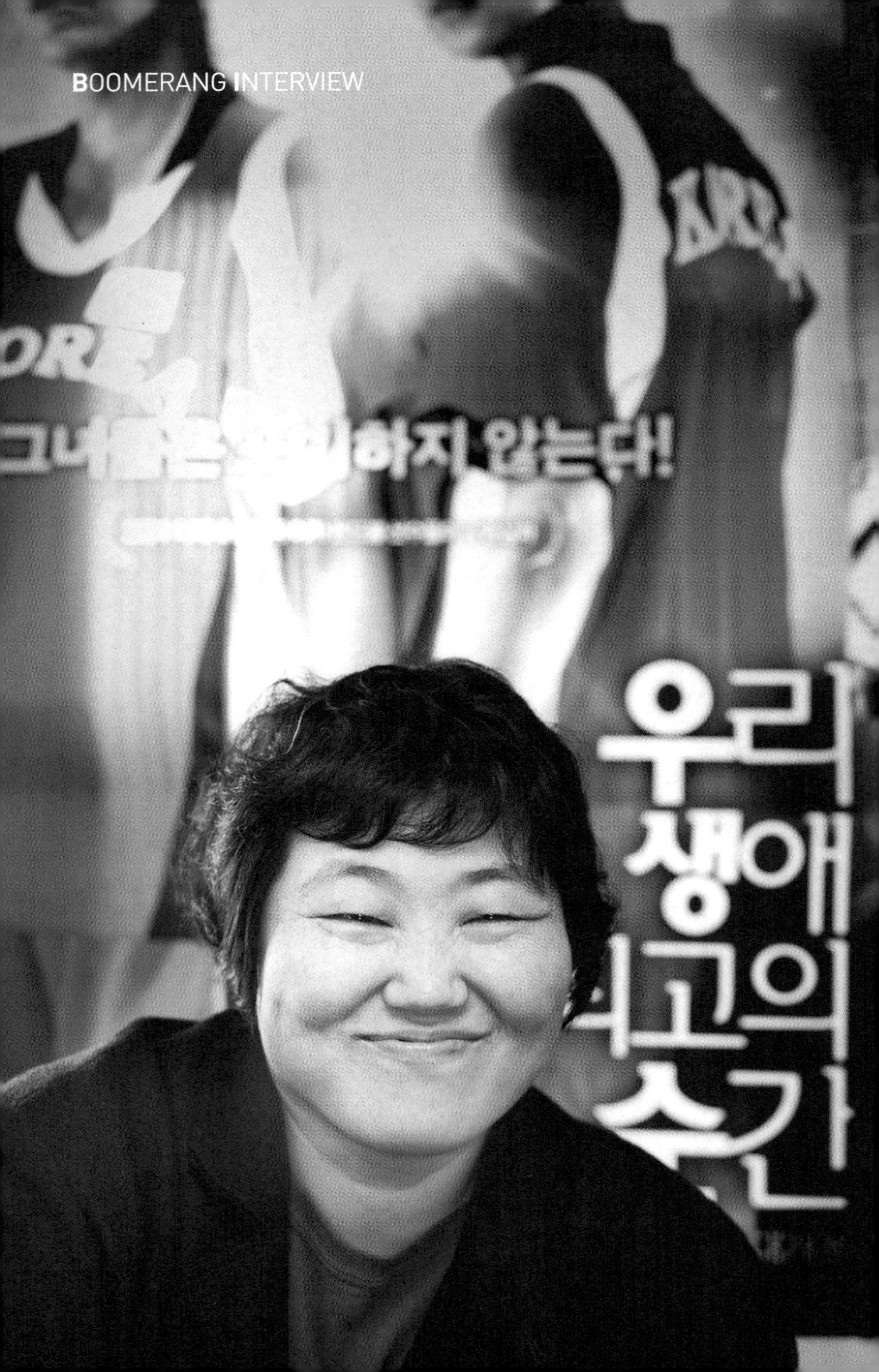

살펴보는 자의 연민
함께 울어주는 영화의 위로
임순례

영화 〈와이키키 브라더스〉의 한 장면. 예기치 않게도 칼에 찔려 큰 부상을 입은 남자가 밴드 멤버로 함께 음악을 했던 옛 동료에게 전화한다. 남자가 과거 그 동료에게 행했던 자신의 잘못에 대한 사과와 스스로에 대한 신세 한탄 사이를 오락가락하며 눈물을 뿌릴 때, 마을버스 운전기사가 되어 차를 몰고 있던 옛 동료는 휴대전화 저 멀리의 남자에게 마구 내쏜다. "아이고, 병신 같은 새끼. 나가 죽어라. 아이고." 옛 동료는 한 손으로 운전대를 잡고 어느새 다른 손으로 휴대전화를 쥔 채 욕설과 울음을 함께 터뜨린다. 버스 기사의 느닷없는 울음에 버스 안 엄마 등에 업힌 아기까지 소리 내어 운다.

감동적인 영화에는 두 종류가 있다. 눈물을 닦아주는 영화와 함께 울어주는 영화. 함께 울어주는 행동에는 눈물을 닦아주는 행위만큼의 적극성이 없다. 삶의 비밀을 먼저 알게 된 자가 좀더 높은 자리에서 좀더 낮은 자리로 뻗는 손의 굳은 확신도 없다. 그저 널브러져 어깨를 떨고 있는 자 옆에 조금 떨어져 앉은 채로, 숨죽여 함께 흘리는 눈물이 있을 뿐이다.

임순례 감독은 눈물을 닦아주지 않고 함께 울어준다. 그는 실컷 울고 나면 곧 새날이 밝을 거라고 두 팔로 안아주면서 말하지 않는다. 바쁜 사람은 눈물을 흘릴 겨를조차 없다고 어깨를 토닥이면서 충고하지도 않는다. 슬픔이 힘이 될 리가 없다. 눈물은 어쩔 수 없이 눈물일 뿐이고, 그 눈물은 누구의 눈물도 아닌 내 눈물일 뿐이다. 그러나 만일 삶에 희망이 서식할 수 있는 곳이 있다고 한다면, 그건 함께 울고 있는 두 사람 사이의 빈 공간일지도 모른다.

임순례 감독은 쥐는 대신 펴고, 달리는 대신 뒤돌아보며 영화를 만든다. 강고한 세월 속에서 꿈이 닳고 생활이 쓸리는 임순례의 주인공들은 운명의 주사위 놀음에서 쉽사리 승기勝機를 잡지 못한다. 그러나 삶의 막다른 골목에서도 끝내 스스로를 놓지 않았던 그들을 패배자로 부를 수는 없다.

운을 잃고도 위엄은 잃지 않은 자들, 한숨과 위로를 함께 주는 자들을 만든 감독은 어떤 사람일까. 〈세 친구〉(1996)로 고집스럽게 굴을 뚫고, 〈와이키키 브라더스〉(2001)로 잊을 수 없을 만큼 깊은 골을 판 후, 이제 〈우리 생애 최고의 순간〉(2008)으로 망망대해에 배를 띄운 임순례 감독을 만났다. 그는 바위 같기도 하고 저울 같기도 한 사람이었다.

– 내가 이럴 줄 알았어. 내가 언젠가 이런 날 올 줄 알았어.

〈와이키키 브라더스〉에서 밴드 리더인 이열이 칼에 찔려 피를 흘리면서 피신해 온 박원상에게 혀를 차며

LEE 〈우리 생애 최고의 순간〉은 관객 400만 명을 넘기며 2008년에 가장 크게 성공한 한국영화 중 한 편이 되었습니다. 세 번째 영화지만 흥행에 성공하기는 이번이 처음인데, 이런 날이 올 줄 아셨습니까.

YIM 전혀 몰랐어요. 완성하고 나서도 짐작 못했죠. 상영 환경이 좋지 않은 곳에서 처음 모니터 시사를 하고 난 후 반응이 그리 호의적이지 않았기에, '역시 내 감성과 대중들의 감성은 일치하지 않는군' 싶었죠. 그런데 환경이 괜찮은 데서 다시 시사를 하니 반응이 좋아

졌어요. 이어 기자 시사회로 공개했을 때는 반응이 더 좋았고요. 그래도 그때까지만 해도 반신반의했죠. 저는 항상 스스로 비주류적인 감성을 가졌다고 생각했거든요.

– 감독님, 우승 헹가래 받으셔야죠.

〈우리 생애 최고의 순간〉에서 골키퍼 조은지가 효명건설팀의 국내 리그 우승이 확정된 뒤 감독 조영진에게

LEE 흔히 '흥행의 짜릿한 손맛'이란 말들을 하는데, 이제 그런 게 느껴지세요?(웃음)

YIM 저는 기본적으로 상황 변화에 감정이 크게 좌우되지 않는 편이에요. 예전 〈와이키키 브라더스〉 때 참여했던 배우들끼리 모인 자리에서 저를 일컬어 '옆에서 핵폭탄이 터져도 꿈쩍도 안 할 양반'이라고 했다죠.(웃음) 물론 이번만큼 대중적으로 성공하기를 바랐던 적은 없었어요. 우선은 배우들이 고생을 많이 해서 그에 상응하는 보답이 있었으면 좋겠다고 생각했죠. 그런데 배우에게 가장 큰 보답은 관객들이잖아요. 또한 이 영화 제작사인 MK픽처스가 무척 어려운 상황에서 정말 용감한 기획을 했는데, 이렇게 저력 있는 회사가 성공해서 굳건한 토대를 다시 만들기를 바라기도 했고요. 제 두 번째 영화 〈와이키키 브라더스〉도 이 회사에서 제작했는데, 아시듯이 그때 제가 손해를 끼쳤잖아요.(웃음) 사실 저 또한 절박하죠. 이 영화까지 실패했다면 삼진 아웃이니까 더이상 영화를 만들 기회가 없게 될 확률이 높았죠. 마지막으로 한국영화에 그토록 호의적이었던 관객들이 최근 들어 무척 공격적으로 변한 걸 보고 마음이 아팠는데, 이런 어려운 상황에서 이 작품이 한국영화에 대한 관객의 사랑과 믿음을 되찾는 데 도움을 줬으면 좋겠다고 바랐던 겁니다.

– 살다 살다 내 별꼴을 다 본다카이.

〈우리 생애 최고의 순간〉에서 김지영이 식사량까지 따지고 드는 스태프의 간섭에 짜증을 내면서

LEE 모든 영화가 다 그렇겠지만, 특히 이 영화는 제작 과정 자체가 악전고투였다고 들었습니다.

YIM 기자 시사회까지 마치고 나서야 간신히 투자가 완료됐어요. 흥행에 성공했던 데 대한 실감은 지금으로서는 제대로 느끼지 못할 것 같아요. 다음 영화를 할 때 배우 캐스팅이나 투자에서 쉬워지면 '이런 게 좋은 거구나' 하고 느낄 수 있겠죠.

– 감독님, 경기 분석 보고서 어떻게 할까요?

〈우리 생애 최고의 순간〉에서 코치인 최욱이 고교팀에 패배한 후 감독 엄태웅에게

LEE 이전에 만드신 〈세 친구〉와 〈와이키키 브라더스〉는 작품으로는 좋은 평가를 받았지만 흥행에는 실패했습니다. 이 영화들은 왜 관객들이 외면했다고 생각하시는지요.

YIM 일단 소재가 대중적이지 않았던 듯해요. 이야기 자체가 흡인력이 있다거나 극적 요소를 풍부하게 갖춘 게 아니었으니까요. 영화를 풀어가는 형식도 대중적이지 않았고요. 출연 배우들도 그 당시에는 무명이었으니 소재와 형식과 연기자 모두가 비대중적이었다고 할까요. 반면에 〈우리 생애 최고의 순간〉은 소재에 어느 정도 대중적인 요소가 내포되어 있었던 경우겠죠. 스포츠영화는 장르 자체에 힘이 있는 것 같아요.

– 너 하나도 안 변했네?

〈와이키키 브라더스〉에서 오랜만에 만난 고교 시절 록밴드 멤버 친구가 이얼에게

LEE 〈우리 생애 최고의 순간〉은 언뜻 감독님의 이전 작품들과 무척 달라 보입니다. 그러나 영화를 다 보고 나면, '임순례 감독은 어떤 영화를 만들어도 임순례 감독'이라는 생각이 들게 되지요. 스포츠 장르를 택하고도 하필 비인기 종목인 핸드볼을 고르고, 그것도 하필 한국팀이 우승을 했던 바르셀로나 올림픽이 아니라, 통한의 준우승에 머문 아테네 올림픽을 다루셨죠. 그 팀을 이끌어가는 사람들도 하필이면 생활에 찌든 '아줌마'들이고요.(웃음) 아웃사이더들에게서 눈을 떼지 못하는 감독님의 감성이 영화 전편에 그대로 배어 있다고 할까요.

YIM 그렇게 봐주시면 고맙죠. 저는 심재명 MK픽처스 대표께서 이 영화를 처음 하자고 할 때도 제게 어울리지 않는 제의라고 생각하지 않았어요. 어떤 소재든 어차피 저를 필터로 거치면 제 영화가 되는 거니까요. 제가 볼 때는 이 영화의 이야기에도 제 색깔이 많이 묻어 있어요. 그런데 시사회 후 평론가들이 제게 "임순례 영화 같지 않다"거나 "왜 상업적으로 전향했냐"고 하셔서 이상했어요. 그런데 뒤풀이 때 다른 감독들은 대부분 예전 느낌과 흡사하다고 하더군요. 평론가들과 달리 동업자들은 제 색깔이 이 영화에도 그대로 드러난다고 보는 것 같아 흥미로웠습니다.

LEE 기존 작품의 연장선상에서 이 영화를 이해해 주는 게 더 좋으시군요?

YIM 네. 이 영화의 이전과는 좀 달라진 게 사실입니다. 상업영화의 법칙을 많이 차용했죠. 예전에 낯간지러워서 쓰지 못했던 대사도 들어가 있고요. 하지만 기본적 정서나 가치관은 바뀌지 않았다고 봐요. 그걸 바뀌었다고 누군가 말하면 섭섭할 것 같아요.

– 안감독, 아무리 남자애들이지만
고교팀한테 지면 분위기 심각해지거덩?

〈우리 생애 최고의 순간〉에서 핸드볼협회 간부인 정석용이 여자대표팀과 남자고교팀의 평가전을 보면서 감독인 엄태웅에게

LEE 소재만 비인기 종목을 고르신 게 아니라, 실제 극중 상황 역시 그렇습니다. 〈우리 생애 최고의 순간〉에 나오는 시합은 승필(엄태웅)과 혜경(김정은)의 달리기 경주까지 포함해서 모두 다섯 차례입니다. 그런데 이중 주인공들이 지는 경우가 고교팀에 패하는 평가전을 포함해 모두 세 차례나 됩니다. 스포츠영화인데도 극중에서 절반이 넘는 경기를 지게 되는 거죠. 그나마 이기는 두 경기 중 한 번은 승리 후 팀이 해단을 해야 하는 절망적 상황에 부닥치고요. 이런 설정들 역시도 지극히 '임순례적'이란 느낌이 드는데요.(웃음)

YIM 인생이라는 경기가 게임 아웃 되었을 때 그간 얼마나 많은 돈을 벌었는지, 어느 정도의 사회적 지위에 섰는지가 아니라, 내가 얼마나 진실하게 살았느냐, 얼마나 많은 것을 느끼면서 시간을 보냈느냐가 더 중요하다고 봐요. 그렇다고 할 때, 〈우리 생애 최고의 순간〉에 나오는 시합들은 인물들이 뭔가를 깨닫는 장으로 활용된다고 할 수 있죠. 예를 들어 패배하게 되는 고교팀과의 평가전은 혜경과 젊은 선수들이 화해하는 계기가 되는 거니까요. 미숙(문소리)이 없는 상황에서 단합도 하게 되고요. 승필과 혜경의 레이스 역시 내러티브상에서 긴장감을 부여하는 기능도 있지만, 사실은 승필이가 그 달리기 시합을 통해서 혜경을 이해하는 계기가 된다는 게 더 중요하죠. 저는 결승전 역시 마찬가지라고 생각해요. 이 영화 속 경기들은 인물들이 앞으로 더 나아가기 위한 변화의 장이라고 할 수 있겠죠.

LEE 패배할 때 오히려 더 많이 배울 수도 있다는 거죠?

YIM 그렇습니다. '평가전을 하는 건 우리 스스로를 더 잘 알기 위한 목적 때문이야'라고 혜경이 말하듯, 패배를 해도 무엇인가를 배우게

됐다면 의미가 있는 패배인 것이죠.

– 어, 김순경 아냐? 어이구, 오랜만이다.
만순인 잘 크냐? 돌 때 보고 못 봤다야.

〈와이키키 브라더스〉에서 트럭을 몰던 오지혜가 자신에게 과속 범칙금을 부과하려던 경찰이 누군지를 알아보고서

LEE 충무로에서는 신작을 잘 내놓지 않는 감독들을 흔히 '올림픽 감독'이라고 부릅니다. 영화가 거의 4년에 한 편씩 나온다는 거죠. 그런데 감독님은 올림픽 소재 영화를 만들기도 하셨지만 그 정도가 '올림픽 감독'보다 더 심하십니다.(웃음) 첫 영화 〈세 친구〉가 1996년에 개봉된 후 5년 만에 두 번째 작품 〈와이키키 브라더스〉를 완성하셨고, 거기서 다시 또 7년이 지나서야 세 번째 작품 〈우리 생애 최고의 순간〉을 내놓으셨으니까요. 대체 왜 이렇게 간격이 긴 겁니까.(웃음)

YIM 솔직히 말하면, 기본적으로 제가 좀 게으른 듯해요.(웃음) 스스로를 되짚어보면, 영화 만들기를 아주 좋아하지는 않는 것 같습니다. 만드는 과정 자체가 무척 힘들어요. 촬영 현장에서 있었던 일들이 너무 힘드니까 새 작업에 들어가는 것을 무의식적으로 계속 미루고 있는 것 같아요. 가급적 안 만들 수 있도록 핑계를 찾는다고 할까요. 〈와이키키 브라더스〉까지 5년이 걸린 것은 바로 그 이유였던 듯해요. 첫 영화가 너무 힘들었거든요. 그런데 〈와이키키 브라더스〉를 만들고 나서 그런 느낌이 좀 줄었죠. 일반적으로 감독들이 3년에 두 편 정도 만드는 것을 이상적인 간격이라고 말하는데, 저는 2년에 한 편 정도면 딱 좋을 것 같았어요. 그렇게 〈와이키키 브라더스〉 개봉을 하고 나서 박경희 감독의 작품인 〈미소〉를 프로듀스했는데 그게 2년쯤 걸렸어요. 제작비 구하기가 너무 힘들어서요.

LEE 그 다음에는 인권위 옴니버스 프로젝트인 〈여섯 개의 시선〉에서

단편 〈그녀의 무게〉를 만드셨죠? 그 영화도 참 좋았는데요.

YIM 그 단편을 만든 뒤에 세 번째 장편 〈무림 고수〉에 착수했는데, 시나리오를 거듭 고치고 캐스팅이 계속 보류되면서 또 3년이 흘러갔어요. 아무리 시나리오가 완성되어도 캐스팅 등에서 무리가 생기면 빨리 다른 프로젝트로 전환할 수 있어야 하는데, 저는 그런 전환 스위치가 느리게 작동하나 봐요. 그 근저에는 영화를 많이 만들고 싶은 욕망 자체가 적다는 사실이 있는 듯해요. 그러다보니 새로운 프로젝트의 시점을 자꾸 미루는 거죠.

LEE 정말 7년 세월이 쉽게 가네요.

YIM 네. 조바심이 없어요. 벌써 몇 년 지났으니 빨리 만들어야 한다는 마음도 없고, 결정하는 것도 느리고.(웃음)

– 오랜만에 피니까 돌아서 그래.

〈와이키키 브라더스〉에서 대마초를 피우고 해롱대는 황정민

LEE 7년 만에 다시 돌아와서 〈우리 생애 최고의 순간〉을 만드실 때 어려운 점은 없으셨어요? 그 사이에 충무로의 영화 제작 방식도 정말 많이 바뀌었을 텐데요.

YIM 변화가 많았죠. 현장의 분위기랄까, 그런 게 가장 많이 달라졌어요. 영화에 대한 열정이나 영화 만들기에 대한 의미부여 면에서 요즘 스태프들은 예전과 많이 다른 것 같습니다.

LEE 구체적으로 스태프들의 태도가 어떻게 달라졌습니까.

YIM 저는 1993년에 충무로에 처음 들어왔는데, 그때 보고 놀란 게 오십대 중반의 소품기사 분과 이십대 중반의 연출부 막내가 쉽게 통하는 모습이었어요. 다른 곳에서 만났다면 가치관에서 학력까지 모든 것이 판이하게 다르기에 대화가 안 될 수도 있는 사람들인데, 오직 영화라는 공통점 하나로 그 수많은 차이가 영화 현장에서 사라지는

거였어요. 제가 스크립터로 참여했던 〈세상 밖으로〉라는 영화를 찍을 때인데, 눈이 무척 많이 왔는데도 장면의 연결성 때문에 그 눈을 다 치워야 하는 상황이 됐어요. 당시 유영길 촬영감독님이 산 속을 잡은 카메라 앵글을 가리키면서 "여기 보이는 거 다 치워"라고 짧게 말하자 모든 스태프들이 달려들어서 그 화면에 등장하는 눈을 아무 불평 없이 완벽하게 제거했어요. 영화 속에 단 한 커트 등장할 장면을 위해서요. 그렇게 간신히 다 치웠는데, 유감독님이 "여기가 아닌 것 같아"라면서 앵글을 다시 조금 돌리는 게 아니겠어요? 그러면 카메라 앵글로는 몇 센티미터 안 되지만 원경 장면이라서 거의 수백 평의 눈을 다시 치워야 하는 거예요.

– 아니 근데, 괜히 팀 분위기 어수선하게 왔다리 갔다리 하냐?

〈우리 생애 최고의 순간〉에서 감독인 엄태웅이 전임 감독인 김정은에 대해서

LEE "이 산이 아닌가벼"라고 말할 때의 나폴레옹 같으셨네요.(웃음)

YIM 맞아요.(웃음) 그래도 아무도 입을 여는 사람이 없었어요. 직업적인 동질감과 사명감 하나로 모두들 정말 열심히 새로 눈을 치웠죠. 그 장면 자체가 제게는 큰 감동이었습니다. 끝나면 또 서로 끈끈하게 뭉쳤고요. 〈와이키키 브라더스〉 때까지만 해도 그런 분위기가 어느 정도 유지됐어요. 그런데 이제는 정말 많이 달라졌더군요. 촬영이 끝나자마자 다들 PC방으로 어딘가로 순식간에 사라져버려요. 영화에 대한 경외심 자체가 엷어졌다고 할까요. 단지 직업일 뿐인 거죠. 이 작업을 통해서 받는 보수 이상의 정신적 만족이나 스스로의 성숙에 대한 기대감 자체가 많이 사라진 것 같습니다. 문소리씨도 비슷한 이야기를 하더군요. 예전에는 현장에서 경외의 대상이던 여배우가 조명부 막내 같은 스태프에게 뭔가 위로의 말 한마디라도 던질라치면 감격해 하고 그랬는데, 요즘은 무슨 짓을 해도 아무런

반응이 없다고요.(웃음)

LEE 감동이 없군요.(웃음)

YIM 정서적으로 민주화됐다고 할까요? 감성적으로 메마른 것 같습니다.

– 나, 계속 운동해 온 니들이랑 틀려. 체력적으로도 자신 없구.

〈우리 생애 최고의 순간〉에서 감독 대행 자리에서 해고된 김정은이 다시 선수로 뛰는 게 어떻겠냐는 동료의 권유를 받자

LEE 오랜만에 하시는 연출인데 기술적으로 어려운 점은 없었습니까.

YIM 경기장을 가득 메운 관객들의 모습을 포함해서 이 영화에는 CG가 적지 않게 쓰였어요. 그런데 제가 CG를 해본 것은 이번이 처음이었죠. DI(디지털 색보정) 공정도 이전에는 해본 적이 없었고요. 저는 그전 두 편을 만들면서 연출에서 거의 전권을 가졌어요. 첫 영화인 〈세 친구〉는 삼성의 자본으로 제작했던 영화였고, 〈와이키키 브라더스〉도 MK픽처스의 전신인 메이저 영화사 명필름이 제작한 작품이었지만, 둘 다 연출이나 편집에서 독자적 영역을 보장받으면서 만들었거든요. 그런데 〈우리 생애 최고의 순간〉은 제작비가 많이 든 작품이라서 그럴 수가 없는 상황이었죠. 제작사의 사정도 있고 해서, 이전 영화들에 비하면 제 뜻대로 모든 것을 끌어갈 수는 없었던 경우였습니다.

– 와이키키 지배인인데 지금 좀 보자네요?
– 가봐라.
– 근데 왜 보자는 걸까요?

〈와이키키 브라더스〉에서 나이트클럽 웨이터로 일하는 류승범이 급작스러운 연락을 받고 업소로 돌아가면서 이얼에게

LEE 〈우리 생애 최고의 순간〉은 이전의 두 작품과 달리 감독님이 직접 기획한 작품이 아니었죠? 심재명 MK픽처스 대표가 기획해서 연출을 의뢰한 경우라고 하던데, 처음 제안을 받으실 때 어떠셨어요?

YIM 2004년 말이었는데, 그때 〈무림 고수〉란 작품을 준비하고 있었어요. 그런데 심대표께서 긴히 할 말이 있다며 보자고 하시더라고요. 약속 장소에 나갔더니 지난여름에 아테네 올림픽 여자 핸드볼 결승전 중계를 봤냐고 물으세요. 봤다고 했더니 영화로 만들려고 한다면서 연출을 맡아달라고 하더군요. 저를 만나시기 전에 이미 직원들과 몇 달간 논의를 끝내고 '아줌마의 힘'이란 영화의 기본 콘셉트까지 잡아놓으신 상태였어요. 듣는 순간 대중적인 흡인력이 있는지까지는 몰라도 영화화되기에 충분한 소재라는 확신은 들었어요. 제 관심 분야와 동떨어진 것도 아니었죠. 이 소재 역시 기본적으로 소외된 사람들 이야기니까요. 그래서 〈무림 고수〉를 끝내고 하자고 답했는데, 그 작품이 여러 가지 사정으로 미뤄지면서 결국 순서를 바꿔 이 작품을 먼저 하게 됐습니다.

– 아줌마 삼인방과 골키퍼 오수희 선수 같은
노장선수들의 활약이 대단했습니다.

〈우리 생애 최고의 순간〉에서 아나운서가 아테네 올림픽 준결승전에 앞서서

LEE 그러니까 〈우리 생애 최고의 순간〉 개봉 이후에 그 영화를 다들 '아줌마의 힘'으로 읽어냈던 것은 이미 설정되어 있던 목표였군요.

YIM 심대표가 정말 대단하다는 생각을 했어요. 저도 그 경기를 상당히 인상적으로 봤는데 영화화는 생각도 못했으니까요. 그 소재를 영화화하자고 내게 말하는 순간, '이 사람은 제작자로서 확실히 생각하는 게 다르구나' 싶었습니다.

– 이 영화는 2004 아테네 올림픽 여자 핸드볼 결승전을 모티브로 하여 제작되었습니다. 그러나 등장인물의 묘사와 이야기의 세부사항은 모두 픽션입니다.

〈우리 생애 최고의 순간〉이 시작하기 전에 뜨는 첫 안내 자막

LEE 〈우리 생애 최고의 순간〉은 아테네 올림픽 여자 핸드볼 경기를 소재로 한 작품인데요, 이 영화를 연출하기로 결심하기 전에 핸드볼 경기에 대해서는 어느 정도 알고 계셨는지요. 일곱 명이 벌이는 경기라는 건 아셨어요? 저는 몰랐거든요.(웃음)

YIM 그 정도야 알았죠.(웃음) 전 사실 스포츠 경기 보는 걸 상당히 좋아하는 편이거든요. 야구를 특히 좋아하는데, 고교 시절에는 수업시간에 고교야구 경기 중계방송을 몰래 듣기도 했어요. 중학교 때인 몬트리올 올림픽 당시에는 여자 배구의 스타였던 조혜정 선수에게 팬레터를 쓴 적도 있었어요.(웃음) 핸드볼 경기도 특별히 좋아했던 것은 아니지만 종종 보는 편이어서 이 영화를 만들 때도 생소하지는 않았어요. 영화 속 경기 장면을 어떻게 연출할 것인지에 대한 콘티를 짜려면 실제 경기를 많이 봐야 하니까 지난 십 수 년간 올림픽과 세계선수권의 중요 경기들은 전부 다 구해봤어요. 핸드볼 큰잔치는 직접 코트에서 보았고요.

– 2004 핸드볼 큰잔치! 효명건설이 우승을 차지했습니다!

〈우리 생애 최고의 순간〉의 첫 경기 장면에서 효명건설의 우승이 확정되자 마이크를 잡은 장내 아나운서가

LEE 핸드볼 큰잔치는 이름과 달리 관중이 적어 무척 썰렁한가봐요?

YIM 네, 깜짝 놀랐어요.

LEE 그래서 영화의 첫 장면에 그런 느낌을 인상적으로 넣으신 거군요?

YIM 그렇죠. 이 영화의 맨 마지막 장면에 나오는 임영철 감독님을 직접 만났는데, 역시 올림픽 결승전 후의 그 인터뷰와 유사한 이야기를 하시더군요. 사람들이 올림픽 때만 기억하고 돌아서면 핸드볼을 잊어버린다고요. 제발 잊지 말아주셨으면 좋겠다고 계속 강조하셨어요. 효명건설은 사실 아테네 올림픽 후에 창단된 팀인데, 〈우리 생애 최고의 순간〉 개봉 두어 달 전에 해체하게 됐어요. 핸드볼에 대한 관심이 올림픽 때만 반짝하기에 그 사이 4년을 못 견디는 거죠. 사실 이 영화 첫 장면에 효명건설이 나오는 것은 실제 시간 순서로 보면 이치에 안 맞는 겁니다. 영화 끝에 나오는 아테네 올림픽 결승전 후에 생긴 팀이니까요. 그런데 임영철 감독님이 자신이 맡고 있는 그 팀 유니폼을 극중 배우들에게 꼭 입히고 싶어 하시는 거예요. 잠시 고민하다가 결국 그 유니폼을 쓰기로 했어요. 그렇게라도 핸드볼 팀을 도와주고 싶었거든요. 그런데 촬영을 다 마친 후에 그 팀이 해체하게 되어서 가슴이 철렁했죠. 좋은 의도로 찍었는데 결과가 좋지 않게 된 것 같아서요. 그런데 최근에 일이 잘 풀려서 벽산건설이 효명건설 핸드볼팀을 인수해 고스란히 그 맥을 이어가게 됐어요. 정말 다행이죠.

LEE 일이 그렇게 된 데는 이 영화의 덕이 있지 않았을까요? 〈우리 생애 최고의 순간〉 개봉 후 곳곳에서 핸드볼에 대한 관심이 급격히 제고되었던 게 사실인데요.

YIM 임영철 감독님은 도움이 됐다고 말씀하시더군요. 영화 개봉 후 서울시청에서도 여자 핸드볼 팀을 창단했잖습니까. 〈우리 생애 최고의 순간〉의 실제 모델인 임오경 선수가 감독을 맡게 됐고요. 이 영화가 잘되어서 핸드볼계에 일조하게 되어 굉장히 기뻐요. 이 열기가 얼마나 갈지는 알 수 없지만요.

LEE 〈우리 생애 최고의 순간〉은 영화 외적으로도 감동적인 일이 많았던 것 같습니다.

YIM 그렇습니다. 영화를 찍기 전에 배우들과 함께 모여 아테네 올림픽 결승전 장면을 보았는데, 다 끝난 뒤 불을 켜니까 모두들 울고 있더라고요. 그러면서 입을 모아 "저렇게 열심히 잘했는데 그걸 소재로 삼는 영화에서 어설프게 해서 누를 끼치지나 않을까 걱정된다"고 말했어요. 준비할 때부터 촬영을 마칠 때까지 배우들이 정말 열심히 했는데, 그렇게 한 배경에는 애초에 실제 인물들에 대한 감동이 있었기 때문인 것 같습니다.

– 말이 좋아 세대교체지, 센터백이 너무 초짜라 구심점도 없고 공격의 완급 조절도 안 되고, 대책이 안 선다.

〈우리 생애 최고의 순간〉에서 감독직을 맡게 된 김정은이 골키퍼 조은지에게

LEE 〈우리 생애 최고의 순간〉을 찍으면서 가장 어려웠던 점은 어떤 것이었습니까.

YIM 경기 장면 촬영이었어요. 애초에 저는 이 영화를 할리우드 스포츠영화처럼 찍을 생각이 없었습니다. 그렇지만 참고삼아 〈애니 기븐 선데이〉를 비롯해서 미식축구나 농구를 다룬 영화들을 많이 챙겨보았죠. 그런데 비슷하게 하고 싶어도 예산의 한계나 빡빡한 촬영 스케줄 때문에 물리적으로 불가능했어요. 덴마크 핸드볼팀을 운 좋게 섭외했는데, 딱 열흘뿐이었죠. 그 기간에 준결승전과 결승전을 전부 찍어야 했는데 실제 촬영 기간은 7일밖에 안 됐어요. 일정에 쫓겨 무리해서 찍으면 배우들의 체력이 바닥을 드러내 점점 장면이 안 좋아졌지요. 결국 시간과 장비의 싸움이었어요. 카메라를 네 대 동원했는데 정말 어려움이 많더군요. 그래도 저는 배우들 때문에 견딜 수 있었던 것 같아요. 매우 힘든 작업인데 아무도 짜증내지 않고 정말 열심히 하니까 서로를 신뢰할 수 있었던 거죠. 결국 중요 장면을 테스트 촬영하면서 관객들이 보고 싶어 하는 것은 공의 경로가 아니라 그 공을 잡는 선수의 얼굴이라는 결론을 내렸어요.

- 성우야. 행복하니?

우리들 중에 지 하고 싶은 일 하면서 사는 놈 너밖에 없잖아.

그렇게 좋아하던 음악하면서 사니까 행복하냐구.

〈와이키키 브라더스〉에서 고교 시절 함께 음악의 꿈을 키웠지만 어른이 되어 다른 일을 하게 된 친구가 술을 마시면서 이얼에게

LEE 사람들은 흔히 행복과 꿈을 연관 짓습니다. 꿈을 이루면 행복하고 이루지 못하면 행복하지 못하다는 거지요. 그런데 〈와이키키 브라더스〉는 행복과 꿈이 무관한 것이라고 말하는 영화인 것 같습니다.

YIM 꿈이 이뤄지면 행복해진다는 건 환상 아닐까요. 물론 성우도 자신의 꿈을 온전히 이룬 건 아니죠. 위대한 록밴드 멤버가 되고 싶었는데 술집을 전전하는 퇴락한 밴드 멤버가 되었으니까요. 그렇다면, 축구선수로 최고의 꿈을 이룬 베컴이나 호나우두는 월급쟁이인 우리 아빠보다 몇 십 배 더 행복할까요? 제가 그 영화에 그 대사를 넣었던 이유가 있어요. 제 친구들은 평범한 주부인 경우가 많은데, 저를 만나면 한결같이 하는 말이 "넌 꿈을 이뤄서 행복하겠다"였어요. 그 말을 들을 때마다 의문이 드는 게, '정말로 나는 행복한가. 꿈을 이룬 자는 다 행복하고 이루지 못한 자는 불행한가' 라는 거죠. 전 그렇지 않다고 생각해요. 꿈을 이루지 못해도 행복한 경우와 꿈을 이뤄도 불행한 경우가 얼마든지 있다는 겁니다.

LEE 저도 비슷한 생각을 갖고 있어요. 행복이란 것은 일종의 유전자라는 거죠. 행복 유전자를 타고난 사람은 언뜻 불행해 보이는 상황에서도 상대적으로 더 행복할 수 있고, 그렇지 못한 사람은 아무리 행복해 보이는 상황이 연속되어도 행복을 못 느낄 수 있다는 겁니다.

세 친구

개봉 1996년 11월 2일 **출연** 김현성 이장원 정희석 상영시간 92분 _ 무소속, 삼겹, 섬세는 고등학교를 갓 졸업한 세 친구 사이. 무소속은 직업 만화가가 되기 위해 애를 쓰지만 신진 작가를 소모품으로만 쓰는 만화계 풍토에 좌절한다. 삼겹은 동네 비디오 가게에 취직해서 반복되는 일상을 보낸다. 섬세는 미용사를 꿈꾸지만 아버지의 강압으로 갈등한다. 그러던 이들에게 군입대를 위한 신체검사 통지서가 날아든다.

YIM 그래요. 행복이라는 게 어찌 보면 재능 같은 것이라고 생각해요. 어떤 사람이 행복한가는 그 사람이 행복 재능을 얼마나 갖고 있는가, 행복해지려는 노력을 얼마나 하는가에 달려 있다고 봅니다.

– 그러고 나서, 지구가 터져?
– 가까운 미래에 그렇게 된다니까!

〈세 친구〉에서 자신이 그린 만화가 지구 폭발로 끝맺는 것을 본 친구 이장원의 질문에 김현성이 대답

LEE 〈세 친구〉에서 무소속(김현성)이 그리는 만화에는 염세적인 세계관이 담겨 있습니다. 감독님 영화들에는 그런 비관적 전망이 또렷합니다.

YIM 저는 기본적으로 세상에 대해 염세적이에요. 그런데 재미있는 건, 거시적인 세계관은 염세적인데 구체적인 생활 패턴은 그런 면이 많지 않다는 거죠. 삶을 크게 보는 시점에서는 인간에게 희망이 없다고 보는데, 개인적으로 특정 인간을 봤을 때는 긍정적 측면을 많이 보는 편이에요. 그래서 저를 잘 모르시는 분들은 제가 세상을 따뜻한 시선으로 보신다고들 하시는 것 같아요. 하지만 잘 아시는 분들은 제가 사실 매우 비관적이라는 걸 알죠.

– 제일 빽 없고 만만한 내가 시범 케이스로 걸린 거야.
난 어렸을 때부터 항상 재수가 없었어.

〈와이키키 브라더스〉에서 직장에서 해고된 일에 대해 친구가 이얼에게 하소연하며

LEE 감독님 영화 속 인물들은 대부분 인생이 뜻대로 되지 않는 사람들입니다. 그런데 이 캐릭터들은 자기연민이나 자기모멸도 많습니

다. 〈와이키키 브라더스〉에서는 해고된 공무원 친구의 대사 외에도, 정석(박원상)이 술을 마시며 "인간 박정석이 어쩌다 이렇게 됐냐? 정말 순식간에 무너지는구나"라고 탄식합니다. 〈우리 생애 최고의 순간〉의 미숙 역시 혜경에게 "내 인생은 왜 이렇게 되는 일이 없냐?"고 한탄하죠. 자기연민에 빠져 자탄하는 대사가 자주 등장하는 것은 어쩐 일일까요.

YIM 그러게요.(웃음) 그건 이렇게 말할 수 있겠네요. 저의 세계관 속에서 인간은 열심히 노력하고 사는 게 가장 좋은 방법이지만, 그런 인간의 노력으로도 어쩔 수 없는 부분이 있다는 것에 대해서 제가 많이 의식하는 것 같습니다. 삶이 계획대로 되지 않고 운명이 의외의 방향으로 작용하는 부분이 있다는 제 생각이 그런 대사 속에 투영되는 듯싶어요.

– 아유, 참, 언니는 지지리 복도 없어.

〈우리 생애 최고의 순간〉에서 조은지가 채권자들을 피해 자신의 집으로 피신 온 문소리를 동정하면서

LEE 감독님도 자기연민이 많은 타입이신가요?(웃음)

YIM 저는 그런 타입은 아닌 것 같아요. 하지만 인간이 자신의 노력으로 도달할 수 없는 영역이 생각보다 훨씬 더 많다고 보기는 해요.

– 나, 애 낳고 3주 만에 경기장 나갔어. 이기든 지든
먹고살려고 미친 듯이 뛰었어. 나한텐 그게 핸드볼이야.
– 바보 같은 소리 좀 하지 마. 적어도 니가 나한테 그렇게
얘기하면 안 돼. 너, 그동안 내가 너 이겨보려고 얼마나
애썼는지 알기나 해? 너 한 시간 연습할 때 나 두 시간 하고,

너보다 한 시간 덜 자면 되겠지 생각했었어.
근데, 아무리 해도 너한텐 안 되더라. 왜냐구?
한미숙은 핸드볼을 위해 태어난 최고의 선수였으니까.
– 최고? 그딴 게 무슨 소용인데? 야. 너도 나같이 한번 살아봐.
하루에 열두 번도 더 혀 깨물고 확 죽어버리고 싶어.
그래도 어떻게든 살아보려고 얼굴에 철판 깔고 뻔뻔하게
내가 여기까지 왔는데 더는 못 버티겠다.
사는 게 치사하고 쪽팔려서 더는 못 해먹겠다.

〈우리 생애 최고의 순간〉에서 다투는 문소리와 김정은

LEE 〈우리 생애 최고의 순간〉에는 미숙(문소리)과 혜경(김정은)이 자신의 내밀한 아픔을 터뜨리면서 다투는 장면이 나옵니다. 이때 직업적인 삶만 생각하면 더 비참한 사람이 혜경이고, 사적인 삶만 따지만 더 참담한 경우가 미숙입니다. 감독님은 이 두 캐릭터 중에서 누가 더 불행하다고 보십니까.

YIM 좋은 대답이 될 수 있을지 모르겠지만 그걸 어떻게 인식하느냐에 따라 답이 달라질 것 같아요. 직업적인 부분에 더 가치를 두는 인간형이냐 그 반대냐에 따라서 차이가 날 테니까요. 직업적으로 주목을 못 받는다고 해도 거기에 가치를 두지 않는 사람이라면 크게 상관없겠죠. 반대도 마찬가지일 테고요. 저는 사실 둘 다 불행하지 않다고 봅니다. 혜경은 선수 시절의 콤플렉스를 훌륭히 극복한 케이스예요. 선수로 돌아와서도 멋지게 대처하고 있고요. 미숙도 개인적 삶이 밑바닥에 있긴 하지만 거기에 함몰되어서 허덕이는 타입은 아닙니다.

LEE 그럼 감독님 자신은 삶의 그 두 가지 요소 중에서 어느 쪽에 더 가치를 두는 타입이신가요.

YIM 저는 사적인 것에 더 비중을 둡니다. 제가 만약 감독으로서의 재능이나 일의 성취 정도에 대해 큰 비중을 두고 예민하게 반응하는 사람이라면 불행했을 것 같아요. 그런데 저는 그런 타입이 아니거든요.

– 자, 너도 원샷하고 벗어. 이 새끼야, 말이 말 같지 않아? 임마, 벗어. 원샷하고. 귀하신 사장들이 다 벗었는데 개뼉다구 같은 밴드 주제에 이걸 못 벗어? 벗어, 이 자식아.

〈와이키키 브라더스〉에서 룸살롱 취객이 기타로 손님들의 노래에 반주를 해주던 이얼에게 술잔을 가져다주면서 난폭하게 요구

LEE 감독님 영화들 중에서 가장 참혹하게 느껴지는 장면은 〈와이키키 브라더스〉에 있는 것 같습니다. 바로 성우(이얼)가 룸살롱에서 옷을 다 벗은 채 반주를 하게 되는 장면이죠.

YIM 〈와이키키 브라더스〉의 성우나 〈세 친구〉의 만화가인 무소속(김현성)은 자신의 일에서 제대로 대우받지 못하고 밀려나는 사람들이죠. 그런데 그 사람들이 어려운 생활 속에서도 자신을 지킬 수 있는 것은 자존심이 강하기 때문이에요. '그런데 그 최후의 자존심마저 박탈되면 어떤 느낌일까' 하는 마음으로 찍었던 게 〈와이키키 브라더스〉의 그 장면이었습니다. 마지막 자존심까지 버려야 하는 생존의 조건이란 얼마나 가혹한 것인가 싶었거든요. 저는 〈우리 생애 최고의 순간〉의 혜경이나 미숙의 삶을 지탱해 주는 것도 역시 그 자존심이었다고 생각해요.

– 나한텐 밥보다 자존심, 그게 더 중요해. 알어?

〈우리 생애 최고의 순간〉에서 김정은이 다시 선수로 복귀하라고 권하는 후배 조은지에게

LEE 〈우리 생애 최고의 순간〉에는 바로 그런 대사도 직접적으로 등장하죠.

YIM 아무리 혼탁한 세상에서 어렵게 살아가도 버텨낼 수 있는 것은 자신을 존중하는 자존심이 그들에게 있기 때문일 거예요.

– 아이구, 그래도 그때가 내 인생 하이라이트였다.

〈와이키키 브라더스〉에서 오지혜가 강가에 앉아 실로 오랜만에 다시 만나게 된 이얼에게 과거 이야기를 하면서

LEE 감독님 영화들 속에서 인물들의 전성기는 늘 과거입니다. 〈와이키키 브라더스〉에서 인혜(오지혜)와 성우(이얼)는 고교 시절 반짝거렸습니다. 〈세 친구〉의 세 주인공들도 고등학교를 졸업하기 전에는 꿈이 컸고요. 〈우리 생애 최고의 순간〉에서의 핸드볼 선수들은 과거에는 올림픽 금메달까지 땄습니다. 그런 과거에 비하면 모두들 현재는 팍팍하고 쪼들릴 뿐이죠. 세월 속에서 닳아버리는 인물들이라고 할까요.

YIM 〈와이키키 브라더스〉나 〈세 친구〉에서 인물들이 학교를 졸업하기 전이나 세상에 던져지기 전일 때는 꿈도 많고 가능성도 많았죠. 그런데 막상 생활의 주체가 되고 세상과 맞서 싸우게 되면 삶을 영위한다는 게 정말 힘들잖아요. 애초에 갖고 있던 순수한 마음이나 스스로의 가능성 같은 것들이 현실의 논리에 묻혀 다 퇴색하게 되어 있으니까요. 상황에 따라서는 심지어 비루해지거나 야비해지기까지 하죠. 그런 상황에 대해 느끼는 안타까움이 영화 속에 자연스럽게 표출이 되는 것 같습니다.

– 나 결혼하고 한 번도 우리 미숙이 행복하게 해주질 못했다.
그 친군 아마, 체육관에서 운동하고 있을 때가
훨씬 더 행복했을 거야. 에고, 기분 졸라 꿀꿀해진다.

〈우리 생애 최고의 순간〉에서 박원상이 엄태웅에게 아내인 문소리 이야기를 하면서 신세 한탄

LEE 〈세 친구〉와 〈와이키키 브라더스〉는 보고 나면 우울해지는 영화입니다. 〈와이키키 브라더스〉를 관람한 뒤 극장을 나서면 어디 허름한 포장마차라도 가서 혼자 빈속에 깡소주를 들이부어야 할 것 같지 않습니까. 〈우리 생애 최고의 순간〉은 분위기가 많이 다르지만, 여기에도 기분이 푹 가라앉게 되는 이야기가 적지 않게 들어 있죠. 감독님은 왜 관객들이 기분 꿀꿀해지는 영화들을 만드시는 건가요.(웃음)

YIM 제가 아까 염세적이라고 그랬잖아요? 우울한 것들에 이끌리는 기질도 있는 것 같고요. 그와 같은 기본 정서가 제 안에 있는 듯해요. 감독이 자신의 DNA를 속이고서 영화를 만들 수는 없을 거고 그런 게 처음 두 작품에 많이 반영된 것 같아요. 사실은 〈세 친구〉의 김현성군도 그렇고 〈와이키키 브라더스〉의 이얼씨나 박해일씨도 얼굴에 좀 우울한 기운이 있기도 해요. 반면에 〈우리 생애 최고의 순간〉은 상대적으로 제 모습이 많이 들어가지 않은 작품이죠. 〈와이키키 브라더스〉는 음대생을 술 마시게 하고, 〈우리 생애 최고의 순간〉은 체대생을 술 마시게 하는 영화라고 하더라고요.(웃음) 그런데 말씀하신 대로 〈와이키키 브라더스〉가 포장마차에서 혼자 안주 없이 깡소주를 마시는 느낌이라면, 〈우리 생애 최고의 순간〉은 친구들을 불러내 맥주를 건배하면서 마시는 느낌이라는 거죠. 그렇게 두 영화가 좀 다르긴 한 것 같아요.(웃음)

- 왜 이래? 쿨하지 못하게.

〈우리 생애 최고의 순간〉에서 김정은이 떠나려는 자신을 제지하려는 엄태웅에게

LEE 확실히 감독님의 영화들은 쿨하지 않은 것 같습니다. 쿨하다는 것에 대해서는 어떻게 생각하세요.

YIM 쿨한 거, 저도 좋아해요. 그런데 인생이 그렇게 멋지게만 살 수는 없는 것 같아요. 밖에서는 쿨하고 멋지게 보인다 해도 알고 보면 질질 끌리는 상황이나 감정이 있거든요. 그때 칼같이 돌아서는 게 외견상 멋지게는 보이겠지만 그건 일차적이고 표피적인 처리일 거예요. 끝까지 책임지기 위해서는 끝까지 딸려오는 것들도 다 처리해야 하니까요. 요즘 젊은 친구들은 너무 쿨해서 뒤에 따라오는 것이 더 중요할 수도 있는데 그걸 놓칠 수 있다는 생각이 들어요.

– 사람 이렇게 비참하게 만드니까 재밌니?

〈우리 생애 최고의 순간〉에서 김정은이 개인 돈으로 자신을 도와줬다는 사실을 알고 문소리가 화를 내며

LEE 결론적으로 말하면 〈우리 생애 최고의 순간〉의 최종 결승전은 미숙(문소리) 때문에 졌다고 할 수 있습니다. 절체절명의 순간에 승부던지기에서 실패함으로써 금메달을 놓치게 됐으니까요. 저는 그 장면을 보면서 이런 의문이 들었습니다. 왜 마지막 승부던지기를 하필이면 미숙이 담당하게 해서 패배의 책임이 그녀에게 돌아가도록 하셨는지요. 그러잖아도 미숙은 팀 구성원 중에서 삶이 가장 힘든 경우인데 말입니다.

YIM 인생이 뜻대로 안 되는 게 참 많죠. 실제로 아테네 올림픽에서도 가장 믿음직했던 임오경 선수가 못 넣었어요. 경기 중 패널티 스로 penalty throw 찬스를 얻으면 거의 다 넣는 노련한 선수였는데도 말이에요. 베컴이나 지단 같은 선수도 실패를 하잖아요? 그런 게 인생의 아이러니일 수도 있겠죠. 보통의 스포츠영화였다면 미숙이가 마지막 골을 넣으면서 영화가 끝나게 되는 것인데, 이 작품은 반대였던 거죠. 하지만 저는 미숙의 실패에 대해 아무도 비난하지 않을 상황을 보여줬다고 생각해요. 그 부분은 스포츠영화 장르의 전형을 차용하

기도 하고 깨기도 한 부분이죠. 그전까지 미숙은 불굴의 의지로 난관을 돌파해 왔지만, 최선을 다해도 안 되는 부분도 있는 거죠. 하지만 이 영화를 다 본 관객들이라면 삶에는 아무리 노력해도 안 되는 일도 있다는 사실에 대한 체념보다는 한 인간이 최선을 다했을 때의 감동을 느끼게 될 것 같아요. 제가 제일 조심했던 것은 그 마음이었어요. 실제로 아테네 올림픽 결승전에서 임오경 선수가 많이 뛰지 못했어요. 그 경기 중계방송을 유심히 보면 승부던지기를 할 다섯 명의 슈터를 고를 때 임오경 선수와 감독이 잠깐 다투는 모습이 나와요. 나중에 물어보니 임오경 선수가 자신 없다고 하자 감독이 화를 냈다는 거죠. 실제로 핸드볼 선수들은 그날 경기에서 많이 뛰지 못하면 승부던지기에서도 실패할 확률이 높다고 해요. 그래서 그날 제대로 뛰지 못한 임오경 선수가 위축되었던 건데 감독은 기대를 걸 수밖에 없는 상황이었던거죠. 그게 임오경 선수와 한미숙의 실패 원인인 셈인데, 그렇다고 용병술이나 선수의 실수에 대해 비난하고 싶은 마음은 들지 않았어요. 순간적 판단 미스를 넘어서는 부분이 거기 있으니까요. 한미숙이 실패했을 때 관객들이 너무나 안타까워하거나 실수를 비난하는 게 아니라, 최선을 다한 인생의 한 단면으로서 이해해 주길 바라면서 그 장면을 찍었어요.

– 내가 니 속 몰라?
나중에 후회할 것 같다는 생각이 들면 그건 안 하는 게 맞아.

〈우리 생애 최고의 순간〉에서 엄마가 팀에 선수로 합류할지 여부를 놓고

딸 김정은이 하는 고민을 꿰뚫어보고

LEE 하지만 남들이 비난하지 않아도 미숙 스스로가 그 실수에 대해서 내내 자책하지 않을까요? 저는 그런 부분이 극중 인물에 대해 좀 잔인한 설정일 수도 있다고 느꼈거든요.

YIM 저는 미숙을 아주 강하게 본 것 같아요. 자신의 경제적 궁핍까지 객관화해서 말할 수 있는 여자니까요. 최선을 다했으니 그 승부던지기의 실패가 미숙의 삶에 멍에가 되지는 않을 것 같아요. 그 경기를 중계하면서 최승돈 아나운서가 그런 말을 했어요. 승부던지기는 동전던지기와 마찬가지여서, 기량이 아니라 운에 따른 것이라고요. 그러니 누구를 비난할 성질의 것이 아니라는 거죠. 저는 그 말에 전적으로 동의해요. 한미숙이라면 그냥 그날 밤에 돌아가 침대에 누워서 혜경(김정은)에게 "야, 나 네가 준 돈 당분간 못 갚는다"고 아무렇지도 않게 말했을 것 같아요. 저는 미숙이 그렇게 말할 수 있는 강한 사람이라고 생각해요.

– 감독님은 예전보다 훨씬 편안해 보이시는데요?

〈우리 생애 최고의 순간〉에서 문소리가 오랜만에 만난 감독 조영진에게

LEE 〈세 친구〉를 만드실 때에 비해서 지금은 인생관이나 세계관이 어느 정도 변하셨는지요.

YIM 세계관은 변한 게 없는 것 같습니다. 다만 표현 방법은 좀 변했겠죠. 염세적인 생각을 갖고 있다고 해서 자살을 할 수는 없는 것이니까요. 나이가 들어가면서 세상사에 대해 좀더 거리를 두고 바라보게 된 것은 같아요.

– 아이고, 병신 같은 새끼. 나가 죽어라. 아이고.

〈와이키키 브라더스〉에서 마을버스를 운전하게 된 황정민이

비참한 처지에 놓이게 된 박원상의 전화를 받고 욕설에 연민을 섞어 함께 울면서

LEE 저는 〈와이키키 브라더스〉에서 강수(황정민)가 정석(박원상)의

비참한 상황에 대해 전화로 들으면서 눈물 흘리는 장면이 감독님의 영화세계를 선명하게 요약한다고 생각합니다. 위로를 주는 영화에는 두 가지가 있다고 보는데, 그 하나를 눈물을 닦아주는 영화라고 한다면 다른 하나는 함께 울어주는 영화라고 할 수 있겠죠. 저는 감독님의 영화세계가 후자를 대표한다고 봅니다. 극중 인물의 아픔을 바라보는 시선의 높이가 낮으면서 어느 정도 거리도 확보하고 있다고 할까요.

YIM 감독이 영화를 만들 때 관객의 눈높이에서 보지 않고 높은 자리에서 내려다보는 걸 제가 안 좋아하는 듯합니다. 제 영화가 대중적이라는 뜻이 아니라 저의 자리매김을 인물의 눈높이에 두고 싶어 한다는 거죠. 아마도 그래서 그렇게 느끼신 것 같네요. 내가 높은 위치에서 이끌어주거나 이미 해답을 다 알고 있어서 제시하기보다는, 나 역시 길을 잘 모르고 어떻게 사는 게 잘사는 것인지 모르면서 영화를 만들지만, 인물과 함께 어쨌든 같이 가보자는 게 제 생각인 거죠. 그렇게 같이 가다가 같이 울 수 있다면 함께 울기도 하고요.

– 자, 여러분을 위한 깜짝 이벤트.
한국 최고의 개그우먼 이영자씨입니다.
– 안녕하세요. 대한민국이 낳은 국보적인 인간문화재
슈퍼 뚱땡이 이영자 인사드리겠습니다.
뭐유? 가짜유? 그류. 나, 가짜유.
사실 말이지, 여기 진짜 이영자씨가 나왔다 그러면
돈 2만 8천 원 가지고 술 못 먹어유. 싼맛에 영자 보고
좋지 뭘 그려? 안 그려유? 자, 오라버니, 음악 주세요.

〈와이키키 브라더스〉에서 개그맨 이영자와 닮은 외모로 카바레 무대에 오른 가짜 이영자가 노래를 부르기 전에

- 자, 다음 순서는 여러분이 좋아하시는
  트로트의 황제 나훈아씨를 모시기로 했지만,
  나훈아씨가 바빠서 못 내려오시고, 자, 트롯트의 프린스
  너훈아씹니다. 너훈아씨.
- 선생님. 너훈아가 아닌데요?
- 아니야? 나훈아 때문에 먹고사는 놈 여럿이구먼.

〈와이키키 브라더스〉에서 사회자의 소개에 이어 무대에 오른 가수가 '짝퉁 나훈아'로 유명한 너훈아마저 아닌 또다른 가짜임을 알아본 이얼과 김영수의 대화

LEE 〈와이키키 브라더스〉에는 '짝퉁 이영자'가 나옵니다. '짝퉁 나훈아'는 두 명이나 등장하죠. 그런데 무대에 올라 노래하는 이들을 바라보는 카메라의 시선에는 온기가 담겨 있습니다. 소위 가짜들에 대한 따뜻한 시선은 아웃사이더들에 대한 감독님의 태도와도 일맥상통하는 것 같습니다.

YIM 진짜 나훈아가 오지 않아서 실망할 수도 있겠죠. 하지만 가짜 이영자인 이엉자의 말처럼, 진짜와 가짜에 대한 자신의 생각을 좀 바꾸면 값싸게 술을 먹을 수도 있을 거예요. 그건 결국 태도의 문제겠죠. '왜 나훈아가 안 왔어?'라고 따지기보다는 너훈아라도 즐거운 마음으로 보면 나도 좋고 그 사람도 좋은 것 아니겠어요? 절망이나 어려움을 패러디해 즐겁게 받아들이면서 상황을 반전시키는 그런 식의 긍정을 영화 속에서 그려보고 싶었던 겁니다.

- 난 그만두고 일본으로 가면 돼. 그치만 미숙인 여기서 관두면,
  걔 인생 정말 힘들어져.
- 니가 언제부터 그렇게 남 생각하는 사람이었어?
  내가 알기론 한미숙한테 엄청 질투했었던 것 같은데.
- 그랬지. 근데, 애도 낳구 감독 자리에도 앉아보니까

남 힘든 사정도 눈에 들어오더라.

〈우리 생애 최고의 순간〉에서 김정은이 엄태웅에게
옛 라이벌인 문소리의 처지를 걱정하면서

LEE 우리 사회의 아웃사이더들에 대해 특별한 관심을 가지시게 된 것은 본래 성향이십니까, 아니면 특정한 계기가 있었던 건가요.

YIM 자라온 환경의 영향을 많이 받은 것 같아요. 저는 어려서부터 대가족제 안에서 성장했다고 할 수 있어요. 하나같이 어려운 살림살이들이 그대로 오픈되어서 이웃들까지도 가족처럼 지냈죠. 경제적으로 궁핍한 이웃들이 다닥다닥 붙어서 가족처럼 살다보니 그들의 삶에 대해서 애정이 생겼고, 힘든 상황에서도 정직하게 악착같이 살아가는 모습을 목격하면서 자연스레 존경심도 생긴 듯해요. 예를 들어서 지금 인용하신 대사는 제가 의도적으로 넣은 것인데, 여자들은 여자들 사이에서도 애 낳아본 여자들이 안 낳은 여자들에 대해서 유세하는 게 있거든요. '너희는 몰라'라고 하면서 말이에요.(웃음)

- 너 참 많이 변했다.
- 뭐가?
- 그냥.
- 여자들은 애 낳고 나면 다 달라져.

〈와이키키 브라더스〉에서 이얼이 고교 시절에는 도도했지만 나이가 들어 살갑게
일일이 챙겨주는 오지혜에게 말을 건네자 오지혜가 대답

LEE 〈와이키키 브라더스〉에서도 비슷한 대사를 넣으셨죠. 인희(오지혜)가 "여자들은 아이를 낳으면 달라진다"고 하잖습니까.

YIM 그 대사 역시 똑같은 이유로 넣은 거죠. 비슷한 나이 또래인 제 친구들의 경우를 보면, 남자들은 사회생활을 많이 했기에 세월이 흐

를수록 더 성숙해질 것 같은데 그렇지 못하고 이기적이며 자기중심적인 경우가 많아요. 반면에 집에서 살림만 해서 사회 경험이 많지 않은 여자라도, 아이 둘만 낳아 키우면 삶에 대한 성숙 같은 게 눈에 보이더라고요. 생명을 잉태해서 출산의 고통을 겪고 다양한 인내를 경험하면서 그렇게 되는 것 같아요. 상대적으로 여자들은 단순한 상황이지만 좀더 포용력이 있는 경우가 많아요. 그래서 그런 말들을 두 영화에 넣은 거예요. 그 대사들은 '어머니'에 대한 오마주일 수도 있는데, 확실히 어머니들에게는 실제 경험을 통해 쌓아온, 모든 것을 감성적으로 포용해 주는 엄청난 긍정의 힘이 있는 것 같아요. 제 어린 시절에도 보면 아버지들은 밖에서 술 먹고 돌아와서 자기중심적으로 행동하는 경우가 많았는데, 어머니들은 그걸 다 감싸 안았거든요.

– 야, 저 3번 안델센. 재도 참, 누구처럼 징하게
오래 해먹는다, 그지? 재도 집안에 빚이 장난 아닌 거 아냐?

〈우리 생애 최고의 순간〉에서 문소리가 덴마크 전을 앞두고 상대의 전력을 분석하다가 동료들에게 농담

LEE 확실히 〈우리 생애 최고의 순간〉의 미숙에게는 성숙한 긍정의 힘이 있습니다. 무엇보다 자신의 곤궁한 처지 자체를 농담의 재료로 삼을 수 있다는 데서 그런 힘이 드러나죠.

YIM 진짜 강한 사람은 자신의 불행한 처지를 바깥으로 끄집어낼 수 있는 사람일 거예요. 노출을 하면 그 순간 극복할 수 있게 되는 것이니까요. 자기 상황을 애써 감추거나 움츠러들지 않고 농담의 대상으로 삼는 것이야말로 한미숙이 어떤 사람인지를 보여주는 거죠. 한편으로는 그 농담을 하는 대목은 그 앞뒤로 남편 규철(박원상)의 음독 장면이 들어간다는 점에서, 미숙이 그런 상황을 아직 모르고 있다는

사실에 대한 극적 대비를 노린 측면도 있었어요.
LEE 그 두 장면의 대비를 통해서 아이러니가 극대화되는 거죠?
YIM 그렇죠.

– 계속되는 오심입니다. 정말 가슴 아픈 일입니다.
하지만 우리 선수들 흥분해서는 안 되겠습니다.
오심도 경기의 일부라는 얘기가 있고, 유럽의 텃세는
이미 우리가 예상을 했던 바입니다.

〈우리 생애 최고의 순간〉에서 아나운서가 올림픽 결승전 경기를 중계하면서

LEE 스포츠영화라는 장르에서는 '우리 팀'의 선의와 능력을 돋보이게 하기 위해서 '상대 팀'이 흔히 악의적인 반칙을 쓰는 것으로 묘사하는 경우가 많습니다. 국가대항전을 다룬 영화면 더욱 그런 경향이 있지요. 애국주의를 자극할수록 관객을 쉽게 열광시킬 수 있으니까요. 그런데 〈우리 생애 최고의 순간〉은 그런 측면에 거의 기대지 않습니다. 여기선 결승전 상대였던 덴마크 선수들 역시 최선을 다하는 프로페셔널의 모습으로 그려집니다. 우리 측에서 보면 실제 이 경기는 편파 판정 때문에 화가 치미는 경우도 많았던 상황이었는데도 그랬기에 묘사가 더욱 인상적이었습니다.
YIM 실제로는 우리 선수들의 부상이나 심판의 편파 판정이 영화에서보다 훨씬 더 심한 상황이었죠. 그런데 그때 그 경기를 여러 번 되돌려보면서, 말씀하신 것처럼 덴마크 선수들도 최선을 다했다는 게 그대로 느껴지더군요. 심판이 정치적 이해관계 때문에 편파 판정을 했더라도 상대인 덴마크 선수들은 우리와 똑같이 스포츠맨십을 발휘하면서 투혼을 불살랐다는 게 눈에 들어왔요. '한계 상황에 처한 선수들이 어떻게 어려움을 극복하는가'라는 게 이 영화의 핵심이기에 굳이 덴마크 선수들을 적으로 몰 필요가 없다고 판단한 겁니다. 애

초에 썼던 시나리오들 중 어떤 버전에서는 덴마크팀 감독을 얄밉게 그려낸 경우도 있었어요. 스포츠영화의 전형대로 두 감독이 기자회견에서 설전을 벌이는 장면도 있었고요. 그런데 여건상 한계도 있었던 거예요. 이 영화에 출연한 덴마크 선수들은 연기자들이 아니고 실제 덴마크의 핸드볼 선수들이었죠. 덴마크팀의 스태프로 나오는 분들도 정식 연기자가 아니라 재연 배우들이었고요. 그런 상황에서 디테일한 연기를 주문할 수 있는 상황도 아니었어요. 그런 다양한 여건과 요소들을 고려해서 극적인 부분을 많이 완화시킨 측면이 있죠. 아울러 이 작품이 스포츠영화이기는 하지만 제가 손쉬운 방법을 택하지 않고 기본적인 것들을 지켜낸 것도 있고요.

– 야, 남자 새끼가.

〈세 친구〉에서 김현성이 구타당한 뒤 집에 처박힌 정희석을 찾아가 위로하면서

LEE 이제까지 만드신 세 편의 장편영화는 모두 동성들 간에 일어나는 이야기를 주로 다룹니다. 〈우리 생애 최고의 순간〉에 혜경(김정은)과 승필(엄태웅)의 멜로 라인이 있기는 하지만, 그게 그 영화에서 가장 중요한 관계인 것은 아니었죠. 핸드볼팀 동료들끼리의 관계가 훨씬 더 중요한 이야기였으니까요. 〈와이키키 브라더스〉에서 성우(이얼)와 인희(오지혜)의 관계는 말할 것도 없고요. 더구나 〈세 친구〉와 〈와이키키 브라더스〉는 감독님이 여자인데도 불구하고, 남자들끼리의 이야기를 집중적으로 다루고 있습니다.

YIM 그건 지금까지 제가 만든 영화들의 소재가 지닌 특성 때문인 것 같습니다. 〈세 친구〉는 남학생들이 주인공인 이야기인데, 그중 한 친구가 연애를 하더라도 또래들끼리의 사랑이 아닌 비정상적 사랑을 하는 경우였죠. 〈와이키키 브라더스〉에서도 성우가 표현을 잘 못하는 남자이기에 연애가 제대로 이뤄지지 않습니다. 정석(박원상)이 하

는 연애라는 것도 연애라기보다는 그냥 여자를 탐하는 수준이고요. 말씀하신 대로 〈우리 생애 최고의 순간〉에서의 사랑도 곁가지인 게 맞습니다. 그건 여자들이 운동하는 이야기니까요. 제가 연애에 별 관심이 없어서인지 제 영화 속 인물들도 하나같이 사랑에 별로 관심이 없어요.(웃음) 제가 만드는 영화의 소재적 한계이기도 할 거예요. 저도 어울리지 않을 것 같긴 한데, 멜로를 한번 해보고 싶다는 생각도 있기는 해요. 그동안은 사회적 문제에 워낙 관심이 쏠려 있어서 그런 소재에 충실하다 보니 멜로 라인에 덜 신경을 쓴 것 같아요. 이전까지 해보지 않은 장르 중에서, 기회가 되면 코미디나 멜로를 하고 싶어요. 허진호 감독의 〈행복〉을 보면서 멜로라는 게 남녀의 사랑 이야기를 통해서 참 많은 것을 다룰 수 있겠다는 생각을 했어요. 물론 홍상수식 멜로와 허진호식 멜로는 완전히 다르죠. 하지만 멜로가 인간이란 존재를 세밀하게 보여줄 수 있는 장르겠다는 생각이 요즘 들어 부쩍 드는 게 사실입니다.

LEE 〈행복〉처럼 사랑을 빌어서 인간에 대해 발언하는 영화를 만들고 싶으신 거군요.

YIM 맞아요. 일평생 제대로 사랑 한번 못 해보고 죽는 사람도 많잖아요? 깊게 여러 번 경험하는 사람도 있고요. 그런데 사실은 사랑의 감정 자체가 중요한 게 아니라, 그런 감정을 통해 인간이 변하는 게 더 중요한 것 같아요. 사랑 때문에 감정적 극한까지 갈 수 있는 건데, 인간이 사랑을 매개체로 어떤 지점까지 도달할 수 있는가에 관심이 있어요. 반면에 어떤 사람들은 그 문제와 전혀 무관한 삶을 살기도 하죠. 우리 부모님 세대가 아마 그랬을 거예요. 어딘가에 도달할 수 있는 감성을 채 느껴보지도 못하고 기본 의식주만 해결하며 일생을 마친 경우라고 할까요. 그런 이야기도 해보면 재미있지 않을까 싶어요.

임순례 감독은 시종 담담하게 얘기했다. 웃을 때도 소리를 내지 않았다.
하지만 그날 그 자리는 더없이 편안했다.

KOREA
그녀들은 포기하지 않는다!
우리
생애

- 대체 어떻게 된 겁니까? 태릉 귀신들이 한약 먹으면 안 되는 거 모를 리는 없을 테구, 보약을 나눠 먹은 이유가 뭐요?
- 나눠 묵은 기 아니에요. 요 요 가시나들이 훔치 묵은 기라예. 아, 얼마 전부터 약이 이래 비드라고. 그래서 내 이상하다 싶었거든. 그래서 이것들을 함 족치보까 하는데 오늘 딱 걸렸는기라. 야, 세상에 훔치 묵을 기 따로 있제, 야, 니 내 보고 짐승이래메? 짐승이래메? 어? 야, 김혜경이. 하하, 이 가시나 꼬롬하이, 야, 난 딴 사람은 몰라도 아직도 니가 이걸 훔치 묵었다는 게 아직도 이해가 안 된다. 우야면 좋겠노?

〈우리 생애 최고의 순간〉에서 감독 엄태웅이 약물 양성 반응을 보인 이유를 따져 묻자 김지영이 자신의 보약을 훔쳐 먹은 동료들을 몰아세우며

LEE 단편 〈그녀의 무게〉를 볼 때도 그런 생각을 했지만, 아닌 게 아니라 〈우리 생애 최고의 순간〉까지 보니 감독님은 코미디를 하셔도 잘하실 것 같다는 생각이 들더군요. 〈우리 생애 최고의 순간〉은 사실 매우 우울할 수 있는 이야기인데도 의외로 유머가 상당히 많잖습니까. 보약을 둘러싼 몇몇 에피소드를 포함해서 무척이나 자연스러운 웃음을 주는 장면들이 많죠.

YIM 장르에 따라서 관객을 붙잡아놓는 뭔가가 필요한 것 같아요. 공포영화는 계속 긴장감을 줄 수 있어야 할 것이고, 멜로영화에서는 관객들의 감정을 움직일 수 있는 감성적 접근이 요구되겠죠. 〈우리 생애 최고의 순간〉은 무엇으로 가야 할지 많이 생각했어요. 이 영화의 드라마는 좀 재미가 없을 수도 있잖아요? 밝은 이야기가 아니기에 유머가 반드시 필요하다고 판단했습니다. 다 찍고 나서 처음 편집을 마쳤을 때 인물도 많고 이야기도 많아서 2시간 20분이 넘더라고요. 그 버전이 제일 만족스러웠죠. 설명도 덜 작위적이고 편집 호흡도 길어서 여백도 좀더 있었으니까요. 코믹한 장면도 더 많았구

요. 그런데 그걸 다 넣다보니까 러닝타임에 부담이 생기더군요. 웃음과 슬픔이 과도하게 교차하니 나중에는 좀 지치는 느낌도 있더라고요. 그래서 더 웃기는 장면들도 있었는데 의도적으로 좀 뺐어요. 너무 웃기니 슬픔에 잠길 여력이 없더라고요. 지금 생각해 보면 아쉬워요. 그걸 다 넣었더라면 관객들이 훨씬 더 좋아했을 테니까요.

LEE 배우들끼리의 코미디 호흡도 상당히 좋았습니다.

YIM 배우들이 코믹 연기를 워낙 잘 소화했어요. 시나리오에서보다도 더 웃기게 표현했거든요. 현장에서 다들 호흡이 좋으니 자연스레 애드리브도 많았죠. 문소리씨가 보약을 빼앗아서 아들에게 먹이는 부분도 애드리브였거든요. 〈세 친구〉나 〈와이키키 브라더스〉에는 유머가 있다고 해도 웃음소리가 바깥으로 터지는 경우는 결코 아니었죠. 그저 미소를 머금는 정도의 유머였는데, 〈우리 생애 최고의 순간〉은 터져 나오는 웃음을 준 것 같아요. 그런 장면들은 촬영장에서 찍을 때도 재미있어요. 현장은 늘 힘들기 마련인데, 그런 장면을 찍는 행복이 있더라고요. 감독이 관객에게 줄 수 있는 건 여러 가지가 있을 텐데. 이 영화를 찍으면서 지적인 성찰이나 감동뿐만 아니라 웃음을 줄 수 있다는 것도 대단한 기능이겠구나 하는 생각을 하게 됐어요.

– 야, 거기 안 서?

〈와이키키 브라더스〉에서 박해일이 자신의 수영복을 벗기고서 달아나는 친구들을 해변에서 알몸으로 쫓으며

LEE 영화 속에서 남자들을 잘 벗긴다는 말을 들은 적 있으시죠?(웃음) 아닌 게 아니라 〈와이키키 브라더스〉에서는 벌거숭이 고교생들이 해변을 질주하는 장면이 나오고, 성우(이얼)가 알몸으로 룸살롱에서 기타를 연주하는 장면도 등장합니다. 〈세 친구〉에서도 군입대를 위한 신체검사 장면에서 남자들이 벗고 있고, 대중목욕탕 장면에

서는 꼬마가 옷을 다 벗은 채 나오기도 합니다. 〈우리 생애 최고의 순간〉에서는 없었지만요.

YIM 원래 있었는데 빠졌어요. 남자 고교 선수들이 경기 중에 여자 선수들을 약 올리자 정란(김지영)이 복수를 하기 위해 상대가 점프할 때 바지를 잡아당겨 엉덩이가 드러나는 대목이 있었거든요.(웃음)

LEE 그렇다면 더욱 그런 혐의가 생기는데요.(웃음)

YIM 남자 감독이 극중에서 여배우들을 상업적인 의도로 벗기는 경우가 분명히 있죠. 제가 그런 의도로 벗겼다면 그런 말을 들어도 되지만 그건 아닌 것 같아요. 제가 여자 감독이라서 여자의 노출에 대해 좀더 민감하게 반응하는 듯합니다. 〈와이키키 브라더스〉의 룸살롱 장면에서 여자들이 벗고 나오기는 하죠. 그런데 그건 실제로 가감 없이 보여주려는 리얼리티를 위한 선택이었어요. 극중에서 여자를 꼭 벗겨야 되는 상황인데 못 벗긴 적은 없습니다. 그렇지만 감정적으로 더 조심하게는 되지요.

– 네 년이 돈 좀 번다고 유세 떨면서 애들을 고따위로 키워?

〈세 친구〉에서 술에 취한 채 물건들을 부수며 아내에게 행패를 부리는 김영수

LEE 감독님 영화 속에서의 가정은 결코 밝은 모습들이 아닙니다. 특히 〈세 친구〉에서의 가정들이 그렇죠. 영화 속 세 가정이 나오는데, 주인공들의 아버지들은 늘 술에 절어서 행패만 부리거나 아들에게 전혀 관심이 없어 대화 자체가 이뤄지지 않습니다. 〈우리 생애 최고의 순간〉의 미숙의 가정 역시 빚 때문에 풍비박산이 난 경우죠.

YIM 원래는 〈와이키키 브라더스〉에도 그런 설정이 있었어요. 성우의 어린 시절 불행한 가정 모습을 담으려고 했거든요. 가부장사회에서 아버지라는 존재에 대해 제가 부정적인 느낌을 갖고 있나봐요. 사실 어릴 적 저희 집이 좀 그랬어요. 저희 가족은 원래 충청도가 고향인

데 인천에 올라와 살았죠. 예전에 장항선 철로가 있어서 충청도와 전라도 사람들이 일용직 노동자로 인천에 많이 들어와 정착했는데, 저희 집이 그런 경우였어요. 그렇게 비슷한 환경을 가진 가난한 사람들이 모여 살았던 변두리 동네인지라, 모두 하루 벌어 하루 먹고 사는 상황 속에서 아버지들의 모습이 다 비슷했죠. 매일 술을 마시고 가족에게 폭력을 행사하는, 무능하면서 보수적인 아버지들이 많았어요. 그런 경험이 컸던 것 같습니다. 이건 제 편견일 수도 있는데, 과거 한국의 경우를 보면 아버지들이 사고를 치면 어머니들이 뒷수발을 해가면서 묵묵히 가정을 꾸려가는 예가 많은 것 같아요.

LEE 편견 아닙니다.(웃음)

YIM 자상하고 따뜻한 아버지, 대화를 많이 하는 아버지 등 존경받으실 만한 아버지에 대한 상像 자체가 제게 없는 것 같습니다.

– 아이고, 동윤이 왔나! 하하하하.

〈우리 생애 최고의 순간〉에서 실업 핸드볼 팀의 감독이었던 조영진이 자신을 찾아온 문소리의 어린 아들에게 반갑게 인사하며

LEE 반면에 일종의 '유사類似 아버지'는 감독님 영화 속에서 이상적으로 그려집니다. 〈우리 생애 최고의 순간〉에서 미숙(문소리)이 의지하는 송감독(조영진)이 대표적인 인물이겠죠.

YIM 그런 갈망이 있었을 거예요. 〈세 친구〉에서는 그런 존재가 없었지만 〈와이키키 브라더스〉에서도 김영수씨가 연기한 음악학원 원장이 어느 정도 그런 느낌을 주죠. 뭔가 나를 앞선 위치에서 이끌어주는 인물들이라고 할까요. 굳이 말하자면, 이상적인 아버지라기보다는 말없이 후원해 주는 스승 같은 존재에 대한 판타지가 제게 있는 것 같아요.

– 아빠 불러봐.
– 아빠.
– 더 크게 불러봐.
– 아빠!
– 더 크게, 빨리!
– 아빠!
…
– 밥이나 굶지 말고 좀 처먹고 다니라고 전해줘요.
그리고 뒈졌는지, 살았는지 가끔 문자라도 좀 하라고 그래요.
왜 내 전화를 안 받아? 내가 빚쟁이야?

〈우리 생애 최고의 순간〉에서 은신처에 간 문소리가 빚쟁이를 피해 숨은 남편 박원상을 찾기 위해 어린 아들에게 아버지를 불러보라면서. 끝내 못 찾자 그곳에 있던 사람에게 부탁의 말을 전하며

LEE 개인적으로 〈우리 생애 최고의 순간〉에서 가장 찡했던 장면은 미숙이 아들을 앞세워 규철(박원상)을 찾는 대목이었습니다. 특히 어딘가 숨어서 듣고 있을 남편을 겨냥해 허공에 대고 "왜 내 전화를 안 받아? 내가 빚쟁이야?"라고 외칠 때는 정말 찌릿찌릿했죠. 좁은 곳에 몸을 숨기고 그 소리를 들으며 눈물을 흘리고 있는 규철의 모습도 그렇고요. 그런 묘사들이 나중에 규철의 음독자살 시도와 이어지면서 관객들을 깊이 한숨 짓게 합니다. 감독님은 이런 장면들에서 대단히 강력한 감정적 골을 파는 것 같습니다.

YIM 병원에 누워 있는 장면을 빼면 그 영화에는 규철이 딱 세 번밖에 나오지 않아요. 그렇지만 극에서 무척 중요한 인물이죠. 〈우리 생애 최고의 순간〉이 할리우드 스포츠영화의 관습을 따르지 않았다고 제가 말했지만 실은 따랐던 부분도 있습니다. 주인공이 가장 중요한 클라이맥스의 경기에 참여하지 못하는 상황이 되었다가 다시 돌아와 합류하는 것이 대표적일 겁니다. 관객은 미숙이 주인공이니 경기장으로

다시 돌아올 거라는 것을 뻔히 알죠.(웃음) 규철이 음독을 하도록 한 것은 그 정도의 일만이 미숙이를 경기에 빠지게 할 수 있는 이유가 될 수 있기에 어쩔 수 없이 넣은 것이에요. 극중에서 자세히 설명되지는 않지만, 미숙과 규철은 부부가 함께 운동을 했다고 봤어요. 빚 때문에 가정이 풍비박산 났지만 여전히 상호간에 믿음이 깊다는 설정이었고요. 그게 아니면 종반에서의 절절한 느낌이 살아나지 않을 것 같아서요. 그 때문에 세 장면밖에 나오지 않는 규철 캐릭터를 어떻게 살릴 수 있을 것인지 고민했죠. 사회에 적응할 수 없었던 운동선수의 후일담 같은 게 규철의 음독 사건 너머에서 이해되기를 바랐습니다. 박원상씨가 쉽지 않은 규철 역을 훌륭히 잘 해낸 것 같아요.

- 괘안타, 임마.
- 언니들 잘했어요.
- 자, 우리 울지 않기로 약속했죠?
  다들 마지막까지 너무 잘 싸웠습니다.

〈우리 생애 최고의 순간〉의 결승전 승부던지기에서 문소리가 실패하고 울음을 터뜨리자 위로하는 동료들과 감독

LEE 〈우리 생애 최고의 순간〉에서 미숙이 승부던지기에 실패하는 상황을 하나의 쇼트에 담은 연출이 상당히 인상적입니다. 미숙이 공을 든 순간 사운드가 제거되는데, 슬로모션으로 슛을 할 때 정작 미숙의 동작은 프레임 밖으로 나가서 화면에 비춰지지 않습니다. 이어 어느 정도 시간이 흐른 뒤, 텅 빈 화면 멀리 뒤쪽으로 포커스가 맞지 않은 채 무리지어 서 있는 두 팀 중 왼쪽에 있던 덴마크 선수들이 깡충깡충 뛰고 오른쪽의 한국 선수들이 고개를 수그리면 그제야 슛에 실패한 미숙이 프레임 안으로 들어와서 참담한 표정을 보이지요. 이미 졌던 경기를 소재로 삼았기에 관객들 모두가 그 슛이 실패할 것

을 알고 있는 상황에서, 표현력이 뛰어난 명장면이란 느낌이 들더군요. 어떻게 그 장면을 그렇게 찍게 되셨습니까.

YIM 원래 시나리오에서는 미숙이 첫 슈터로 슈팅 자세를 취하는 순간에 화면이 정지하면서 엔딩 크레딧이 올라가는 것으로 되어 있었어요. 그 경기에서 져서 은메달을 목에 걸게 됐다는 것을 누구나 다 아는 상황에서, 승부던지기 과정을 구구절절하게 다 보여줄 필요가 있나 싶었던 거죠. 사실 제가 망설였던 가장 큰 이유는 미숙이 실패하는 장면을 구체적으로 보여주기가 싫었던 데 있었던 것 같아요. 그 문제로 고민할 때 프로듀서와 조감독이 '그렇게 끝나면 관객들이 배신감을 느낄 것'이라고 말하더군요. 스포츠영화에서는 끝나고 나서 환호를 하거나 탄식을 하는 게 감성적으로 무척 중요하다면서요. 그런데 촬영 일정이 너무 빡빡해서 제가 조감독에게 농담처럼 말했어요. "오늘 나머지 경기 장면을 다 찍어야 해서 시간이 없는데, 네가 찍을 수 있는 상황을 만들어주면 찍어볼게."(웃음)

LEE 아, 그렇게 하면 되는군요. 대단히 좋은 방법이네요.(웃음)

YIM 조감독이 스케줄을 조정하는 일을 하니까요. 그런데 촬영을 하다보면 예정보다 시간이 더 걸리면 더 걸리지, 단축이 되는 경우는 거의 없기에 큰 기대는 안 했어요. 그런데도 조감독이 그날 촬영 초반에 "꼭 그 장면 찍으실 시간을 마련해 드리겠다"고 하더라고요. 그날이 경기 장면을 촬영하는 마지막 날이었는데, 결국 딱 한 시간 남겨주더라고요.

LEE 정말 훌륭한 조감독이세요.(웃음)

YIM 그래서 다급하게 그 장면을 찍었습니다. 스테디캠으로 테이크를 두 차례 정도 갔을 거예요. 그러고서 실제 영화의 엔딩 장면이 된 인사하는 장면까지 다 촬영했어요. 그걸 전부 한 시간에 찍었던 거죠. 그 장면을 찍으며 모니터를 보는 순간, 이건 영화에 꼭 넣어야겠다는 확신이 들더군요. 그날이 경기 장면 마지막 촬영이기도 했고, 배우들이 오랫동안 힘들게 훈련하고 촬영에 임했기에 실제로 곳곳에서 울음이 터졌어요.

LEE 그럼 하나의 쇼트 안에 미숙이 프레임 밖에서 숏을 던지다가 실패하는 것으로 표현하신 것은 즉석에서 판단한 결과겠네요?

YIM 현장에서 생각한 거죠. 시간이 촉박해서 길게 생각할 여지가 없었어요. 순간적으로 그렇게 찍은 겁니다. 혹시 그 장면을 촬영할 경우를 대비해서 콘티를 짜놓기는 했었지만, 그건 여러 개의 정형화된 쇼트들로 구성된 장면이었죠. 그런데 시간적 여유가 워낙 없어서 스테디캠으로 하나의 쇼트에 담는 것으로 바꿨어요.

LEE 한계를 오히려 미학적 아이디어로 돌파하신 경우네요.

YIM 찍고 나서 보니 애초에 계산해서 짜놓은 쇼트들보다 더 좋은 장면이 됐더라고요. 그건 단지 앵글의 힘이라기보다는 당시에 배우들이 생생하게 느꼈던 감정에 더 큰 영향을 받은 것 같아요.

– 영감님이 몸이 좀 안 좋으시다고 그래서 사골 좀 고아왔는데 어디 가셨어? 몸도 편찮은 양반이 어딜 가셨데?

〈와이키키 브라더스〉에서 이얼과 김영수가 함께 지내는 방에 찾아온 오지혜. 김영수가 없는 것을 보고

LEE 〈와이키키 브라더스〉에서 늙고 병든 음악학원 원장(김영수)은 어느 날 아침 일찍 이불을 곱게 개고 짐을 깨끗이 정리해 챙겨든 뒤 사라집니다. 말하자면 이건 그 인물의 죽음을 암시하는 장면일 텐데요, 제게는 그 장면이 무척 여운이 길었습니다. 이 신을 포함해서 최근 한국영화들에는 노인의 죽음을 무척이나 인상적으로 그려낸 장면이 많습니다. 임권택 감독님의 〈천년학〉에서 매화꽃이 흩날리는 가운데 백사 노인이 애첩의 판소리를 들으면서 까무룩 눈을 감는 장면도 그렇고, 허진호 감독님의 〈봄날은 간다〉에서 곱게 차려입은 할머니가 양산을 쓰고 햇살 속으로 사라지는 모습으로 죽음이 암시된

장면도 그렇지요. 음악학원 원장이 모든 것을 깔끔하게 정리하고 인사도 없이 불현듯 떠난 아침의 풍경 속에는 이상적인 죽음에 대한 감독님의 생각이 담겨 있는 듯합니다.

YIM 이 세상을 마지막으로 하직할 때 그것이 두려운 순간이 아닐 수 있기를 바라죠. 그 순간을 담담하게 후회 없이 맞을 수 있다면 삶을 아주 잘살아낸 것이겠지요. 무척이나 두렵고 후회가 너무 많으면 이 생을 잘살지 못한 것일 테고요. 담담하고 평화롭게 죽음을 맞을 수 있기를 바랍니다.

LEE 그 장면은 분명 원장의 죽음을 암시하고 있는 거죠?

YIM 그렇죠. 떠난 원장은 어딘가에서 곧 죽겠죠. 성우는 오랜 세월이 흐른 뒤 원장을 홀연히 길에서 다시 만났잖아요? 그렇게 만났던 것처럼, 역시 그렇게 홀연히 가는 거죠.

– 술이나 마시자. 내가 뭔 말을 하겠노?

〈우리 생애 최고의 순간〉의 초반부에서 팀이 우승했음에도 불구하고 해체해야 하는 상황이 되자 맥이 풀린 감독 조영진이 회식 자리에서

LEE 〈우리 생애 최고의 순간〉은 삶을 바라보는 시선에서 감독님의 이전 영화와 궤를 같이합니다. 그럼에도 불구하고 그 영화를 대한 관객들의 정서적 반응이 감독님 이전 영화들의 경우와는 상당히 달랐던 게 사실인 듯합니다. 〈우리 생애 최고의 순간〉에 쏟아졌던 뜨거운 반응은 그 이전 작품이었던 〈와이키키 브라더스〉가 보고 나면 힘이 쭈욱 빠지는 게, 왠지 혼자 소주를 마시며 감상을 마무리해야 할 것 같은 느낌이 드는 경우였던 것과는 사뭇 달랐던 것 같습니다.

YIM 그 영화를 개봉하면서 제가 만났던 관객들은 열에 들뜬 듯한 반응을 보였어요. 〈우리 생애 최고의 순간〉은 기본적으로 차분한 작품인데도 관객들께서 뭔가 집단적인 힘이랄까 그런 것을 느끼셨던 것

같아요. 말씀하신 대로 전작 〈와이키키 브라더스〉가 보고 나면 포장마차에 혼자 가서 소주를 들이켜고 싶은 작품이라면, 이 영화는 똑같이 술을 마시더라도 함께 관람한 친구들과 호프집으로 몰려가서 잔을 부딪쳐가며 생맥주를 마시고 싶게 하는 작품인 것 같습니다.(웃음) 기본적으로 〈우리 생애 최고의 순간〉은 이전 영화들보다 밝게 만들려고 했던 작품이에요.

– 내가 졸업선물로 따끈따끈한 신프로 하나 넣었다.

〈세 친구〉에서 비디오방 사장이 비디오를 보러 온 세 주인공에게

LEE 확실히 〈우리 생애 최고의 순간〉은 전작들보다 훨씬 더 밝습니다. 우선 캐릭터들이 밝고 적극적이며, 유머도 상당히 많은데요. 사실 단편 〈그녀의 무게〉를 보면서 임감독님이 코미디를 만들어도 잘하시겠다는 생각을 하긴 했지만, 이 정도인 줄은 몰랐어요.(웃음)

YIM 두 가지 이유가 있어요. 우선 데뷔작인 〈세 친구〉를 만들고 나서 3년쯤 뒤에 다시 보게 됐는데, 관객 입장에서 보니 만든 이의 쓸데없는 고집과 경직성 같은 게 읽히더라고요. 저 부분에서 굳이 카메라를 저렇게 뻗대가며 찍어야 했을까, 굳이 저렇게 인물을 멀리 잡아야만 했을까, 이런 생각들이 들었어요. 나중에 영화를 만들면 그런 데서 좀 벗어나고 싶다는 마음이 생겼죠. 더 큰 이유는 이 영화의 제작비 규모였던 것 같습니다. 마케팅 비용까지 합치면 50억 원이 넘는데도 대중적으로 성공할 거라는 예측을 하는 경우가 별로 없었죠. 말씀하신 대로 비인기 종목을 다루는 여성영화인데다가, 저 역시 흥행성이 검증되지 않은 감독이었고, 배우들 역시 훌륭하지만 상업적 파워는 크지 않았으니까요. 그런 악조건 속에서 책임지는 위치에 섰을 때는 대중적 코드를 생각하지 않을 수 없게 됩니다. 그래서 영화의 기본 성격 자체는 무겁고 우울하지만, 유머를 넣고 캐릭터를 밝

게 가자고 한 거죠. 특히 문소리씨의 극중 캐릭터가 좋지 않은 환경에서도 긍정적이고 씩씩한 태도를 잃지 않아야 한다고 봤어요.

– 나하고 약속 하나 합시다. 만약에 지더라도
절대 울지 않기로.

〈우리 생애 최고의 순간〉에서 승부던지기에 들어가기 직전,
감독 엄태웅이 선수들에게 당부

LEE 〈우리 생애 최고의 순간〉의 밝기에 대한 감독님의 생각은 그 영화의 종반부에 가장 잘 드러나 있는 것 같습니다. 사실 따져보면 주요 인물들은 극 초반에 비해 종반에서 상황이 더욱 악화되어 있지요. 경기도 졌고요. 그런데도 이 영화는 결코 슬픔에 젖는 것으로 어둡게 끝나지 않습니다. 울지 않겠다는 약속은 안승필 감독이 아니라 임순례 감독이 스스로에게 다짐한 것으로 보입니다.

YIM 영화 전체를 무겁게 가지 말자는 생각의 연장선상이었죠. 경기가 다 끝났을 때, 이 정도로 최선을 다했다면 결과에 상관없이 진 경기가 아니라고 봤어요. 올림픽 때 그 경기를 직접 봤던 국민들의 마음도 같았을 겁니다. 육체의 한계를 넘었을 때 정신적으로 고양되는 소중한 경험을 선수들과 국민들이 모두 체험했다고 생각해요. 저는 개인적으로 크게 반감을 느끼는 광고 카피가 하나 있었어요.

LEE '2등은 아무도 기억하지 않는다'는 카피 말씀이신가요?

YIM 네, 그 카피는 정말 싫었어요. 우리 사회는 잘난 사람과 못난 사람, 배운 사람과 못 배운 사람, 가진 사람과 못 가진 사람의 차이를 점점 더 강조하고 있죠. 그런데 사실 그게 종이 한 장 차이거든요. 설혹 능력의 차이가 크다고 해도 본성의 차이는 거의 차이가 없고요. 심지어 사람과 동물, 동물과 식물의 차이도 정말 미미하다는 게 제 생각이에요. 스포츠 영화를 만들면서 단체 구기 종목을 소재로

택한 것은 능력이 뛰어난 한 사람이 해내는 경기가 아니라 여러 사람의 공조에 의해 이뤄지는 경기이기 때문이에요. 모든 선수가 다 중요하고, 모든 개체가 다 중요하다는 거죠. 말하자면 〈우리 생애 최고의 순간〉은 1등이 과연 무엇이냐를 묻는 영화입니다. 은메달이라도 이정도 했다면 충분히 가치가 있다는 거죠. 엔딩 크레딧에서 실제 사진을 하나씩 쓸 때도 선수들이 우는 장면 같은 것을 쓰면 관객들을 감정적으로 더 자극할 수도 있었겠지만 그렇게 하지 않았어요. 일부러 아름다운 모습들만 골라 썼어요. 특히 마지막 컷은 월계관을 쓴 채 선수들이 환히 웃고 있는 모습으로 선택했죠. 저는 과정이 결과보다 더 진실하다고 보니까요. 영화를 만들면서 관객들이 다 보고 난 뒤에 느끼는 가장 큰 감정이 무엇일까를 늘 생각합니다. 제가 지금까지 만들어온 영화들은 모두 엔딩에 무엇인가를 몰아주는 편이었던 것 같아요. 〈우리 생애 최고의 순간〉을 통해서는 슬프지만 툭툭 털고 앞으로 다시 힘차게 나갈 수 있는 힘을 줬으면 좋겠다는 생각을 했습니다.

- 그룹사운드 이름이 뭐래요?
- 와이키키 브라더스!

〈와이키키 브라더스〉에서 지나가던 여고생들이 밴드 이름을 묻자 즉석에서 대답하는 박해일의 친구

LEE 〈와이키키 브라더스〉는 주인공들의 꿈과 현실을 함께 담고 있는 역설적인 이름입니다.

YIM 우리나라 온천지에 일동사이판, 부곡하와이, 수안보와이키키란 이름이 붙어 있는 게 사실 무척 우습게 느껴졌어요. 너무나 촌스럽기도 하고요. 그래서 일부러 아이러니를 드러내려고 그렇게 지었습니다.

LEE 〈세 친구〉는 무척 간결한 제목입니다.

YIM 〈세 친구〉는 폭력적인 사회를 비판하는 영화인데 그걸 연상케 하는 제목 찾는 게 쉽지 않더라고요. 일단 '세 친구'란 가제를 붙였는데, 결국 그게 끝까지 살아남아 진짜 제목이 되고 말았죠.

LEE 그럼 '우리 생애 최고의 순간'이란 제목은 어떻게 나온 겁니까.

YIM 그 제목을 외우는 데만도 몇 달이 걸렸어요.(웃음) '내 생애 가장 아름다운 일주일', '우리들의 행복한 시간', '내 생애 최악의 남자' 등 비슷한 제목이 참 많잖아요. 처음에 시나리오 작가가 붙인 제목은 '질 수 없다'였어요. 괜찮다고 생각했는데 다들 액션 누아르 같다면서 반대했지요. 저는 핸드볼과 관련된 영어 단어를 넣어 지으려고 했어요.

LEE '내 인생의 스카이 슛'이라고 붙이셨다면서요?

YIM '내 인생의 슬라이딩 바운드 슛'이란 제목도 지었죠. 넘어져 뒹굴지만 슛은 성공시키는 상황이 주제를 드러내기도 한다고 봐서요. 그러나 다들 너무 어렵다고 해서 포기했어요. 결국 영화사에서 내부적으로 상금을 걸고 공모한 끝에 지금 제목을 택했지요. 저는 제목이 길기도 하고 유사 제목이 많아서 맘에 안 들었는데, 더 나은 제목을 찾지 못해 이걸로 굳어졌죠. 이렇게 제목을 붙이면 마케팅 팀에서 홍보 카피로 제목을 활용하기 쉽다는 점도 고려됐어요. 이 긴 제목을 줄여서 다들 '우생순'이라고 부르는데, 이 제목을 되뇌고 있으면 고생을 정말 많이 한 여자 이름 같기도 해요.(웃음)

– 결과가 어떻게 되든 오늘 여러분은,
여러분들 생애 최고의 순간을 보여주었습니다.
저에게도 지금이 생애 최고의 순간입니다.

〈우리 생애 최고의 순간〉에서 결승전이 무승부로 끝난 후

감독 엄태웅이 승부던지기를 앞두고 선수들에게

LEE 그런데 저는 이 제목이 좀 마음에 걸립니다. 무엇보다 이 영화에 대한 느낌과 해석을 제한하는 것 같기 때문입니다. 더구나 극중 감독인 승필의 대사로 다시 한 번 힘주어 강조해, 결국 이 이야기를 '생애 최고의 순간'이라는 모티브와 관련해 해석하는 게 정답이라는 인상을 줌으로써 감상의 폭을 좁힌다는 거지요.

YIM 저도 제목이 너무 과하다고 생각해요. 제목만 잘 지어도 참 수월하게 시작할 수 있는데, 이 경우는 이상하게 생각이 안 떠오르더라구요. 저한테 선택하라고 했다면 차라리 '질 수 없다'를 선택했을 거예요. '우리 생애 최고의 순간'은 참 대중적인 제목인데, 결국 여러 가지를 고려한 끝에 대중들이 좋아할 수 있는 쪽으로 받아들인 겁니다.

– 그동안 저희 와이키키 브라더스를
사랑해 주신 여러분, 감사합니다.

〈와이키키 브라더스〉의 첫 장면. 그동안 섰던 술집 무대 위에서
고별인사를 하며 마지막 연주를 하는 이얼

LEE 감독님 영화 세 편의 시작은 중요한 공통점이 있습니다. 그것은 한 단계가 끝나는 상황에서 영화가 시작된다는 것이죠. 〈세 친구〉는 주인공 셋의 고교 졸업식으로 시작하고, 〈와이키키 브라더스〉는 그동안 섰던 무대에서 고별 공연을 하면서 시작하며, 〈우리 생애 최고의 순간〉은 핸드볼 큰잔치 우승과 함께 효명건설팀이 해체하면서 시작합니다. 결국 삶에서 하나의 출구가 다른 곳의 입구가 되는 과정을 보여주면서 이야기를 펼치는 셈인데, 이는 일반적인 드라마 작법과 달리 매우 독특한 도입부들로 보입니다.

YIM 엔딩 장면 생각은 많이 하는데, 첫 장면에 그런 공통점이 있는지는 저도 몰랐네요. 글쎄요. 저도 지금 생각하는 건데, 이런 이유 때문이 아닐까요? 〈세 친구〉에서 세 주인공들은 고교 졸업 전까지는 일종

의 울타리 안에 있는 거잖아요. 그런데 졸업을 하고 나면 그야말로 최소한의 보호막까지 없어지는 거죠. 〈와이키키 브라더스〉에서 밴드가 고별 공연을 하고 해체되면 스스로 자구책을 찾아나서야 하는 상황이 되는 것이고, 그건 〈우리 생애 최고의 순간〉 역시 마찬가지인 것 같습니다. 아마도 제가 인물들이 처한 가장 어려운 상황에서 이야기를 시작하려는 것 같네요. 그런 점 외에 〈와이키키 브라더스〉와 〈우리 생애 최고의 순간〉의 첫 장면들은 수미상관도 염두에 두었어요. 실제로 〈와이키키 브라더스〉는 시작 장면과 끝 장면이 서로 겹치도록 되어 있죠. 〈우리 생애 최고의 순간〉도 원래는 그랬어요. 바르셀로나 올림픽에서 금메달을 따는 결승전을 맨 앞에 넣고 그 다음으로 현재의 영화에 들어가 있는 썰렁한 핸드볼 큰잔치 경기를 넣음으로써 끝 부분의 아테네 올림픽 결승전 장면과 대칭을 이루도록 하려고 한 거죠. 그런데 그렇게 하려면 올림픽 경기 동영상 판권을 구매해야 하는데, IOC에 지불해야 하는 비용이 너무 큰 거예요. 그래서 현실적으로 타협해서 핸드볼 큰잔치 경기부터 시작했어요.

– 지나간 세월 모두 잊어버릴래
당신 없인 아무것도 이젠 할 수 없어 사랑밖엔 난 몰라

〈와이키키 브라더스〉의 마지막 장면에서 이얼, 박원상과 함께 팀을 이뤄
오지혜가 노래하는 〈사랑밖엔 난 몰라〉의 가사

LEE 하나의 끝을 새로운 시작으로 삼는 세 영화 속 오프닝 시퀀스를 보면서, 저는 감독님이 이런 생각을 의도했다고 보았어요. 지금 보는 이 끝이 진짜 끝이 아니라는 거죠. 시작 장면에서의 고생도 만만치 않지만 앞으로는 더 큰 고생이 펼쳐질 거라는 겁니다. 그렇게 보면 〈와이키키 브라더스〉 같은 영화의 엔딩은 대단히 아프게 느껴집니다. 여수에서 새로 세 사람이 밴드를 구성해 무대에 섰지만, 이 영

화의 시작을 떠올리면 이들은 거기서부터 또다른 전락을 쳇바퀴 돌듯 경험할 거라는 거죠. 많은 분들이 셋이 무대에서 함께하며 미소를 주고받는 라스트신을 희망 섞인 느낌으로 받아들였는데, 저는 무척이나 절망적인 엔딩으로 보았습니다.

YIM 정확하게 보신 거죠. 제가 의도한 게 바로 그것이었으니까요. 그 세 사람은 여수에 갔지만 아마 거기서도 똑같은 생활이 계속될 겁니다. 정석(박원상)이 이번에는 인희(오지혜)에게 추파를 던지고 그것 때문에 성우(이얼)와 갈등이 생길 수도 있지요. 실제 박원상씨에게 그 장면에서 오지혜씨를 향해 일부러 살짝 윙크를 하며 웃으라고 주문하기도 했어요. 이 영화의 시작과 끝 장면이 수미상관인 것은 이들의 삶이 그런 굴레에서 벗어나기 힘들다는 느낌을 주기 위해서였습니다. 그런데 제 의도와는 달리 관객들이 그 장면을 훨씬 더 희망적으로 보시더군요. 그런 상황을 보면서 관객들은 자신들이 생각하고 싶은 대로 영화를 본다는 생각도 했어요. 그 라스트신을 절망으로 받아들이기 싫기에 애써 희망적인 의미를 발견하시려는 거죠.

LEE 실제 그 장면을 찍을 때 촬영 현장에서의 느낌은 어떠셨습니까.

YIM 영화라는 게 아무리 계획을 세우고 의도를 심어도 현장에서 우연하게 발생하는 일들이 있어요. 그 장면을 판타지처럼 느끼신 분들이 많은데, 그건 촬영 장소의 느낌과도 관련이 있는 듯해요. 그 신을 찍기 위해 서울 장안동에 있는 나이트클럽을 섭외했는데 우연히도 그 장소에 항구 그림이 붉은색으로 그려져 있더라고요. 마치 미술팀에게 주문해서 그려놓은 것처럼요. 그 그림이 환상적인 느낌을 준 것 같아요. 그 장면을 찍을 때 제가 (박)원상씨에게 (오)지혜씨와 눈길이 마주쳤을 때 살짝 윙크를 하라고 주문했는데, 원상씨는 그걸 잘 못하겠다고 토로하더군요. 아마도 관객들이 제 의도보다 그 장면을 더 밝게 본 데에는 원상씨가 윙크를 못했던 이유도 있을 거예요. 이얼씨도 그 장면에서 지혜씨를 보면서 그렇게 밝게 웃으면 안 되는 것이었어요. 그 장면이 영화 속에서뿐만 아니라 실제로도 마지막 촬영이었는데 그 나이트클럽을 관리하시는 분들이 무척 무서웠어요.(웃음) 예정된 다섯 시까지 그곳을 나가지 않으면 문제가 심각해질 것 같았죠. 그 장면을 촬영할 때 이얼씨가 좀더 눌러서 표현해 주길 원했는데 너무 환하게 웃었어요. 다시 찍었어야 했지만 결국 시간이 없어서 그냥 넘어가고 말았습니다. 그런 디테일한 변수들 때문에 관객들이 제 의도보다 밝게 보셨던 것 같습니다.

– 어떻게 올림픽에 이렇게 나와서 대표 선수를 하는 종목의 선수가……마음 놓고 뛸 수 있는 그런 팀이 없다는 자체가…… 마지막 연장을 들어가서는…… 저희 선수들이 훈련을 하다가……

엔딩 크레딧이 흐르기 직전, 아테네 올림픽 당시 임영철 감독이 울음을 삼키며 했던 인터뷰를 보여주는 〈우리 생애 최고의 순간〉의 마지막 장면

LEE 아무리 절망스러워도 라스트신에 가서는 희망을 한 포기 심어두는 영화들이 많습니다. 그런데 감독님이 영화를 끝내는 방식은 그렇지 않습니다. 지금 이야기하신 대로, 세 주인공이 함께 모여 연주하고 노래하는 모습을 보여주는 〈와이키키 브라더스〉의 마지막 장면은 미래의 어느 순간에 그들이 성공할 수 있을 것이라는 희망과 거리가 멉니다. 그리고 〈세 친구〉의 마지막 장면에서는 군에 가서 구타로 귀가 먼 '무소속'(김현성)이 시장의 어둠 속으로 사라지는 모습을 그저 묵묵히 지켜봅니다. 밝게 만들어야 한다고 생각하셨다는 〈우리 생애 최고의 순간〉조차 그냥 경기의 끝에서 인사하며 막을 내릴 뿐, 극중 인물들이 현실의 수렁에서 벗어난 모습을 간단한 후주後奏와 같은 방식으로도 묘사하지 않습니다. 예를 들어 종반부에서 미숙(문소리)의 남편 규철(박원상)이 회복되고 미숙의 가정이 경제적으로도 빚더미에서 탈출하는 것으로 묘사하면 그건 거짓말이라고 생각하시는 것

같습니다. 저는 이런 라스트신들에서 따뜻하기만 한 거짓 희망에 대한 감독님의 결벽증 같은 것을 느끼는데요.

YIM 맞아요. 그런 편입니다. 그래서 할리우드 영화를 안 좋아하죠. 해피엔드의 환상 속에서 관객들이 계속 대리만족을 찾지만, 그건 실제 현실과 너무 거리가 멀지요. 지금 거짓 희망에 대한 결벽증이라고 표현하셨지만, 이런 점도 있다고 봅니다. 두 시간 동안 영화를 통해 관객들이 관찰한 캐릭터들을 보면, 시련이 있어도 그 상황을 어떻게 인식하느냐의 방법을 알고 있는 사람들 같다는 거죠. 미숙은 최소한 고통 속에 함몰되어 좌절하는 사람은 아닐 거예요. 나아진 상황을 적극적으로 묘사하지는 않았지만, 이 사람들은 어떤 상황이라도 씩씩하게 살 수 있는 인물들이라는 점에서는 희망을 보여준 거라고 생각해요. 상황이 좋아져서 좋아지는 게 아니라, 상황에 맞서서 싸울 수 있는 충분한 능력이 있는 사람들이기에 희망이 있다는 겁니다.

– 조규철, 병신. 제대로 죽지도 못할 거면서.
미안한데, 나 포기 안 할 거거든? 나 끝까지 해낼 거니까
당신두, 당신두 포기하지 마.

〈우리 생애 최고의 순간〉에서 문소리가 음독자살을 시도하고
병원에 누워 있는 남편 박원상에게 아테네의 공항에서 공중전화를 통해

LEE 감독님은 클라이맥스에서 편집을 통해 삶에서의 최악의 순간과 최고의 순간을 서로 맞닿게 합니다. 〈와이키키 브라더스〉에서 가장 처참한 순간은 룸살롱에서 성우(이얼)가 취한 손님의 막말에 못 이겨 옷을 다 벗고 노래하는 장면일 겁니다. 그런데 그 장면은 성우의 시선 이동을 통해서 꿈 많았던 고교 시절에 벌거벗고 친구들과 해변을 달리는 장면으로 곧바로 이어지지요. 〈우리 생애 최고의 순간〉에

서 마지막에 등장하는 결승전이 이 영화 제목이 가리키는 대로 최고의 순간이라고 한다면, 경기를 포기하려던 미숙이 되돌아와서 그 결승전의 후반전에 투입되는 최상의 순간 역시 그 직후 펼쳐지는 플래시백 속의 남편과의 참담한 통화라는 최악의 순간과 곧바로 잇대어져 있습니다. 감독님은 왜 편집을 통해 최악의 순간과 최상의 순간을 병치하십니까. 두 순간을 극적으로 대비함으로써 드라마의 심리적 파괴력을 높이는 효과 때문만은 아닌 것 같은데요.

YIM 저는 극과 극이 통한다고 생각하는 것 같습니다. 새옹지마라는 말을 믿어요. 《도덕경》에 나오는 이야기인데, 어떤 상황이 극에 달하면 반대로 가기 마련이라는 거죠. 가장 좋은 것과 가장 나쁜 것은 가장 멀리 떨어져 있는 게 아니라 동전의 양면처럼 서로를 내포하고 있다고 생각합니다. 밑바닥을 치면 반드시 위로 올라가기 마련이고, 그 반대도 마찬가지죠. 성우가 옷을 벗고 노래를 하는 게 최악의 나락으로 떨어진 거라고 볼 수도 있지만, 다른 한편으로는 옷 벗는 것을 수용함으로써 이제 치고 올라가겠다는 의지를 보여주는 것이라고 볼 수도 있어요. 저는 성우가 손님이 주는 팁 10만 원 때문에 벗은 것 같지는 않거든요. 그게 그의 선택인 거죠. 저는 최악의 절망에서도 희망을 볼 수 있고 반대도 마찬가지라고 봅니다.

– 어이, 안승필이 씹새끼야! 꼭 금메달 따라.

〈우리 생애 최고의 순간〉에서 핸드볼 선수 후배인 엄태웅과 헤어지면서 문소리의 남편인 박원상이 욕설에 애정을 섞어 기원

LEE 감독님은 감정적으로 무척 중요한 신을 마무리할 때 크레인 위에서 멀리 인물들을 내려다보는 부감 쇼트를 즐겨 쓰십니다. 〈우리 생애 최고의 순간〉에서는 규철(박원상)이 승필(엄태웅)과 헤어져 한밤의 텅 빈 운동장에서 멀어져갈 때가 그랬고, 혜경(김정은)에게 화

가 난 미숙(문소리)이 혜경에게 울분을 쏟아내다가 체육관을 떠나갈 때도 마찬가지였습니다. 실제 선수들의 인터뷰가 나오기 전의 마지막 쇼트 역시 배우들이 객석에 인사하는 모습을 부감으로 잡은 롱쇼트였지요. 〈세 친구〉의 마지막 장면도 시장의 어둠 속으로 무소속(김현성)이 멀어지는 부감의 롱쇼트였습니다. 〈와이키키 브라더스〉에서 고교 시절 친구들이 해변을 나체로 달리는 장면의 마무리 쇼트도 그랬고, 세 사람이 노래하는 이 영화의 마지막 장면 역시 뒤로 물러나는 카메라의 롱쇼트로 촬영해서 부감과 유사한 느낌을 담으셨지요. 부감에 특별한 감정을 담는 감독들이 종종 있지만, 임감독님은 특히 그런 것 같습니다. 멀어져가는 자의 뒷모습이 부감 롱쇼트에 담길 때면 감독님의 물기 어린 시선 같은 게 그대로 느껴집니다.

YIM 의도적인 것은 아닌데 자꾸 그렇게 되는 것 같네요. 부감에 담긴 것은 인물들의 처지일 수도 있고 인생의 어떤 지점일 수도 있겠죠. 개개인의 특수한 상황보다는 전체적인 맥락 속에서 인물이 어디에 놓여 있는지를 표현하고 싶은 겁니다. 〈세 친구〉의 마지막 장면에서 귀가 멀게 된 무소속이 바로 옆을 지나가는 리어카 소리를 못 듣고 시장 안의 어둠 속으로 걸어가는 것은 그 친구의 앞날을 상징적으로 보여주는 거예요. 귀까지 멀게 된 그는 앞으로 어떤 인생을 살 것인가, 그 무대는 누구를 위한 무대인가, 그런 콘텍스트 속에서 인물이 처한 상황에 대해 마무리를 해주는 셈이죠. 어찌 보면 그때까지 했던 모든 이야기를 하나의 부감 쇼트 안에 총정리하면서 끝내는 것이라고 할 수 있을 거예요. 저는 관객에게 어떤 정서를 전달하고 싶을 때 부감 쇼트를 자주 쓰는 것 같아요. 대사는 없지만 감정이 중요할 때 그렇게 하는데, 그것은 주로 쓸쓸한 감정입니다. 안승필이 혜경과의 레이스를 끝내고 사라지는 장면도 그랬죠. 마음속에서 감정이 진하게 생산되는 경우, 그걸 말로 표현하는 대신 오히려 거리를 멀리해서 찍으면 그 감정이 더욱 강해진다는 느낌이에요.

LEE 그 감정은 물론 인물에 대한 연민이겠죠?

YIM 그럼요.

LEE 그런데 그 장면을 보면서 욕설 속에 역설적으로 격려를 담는 방식이 인상적이었습니다. 이건 이 영화의 시나리오를 담당한 남자 작가(나현)가 쓴 대사였겠죠?

YIM 아뇨. 제가 썼어요.

LEE 아, 그래요?

YIM 나현 작가가 그 대사를 보고 놀라더군요. 전혀 욕을 모를 것 같은 사람이 그런 표현을 쓴다고요.(웃음) 제 생각에는 규철이라면 뭔가 후배를 격려하고 싶어도 낯이 간지러워서 그렇게 표현하지 않을까 싶었어요. 술도 한잔 먹었고, 빚쟁이들에 쫓기는 자신의 처지도 처량하고.

– 메달 따면 포상금 나오잖아. 그게 마트 월급보다 낫지 않을까?
– 그 포상금 미리 땡겨줘봐. 그럼, 들어가줄게.
– 뭐?

〈우리 생애 최고의 순간〉에서 김정은이 선수 생활을 그만두고 대형마트에서 일하는 문소리를 다시 대표팀으로 끌어들이려고 설득하자

LEE 감독님은 〈세 친구〉와 〈와이키키 브라더스〉에서 대화 장면을 찍을 때 TV드라마나 일반 장르영화에서처럼 두 인물을 번갈아가며 쇼트와 반응 쇼트로 나눠서 찍은 적이 한 번도 없습니다. 그런데 세 번째 영화인 〈우리 생애 최고의 순간〉에는 그런 방식이 클로즈업으로 적잖이 등장하지요. 그런데 그러한 대화 장면 연출 방식이 감독님의 영화와 잘 어울리지 않는 것 같다는 느낌이 듭니다. 예를 들어서 대표팀 감독이 된 혜경이 대형마트에서 일하고 나오는 미숙을 만나 설득하는 장면의 경우, 쇼트의 연결이 거칠고 리액션 연기도 튑니다.

YIM 그건 두 가지로 대답할 수 있을 것 같습니다. 우선 대화 장면이

꽤 길었어요. 전달해야 할 정보가 많았으니까요. 대중영화로서 긴 러닝타임이 부담되었기에 두 시간 안으로 맞추려다보니 불가피하게 대화 장면을 간추려야 했어요. 지금 편집이 튄다고 느끼신 것은 대사를 중간중간 들어냈기 때문일 겁니다. 일반 관객들은 잘 모르시겠지만 전문적으로 보는 분들은 그걸 느끼시는 거죠. 또 하나는 그게 이 영화를 찍은 황기석 촬영감독의 스타일이기도 해요. 〈친구〉 같은 대중영화를 많이 찍은 황기석 촬영감독은 미국에서 공부해서인지 문법이 할리우드에 가까워요. 그래서 대화 장면을 그렇게 찍는 걸 선호하죠.

LEE 그러나 감독님은 그렇게 듣는 인물의 어깨 너머로 말하는 인물의 모습을 나눠 찍는 스타일을 원래 좋아하지 않으시는 것 같은데요.

YIM 싫어하는 앵글이죠. 어깨를 걸고 찍는 걸 안 좋아해요. 대화 장면을 나눠 찍거나 배우에게 좀더 다가가서 클로즈업을 하는 것 같은 건 전형적인 상업 영화의 문법이죠. 하지만 〈우리 생애 최고의 순간〉에서는 제 스타일을 고집하지 않았어요. 모든 걸 가능한 최대로 받아들여보자는 입장이었죠. 그 중 하나가 촬영 스타일이었을 거예요. 영화를 만들 때 꼭 내가 고집하는 방식으로 해야 하나, 다른 방식으로 한번 연출해 보면 어떨까, 그렇게 편하게 생각한 부분이 분명히 있었습니다.

– 아, 정말 너무하는구만. 이걸 셋이 나누면 도대체 몇 푼이나 돼?
– 왜 셋이야? 넷이지.

〈와이키키 브라더스〉에서 시골 마을 행사를 마친 뒤 사례금 액수를 확인한 박원상이 볼멘소리를 하자 이얼이 수입을 나눠야 할 멤버의 숫자를 정정

LEE 〈세 친구〉와 〈와이키키 브라더스〉에서는 인물의 단독 클로즈업 쇼트가 거의 등장하지 않습니다. 이 두 영화에서는 세 명 혹은 네 명

의 인물을 함께 비추는 앵글이 선호되지요. 그런데 〈우리 생애 최고의 순간〉에서는 적지 않은 클로즈업 쇼트를 쓰셨습니다.

YIM 처음에 만든 두 영화인 〈세 친구〉와 〈와이키키 브라더스〉에서는 관객에게 제 의도나 느낌을 강요하고 싶지 않았어요. 음악이 들어가고 앵글이 타이트하게 비춰지면 관객들은 감독의 의도를 읽으려고 하기 마련이죠. 카메라가 움직이면 왜 움직일까 싶어서 긴장하게 되고요. 저는 그런 스타일이 규정을 짓는 연출법이라 싫어했던 겁니다. 기본적인 사실만 최소한으로 보여주고 나머지 의미는 관객이 찾았으면 좋겠다는 게 제 생각이었거든요. 그런데 이미 말씀드린 대로 〈우리 생애 최고의 순간〉은 그런 생각을 바꾼 영화였기에 클로즈업 쇼트도 많이 들어간 것 같습니다.

– 손님들이 여기 춤추러 온 거지, 음악감상 하러 온 거냐?

〈와이키키 브라더스〉에서 박원상이 카바레에서 연주를 하는 자신의 처지를 자조하면서

LEE 마찬가지로 지적할 수 있는 게 음악인 것 같습니다. 〈우리 생애 최고의 순간〉의 음악은 지나치게 설명적이고 또 관습적이라는 느낌입니다.

YIM 그렇게 느낄 수 있죠. 카메라를 많이 움직이거나 나눠 찍고, 음악을 과다하게 쓰고, 인물에 다가가고, 연기에 약간의 과장을 받아들이고, 상황 설정에서 작위성을 허용하는 등 상업적 문법을 받아들인 게 사실이니까요.

LEE 〈우리 생애 최고의 순간〉이 흥행에 크게 성공한 이유 중 하나가 그런 상업적인 문법이라고 생각하십니까.

YIM 잘 모르겠어요. 사실 대중들도 그런 문법을 유치하다고 받아들이는 것은 똑같지 않을까요. 그런데 대중의 관용도가 전문가들보다 좀더 크다는 생각은 하죠. 이 영화의 편집이나 촬영을 제 스타일대

로 했다면, 호흡이 좀더 느려지고 앵글도 달라졌을 거예요. 그 둘 사이의 경계 지점을 아직 정확히 모르겠는데, 이번 작업에서 중요한 것은 저도 한번 해봤다는 사실입니다. 대중에게 통했다고 제가 계속 이런 방식으로 만들 것 같지도 않아요. 다른 한편으로는, 영화라는 게 이렇게 만든다고 꼭 안 좋은 것만은 아니라는 생각도 있어요. 소재도 이런 테스트를 해볼 만한 경우였고요. 〈우리 생애 최고의 순간〉에서 차용한 형식들은 제게 과도기적인 실험일 듯 싶습니다.

– 야, 아까 베이스 치는 형 봤냐? 자세가 예술 아니냐?

〈와이키키 브라더스〉에서 음악에 열정을 느끼기 시작한 고교생이 인기 록밴드 공연을 보고 나오면서 친구에게

LEE 몇몇 특징을 잡아낼 수 있지만, 기본적으로 감독님은 영화의 스타일에 대한 욕심이 많지 않으신 것 같습니다. 감독님 영화들 속에는 형식에 대한 자의식을 강하게 드러내는 장면들이 별로 없으니까요.

YIM 저는 형식에 대한 욕심이 없어요. 굉장히 뛰어난 예술가가 특정한 형식을 제공하면 그 형식 자체에서 예술적 감흥이 일어나는 경우도 많죠. 그런데 저는 그런 경지까지 가지 못하는 감독이에요. 어설픈 자의식이 있는 예술가들이 형식을 과도하게 드러내면 관객이 피곤해요. 텍스트에 집중하지 못하고 불필요하게 형식에 유인당하다가 끝나고 마는 거죠. 저는 상징적으로 이야기하고 중층적으로 꼬아서 말하는 화법도 좋아하지 않아요. 할 말이 있다면 직접적으로 전달하는 게 낫다고 봅니다. 쉽게 전달하고 싶어요. 작가적이든 대중적이든, 많은 이들이 쉽게 이해할 수 있는 영화를 만들고 싶습니다.

LEE 감독으로서 애초부터 영화 매체에 대해 그런 생각을 갖고 계셨던 건가요?

YIM 영화에 대해 처음으로 매력을 느끼게 된 것도 그런 지점이었으

니까요. 영화라는 게 음악이나 미술을 포함한 순수예술이 담아내는 것 이상도 줄 수 있는 매체이기는 하지만요. 예를 들어 현대미술이나 클래식 음악을 감상하려면 어느 정도 기본 지식이 있어야 가능하잖아요? 영화 역시 제대로 즐기려면 그런 배경이 꼭 필요한 작품들도 있지만, 많은 이들에게 쉽게 전달할 수 있는 대중적 매체라는 사실 자체가 제게는 매력적으로 보인 겁니다. 출발부터 영화가 가진 대중적 감응력에 매료되었다고 할까요. 두메산골에 살면서 단 한 권의 책도 제대로 읽은 적이 없는 사람이 어느 날 갑자기 도스토예프스키의 책을 읽을 수는 없겠죠. 하지만 처음으로 영화를 보는 사람도 제 영화의 문법은 쉽게 이해할 수 있을 거예요. 그런 의미에서도 저는 가급적이면 형식적 실험은 안 하려고 하는 편입니다.

– 그렇게 자신 있으면 저하고 한번 뛰어보시죠.
– 뭐요? 지금 나한테 도전하는 겁니까?
– 내가 이기면 한미숙 선수 엔트리 제외 건 철회해 주세요.
– 못 이기면?
– 못 이기면, 우리 세 명이 팀을 나가드리죠.

〈우리 생애 최고의 순간〉에서 김정은이 감독인 엄태웅에게 달리기 시합을 제안하면서

LEE 〈우리 생애 최고의 순간〉에 나오는 불암산에서의 달리기 시합은 내러티브상으로 매우 중요한 역할을 합니다. 그런데 레이스를 벌이는 장면 자체는 리듬이 훌륭하지 않고 그다지 긴장감도 주지 않습니다. 그 대목을 포함해서 〈우리 생애 최고의 순간〉의 스포츠 경기 장면들은 이 영화의 드라마적 완성도에 비해 상대적으로 아쉬움을 많이 남기죠. 그런데 저는 〈와이키키 브라더스〉에서도 비슷한 느낌을 받은 적이 있습니다. 〈우리 생애 최고의 순간〉이 스포츠영화라면, 〈와이키키 브라더스〉는 음악영화라고 할 수 있을 텐데, 전자의 경기

장면에서의 아쉬움이 후자의 연주 장면에서도 유사하게 느껴진다는 거죠. 배우들이 밴드 멤버로 무대에 설 때 손동작 같은 데서 실제 연주하는 게 아니라 흉내만 내고 있다는 게 그대로 보이니까요. 경기 장면이나 연주 장면 같은 데서 드러나는 이와 같은 약점들은 영화에서 이런 것들이 상대적으로 덜 중요하다고 판단하셨기 때문입니까.

YIM 그렇지는 않아요. 그게 저의 한계이자 배우의 한계이고 여건의 한계인 것이겠죠. 저는 기본적으로는 리얼리티를 중시하는 연출을 하는지라 배우들이 최대한 직접 하는 걸 원해요. 연주에 대해서 지적하신 그 배우 분은 처음에 대본을 건네주니까 "감독님, 저 음치인데요"라고 하더라고요. 저는 음치라고 해도 그게 어느 정도까지인지 가늠을 못했어요. 연습하면 어느 정도 될 줄 알았죠. 그런데 알고 보니 음치 플러스 박치더군요.(웃음) 연주의 박자를 맞추지 못했거든요. 립싱크를 하면서도 계속 박자를 놓쳤죠. 그건 아마도 배우의 한계라고 할 수 있을 겁니다. 그걸 바로잡을 수 있을 정도가 될 때까지 계속 반복해야 하는 것인데 그렇게 못했던 것은 제작 여건의 한계고요. 그리고 저의 한계라고 할 수 있는 건 그런 한계들이 있다면 그 장면에서 카메라의 앵글을 다르게 하거나 편집을 달리 하면 또 멋지게 보일 수도 있을 텐데, 제가 그런 걸 취향적으로 원하지도 않고 또 잘하지도 못한다는 것이죠.

LEE 〈우리 생애 최고의 순간〉의 핸드볼 경기 장면들은 그야말로 물리적인 한계가 컸던 것 같습니다.

YIM 시합 장면들 역시 그 세 가지 한계의 반복이에요. 말씀하신 그레이스 장면의 경우, 태릉선수촌에서 촬영하기로 했는데 일정상 그날 안으로 다 찍어야 했어요. 비가 오는 설정이라서 살수차까지 동원했는데 배우들이 체력적으로 한계가 있었어요. 특히 달리기의 끝부분에서 트랙을 뛰는 장면은 원래 콘티에서는 두 사람이 앞서거니 뒤서거니 하는 모습을 타이트하고 정교하게 나눴기에 쇼트 수가 많았어요. 그런데 물리적으로 해가 지고 살수차에도 문제가 생겨서 쇼트 수를 줄이며 압축하다 보니 긴장감이 확연히 떨어졌죠. 그랬기 때문에 달릴 때 승필의 심리 같은 게 제대로 표현되지 못했던 것 같아요. 〈와이키키 브라더스〉의 그런 아쉬움이 상당 부분 제 성향 때문이라면, 〈우리 생애 최고의 순간〉은 물리적 여건의 한계가 가장 컸던 경우라고 할 수 있습니다. 7일 안에 극중에서 클라이맥스를 이루는 두 번의 핸드볼 경기를 다 찍어야 하니까 정말 힘들 수밖에 없었거든요. 체력을 요하는 연기였기에 그 짧은 일정 안에서 충분히 디테일을 살리면서 반복 촬영을 하기 어려웠습니다.

- 드럼 치는 형, 진짜 멋있더라.
- 우리도 그 형들처럼 될 수 있을까.
- 야, 임마. 롤링스톤즈나 퀸 정도면 몰라도
  고작 꿈이 그런 삼류 밴드 정도밖에 안 되냐.

〈와이키키 브라더스〉에서 고교생 밴드 멤버들이 공연을 보고 나오면서

LEE 오래전부터 좋아하며 동경했던 감독이 있습니까.

YIM 저는 에밀 쿠스트리차를 무척 좋아해요. 저와는 다르게 힘이 넘치고 에너지 자체가 광대한 사람이죠. 한 편에 유머와 홍겨움에서 비장미까지를 다 녹여 넣는 게 참 대단해요. 감독 데뷔 이전부터 쿠스투리차의 영화들을 좋아했죠.

- 니놈들은 어떻게 공연만 보고 오면 정신이 없어?

〈와이키키 브라더스〉에서 음악학원 원장인 김영수가

공연을 본 후 신나서 연습하는 고교생 밴드 멤버들에게

LEE 공연을 보고 나서 들떠 있는 〈와이키키 브라더스〉의 고교생들처

럼, 영화를 보고 나서 그런 느낌을 받은 작품은 무엇이었습니까. 어떤 자리에서 에밀 쿠스트리차의 〈집시의 시간〉을 강력히 추천하신 걸 보기도 했는데요.

YIM 네, 그 작품을 제일 좋아해요. 저는 영화를 보면서 웬만해서는 울지 않는 스타일인데 〈집시의 시간〉은 많이 울었죠. 그리고 두 번 보는 영화가 거의 없기도 한데, 그 영화는 세 번이나 봤어요.

– 형, 애 생각나요? 우리 전주 '황제'에서 일할 때
우리 앞 타임에서 노래했던 애잖아.

〈와이키키 브라더스〉에서 박원상이 고속도로 휴게소에서 팔고 있는 카세트테이프를 구경하다가 이얼에게

LEE 돌이켜보면, 2001년작인 〈와이키키 브라더스〉에는 황정민, 박해일, 류승범씨 등 지금은 한국영화계의 대들보 같은 배우들이 되었지만, 당시에는 아직 빛을 보기 전이었던 연기자들이 유독 많습니다. 이 정도 선구안이라면 감독님은 거의 스타 제조기이신 셈인데요.(웃음)

YIM 오광록씨와 주진모씨(〈미녀는 괴로워〉, 〈쌍화점〉의 배우와는 동명이인) 역시 〈와이키키 브라더스〉가 첫 영화였어요.(웃음)

LEE 〈와이키키 브라더스〉는 타임캡슐에 넣어야 할 작품이군요.(웃음) 이제 이 배우들의 신인 시절 모습에 대해 질문하고 싶습니다.

– 안녕하세요. 충고의 강성우라고 합니다.

〈와이키키 브라더스〉에서 좋아하는 소녀에게 처음 다가가 인사하는 박해일

LEE 박해일씨는 〈와이키키 브라더스〉가 데뷔작이죠?

YIM 박해일씨는 조감독 추천으로 연극에서 봤는데 연기를 잘하더라

고요. 그 연극에도 고등학생으로 나왔어요. 실제 나이를 물어보니 그때 이미 스물네 살이었어요. 연극에서는 가능하겠지만 클로즈업이 될 수도 있는 영화에서도 고교생 역으로 나올 수 있을까 반신반의했죠. 그런데 대학로 닭갈비집에서 직접 만나보니 피부가 굉장히 좋아서 십대로 봐도 될 정도의 동안이더라고요. 게다가 외모가 배우로서 매력적이죠. 아까 거론하신 세 배우 중에서 박해일씨는 처음 볼 때부터 대중적인 스타가 될 거라고 생각했어요. 실제 촬영에 들어가니 연기의 감이 참 빠르더군요. 집중력도 뛰어났고요. 주인공의 고교 시절 연기를 해내는 한편, 친구들로 나오는 다른 어린 배우들의 연기까지 전부 책임지고 통솔하는 리더십도 있었어요.

– 니가 개를 잘 몰라서 그래.
개는 꼭지가 한번 돌면 눈에 뵈는 게 없는 놈이라니까.

〈와이키키 브라더스〉에서 박원상이 사귀고 있던 때밀이 아가씨에게 황정민을 설명

LEE 황정민씨는 이전에 〈장군의 아들〉과 〈쉬리〉에도 등장하긴 했지만 중요 배역은 이 영화가 처음이었죠?

YIM 오디션에서 눈에 딱 들어온 경우였죠. 그런데 황정민씨가 맡았던 드러머 강수 역은 이미 다른 배우가 캐스팅되어 있어서 할 수 없이 돌려보냈어요. 그런데 그 배우가 드럼 연습을 소홀히 하고 개런티도 좀 과하게 요구했습니다. 결국 제작자와 상의해서 황정민씨를 대신 쓰기로 했죠. 부산에 연극 공연차 가 있던 황정민씨에게 전화했더니 다음날 바로 올라오더군요. 굉장히 영리한 배우였습니다. 게다가 무척이나 열심히 했어요. 캐릭터에 대한 이해도 깊었고요. 솔직히 이렇게까지 대배우가 될 줄은 몰랐는데, 뛰어난 실력과 함께 기회도 잘 잡았던 배우라고 생각합니다.

와이키키 브라더스

개봉 2001년 10월 27일
출연 이얼 박원상 황정민 오지혜 류승범
상영시간 109분

남성 밴드 와이키키 브라더스는 한곳에 정착하지 못한 채 이곳저곳 떠돌며 연주를 한다. 이들은 밴드 리더인 성우의 고향 수안보의 한 나이트클럽에서 새로 일을 시작하지만, 여러 이유로 멤버 교체를 겪는다. 성우는 그곳에서 소년 시절 짝사랑했던 인희가 남편과 사별한 뒤 억척스러운 야채 장수로 변해 있는 모습을 발견한다.

〈와이키키 브라더스〉는 일출은 멀게만 느껴지는 새벽 2시, 고된 야근을 끝내고 빈속에 쏟아 붓는 소주 같은 영화다. 끝내 보는 이의 가슴을 아프게 후벼 파고 마는 이 영화는 지방 나이트클럽을 전전하면서 퇴락해 가는 밴드 멤버들의 긴 그림자를 쓸쓸하게 담아냈다.
〈와이키키 브라더스〉는 세월을 알고, 꿈을 알고, 무엇보다 현실을 아는 작품이다. 어린 시절 음악을 가르쳐준 학원 원장의 폐인 같은 현재 모습과, 성우 밑에서 새로 음악을 배우려는 청년 기태의 존재는 그대로 주인공의 미래와 과거에 겹치면서 피로한 삶의 세 시제를 완성한다. 임순례 감독은 한 무대에서 이별을 고하는 마지막 연주 장면으로부터 영화를 시작하고, 새로운 무대에 오르는 첫 연주 장면으로 끝맺음함으로써 영원히 뿌리를 잃은 채 떠돌아야 하는 인물들의 삶을 역설적인 순환 고리처럼 그려냈다.

조운 제트 앤 블랙 하트의 〈아이 러브 로큰롤〉에서 김수희의 〈애모〉까지 이 영화에서 쉴 새 없이 등장하는 음악들은 그 자체로 알찬 볼거리와 들을거리를 제공하는 동시에 인물들이 처한 상황에 대한 선명한 상징으로도 활용됐다. 자연스레 배역 속으로 녹아 들어간 배우들의 좋은 연기도 눈에 아프게 박힌다. 데뷔작 〈세 친구〉에서부터 주류에서 밀려난 아웃사이더들에 대한 관심을 보였던 임순례 감독은 〈와이키키 브라더스〉를 음악의 들뜬 열정과 삶의 가라앉은 관조, 약간의 유머와 대중적 화술로 풀어내 재미와 감동을 함께 지닌 뛰어난 작품으로 만들어냈다.

단란주점에서 반주를 하다가 술 취한 손님의 요구에 따라 알몸으로 〈아파트〉를 부르던 성우가 모니터 화면을 보면 거기에는 꿈 많던 고교 시절, 해변을 알몸으로 질주하던 자신의 모습이 원경으로 담겨 있다. 단란주점의 답답한 앵글과 시원한 바닷가의 롱쇼트를 효과적으로 대비시킴으로써 꿈과 현실을 맞세우는 식의 이 영화 대조법이 빚어내는 정서적 파장은 강력하다. 영화를 보고 나서 정말 술이라도 한잔 걸치게 되면, 밴드나 노래방 기기가 없어도 당신은 마지막 장면에서 처연하게 울려 퍼졌던 심수봉의 〈사랑밖엔 난 몰라〉를 읊조리지 않을 재간이 없을 것이다.

– 저, 지배인님. 제가 실은 드럼 좀 칠 줄 알거든요?
제가 올라가볼까요?

〈와이키키 브라더스〉에서 드러머인 황정민이 빠지게 되자
웨이터인 류승범이 그 자리를 노리고

LEE 류승범씨는 이 영화 전에 형인 류승완 감독이 연출한 독립영화 〈죽거나 혹은 나쁘거나〉에 출연한 적이 있습니다. 하지만 본격적으로 배우의 길을 걷게 됐던 첫 충무로 영화는 〈와이키키 브라더스〉죠?

YIM 그해에 전주영화제에서 〈죽거나 혹은 나쁘거나〉를 본 후 깊은 인상을 받았어요. 뒤풀이 자리에서 만났는데 느낌이 좋더군요. 본격적인 배우로 나서면 흡인력이 있을 것 같았어요. 그때 류승범씨는 형이 연출한 영화에 출연했었지만 연기 생활을 계속할지에 대해서는 결정하지 못했던 시기였죠. 제가 〈와이키키 브라더스〉 출연을 권했더니, 이 영화에서 연기해 보고 나서 본격적으로 배우 생활을 할 것인지 결정하고 싶다며 응낙했습니다. 연기 경험이 거의 없는데도 연기에 대한 감이 빠르더군요. 타고난 것처럼 보였어요. 이 영화를 찍으면서 황정민씨나 박해일씨 같은 배우들을 만난 게 좋은 자극제가 된 것 같습니다.

– 바르셀로나 올림픽 결승전 때,
한미숙 선수, 캬…… 캡이었는데. 악수 한번 해주세요.

〈우리 생애 최고의 순간〉에서 대형할인마트 관리직인 류승수가
판매원으로 일하는 문소리에게 다가가서

LEE 문소리씨는 어떤 배우입니까.

YIM 무척이나 영리한 배우라고 생각해요. 지금까지 보여준 모습보다 앞으로 보여줄 게 더 많은 배우일 겁니다. 사실 이건 모든 스태프들

이나 연기자들에게도 다 해당되는 이야기인데, 자기가 연기하는 것이나 자기가 촬영하는 것을 얼마나 잘해내느냐도 중요하지만, 결국 영화 자체에 대해서 어느 정도의 파트너십을 가지고 있느냐 하는 게 제일 중요하다고 봐요. 다른 사람들을 힘들게 만들고 진이 다 빠지게 하면서 자신만 연기를 잘한다면 정말 좋지 않은 자세일 거예요. 문소리씨는 동료들이 모두 다 잘하도록 힘을 북돋아주는 타입이에요. 불평하지 않음으로써 감독에게도 도움을 주고요. 제게 큰 힘이 된 배우였습니다. 그러면서 연기를 못하면 본말이 전도된 것이겠지만, 사실 문소리씨가 그렇게 하는 목적도 결국은 연기를 잘하기 위한 세팅인 것이거든요. 근성이 뛰어난데다가 안주하지 않고 끊임없이 노력하는 연기자이기에, 그리고 욕심이 많은 배우이기에 앞으로 점점 더 좋아질 것이라고 믿어요.

– 여기 김혜경 선수는, 아니다, 여기 감독 대행은 뭐 다들 알다시피 저 바르셀로나 금메달, 아틀랜타 은메달의 주역이자 지금은 일본 실업팀 히로시마 이즈미, 거기 감독 겸 선수로 일본 리그 3연패를 이룬 대단한 감독입니다.

〈우리 생애 최고의 순간〉에서 핸드볼협회 사무국장인 정석용이 새로 감독 부임한 김정은을 선수들에게 소개하면서

LEE 김정은씨는 어떠셨어요?

YIM 문소리씨의 경우, 함께 영화를 한 것은 처음이었지만 사적으로는 이전부터 좀 알던 사이였어요. 그런데 김정은씨는 그야말로 처음 만났죠. 김정은씨에 대해서는 텔레비전이나 다른 영화를 통해 형성된 이미지가 제게도 있었어요. 그런데 만나서 직접 대화를 해보니까 일반적으로 알려져 있는 이미지와 다른 면을 갖고 있더라고요. 그런 측면이 왜 영화나 텔레비전 드라마에서 그동안 표현이 되지 않았을

까 싶어서 안타깝기도 했죠. 그간의 출연작들이 김정은씨의 귀여움이나 발랄함을 필요로 했기 때문이겠지만요. 그런데 막상 만나보니 굉장히 진지하고 진중했어요. 신뢰할 만한 품성을 지니고 있었고요. 처음 만난 느낌이 좋았는데, 연습 과정에서도 정말 성실하고 자기관리가 치밀하더군요. 극중 배역에 맞게 몸을 불리는 것을 포함해서, 준비 과정에서 한 치의 게으름도 피우지 않는 프로페셔널이었어요. 그리고 문소리씨처럼, 배우로서 자신이 불편한 것들에 대해 한 번도 내색을 하지 않았어요. 사실 〈우리 생애 최고의 순간〉에서는 여러 가지 한계 때문에 배우들에게 충분한 기회를 주지 못해서 미안해요. 테이크도 많이 못 가서, 두세 번 정도면 많이 한 것이었으니까요. 그 영화에서 혜경이라는 캐릭터에게는 우직하고 성실하며 근성 있고 이지적이면서 또 우아한 부분이 있는데, 그런 게 다 김정은씨의 실제 성격과 부합하는 부분들이에요. 한국에서는 여배우들이 특정한 이미지만 소비되고 또 배우들 자신도 그런 상황에 안주할 수 있는데, 스스로 박차고 나올 수 있는 용기도 대단하죠.

– 여러분, 반갑습니다. 안승필입니다.
처음으로 태극 마크를 단 스무 살 때 저는 반드시 훗날
지도자로서 태극 마크를 달아야 겠다는 생각을 했었습니다.
오늘은 그 꿈이 이루어진 감격적인 날입니다.

〈우리 생애 최고의 순간〉에서 엄태웅이 김정은 대신 감독에 부임해 연설을 하며

LEE 여러 감독들께 들어보면 엄태웅씨의 성품에 대해 칭찬을 많이 하던데요.

YIM 기본적으로 김정은씨를 만났을 때와 비슷한 느낌이었어요. 굉장히 품성이 좋은 배우들이죠. 인간성이 무척이나 좋아요. 저는 배우를 처음 마주 대했을 때 '이 사람이 믿을 만한 사람인가'를 가장 중

시하면서 보는 편이에요. 엄태웅씨나 김정은씨는 믿고서 함께 일할 만한 사람이라는 확신을 줬어요. 이제까지 특정한 부분들만 소비되었지만 끊임없이 노력하는 사람들이라서 앞으로 보여줄 게 많은 연기자라는 공통점도 두 배우에게 있죠.

– 아이 씨, 짜증 나. 특히 저 뽀글머리 설렁탕!

〈우리 생애 최고의 순간〉에서 후배 핸드볼 선수가 함께 뛰게 된 선배 김지영에 대해 동료에게 험담을 하면서

LEE 뽀글거리는 '아줌마 파마'를 하고 나온 김지영씨는 감칠맛 나는 코미디 연기로 〈우리 생애 최고의 순간〉 곳곳에 활력을 불어넣었습니다. 사실 김지영씨는 스크린보다는 드라마에서 더 익숙한 연기자였는데요.

YIM 텔레비전에서 주로 활동하는 탤런트의 이미지가 강해서 저 역시 처음 추천받고서 의문을 가졌어요. 드라마에서 보았을 때의 느낌이 그리 스포티하지 않아서 운동선수 역할을 잘할 수 있을까 싶기도 했고요. 그런데 역시 만나자마자 확신이 들더군요. 배우로서 굉장히 감각이 발달했어요. 배역에 대한 이해도 빠르고 화면에서 어떻게 움직여야 하는지를 잘 알고 있었어요. 매체는 다르지만 연기를 오래했기에 어떻게 해야 살아남을 수 있는지를 본능적으로 이해하고 있었죠. 기대 이상으로 사투리 연기도 훌륭했고요. 운동선수 연기에 사투리 연기까지, 익혀야 하는 기능이 두 가지라서 이중으로 힘들었을 텐데 매우 열심히 했죠. 처음 만났을 때 "왜 그간 영화를 안 했냐"고 물어보니 (텔레비전 드라마 〈전원일기〉에서의 배역인) 복길이 이미지가 너무 강하다보니까 기회가 없었다고 하더라고요. 김지영씨가 텔레비전에서 연기를 해온지라 세 여배우들끼리 서로 이질감이 들지 않을까 걱정했는데, 그게 또 희한하게 운동을 함께 하면서 동질성이

획득되더군요. 유니폼을 입혀놓으면 걸음걸이부터 말투까지 서로 비슷해졌어요.(웃음)

– 오수희씨 맞죠?
– 네, 안녕하세요.
아, 그 사진이요, 제가 사진발이 좀 안 받는 편이거든요.

〈우리 생애 최고의 순간〉에서 하정우가 맞선 자리에서 이름을 확인하자 조은지가 대답

LEE 오수희 역을 맡은 조은지씨는 느낌이 참 독특한 배우입니다.

YIM 문소리씨를 빼면 다른 주요 배우 네 명이 모두 다 애초에 제가 생각한 이미지가 아니었어요. 저는 오수희 캐릭터를 훨씬 더 나이 들고 뚱뚱한 이미지로 상상했거든요. 조은지씨는 제작사인 MK픽처스와 인연이 많아서 추천을 받았죠. 그 이전 작품인 〈달콤, 살벌한 연인〉에서 코미디 연기하는 걸 보고 남다르다고 생각했어요. 예상보다 나이가 적고 체격도 작았지만 그 정도의 감각이면 충분히 해낼 거라고 믿었습니다. 그 영화에 출연한 배우들이 하나같이 악착같았어요. 실제 운동선수들과 비슷하게 근성이 정말 좋았죠. 배우들에게 핸드볼을 가르쳐줬던 코치가 그런 말을 했어요. 체육대학 입시학원 강사인 분이었는데, 체대 지망생들보다 여배우들이 습득하는 속도가 세 배나 빠르다고요. 〈우리 생애 최고의 순간〉을 하면서 여배우들에 대한 존경심이 생겼습니다.

– 저기요. 아이, 지금 뭐 하자는 깁니까?
카메라 있으니까 잘되던 것도 안 된다 아이요.

〈우리 생애 최고의 순간〉에서 김지영이 선수들의 능력을 과학적으로 측정하겠다면서 일일이 카메라로 녹화하고 있는 감독 엄태웅에게 항의하면서

LEE 〈우리 생애 최고의 순간〉에 출연한 배우들 중 가장 힘들어 했던 사람은 누구였습니까.

YIM 김정은씨와 엄태웅씨가 제일 힘들어 했어요. 정은씨는 이제껏 다른 영화들에서 하던 스타일이 있었기에 발성법이나 표정의 강약 같은 데서 처음에 좀 조절하기가 쉽지 않았나봐요. 〈우리 생애 최고의 순간〉의 혜경 역처럼 카리스마가 있고 힘센 역할을 한 적이 거의 없었기에 자신감이 좀 약해서 스스로도 걱정했는데, 몸을 만들면서 자연스럽게 캐릭터가 형성되더라고요. 처음에 정은씨에게 주문했던 것은 주로 체육관 경기장에서 펼쳐지는 영화니까 그 넓은 공간을 장악할 수 있는 목소리가 필요하다는 점이었어요. 정은씨 목소리가 원래 하이톤인데다가 이제껏 고함도 제대로 쳐본 적이 없어서 큰 소리를 제대로 내지 못했거든요. 그러다가 배역을 위해 체중을 불리고 자연스럽게 발성을 하면서 캐릭터를 입체적으로 만들어가더라고요. 그래서 저는 강약과 톤 조절만 했을 뿐 나머지는 전적으로 김정은씨에게 맡길 수 있었습니다.

LEE 엄태웅씨는 어떤 어려움이 있었습니까.

YIM 사실 엄태웅씨는 텔레비전 드라마에서는 좀 과하다 싶게 카리스마가 있는 식이잖아요? 제가 태웅씨에게서 끌어내고 싶었던 것은 텔레비전 드라마나 영화 〈가족의 탄생〉에서와는 좀 다른 모습이었어요. 애초 시나리오에서 승필이란 배역은 지금 영화에 표현된 것보다 더 카리스마가 있으면서 점잖은 인물이었어요. 그런데 그렇게 해보니까 태웅씨도 익숙하지 않았고 저 역시 잘 맞지 않는다는 판단이 들더군요. 옆에서 관찰해 보니 태웅씨는 무척 내성적인 사람인데, 친한 사람에게는 의외로 짓궂거나 귀여운 행동도 많이 해요. 친근하게 깐죽거리기도 하고요.(웃음) 그래서 속에 없는 걸 단기간에 끄집어내기보다는 있는 것을 활용하자고 생각했습니다. 사실 태웅씨에게는 신경을 많이 못 써줬어요. 캐스팅도 제일 늦게 되어서 곧바로 결승전 장면에 투입되어야 했죠. 경기 상황에만 집중적으로 신경을 쓰다보니까 태웅씨가 굉장히 힘들어 했는데, 시간이 흐르자 다른 배우들과 점점 가까워지면서 자연스럽게 문제가 해결되더라고요.

– 다음에 이어지는 스테이지는 우리 업소의
전속 밴드인 와이키키 브라더스!

〈와이키키 브라더스〉에서 술집 무대에 설 밴드를 거창하게 소개하는 사회자

LEE 감독님의 영화 세 편에 모두 출연한 유일한 배우가 박원상씨입니다. 〈세 친구〉에서는 주인공을 구타하는 군대 고참으로 나왔고, 〈와이키키 브라더스〉에서는 키보디스트 정석으로, 〈우리 생애 최고의 순간〉에서는 문소리씨 남편 규철로 등장했죠.

YIM 〈세 친구〉 때는 단역이었잖아요? 한 신에만 출연했는데도 센스가 있고 연기를 잘한다는 느낌을 받았어요. 그래서 〈와이키키 브라더스〉 때 정석 역을 맡을 만한 마땅한 배우가 없자 곧바로 박원상씨를 떠올렸죠. 정석은 바람둥이고 날티가 나는 캐릭터인데, 사실 박원상씨는 아주 반듯한 사람이에요. 이미지는 잘 안 맞았지만, 연기력이 있으니까 변신할 수 있다고 믿었던 겁니다. 그렇게 두 번을 함께했더니 원상씨가 장난처럼 "감독님 영화에 연속 출연 기회를 세우고 싶다"고 말하더군요. 그래서 그게 뭐 어렵겠냐고 대답했어요.(웃음) 그래서 단편 〈그녀의 무게〉에도 카메오 출연시켰고, 제가 프로듀서를 맡았던 박경희 감독의 〈미소〉에도 주연을 맡은 추상미씨의 오빠로 등장시켰죠. 〈우리 생애 최고의 순간〉에서는 분량이 아주 적었지만 굉장히 연기를 잘했어요. 극중 미숙과 규철 부부에게는 눈에 보이지 않는 끈끈한 신뢰가 서로에게 있는데, 그게 박원상씨가 아니었으면 표현이 잘 안 됐을 것 같아요. 지금 너무 조연으로만 소비되고 있는데, 좀더 중용되어야 하는 배우라고 생각합니다.

우리 생애 최고의 순간

개봉 2008년 1월 10일
출연 문소리 김정은 김지영 엄태웅 조은지
상영시간 124분

CINEMA REVIEW

BOOMERANG INTERVIEW

2004년 아테네 올림픽을 앞두고 여자 핸드볼 국가대표팀 감독 대행직을 맡게 된 혜경은 팀 전력을 보강하기 위해 오랜 동료인 미숙 등 노장 선수들을 끌어들이려 한다. 빚 때문에 잠적한 남편 대신 생계를 떠맡아야 했던 미숙은 경제적인 문제로 고민하지만, 혜경의 설득에 마음을 고쳐먹고 팀에 합류한다.

간절히 원해도 이뤄지지 않는 것들이 있다. 인간은 결과를 의도할 수 없다. 결과에 이르기 위해서 땀과 피를 거듭 흘리는 지난한 과정까지가 인간의 몫이다. 그러고 나면 운명은 심드렁한 동작으로 다시금 주사위를 굴린다.
그러나 〈우리 생애 최고의 순간〉은 이루지 못한 결과를 패배로 기억하지 않는다. 삶의 진액을 모두 다 짜낸 후에 찾아온 서늘한 결말 앞에서 허망해 하지 않고, 모든 것을 던져 운명과 승부를 겨뤘던 그 경험을 생애 최고의 순간이라고 힘주어 말한다. 왜냐하면, 이 작품은 '당신은 무엇을 이루었는가'가 아니라, '당신은 어떻게 살고 있는가'를 묻고 있는 영화니까.
〈우리 생애 최고의 순간〉이 하고 싶은 말은 소재에 이미 다 담겨 있다. 축구나 야구가 아니라 비인기종목인 핸드볼(이 작품은 세계 최초의 핸드볼 소재 영화다)을 골랐고, 그나마 금메달의 영광을 안긴 바르셀로나 올림픽이 아니라, 많은 이들이 아쉬움으로 아직껏 기억하고 있는 아테네 올림픽을 택했다. 이 영화를 연출한 사람이 임순례 감독이라는 것을 알면, 이 점에 대해 저절로 고개가 끄덕여지는 관객이 많을 것이다. 그는 북적대는 광장보다는 후미진 뒷골목을 서성이고, 다가오는 얼굴보다는 멀어지는 등을 바라보는 감독이니까.

〈우리 생애 최고의 순간〉의 경기 장면들은 사실 '스포츠 드라마'에 걸맞은 멋진 볼거리들을 제공하지는 못한다. 그 대신 잘 만들어진 캐릭터와 선 굵은 드라마로 관객을 확실하게 설득한다. 꽤 많은 인물이 등장하지만 저마다 성격이 또렷하고 처한 처지가 생생해 흥미롭다. 탄탄한 캐릭터에서 자연스럽게 길어낸 유머 역시 양과 질 모두에서 관객을 시종 즐겁게 한다. 이쯤 되면 각본 없는 드라마인 스포츠가 멋진 각본을 드라마에 선사한 경우라고 해도 과언이 아닐 것이다.
빚쟁이들에 시달리느라 아내와도 연락을 끊고 잠적한 남편이 걱정되어 은신처로 어린 아들을 앞세우고 가지만, 결국 찾아내지 못한 미숙이 "도대체 왜 내 전화는 안 받아? 내가 빚쟁이야?"라며 어딘가에서 듣고 있을 남편을 향해 외치는 부분은 임순례 감독의 깊이가 제대로 드러난 뛰어난 신이다. 그리고 경기의 승패를 가른 클라이맥스를 화면 밖으로 밀어둔 채, 포커스 아웃된 후경의 인물 군상 움직임과 프레임 안팎으로 넘나드는 선수의 표정으로 요약하는 슬로모션 쇼트는 잊기 힘든 명장면이다. 이어 영화는 실제 아테네 올림픽 핸드볼 팀 감독과 선수들의 인터뷰와 경기 스틸 사진을 차례로 보여준다. 엔딩 크레딧 속 선수들의 온 힘을 다하느라 잔뜩 일그러진 표정 하나하나는 기이할 정도로 아름답고 이상할 정도로 뭉클하다.

이 영화의 연기는 핸드볼이 단체 경기임을 수시로 강조하는 극중 대사의 의미를 그대로 따른다. 이 작품이 각종 연기상을 휩쓸기는 어렵겠지만, 연기의 팀워크가 어떤 것인지는 잘 보여준다. 문소리는 믿음직하고 김정은은 단단하다. 혹은 김정은은 신선하고 문소리는 리드미컬하다. 이 영화 웃음의 상당 부분을 떠맡은 김지영은 호연을 통해 앞날을 더 기대하게 만들었고, 엄태웅은 제 몫을 했다. 조은지는 넘치는 개성으로 활약했고, 민지는 강한 인상으로 흔적을 남겼다.

– 월남 있을 때가 참 좋았는데.
야 이놈아, 이 애비 한 좀 풀어주라.

〈세 친구〉에서 아들 정희석에게 신세 한탄하는 아버지 김영수

LEE 배우 이야기가 나온 김에 김영수씨에 대해서도 질문하고 싶습니다. 〈세 친구〉에서 늘 주정만 부리는 무기력한 아버지로 나오셨고, 〈와이키키 브라더스〉에서는 거의 도인처럼 보이는 음악학원 원장으로 등장하셨죠. 둘 다 알코올의 힘으로 살아가는 인물인데, 인상이 정말 강렬해서 어떤 분인지 계속 궁금했거든요.

YIM 많은 분들이 저의 페르소나가 아니냐고 말하더라고요.(웃음) 〈우리 생애 최고의 순간〉에도 캐스팅하고 싶었는데 아무리 생각해도 맞는 배역이 없어서 포기했어요. 그분은 박광수 감독님의 〈아름다운 청년 전태일〉 촬영 현장에 제가 놀러 갔을 때 처음 알게 됐어요. 촬영 마지막 날에 전태일의 분신 장면을 찍느라 현장이 초긴장 상태였는데, 청계천 골목에 있는 허름한 가게 유리창 너머로 어떤 분이 투명한 글라스에 가득 담긴 액체를 마시는 모습을 우연히 목격했어요. 보는 순간 그게 물이 아니라는 걸 알았죠. 이분이 정말 고수시구나 싶었어요.(웃음) 그때는 〈세 친구〉의 주인공 아버지역 배우를 찾는 상황이어서 바로 가게로 들어갔죠. 알고 보니 스틸 사진 작가셨더라고요. 캐스팅하고 싶다고 말씀드렸더니 흔쾌히 응낙하셔서 지금까지 오게 된 거죠.

– 야, 너 자꾸 그러지 마라. 진짜 맘에 안 들라 그런다.
니가 리듬박스를 그렇게 세게 틀어대면 드럼이 다 죽잖아.
아까도 너 때문에 하나도 안 들렸어, 어?

〈와이키키 브라더스〉에서 황정민이 류승범에게 드럼을 가르치면서

LEE 배우들의 연기 앙상블을 무척 중시하시는 것 같습니다. 감독님 영화들 속에서는 배우들이 서로를 살려주지, 홀로 튀지는 않죠.

YIM 그래요. 저는 배우들에게 구체적이고도 세밀하게 연기 지시를 하지 않아요. 그보다는 연기의 균형을 맞추는 데 훨씬 더 주력하죠. 한 사람이 너무 튀면 좀 눌러주고, 또 다른 사람이 좀 처지면 올려주는 식이에요. 그렇게 연기의 톤을 맞추는 작업을 제일 신경 씁니다. 나머지는 배우들에게 많이 맡기는 편이에요.

– 야, 그 여자, 니가 가져라. 나는 아무것도 필요 없다.
여자도 필요 없고 돈도 필요 없고 이젠 음악도 지겹다.

〈와이키키 브라더스〉에서 대마초에 취한 채 횡설수설하는 황정민

LEE 감독님에 대해 잘 알고 있는 사람들에게 물어보면, 가장 많이 듣게 되는 말이 '무욕無慾'이란 단어입니다. '세속적 성공에 무심한 사람'이라고들 말씀하시던데요.

YIM 욕심이 없지는 않죠. 다만, 남들이 공통적으로 갖는 쪽의 욕심이 없는 거죠.(웃음) 결혼을 한 뒤 아이를 낳아 훌륭하게 교육시키고 싶어 한다든지, 경제적인 안정을 원한다든지, 그렇게 일반적으로 다들 추구하는 가치 같은 것 말입니다. 그렇다고 제가 도인 같은 사람은 아니에요. 제 관심은 다른 데 가 있는 것뿐이죠.

LEE 다른 데라면 어떤 데입니까?

YIM 제 치명적인 약점이 관심은 있는데 게으르다는 거예요.(웃음) 동물보호나 환경문제 같은 데 관심이 많아요. 그리고 불교적인 세계에도 관심이 크죠.

LEE 거기까지 들으니 더 무욕이신 것 같은데요?(웃음) 동물을 기르기도 하십니까?

YIM 개를 많이 키웠죠. 사람들이 그렇게 말하는 건 제가 양평에 살기

때문인 것 같아요. 아주 시골집인데 친구랑 2년 반쯤 거기서 함께 살고 있어요. 텃밭 농사도 하고 개들도 키우고. 개 이야기를 시작하면 영화 이야기보다 더 길어질 것 같으니까 그만할게요.(웃음)

- 언제 들어도 예술이구만. 이 친구하고 나하고 42년생 동갑이거든? 근데 이 친구는 스물여덟 살에 요절했고 나는 요 나이가 되도록 잘 먹고 잘 살고 있다는 게 한심하지 않아? 나 스물여덟 살에 뭐 했는지 알어?

〈와이키키 브라더스〉에서 김영수가 지미 헨드릭스의 음악을 함께 들으면서 이얼에게

LEE 감독님 나이 스물여덟이었던 1988년에는 무엇을 하고 계셨습니까.

YIM 파리 제8대학으로 유학을 떠났어요. 1992년에 돌아왔으니 4년을 파리에 체류한 셈입니다. '당신 생애 최고의 순간이 언제냐'고 누가 물어오면 대답하기 어렵지만, 가장 행복한 시절을 질문한다면 답할 수 있어요. 바로 유학 시절이었거든요. 1988년쯤에 한국은 좋은 영화를 많이 볼 수 있는 환경이 아니었죠. 좋은 영화를 많이 보고 싶다는 욕망이 강했을 때인데, 파리는 그런 욕구를 충족시켜 줄 수 있는 최적의 도시잖아요? 파리 스코프 가이드북을 소지하고서 골목골목의 작은 극장들을 찾아갔어요. 그렇게 프랑스 할머니 할아버지들 사이에서 영화를 본 뒤 지하철을 타고 돌아오던 경험이 무척이나 행복한 기억으로 지금 남아 있습니다. 그 시기를 다른 나라에서 보냈던 경험이 나름대로 제가 폭넓게 사고할 수 있도록 해준 것 같아요.

- 봄비를 맞으면서 충무로 걸어갈 때~
- 아저씨는 아시는 노래가 그거 하나밖에 없어요? 맨날 그냥.

〈와이키키 브라더스〉에서 김영수가 술에 취한 채

〈서울야곡〉을 흥얼거리자 옆에 있던 박원상이 면박을 주면서

LEE 〈와이키키 브라더스〉는 뛰어난 음악영화이기도 합니다. 산타나의 연주곡으로 시작하는 이 작품에는 〈칠갑산〉 〈라 밤바〉 〈세상만사〉 〈아이 러브 로큰롤〉 〈서울야곡〉 〈토요일은 밤이 좋아〉 〈무시로〉 등 다양한 장르의 곡들을 거쳐 마지막 곡 〈사랑밖엔 난 몰라〉까지 무려 서른다섯 곡이 들어 있습니다. 이것들은 대부분 감독님이 좋아하시는 곡들인가요?

YIM 꼭 그렇지는 않아요. 김현식씨 노래는 다 좋아하죠. 김영수씨가 흥얼거리는 〈서울야곡〉도 좋고요. 하지만 노래 자체를 선호해서라기보다는 그 영화의 이야기에 잘 어울려서 고른 곡들이에요.

– 그대 내 곁에 선 순간 그 눈빛이 너무 좋아. 어제는 울었지만
오늘은 당신 때문에 내일은 행복할 거야 (중략)
당신 없인 아무것도 이젠 할 수 없어 사랑밖에 난 몰라

〈와이키키 브라더스〉의 마지막 장면에서 오지혜가 부르는 노래 〈사랑밖엔 난 몰라〉의 가사

LEE 〈사랑밖엔 난 몰라〉는 어떻습니까. 이 노래를 들으면 저는 지금도 〈와이키키 브라더스〉의 마지막 장면이 저절로 눈앞에 펼쳐지면서 마음이 찡해지는데요. 마지막 장면에 굳이 이 노래를 넣은 이유는 어떤 건지요.

YIM 가사 때문에 좀 망설였어요. 그냥 사랑을 예찬하는 노래처럼 들리잖아요. 그 장면에서 인희(오지혜)가 그 노래를 부르게 하면, 첫사랑이 이뤄진 것으로 관객들이 오해할 수도 있을 것 같았거든요. 그래도 카바레는 서민들의 끈끈한 밑바닥 정서가 녹아 있는 공간이고 〈사랑밖엔 난 몰라〉는 그런 느낌을 제대로 살려줄 수 있는 멜로디와 정서를 가졌죠. 서민들을 달래줄 수 있고 위무해 줄 수 있는 곡이에

요. 그래서 고민 끝에 선택했습니다.

– 유산소성, 파워, 스피드, 지구력, 등속성, 각근력, 컥컥테스트.
이렇게 전 부문에 걸쳐 세 명 모두 5위권 안에 들었는데요?
– 누가?
– 누구긴요. 김혜경, 한미숙, 송정란이죠.

〈우리 생애 최고의 순간〉에서 코치가 최종 엔트리 선발을 위한 테스트 결과를 감독인 엄태웅에게 보고하면서

LEE 〈우리 생애 최고의 순간〉에서 핸드볼 선수들이 갖춰야 할 기량은 모두 일곱 가지입니다. 이중 유산소성을 빼면 감독에게도 그대로 요구될 수 있는 덕목일 것 같습니다. 예를 들어서 스피드는 빨리 찍기에 해당될 수 있을 것이고, 등속성은 한결같음, 각근력은 부지런히 움직일 수 있는 체력, 컥컥테스트는 순발력이 되겠죠. 이 경우, 감독님은 어떤 항목에 가장 강하거나 약하신지요.

YIM 그중에서는 지구력이 제일 나은 것 같습니다. 가장 약한 것은 스피드일 거예요. 현장에서 빠르게 판단하거나 강우석 감독님처럼 굉장히 빨리 찍는 것은 제가 잘 못하거든요.

– 이 형님들은 춤추기 좋게 딴따라 음악 하는 거죠.
이따 밤에 오세요. 진짜 음악이 뭔지 확실히 보여드릴게요.

〈와이키키 브라더스〉에서 밴드를 구성해 음악을 하는 고교생이 지나가던 여학생들에게 호기를 부리며

LEE 영화라는 매체를 바라보는 두 가지 시각이 있습니다. 오락적인 측면을 겨냥하는 작품들이 있는가 하면 예술적인 측면을 강조하는

작품들도 있죠. 이에 대한 감독님의 생각을 듣고 싶습니다.

YIM 영화라는 매체가 가진 서로 다른 기능들이 있다고 생각해요. 그건 영화를 하는 목적과 관계가 있겠죠. 영화를 만드는 어떤 사람의 목적이 그중 한쪽에 치우쳐 있다고 해도 그걸 비난할 필요는 없습니다. 그 목적에 충실하면 된다고 봐요. 도덕적으로 너무 나쁘지 않으면 오락도 훌륭한 기능이라고 생각해요. 반면에 인생과 삶에 대해 넓은 시야를 제공하는 예술적 요소도 영화의 기능입니다. 만드는 사람 입장에서 그건 선택의 문제이지 옳고 그름의 문제는 아닌 듯해요. 저는 애초에 예술적 카타르시스로 시작했습니다. 감독의 꿈으로 저를 이끈 것이 프랑스 예술영화들에서의 작가주의였기에 그런 요소가 주는 삶의 성찰이 제게는 더 중요해요.

LEE 프랑스 감독들 중에서는 누구의 영화를 특히 좋아하셨습니까.

YIM 베르트랑 타베르니에의 영화를 많이 즐겼어요. 클로드 샤브롤도 좋아했고요. 프랑수아 트뤼포나 장 뤽 고다르는 별로 좋아하지 않았어요. 프랑스에 유학 가서는 동구권 영화들을 많이 보았습니다. 많은 감독들이 좋아하는 크쥐시토프 키에슬로프스키나 안드레이 타르코프스키의 영화들을 저도 무척 인상적으로 봤지요.

– 야, 수철아. 근데 너 공연 때 드럼 소리가 좀 튀지 않았냐?

〈와이키키 브라더스〉에서 박해일이 공연을 마친 뒤 함께 연주를 한 친구에게 빵집에서

LEE 이제껏 만드신 영화 속 장면들 중에서 맘에 걸려 다시 찍고 싶은 게 있다면 어떤 신입니까.

YIM 제가 만든 모든 영화를 통째로 전부 다시 찍고 싶죠.(웃음)

LEE 그중에서도 유독 걸리는 장면이 있다면요.

YIM 〈우리 생애 최고의 순간〉이 가장 최근에 찍은 작품이니까 그런 아쉬움이 더 생생한 것 같네요. 아까 지적하신 대형 할인매장 밖에

서의 대화 장면이 우선 걸려요. 그게 문소리씨와 김정은씨가 처음으로 함께 연기하는 장면이었거든요. 서로 연기 조율이 잘 안 된 상태에서 찍었던 거라서 제가 보기에도 연기 톤이 잘 맞지 않아요. 경기 장면은 며칠만 더 찍을 수 있었으면 훨씬 좋아졌을 거라는 생각이 있어요. 체육관에서 문소리씨와 김정은씨가 싸우는 장면도 걸립니다. 영화를 찍다보면 배우들의 컨디션이 유독 좋지 않은 날이 있기 마련인데 그때가 그런 날이었어요. 시간적인 여유가 조금 더 있었다면 촬영을 미루거나 다른 걸 먼저 찍었을 텐데 그러지 못했죠. 그 장면이 극중에서 무척 중요한 신이기에 더욱 아쉽네요.

- 여자가 감독이면 선수들이 더 잘 따를 줄 알았는데
  오히려 역효과가 나고 있잖아. 그리고 김대행!
  그 왜, 이혼한 거 말 안했어?
- 그게 감독직하고 무슨 상관이죠?
- 무슨 소리야. 아니, 왜 상관이 없어? 감독도 공직인데,
  한국 사회에서 그거 아주 중요하다구.
- 남자 감독이었어도 이혼 경력이 문제가 됐을까요?

〈우리 생애 최고의 순간〉에서 핸드볼협회 간부와 감독대행인 김정은의 설전

LEE 〈우리 생애 최고의 순간〉은 여성영화로도 읽을 수 있습니다. 극중 혜경(김정은)의 이혼 사실을 둘러싼 논란이라든지 미숙(문소리)의 육아 문제가 매우 중요하게 다루어지지요. 여자 운동선수들의 월경 문제 같은 것도 세심하게 거론하고 있고요. 전체 이야기 자체가 '대한민국의 아줌마'에 대한 것이기도 합니다. 감독님은 영화를 만드실 때 여성으로서의 자의식을 어느 정도나 가지고 계시는지요. 감독인데 여성이라고 생각하십니까, 아니면 여성 감독이라고 생각하십니까.

YIM 제 스스로는 앞쪽이라고 생각하는데, 여성으로서의 자의식을 크게 인식하지는 않고 있어요. 저와 함께 일하는 배우들이 남자 감독과 영화를 찍을 때와 차이를 느끼고 있는지는 잘 모르겠지만요.

– 아, 거, 애 좀 어떻게 해봐요. 요즘 놀이방도 많잖아요?
– 놀이방엔 누가 맡기고 누가 찾아오는데요?

〈우리 생애 최고의 순간〉에서 감독인 엄태웅이 훈련장에 아이를 데리고 나오는 문소리에게 짜증을 내자 문소리가 대꾸

LEE 〈우리 생애 최고의 순간〉처럼 여성들의 이야기를 다루는 작품과 〈세 친구〉 〈와이키키 브라더스〉처럼 남성들의 이야기를 다루는 작품을 만들 때 감독으로서의 태도에 변화가 있으신가요.

YIM 저는 그냥 감독이에요. 남자든 여자든 총체적인 관점에서 치우치지 않고 본질을 담으려고 노력하는 것뿐이지, 특정 성性에 집중하지는 않거든요. 아마 그건 다른 감독들도 마찬가지일 거라고 봅니다.

– 자, 끝까지 해봅시다.
대한민국 아줌마들 안 믿으면 내가 누굴 믿어?

〈우리 생애 최고의 순간〉의 결승전 경기 도중 연장전을 앞두고 감독인 엄태웅이 선수들에게

LEE 하지만 〈우리 생애 최고의 순간〉은 개봉을 전후해서 '아줌마의 힘'이란 말로 강렬하게 요약되어 적극적으로 홍보되었습니다. 만일 기혼인 선수들이 주축이 되었다고 해도 남자 핸드볼 팀을 소재로 다뤘다면 '아저씨의 힘'이란 말을 내세우지는 않았을 텐데요.

YIM 애초에 그 영화의 기획은 심재명 MK픽처스 대표가 아테네 올림픽의 여자 핸드볼 결승전 경기를 관람하고, 두 달 뒤 〈히로시마의 두

여자〉라는 다큐멘터리를 연이어 본 데서 출발했어요. 당시 일본에서 활약하던 임오경, 오성욱 선수의 생활을 다룬 내용이었죠. 그 두 가지가 결합되어 나온 게 바로 〈우리 생애 최고의 순간〉 아이디어였어요. 애초의 핵심이 바로 아줌마였던 거죠. 심재명 대표는 출발이 그 지점이었기에 홍보 포인트도 거기에 집중했어요. 저는 기획자보다는 좀더 넓게 잡았죠. 사실 지금 인용하신 그 대사는 아줌마 관객들에게 아부하는 말이기도 하지만, 다른 한편으로는 안승필이란 캐릭터를 보여주는 말이기도 해요. 훈련할 때는 그렇게도 아줌마를 비하했다가 상황이 바뀌니 관점까지 바꾸는 거죠. 그런 것을 유머처럼 활용한 측면도 있거든요. 저는 그렇게 악착같고 최선을 다하는 게 대한민국 아줌마의 근성이기도 하지만, 확대해 보면 한국 여성들 자체가 그렇다고 봐요. 미혼 여성들에게서도 그런 부분을 많이 발견할 수 있잖아요? 제가 여성인 걸 의식하지 않는다고 했지만, 어쩔 수 없이 여성을 긍정적으로 보는 부분도 분명히 있어요. 아마도 그런 게 지난 수십 년간 한국이 급성장한 원동력이었던 듯해요. 근면하고 근성 있고 포기하지 않는 국민성이 우리들에게 있었으니까요. 그건 우리 부모들의 모습이기도 하고 잃어버린 한국인의 모습이기도 하죠. 저는 한국인들이 열악한 상황에서도 최선을 다해왔다는 점에서 이 영화가 단지 아줌마에 대한 이야기가 아니라 한국인 자체에 대한 이야기라고 봅니다.

– 우리가 덩치 큰 유럽 애들이랑 맞붙어서 이기려면
방법은 하나야. 빠른 스피드를 이용한 팀플레이.
한국형 핸드볼 한물갔다고는 하지만 다른 대안이 없어.

〈우리 생애 최고의 순간〉에서 감독 김정은이 선수들을 독려

LEE 한국영화는 어떤 특징이 있다고 보십니까.

YIM 우리가 처한 지형적이고 역사적인 특성 때문인지 한국영화에는 중간지대적인 성향들이 융합되어 있는 것 같아요. 언뜻 특색이 없어 보이기도 하지만, 그렇게 포용하고 종합하는 힘을 갖추고 있는 게 아닌가 싶어요. 형식적으로 고정되어 있지 않으면서 이야기도 풍부하죠. 자유롭고 다양하다는 측면에서 강점이 있는 것 같습니다.

– 요즘 밴드들 사정이 안 좋죠?
– 아이고, 다들 죽 쑤고 있죠, 뭐.
– 옛날엔 참, 밴드 해먹기 괜찮았는데. 가라오케나 노래방이 나오면서 이 바닥 분위기가 영 개판 되어버렸어요.

〈와이키키 브라더스〉에서 음악인 출신의 트럭 운전사가 밴드의 악기 짐을 운반해 주면서 박원상과 대화

LEE 요즘 한국영화계의 상황이 무척이나 열악해졌습니다. 이런 환경에서 영화감독의 꿈을 키우고 있는 젊은 후배들에게 어떤 말씀을 해주고 싶으신가요.

YIM 저도 대학에서 그런 후배들을 가르치고 있는 입장인데, 사실 우리 영화계는 인적 자원이 무척 풍부합니다. 다른 어떤 분야보다 우수한 인재가 많고요. 현재의 위기를 초래한 원인은 다양할 거예요. 스크린쿼터를 축소한 탓도 크고, 영화인들이 그동안 안일하게 작품을 만들어왔다는 사실도 부정할 수 없죠. 배급이나 투자를 비롯한 시스템의 문제도 분명 있고요. 관객에게도 일정 정도의 원인이 있을 거예요. 그럼에도 불구하고 저는 지금의 이 상황이 정말 암울한 위기라고는 생각지 않아요. 다들 지혜를 모으면 충분히 타개할 수 있는 어려움이라고 봅니다. 영화계에 새로 들어오려는 분들보다는 이미 이곳에 계신 분들이 잘해야 한다고 봐요. 그렇게 해서 젊은 인력들이 활약할 수 있는 장을 마련해 줘야죠. 그 친구들은 상상력이나

재능이 우리 세대보다 더 뛰어난 사람들이니까요.

– 너 왜 이걸 배울라 그래?
지금 이거 시작해 갖고는 밥 먹기 힘들어, 임마.

〈와이키키 브라더스〉에서 황정민이 류승범에게 드럼을 가르쳐주면서

LEE 가족 중 누군가가 영화감독이 되겠다고 한다면 격려하시겠습니까, 말리시겠습니까.

YIM 재능이 있다면 해보라고 격려할 것 같아요. 시장이 침체됐다는 이유로 말리고 싶지는 않습니다. 충분히 해볼 만한 분야라고 봅니다.

– 아니, 사람한텐 적성에 맞는 게 있잖아요.
– 이게 네 적성에 맞아?
– 네, 전 얼굴도 좀 받쳐주잖아요.

〈와이키키 브라더스〉에서 카바레 웨이터로 일하다가 새로 음악을 배우게 된 류승범이 이얼에게

LEE 영화감독이란 직업이 성격적으로 잘 맞으시나요.

YIM 맞는지 여부를 스스로 평가하기는 좀 그러니까, 제가 좋아하는 점을 이야기해 볼게요. 시나리오 쓰는 일은 독창성이나 예술적인 감각을 많이 필요로 합니다. 실제 촬영에 들어가게 되면 활동적이고 외향적인 요소가 많이 요구되고요. 그렇게 정신과 육체, 내적인 것과 외적인 것, 예술가적인 성향과 비즈니스맨적인 성향 등 다양한 부분이 영화감독에게 요구된다는 게 직업적으로 매력이 있어요. 아주 고립되지 않으면서 동시에 지나치게 늘어놓는 일도 아니니까요.

LEE 그럼 성격적으로 잘 안 맞는 부분은 어떤 겁니까.

YIM 저는 다른 사람들과 갈등 관계에 놓이거나 불화를 겪는 것을 체질적으로 너무나 싫어해요. 그런데 영화를 만들다보면 그런 일이 어쩔 수 없이 생기기 마련이거든요. 그게 제일 불편해요.

– 태릉, 올림픽…… 이제 말만 들어도 지긋지긋하다.

〈우리 생애 최고의 순간〉에서 문소리가 자신에게 찾아와 국가대표로 올림픽에 다시 참가하자고 제안하는 김정은의 말에

LEE 영화를 만드는 감독 일이 지겨운 적은 없으셨습니까.
YIM 한 영화 작업이 끝난 직후에는 항상 그런 편이에요. 〈세 친구〉를 끝내고 그런 염증이 가장 심했죠. 그렇지만 영화를 해야겠다고 결심하고 영화계에 들어온 이후, 한 번도 그 결정을 후회해 본 적은 없어요. 지치지 않을 만큼의 긴 간격을 두고 영화를 해서 그런가.(웃음) 그런 면에서 저는 김기덕 감독님이나 홍상수 감독님이 진짜 신기해요.

– 아이고, 나 그때 강수 아니었으면 골로 갔다.

〈와이키키 브라더스〉에서 박원상이 다른 남자에게 맞고 있을 때 황정민이 도와준 것을 떠올리면서

LEE 감독 생활을 시작한 후 이제껏 가장 큰 도움을 주신 분은 누구입니까.
YIM (영화 〈미소〉를 연출한) 박경희 감독이에요. 단편영화 〈우중산책〉을 할 때나 장편 데뷔작 〈세 친구〉 만들 때 조감독을 하면서 시나리오 작업을 비롯한 여러 부분에서 실질적 도움도 줬지만, 무엇보다 영화를 만드는 과정에서 정확한 조언을 해주고 필요할 때 적극적으로 지지해 준 게 정말 큰 도움이 됐어요. 물론 냉정하게 비판도 해주

고요. 저와 영화관이 비슷한 사람입니다.

– 너, 내 말 잘 들어. 나도 너만 했을 때 콩나물 대가리 보기 귀찮아서 멜로디 쪽 안 하고 드럼 배웠는데 지금 와서 얼마나 후회하는 줄 알아, 임마?

〈와이키키 브라더스〉에서 황정민이 드럼을 배우고 싶어 하는 류승범에게 충고

LEE 살면서 하지 않아서 후회스러웠던 것은 어떤 게 있으신가요?

YIM 전 후회도 잘 안 하는 성격이에요. 지나간 일에 미련이 별로 없습니다. 그래도 굳이 꼽는다면, 젊었을 때 좀더 다양한 경험을 하지 못한 게 걸려요. 여행도 더 많이 하고 사람도 더 많이 만났으면 좋았을 텐데요.

LEE 그렇다면 그와 반대로, 해서 후회스러웠던 것은 어떤 것이었습니까.(웃음)

YIM 해서 후회되는 것은 너무 많아요. 우선 술을 안 배웠더라면 더 좋았을 것 같네요.(웃음) 술 때문에 실수도 했고요.

LEE 술 때문에 실수하신 적도 있으세요? 안 그러실 것 같은데요.

YIM 실수 좀 했죠. 술을 안 했더라면 더 건강하고 그랬을 텐데요.

LEE 술을 안 하셨다면 글라스에 뭔가를 따라 마시는 모습만 잠깐 보고도 단번에 '고수'를 알아보는 눈썰미는 갖추지 못하셨을 것 같은데요?(웃음)

YIM 그렇죠.(웃음) 하지만 술을 배운 게 꼭 후회스러운 일만은 아니에요. 그것 때문에 얻은 것도 많았다고 생각해요. 제 인생관이 늘 이런 식이에요.(웃음)

– 갑작스런 사정으로 지금 이 곡이
마지막 연주가 될 것 같습니다.

〈와이키키 브라더스〉에서 작별인사를 하는 무대 위 이얼

LEE 마지막이라는 것을 알고서 최후의 영화 한 편을 만드신다면, 그 영화에는 어떤 것이 담길까요.

YIM 그게 마지막인 것을 분명히 알고, 그 영화에 대한 전권이 제게 있다면, 그리고 흥행에 대한 부담이 전혀 없다면…….

LEE 마지막인데도 그런 걸 다 고려하시네요.(웃음)

YIM 저는 제가 이 세상에 온 이유가 굉장히 궁금합니다. 지금 이곳에 태어나서 한 생을 살아야 하는 이유 말입니다. 바로 그런 것에 대한 영화를 마지막으로 만들고 싶습니다.

SCENE#
READY
PARK
CHAN
WOOK
RYOO, SEUNGWAN
PARK, KWANG-SU

BOOMERANG INTERVIEW

DIRECTOR
KIM TAE YONG

PHOTO © 김현호

BOOMERANG INTERVIEW

유연한 태도와 깊은 감수성
뜻하지 않은 선물 같은 영화
김태용

개인적으로 〈가족의 탄생〉은 2006년 최고의 한국영화였다. 들려주는 이야기가 새로우면서 명확했고, 그 이야기를 감싸고 있는 디테일이 풍성하고 탐스러웠으며, 극의 온도와 리듬이 캐릭터가 생생히 살아 숨쉴 수 있는 최적의 생태학적 환경을 빚고 있었다. 그리고 배우들의 연기 앙상블이 탁월했다.

1999년작 〈여고괴담 두 번째 이야기〉는 하늘에서 뚝 떨어진 영화였다. 처음 접한 두 시간 내내 "대체 어디서 이런 감수성이 나왔을까"만 되뇌었다. 그 영화는 소수의 관객들에게 열광적인 환호를 받았고, 컬트가 되었으며 전설이 되었다. 나도 그 소수 관객들 중 하나였다.

〈가족의 탄생〉 개봉 직후 사적인 자리에서 김태용 감독을 처음 만나고 나서 '이런 사람이니까 이런 영화를 만드는구나!' 라고 느꼈다. 그걸 확인하는 순간, 영화에서 내가 받은 감동이 거짓이 아니었음을 추인받는 것 같아 기뻤다. 영화라는 것은 결국 그 영화를 만든 사람이 세상을 대하는 태도였다.

이제 장편 극영화를 단 두 편(그나마 〈여고괴담 두 번째 이야기〉는 민규동 감독과 공동 연출)밖에 만들지 않았으니, 김태용 감독의 작품세계를 일반화하는 것에는 무리가 따를 것이다. 그래도 무작정 묻고 싶었다. 두 편밖에 안 되니 질문 수도 적고 인터뷰 시간도 짧을 것이라고 애초에 짐작했던 것은 오산이었다. 예정된 시간을 꽉 채우고도 모자라서, 나중에 전화로 두 시간을 더 인터뷰했다. 그러고 나니 '감독 김태용'의 어떤 얼굴이 어렴풋이 떠올랐다.

– 너, 살 좀 빠진 것 같아.

〈여고괴담 두 번째 이야기〉에서 박예진이 한동안 서먹서먹했다가 다시 만난 이영진에게

LEE 오랜만에 뵙네요. 각종 행사에서 심사위원도 하시고, 한국영상자료원 개관기념 〈청춘의 십자로〉 공연 연출도 하시고, 방송 프로그램 진행까지 하시느라 그간 무척 다양하게 활동하셨던 것 같습니다. 그래서인지 살도 많이 빠지신 것 같아요. 원래도 살이 없으신 분이지만요.(웃음)

KIM 요즘 이상하게 일이 몰리네요. 살은 살면서 계속 빠지고 있어요. 고등학교 때 60킬로그램이 좀 넘었는데 몇 년 전에는 49킬로그램까지 갔으니까요. 〈여고괴담 두 번째 이야기〉 때 공동 연출한 민규동 감독과 제 몸무게를 합쳐서 100킬로그램이 안 된다고 했었죠.(웃음) 그런데 그때가 대통령 선거 당시 이회창 후보의 아들 병역 면제 문제로 한참 시끄러웠을 때였어요. 그 사람이 키 179센티미터에 몸무게 45킬로그램으로 병역 면제를 받았는데 이게 가능한 수치냐를 놓고 크게 논란이 빚어졌잖아요? 그런데 제 키도 179센티미터거든요.

LEE 그때 나섰으면 대선 판도에 조금이라도 영향을 주셨을 수도 있었겠네요.(웃음) 요즘은 몸무게가 어느 정도이신가요.

KIM 57킬로그램쯤 됩니다.

– 제가요, 어떻게든 나가야 되거든요?

〈가족의 탄생〉에서 공효진이 일본에서 일할 수 있는 관광가이드 면접시험을 보다가 통사정하며

LEE 감독 데뷔 때 어떠셨습니까. 데뷔를 위해서 오랜 시간 의지를 가지고 전력투구하셨나요, 아니면 갑작스레 감독 데뷔 기회가 찾아왔나요?

KIM 데뷔해야겠다는 생각을 미처 가지지 못했어요. 아직 준비가 안 되어 있다는 사실을 누구보다 제가 잘 알았으니까요. 상업영화를 한다는 게 어떤 것인지도 제대로 몰랐어요. 그럴 때 〈여고괴담 두 번째 이야기〉를 기획한 오기민 PD께서 전화를 해 저와 민규동 감독에게 연출 제의를 했지요. 갑자기 이게 무슨 일인가 싶었어요. 전 그때 박홍식 감독님 연출부로 일하려다가 크랭크인이 늦어져서 단편을 찍으려던 참이었거든요. 처음에는 영화아카데미 동기로 절친하게 지낸 민감독과 이야기를 나눈 후 거절했어요.

LEE 그러다가 어떻게 그 결정을 번복하시게 됐습니까.

KIM 그때가 1999년이라는 사실에 뒤늦게 의미부여를 한 거죠. "1999년이니까 우린 뭘 해도 용서받을 수 있어. 2000년부터는 모든 게 달라질 테니까." 뭐, 이런 소리를 하면서요.(웃음)

LEE 〈여고괴담 두 번째 이야기〉와 같은 해에 나왔던 송능한 감독님의 〈세기말〉은 두 분이 연출하셔야 했던 작품이군요.(웃음)

KIM 처음에 우리가 왜 거절했을까 되짚어봤어요. 공포영화를 몰라서? 속편이라는 게 싫어서? 그게 다 근거 없는 허영이라고 둘이서 결론을 내리게 됐죠. 그래서 열흘 뒤 다시 전화를 걸어 하겠다고 말했어요. 그때는 우리 둘 다 스물아홉 살이었으니 무척 어렸던 것 같아요. 3월에 제의를 받아서 시나리오 쓰고 촬영까지 그해 11월에 마쳤으니 정말 고생했죠.

– 시은아, 우리 교환일기 쓸래?
내가 오늘 써 왔으니까 내일 니가 써 와라.

〈여고괴담 두 번째 이야기〉에서 박예진이 이영진에게 우정 이상의 감정을 느껴가면서

LEE 최근 들어서는 공동 연출이 종종 있는 편이지만, 당시만 해도 매우 드문 사례였습니다. 민규동 감독님과의 공동 연출은 어떻게 진행되었습니까.

KIM 솔직하게 말하면 이제는 기억이 정확히 나지 않아요. 기억 조작도 많이 하는 것 같고요. 민감독은 또 다르게 기억할 수도 있을 거예요. 그걸 전제하고 말한다면, 우선 일을 분담해서 하지는 않았습니다. 매순간 같이 결정했죠. 사실 효율이 좀 떨어지는 구조라고 할 수 있어요. 스태프들이 두 사람 사이에서 헷갈려 하기도 했고요. 그런데 촬영 현장이 어떻게 진행되는지 모든 사람이 다 알게 된다는 장점도 있었어요. 감독들이 나누는 대화를 듣게 되면 헤매는 것도 바로 옆에서 직접 확인할 수 있고요.(웃음) 그게 장점이기도 하고 단점이기도 했습니다. 그러나 공동 연출을 하면 영화 작업이 훨씬 더 치열해진다는 장점이 있어요. 이성적이고 논리적인 영화에는 공동 연출이 더 적합할 수도 있다는 판단이 들어요.

LEE 의견 대립이 생길 때도 많았을 텐데, 그럴 때는 어떻게 해결하셨는지요.

KIM 서로 의견이 다르면 종종 두 가지 버전으로 찍는 식이었어요. 톱스타를 기용했다면 불가능했겠지만, 주연진이 다들 신인배우라서 가능했던 시스템이었죠. 70~80퍼센트 정도는 의견이 일치했어요. 사실 공동 연출이란 게 연애 비슷한 구석이 있습니다. 팩트fact가 아니라 진심이 중요해지는 순간이 있잖아요? 어제 외박하고 돌아와서 둘러댈 때 구체적인 말의 내용이 아니라 눈빛만 봐도 다 아는 거잖아요. 사실 당시에는 민규동 감독과 제가 촬영하면서 실제로 교환일기를 쓰기도 했어요. 민감독이 워낙 부지런한 사람이라서 제가 한

번 쓰면 세 번을 쓰곤 했죠.

- 그냥 우유 주러 갔었어.
- 나 이제 우유 안 먹어.

〈여고괴담 두 번째 이야기〉에서 사이가 멀어지게 된 박예진과 이영진의 대화

LEE 의견이 다르다고 매번 두 가지 버전으로 찍을 수는 없었을 텐데요.

KIM 공동 연출을 하면 일단 모든 걸 설명해야 해요. '콜라' 캔이 아니라 '네스티' 캔을 쓰자고 말하려면, 네스티의 역사와 네스티에 대한 나의 철학까지 다 설명해서 납득시켜야 가능해집니다. 그러니까 인생의 모든 지식과 감수성을 총동원해서 사소한 것 하나하나에 대해 일일이 상대를 설득시켜야 하는 거죠. 소품 하나 바꾸는 것도 직관적으로 그냥 할 수는 없어요. 하지만 진심을 읽으면 상대에게 따져 묻지 않고 그냥 따라가기도 했어요.

- 그런 거 아닌 거 알잖아.
- 모르겠는데?
- 아니야, 그런 거. 미안해.
- 뭐가 미안한데?
- 그냥 다 미안해.

〈가족의 탄생〉에서 사과하는 정유미와 그런 사과에도 불구하고 마음이 풀리지 않아 계속 말꼬리를 잡는 봉태규

LEE 내 진심에 상대가 동의하지 않게 되면요?(웃음)

KIM 편집실에서 진짜 전투가 벌어지는 거죠.(웃음) 오기민 PD가 워

낙 강력한 분이셨기 때문에 중재하는 경우도 많았어요. 특정 신을 통째로 빼기도 했는데, 그 과정에서 이야기를 파악하는 근본 방식까지 민감독과 다시 이야기를 나눴어요. 이게 학교에서 살아남기 위해 필사적으로 애쓰는 이야기인지, 소녀의 사랑에 대한 것인지, 동성애적 감수성 영화인지 말이에요.

LEE 그렇다면 감독님은 〈여고괴담 두 번째 이야기〉의 핵심이 그중에서 무엇이라고 생각하십니까?

KIM 궁극적으로 한 10대 소녀가 있는데, 그 아이가 살아남기 위해서 애쓰는 이야기라고 봤어요. 그때 우리 둘은 성장영화와 성인영화를 우스개처럼 나름의 방식으로 나누기도 했습니다. 세상으로부터 공격을 받는 피해자가 강해지거나 도망치거나 끊어지게 되는 내용은 성장영화고, 나도 세상의 일부이자 가해자이기도 하다는 인식을 포함하는 내용은 성인영화라고요. 아울러 미래에 대한 불안을 담았으면 성장영화고, 과거에 대한 집착을 그렸으면 성인영화라는 거죠. 그런 식으로 보면 똑같은 중년 이야기라도 류장하 감독님의 〈꽃피는 봄이 오면〉은 성장영화고, 이창동 감독님의 〈박하사탕〉은 성인영화인 셈입니다.(웃음)

LEE 그 과정에서 누가 더 많이 삐치시는 편이셨나요.(웃음)

KIM 둘 다 화를 잘 내지 않는 편이기는 했지만, 제가 더 많이 삐쳤던 것 같긴 하네요. 이상하게 서운한 게 많더라고요. 민감독이 저보다 훨씬 더 강한 사람인 것 같아요. 다 끝나고 나서야 제게 "너 때문에 많이 힘들었다"고 하더라고요.

– 빨리 카메라 찾아내. 빨리 찾아내란 말이야.

〈여고괴담 두 번째 이야기〉에서 김재인이 수업시간 도중 자신의 카메라를 갖고 있다가 교사에게 빼앗긴 친구 공효진을 몰아붙이며

LEE 첫 연출 후 두 번째 작품이 나오기까지 무려 7년이 걸렸습니다. 그동안 하루라도 빨리 두 번째 카메라를 잡고 싶은 마음이 있으셨을 것 같습니다.

KIM 어떤 영화를 해야 할지 정확히 파악하지 못한 상태에서 첫 영화를 끝냈죠. 그러고 나니 오히려 진짜 고민은 그 다음에 찾아오더라고요. 그전에는 그냥 카메라를 들고 나가서 찍으면 되는 거 아니냐고 쉽게 생각했지만, 이후에는 영화를 찍는다는 게 정말 엄청난 일이라고 느껴져서 뒤늦게 겁도 났어요. 남들은 7년 동안 뭘 했을까 싶으시겠지만, 그 7년 내내 영화를 생각했어요. 연극 연출도 하고 단편 작업도 하면서 나름대로 바쁘게 지냈지만, 주로 시나리오를 쓰고 회사에 보여준 뒤 반응이 시큰둥하면 그냥 접어버리는 일을 반복했습니다. 〈가족의 탄생〉이 제게 특별한 영화인 게, 그 작품도 회사에서 재미없다고 해서 포기하려던 것이었거든요. 그런데 이 영화만은 꼭 찍겠다고 결심하고 의지로 밀어붙여 결국 완성했으니 더 소중하게 느껴집니다. 사실 그전까지는 스스로 너무 많이 포기했던 것 같아요.

LEE 그 7년 동안 조바심 나지 않았나요?

KIM 처음 3~4년은 조바심이 났어요. 이렇게 자꾸 지연되면 다시 영화를 하지 못할지도 모른다는 두려움도 있었고요. 그런데 5~6년쯤 지나니까 '아니, 뭐, 할 수 있으면 좋고, 못하면 말고' 싶은 생각이 들더라고요. 가치관도 변한다고 할까요.(웃음)

– 일주일이 넘었는데 왜 안 주는 거야? 왜 이래?
사람 놀리는 거야?

〈가족의 탄생〉에서 경제적으로 쪼들리던 김혜옥이 돈을 갚아야 할 사람에게 전화로 독촉하면서

LEE 그 기간에 경제적으로도 정말 쉽지 않으셨을 것 같습니다.

KIM 빚으로 살았어요. 그래도 제가 운이 좋은 게, 월세를 낼 돈이 없게 됐을 때 EBS-TV의 〈시네마천국〉 진행 제의가 들어왔다는 거죠. 그 프로그램을 그만두게 될 때쯤에는 두 번째 영화 〈가족의 탄생〉에 들어갈 수 있었고요. 말하자면, 일종의 감독사기단이에요. 다음 영화하기로 하고 돈을 미리 받았다가 미루기도 하고…….(웃음) 사실 가난하게 사는 것에는 상대적으로 익숙하기도 해요. 초등학교 6학년 때 가세가 완전히 기울었는데, 그 덕분에 중학교 3년간이 제 인생에서 아주 어려운 시기였죠. 그때 제 키가 남녀 통틀어서 전교에서 가장 작았어요. 교내 연극으로 〈춘향전〉을 하게 되면 제가 춘향이로 뽑힐 정도였죠.(웃음) 오히려 영화를 하면서 돈을 많이 벌 수도 있을 것 같다는 생각이 들어서 놀라고 있어요. 원래는 영화에 뛰어들면서 돈은 어차피 못 버는 거라고 포기하고 있었거든요.

– 유시은! 일어나봐. 유시은 일어나서 혼자서 한번 해봐.

〈여고괴담 두 번째 이야기〉에서 음악 선생님이 딴생각을 하고 있는 이영진에게

LEE 〈가족의 탄생〉에서 처음으로 단독 연출을 해보시니 어떻던가요.

KIM 이전과 달리 이제는 모든 결정을 내가 다 내려야 한다는 사실을 절실히 느꼈지요. 그리고 조금 외로웠어요. 원래 영화를 만든다는 게 이렇게 외로운 작업이구나, 누구에게도 의존할 수 없는 거구나, 그런 생각을 많이 했죠.

– 옛날에는 둘이 죽자 사자 붙어 다니더니만 요즘은 뭐,
별로 그런 것 같지도 않더라.

〈여고괴담 두 번째 이야기〉에서 갈등 중인 이영진과 박예진의 사이에 대해 한 급우가

LEE 민규동 감독님과는 요즘도 자주 연락하고 지내세요?

KIM 따로 활동한 지 몇 년 됐는데, 여전히 통화도 하고 보기도 해요. 일주일에 한 번 정도는 통화를 하는 것 같습니다. 그전에는 몇 달에 한 번이었다가 다시 자주 연락하고 있어요. 여전히 주변에서 보기에는 뗄 수 없는 관계인 것 같아요. 두 사람에게 함께 캠페인 같은 것도 맡기는 걸 보면 말이에요. 사실 우리는 애증이 있는 관계입니다. 여전히 서로의 작업에 대해 누구보다 관심이 있고 최종 시나리오가 나오면 서로 모니터링도 해주는데, 완전히 편한 관계는 아닌가봐요. 민규동 감독이 〈가족의 탄생〉을 처음 보고서 어른스러운 영화라고 평했는데, 그 말을 들으니 기분이 좋더라고요.(웃음)

LEE 그러면, 민규동 감독님의 두번째 영화 〈내 생애 가장 아름다운 일주일〉을 처음 보셨을 때는 어떤 느낌을 받으셨는지요.

KIM 처음에는 약간 의아해 했어요. 그러다 민규동의 여러 특성 중에서 어느 한 속성과 많이 닮은 것 같은 영화라는 생각이 들었죠. 그 사람의 여리고 착한 부분이랄까요. 그리고 민규동은 굉장히 노력하는 스타일이거든요.

– 님이라는 글자에 점 하나를 찍으면 남이 되어버리는
장난 같은 이 인생

〈가족의 탄생〉에서 고두심이 무심결에 흥얼거리는 노랫말

LEE 〈가족의 탄생〉에 나오는 인물들은 주로 상실감이나 외로움을 겪는 사람들입니다. 처음 캐릭터를 만드실 때 어디에 중점을 두십니까.

KIM 저는 고전적인 인물형을 좋아하는 것 같습니다. 어떤 사람이 어떤 환경에서 특정한 자극을 받았을 때, 그 사람이 어떻게 대처해 갈 것인가에 대해 흥미를 갖고 있어요. 사람이란, 영화 〈밀양〉에서처럼

강력한 위기가 닥치지 않으면 그의 진짜 모습이 잘 드러나지 않는다고 생각해요. 저는 인물의 성격을 미리 상상하는 방식으로 캐릭터를 만들지 않고, 특정상황 속에 인물을 넣고 그 인물이 반응하는 모습을 그려봄으로써 캐릭터의 성격을 짐작하는 방식을 택합니다.

- 넌 하나도 안 특별해.
- 난 죽을 수도 있어.
- 난 니가 창피해.

〈여고괴담 두 번째 이야기〉에서 이영진이 자신에게 집착하는 박예진에게 잔인하게 쏘아붙이며

LEE 〈여고괴담 두 번째 이야기〉에서 여주인공은 결국 "난 니가 창피해"라는 말 때문에 자살했다고 볼 수 있습니다. 그 말은 〈가족의 탄생〉에서도 다시 사용되지요. 그런데 첫 작품에서 그토록 무시무시했던 말이 두 번째 영화에서는 전혀 다른 맥락으로 사용됩니다. 경석(봉태규)이 그 말을 하자 채현(정유미)이 "내가 창피해? 나는 사랑해"라고 장난스레 받는 거지요. 같은 문장의 다른 용례 속에 어떤 변화가 담겨 있는 겁니까?

KIM 다분히 의식적인 부분이 있었지요. 말씀하신 대로 그게 사람을 죽일 수도 있는 말이잖아요. 그랬던 말이 되풀이되어 채현에게로 왔을 때는 "내가 창피해? 나는 사랑해"라고 넘어갈 수 있는 여유가 있었으면 좋겠다고 생각했어요. 〈여고괴담 두 번째 이야기〉에서 사랑을 이유로 가하는 상처의 깊이에 대해 그렸다면, 〈가족의 탄생〉에서는 누군가 사랑의 상처를 가할 때 거기에 대해 여유 있게 받아 칠 수 있기를 바란 거죠.

LEE 그 7년 사이에 세상을 보는 감독님의 시선에도 변화가 생긴 것은 아닌가요? 아까 '못하면 말고' 발언이 대단히 인상적으로 들렸

는데요.(웃음)

KIM 그럴 수도 있겠죠. 이젠 저도 조금 마음의 여유가 생겼다고 할까요. '할 수 없지 뭐'라고 생각하고 넘어갈 수 있게 된 것 같아요. 내가 사랑하는 사람이 나를 보고 창피하게 느낀다고 해도 그냥 그럴 뿐, 이제는 창피하지 않은 나를 꿈꾸지는 않는다는 거죠.

LEE 그게 아저씨가 되어간다는 증거랍니다.(웃음)

KIM 맞아요.(웃음) 그런데 전 나이 먹는 거 좋아해요.

LEE 왜요?

KIM 뭐랄까, 젊음에는 좀 사악한 구석이 있는 것 같거든요. 예전에는 나이 많은 여자, 나이 적은 여자, 나이 어린 남자, 나이 많은 남자 순으로 편했는데, 요즘은 나이 많은 남자가 나이 많은 여자 다음으로 편해요. 이제는 성별이 아니라 나이가 더 편해졌다는 거죠. 나이든 남자들이 점점 안쓰럽게 느껴지기도 합니다.

– 여자친구 맞구만. 참, 쑥스러워도 하네.
뭐야, 난 또 나 보러 온 줄 알고 있었네. 창피해라.

〈가족의 탄생〉에서 고궁에서 우연히 류승범과 마주친 공효진이 뒤늦게 그의 곁에 다른 여자가 있음을 알아채고서

LEE 만일 차기작인 세 번째 작품에서도 "난 니가 창피해"라는 대사를 한 번 더 넣어야 한다면 이번에는 어떻게 하실 것 같습니까.

KIM 굉장히 재미있는 질문이네요.(웃음) 영화아카데미에 다닐 때 일이에요. 아카데미 앞 횡단보도를 건너는데 어머니가 친구 분들과 함께 지나치시면서 저를 모른 척하시더라고요. 그때는 촬영을 할 때라 행색이 초라하고 또 장비도 많이 들고 있었기에 아들이 창피하셨나 봐요.(웃음) 이거야 우스갯소리지만, 정말 좋아하는 사람에게 창피하다는 말을 들으면, 더구나 제일 민감한 여고 시절에 그런 말을 들

었다면 그것 때문에 죽을 수도 있다고 봤기에 〈여고괴담 두 번째 이야기〉에 그런 내용을 넣었던 거죠. 아직 세 번째 작품을 완전히 쓴 것은 아니니까, 지금 던지신 그 질문을 그 작품의 중요한 화두 중 하나로 생각해 보겠습니다.(웃음)

LEE 그렇게 차기작이 나오면 세 편을 엮어서 '창피해 3부작'으로 하시면 되겠네요.(웃음)

- 우리 그만 하자.
- 그런 말 쉽게 하는 거 아니야.
- 쉽게 하는 거 아니야. 근데 니가 왜 상호씨 애를 찾아줘야 돼?

〈가족의 탄생〉에서 남의 아이 찾아주느라고 자신과의 약속을 지키지 않은 정유미에게 따지고 드는 봉태규

LEE 〈가족의 탄생〉에서 대화 장면은 말꼬리를 잡고 불안하게 이어지다가 한쪽에서 대화 중지를 선언하면서 끝나는 경우가 자주 발견됩니다. 이 영화에는 말로 갈등이 해결되는 경우가 전혀 없죠. 인물들의 대화를 듣다 보면 답답해지고는 하는데, 어느 순간 감독님은 언어에 의한 소통을 믿지 않는 것 같다는 생각이 강하게 들더군요.

KIM 그런 지적, 무척 흥미롭네요. 스스로 그렇게 생각해 본 적이 없는데 말이에요. 저는 수다의 힘은 믿어요. 그런데 논리적인 언어로 설득하는 것은 안 믿는 것 같아요. 대화의 핵심은 정서적 수다에 있다고 생각합니다. 분명 대화가 필요하다고 생각하지만 대화를 통해 설득하는 것은 믿지 않는 편인 듯해요. 논리에 대한 불신이 제게 있나 보네요.

여고괴담 두 번째 이야기

개봉 1999년 12월 24일
출연 박예진 이영진 김민선 공효진
상영시간 98분

CINEMA REVIEW

BOOMERANG INTERVIEW

민아는 학교 수돗가에서 효신과 시은이 주고받으며 쓰는 교환일기를 발견한다. 호기심으로 읽어가던 민아는 양호실에 갔다가 우연히 둘이 재회하는 장면을 목격한다. 효신과 시은의 관계가 우정을 넘어서 사랑으로 이어져가자 급우들은 두 사람에게 야유와 조소를 보낸다.

어둠 속 그어진 성냥불이 화면을 밝힌다. "첫번째 아해가 무섭다고 그리오"란 구절로 궤도에 진입하는 이상의 시 〈오감도〉 첫째 편의 불길함을 차용하듯, 다음 순서는 "첫째날 한 아이가 죽었다. 머리가 텅텅 비어진 채. 아마도 진실을 기억해냈나 보다"로 시작되는 내레이션. 독백 속 날짜가 늘어감에 따라 소녀의 내레이션 역시 화자의 수를 늘려가며 겹쳐진 채 기묘한 주술이 된다. 이어 물속에서 교복을 입은 채로 버둥대는 두 여학생. 김태용, 민규동 감독이 공동 연출한 〈여고괴담 두 번째 이야기〉의 오프닝 시퀀스는 어둠과 빛, 침묵과 공명, 현실과 환상 사이에서 잠시 허우적대다가 공포영화 장르의 매력적인 불안 속으로 단숨에 관객을 빨아들인다.
박기형 감독의 흥행작 〈여고괴담〉에 이어 나온 시리즈 속편 〈여고괴담 두 번째 이야기〉는 극이 막을 내린 후에도 잔상과 이명이 오래도록 지속된다. 살육으로 붉지 않고 슬픔으로 하얀 이 이상한 공포영화의 색조에는 어느 곳에도 몸 부릴 곳 없었던 어느 소녀의 상실감이 온전히 배어 있다. 결국 그 아이는 원을 거두고 아득한 무로 스며들었을까. 〈여고괴담〉 1편의 목맨 시체가 잘못된 제도에 의해 교살된 십대의 고통을 강조한다면, 2편의 투신 시체는 궤도 이탈을 용납 않는 금기의 중력을 이기지 못하고 추락하는 십대의 현기증을 증거한다.

과거를 회상하는 장면들이 전체 이야기 흐름 속에서 종종 리듬을 헝클어놓고, 시점 쇼트를 포함한 몇몇 부분이 과시적으로 느껴지기도 하지만, 이 영화의 스타일은 신인 감독의 젊은 상상력과 섬세한 감성이 어떤 것인지를 생생히 보여준다는 점에서 무척이나 인상적이다. 핸드헬드 카메라를 활용해 즉흥적인 앵글의 동적인 에너지를 불어넣는 한편, 하늘을 캔버스 삼아 인물의 실루엣으로 정적인 그림을 그려내기도 한다. 소란과 정적을 대비시키는 능력이나 내레이션을 활용하는 방식 같은 데서 사운드를 창의적으로 다루는 능력도 드러낸다. 십대영화로서 여고 교실 특유의 활력과 유머도 잊지 않았다. 이 작품에 담긴 섬세하기 이를 데 없는 감수성과 머릿속 이미지들을 시각적으로 구현하기 위해 좌우를 돌아보지 않고 밀어붙이는 도전정신은 처음 장편영화에 달려든 신인 감독에게서 발견할 수 있는 최상급의 재능과 태도였다. 소수의 관객들로부터 컬트에 가까운 열광적 반응을 얻었던 〈여고괴담 두 번째 이야기〉는 기이하도록 아름다운 공포영화다.

- 아. 더 크게. 아. 야! 니가 나한테 침을 뱉어?
너 죽었어. 퉤. 푸우우우.

〈가족의 탄생〉에서 공효진이 아버지가 다른 어린 동생에게 장난치면서

LEE 반면에 〈가족의 탄생〉에서 등장인물들 사이의 화해는 말이 아니라 몸을 통해 이뤄집니다. 3부로 구성된 이 영화의 각 챕터 모두에 그런 설정이 있어요. 2부에서 아버지가 다른 어린 동생을 미워하던 선경(공효진)의 마음이 바뀌게 되는 것은 둘이 서로 침을 뱉으면서 장난치고 난 후의 일이지요. 그리고 3부의 채현과 경석이 화해하게 되는 첫 단계는 경석이 트럭에 치일 뻔한 상황을 목격하고 채현이 본능적으로 껴안으면서 이뤄집니다. 이어 얼어붙은 다리 위에서 서로 몸싸움에 가깝게 부딪치고 머리로 부딪치는 식의 장난을 치면서 둘이 완전히 예전의 연인 사이로 돌아가지요. 1부에서도 함께 살게 된 아내 무신(고두심)과 누나 미라(문소리) 사이에서 묘하게 감정의 골이 패이자 형철(엄태웅)이 두 여자를 동시에 끌어안고 빙빙 돌리는 장난을 통해 갈등을 해소하기도 하죠. 〈여고괴담 두 번째 이야기〉도 그렇습니다. 절친한 사이였다가 서먹하게 된 시은(이영진)과 효신(박예진)이 다시 만나 옥상에서 서로 치고받고 장난치면서 예전의 친밀감을 회복하게 되잖아요. 게다가 이 장면은 〈가족의 탄생〉에서 경석과 채현이 몸싸움으로 장난치는 다리 위 장면과 카메라 앵글의 위치나 크기에서 매우 유사하게 찍혔습니다. 그 두 장면에는 감독님이 생각하시는 관계의 이상적 상태에 대한 이미지가 거의 원형처럼 담겨 있는 것 같습니다. 결국 감독님은 말보다 몸을 더 신뢰하시는 것 같다는 판단이 드는데요.

KIM 듣다보니 정말 그랬네요. 저는 확실히 말보다 몸을 더 믿는 편인 것 같아요. 그게 말씀하신 대로 수다를 즐기면서도 정작 말의 힘을 잘 안 믿는 것과도 자연스레 연결이 되네요. 사람이 변화되는 것은 특정 순간에 솟구치는 몸의 에너지와 관련이 있는 것 같아요. 말에

는 기술이 더 중요한데, 몸에는 반대로 의지가 더 필요하죠. 어디선가 읽은 말인데, 뇌에서 망각은 이런 식으로 이뤄진대요. 과거의 사건은 현재의 사건으로만 망각되고 비의지적인 사건은 의지적인 사건으로만 망각된다고요. 확실히 몸을 쓰는 것은 의지적인 행위인 것 같아요. 저는 〈가족의 탄생〉에서 운동회 장면을 좋아합니다. 선경과 어린 동생이 단시간에 친밀도가 급격히 높아질 수 있는 게 뭔가 고민하다가 나온 장면이죠. 사실 같이 뛰고 나면 친해지잖아요. 그러다가 그 순간이 지나고 나면 다시 관계가 생뚱맞아지기도 하고요. 말과 몸의 언어는 서로 다른 것 같습니다.

– 헤픈 거, 나쁜 거야?

〈가족의 탄생〉에서 정유미가 봉태규에게 도발적으로 물으면서

LEE 아마 〈가족의 탄생〉에서 가장 유명한 대사는 바로 이것이겠지요. 대단히 도발적이면서 논쟁적이고 또 일견 카타르시스까지 안기는 질문이었는데요.(웃음) 그런데 정말, 헤픈 것은 나쁜 건가요, 나쁘지 않은 건가요?

KIM 영화를 찍는 동안 촬영장에서 유행어가 됐어요. 스태프에게 아직 준비가 안 됐냐고 물어보면, "감독님! 준비 안 된 거, 나쁜 거예요?"라는 대답이 돌아오는 식이었죠.(웃음) 그 장면을 찍고 나서 배우들에게도 일일이 물어보기도 했어요. 헤픈 건 나쁜 거라고 생각하느냐고요. 문소리씨와 공효진씨는 '나쁜 것'이라고 대답했는데, 김혜옥씨와 정유미씨는 다르게 답하더군요. '이 영화를 하면서 많이 자문해 봤는데, 그게 그렇게 나쁜 건 아닐 수도 있다는 생각이 든다'는 거였지요. 그 질문에 좀 에둘러가면서 대답해 보자면, 저는 질문하는 태도가 삶에서 중요하다고 말하고 싶어요. 답을 내리는 순간은 종종 폭력적인 상황이 되는 거죠. 정치적 견해를 갖는 것과 특정한

정치적 행위를 하는 게 다르듯, 어느 순간의 판단이 물리적인 폭력과 연결되는 경우도 많잖아요. 말하자면, 경계를 문지르는 행위가 제게 중요했어요. 헤픈 게 나쁜 게 아니라는 것을 동경합니다. 그런데 그러는 순간 애매해지는 부분이 있어요. 정말 중요한 것은 가능한 한 그 경계선을 희미하게 만들어서 헤픈 사람에 대해서 한 번쯤 다시 생각해 볼 수 있게 되는 거지요. 굳이 '예스'인지 '노'인지를 단도직입적으로 묻는다면, 전 헤픈 게 나쁘지 않은 거라고 생각하는 쪽입니다.

– 얘, 엄마한테 오는 남자들, 돈 때문에 오는 거 아니야.
  보면 모르니? 엄마, 예쁘잖아.
– 그래서 얼마 달라는데?
– 뭘? 사랑을?

〈가족의 탄생〉에서 평생 연애의 끈을 놓지 않는 엄마 김혜옥과 그런 엄마를 미워하는 딸 공효진의 대화

LEE 〈가족의 탄생〉에서 주요 배역인 여자 넷은 결국 헤픈 여자 두 명과 헤프지 않은 여자 두 명으로 나눌 수 있습니다. 그런데 중요해 보이는 것은 그들이 헤프냐 헤프지 않냐가 아니라 헤픈 사람도 안 헤픈 사람도 그게 그들의 행복과는 아무런 상관이 없다는 겁니다. 그런 사실 자체가 이 문제에 대한 이 영화의 태도와 밀접한 관련이 있다고 여겨집니다.

KIM 그 말이 딱 맞는 것 같아요. 그렇게 이해되네요. 헤프고 안 헤프고에 따라서 전전긍긍하고 그럴 것 같아도, 그게 한 인간의 행 또는 불행에 결정적인 요소가 아니라는 게 적절한 표현이겠네요. 저도 그런 생각을 하고 있었던 것 같네요.

– 이게 뭐야. 좀 잘살든가. 말이 돼, 이게?

〈가족의 탄생〉에서 엄마 김혜옥의 가게로 찾아간 공효진이 누추한 실내를 보면서

LEE 〈가족의 탄생〉의 종반부는 따뜻하고 열려 있는 느낌을 줍니다. 하지만 뒤집어 생각하면 전혀 다르게 보이기도 합니다. 극의 후반부에 이르면, 미라와 무신이 수십 년을 함께 살아왔다는 게 드러나는데요, 어떻게 생각하면 이 부분이 '여인잔혹사'의 느낌까지 들기도 하거든요. 두 여자가 정말로 행복하게 잘살고 있다고 생각하십니까.

KIM 행복하지 않다고 생각해요. 사실 이 영화 개봉 후 주변 사람들로부터 제가 모성 판타지를 과도하게 갖고 있는 것 같다는 지적을 많이 받았어요. 제 친구 하나는 저 보고 신종 마초라고 놀리기까지 했고요. 엄마와 애인밖에 모르는 게 옛날 마초라면, 여자들이 누나로 통합되는 남동생 같은 남자가 요즘 마초라는 거죠. 그 여자들의 사연은 도외시한 채 여자들이 계속 집에 남아 있기를 원하는 철모르는 남동생의 영화 같다는 거예요. 제 나이의 남자들을 보면 슬픈 것은 어느새 아저씨가 되어버렸다는 건데, 그보다 더 슬픈 건 정신적으로는 아직 소년으로 남아 있다는 겁니다. 그 점에서 이 영화는 고민이 많았어요. 시나리오 작업을 할 때도, 영화를 찍을 때도, 여성친화적인 측면의 이면에 제가 신종 마초일 수도 있다는 생각이 들었으니까요. 정말로 제게 그런 게 있는지도 모를 일이죠. 그런데 그 미라와 무신이 행복하지는 않지만, 서로 위로를 받는 것은 확실하다고 봅니다. 그게 또 행복하다면 행복한 것이기도 하겠지요.

– 근데 아무래도 밤엔 술을 좀 팔긴 팔아야겠죠?
– 무슨 한복집에서 술을 팔어?
– 아니, 낮엔 옷 만들고 밤엔 술 팔고.
– 너는 가끔 말이 안 되는 소릴 막 하고 그러더라.

– 무슨 소리야. 요샌 다 한복 입고 술 팔어.
– 그럼. 그래도 우린 2차는 안 나가요.

〈가족의 탄생〉에서 한복집을 하겠다는 엄태웅, 고두심 커플이 황당해 하며 반문하는 문소리 앞에서 밤에는 술도 팔겠다며

LEE 미라와 김사장(정홍채) 커플 앞에서 밥을 먹던 형철과 무신이 술과 한복을 함께 파는 가게를 내겠다고 말하는 장면은 정말 엉뚱합니다. 어떻게 이런 기상천외한 대화 장면을 생각하셨는지요.(웃음)
KIM 시나리오 작업 중에 장난기가 발동했던 것 같아요. 예전에 2인 만담으로 유명했던 장소팔, 고춘자씨처럼, 무신과 형철의 사이에는 둘만이 서로 이해하는 농담 코드가 있다고 생각했어요. 남들이 들으면 웃어야 할지 말아야 할지 애매해지는 그런 농담을 두 사람이 주고받도록 만들고 싶었던 거죠.

– 시은아. 오늘 많이 힘들었지? 미안해. 일기 잃어버렸어.
– 괜찮아. 일기는 다시 쓰면 되니까.

〈여고괴담 두 번째 이야기〉의 종반부에서 모든 일이 다 끝난 뒤 사과하는 김민선과 괜찮다고 답하는 이영진

LEE 〈여고괴담 두 번째 이야기〉의 종반부에는 굉장히 인상적인 쇼트가 나옵니다. 시은과 위의 대화를 마친 직후 민아(김민선)가 옥상으로 통하는 문을 열 때 빛이 쏟아져 들어와서 화면 전체가 온통 하얗게 변하는 거죠. 사실 마지막 장면을 제외하면 내내 낮에 진행되는 이 영화는 아마도 가장 조도가 높은 충무로 공포영화일 겁니다. 〈가족의 탄생〉도 빛을 섬세하게 다뤄낸 영화죠. 그 정도 밝기는 아니지만, 〈가족의 탄생〉에도 유사한 미디엄 쇼트가 나옵니다. 어머니가 돌아가신 뒤 창문가에 선 선경이 블라인드 사이로 쏟아지는 햇살에 눈

부셔 하는 장면이지요. 두 장면 모두 사건이 일단락된 직후 남은 사람의 내면을 빛으로 샤워하듯 스케치한다는 느낌입니다.

KIM 제게는 자주 떠오르는 강렬한 판타지가 있어요. 어떤 여자가 햇빛 쏟아지는 곳에 서서 눈물을 흘리고 있어요. 심은하씨 같은 느낌이 나는 여자가요.(웃음) 그런 장면을 어디서 봤는지, 상상으로 만든 건지 모르지만, 그 이미지가 항상 머리에 남아 있죠. 이를테면 슬픔이 정면으로 완전히 노출되는 상황일 텐데, 저는 슬픔이라는 정서를 생각하면 어둡고 자학적인 이미지가 아니라 바로 그런 그림이 떠올라요.

– 첫째 날 한 아이가 죽었다. 머리가 텅텅 비워진 채.
아마도 진실을 기억해냈나 보다.

〈여고괴담 두 번째 이야기〉의 도입부에 깔리는 내레이션

LEE 〈여고괴담 두 번째 이야기〉는 어둠 속에서 누군가 성냥불을 켠 후 초에 붙이는 쇼트로 시작됩니다. 이어 여학생의 내레이션이 서로 중첩되어 들리게 되죠. 〈가족의 탄생〉은 기차가 어두운 터널을 막 벗어나면서 출발합니다. 이렇게 두 편 모두 어둠에서 빛으로 옮아가면서 영화가 시작된다는 공통점을 지니고 있는 게 이채롭습니다. 사실 감독들은 이런 시작을 선호하는 경우가 많은 것 같아요. 박찬욱 감독님도 첫 영화인 〈달은…해가 꾸는 꿈〉을 어두운 방에서 백열전구를 켜는 모습으로 시작하셨죠. 특히 신인 감독이 데뷔작을 낼 때, 자신의 영화적 출발점이라고 할 수 있는 그 데뷔작의 첫 쇼트를 불을 켜면서 시작한다는 것은 대단히 상징적인 선언일 수도 있다는 느낌이 들기도 합니다.

KIM 그런 게 클리셰Cliché까지는 아니더라도, 좀 관습적인 표현이긴 한 것 같아요. '자, 이제 이야기가 시작됩니다'라고 선언하는 듯한

표현인 거죠. '이후에 영화는 아주 리얼하게 전개되겠지만, 사실 당신은 지금 영화를 보고 계신 겁니다'라고 말하는 듯한 느낌이 그런 장면에 있겠죠.

– 기차 타면 이런 거 먹어주는 거 아니예요?

〈가족의 탄생〉에서 봉태규가 기차 옆 좌석에 앉은 정유미에게 음식을 권하며

LEE 처음으로 단독 연출한 영화의 첫 장면의 장소로 기차를 선택하셨습니다. 〈이터널 선샤인〉이나 〈비포 선라이즈〉 같은 영화들은 기차의 로맨틱한 정서를 잘 차용한 영화들이죠. 영화에서 특히 중요한 첫 장면을 기차에서 찍은 것은 어떤 이유였는지요. 그리고 그 장면을 찍으면서 혹시 위의 영화들을 떠올리셨는지요.
KIM 〈이터널 선샤인〉을 좋아하지만 그 영화를 떠올리지는 않았어요. 〈비포 선라이즈〉와 〈비포 선셋〉 두 편은 무척 좋아해서, 직접적인 참고는 아닐지라도 영향이 있었을 수도 있겠다는 생각은 드네요. 저는 불이 꺼지고 첫 장면이 뜰 때 관객으로서도 무척 흥분됩니다. '자, 이 사람들을 보세요. 이 영화는 이 사람들 이야기입니다'라고 말하는 것 같은 영화들을 좋아하죠. 그런 고전적 문법을 제 영화가 갖고 있지는 못하지만, '사랑 이야기입니다, 기차에서 만났습니다, 이들은 그동안 어떻게 살아왔을까요'라고 변사처럼 말하면서 시작하는 영화를 만들려고 첫 장면을 그렇게 했어요.

– 헤어졌대?
– 헤어졌대.
– 잘됐네. 오늘 여기서 자고 갈 거지?
우리 방에서 자고 가. 나랑 둘이.

– 노망났어, 진짜. 왜 언니 방에서 자?
큰 방 내 방 놔두고 왜 언니 방에서 자?

〈가족의 탄생〉에서 정유미의 남자친구인 봉태규를 놓고 늙은 고두심과 문소리가 놀려대며

LEE 〈가족의 탄생〉의 종반부는 정말 유쾌하게 느껴집니다. 그중 특히 봉태규를 나이든 두 여자가 성적으로 희롱하는 듯하는 장면이 왜 그렇게 재미있는지 모르겠어요. 그런데 한편으로는 이런 생각도 들어요. 만일 경석이 여자고 두 나이든 남자가 그녀를 상대로 위에서처럼 희롱했다면, 정말 만인의 지탄을 받는 장면이 됐을 거라는 사실이죠.(웃음)

KIM 흔히 아내의 불륜은 해방이고 남성의 불륜은 반인륜으로 해석되죠.(웃음) 사실 저보다 나이가 많은 아줌마들로부터 일종의 성적 희롱을 당한 적이 있었는데, 이상하게 별로 수치심이 안 느껴지더라고요. 말씀하신 대로 그 장면에서 남자가 그렇게 했다면 정말 농담이라도 용납이 안 됐을 것 같네요. 왜 그럴까요?

LEE 강자의 성과 약자의 성의 차이가 아닐까요? 약자의 성이 현실에서와 달리 도치되는 순간에 오는 어떤 전복의 쾌감 같은 것인지도 모르죠.

KIM 그럴 수도 있겠네요. 그런데 전 이 장면에서 확실히 따뜻함을 느꼈어요. 어쩔 수 없이 모성과 연결되는 개념인 것 같긴 해요.

– 선경아, 엄마랑 어디 좀 갈래?
– 시간 없어. 엄마.
– 그러지 말고 같이 어디 좀 가자.
– 나, 시간 없다니까.

〈가족의 탄생〉에서 죽음을 예감하면서 함께 시간을 보내려는 엄마 김혜옥의 제안을 딸 공효진이 거부하면서

LEE 〈가족의 탄생〉에서 결정적인 순간들은 대부분 문이 열려 있는 상태에서 발생합니다. 엄마와 딸 사이 애증의 간극이 극에 달하는 위의 대화는 열린 문 안팎에 딸과 엄마가 선 채 이뤄집니다. 이 영화의 이야기는 미라가 동생 형철에게 문을 열어주면서 시작해서 미라가 형철을 내몬 채 문을 닫아걸면서 끝납니다. 그 외에도 문을 열어놓은 상태에서 인물들이 갈등하고 고민하는 장면들이 많은데요, 결국 전 〈가족의 탄생〉이 문을 열어줄까 말까, 그 문으로 누구를 들어서게 하고 누구를 들어서지 못하게 할까에 대해 질문하는 영화라고 보았습니다. 다른 말로 하면 삶의 경계선에서 끊임없이 물음을 던지는 영화라는 거지요.

KIM 인물간의 관계를 표현하기 위한 다분히 의도적인 장치였지요. 〈가족의 탄생〉을 만들면서 어떤 질문에 어떻게 대답해야 할 것인가를 항상 생각했습니다. '당신이라면, 그래도 핏줄이니 저런 남동생과 같이 살겠습니까' '당신이라면, 싫어하는 엄마가 죽어가면서 안아달라고 하는데 그렇게 하겠습니까' 같은 질문들이죠. 질문 안에 들어 있는 딜레마에 이야기를 놓는 것을 흥미로워하는 편이에요. 제가 정말 만들고 싶은 영화는 가장 재미있는 질문을 하는 영화입니다.

LEE 늘 문이 열려 있다는 데서 암시되듯, 이 영화는 대부분의 질문에 대해서 명확한 답을 내리지 않고 다양한 가능성을 향해 열어놓습니다.

KIM 맞아요. 애초에 답이 있는 질문이 아니니까요. 최종적으로 답을 해도, 그 결정은 기본적으로 열린 거죠. 열린 문을 통해서 관객이 그 질문에 참여할 수 있는 여지를 주고 싶었습니다.

– 누나, 내가 진작에 연락을 했었어야 했는데. 인사들 해.
이쪽은 미현씨예요. 사정이 좀 딱해서 함께 왔는데.

– 반가워요. 형철아, 잠깐만.

– 어, 문 좀 열어봐. 장난치지 말고. 이봐, 이러면 안 돼.

〈가족의 탄생〉에서 누나인 문소리가 십 수년 만에 다시 나타나서 뻔뻔스럽게도 또다른 여자와 함께 들어서려는 동생 엄태웅을 내몰고 문의 빗장을 지를 때의 대화

LEE 〈가족의 탄생〉은 결국 그 열린 문을 닫고 빗장을 지르면서 끝납니다. 문 밖으로 내몰린 사람이 남동생이고, 문 안에 남겨진 사람들이 서로 아무런 혈연관계가 없는 네 사람이라는 점에 이 영화가 말하고자 하는 핵심이 담겨 있습니다. 바로 그 장면에서 〈가족의 탄생〉이란 제목도 나오는 거고요.

KIM 그 장면을 찍으면서 정말 고민이 많았습니다. 다시 돌아온 남동생을 받느냐 마느냐가 이 이야기에서 정말 중요한 선택이니까요. 안 받기로 결정하고 나서는, 그 묘사의 톤은 또 어떻게 할 것인가를 고민했어요. 사납게 내몰 것인가, 화를 낼 것인가, 실실 웃으면서 그렇게 할 것인가. 그런데 이 영화에서 결국 매정한 듯 내몰면서 끝났지만, 시간이 흐르면 그 문을 다시 열어줄 것 같지 않나요?

LEE 영화가 끝나도 그게 최종적인 선택이 아닌 것 같은 느낌이 짙었죠.

KIM 전 지금도 제가 영화 속에서 묘사한 결정이 옳은 건지 모르겠어요. 열린 결말이 무책임한 것은 아니었을까 하는 거죠. 그러나 찍을 때는 질문이 계속 이어진다는 느낌이 중요했어요. 캐릭터는 대답을 했지만 영화의 질문은 여전히 유효하다는 생각이었죠.

– 앤 누구예요?

– 아, 그러니까 애는 전 남편의, 거, 어떤 관계야, 그 아줌마가 그러니까, 무신씨 전 남편의 전 부인의 딸. 뭐 그쯤 돼.

〈가족의 탄생〉에서 문소리가 집에 찾아온 여자아이가 누구냐고 고두심에게 묻자

LEE 〈가족의 탄생〉의 종반부에서 경석이 만나게 되는 채현의 가족들은 따지고 보면 혈연으로는 전혀 연결되지 않는 사이입니다. 채현은 무신이 함께 살았던 남자의 전처소생이면서, 미라와는 그야말로 아무 사이도 아닌 관계였으니까요. 그런데도 이 세 사람은 살갑기 이를 데 없는 가족관계를 이루고 사는데, 여기에 착목着目한 이 영화의 제목까지 〈가족의 탄생〉입니다. 여기에는 감독님이 가족이라는 관계를 바라보는 독특한 시각이 담겨 있는 것 같습니다.

KIM 저는 가족을 이루게 하는 힘이 무엇인지 궁금했어요. 채현과 무신과 미라는 서로 피 한 방울 안 섞인 사람들이면서도 가족을 이루고 산다고 할 수 있는데, 이들을 그렇게 만들 수 있었던 힘이 무엇이었는지 묻고 싶었다는 거죠. 제 생각에 가족의 핵심은 친밀도이고, 친밀도의 핵심은 연민인 것 같습니다. 사실 연민은 무척 이상한 감정이잖아요. 측은지심은 사람이 도저히 가질 수 없는 독특한 지점에 놓여 있는 감정인 거죠. 사실 사람을 움직이는 큰 힘 중 하나는 사랑받고 싶은 욕구에서 오는 것 같아요. 영화 만들기를 포함한 창작도 그런 측면에서 이해될 수 있을 거예요. 일반적으로 차를 몰고 도로에 나서면 모두들 평소보다 거칠어지지만, 누가 내 차 앞으로 끼어들 때 미리 손짓이나 말로 양해를 구하면 대부분 용인해 주잖아요? 상대가 내게 우호적이라는 것을 확인하는 순간, 사람들은 굉장히 친절해지는 것 같아요. 선경이 엄마에 대해 이해하게 되는 과정의 핵심도 그런 사랑 받는 느낌과 관련이 있을 거예요.

LEE 그런 관점에서 보면 피가 섞이지 않아도 충분히 가족이 될 수 있다는 거죠?

KIM 그렇죠. 이 영화의 도입부에서 경석과 선경이 만남을 시작할 때 '친절하시네요'라는 말로 시작하잖아요? 그런 감정에 기초한 게 가족이라는 것이죠.

– 애 그냥 여기다 재워. 내가 책임질게.
– 당신이? 당신이 책임을 져?

〈가족의 탄생〉에서 엄태웅이 집에 찾아온 여자아이에 대해 호기롭게 말하자 고두심이 차갑게 대꾸

LEE 〈가족의 탄생〉에서 인물들의 행동을 유심히 살펴보면, 책임을 져야 할 사람들 혹은 책임을 지겠다고 말하는 사람들은 책임을 지지 않고, 책임을 질 필요가 없거나 책임을 거론하지 않는 사람들은 책임을 지는 상황을 확인할 수 있습니다. 통념과 달리, 이 영화에서는 남자들이 아니라 여자들이 책임을 지죠. 한 인간이 다른 인간에 대해 지는 책임에 대해 어떻게 생각하십니까.

KIM 책임은 의무감이 아니라 좋아서 져야 하는 것이라고 봅니다. 약속 때문에 지켜내는 책임은 정말 나약하죠. 결정적인 순간이 오면 버텨내거나 이겨낼 수가 없으니까요. 〈가족의 탄생〉에서 책임을 지는 사람들은 의무감이 아니라 연민 때문에 그렇게 합니다. 무신과 미라와 채현이 함께 사는 것은 그게 자신들에게도 재미있기 때문입니다.

LEE 그런데 이 영화에서 그렇게 좋아서 책임을 지는 사람들이 하나같이 여자인 것은 어떤 이유일까요. 우연인가요.

KIM 우연도 있을 것 같습니다. 하지만 거기에는 제가 남자에 대해 가지는 불신이 자연스럽게 담겨 있었던 것도 사실이에요. 남자들은 의무감으로 책임을 지려는 것처럼 보여요. 책임감에 짓눌려 있다고 할까요. 그 때문에 서로를 불행하게 만들어버리는 게 있는 것 같아요. 아버지들은 책임감이라는 관념의 도움을 받아야만 가족을 지킬 수 있는 존재인 반면에 어머니는 대상에 대한 애정 때문에 책임을 지는 것 같구요.

- 우리 셋이 사진 찍자. 저기, 사진 좀 찍어주시겠어요?
- 야, 사진은 무슨.
- 자, 김치 하는 거예요.

〈가족의 탄생〉에서 엄태웅이 함께 나들이 간 누나 문소리와 애인 고두심에게 제안

LEE 〈가족의 탄생〉은 이상한 공존으로 가득 차 있는 영화라고 할 수 있습니다. 통념적으로는 어울려 살기 힘든 사람들이 관계를 이루고 함께 살아가는 모습을 다양하게 보여주니까요. 사실 이 영화에서 인물들은 거의 대부분 삼각관계에 놓여 있습니다. 1부에서는 형철과 미라와 무신, 2부에서는 선경과 엄마인 매자(김혜옥)와 엄마를 사랑하는 운식(주진모) 혹은 어린 경석, 또는 선경과 준호(류승범)와 준호의 새로운 여자친구, 3부에서는 경석과 채현과 채현의 주위를 맴도는 남자 중 하나가 그런 삼각관계를 이루니까요. 그러다가 이 영화는 종착점에 이르러 결국 여자 셋이 이뤄낸 일종의 관계적 구원을 그려냅니다.

KIM 가족영화를 보면 이상하게 불편한 게 있죠. 그건 아빠와 엄마와 아이가 등장할 때, 그 셋 사이의 삼각관계에서 비롯되는 싸움에 대한 불편함이 아니라 가족이라는 관념 자체와 싸우는 것에 대한 불편함에 가깝습니다. 가족영화는 흔히 멜로영화와 공존하기도 하는데 그게 그런 불편함을 더욱 자극하기도 하죠. 가족은 나누는 게 정상이라는 통념이 있는데, 멜로는 나누면 온전히 내 것이 되지 않는 관계를 다루는 장르니까 공존이 힘든 겁니다. 사실 〈가족의 탄생〉은 말도 안 되는 가설을 세워본 영화예요. 그 가설은 '셋이면 안 될까?'라는 것이죠. 그래서 말씀하신 그 장면에서 셋이 함께 사진을 찍게 되는 거고요. 하지만 이 영화의 마지막 장면에서처럼, 막상 동생이 집에 찾아오면 쫓아버리는 데서 알 수 있듯 그 속에는 동요도 있는 겁니다. '셋도 괜찮다'라고 말하는 순간, 그것은 억압이 돼요. 그런데 '둘만이어야 한다'는 것 역시 억압이죠. 제게는 그저 셋도 괜찮냐고 묻는

삶에 대한 동경이 있다고 할까요. 해결을 할 수는 없어도 질문만은 놓지 말자는 것이죠.

LEE '셋도 괜찮다'고 말하는 순간 비극이 덮치는 〈글루미 선데이〉 같은 영화도 떠오르네요.

KIM 그런 점에서 저는 당황하고 동요하는 캐릭터들을 좋아하나봐요.

– 넌 왜 니 맘대로야? 너 왜 이렇게 나한테 막 해?

〈가족의 탄생〉에서 헤어진 후 자신의 짐을 찾으러 온 류승범이 공효진에게 화를 내면서

LEE 〈가족의 탄생〉의 인물들은 가장 가까운 사람에게서 박한 대접을 받고 "어떻게 네가 나한테 이럴 수 있냐"고 항변합니다. 미라가 남동생 형철에게, 준호(류승범)가 한때 깊이 사랑했던 선경에게, 경석이 애인 사이인 채현에게 각각 그런 의미를 담은 말을 쏟아내지요. 〈여고괴담 두 번째 이야기〉의 주인공들 역시 직접적으로 그렇게 내쏘지는 않지만, 사실상 속으로 그런 말을 되뇌고 있는 셈이고요. 이런 대사들은 어떤 의미에서 자주 쓰신 건가요.

KIM 조금 전에 이야기한 것처럼 '셋이면 안 돼?'라거나 '책임지지 말고 그냥 흘러가는 대로 하면 안 돼?'라는 가설이 〈가족의 탄생〉에 들어 있는 셈인데, 그 가설이 몰고 오는 역효과 같은 게 있는 거죠. 이를테면 일종의 균형감각 때문에 제가 그런 대사들을 넣은 듯해요. 그런 가설의 결과 다른 사람은 상대방을 온전히 소유할 수 없게 되는 것이니까요. 관계가 진전되면 어느 순간부터 서운한 게 많아지더라고요. 그 말의 진짜 의미는 '나를 사랑해 줘'라는 것일 테죠. 이 영화의 기본 감정은 '내게 왜 이래?'라는 외로운 정서가 관계를 만들어내면서 '셋이면 안 돼?'라거나 '헤프면 안 돼?'라는 정서로 연결되는 데 있다고 봅니다.

– 모이기만 하면 들썩인다. 사랑 스캔들 비밀. 가족의 탄생.

〈가족의 탄생〉 DVD 재킷의 선전 문구

LEE 이 영화의 비디오와 DVD 재킷에는 이같은 카피가 적혀 있습니다. 그런데 저는 〈가족의 탄생〉이란 제목이 그럴 듯하기도 하고 또 아쉽기도 해요. 이 영화는 참 다양하게 해석될 수 있는 여지가 많은 풍부한 텍스트인데, 〈가족의 탄생〉이라는 제목이 붙음으로써 다들 대안가족에 대한 영화로만 읽어내려는 경향이 있잖아요. 흡사 페미니즘 교과서의 한 챕터 같은 제목이지요.

KIM 저도 그래요. 처음에 작가와 작업하면서 우스갯소리로 "이거 가족이 탄생하는 이야기 아냐?"라면서 〈가족의 탄생〉이란 제목이 어떠냐고 제안했거든요. 어찌 보면 엥겔스 책 제목 같기도 하죠. 그런데 가족이라는 말이 제목에 들어가니까 의미가 너무 강해져서 중간에 바꿔보려고도 했어요. 그런데 이 영화를 투자하고 배급하는 분들이 〈가문의 영광〉을 의식해서인지 "흥행이 잘될 것 같은 제목인데 왜 바꾸려고 하느냐"고 하시더라고요.(웃음) 그런데 쓰고 보니 제목이 이 영화를 어떻게 읽어야 하는지 곧바로 지시하는 것 같아서 부담스러웠어요. 하지만 이런 제목이 없으면 가이드라인이 전혀 없겠다는 의견도 많아서 최종적으로 그렇게 했죠. 대안가족을 분명히 의식한 영화지만, 그게 시스템으로 모아지고 또 가족이란 관념보다는 구성원의 관계에 집중하기를 원했는데, 다들 대안가족을 이야기하니 반은 맞고 반은 아닌 거죠. 일단 제목이 그렇게 붙여지니 개봉 이후에도 주로 그쪽 방향으로 글이 쏟아져 나오더라고요.

LEE 그 제목에 대해서 배우들은 어떤 반응이었습니까.

KIM 정유미씨는 그 제목을 정말 좋아했어요. 바꾸면 출연하지 않겠다는 말까지 했죠.(웃음) 공효진씨는 제목이 '너무 구리다'고 하더군요. 제목 때문에 캐스팅이 제대로 되지 않을 것 같고 사람들도 극장에 찾아오지 않을 것 같다면서요. 그래서 일단 시나리오를 읽어보고 말하라고 했죠. 읽고 난 뒤에도 '제목이 내용에 맞기는 한데 그래도 좋지는 않다'고 끝까지 말하더군요.(웃음) 저는 그렇게 갈리는 반응들이 오히려 맘에 들었어요. 정유미씨처럼 바라보는 시각이 있는 반면, 공효진씨처럼 멜로적 감수성으로 보는 시각도 있어서 다양했다는 거죠.

– 참 대단들 하시다. 우리 엄마나 저 아저씨나.
아니 그깟 연애가 뭐라고 이렇게들 나쁘게 살아요?

〈가족의 탄생〉에서 공효진이 자신의 어머니인 김혜옥에 대한 사랑을 직접 입으로 밝히는 주진모의 말을 듣고

LEE 개인적으로 이 영화에서 가장 인상적인 대사는 "그깟 연애가 뭐라고 이렇게들 나쁘게 살아요?"라는 것이었습니다. 그 견해에 동의하든 하지 않든 말입니다.

KIM 그 대사를 거론해 주셔서 기쁜데요. 그 대사를 거론하는 사람이 거의 없었거든요. 그 직전 대사인 "사랑한다. 진심이다"에 대해서는 참 많이 말씀들 하시는데, 사실 "그깟 연애가 뭐라고 이렇게들 나쁘게 살아요?"란 대사가 훨씬 더 중요한 말이에요. 설혹 그것이 진심이라도, 윤리적으로 좋냐 나쁘냐는 질문을 피할 수 없다는 게 그 장면의 핵심이니까요. 그게 이 영화 자체의 핵심이기도 하고요.

LEE 흔히 멜로영화에서 일단 진심이라고 밝히거나 밝혀지면, 그걸로 상황이 종료되는 경우가 많지요. 그런데 이 영화는 진심을 밝히는 대사에 이어지는 순간에 좀더 근원적인 잣대를 들이대며 깊숙하게 질문하고 있다고 느꼈어요.

KIM 그렇게 보셨다니 정말 감사하네요. 사실 이 영화의 에필로그도 그런 느낌이었죠. 마지막에 남동생을 내몰고 대안가족끼리 행복하게 끝나는 듯한 이 영화가 뒤에 덧붙여진 플랫폼 에필로그에서는 차

갑고 스산한 느낌을 주잖아요? 저는 그 장면에서 '자, 그래서 새로운 가족이 탄생한 것 같으세요? 이들이 행복할까요?'라고 처음부터 되묻는 느낌이었거든요.

– 니가 못 믿겠다면 내가 증명해 줄게.
우리 공개적으로 확인하자.

〈여고괴담 두 번째 이야기〉에서 이영진이 둘 사이의 동성애적 사랑에 대해 박예진에게

LEE 첫 영화가 동성애영화라는 점에 대한 부담은 없으셨습니까. 아이들이 모두 쳐다보는 가운데 교실에서 효신이 시은에게 공개적으로 키스하는 장면까지 나오는데요.

KIM 부담이 컸지요. 그 부담은 바로 제대로 다뤄야 한다는 부담이었어요. 묘사의 대상이 되는 사람들에게 이 영화가 일종의 선물이 되었으면 하고 바랐거든요. 그래서 게이 · 레즈비언 커뮤니티에 시나리오를 쓸 때부터 보여주고 모니터를 받기도 했어요. 그런 긴장을 가지고 내내 작업했는데, 한편으로는 동성애영화가 아닌 그냥 사랑영화라는 생각도 있었어요.

LEE 동성애 소재에 대한 상업적인 부담은 없었나요?

KIM 상업적으로 퀴어적 감수성을 다루면 위험하다고 생각한 적은 없어요. 이 영화가 상업적으로 성공하지 못한 것은 동성애 소재를 다뤘기 때문이 아니라 별로 무섭지 않고 내러티브가 선명하지 않아서였을 거예요.

– 너 처음 봤을 때 굉장히 큰 종소리를 들었어.

〈여고괴담 두 번째 이야기〉에서 박예진이 이영진에게 고백

LEE 효신이 처음 만났을 때의 느낌에 대해 시은에게 털어놓은 표현은 대단히 에로틱합니다. 흔히 여성의 오르가슴에 대해서 그렇게 표현하는 경우가 많으니까요.

KIM 성적인 느낌을 다분히 의도한 대사였어요. 한편으로는 다분히 소녀적이기도 하고요. 그 대사에 대해 현장에서 다들 "닭살이야"라면서 참을 수 없다고 이야기하더군요. 그 대사를 해야 할 박예진도 그 말을 했어요. 박예진은 사실 정말 털털한 성격인데, 그래서 오히려 적당한 톤으로 그 대사를 할 수 있었던 듯해요. 캐릭터와 배우 사이의 간극이 만들어낸 화학적 반응 같은 것이라고 할까요. 이영진도 캐릭터와 배우가 달라서 오히려 더 흥미로운 배우였습니다. 까부는 쪽에 가까웠지, 영화 속에서처럼 남자아이 같다거나 과묵한 스타일이 아니었거든요. 겁이 많고 매우 여성스러운 성격이었죠. 문소리씨도 〈가족의 탄생〉의 미라와는 실제 성격이 완전히 다른 경우였어요.

– 아침부터 학생들이 떡칠하고 있는 현장에 와 있습니다.
잠깐 인터뷰를 해보겠습니다. 어디 일 나가십니까?

〈여고괴담 두 번째 이야기〉에서 공효진이 교실에서 거울을 보며 화장품을 바르고 있는 친구들에게 비디오카메라를 들이대면서

LEE 〈여고괴담 두 번째 이야기〉와 〈가족의 탄생〉을 보면, 두 편 모두 여성 심리 묘사에 강하다는 느낌을 받습니다. 기본적으로 여자들의 심리를 잘 아시는 것 같아요.

KIM 그렇지 않아요. 비슷한 이야기를 들을 때마다 매번 난감한데, 저는 진짜로 여자들 심리를 잘 모르고 또 그렇기에 궁금해 해요. 이건 좀 오해받을 수도 있는 소리라서 조심스럽기는 한데, 남자에게서 이상을 빼고 잔인함을 더하면 여자가 되는 것 같기도 해요. 제가 볼 때는 남자가 좀더 관념적이에요. 그걸 좋게 표현해서 이상이지, 사실

허영기 같은 것이 남자에게 있는 거죠. 쓸데없이 관념이나 대의명분 같은 것을 유독 중시하고요. 그 대신 여자들은 냉철한 현실감각을 지닌 것 같습니다. 허울 좋은 인류의 이상보다 개인의 실제적인 미래가 더 중요하다고 할까요. 캐릭터가 상당 부분 스스로에게 흠뻑 빠져 있을 때 여자가 되는 것 같습니다. 영화를 만들다보면 그런 게 있어요. 제게는 여성 캐릭터에 대한 동경이 있는 거죠. 제게서 허위의식을 빼고 또 빼다보면, 여자에 가까워진다고 생각하는 것 같습니다.

– 올챙이 한 마리가 이렇게 말했다.
어떻게 살 것이냐가 아니라 어떻게 죽을 것이냐.

〈여고괴담 두 번째 이야기〉에서 생물 선생님이 미토콘드리아의 모양을 칠판에 그리면서 만담조로 코믹하게 수업을 하면서

LEE 〈여고괴담 두 번째 이야기〉처럼 죽는 사람이 적은 공포영화도 드물 겁니다. 극중에서 딱 한 번 나오는데, 그나마도 자살이었으니까요. 〈가족의 탄생〉에서도 선경의 엄마인 매자(김혜옥)만 죽는데, 그것도 죽음 자체는 영화 속에서 전혀 묘사되지 않죠. 감독님은 영화 속에서 사람을 죽이는 일에 대해 근본적으로 꺼리시는 것 같습니다.

KIM 영화 속에서 죽음을 어떻게 처리하느냐가 가장 어려운 선택인 것 같아요. 저는 관객으로서 영화를 볼 때도 그 작품에서 사람이 죽느냐 혹은 그 죽음이 어떻게 표현되느냐에 따라서 그 영화를 파악하는 편입니다. 〈여고괴담 두 번째 이야기〉 때 고민이 많았던 게, 공포영화니까 사람이 많이 죽어나가야 할 텐데 인물을 죽이는 게 너무 어렵더라고요. 지금 돌이켜보면 그때는 제가 공포영화를 잘 몰랐다는 느낌이 들기도 해요. 질문을 들으니 제가 극중에서 인물을 함부로 죽이지는 않는 것 같다는 생각이 드네요. 영화 속 인물에게는 저마다 욕구와 상처가 있기 마련인데, 전 그것에 대해 좀 과도하고 과

민하게 고민하는 경향이 있어요. 영화 속에서 창조한 인물을 죽인다는 것은 그 인물로 상징되는 하나의 세계를 없앤다는 뜻인데, 거기에는 합당하고도 잔인한 이유가 있어야 되는 거죠. 선천적으로 좀 겁이 많다고 할까요? 저는 웬만하면 죽이지 않고 할 수는 없을까를 생각합니다.

– 이제 한 명만 더 죽으면 되는 거 아니냐.
원래 학교에서 일곱 명 죽으면 바로 폐교되는 거야.

〈여고괴담 두 번째 이야기〉에서 또다시 자살 사건이 교내에서 발생하자 수군대는 아이들

LEE 극중 상황으로는 여섯 명이나 죽는 것으로 되어 있지만, 정작 영화 속에서 효신을 제외한 다른 다섯 명의 죽음은 전혀 묘사되지 않습니다. 그건 혹시 김태용, 민규동 감독님이 공포영화를 만들면서도 공포에 대해 거의 관심이 없었기 때문이 아닐까요. 영화를 보고 나면 〈여고괴담 두 번째 이야기〉는 공포의 탈을 쓴 멜로라는 느낌이 더 강하게 들거든요. 이 영화는 1999년 12월 24일에 개봉했는데, 공포영화가 한 세기가 바뀌기 직전의 크리스마스이브에 상영을 시작했다는 점도 당시에 좀 의아했던 기억이 납니다.

KIM 그 영화를 만들기 전까지 우리 둘은 공포영화라는 장르에 대한 인식이 사실상 전무했던 것 같아요. 우리는 장르영화를 좋아하면서 커왔기에 그에 대한 호기심과 거리감이 동시에 있었죠. 그렇게 장르영화에 대해 몸에 배어 있는 호감과 영화학도로서의 의식적인 거리감이 뒤섞여 있었던 상황에서 〈여고괴담 두 번째 이야기〉를 시작할 때, 우리에게는 처음부터 이상한 영화를 만들고 싶다는 전제가 있었습니다. 장르를 잘 이해하고 있는 상황에서 비틀었다기보다는 애초에 장르적 요소를 분해한다는 식으로 접근한 것 같아요. 〈여고괴담 두 번째 이야기〉에 장르적인 재미가 별로 없었던 것은 사실이죠. 좋

은 장르영화는 장르적 재미를 충분히 느끼게 하잖아요? 그럴 수밖에 없었던 게, 우리는 애초부터 퀴어영화로 접근했거든요. 공포영화 시리즈 속편이라기보다는 여자고등학교에서 벌어지는 기묘한 이야기로 보았던 거죠. 오기민 PD까지도 호러에 능통하지 않았기에 영화가 더욱 독특해진 것 같습니다.

– 아저씨, 우리 엄마 사랑하세요? 우리 엄마 사랑하시냐고요.
– 그래, 사랑한다. 사랑한다. 진심이다.

〈가족의 탄생〉에서 어머니 김혜옥과 불륜관계인 주진모의 집을 찾아가 가족들이 전부 함께 있는 상황에서 도발적으로 묻는 공효진. 그리고 그 질문에 진심을 밝히는 주진모

LEE 그렇다면 〈가족의 탄생〉은 어떻습니까. 그 영화를 찍을 때 멜로를 만든다고 생각하셨는지요.

KIM 기본적으로 멜로라는 생각을 하면서 작업했어요. 한 명의 개인이 싸울 때, 가족이란 관념과 싸우는 게 아니라 다른 개인과 싸우는 것으로서의 멜로라는 의미에서 말입니다. 그 영화를 찍으면서 개인 대 개인의 일 대 일 관계에 대해 집중적으로 생각했어요.

– 효신인 잊어버려. 우리랑 상관없는 애잖아.

〈여고괴담 두 번째 이야기〉에서 양호실에 누운 김민선의 눈동자에 비친 김재인의 말

LEE 〈여고괴담 두 번째 이야기〉는 스타일상으로 다양하게 시도하셨다는 느낌입니다. 위의 대사가 나오는 장면에서는 양호실 침대에 누워 있는 민아(김민선)가 눈을 깜빡일 때마다 사람이 바뀌어가면서 모두 네 차례나 클로즈업된 눈동자에 비춰진 위문객들의 모습이 등장하지요. 이 영화에서는 부감에 앙각에 수중촬영까지 감행하셨지요.

반면 〈가족의 탄생〉은 스타일상으로 아주 얌전한 편입니다. 이 영화를 촬영하실 때 형식에 대한 원칙 같은 것이 있으셨나요.

KIM 〈여고괴담 두 번째 이야기〉 때만 해도 영화적으로 궁금한 게 많았어요. 특정 장면을 표현할 때도 한 쇼트 한 쇼트마다 욕구가 과도한 측면이 있었죠. 그 영화가 쇼트 자체에 관심을 가졌다면, 〈가족의 탄생〉은 쇼트들의 관계에 대해서 더 관심을 가진 영화라고 할 수 있을 것 같아요. 하나의 쇼트가 얼마나 파워풀하냐에 대한 고민보다 쇼트와 쇼트가 어떻게 붙느냐에 따라 얼마나 파워풀해지는가에 대한 고민이 더 컸던 거지요. 사실 〈가족의 탄생〉에는 인상적인 쇼트가 그리 많지 않죠. 쇼트가 아니라 정서로 기억되는 영화니까요.

LEE 그래도 미라와 무신이 마루에서 말없이 식사하는 가운데 원경의 마당에서 어린 소녀가 혼자 노는 장면을 다양한 시간적 배경으로 묘사하신 장면은 정말 인상적이었습니다. 영화가 시간을 다루는 가장 매혹적인 방식 중 하나란 생각이 들었어요.

KIM 관객이 이 영화를 다 보고 나면, 그 장면 하나 기억나시지 않을까 생각하기도 했어요. 사실 〈가족의 탄생〉은 그 장면이나 공효진이 햇살을 받는 쇼트, 혹은 다리 위에서 정유미와 봉태규가 장난치는 장면을 멀리서 잡은 쇼트처럼 이질적인 쇼트들을 제대로 부각시키기 위해서 다른 장면들을 최대한 자연스러운 톤으로 그려가기도 했어요.

– 자, 웃으세요. 김치~.

〈가족의 탄생〉에서 공효진이 관광객들의 사진을 대신 찍어주면서

LEE 〈가족의 탄생〉에서 무척이나 인상적이었던 또 하나의 장면은 선경이 어머니의 상을 치르는 대목이었습니다. 그 직전의 쇼트에서 선경은 사진을 찍어주기 위해서 카메라를 들고 남들에게 웃으라고 말

을 하는데, 장면이 바뀌면 정작 웃으라고 말했던 본인이 소복을 입고 문상객을 맞는 모습이 펼쳐지는 거지요. 삶의 아이러니를 강조한 편집이 아주 강렬한 정서를 마음에 남겼죠. 빈소 장면에서도 아버지가 다른 남매 둘이 우두커니 앉아 있거나, 아이가 실내에서 미끄럼을 타며 장난치는 모습이 스산하게 스케치되며 이어져서 쓸쓸함을 더했고요.

KIM 그 장면이 나름대로 야심적인 신이었어요.(웃음) 그 부분을 보면 선경이 나름대로 쿨하게 죽음을 지켜보는 것 같은 느낌을 주는데, 저는 사실 그런 것을 별로 좋아하지 않아요. 그렇게 어머니의 갑작스러운 죽음 후 아이가 빈소에서 미끄럼을 타면서 놀 때의 스산한 정서가 제대로 전달이 되려면, 그전까지 관객들이 영화를 보면서 어머니가 죽지 않았으면 좋겠고 또 선경이가 나중에 후회할 것이라는 짐작이 있어야 되는 거지요. 그래야 그 장면에서 쿨한 게 감정적으로 제대로 힘을 발휘할 수 있을 거예요. 그 직전까지가 설득력이 없으면 그냥 쿨한 데서 끝나고 말 것이기에 위험한 연출법이라는 생각이 들기도 했습니다. 그런데 단순히 쿨함이 아니라 느닷없는 죽음과 이후 남은 사람의 마음까지 보였다면 정말 다행인 거지요.

– 이젠 상관없잖아.
– 왜 상관없는데? 왜?

〈가족의 탄생〉에서 연인 사이인 정유미와 봉태규가 다투면서

LEE 현대영화에서는 예외가 자주 발견되는 게 사실이지만, 일반적으로는 영화를 촬영할 때 '이미지 라인(관객의 시각적 혼란을 막기 위해 카메라가 배우들을 찍을 때 전체 360도 중 절반인 180도 어느 한쪽에서만 찍어야 한다는 규칙)'을 지킵니다. 그런데 〈가족의 탄생〉에서는 이를 위반하는 장면이 나오죠. 이미지 라인은 이제 굳이 지키지 않아도

상관없다고 생각하시는 건지요.

KIM 영화를 만들면서 제가 조금 편해진 게 있어요. 관습이나 규칙 같은 것에 크게 구애받지 않게 된 거죠. 이미지 라인을 지킬 때의 효과와 지키지 않을 때의 효과 사이의 차이가 생각보다 크지 않다는 생각도 있었고요. 운식(주진모)이 선경의 집으로 찾아가 대화하는 장면에서 이미지 라인을 어겼는데, 두 배우가 서로 다른 방향을 보면서 이야기를 하는 게 오히려 긴장감을 줄 수도 있다고 생각했어요. 공간적 제약이 있기도 했고요. 그렇게 시각적으로 정방향과 역방향의 효과에 대해서는 의식했지만, 특별히 과도하게 의도를 개입하지는 않았습니다.

– 이건 오빠가 산 거니까 오빠가 가져가고.

〈가족의 탄생〉에서 공효진이 이별하는 상황에서 류승범에게 록그룹 들국화의 레코드판을 주면서 냉정한 어조로

LEE 영화를 찍을 때 카메라 워크에 어떤 원칙을 갖고 계시는지 궁금합니다. 예를 들어, 어떨 때 카메라를 움직이고 또 어떨 때 카메라를 움직이지 않으시는지요.

KIM 촬영감독이 허리가 덜 아플 때와 더 아플 때의 차이죠.(웃음) 〈가족의 탄생〉 1부는 전부 핸드헬드로 찍었어요. 실제 주택에서 찍느라 공간 제약이 많았고 조명도 워낙 어려웠으니까요. 배우와 촬영감독의 호흡에 맞춰서 직관적으로 앵글 사이즈를 바꾸는 등 상대적으로 자유롭게 촬영을 했어요. 반면에 2부는 대부분 고정 카메라로 찍었지요. 배우들 동선도 거의 전부 정해져 있었고요. 하지만 제가 중요한 장면에서는 상대적으로 핸드헬드를 선호하는 편인 것 같아요. 2부 중에서도 감정적으로 상당히 격정적인, 어머니 매자의 불륜 상대인 운식의 집으로 선경이 직접 찾아가는 장면은 핸드헬드로 찍었거든요.

– 참 편하다, 엄마는. 난 엄마만 보면, 이렇게 아무 일 없는 것처럼 나타나는 엄마만 보면 그냥 확 올라와.

〈가족의 탄생〉에서 공효진이 갑자기 자신의 집에 나타난 엄마 김혜옥에게

LEE 두 영화의 드라마 작법이 다릅니다. 〈가족의 탄생〉이 정교한 구조의 영화인 반면, 〈여고괴담 두 번째 이야기〉는 그렇지 않죠. 〈여고괴담 두 번째 이야기〉의 경우, 시나리오 작업을 할 때부터 지금과 같은 형태로 확정되었던 것인가요, 아니면 훨씬 더 많은 이야기를 찍어놓고 편집으로 걸러낸 것인가요.

KIM 〈가족의 탄생〉 때는 대부분 각본에서부터 준비한 대로 찍고 편집했어요. 하지만 〈여고괴담 두 번째 이야기〉는 편집에 무척 많이 의존한 경우였습니다. 시작할 때부터 그 영화는 편집을 통해 리듬뿐만 아니라 이야기까지도 만들겠다는 생각을 했으니까요. 어떤 인물의 스토리 라인이 어떻게 부각될지를 편집실에서 결정하자는 판단으로 무척 많이 찍었습니다. 각 인물 별로 개인사가 다 있었거든요. 예를 들어 달리기 선수로 나오는 시은의 경우, 시합에 나가는 장면도 있고 코치와의 이야기도 그려졌는데, 그게 다 편집에서 삭제되었습니다. "왕가위의 〈동사서독〉도 이렇게 만들었대"라면서 편집실에서 민규동 감독과 서로 위안했죠.(웃음)

– 야, 헤어지면 밥도 안 먹니? 헤어지고 나서도 세 끼 잘 먹고 잘 살고 다 그래. 그게 대수니? 괜찮아. 다 헤어져. 그래도 밥은 먹어야 되잖아. 괜찮아. 밥은 먹고 가요.

〈가족의 탄생〉에서 문소리가 집 앞에서 정유미와 함께 있던 봉태규에게 밥 먹고 가라고 권유하면서

LEE 가족관계가 그려지지 않는 〈여고괴담 두 번째 이야기〉에서는 밥

먹는 장면이 등장하지 않습니다. 학교를 주요 공간으로 삼은 영화들에서 흔히 넣는, 교실에서 도시락 먹는 장면도 없지요. 그런데 〈가족의 탄생〉에서는 가족끼리 함께 밥을 먹는 장면이 대단히 중요합니다. 이 영화에서 가족은 설혹 불편하더라도 함께 밥을 먹어야 하는 관계로 그려지는 것 같습니다. 이 영화의 1부에서 실로 오랜만에 찾아온 동생이 제일 처음 하는 일은 누나와 함께 밥을 먹는 것입니다. 1부에서 그가 마지막으로 퇴장하는 장면 직전에도 함께 밥 먹는 장면이 나오지요. 2부에서도 죽기 전에 엄마가 딸과 마지막으로 했던 일은 함께 밥을 먹는 것이었습니다. 3부 역시 종반부는 같이 둘러 앉아 밥 먹는 장면이 핵심이지요. 먹고 사는 일의 엄중함 앞에서 사랑이나 이별은 아무것도 아니라는 것을 암시하듯 말입니다.

KIM 네, 저도 그 비슷한 생각을 갖고 있어요. 말씀하신 그 대사를 저도 참 좋아합니다. 이 영화 전반부에 나오는 모습과 달리, 미라(문소리)는 그 사이에 18년의 세월을 보냈기에 그렇게 말할 수 있는 여유를 갖게 된 거죠. 그 세월의 힘이 뭘까 싶은 생각이 들어요.

LEE '밥심'이죠, 뭐.(웃음)

KIM 정말 밥의 힘이 맞는 것 같아요. 가족이 되면 함께 밥을 먹어야 하잖아요.

LEE 가족을 '먹는 입'의 뜻을 가진 식구食口로 부르기도 하잖아요.

KIM 일단 밥을 함께 먹어보면 사람에 대한 판단이 달라져요. 먹기 전과 먹고 난 후가 다르죠. 그 사람에 대한 생각이 이전에 어떠했든, 막상 같이 먹어보면 생각이 어느 정도 변하게 되는 것 같아요. 저는 함께 밥 먹는 것을 무척 중요하게 생각하는 편이에요. 예전에 사귀었던 여자가 "좋아하는 남자와 같이 밥을 먹으면 창피하다"고 한 적이 있었어요. 저와는 전혀 다른 태도여서 그 말이 신기했던 기억도 나네요.

김태용 감독은 자주 차를 권했다. 따뜻하고 깊은 맛을 지닌 차였다.

– 엄마들, 밥 좀 더 줘.

〈가족의 탄생〉에서 봉태규와 함께 자신의 집에서 밥을 먹던 정유미가 고두심과 문소리에게

LEE 박찬욱 감독님의 〈싸이보그지만 괜찮아〉와 봉준호 감독님의 〈괴물〉도 밥을 먹는다는 게 얼마나 중요한지를 강조하는 영화들이었습니다. 〈싸이보그지만 괜찮아〉는 식사를 거부하는 주인공이 다시 밥을 먹게 되는 과정을 인상적으로 그려냈고, 〈괴물〉은 죽은 딸 대신 함께 새로 살게 된 아이와 밥을 먹는 남자의 모습으로 끝맺었으니까요. 〈가족의 탄생〉까지 포함해서 밥 먹는 것으로 상징되는, 살아가는 것 자체의 숭고함을 말하는 이 세 영화가 모두 비슷한 시기에 나왔던 게 제게는 무척 인상적이었습니다.

KIM 듣고 보니 그러네요. 감독들이 비슷한 시기를 지나고 유사한 경험들을 하면서 무의식적으로라도 가장 기본적인 것을 나누는 행위에 대한 존경심 같은 것을 갖게 된 것이 아닌가 싶습니다.

– 애 그냥 여기다 재워. 내가 책임질게.
– 당신이? 당신이 책임을 져?

〈가족의 탄생〉에서 홀로 찾아온 어린 딸을 어떻게 할 것인지를 놓고 설전을 벌이는 엄태웅과 고두심

LEE 배우 황정민씨와 인터뷰를 할 때 연기적인 측면에서 가장 훌륭한 한국영화가 뭐냐고 질문했더니 〈가족의 탄생〉이라고 답하시더라고요. 확실히 〈가족의 탄생〉은 배우들의 연기가 정말 뛰어납니다. 하지만 아무리 그런 영화라도 감독의 입장과 배우의 입장이 충돌하는 경우가 있을 겁니다. 감독이 원하는 연기가 있고 배우들이 준비해 오는 연기가 있다고 할 때, 그 둘이 상충하면 어떤 식으로 해결하십니까.

KIM 기본적으로는 배우들의 이야기를 많이 듣는 편입니다. 캐릭터에 대해서 감독이 배우보다 더 많이 알 수는 없다고 생각하기 때문이죠. 하지만 양자가 충돌할 때 결국 책임지는 것은 감독이죠. 사실 자신의 의견을 관철하기 위해서 감독이 구사하는 가장 야비한 수단이 바로 OK를 안 하고 계속 다시 찍는 것입니다. 배우를 설득하기 어려울 경우에 저는 "좋은 것 같은데 조금 느낌이 다르니까 다시 한 번 더 찍어보자"고 말하는 수밖에 없습니다. 감독은 최대한 배우와의 토론을 통해서 감독이 변하든 배우가 변하든, 서로간의 의견 차이를 좁혀가야 합니다. 하지만 그게 불가능한 상황이 되면 그런 식으로 야비한 방법을 쓸 수밖에 없죠.(웃음)

– 원래 이렇게 모르는 남자들이랑 쉽게 잘 친해지시나봐요?

〈가족의 탄생〉에서 봉태규가 처음 보는 사람인 자신의 말을 잘 받아주는 정유미에게

LEE 매 장면이 다 중요하겠지만 그래도 감독 입장에서는 배우들 연기가 특히 더 중요한 장면이 있을 것입니다. 그런데 감독마다 그런 장면에서 배우들로부터 가장 좋은 연기를 끌어내기 위해서 쓰는 노하우가 다른 것 같습니다. 감독님은 어떤 방법으로 배우들의 에너지를 최대한으로 끌어내십니까. 그리고 〈가족의 탄생〉에서 연기적으로 가장 중요하다고 생각한 장면은 어떤 것이었는지요.

KIM 연출 중에서 연기 연출이 제일 어렵습니다. 배우마다 스타일도 다 다르죠. 외부의 자극을 필요로 하는 분이 있는가 하면, 매사를 논리적으로 접근하는 배우도 있습니다. 연기 연출 측면에서 가장 신경 쓰였고 또 어려웠던 장면은 〈가족의 탄생〉 1부에서 남매인 미라와 형철이 무신의 어린 딸을 놓고 다투는 그 장면이었어요. 정서적으로 매우 격정적인 상황인데, 그전까지 캐릭터들 안에 그런 감정이 없었고 또 영화 밖에서 세 배우가 너무 친해서였는지 어떻게 찍어도 제

가 원했던 느낌이 나지 않았습니다. 왜 격정적으로 싸워야 하는지 배우들을 설득하기도 어려웠죠. 결국 촬영을 다 마치고 다들 철수했는데, 다음날 제가 그 장면을 다시 찍겠다고 고집했어요. 전날 찍은 게 기술적으로 아무 하자가 없었고 배우들도 아무 문제 없이 OK로 끝났다고 믿은 상황이었기에 스태프들이나 배우들이 다들 황당해 하더라구요. 그 사이에 대본이 바뀐 것도 아니고, 카메라 위치에 변화가 있는 것도 아니었으니까요. 혈액형이 A형인 사람 좋은 엄태웅씨는 A형의 특성 그대로 "내가 연기를 못 해서 다시 찍는 건가요"라며 전전긍긍했고,(웃음) 문소리씨는 무척 영리한 사람이니까 어떻게 다시 찍어야 하는지를 꼼꼼히 물었죠. 사실 그때는 내 아집이었는지도 모르겠어요. 분위기가 험악했지만 그래도 똑같은 방식으로 다시 촬영했죠. 재촬영에서 엄태웅씨에게 누나인 문소리씨를 원망하는 눈빛이 있었는데, 결국 저는 그 소동으로 엄태웅씨의 그런 묘한 느낌을 얻어냈다고 생각했어요. 감독들은 어떤 장면의 기능에 상관없이 한 영화의 핵심적이고 근원적인 정서랄까 그런 걸 추구할 수밖에 없는데, 그게 제대로 표현되지 않으면 다소 무리를 하더라도 계속 시도 하는 경향이 있는 것 같습니다. 저도 그런 방법을 쓴 것이고요.

LEE 그럼 〈여고괴담 두 번째 이야기〉에서는 어떤 부분이 가장 어려웠나요.

KIM 그때는 주연을 맡은 박예진씨와 김민선씨의 배역을 촬영 3일 전에 맞바꾸는 일까지 있었어요. 사실 배우 입장에서는 말이 안 되는 일인데, 양쪽 다 배역에 배우들이 맞지 않아서 무리수를 둔 거죠. 그런데 두 배우들이 바꾸고 나서 정말 좋아하더라고요. 그동안 자신에게 안 맞는 배역을 연습하느라 너무나 힘들었다는 거죠.(웃음) 3일 만에 옷 치수를 다시 재는 등 난리법석을 벌여서 결국 차질 없이 촬영할 수 있었죠.

– 효신인 아주 복잡한 애야. 이해하기도 어렵고.

〈여고괴담 두 번째 이야기〉에서 박예진에 대해 김민선이

LEE 〈여고괴담 두 번째 이야기〉에서 주연으로 네 명의 신인 여배우를 등장시키셨죠. 당시에 각각 어떤 느낌이셨나요.

KIM 박예진은 고교생인데도 자신이 여자라는 것을 정확히 인식하고 있었어요. 김민선은 욕심이 많고 어른스럽고 스스로 배우라는 사실을 항상 염두에 두고 있었고요. 이영진은 별 생각이 없는 듯한, 그래서 더 매력 있는 배우였습니다.

– 안녕하세요. 지성과 섹시함을 겸비한 문지원, 인사드려요.

〈여고괴담 두 번째 이야기〉에서 공효진이 교실 풍경을 비디오카메라로 촬영하다가 직접 카메라 앞에서 스스로를 발랄하게 소개

LEE 공효진씨는요?

KIM 공효진은 정말로 자유분방했어요. 촬영하다가 안 나와도 될 것 같으면 땡땡이도 쳤죠.(웃음) 철부지 같을 때도 있었지만, 순간적인 에너지와 집중력이 사실 이만큼 좋은 배우를 본 적이 없었어요.

– 나 진짜 오늘 이럴려구 온 거 아니거든? 됐다. 나 갈게.
– 어디 가는데? 너, 왜 그래, 나한테?
– 넌 나한테 왜 그러는데?
– 질렸다고 그랬나? 병신 같은 새끼. 가!

〈가족의 탄생〉에서 서로 싸우고 이별하는 류승범과 공효진

LEE 저는 〈가족의 탄생〉을 처음 접했을 때 류승범씨와 공효진씨가

극중에서 격렬하게 싸우고 헤어지는 장면을 보면서, 감독이 정말 독한 사람이라는 생각을 했어요. 그 장면을 보면 누구나 실제 그 두 배우의 관계를 떠올릴 텐데, 좀 잔인하신 게 아닌가 싶었거든요.(웃음)

KIM 그러게 말입니다.(웃음) 처음에 그 배역을 누구에게 맡길까 논의하다가 누군가 농담처럼 류승범씨를 추천했죠. 그래서 제가 "배역이 이렇게 작은데, 류승범이 하겠어?"라고 말했더니 공효진씨가 "이런 연기는 류승범이 제일 잘할 거예요"라고 재차 추천하면서 직접 류승범씨 의사를 타진했어요. 그런데 류승범씨가 시나리오를 본 후, 이런 상황의 대사는 안 봐도 다 안다면서 흔쾌히 승낙했다는 거예요. 저는 좀 이기적이었는지, 오히려 영화에 잠깐 나오는 배역에 이렇게 존재감이 큰 스타를 쓰면 관객들이 이후의 장면에서도 계속 기다릴까봐 걱정하기도 했죠. 당시에 두 사람은 한 번 헤어지고 나서 정말 좋은 친구가 되어 있는 것 같더라고요. 궁금하기도 하고 신기하기도 해서 한번 그렇게 해보자고 했어요. 사실 그 장면은 찍으면서 짜릿했던 신 중 하나입니다. 내러티브상으로는 핵심적인 장면이 아닌데, 현장에서 둘이 정말 신랄하게 잘해줘서 영화의 정서에 크게 기여한 것 같아요.

LEE 그 장면 촬영이 끝나고 나서는 어땠습니까.

KIM OK를 뜻하는 "컷"을 외쳤더니, 류승범이 "너, 옛날에 나한테 하던 대로 해"라고 낄낄대더군요. 대단한 친구란 생각을 했어요. 공효진에 대한 애정으로, 그 캐릭터가 잘 살았으면 좋겠다는 생각에서 그렇게 우정출연했던 거죠. 지금은 다시 두 사람이 만나게 됐지만요. 어쨌든 제게 짓궂은 면이 있는 것 같아요.

LEE 보기에는 완전히 천사표 같으신데, 그렇지 않은 부분도 있으신가 봐요.(웃음)

KIM 제가 의외로 짓궂고 잔인하고 그래요. 말이 느리고 자주 웃으니까 다들 오해하세요.(웃음)

– 참 서로 어울리는 것들이 있어. 계란은 역시 사이다거든요. 사이다 없는 계란, 아, 그거 생각만 해도 목메지 않아요?

〈가족의 탄생〉 첫 장면에서 봉태규가 기차 옆자리에 우연히 앉은 정유미에게 말을 붙이면서

LEE 〈가족의 탄생〉은 출연진들의 연기 앙상블이 정말 뛰어납니다. 문소리, 고두심, 엄태웅, 봉태규, 정유미씨가 다 훌륭한데, 특히 2부에서 모녀로 나온 공효진, 김혜옥씨의 호흡은 정말 감탄할 만하더군요. 거의 계란과 사이다의 관계였습니다.(웃음)

KIM 모든 액션은 리액션이라는 말이 있잖아요? 공효진은 캐릭터를 미리 준비해 오는 배우가 아니라 현장에서 상대의 반응에 따라 시시각각 바뀌는 연기를 하는 배우죠. 연기란 기본적으로 리액션이라는 걸 본능적으로 아는 배우입니다. 김혜옥씨도 리액션이 정말 좋은 배우죠. 그래서 두 사람이 함께 연기할 때 앙상블이 뛰어났어요. 준비한 대로만 연기하는 배우는 상대 배우가 어떻게 반응하든 같은 톤으로 연기하는데 리액션이 좋으면 매 상황마다 마치 처음 보는 것처럼 생생하게 반응할 수 있어요. 아무리 시나리오에 그렇게 써 있다고 해도, 상대가 화를 진짜로 내지 않으면 놀라는 연기를 하지 않는 겁니다. 사실 연기 연출이 감독에게 제일 어려워요. 배우마다 다 다르기 때문에, 각각의 배우와 그만의 독특한 방식으로 연애를 하는 것 같거든요.

LEE 그런 연애 상대로 이제껏 누가 가장 어려운 배우셨습니까?

KIM 가장 지적인 배우인 문소리씨죠. 미라라는 캐릭터가 이전에 문소리씨가 연기한 캐릭터들과 워낙 달라요. 영화를 시작하고 끝내는 화자로서 극을 이끌어가면서도 동시에 자기 색깔도 표현해야 하는 인물이었기에 난이도가 참 높은 연기였죠. "가만히 있어도 존재감을 주는 배우, 일어나는 일들을 쳐다보기만 하는데도 힘을 발휘하는 배우는 당신밖에 없다"고 꼬드겨서 연기하도록 했습니다.(웃음) 이 영화에서 다른 인물들이 이를테면 타자화되는 캐릭터였다면, 미라

는 관객들이 '내가 저 사람이라면' 이라고 감정이입할 수 있도록 해야 하는 캐릭터였던 거죠. 배우로서 문소리씨는 참 똑똑한 사람입니다. 배우는 기본적으로 자기 몸을 연출하는 사람인데, 문소리씨는 자신을 어떻게 연출해야 하는지를 정말 잘 알고 있어요. 연출자 마인드를 갖고 있는 배우라고 할까요. 그래서 제가 더 편하게 느꼈던 것 같습니다. 영화를 찍으면서 약간 친구 같은 사이가 되었는데, 미라라는 캐릭터뿐만 아니라 극 전체를 이끌어가는 부분에 대해서도 종종 상의했어요.

LEE 고두심씨와 정유미씨에 대해서도 평해주시죠.

KIM 고두심 선생님이야 워낙 '선수' 시죠.(웃음) 정유미는 정말 몰입도가 높은 배우입니다. 연기는 진심으로 해야 한다는 강박이 있는데, 그게 앞으로의 연기 생활에 든든한 재산이면서 덫이 되기도 할 것 같아 약간 걱정이 되기도 합니다.

– 아이고, 우리 채현이 깼구나. 아저씨가 맛있는 거 사다줄게.
잠깐만 기다려. 백만 세.

〈가족의 탄생〉에서 엄태웅이 술을 마시러 나가려다가 고두심의 어린 딸이 자다 깬 것을 발견하고

LEE 엄태웅씨는 어떠셨습니까. 개인적으로 저는 형철(엄태웅)이 여자들을 둔 채 돈을 빌려 혼자 술 마시러 나가다가 숫자를 세며 어린 채현을 장난스럽게 어르는 장면이 무척 인상적이었습니다. 형철은 사실 아주 대책 없고 철없는 인물인데, 엄태웅이란 배우의 얼굴에 서린 묘하게 선한 느낌이 그 캐릭터를 미워할 수 없도록 만든다고 할까요.

KIM 그런 장면에서는 자연인 엄태웅의 느낌이 그대로 나오는 것 같아요. 엄태웅씨는 워낙 사람 자체가 좋은 분입니다. 그게 연기의 힘

이 되기도 하고 간혹 독이 되기도 하는 것 같아요.

LEE 봉태규씨는 참 표정이 풍부하죠?

KIM 천부적인 표정을 가졌어요. 억울하다는 표정과 당황하는 표정 연기는 정말 전세계 최고일 거예요.(웃음)

- 으이그, 괜찮아. 거 야채도 좀 먹어.
- 아니, 누나가 소고기 먹으라매?

〈가족의 탄생〉에서 초대했던 정유미가 오지 않는 바람에 다 식은 샤부샤부를 풀 죽은 모습으로 떠먹는 봉태규가 안쓰러워 국자로 장난스럽게 가볍게 머리를 때리는 누나 공효진. 그러자 항변하는 봉태규

LEE 잔뜩 침울해진 밥상에서 선경(공효진)에게 국자로 머리를 얻어맞은 후 항변할 때의 경석(봉태규) 표정은 정말 잊을 수 없을 만큼 입체적이죠.(웃음)

KIM 맞습니다.(웃음) 그 장면 찍으면서 저도 진짜 많이 웃었어요. 저는 배우에 대해서 참으로 운이 좋았던 감독입니다.

- 이 시계가 알람이 울린 적이 한 번도 없었거든? 근데 우리 누나가 그랬어. 보물이 있는 곳에 가면 알람이 울린다고. 근데 그 보물이 바로 너야.
  아, 기분 나빠질라고 그래. 왜 하필 너야?
  내가 20년 동안 살아오면서 이 보물만 기다렸는데.

〈가족의 탄생〉에서 연인인 정유미의 마음을 달래려 여행지에서 과장되고 코믹한 몸짓으로 넋두리를 하는 척하는 봉태규

LEE 영화를 보다가 대사가 배우의 캐릭터와 정말 잘 맞아떨어지는

장면을 만나면 가끔씩 '이 대사는 배우의 애드리브일까, 아니면 원래 시나리오에 있었던 걸까' 궁금해질 때가 있습니다. 조금 전 언급한, 국자로 머리를 맞는 장면에서의 대사와 겨울 여행지에서 알람 이야기를 할 때의 대사는 애드리브인가요, 아니면 시나리오에 있던 그대로인가요?

KIM 알람 이야기의 경우, 원래 시나리오에 있긴 있었던 대사였어요. 하지만 훨씬 더 건조한 톤이었죠. 촬영 전 리허설을 할 때 그 대사가 너무 닭살스러워서 좀 부드럽게 바꿔볼 수 없을지 고민했더니, 봉태규가 이것저것 애드리브로 제안을 하더군요. "아, 기분 나빠질라고 그래" 같은 말은 그때 즉석에서 넣은 대사였어요. 봉태규는 참 아이디어가 많은 배우거든요. 국자로 얻어맞는 장면의 경우, "누나가 고기도 먹으래매?"라고 억울한 표정으로 반문하는 대사 역시 봉태규의 아이디어였습니다.

– 어, 오무신. 거 뭐 고무신이라고도 하지.

〈가족의 탄생〉에서 자신이 데려온 여자인 고두심의 이름을 엄태웅이 누나인 문소리에게 대신 밝히면서

LEE 〈가족의 탄생〉에 나오는 인물들의 이름인 선경, 경석, 채현, 형철은 평범한 편입니다. 그런데 유독 두 캐릭터의 경우가 튀지요. 바로 무신(고두심)과 매자(김혜옥)인데, 이 두 이름은 어떻게 짓게 되신 겁니까.

KIM 고두심씨는 시나리오를 쓸 때부터 그 배역에 캐스팅하려고 생각했던 배우였습니다. 그 과정에서 장난기가 발동해서 '고두심'과 발음이 비슷한 이름을 붙인 거죠. 고두심씨는 실제로 초등학교 때 별명이 고무신이었다고 하더라고요.(웃음) 매자라는 이름에도 특별히 사연이 있는 건 아니에요. 그런데 그 캐릭터를 원래 트로트 가수 직

업을 가진 여자로 구상했기에 작가와 함께 이름을 어떻게 붙일까 대해 논의하다가 "이미자와 비슷하게 이매자 어때?"라고 불쑥 아이디어를 냈던 거죠. 트로트 가수로 제일 유명한 분이 이미자씨니까요.(웃음)

– 몸무게 몇 킬로, 키 몇 센티.
이런 숫자들이 내 성장을 설명해 줄 수 있을까.

〈여고괴담 두 번째 이야기〉에서 신체검사를 받는 날,
이영진과 옥상에 올라간 박예진의 독백

LEE 열광적인 팬들이 있기는 하지만, 수치상으로 본다면 감독님이 만드신 두 편의 영화는 모두 흥행에 실패했다고 할 수 있습니다. 〈가족의 탄생〉으로는 청룡상 감독상에 영평상 작품상까지 받으셨는데, 어떻습니까. 수상으로 흥행에 대한 아쉬움이 많이 상쇄가 되셨나요?
KIM 흥행이 중요하다는 생각이 점점 더 들어요. 그게 다음 작품에 대한 고민에 큰 영향을 끼치고 있는 게 사실이구요. 〈가족의 탄생〉이 흥행에 실패한 것에 대해 개봉 시기니 마케팅 방법이니 핑계를 대도, 결국 작품의 내적인 하자가 뭔가 있으니까 관객들이 안 본 것이겠지요.
LEE 그게 뭐라고 생각하십니까?
KIM 내러티브가 복잡해서 그런가? 하지만 민규동 감독의 〈내 생애 가장 아름다운 일주일〉은 흥행이 잘됐잖아요. 그러면 어두워서 그런가? 그런데 더 어두운 〈너는 내 운명〉이나 〈그놈 목소리〉가 잘된 걸 보면 그것도 아닌 것 같아요. 아직까지 잘 모르겠어요. 어쨌든 제가 착각했던 게, 여유와 유머가 대중성의 핵심이라고 봤다는 거죠. 〈가족의 탄생〉에서 낯선 내러티브와 낯선 콘셉트를 이야기하더라도 여유와 유머가 있으면 소통 가능할 것이라고 생각했는데 그게 아닌 듯

싶어요. 〈여고괴담 두 번째 이야기〉의 경우는 관객이 기대한 것과 영화가 달랐기 때문인 것 같습니다. 대중영화는 확실히 선물가게 같은 느낌이 있어야 하는 것 같아요. 스탠드를 사러 갔다가 꽃병을 사 올 수는 있는 거지만, 그래도 일단 스탠드를 사러 간 고객 입장에서는 그 가게에서 스탠드를 갖춰놓아야 하는 거잖아요. 〈여고괴담 두 번째 이야기〉는 이를테면 스탠드를 갖춰놓지 못한 영화였던 거죠. 무서움을 느끼고 또 놀라고 싶었는데 그게 충족이 안 됐으니까요. 〈여고괴담 두 번째 이야기〉는 60만 명쯤 들었고, 〈가족의 탄생〉은 30만 명이 채 안 되는데 전 그냥 30만 명 들었다고 우기고 다녀요. 두 번째 영화 관객수가 첫번째 영화 관객수의 절반이었다고 해서, 제 다음 영화가 15만 명이 들면 정말 곤란한데요.(웃음)

– 선생님, 다시 한 번만 재요. 제발요. 다시 한 번만요.

〈여고괴담 두 번째 이야기〉의 신체검사 장면에서 자신의 키가 146센티미터로 측정되자 한 번 더 재보게 해달라고 사정하는 여학생

LEE 〈여고괴담 두 번째 이야기〉나 〈가족의 탄생〉 중에서 다시 찍고 싶은 생각이 드는 장면이 있으신가요.

KIM 다시 찍고 싶은 장면은 〈여고괴담 두 번째 이야기〉에 더 많습니다. 완성 후에는 그런 마음이 적지 않았는데 지금은 그게 어떤 장면들이었는지 생각이 잘 나지 않기도 해요. 아마 제가 일부러 잊어버리려고 했기 때문일 수도 있는 것 같아요. 지금 제일 먼저 생각나는 것은 시은이와 효신이가 옥상에서 격렬하게 싸우는 장면이에요. 당시에 그 장면을 찍을 때 제대로 완성하지 못해서 실제 영화에서는 플래시백처럼 잠깐만 썼어요. 서로를 정말 많이 아꼈던 두 아이가 어떻게 해서 서로의 가슴에 비수를 꽂게 됐을까에 대해 감독으로서 고민을 많이 했는데, 그런 점에서 그 신이 매우 중요한 거죠. 그게

효신이 죽기 전에 두 사람이 마지막으로 대화하는 장면이니까요. 다시 촬영할 수 있다면 제 자신이 궁금해서라도 그 장면을 좀더 구체적으로 찍어보고 싶어요.

– 아저씨는 없는 게 없으시네요.

〈가족의 탄생〉에서 엄마 김혜옥과 은밀하게 사귀어온 주진모의 집으로 무작정 찾아 들어간 공효진이 넓은 실내를 둘러보면서 비아냥

LEE 〈가족의 탄생〉에도 마음에 걸리는 장면이 있으신가요.

KIM 경석과 채현이 수다를 떠는 신들을 찍었다가 최종 편집에서 삭제했는데, 그걸 다시 찍어보고 싶어요. 〈가족의 탄생〉은 어차피 그 두 사람의 연애담으로 귀결되는 것이기에, 그 사랑을 좀더 농밀하게 찍어보고 싶다는 생각이 드는 거죠. 저는 지금 다음 작품을 그 연장선상에서 생각하고 있어요. 더 농밀한 연애를 담는 멜로일 것 같습니다.

LEE 제목은 정하셨나요.

KIM 일단 가제를 '그녀가 사라졌다'고 지어놓았어요. 그런데 주위에 물어보니 이런 부정적인 제목은 흥행이 안 된다고 하더라고요. 그래서 제목을 '그녀가 나타났다'나 '그녀가 돌아왔다'로 바꿔야 하는 거 아닐까 싶어요.(웃음)

– 사랑에 관한 짧은 필름. 데드맨. 올리브 나무 사이로.

〈여고괴담 두 번째 이야기〉에 등장하는 피아노 의자 속에 담긴 영화 팸플릿 세 개

LEE 〈여고괴담 두 번째 이야기〉에 나오는 피아노 의자 속에는 여타의 비밀스러운 물건들과 함께 영화 팸플릿 세 개가 들어 있습니다.

이 세 편의 영화는 감독님이 좋아하는 작품이라서 특별히 골라 넣은 것인가요?

KIM 반반이라고 할 수 있어요. 소품을 담당하는 스태프들이 영화 팸플릿들을 많이 가져왔는데, 그중에서 제가 그 세 편을 골랐으니까요. 애초에 저는 사랑영화나 공포영화처럼 보이는 작품들의 팸플릿을 골라오라고 주문했었죠. 그 세 편이 관객들에게 아주 익숙한 영화는 아닐 거라고 보았던 데다가, 그 제목들의 느낌이 〈여고괴담 두 번째 이야기〉와 잘 어울려서 선택했어요.

LEE 만일 원하는 대로 다 얻을 수 있다면, 지금 그 피아노에 넣을 감독님만의 팸플릿 세 개는 어떤 영화의 것들일까요.

KIM 그건 생각할 때마다 달라질 것 같긴 해요. 그래도 지금 떠올려본다면, 임권택 감독님의 〈춘향뎐〉과 다르덴 형제의 〈아들〉, 그리고 차이밍량의 〈구멍〉의 팸플릿을 그 안에 넣어두고 싶네요.

– 잘했어. 그런데 다음부터는 베끼지 마라.

〈여고괴담 두 번째 이야기〉에서 한 학생이 수업 시간에 자신의 자작시를 낭송하는 것을 다 듣고 난 선생님 백종학

LEE 각종 영화제나 공모전에서 심사를 맡을 때도 많으시죠? 학생 작품들을 심사하다 보면 어떤 생각이 드십니까. 유명 감독들 작품세계에서 영향을 받은 경우도 자주 발견되잖습니까.

KIM 여전히 홍상수 감독님이나 박찬욱 감독님의 영향이 많은 듯해요. 그런데 요즘 단편영화들을 보면 상업영화에 대한 태도가 예전과 크게 달라진 것 같습니다. 장르영화에 대한 거부감이 줄어든 정도가 아니라, 그런 영화들에 대해서 훨씬 더 적극적으로 다가가는 태도를 보이고 있다고 할까요. 우리 세대의 감독들은 장르영화에 대해서 몸에 배어 있는 호기심이 있으면서도 그와 동시에 의식적으로 거리를

두려는 마음 같은 게 있었는데 이제는 완전히 달라졌어요.

LEE 단편 연출을 장편영화 데뷔를 할 수 있는 가장 효율적인 길로 생각하는 경우가 많죠?

KIM 단편영화만의 성격을 견지한 작품보다는, 극영화적인 설정을 지닌 경우가 많아졌죠. 하지만 요즘은 단편영화가 워낙 많기에 예전처럼 주목받기가 어려워진 것 같긴 해요.

– 우기지 좀 마라. 넌 그게 병이야.

〈가족의 탄생〉에서 공효진이 아버지가 다른 어린 동생이 갖고 있던 시계를 자신의 것이라며 빼앗으려고 하자 어머니인 김혜옥이 제지하며

LEE 감독님은 스스로 진단할 때, 감독으로서 어떤 병을 갖고 계신 것 같으십니까.(웃음)

KIM 일단 게으르고요, 겁도 많아요. 늘 전투의 현장에 있어야 한다고 생각은 하는데, 그런 생각과 달리 현장에서의 전투력은 약한 것 같습니다. 만일 그런 상황에 놓이게 되면 잠시 벗어나서 머릿속으로 그림을 그려보면 좋아질 수도 있을 텐데, 기어이 현장에 들어가서 스스로 관망하며 쳐다보는 듯한 느낌이 들 때가 많아요. 집요하지 못한 게 감독으로서 저의 큰 병인 것 같습니다.

LEE 아침에 못 일어나는 편이시라면서요?

KIM 정말 못 일어나요. 새벽까지 잘 잠들지 못하기 때문인 것 같아요. 그래서 아침 일찍 촬영을 해야 되는 날은 전날 밤에 거의 자지 않습니다. 촬영장에 늦는 것은 아닌데, 촬영을 제외한 그 외의 모든 것에 늦는 편이에요. 영화 일과 관련되지 않은 모든 일에 그렇습니다. 예전에 영화아카데미를 다닐 때 동기들이 "우리가 〈나쁜 피〉 〈성스러운 피〉에 이어 〈게으른 피〉라는 영화를 만들려고 하는데, 그 세 번째 작품은 네가 연출해야겠다"고 농담을 할 정도였어요. '네 경우

는 기질이 아니라 피의 문제'라고 단정하면서요. 실제로 민규동 감독은 영화아카데미 시절에 〈지각대장 태용이〉란 단편영화를 만들기도 했어요. 제가 항의했더니, "여기서의 지각은 사유한다는 뜻이야"라고 피해가며 대답하더군요.(웃음)

– 걔가 보기보다 낯을 좀 가려요.

〈가족의 탄생〉에서 문소리가 정흥채와의 전화 통화에서 동생 엄태웅에 대해

LEE 낯을 가리시는 편인가요.

KIM 많이 가리는 편이에요. 그런데 제가 그런다는 것을 알기에 남들과 만나는 자리에서는 많이 노력하죠. 사람을 만나는 데 에너지를 많이 쓴다고 할까요. 그래서 그런 자리에서 돌아오면 녹초가 돼요. 낯을 가리고 사람을 꺼리는 성격이라면 그냥 자기를 보호하는 방식으로 가만히 있으면 되는데, 저 때문에 다른 사람들이 불편할까봐 스스로 지레 노심초사하는 편인 거죠. 그래서 사람들을 많이 만나지 않아요. 그런데도 저를 친화력이 있다고 생각해 주는 사람도 있더군요.(웃음)

– 미안해. 내일까지 꼭 짜줄게. 누가 자꾸 방해해서 완성 못했어.

〈가족의 탄생〉에서 정유미가 고두심에게 생일선물로 짠 스웨터를 건네면서

LEE 누가 뭐라고 하든 현장에서 스스로의 판단과 의지로 밀고 나가는 편이신가요, 아니면 타협을 하는 편이신가요.

KIM 제 생각에는 잘 타협하는 편이에요. 제가 타협을 많이 하는 이유는 힘이 들어서일 거예요. 모든 것을 내 의지대로 끌고 가다보면 배가 가라앉고 말 것 같은 직감이 들면서 무척이나 힘들어지거든요. 힘

만 들지 않으면 싸워서라도 끌고 가고 싶은데, 결국 타협을 하고 말지요. 육체적으로나 정신적으로 힘이 들 때 조금씩 비워둬야 진짜 중요한 것을 원하는 대로 찍을 수 있는 것 같습니다. 예를 들어서, "이 장면은 이 거리에서 반드시 비가 오는 날 두 배우가 빨간 옷을 입고서 따귀를 때리며 싸우는 신이어야 해"라고 고집하면 그 모든 조건을 다 맞추기가 정말 힘들어지는 거죠. 모든 것이 다 연동되어 있는 상황에서 다 갖출 수 없으면 가장 중요한 것을 극대화시키는 방법을 써야 한다고 봐요. 나머지는 포기하고요. 모두 다 끌고 가고 싶지만, 그렇게 하기에는 현실적으로 너무나 많은 무리가 따르니까요.

– 누나, 나 가게 하나 낼까?

〈가족의 탄생〉에서 누나 문소리의 집에 찾아와 기거하던 엄태웅이 불쑥

LEE 영화 연출 외에도 활동이 참 많으신 것 같아요.

KIM 좀 어색한 듯 내게 잘 안 맞더라도, 즐겨야지 싶으면 즐기게 되는 경우도 있잖아요? 사실 영화 연출도 처음에는 그랬어요. 방송에 출연하거나 영화제에서 사회를 보거나 하는 게 지금도 좀 어색하긴 해요. 어느 정도 배우가 되는 느낌이랄까요?

LEE 일종의 역할 연기를 하는 거죠.

KIM 그렇죠. 바로 그런 재미가 있었어요. 그런 일은 대부분 부탁받아서 하는 것인데, 일단 하게 되면 즐기려고 노력했습니다. 〈가족의 탄생〉 이후에 유난히 그런 일들이 많았죠. 〈가족의 탄생〉은 모든 인맥을 동원해서 도움을 받고 찍은 영화인데, 완성하고 나니까 이번에는 모든 인맥이 동원되어서 부탁이 들어오더라고요.(웃음) 감독은 한 영화가 끝나면 그걸 둘러싸고 갖가지 일이 생겨서 정말 바빠지는 것 같아요.

– 사는 게 힘들거나 혹은 지루해질 때 이 약을 먹어봐.
그러면 힘이 솟을거야!

〈여고괴담 두 번째 이야기〉에서 박예진이 교환일기에 적어놓은 글

LEE 사는 게 힘들거나 지루할 때는 뭘 하십니까. 무슨 숨겨둔 약 같은 걸 드시나요?(웃음)

KIM 음악을 많이 듣습니다. 혼자서 노래방도 자주 가요. 맥주 두 캔쯤 사가지고요. 여럿이 가면 노래를 썩 잘하지 못해서 한두 곡밖에 못 부르잖아요?(웃음) 혼자 노래방에 가면 완전 청승이거나 엄청 악쓰는 노래들을 주로 불러요.

LEE 구체적으로 어떤 노래들입니까.

KIM 휘성 노래를 하다가 크라잉 넛을 부르는 식이죠.(웃음) 〈여고괴담 두 번째 이야기〉 때는 민규동 감독과 둘이 노래방에 가서 각각 따로 방을 잡고 한 시간씩 부르다 나오기도 했어요.

LEE 몸무게 합쳐서 100킬로그램이 안 되셨던 두 분이, 정말 대단한 에너지였네요.(웃음)

– 내 마음을 편하게 해주는 음악? 이거 누구 거야?
– 이거 듣고 뛰면 오늘 시합에서 우승할 수 있을 거야.
널 위해서 준비했어.

〈여고괴담 두 번째 이야기〉에서 이영진과 박예진이 이어폰을 나눠 끼고 음악을 함께 들으며

LEE 그럼 직접 부르지 않고 들을 때는 어떤 음악을 좋아하시나요.

KIM 요새는 션 레넌의 앨범을 많이 듣습니다. 그와 유사한 음색을 지닌 데미언 라이스의 앨범들도 좋고요. 한국 인디밴드들도 즐겨 들어요. 루시드폴을 비롯해서 두루두루 듣는 편입니다. 10대 시절부터 비틀스를 비롯해서 밴드 음악을 많이 들었어요. 가요는 제가 고등학

생이던 시절에는 누구도 피해갈 수 없었던 이문세씨의 앨범들을 자주 들었죠. 김현식씨와 산울림의 음반도 정말 좋아했어요.

LEE 〈가족의 탄생〉에서 선경과 준호가 헤어지는 장면에서 LP들을 나눌 때 들국화 1집 음반이 중요하게 등장하기도 하던데요?

KIM 옛날 LP들을 일부러 구해서 그 장면에 넣었어요. 들국화 1집은 진짜 명반인 것 같아요. 동물원도 1집이 정말 좋죠. 동물원의 박기영씨는 대학 시절 같은 과 선배였는데, 가수가 되어서 노래하게 되실 줄은 몰랐죠.

LEE 김태용 감독님에 대해서도 대학 시절 친구들은 비슷하게 느끼지 않을까요.(웃음)

KIM 맞아요. 대학 때 친구들은 제가 영화감독이 됐다고 하면 다들 놀라는 것 같더라고요. 사람들은 영화감독에 대해서 카리스마 넘치고 또 거친 성격을 가진 것으로 생각하는 경우가 많거든요.

– 독한 거 엄청 잘 드실 것 같은데, 주량이 얼마나 되세요?

〈가족의 탄생〉에서 문소리의 애인인 정흥채가 저녁 자리에 동석한 엄태웅의 애인 고두심에게 질문

LEE 독한 건 많이 못 드실 것 같은데, 주량이 얼마나 되세요?(웃음)

KIM 소주 한 병 정도예요. 한 병이 넘으면 취하게 되는데, 저는 술을 좋아하고 또 술에 취해 있는 상태를 좋아해요. 그 뒤로는 취한 상태에서 계속 먹게 되는 거죠.(웃음) 요즘 거의 매일 먹었던 것 같아요. 취해 있다 보면 오히려 훨씬 더 또렷해지는 게 있어요. 물론 착각이겠지만, 내가 특정인이나 특정 이슈에 대해 굉장히 깊이 있게 접근하고 있는 듯 느껴져요. 취해 있으면 깊어지는 느낌을 받는다고 할까요. '맞아, 사는 건 이런 거야. 영화를 한다는 건 이런 거야'와 같은 생각을 하면서 스스로 고개를 끄덕거리게 되는 거죠.(웃음)

LEE 촬영 현장에서는 어떻습니까. 다른 분들과 어울려 술을 드시는 편인가요.

KIM 촬영 중에도 스태프들이나 배우들과 자주 술을 마시는 편이에요. 〈여고괴담 두 번째 이야기〉 때까지는 거의 안 먹었는데 〈가족의 탄생〉을 찍을 때는 엄태웅씨와 문소리씨가 술친구였어요. 봉태규, 정유미, 공효진은 술을 거의 안 먹거든요. 저는 술 마시면서 영화 이야기를 하는 걸 좋아합니다. 그리고 술 먹고 실수하는 사람들도 좋아해요. 그런 모습을 보면, '알았어. 너도 나한테 들켰어' 뭐, 이런 느낌이 생기는 거죠.(웃음) 술자리에서 나한테 욕하고 그래도 상관없어요. 폭력을 행사하는 것만 빼고요.

– 시는 자유다.

〈여고괴담 두 번째 이야기〉에서 국어 선생님이 수업시간에 학생들에게

LEE 시가 자유라면, 영화는 뭐라고 생각하세요.

KIM 제가 영화를 무겁게 생각하는 경향이 있어요. 좀 가볍게 여기고 싶은데 잘 안 됩니다. 영화를 만들거나 볼 때, 혹은 영화에 대해서 이야기할 때 좀더 편안하고 자유롭게 하고 싶은데 그게 쉽지 않아요. 영화를 아직 편하게 즐기지 못하고 있다고 할까요. 저는 여전히 영화가 치유에 복무해야 된다고 믿는 게 있어요. 제가 영화광으로 시작한 감독이 아니라서 그런 것도 있는 듯해요. 동경을 가지고 영화를 시작했기에 '영화는 치유다'라고 아직껏 믿고 있는 거죠. 하지만 만드는 사람이나 보는 사람이나, 그게 목적이 되면 안 될 것 같습니다.

가족의 탄생

개봉 2006년 5월 18일
출연 문소리 고두심 엄태웅 공효진 김혜옥 봉태규 정유미
상영시간 113분

CINEMA REVIEW

BOOMERANG INTERVIEW

모두 3부로 구성된 〈가족의 탄생〉에는 세 가지 이야기가 담겨 있다. 미라는 남동생 형철이 스무 살 연상의 아내 무신과 함께 몇 년 만에 돌아오자 당황한다. 여러 남자를 거치면서 살아가는 엄마 매자에 대해 애증의 감정을 갖고 있는 선경은 떠나간 남자친구 준호를 우연히 고궁에서 만난다. 경석은 애인 채현이 주변의 모든 사람들에게 잘해주느라 정작 자신에게 집중하지 않자 속을 끓인다.

〈가족의 탄생〉의 개봉은 2006년 한국영화가 가장 밝게 빛을 낸 순간 중 하나로 기록할 수 있다. 스크린 속으로 스산한 바람을 불러들여 내내 쓸쓸하게 만들다가 마지막 15분간 풍성한 햇살을 비추는 이 가족영화는 삶이란 노력과 의지에 따라 얼마든지 만들어갈 수 있는 것이라고 관성적으로 말하지 않는다. 가족은 어떤 갈등도 극복할 수 있는 사랑의 공동체라고 애써 우기지도 않는다. 그러나 탄식을 거둔 뒤에야 비로소 말을 걸어오기 시작하는 이 영화의 낮은 목소리에는 삶의 비늘을 벗기는 힘이 담겨 있다.
〈가족의 탄생〉은 관습을 넘어서는 설정과 예상을 뛰어넘는 결말을 품은 화술이 흥미진진하고, 일곱 명에 이르는 주요 인물 하나하나를 생생히 살려낸 캐릭터 조형술이 탁월하다. 복잡한 전사를 너저분하게 늘어놓지 않은 채, 조각난 편린 속에 전체를 담아내고 스쳐가는 스케치로 본질을 요약하는 디테일은 더없이 훌륭하다. 선명한 주제의식은 지적으로 과도하지 않고, 종반에 가서 세 이야기를 효율적으로 엮어내는 구조는 형식적으로 과시적이지 않다.
형철이 술 마시러 떠난 후 두 여자가 마루에서 묵묵히 식사하는 모습과 어린아이가 마당에서 뛰노는 모습을 하나의 구도 안에 서로 다른 시간 흐름 방식으로 표현한 장면은 영화라는 매체가 시간을 봉인할 수 있는 가장 아름다운 방식의 한 예를 보여준다. 기차가 터널을 통과하거나 아파트 복도의 센서등이 켜지고 꺼지는 장면에서처럼, 교차하는 빛과 그림자로 공존의 환희와 부대낌의 권태가 교차하는 인물들의 관계를 상징하는 방식도 무척이나 인상적이다.

그리고 좋은 배우들의 좋은 연기가 있다. 이 작품 출연진은 앙상블과 개인 기량 모두에서 뛰어나지만, 그중에서도 공효진의 잊지 못할 정도로 훌륭한 연기는 특별히 따로 기록해 둘 만하다.
"네가 어떻게 나한테 이럴 수 있니?" 갈등이 극에 달할 때 이 영화의 인물들은 너나없이 이렇게 말한다. 가족이든 연인이든, 가장 아프게 만드는 것은 언제나 가장 가까운 사람이다. 그러나 정말 어쩔 수 없는 걸까. 반드시 그래야만 하는 관계란 없다는 것. 우리가 운명이라고 믿는 많은 것들이 실은 취향이라는 것. 그리고 삶을 사는 방식은 단 하나가 아니라는 것. 사랑스럽고 웅숭깊은 이 가족영화는 앞으로도 오래도록 기억되고 인용될 것이다.

– 관광가이드는 봉사정신을 바탕으로 한 책임감은 물론
신중성과 결단성이 있어야 한다고 생각합니다.

〈가족의 탄생〉에서 공효진이 여행사 취업을 위해 면접을 보는 자리에서

LEE 〈가족의 탄생〉의 면접 장면에서 선경은 관광가이드가 갖춰야 할 세 가지에 대해서 힘주어 말합니다. 그런데 책임감, 신중성, 결단성은 관광가이드뿐만 아니라 영화감독에게도 무척 중요한 덕목이라는 생각이 듭니다. 이 셋 중에서 가장 중요한 건 무엇이라고 보십니까.

KIM 그런 생각을 하지 못했는데, 듣고 보니 감독에게 그 세 가지 덕목이 정말 중요하네요. 어쩌면 필요한 게 딱 그 세 가지라고까지 할 수도 있을 것 같아요. 다 필요하지만 그 셋 중에서 꼭 하나만 골라야 한다면, 저는 결단성이 가장 중요한 덕목이라고 생각해요. 영화감독이란 직업을 가진 사람이 하는 유일한 일은 NG와 OK를 골라내는 것이라고 할 수 있어요. 그런데 그게 정말 어려워요. 어떤 것이 NG이고 어떤 것이 OK인지를 어떻게 알 수 있겠어요. 판단을 내려야 할 때마다 자기기만의 순간이 오기도 해요. 감독이 "컷!"을 외치고 나서 현장의 모든 사람이 쳐다보면 그 수백 개의 눈이 너무나 무섭거든요. 방금 전 촬영한 장면이 NG라면 왜 그런지를 설명해야 하고, OK라면 더이상 찍지 못하는 것이니까요. 자신이 무엇을 원하는가를 아는 게 감독의 유일한 의무인데, 그걸 알기 위해서는 적어도 지금 이것이 아닌 이유는 알아야 되는 것 같더라고요. 아닌지를 알 수 있는 능력과 아닌 것을 아니라고 말할 수 있는 용기가 감독에게 꼭 필요해요.

LEE 현장에서 필요한 능력 외에 한국에서 감독으로 살아가면서 꼭 필요한 덕목이 있다면 어떤 걸까요.

KIM 제 주변의 감독들을 보면서 느끼는 것 중 하나는 욕구가 많은 사람이 감독 역할을 잘한다는 사실입니다. 작고하신 문학평론가 김현 씨가 "글은 쓸 게 있어서 쓰는 게 아니라 쓰고 싶어서 쓰는 것"이라

고 하신 적이 있는데, 영화도 만들고 싶어 하는 사람이 잘 만들더라고요. 영화 역시 욕구로 만들어지는 것 같습니다.

- 그럼요. 저는 내일이라도 나갈 수 있어요.
저는 준비된 여자거든요.

〈가족의 탄생〉에서 면접을 보던 공효진이 합격하면
바로 출근할 수 있겠냐고 묻는 면접관에게

LEE 감독의 꿈을 꾸는 사람에게 좀 불만족스러운 감독 데뷔 기회가 찾아오면 어떻게 해야 한다고 보십니까. 일단 최대한 빨리 그 기회를 잡는 게 좋습니까, 아니면 더 나은 기회를 기다리는 게 좋습니까.

KIM 최대한 빨리 기회를 잡는 게 좋다고 봐요. 저도 처음에는 좋은 영화를 만드는 게 무엇보다 중요하다고 생각했지만, 이제는 영화를 만드는 것 자체가 중요하다는 생각이 자꾸 들어요. 준비하는 기간으로 시간을 보내는 것보다 만드는 기간으로 보내는 게 더 좋은 것 같거든요. 만들면서 배워가는 게 더 바람직하다는 거죠. 영화는 다른 매체보다 기회가 상대적으로 훨씬 더 적으니까 개인적인 작업이든 장편 상업영화든 할 수 있을 때 계속 하는 게 좋을 것 같습니다.

- 할 얘기가 뭐야?

〈여고괴담 두 번째 이야기〉에서 이영진이 자신을 옥상으로 데리고 온 박예진에게 퉁명스럽게

LEE 말하자면 감독은 관객에게 할 이야기가 있다면서 극장으로 데려오는 사람인 셈입니다. 그때 관객이 할 얘기가 뭐냐고 직접 묻는다면 어떻게 답하시겠어요.

KIM 관객으로서 극장에 가면, 영화사 로고가 나오고 음악이 흐르면

서 영화가 막 시작할 때 몸이 반응해 긴장이 생겨요. 이제 무슨 이야기가 펼쳐질 것인지가 궁금해지는 거죠. 그러면서 저는 시작된 지 1~2분 사이에 그 영화에 대해 어떤 선입견을 갖게 되는 것 같습니다. '아, 이 영화는 이렇게 보라는 거구나' 싶은 거죠. 그러다 러닝타임이 30~40분쯤 흘렀을 때 그 선입견이 맞는지를 다시 확인해 보게 맞으면 그 연장선상에서 그대로 보고, 안 맞으면 '어, 이건 예상과 다른데?' 하면서 봅니다. 그런데 관객으로서 저는 '이게 왜 생각하지도 못했던 선물이야?' 싶은 영화를 좋아해요. 정서적인 위안이든 지적인 자극이든, 제가 만드는 영화에서도 그런 느낌이 생겼으면 좋겠습니다. 다르덴 형제가 만든 영화를 볼 때 그런 느낌이었거든요. 저는 어떠한 영화라도 그 안에 낯선 형식적, 철학적 실험이 들어 있다고 생각해요. 모든 영화는 끊임없이 관습과 대결한다고 보는 거죠. 그런 대결의 현장을 다 보고 나면 어쨌든 좋은 선물을 받았다고 관객이 느꼈으면 좋겠어요. 저는 그런 이야기를 하고 싶은 겁니다. 관객들이 기대를 가지고 극장에 오면 좋고 그런 기대에 제 영화가 부응하면 더 좋겠지만, 뜻하지 않게 선물을 받은 듯 느끼신다면 가장 좋을 것 같아요. 뜻하지 않은 고통 말고요.(웃음)

LEE 〈가족의 탄생〉이야말로 뜻하지 않은 선물을 안기는 듯한 작품이었죠. 시작되고 1~2분 지났을 때 갖게 된 선입견에서 영화가 점차 벗어나는 방식으로 진행되다가 종국에는 신선한 감동을 안기니까요.

KIM 그렇다면 정말 다행이네요. 뜻하지 않은 선물을 받으면 삶이 아주 조금 더 흥미로워지는 것 같아요. 영화 때문에 삶이 흥미로워진다면 더없이 좋은 일이죠.

- 내가 죽으면 사람들한테 어떤 애로 기억될까.
그냥 한 아이였다, 그렇게 남으면 좋을 것 같아.

그냥 한 아이가 죽었다, 이렇게.

〈여고괴담 두 번째 이야기〉에서 박예진이 자신의 죽음을 예감하면서

LEE 먼 훗날 어떤 감독으로 기억되면 좋으실 것 같으세요?

KIM 글쎄요.

LEE '그냥 한 감독이었다' 정도면 만족하실까요?(웃음)

KIM 그거 괜찮네요.(웃음) 더도 덜도 말고, 진짜로 저를 감독으로 기억하셨으면 좋겠네요. 방송인이나 다른 게 아니라, 정말 감독으로 살았고 감독으로 살 만한 사람이었다는 말까지 들으면 무척 고마울 것 같아요. 사랑을 받으려고 애쓰면서 영화를 만들었고 사람들을 많이 사랑했던 감독이었구나, 뭐 그런 이야기. 그런데 인터뷰를 하다가 밤이 깊어서 그런가, 제 스스로 좀 닭살스럽기는 하네요.(웃음)

성실한 형식주의자의 **사생활**

김혜리 〈씨네21〉 기자

13%. 인터뷰어로 나서기에는 지나치게 잘 아는 사이 아니냐고 내가 짐짓 건방을 떨었을 때 이동진 선배가 돌려준 숫자다. "흠, 뭐 저의 13퍼센트 정도는 아시죠." 인터뷰 날짜를 정하자 선배는 '13일의 금요일'이라고 지적하며 신기해하는 문자메시지를 보내왔다. 날짜를 헤아리고 수치를 부여하고 순위를 매기고 급기야 그것을 암기하는 건 이동진 선배의 습벽이다. 물론 13은 대략 집어낸 숫자다. 12면 안 되고 14면 큰일 나는 게 아니다. 중요한 점은, 그가 '수數'가 대변하는 정밀하고 공정하며 따라서 안전한 우주를 선망한다는 사실이다, 라고 나는 멋대로 생각한다. 그러나 그와 내가 처한 영화와 글의 세계는 미지수가 전횡을 부리는 곳이다. 이동진 선배의 글은 상반된 두 체계를 중재하는 기술이 빼어나다. 영화를 리뷰하고 감독을 인터뷰할 때도 그는 머릿속으로 복잡한 저울을 작동한다. 그리고 계량의 결과를 우리에게 허락된 모호한 도구, 언어로 옮겨놓는 난이도 높은 게임을 피학적으로 즐긴다.

말하나마나 그도 증대하는 엔트로피와의 싸움에서 승산 따위 없음을 안다. 그래서 사람들과 어울릴 때면 지레 앞질러 자신이 허술하고 허점 많은 사람임을 넌지시 강조한다. 실제로도 선배는 남들이 모르는 사실에는 해박하면서 모두가 아는 사실에는 어두울 때가 있다. 언젠가 부산의 횟집에서 우럭과 도미를 구별 못하던 선배는 급기야 '개불'을 갯지렁이라고 우겨서 동석한 일행을 혼란에 빠뜨렸다. 몇 해 전 〈씨네21〉에 '메신저토크'를 연재하자는 제안을 하고 나서, 나는 '신문물'이 금시초문인 선배를 위해 사무실 컴퓨터에 메신저를 다운받아 드려야 했다. 나는 특별히 무례에 일가견이 있는 사람은 아니지만 이동진 선배와 수다를 떨다보면 자꾸만 슬쩍슬쩍 면박을 주게 된다. 그는 즐거운 얼굴로 쩔쩔 매고 나는 그 모습을 보며 다시 즐겁기 때문이다.

내가 알아온 10년 동안 이동진 선배는 한결같이 정중한 사람이었다. 술자리에서 한바탕 같이 법석을 피운 이튿날에도 정중하게 존댓말로 일 이야기를 나누는 것이 어색하지 않다는 점이 특기할 만하다. 또한 그는 섬세하다기보다 집요하고 치밀한 사람이다. 딱 들어맞는 예는 아니나, 이동진 선배는 일간지를 그만두면서 기분전환삼아 색색의 안경테를 마련했는데 옷과 같은 색으로 맞춰 쓰고 다닌다. '믹스 앤 매치'는 없다. 선배의 음반 컬렉션 중에는 음악광답지 않게 히트곡 컴필레이션 'M*X 시리즈'가 포함돼 있어 나를 다소 놀라게 했는데, 알고 보니 우연히 몇 장을 얻은 후 '빠진 이'를 견디지 못해 채워 넣은 것이었다. 무엇보다 유력한 근거는 선배의 글이다. 〈시네마레터〉 등에서 그가 보여준 세상살이에 대한 꼼꼼한 통찰은 로맨틱한 감수성의 표출이라기보다 책과 영화, 그리고 세상을 관찰하며 작성한 성실한 메모와 침착한 종합의 소산이다.

덧붙여 선배는 용케도 천진난만함을 보존하고 있는 어른이다. 오래전 그가 지나가는 말로 "싫어하는 사람이랑 한 공간에 있으면 그 사람이 내쉰 숨이 섞인 공기를 내 폐로 들여놓는 사실이 힘들어요"라고 표현했을 때 나는 그것이 전형적인 사춘기의 감각이라고 느꼈다. 과연 리뷰와 여행기에 등장하는 선배의 끈질긴 묘사는 모든 사물이 극접사로 보였던 유년기의 감각을 추억하게 만든다. 요컨대 그는 보통 사람들이 느끼지만 굳이 말로 구체화하지 않는 생각과 느낌을 문장으로 만든다. 그래서 사람들은 솔깃할 수밖에 없다. 종합일간지에서 경력을 시작한 기자답게 이동진 선배는 광야에서 홀로 외치기를 원치 않는 글쟁이이며 따라서 무엇을 말하느냐만큼 어떻게 말하느냐가 중요한지 인식하고 신중히 화법을 고른다. 라디오에서 누리는 인기가 입증하듯 그는 듣기 좋은 도타운 음색까지 가졌는데 그의 글을 읽다보면 요즘 표현으로 '자동음성지원'이 된다.

옆에서 바라본 이동진 선배의 저력은 많은 사상을 읽고 듣고 보면서도 종합은 다른 누구의 머리도 빌리지 않는 데에 있다. 이는 후배인 내가 받은 가장 큰 수혜이기도 하다. 겁 많은 내게 선배는 모르는 것에 언제까지 주눅들지 말고 나태와 거짓을 경계하면 나쁜 기사를 쓰지 않을 수 있다는 생각을 심어주었다. 오늘날 영화 정보는 플랑크톤처럼 밀려다니고, 영화를 보고 생각을 적는 일은 누구나 할 수 있다. 나는 영화 저널리스트에 대해 아마추어의 일을 프로페셔널하게 하는 사람들이라고 은밀히 생각해 왔다. 〈디 워〉 〈트랜스포머〉를 둘러싼 일련의 사태에서 보듯 영화 저널리스트는 사회적 효용이 없는 무리로 취급받기 일쑤다. 이동진 선배의 기사가 꾸준히 보여준 교양과 근면함이야말로, 등단제도도 자격증도 없는 이 업계의 종사자들이 세상의 박대에 맞서 제시할 수 있는 최선의 반론이 될 수 있을 성싶다. 짐작건대 먼 미래에 영화에 관한 글쓰기도 프로페셔널이 필요한 논픽션 문학의 한 갈래로 정착한다면, 이동진은 공을 세운 이름으로 기억될 것이다.

선배의 다양한 수집품 중에는 출장지마다 사오는 냉장고용 마그네틱이 있다. 이동진닷컴 사무실의 냉장고 전면과 측면을 빼곡히 뒤덮은 그들은 하도 많아서 좀 징그럽다. 인터뷰가 있던 날도 냉장고를 등지고 앉은 내게 선배는 우스개삼아 마그네틱 하나를 떼어서 보여주었다. "You'll always be my friend. You know too much"라는 글귀가 새겨져 있었다. 음, 13퍼센트가 'too much'란 말이지. 속으로 뺄셈을 했다. 선배에 관해 앞으로 새롭게 알게 될 몫이 87퍼센트나 남아 있다는 사실에 유쾌해졌다.

KIM 선후배 사이다 보니, 오늘은 인터뷰어와 인터뷰이를 나누는 담이 아무래도 낮게 느껴집니다. 아니, 담보다 배드민턴 경기의 네트가 더 맞는 표현이네요. 이동진 선배는 직업상 인터뷰어지만 기자로서는 꽤 많은 인터뷰의 대상이 되기도 했습니다. "난 묻는 사람이지 답하는 사람이 아니다"라는 생각이 있었을 텐데, 망설임을 어떻게 극복했나요?

LEE 뻔뻔해서죠.(웃음) 가장 큰 이유는 거절을 못 해서예요. 대학생 잡지에서 한 게 최초였어요. 한두 번 하다 보니 어디는 하고 어디는 사양하기 어려웠어요. 고사한 적도 많아요. 인터뷰를 받으면서 제일 싫은 부분은 같은 대답을 반복하는 일이에요. 그 경험은 역으로 기자인 제게 도움이 되기도 해요. 예컨대 고작 내가 이 정도로 답을 반복하며 싫증이 나는데 만약 장동건씨라면, 박찬욱 감독이라면 어떨까 상상하게 되잖아요.

KIM 역지사지의 경험이 실제 본인이 수행하는 인터뷰에 끼친 영향이 있습니까?

LEE 질문을 생각해도 반드시 퇴고 과정을 거쳐요. 예를 들어 〈쌍화점〉의 조인성씨라면 동성애 연기에 대한 질문을 백 번은 들었겠죠? 물론 그렇다 해도 불가피한 핵심적 질문은 할 수밖에 없지만요.

KIM 더구나 일간지에서는 기사 길이가 짧으니, 개성적 인터뷰를 한다고 지엽적인 질문만 던질 수도 없겠죠.

LEE 모든 글이 그렇지만 형식이 내용을, 때로는 질質까지 담보할 때가 많거든요. 문체도 있지만 기사의 길이는 첫번째 형식이잖아요? 예를 들어 제가 〈부메랑 인터뷰〉와 〈조선일보〉에서 쓴 감독 인터뷰를 비교해 보면 현격한 차이가 있어요. 더구나 박찬욱 감독처럼 달변인 분, 봉준호 감독처럼 재치 넘치는 분의 말을 원고지 열 매로 줄여야 한다면, 분량을 줄이는 과정에서 몇 번이나 좌절을 겪죠. 예전에는 지금처럼 전문을 따로 공개할 수 있는 블로그도 없었고요. 그런 과정을 몇 번 거치다보면 그리스 신화 속 프로크루스테스의 침대처럼 길이에 내용을 맞추게 돼요. 스스로 질문을 줄이다보면 남는 건 글맛뿐인데, 인터뷰에서는 글맛보다 인터뷰이의 말이 중요할 수밖에 없기 때문에 본말이 전도된 인터뷰가 될 위험이 커지죠. 그런데 1인 미디어로 독립한 지금은 긴 인터뷰를 쓰다 보니 글이 달라졌고 인터뷰이로서의 경험을 통해 어떤 질문을 상대가 지겨워할까, 어떤 질문에 잘 답해 줄까를 충분히 고려하게 됐죠. 〈부메랑 인터뷰〉의 형식도 그렇게 만들어졌어요.

KIM 기본적으로 선배는 혼자 책상에 앉아 쓰는 기사보다 사람을 만나서 쓰는 인터뷰 기사 쓰기를 더 힘들어하는 편에 속하는 기자잖아요.

LEE 옛날보다는 편해졌지만 제가 사람 만나기를 즐기는 타입은 아니라고 생각해요. 보통 기자가 되어 뭐가 좋으냐는 질문에 많은 기자가 "다양한 사람을 만날 수 있어서"라고 답하는데 저는 사람들을 다양하게 만나야 한다는 점이 기자라는 직업의 싫은 점이었거든요.(웃음) 영화를 봐도 저 사람은 어떨까 일차적 궁금증이 솟기는 해도 술 한잔 마시며 이야기하고 싶다는 감정까지 생기는 경우는 많지 않아요.

KIM 인터뷰의 첫 단추는 섭외입니다. 제게는 가장 고통스러운 단계이기도 한데요.(웃음) 선배 경우 처음 인터뷰이에게 연락할 때 어떻게 상대를 설득하시나요?

LEE 행인지 불행인지 저는 일간지 시절이나 최근이나 인터뷰 대상의 상당수가 영화를 홍보할 마음의 자세가 되어 있는 기간 중에 섭외를 했기 때문인지 큰 난관은 없었어요. 무엇보다 경험상, 감독들이란 기본적으로 인터뷰를 하고 싶어 한다고 생각해요. 표현 욕구가 있으니까 영화를 만드는 거잖아요. 〈부메랑 인터뷰〉로 한정하면 한 분을 제외하고는 전부 흔쾌히 응해주셨어요. 제가 운이 좋기도 하고 거절당하는 걸 두려워해서 덜 적극적이기도 한 건데, 정직히 말하면 섭외의 고충은 잘 몰라요.

KIM 인터뷰의 성격을 어떻게 설명하고 어떤 조건을 부탁하나요?

LEE 영화 개봉 즈음 배우 인터뷰는 카페 한 곳을 잡아 2~3일 동안 하루에 예닐곱 매체를 만나는 일이 잦잖아요? 그럴 경우 가능하면 마지막 날 마지막 타임을 달라고 청해요. 〈부메랑 인터뷰〉는 8시간쯤 걸릴 거라고 말씀드리고 실제로는 10시간쯤 합니다.(웃음) 8시간 인터뷰를 하면 육체적으로는 지쳐도, 자신을 주제로 하는 이야기에 넌더리를 내는 사람은 많지 않아요. 오히려 인터뷰란 많이 할수록 갈증이 커지거든요. 30분짜리 인터뷰에서 동어반복을 하면 할수록 제대로 이야기해 보고 싶다는 욕망이 생기는 거 같아요. 감독들 입장에서는 하루를 온전히 비우는 셈인데도 흔쾌히 임해주시는 데에는 그런 이유가 있다고 봐요. 저 역시 기대 이상의 이야기들을 들었다고 항상 생각하고요.

KIM 비단 〈부메랑 인터뷰〉뿐 아니라 〈조선일보〉 시절 '시네마레터'라든가 '꼬리에 꼬리를 무는 인터뷰' 등 내용을 어떻게 포장할 것인가 본능적으로 고민을 많이 하는 기자였다고 생각합니다.

LEE 저는 어떤 면에서는 형식주의자예요. "형식은 이데올로기의 벡터"라는 에이젠슈테인의 말을 자주 인용해요. 지금 와서 도그마 영화는 어찌 보면 바보 같은 짓이고 쇼맨십이잖아요. 세월이 흘러 중요성도 떨어졌고요. 그런데 초기 도그마 영화 중 〈백치들〉이나 〈셀러브레이션〉 같은 영화는 대단히 좋고, 두 영화의 장점 중에는 분명 형식적 측면도 있거든요. 다시 말해 아주 훌륭한 성과물들 가운데에는 스스로 형식적 한계를 부여해 창조력의 동인動因으로 바꾸는 경우가 있어요. 김삿갓이 즉흥시를 지을 때 '멱'자 같은 어려운 운을 받아 돌파하는 짜릿한 쾌감 같은 것이 있는 거죠. 〈필름 속을 걷다〉를 연재할 때도 만날 똑같은 여행기를 쓰다 보니 싫더라고요. 연재 18회분이 〈행잉록의 소풍〉 호주 촬영지 기행이었는데, 모든 문장을 18자 이하로 쓰기로 저 혼자 정했어요.(폭소) 그런데 아무도 몰라주더라고요. 짧은 문장의 속도감이 있으니 무의식적으로 맛을 느낀 독자는 있었겠죠. 마지막 여섯 문장은 아예 6자, 5자, 3자, 2자, 1자로 맞췄어요. 글이 기하학적인 모양을 띠기를 바란 거죠.

KIM 그럼 영화 속 대사를 인용한 다음 거기 연결된 질문을 감독에게 던지는 〈부메랑 인터뷰〉의 포맷에 깔린 의도를 설명해 주시겠어요?

LEE 시나리오를 감독이 썼다면 더 말할 것 없고, 직접 쓰지 않았다 해도 본인 영화의 각본인 만큼 감독이 깊이 연루돼 있잖아요. 시나리오에 적힌 대사를 인용하면서 물으면, 서로 민망하거나 답을 회피할 질문을 뻔뻔하게 물을 수도 있고 반드시 대답할 수밖에 없겠더라고요. 자신이 쓴 대사가 부메랑이 되어 날아올 때 피하는 분은 거의 없었어요.

KIM 인터뷰를 하다보면 기자가 오래 고민하고 관찰해서 긴 질문을 던졌는데 "아, 그런가요?" "몰랐어요"라는 단답이 돌아올 때가 있습니다. 그럴 때 과연 이 문답을 살려야 하나 고민되지 않아요? 실제로 그런 문답을 내보낸다는 건, 내 가설을 과시하는 데에 지나지 않는 게 아닌가 염려되기도 하고요.

LEE 고민되죠. 그런데 〈부메랑 인터뷰〉의 경우, 저는 살렸어요. 과시하기 위해서가 아니라 〈부메랑 인터뷰〉는 인터뷰인 동시에 감독론이기도 하다고 생각하기 때문이에요.

KIM 그럼 쓰고 싶은 감독론의 알리바이로서 기능하는 인터뷰인가요?(웃음)

LEE 알리바이의 측면도 있지만 제일 중요한 건 물론 감독의 말이죠.

KIM 대사를 인용하는 형식의 효과로는 외교적인(?) 측면도 있을 것 같습니다. 전작을 몽땅 살펴보며 대사를 추출했다는 사실로 일단 감독에 대한 애정을 증명하면서 접근하는 거니까요. 성실한 답변을 해야만 한다는 부담이 되겠지요.(웃음)

LEE 사람이 사람에 대해서 감동하는 가장 큰 이유는 시간입니다. 연애할 때도 그가 내게 얼마나 시간을 쏟느냐에 감동하잖아요. 감독님들도 저 작자가 능력이 있건 없건 밥벌이하는 몸인데 이 인터뷰에 엄청난 노력과 시간을 들였구나 가상하게 느끼는 듯해요. 저로서는 하나의 인터뷰를 준비하기 위해서 최소한 2주 이상을 고스란히 매달려야 하는 엄청난 노동이니까, 제가 예술가로서 존경하고 좋아하는 감독들만 인터뷰하죠. 때로는 징그럽다고 말하는 분도 있었어요.(웃음) 사실 감독이라 해도 필모그래피가 여덟 편쯤 되면 대사를 일일이 다 기억하지 못하거든요. 또 하나, 대사를 인용하며 인터뷰하면 감독이 회피하거나 뭉뚱그리지 않고 구체적으로 답변하게 된다는 거예요. 개인적으로는 하고 싶은 질문에 절묘하게 어울리는 대사를 찾아내는 순간의 변태적(?) 짜릿함이 있어요.

KIM 반드시 대사를 빌어서 질문을 해야 하나 회의가 들 때도 없지 않나요? 예를 들어 대사가 표현하는 내용이 상징하는 바를 묻는 게 아닌데, 아주 간단한 질문을 굳이 대사를 빌려 할 때가 있잖아요.

LEE 〈복수는 나의 것〉에서 의사가 신하균씨에게 혈액형이 안 맞아 신장이식을 못한다고 말해 주는 대사가 있어요. "A가 아니고 B야" 하는 대사인데, 그걸 갖고 박찬욱 감독 영화의 'B무비'스러움에 대해 질문을 했어요. 혈액형이 B형이었기에 망정이지 O형이었으면 그 질문 포기했죠. 아니면 "어, 비가 오네요"라는 대사라도 끝내 찾아냈겠죠.(폭소) 대사 찾기가 힘들지만 솔직히 긴 글 쓰는 사람도 재미가 있어야 하잖아요. 어떨 때는 하고 싶은 질문이 있어도 도저히 맞는 대사가 없으면 포기하기도 해요. 형식주의자인 거죠. 그런데 아무것도 아닌 것 같은 형식을 지키려고 애쓰다보면 때로 글의 핵심에 가까워지기도 해요.

KIM 인터뷰 현장을 상상하면 웃음이 나요. 감독 앞에 대사를 일단 낭독하시고 질문을 한다는 것이, 참 버름할 것 같은데.(웃음)

LEE 어떤 사람한테는 고문이지만 재미있어 하는 감독들도 있어요.(단호히) 아무튼 이 인터뷰 시리즈를 가능하게 한 형식이니까 저는 포기 못해요. 사실 감독들이 제일 인용을 못 견뎌하는 대사는 감정이 잔뜩 실린 내레이션이에요. 특히 오래전 신인 감독 시절의 작품에 등장했던 경우라면 더 그렇죠.

KIM 그럴수록 선배는 은근히 신나할 것 같은데요.(웃음) 상투적인 것이 진실이 아니란 법은 없지만, 대답을 듣다보면 진부해서 기사로 쓰기 힘들겠다 싶은 말들이 있죠?

LEE 마케팅적인 이유에서 지나치게 신작을 띄우는 대답, 함께한 배우들에 대한 틀에 박힌 칭찬이 그렇죠. 진심 어린 칭찬과 입 발린 소리는 독자도 금세 차이를 느낄 수 있거든요. 물론 달리 대답하기 힘든 질문을 던진 것부터 실수지만, 그런 진부한 물음에도 귀가 번쩍 뜨이는 답변을 하는 사람들이 있어요. 이를테면 전도연씨에게 상대역 남자배우들에 대한 평을 청했을 때 돌아온 답이 놀랄 만큼 현명하고 날카로웠어요.

KIM 〈부메랑 인터뷰〉의 양이 길다고 해도 녹취한 초고와 비교하면 많이 줄여서 온라인에 올리셨을 겁니다. 부득이 '칼질' 할 때 어떤 부분부터 줄여갑니까?

LEE 원래 기사량의 20퍼센트쯤이 온라인에 올라갔어요. 책에서는 편집된 80퍼센트를 살린 것이죠. 이동진닷컴에 올릴 때에는 전문독자가 많지 않은 점을 고려해서 쇼트를 구성하는 법이나 앵글, 편집 같은 깊이 들어간 내용은 대부분 뺐어요. 그 대신 세상을 보는 감독의 눈이나 사람 이야기를 좀더 많이 썼죠.

KIM '언제나 영화처럼'이라는 표현에 애착이 있어 보여요. 예전 팬카페와 현재 운영하는 블로그 제목이고 출연중인 〈유희열의 라디오 천국〉의 담당 코너 제목이기도 한데요. 어떻게 들으면 큰 의미 없는 구절 같기도 하고, 선배의 인생관과 관계있는 것 같지도 않은데 애정을 갖는 까닭이 무엇인가요?

LEE 저의 인생관이나 영화 보는 시선을 대변하는 말은 전혀 아니에요. 언제나 영화처럼 살고 싶다고 생각하지도 않고요. 기원은 2002년도 〈조선일보〉 기자클럽이에요. 자의반 타의반 인터넷 카페가 생겨 갑자기 간판을 붙여야 했는데, 황망한 가운데 좋아하는 들국화의 노래 〈언제나 영화처럼〉이 떠올라 즉석에서 정했어요. 그런데 카페를 운영하면서 생각하지도 못한 보람과 소통을 경험한 거예요. 거기서 온갖 일을 겪으면서, 현실 사회보다 선한 의지가 지배하는 작은 마을의 촌장이 된 느낌이었어요. 우물가에 한가롭게 정자 하나 지어놓고 물 마시러 온 사람들한테 안부 묻고 내 넋두리도 하는 풍경이 상상됐어요. 물론 (줄여서) '언영'의 사회라고 해서 한계가 없고 엄청난 영혼의 교감을 하는 건 아니었겠지만, 소통에 관해 평소 가졌던 비관적 생각에 비하면 훨씬 멀리 갔다고 믿어요. 제게는 그 경험이 특별했어요. '언제나 영화처럼'이라는 어구 자체의 의미를 떠나 '언영'이라는 말에 푸근하고 따뜻한 마음의 고향 같은 느낌이 생겼어요. 그래서 블로그를 개설할 때에도 그 이름을 유지했어요.

KIM 마치 전에 좋아하는 사람이 살던 아파트의 호수처럼 숫자에 고유한 의미는 없지만 그 번호를 비밀번호로 쓰는 것과 비슷하네요. 개인적 이야기를 들었으면 합니다. 인터뷰나 칼럼을 보면 사춘기가 우울하고 힘든 시기였다고 평이하게 표현하면서 "누구나 그렇듯이"라는 단서를 달고는 하더군요. 사춘기에 가장 선배를 괴롭힌 것은 구체적으로 무엇이었나요?

LEE "누구나 그렇듯이"라고 서두를 꺼내는 건, 성장통을 마치 저만 특별히 앓은 것처럼 비춰지는 게 민망해서 눙치는 거죠. 제 말에는 허두가 자주 붙는 것 같아요. 변명의 소지를 최대한 마련하고 방어벽을 치는 거죠. 저는 사춘기를 일반적인 경우보다 훨씬 심각하게 앓았던 거 같아요. 이유는 타고난 비관적 사고 때문이었어요. 성격이 지옥인 경우죠.(웃음) 치료받지 않아도 될 정도의 약한 의미에서의 정신병이었던 거 같아요. 그러니까, 집에 돈이 많으면 치료받을 수 있을 정도의?(폭소) 중고교 시절 제 도피처는 문학과 음악이었어요. 아시다시피 핑크 플로이드를 좋아했는데, 〈파이널 컷〉 〈더 월〉 〈다크 사이드 오브 더 문〉 같은 앨범을 이슬람교도가 알라신에게 경배하는 자세로 무릎 꿇고 엎드려 들었어요. 세상에는 들으면서 다른 일을 할 수 없는, 오직 듣기만 해야 하는 그런 음악들이 있어요. 나도 모르게 고개 숙여지고 몸이 오그라들면서 그런 자세가 되더라고요. 우연히 그 모습을 보신 어머니가 걱정을 한 나머지, 어느 날 학교에서 돌아와보니 팝 음악도 전혀 모르시는 분이 핑크 플로이드 판만 골라서 버리셨더라고요. 모성이라는 것이 얼마나 간절하고 정확할 수 있는지에 대해 놀랐어요. 그때 없어진 열네 장을 천신만고 끝에 다시 한 장씩 사 모았죠.

KIM '경미한 정신병'이라는 표현을 하셨는데, 저는 선배의 가장 큰 특징이 편집증이라고 생각해요. 삶에 잘 통합된 형태의 편집증이죠. 선배가 글 쓰는 사람으로서 거둔 성취의 많은 부분이 거기서 비롯된다고도 생각하고요.

LEE 저, 치유될 수 없나요?(웃음) 제가 사남매의 셋째인데, 나머지 셋은 원만하고 인간관계가 좋아요. 저만 성격이 별나서 항상 가족들이 제게 맞춰주는 편이죠. 가족인 게 죄죠, 뭐. 제 기억에는 없지만 부모님이 늘 하시는 이야기가 있어요. 제가 강원도 정선 태생인데, 네 살 때 집안 사정상 저만 남겨두고 가족들이 서울로 올라갔대요. 한동안 외할머니와 살았는데 떨어지는 순간부터 1년 동안 그렇게 걸핏하면 울었대요. 그 경험으로 성격이 별나게 된 것 아니냐고 생각하세요. 하지만 그 정도의 아픔은 누구나 있다고 봐요. 무슨 수용소에서 살아남은 것도 아니고.(웃음)

KIM 보통은 장남은 첫째니까, 누나는 첫딸이니까, 막내는 아기니까 사랑받고, 셋째가 소외되기 쉬운데 까칠한 성격으로 핸디캡을 극복했군요?(웃음)

LEE 난 버려진 아이라고 생각했거든요. 생각이 염세적이다 보면 모든 걸 안 좋은 쪽으로 몰아 피학적으로 생각해요. 부모님 사랑이 부족했던 것도 아닌데, 내가 주워온 아이라고 생각했어요.

KIM 이를테면 〈레올로〉의 주인공 소년과 같은 환상인가요? 요람이 뒤바뀌어서 지금 이 집에 와 있을 뿐, 내 가족은 고귀한 혈통이라는.

LEE 반대예요. 레올로는 자신이 원래 이탈리아라는 이상적인 땅에서 태어났다고 상상하며 그리로 옮아가고 싶어 하지만, 저는 단지 스스로를 극단적으로 안 좋은 상황으로 몰고 가려고 했던 거예요. 주워 온 아이라면 내 처지가 더 불쌍하니까요. 혈액형 유전의 원리를 모를 때는 동네 형 말 듣고 A형인 아버지와 B형인 어머니 사이에 O형인 내가 태어날 수 없다고 믿었어요. 마조히즘이었는지 문학적 감수성인지는 알 수 없지만 자신을 코너로 몰아넣고 싶어 하는 욕구가 있었어요.

KIM 편집증적인 증상 중에 쉽게 꼽을 만한 것이 수집벽입니다. 〈한겨레〉 김은형 기자는 요즘도, 단체로 해외 출장을 갔다가 들른 레코드점에서 선배가 108장의 CD를 사들고 나온 일을 추억하는데요. 여태 수집해 온 물건으로 무엇이 있나요?

LEE 최초 수집품은 우표예요. 초등학교 때 새 우표 나오는 날 성동우체국 앞에 줄을 섰다가 압사당할 뻔한 적도 있죠. 그때는 우표가 좋다기보다 일종의 변형된 물욕이었던 것 같아요. 그 다음부터는 아시는 대로 책과 음반이죠. 중학교 때부터 모았어요. 주로 문학서였고 겉멋이 들어 평론책도 사봤어요. 금지곡이 많았던 시대라 청계천 세운상가에 해적판 레코드를 사러 다녔는데, 잘 고른 날은 기분이 좋아 청계천에서 성수동 집까지 걸어왔어요. 요즘도 영화 티켓, 영화제 프레스 카드도 버리지 않고 모아둬요. 부산영화제 경우는 연수를 갔던 한 해만 빼고 모두 갖고 있어서 그걸로 '부산영화제 스트레이트 플러쉬'도 할 수 있다는!(웃음) 뭐든 잘 버리지 않아요. 하지만 제 수집벽은 직업의 연장일 수도 있을 거예요. 책, 음반, DVD를 제일 많이 모으는데 셋 다 일과 관련 있잖아요.

KIM 글을 쓰지 않았다면 공부를 계속했을 거라는 말씀을 하신 적이 있어요. 하지만 제 인상은, 선배는 반응과 소통이 필요한 사람이라는 거예요. 청중이 필요하고, 자신의 글이 창작하는 사람에게도 영향을 준다는 사실이 동력이 되는 것 같아 보여요.

LEE 현재를 기준으로 말하면 맞는 말이에요. 전 '손 타는 사람'인 것 같아요. 왜 혼자서 잘 먹고 노는 아이도 있지만 계속 얼러주어야 하는 아이가 있잖아요?(웃음) 하지만 그게 천성인지는 의심이 가요. 사춘기나 대학 다닐 때는 안 그랬던 거 같거든요. 최근 십 수 년간 일을 하면서 계발된 특징 아닌가 싶어요.

KIM 대학 시절 영화에 관해 쓴 첫 책이 일간지 기자가 되고 나서 문화부 발령에 결정적 영향을 끼친 걸로 아는데요.

LEE (책장을 가리키며) 《영화 같은 세상을 꿈꾸며》라는 책인데 불온서적이에요.(웃음) 제게는 좀 민망한 책이라서 돌아다니다 보이는 대로 사서 없애요. 대학 때 영화를 좋아하게 되면서 발표하겠다는 생각 없이 그냥 글을 썼어요. 그러다 어느 순간 책을 낼까 하는 되도 않는 생각을 하게 되었고 무식하게 원고 다섯 부를 복사해 직접 출판사에 보냈어요. 그걸 보고 제게 연락해 온 한 출판사에서 책을 냈는데 출간 후 오래지 않아 출판사가 문을 닫았어요. "저런 책까지 내다니"라는 여론이 조성된 걸까요?(웃음) 〈조선일보〉 입사 후 수습기간을 마치고 편집부로 처음 발령을 받았을 때 책이 출간됐어요. 편집부 시절부터 영화기사를 썼는데 인사철이 되어 문화부 발령을 받고 정식으로 영화 담당 기자가 됐죠.

KIM 선배를 알아온 10년간 영화를 보고 이야기하고 글 쓰는 모습만 보아온 터라 생활을 했던 시기의 모습이 궁금합니다. 군대 시절에는 약국에서 근무했다는 말을 잠깐 들은 기억이 있는데요.

LEE 우여곡절 끝에 카투사에 입대했는데 생각도 못한 병원 약국에 배치됐어요. 같은 기수끼리 시험을 봐서 등수대로 기계적으로 배치한 거죠. 약대 나온 친구들은 보병 근무하고 나처럼 약이라고는 '게보린'밖에 모르는 사람이 약국에 간 거예요. 43RD 야전병원이라고 로버트 앨트먼 영화 〈M*A*S*H〉에 나온 바로 그 병원이었어요.

KIM 아, 그때부터 영화 로케이션을 돌기 시작하신 겁니까?

LEE 역시 운명인 거죠.(웃음) 그런데 지금 생각해 봐도 좀 못된 선임이 한 명 있었어요. 저를 골탕 먹이려고 거의 1,000 개 가까이 되는 약 이름을 모두 외우게 했어요. 당시 그 병원에서 고혈압 환자에게 자주 처방했던 약 이름이 뭔 줄 아세요? '하이드로클로로시어자이드hydrochlorothiazide' 예요.(폭소) 군기나 바짝 든 신병이었을 때라 그런 긴 약 이름들을 일주일 동안 전부 암기했어요. 이 이야기에 반전이 있는데, 막상 일병이었던 그 선임은 그 약 이름들을 다 모르면서 저한테 외우라고 시켰다는 거예요. 신입도 아는데 넌 왜 모르냐고 제대할 때까지 구박당했죠.(웃음)

KIM 시사회의 어둠 속에서 영화를 보며 메모하는 게 영화기자가 하는 모든 일의 기초입니다. 선배는 기자수첩을 안 쓰고 A4 용지를 두 번 접어 메모지로 쓰시는 걸 봤습니다.

LEE 기자가 되기 전에 영화를 보며 메모할 때부터 그렇게 했어요. 초기에는 볼펜 잉크가 떨어진 걸 모르고 쓰는 바람에 나중에 연필로 덧칠해 눌린 자국을 해독한 적도 있었죠.(웃음) 지금은 그런 실수는 거의 없어요. 나중에 감독별로 분류해 놓을 때도 수첩보다 낱장이 편해요. 볼펜은 붉은색 모나미153을 주로 써요.

KIM 집에서 영화 볼 때 자세를 묘사해 주세요. 극장에서는 맨 앞줄이나 복도 쪽 자리를 선호하시는 걸 봤습니다만.

LEE 소파를 싫어해서 집에 없어요. 소반을 놓고 바닥에 앉아 봐요. 극장에서도 그 자세가 가능하다면 편하겠죠. 모르는 사람이 양쪽에 있는 좁은 공간에 들어가면 불편하다 못해 몸이 굳어서 아파요. 언젠가 뉴욕 브로드웨이의 극장에 만석이 된 〈레미제라블〉을 보러 갔다가 가로로 긴 좌석의 한가운데 자리에 앉았어요. 결국 질식할 것 같아 맨 뒤에 서서 봤죠.

KIM 그렇다면 영화 기행을 할 때 장거리 비행이 상당히 힘들겠네요.

비행기 객석은 영역싸움으로 신경이 곤두서는 대표적 공간이잖아요.

LEE 최악이죠. 세상에서 제일 싫어하는 사람이 누구냐면 비행기 내 옆자리에 앉는 (모르는) 사람이에요.(폭소) 장거리 비행할 때는 영화도 안 보고 기내식도 안 먹고 무조건 지칠 때까지 책을 보다가 쓰러져 자요.

KIM 극장 상영이 끝난 영화는 반드시 손에 잡히는 비디오나 DVD로만 보시는 걸로 알아요. 불법이건 합법이건 다운로드한 파일로는 안 보시죠. 예를 들어 영상자료원의 스트리밍 서비스로 영화를 볼 수 있어도 굳이 희귀 비디오를 소장한 대여점을 찾아가서 빌려보잖아요?

LEE 너무 정답 같지만 불법 다운로드는 직업 윤리상의 이유로 한 번도 한 적이 없어요. 여행을 가도 아이팟과 CD 플레이어를 함께 가져가요. 솔직히 말해 기계에 약해요. 가전제품 매뉴얼 읽기가 화이트헤드의 철학서 보기보다 어려워요. 책에는 전자책에 없는 물질성이 있잖아요. CD가 아이팟보다, LP가 CD보다 좋아요. 물론 부피나 편리성은 비교할 수 없지만 취향 때문에 여러 가지를 손해보고 사는 거죠.

KIM 앞서 기사 길이의 제한이 없어지면서 생긴 장점을 말씀하셨어요. 상반된 궁금증이 하나 있는데요. 제가 잡지를 만들며 배운 점 가운데 하나는 어지간히 훌륭한 글이 아니면 줄일수록 개선된다는 사실이었거든요. 혹시 양의 제약이 사라짐으로써 글이 약해진 부분이 있다고 느낀 적은 없나요?

LEE 리뷰나 칼럼은 그 말이 부분적으로 맞아요. 상대적으로 느슨해진 면도 있겠죠. 하지만 〈부메랑 인터뷰〉는 예외인 것 같아요. 리뷰의 경우, 신문에서 주로 원고지 5~6매 썼던 것을 이젠 10매 분량으로 쓰는데, 그것도 처음 쓸 때 더 길게 써서 나름대로 형식의 탄력성을 생각하며 줄여요. 독자에 따라서는 〈조선일보〉에서 쓴 글이 더 좋다는 분도 간혹 있지만, 독립해서 지금 쓰는 글이 낫다는 분이 더 많아요. 제 자신도 압축의 느낌은 덜 하더라도 지금의 글이 상대적으로 훨씬 더 낫다고 생각해요. 옛날에는 문장을 줄이다 줄이다 안 되면 관형격 조사 '의'까지 뺐어요. 글을 줄일 때마다, 어린 시절 집 근처에 있던 재래 시장에서 칼질 몇 번에 지느러미를 자르고 비늘을 긁어 생선을 다듬던 아주머니의 이미지가 떠올라요.

KIM 〈부메랑 인터뷰〉는 감독과의 인터뷰인데요. 작가나 촬영감독, 미술감독 등 감독 외의 다른 창작자들을 인터뷰하고 싶은 욕구는 없습니까?

LEE 감독은 소설가만큼 작품에 대한 전권을 주장할 수는 없겠죠. '아무개 필름'이라고 영화 맨 앞에 감독 이름을 표기하는 문제에 대한 논쟁도 있었잖아요. 하지만 제 생각에는 세계 어느 나라보다 한국에서는 감독 역할의 비중이 높은 게 사실인 것 같아요. 예를 들어 카메라 앵글의 어디까지가 감독의 의견이거나 촬영감독의 몫인가가 궁금했는데, 적어도 감독들의 말에 의하면 사실상 연출자가 일일이 정하는 경우가 많더군요. 그것이 바람직하건 아니건, 스태프 몫이라고 짐작했던 부분의 상당 정도도 감독의 뜻대로 가는 경우가 많은 거죠.

KIM 제 경우에는 기사를 쓸 때 방 안을 자꾸 걸어 다니고, 손을 자주 씻는 버릇이 있어요. 선배의 마감 풍경은 어떤가요?

LEE 이거 뭐, 각자 돌아가면서 스스로의 치부를 드러낸 후 서로 격려해 주는 알코올중독자 치료 모임 같네요.(웃음) 딴 짓 많이 해요. 음악은 항상 틀어놓고요. 음악을 들으면 네 시간 일할 걸, 여섯 시간 하게 돼요. 고도의 집중력을 발휘할 때가 간혹 있지만 대개의 경우는 미룰 수 있을 때까지 최대한 일을 미루죠.(웃음) 어쩌면 막판 궁지를 즐기는 것도 같아요. 도입부만 써놓고 뜬금없이 책을 빼서 읽기도 하고요. 어제는 〈슬럼독 밀리어네어〉 리뷰를 쓰다가 잘 풀리지 않아서 빅뱅의 〈붉은 노을〉 연습을 했어요. 어차피 노래방에서 마스터해야 하는 곡이라서요. (웃음)

KIM 《오태진 이동진의 시네마기행》《필름 속을 걷다》로 두 권의 영화 촬영지 기행을 책으로 펴냈습니다. 우선 로케이션을 찾아가는 여행 과정의 매뉴얼을 순서대로 말씀해 주세요.

LEE 먼저 지역을 선택하고 영화를 찾을 때가 있고, 반대 경우가 있어요. 티베트 같으면 티베트에 가고 싶은 마음이 먼저였고 그 다음에 영화를 찾다가 호오好惡에 관계없이 〈티벳에서의 7년〉을 택한 거죠. 일단 행선지가 정해지면 영화를 반복해서 봐요. 처음 시작했을 때만 해도 웹사이트에서 정보를 얻기 어려워서 대사관에 연락을 취하거나 현지에 편지를 쓰기도 했는데 결과가 실망스러웠어요. 가기 전에 최대한 영화를 돌려보며 메모하고, 요즘은 화면을 디지털카메라로 찍어가요. 천안문 같은 명소가 등장한다면 쉽지만 제가 가는 곳 절반 이상은 현지인도 잘 모르는 장소예요. 비슷한 곳까지 가서 차를 렌트하거나 택시를 대절해 헤매는 수밖에 없죠. 〈원스〉에서 주인공이 체코어로 "난 너를 사랑해"라고 말한 언덕은 찾느라 택시비만 15만 원이 들었어요.

KIM 알고 보니 세트라거나, 극중 도시의 대역으로 엉뚱한 도시에서 촬영한 경우도 있을 텐데요.

LEE 〈카사블랑카〉 기행을 한다면 LA에서 찍은 영화임에도 저는 모로코의 카사블랑카를 가는 거예요. 실제로 어디서 찍었다는 사실보다, 영화의 느낌에 젖어 그 지역을 여행하려는 거죠.

KIM 책을 읽어보면 폭설을 뚫고 〈러브레터〉의 후지이 이츠키 집을 기어이 찾아내 초인종을 누르다가 그냥 돌아왔다거나, 셰르부르에 가서 우산을 샀다거나, 〈노팅힐〉에 나오는 공원의 담을 넘었던 경험이 써 있어요. (웃음) 꼭 그래야 하는 이유는 뭔가요?

LEE 〈엑스맨〉의 스톰처럼 비구름을 몰고 다니는지 악천후도 유난히 자주 만나요. 말한 대로 그 장소에서 그 행동을 해봐야 하는 강박이 있죠. 오스트리아 빈에 갔을 때는 〈비포 선라이즈〉에 나오는 공원에서 노숙하려고 했는데 경비원에게 쫓겨났어요. 몸으로 겪어야 한다

세계 지식인 지도
진화론과 철학
신화의 세계
인도신화
시간여행
시간의 철학적 성찰
사랑의 문화사
유럽의 재발견

는 생각이 있는 거죠. 압권은 〈캐스트 어웨이〉였어요.(폭소) 모누리키라는 피지의 섬이었는데, 섬 소유자인 옆 섬 촌장에게 양고나 가루라고 하는 현지 선물을 바치고 허락을 받았어요. 음식도 물도 거의 안 가지고 가서 야자 따서 마시고, 다리 다 까져가며 게를 잡았죠. 물론 배구공도 가져갔고요.(웃음) 왜 그럴까? 이유는 "That's what I am. 그게 접니다"예요. 저는 스스로 그 여행에서 영화 속 분위기를 약간은 연기한다고 생각하거든요. 그런데 그러다보면 상황에 젖어 실제로 기분이 극도로 가라앉아요. 우울한 영화가 많으니까요.

KIM 여행 중 영화의 내용을 뒤따르는 행동이 실제 글감으로 중요하다기보다 그 글을 쓰기 위해 치르는 세금 같다는 생각도 드네요.

LEE 맞아요. 똑같이 해내지 않으면 거짓말하는 기분이 되는 거죠.

KIM 영화를 보는 것 자체가 어떤 의미로는 여행인데, 굳이 다시 로케이션으로 가야 할까 싶기도 해요. 게다가 여행도 닥치면 다 일이니, 며칠 동안 정해진 코스를 밟다보면 패키지 투어만큼 숨찬 코스가 될 위험도 있잖아요.

LEE 당연히 그런 느낌이 있습니다. 모든 밥벌이가 그렇듯, 영화를 아무리 좋아해도 리뷰 쓰고 인터뷰하는 일은 힘들죠. 목적이 있는 여행은 자세부터 다르기 때문에 일종의 안헤도니아anhedonia(행복불감증) 같은 상태가 되죠.

KIM 영화 별점을 매겨왔습니다. 만약 한국영화에 프리미엄이 있다면 얼마나 왜 적용하십니까?

LEE 프리미엄이 있는지는 확실히 모르겠어요. 그런데 한국영화를 외국영화보다 내가 더 잘 이해할 수 있다는 건 사실이고 이해가 온전할수록 그 작품을 더 좋게 평가할 수는 있는 것 같아요. 같은 이유에서 최악의 별점도 한국영화에서 나오죠. 한국영화이기 때문에 그 잡스러움이 더 독하게 와 닿으니까요. 아마도 영화 글을 쓰는 한 별점은 계속 매길 것 같고 앞으로 20자평이든 별점이든 130자 평이든 점점 더 많이 하게 되겠죠. 최근에 〈낮술〉을 별 네 개, 〈벤자민 버튼의 시간은 거꾸로 간다〉에 별 세 개 반을 줬거든요. 이게 무슨 의미일까 고민했어요. 〈벤자민 버튼의 시간은 거꾸로 간다〉가 〈낮술〉보다 별 반 개만큼 덜 우수한 영화라는 뜻일까. 실상 별점을 줄 때 중요한 기준은 이전에 무슨 영화를 몇 개 줬는지예요. 이를테면 〈슬럼독 밀리어네어〉를 저는 그다지 좋게 보지 못했어요. 연출이 능란한 장르적 휴먼드라마라고 보는데 별 셋을 줄 것인지 셋 반을 줄 것인지 갈등되더라고요. 3.25개의 별이 있었으면 그걸 택했겠죠.

KIM 10년 전만 해도 일간지 영화기자로서 상당히 빠른 호흡의 기사를 쓰는 축이었는데, 어찌하다 보니 선배도, 영화주간지에서 일하는 저도 느린 호흡으로 영화기사를 쓰는 사람 중 하나가 됐습니다.

LEE 사멸해 가는 공룡이 된 듯한 기분도 들어요. 깊이와 관계없이, 제가 이런 글을 쓰는 마지막 사람이 아닐까, 앞으로는 이런 기사를 원하지 않는 세대가 나오지 않을까. 하지만 제 글을 읽는 독자 집단을 보면서 그 '마지막'이 생각보다 한참 후가 될 수 있겠다고 여기기도 해요. 전 사실 경제적으로 완전히 무력해지는 인간이 되는 것에 대해 엄청난 두려움을 가진 사람이에요.

KIM 영화평을 쓰다보면 빈번히 쓰게 되는 어휘가 생깁니다. 스스로도 다른 거 없을까 하고 고민하는 말이 있나요?

LEE 일단 '진정성'이란 말을 안 쓰려고 해요. 그리고 예를 들어 '영화'라는 단어를 대체할 방법이 없나 궁리하는데 그걸 빼면 문장이 잘 안 돼요. 동어반복을 피하는 '작품'이란 말이 있긴 하지만 약간의 가치평가를 포함하고 있어서 망설여지고요. 그런 면에서 영어 사용자들이 부럽죠. 시네마, 필름, 무비, 무빙 픽처 등 많잖아요? 대명사가 훨씬 발달해서 다양하게 구사할 수도 있고 문장 끝이 동사로 끝나지 않아도 되니 말맛을 살리기에 영어가 유리하다는 생각이 들거든요. 한국어도 도치를 쓸 수는 있지만, 글 전체에서 한두 번이 고작이지 대개 문장은 주어로 시작해 술어로 끝맺어야 하잖아요.

KIM 이동진 선배 하면 확실히 떠오르는 몇 가지 열광의 대상이 있어요. 제니퍼 제이슨 리, 이승우, 고레다 히로카즈, 잉마르 베리만, 폴 토머스 앤더슨, 알렉산드로 소쿠로프, 안드레이 타르코프스키, 〈박하사탕〉 등등. 최근 추가된 '키워드'는 없나요?

LEE 음악에 잠깐 비유해 보죠. 지금도 전 하루에 대여섯 시간씩 새로운 음악을 듣지만 여전히 좋아하는 밴드를 물으면 핑크 플로이드라고 말해요. 인생의 어떤 시기에 들은 음악에 대해서는 무지막지한 '팬심' 같은 게 형성되거든요. 설령 이후에 그들의 음악이 나빠져도 다 껴안고 가야 한다는 느낌이 있는 거죠. 반면 서른 이후에 들으면서 좋아하게 된 플레이밍 립스나, 마이 모닝 재킷 같은 밴드들은 신작 음반이 실망스러우면 가차 없이 나쁘다고 할 수 있어요. 얼마든지 배신할 수 있는 거죠.(웃음) 이승우씨나 제니퍼 제이슨 리는 제가 뭔가를 간절히 필요로 했을 시기에 소설과 연기로 커다란 위로를 준 사람들이거든요. 이제 저도 마흔이 넘어 감정이라는 것도 좀 짐이 되는 나이잖아요? 아무리 좋은 걸 봐도 옛날만큼 열광하지는 않는 거죠. 한 걸음 물러서서 감탄할 수는 있으나, 영화도 음악도 완전히 감정적으로 올인하게 되는 시기는 지난 것 같아요.

KIM 선배 영화평의 재미도 집착에서 나올 때가 많은데, 말장난이나 숫자 세기를 특히 즐깁니다. 〈오! 수정〉 제목의 세 글자의 한자를 집요하게 바꾸어가며 쓴다거나, 특정한 장면이 몇 번 나오는지 센다거나.

LEE 〈투사부일체〉에서 머리 맞는 장면은 모두 114번 나오지요. 숫자 세기는 본능적이에요. 저도 모르는 새 어느 순간 세고 있어요. 대입 학력고사 때 수학 시험을 망친 이유가, 문제에 포함된 글자 수를 셌기 때문이에요.(좌중 경악) 고등학교 때 뭔가에 몰입하다가 정신을 차리고 보면 교과서 속 문장의 글자를 헤아리고 있는 경우가 허다했어요. 다른 때는 큰 문제가 아닌데 시험 치를 때처럼 급박한 상황에 몰리면 오히려 그 습관이 더 자극되는 것이 낭패였죠. 수학 문제 풀

시간은 모자란데 그런 한계가 무의식을 더 부채질하는 거예요. 게다가 수학 문항은 한글과 기호, 숫자가 섞여 있어서 세기도 까다롭거든요.(웃음)

KIM 그렇게 숫자를 세서 결국 어디에 쓰나요? 합산을 하나요?

LEE 그때그때 쾌와 불쾌를 확인하죠. 17글자면 떨어지는 수가 아니니까 기분이 나쁘고, 24나 32처럼 공약수가 많은 수면 기분이 좋았어요. 소수가 나오면 불안하고. 37? 에잇, 젠장! 24? 룰루랄라~ 이러는 거죠.(폭소)

KIM 매년 연말이면 그해 몇 편의 영화를 보고 몇 편의 글을 썼다고 정리하는 글을 블로그에 올리시잖아요. 장부라도 있는지 궁금했어요.

LEE '장부'가 있는 경우도 있고 정산하는 경우도 있죠. DB로 사용하는 엑셀에 입력해요.(폭소) 아, 이런 질문들 그만해요. 흰 옷 입으신 분들이 찾아올 것 같아요.(웃음)

KIM 글 쓰는 사람들은 글 뒤에 숨으려는 경우가 많은데 선배는 말도 유창해서 강의와 방송에도 적극적입니다. 글이나 말이나 본인이 느끼는 편안함에 차이가 없습니까?

LEE 아마도요. 중고등학교 때는 말을 잘할 때와 어이없을 만큼 어눌할 때 편차가 컸는데, 이제는 최소한 어떤 자리에 가도 허무맹랑한 소리는 안 하는 것 같아요. 초등학교 3학년 때, 제가 이야기를 잘한다 싶었는지 선생님이 일주일에 한 시간씩 앞에 나가 옛날이야기를 친구들에게 들려주도록 시킨 적이 있어요. 집에 있는 동화 선집에서 읽은 이야기들을 재연했는데 중간에 화장실에 가고 싶어 하는 아이들이 안달복달했던 기억이 나요. "더, 더" 하는 애들의 희구하는 표정 때문에 나중에는 제가 즉석에서 지어낸 이야기를 보태기도 했어요.

KIM 신문사 재직 당시 술을 많이 마시는 모습을 봤는데, 독립하신 후 술 실력이 현저히 줄었습니다. 이제 와서 보니 저토록 못 마시는 분이 정신력으로 술을 마셨구나 하는 생각이 들어 애처롭기도 해요.(웃음) 술을 열심히 마신 이유가 기억나는지요?

LEE 신문사 다닐 때 술자리에서 한의학에 관심 많은 분과 우연히 만났는데, 저를 보고 "당신은 원래 술을 못 먹는 사람인데 사회적인 이유로 억지로 먹고 있다"며 곡진하게 음주를 말린 적이 있어요. 입사 전까지는 군대 시절 포함해서 평생 마신 술이 맥주로 환산해서 도합 5,000cc에 불과할 거예요. 그런데 신문사에 들어오자 폭탄주가 난무하는 환경이었죠. 그래도 마셨던 건 내성적인 성격에 대한 열등감 때문이에요. 처음 영화기자가 되고 나서 잘하고 싶었는데 사람들을 잘 대하지를 못하니, 단기간에 영화인들과 친해지기 위해 술을 먹기 시작했어요. 당시에는 영화계도 지금보다 술자리가 많았고요. 제 콤플렉스를 감추고 극복하는 방법이었는데, 이제 10년이 넘으니 더이상 술의 힘을 빌지 않아도 영화인들과 교류할 수 있게 됐어요.

KIM 노래를 즐겨 부르는 것도 같은 맥락인가요?

LEE 노래는 원래 좋아해요. 술은 못하지만, 노래는 웬만큼 하거든요. 지금까지 내 인생에서 후회되는 건 악기 연주를 배우지 않은 거예요. 우쿨렐레를 배워보라고 유희열씨가 권하더군요. 여동생이 피아노를 전공했는데 그런 음악적인 분위기가 집안에 있어서 형제끼리 4중창도 하고는 했어요. 노래를 좋아해서 혼자 노래방 가서 60분씩 부른 적도 있어요. 곡과 곡 사이에 그냥 흐르는 시간이 아까워서 후렴으로 넘어갈 즈음 이미 한 손으로는 다음 곡을 찾아 책을 뒤적이죠.(폭소) 노래를 해보면, 서태지와 너바나를 부를 때가 반응이 제일 좋아요. 최대한 원곡의 보컬 느낌을 흉내 내서 불러요. 예컨대 빅뱅 노래를 하면 다섯 멤버의 다섯 가지 목소리를 구별해서 부르려고 하죠.

KIM 이동진 선배에게는 콤플렉스와 우월감이 묘하게 공존해 있어요.

LEE 기왕이면 겸손하게 말하려고 하는 의식이 제2의 천성처럼 몸에 뱄어요. 제가 겸손한 사람인지는 모르겠지만 열등감이 많은 건 맞아요. 그게 누구와 비교해서 못하다는 상대적 열등감은 아니고 내 스스로 가진 기준에 미달하는 데에서 나오는 감정이에요. 우월감은 별로 없지만 자신감은 없지 않아요. 저는 스스로 적어도 뭘 잘하고 못하는지는 어느 정도 아는 것 같아요. 자랑하고 싶은 마음은 없지만 어느 정도 인정은 받고 싶어요. 전략이라고 볼 수도 있지만 나를 낮추는 게 편해요. 스스로에 대해 "나 허접해"라고 말하는 게 편해서 상대가 당황하기도 해요. 이유는 여러 가지일 거예요. 스스로 먼저 낮춤으로써 남이 나를 못 낮추게 하는 면도 있는 것 같고요. 가만 보면 저는 동년배 남자를 만나면 그 사람이 저보다 나이가 많다고 추측하는 경향이 있는데, 그건 제가 기본적으로 인생을 저자세로 살아서 그런 것 같아요.

KIM 제가 선배에게 고맙게 생각하는 점이 있어요. 태생이 시네필 cinephile이 아닌 영화기자로서 열등감이 있었는데, 선배와 영화 이야기, 일 이야기를 나누면서, 영화를 보고 느낀 대로 나의 양식과 상식에 맞게 솔직하게 써도 그것대로 괜찮다는 안도감을 얻었어요.

LEE 그런 줄은 몰랐네요. 시네필이라는 말에는 '시기'의 요소가 있죠. 특히 십대가 중요한데 전 스무 살까지는 대한민국 평균보다 영화를 덜 좋아했어요. 지금도 반드시 영화였어야 했다는 생각은 없고, 다만 스물을 넘겼을 때 영화가 저를 찾아왔을 뿐이에요. 십대에 고다르를 본 사람에 대한 열등감 같은 건 없어요. 시네필이 영화를 더 잘 본다고 생각지도 않고요. 말하자면 영화를 정확히 볼 수 있는 전지전능한 신이 있고 거기에 한없이 가까워지는 것이 평론의 목표라고 보지 않거든요. 마구잡이로 말하면 영화를 얼마나 더 잘 아느냐보다 그가 삶과 세상을 어떻게 보느냐가 더 중요하다고 생각해요. 거기엔 모든 게 포함되겠죠. 영화에 대해 쓰는 일은 나의 모든 것—경험과 독서, 어제 들은 음악 등등—을 끌어내 사력을 다하는 작업이라고 생각해요. 만약 영화를 하루 세 편씩 보고 촬영감독 계보는 줄줄 외지만 다른 훈련이 제대로 안 된 사람과, 영화는 적게 봤어도 시각과 교양 및 글쓰기 훈련이 된 사람이 같이 출발해 영화를 평한다면 처음에는 영화광 쪽이 상대가 안 되게 우세할지언정 3년만 지나면 거꾸로 비교가 안 될 거라고 생각해요.

KIM 감사합니다.

FIN

이동진의
부메랑 인터뷰
그 영화의 비밀

초판 1쇄 발행 2009년 6월 25일 초판 8쇄 발행 2021년 2월 20일

지은이 이동진 **펴낸이** 연준혁

출판부문장 이승현
편집 1본부 본부장 배민수
편집 7부서 부서장 최유연

펴낸곳 (주)위즈덤하우스 **출판등록** 2000년 5월 23일 제13-1071호
주소 경기도 고양시 일산동구 정발산로 43-20 센트럴프라자 6층
전화 031)936-4000 **팩스** 031)903-3893 **홈페이지** www.wisdomhouse.co.kr

값 28,000원 ISBN 978-89-5913-380-2 03680

국립중앙도서관 출판시도서목록(CIP)

이동진의 부메랑 인터뷰 그 영화의 비밀 / 이동진, -- 고양 : 위즈덤하우스, 2009
p. ; cm

ISBN 978-89-5913-380-2 03680 : ₩28000

영화(예술)[映畵]

688.0911-KDC4
791.4309519-DDC21 CIP2009001751